国家出版基金项目
NATIONAL PUBLICATION FOUNDATION

中 国 近 代
思 想 家 文 库

◎

黄兴涛 编

辜鸿铭卷

中国人民大学出版社
·北 京·

总　序

对于近代的理解，虽不见得所有人都是一致的，但总的说来，对于近代这个词所涵的基本意义，人们还是有共识的。一个国家、一个民族走入近代，就意味着以工业化为主导的经济取代了以地主经济、领主经济或自然经济为主导的中世纪的经济形态，也还意味着，它不再是孤立的或是封闭与半封闭的，而是以某种形式加入到世界总的发展进程。尤其重要的是，它以某种形式的民主制度取代君主专制或其他不同形式的专制制度。中国是个幅员广大、人口众多、历史悠久的多民族国家，由于长期历史发展是自成一体的，与外界的交往比较有限，其生产方式的代谢迟缓了一些。如果说，世界的近代是从 17 世纪开始的，那么中国的近代则是从 19 世纪中期才开始的。现在国内学界比较一致的认识，是把 1840 年到 1949 年视为中国的近代。

中国的近代起始的标志是 1840 年的鸦片战争。原来相对封闭的国门被拥有近代种种优势的英帝国以军舰、大炮再加上种种卑鄙的欺诈打开了。从此，中国不情愿地加入到世界秩序中，沦为半殖民地。原来独立的大一统的中央集权的君主专制国家，如今独立已经极大地被限制，大一统也逐渐残缺不全，中央集权因列强的侵夺也不完全名实相符了。后来因太平天国运动，地方军政势力崛起，形成内轻外重的形势，也使中央集权被弱化。经历第二次鸦片战争、中法战争、甲午战争、八国联军入侵的战争以及辛亥革命后的多次内外战争，直至日本全面侵略中国的战争，致使中国的经济、政治、教育、文化，都无法顺利走上近代发展的轨道。古今之间，新旧之间，中外之间，混杂、矛盾、冲突。总之，鸦片战争后的中国，既未能成为近代国家，更不能维持原有的统治秩序。而外患内忧咄咄逼人，人们都有某种程度"国将不国"的忧虑。

"天下兴亡，匹夫有责"，读书明理的士大夫，或今所谓知识分子，尤为敏感，在空前的危机与挑战面前，皆思有所献替。于是发生种种救亡图存的思想与主张。有的从所能见及的西方国家发展的经验中借鉴某些东西，形成自己的改革方案；有的从历史回忆中拾取某些智慧，形成某种民族复兴的设想；有的则力图把西方的和中国所固有的一些东西加以调和或结合，形成某种救亡图强的主张。这些方案、设想、主张，从世界上"最先进的"，到"最落后的"，几乎样样都有。就提出这些方案、设想、主张者的初衷而言，绝大多数都含着几分救国的意愿。其先进与落后，是否可行，能否成功，尽可充分讨论，但可不必过为诛心之论。显而易见，既然救国的问题最为紧迫，人们所心营目注者自然是种种与救国的方案直接相关的思想学说，而作为产生这些学说的更基础性的理论，及其他各种知识、思想，则关注者少。

围绕着救国、强国的大议题，知识精英们参考世界上种种思想学说，加以研究、选择，认为其中比较适用的思想学说，拿来向国人宣传，并赢得一部分人的认可。于是互相推引，互相激励，更加发挥，演而成潮。在近代中国，曾经得到比较广泛的传播的思想学说，或者够得上思潮的，主要有以下几种：

（一）进化论。近代西方思想较早被引介到中国，而又发生绝大影响的，要属进化论。中国人逐渐相信，进化是宇宙之铁则，不进化就必遭淘汰。以此思想警醒国人，颇曾有助于振作民族精神。但随后不久，社会达尔文主义伴随而来，不免发生一些负面的影响。人们对进化的了解，也存在某些片面性，有时把进化理解为一条简单的直线。辩证法思想帮助人们形成内容更丰富和更加符合实际的发展观念，减少或避免片面性的进化观念的某些负面影响。

（二）民族主义。中国古代的民族主义思想，其核心是"非我族类，其心必异"，所以最重"华夷之辨"。鸦片战争前后一段时期，中国人的民族思想，大体仍是如此。后来渐渐认识到"今之夷狄，非古之夷狄"，"西人治国有法度，不得以古旧之夷狄视之"。但当时中国正遭受西方列强的侵略和掠夺，追求民族独立是民族主义之第一义。20世纪初，中国知识精英开始有了"中华民族"的概念。于是，渐渐形成以建立近代民族国家为核心的近代民族主义。结束清朝君主专制，创立中华民国，是这一思想的初步实现。第一次世界大战爆发，中国加入"协约国"，第一次以主动的姿态参与世界事务，接着俄国十月革命爆发，这两件事对近代中国的发展历程造成绝大影响。同时也将中国人的民族主义提升到一个新的层次，即与国际主义（或世界主义）发生紧密联系。也可以说，中国人更加自觉地用世界的眼光来观察中国的问题。新生的中国共产党和改组后的国民党都是如此。民族主义成为中国的知识精英用来应对近代中国所面临的种种危机和种种挑战的一个重要的思想武器。

（三）社会主义。社会主义作为一种模糊的理想是早在古代就有的，而且不论东方和西方都曾有过。但作为近代思潮，它是于19世纪在批判近代资本主义的基础上产生的。起初仍带有空想的性质，直到马克思和恩格斯才创立起科学社会主义。20世纪初期，社会主义开始传入中国。当时的传播者不太了解科学社会主义与以往的社会主义学说的本质区别。有一部分人，明显地受到无政府主义的强烈影响，更远离科学社会主义。直到五四新文化运动兴起之后，中国人始较严格地引介、宣传科学社会主义。但有一段时间，无政府主义仍是一股很大的思想潮流。中国共产党的成立，从思想上说，是战胜无政府主义的结果。中国共产党把在中国实现社会主义乃至共产主义作为自己的奋斗目标。此后，社会主义者，多次同各种非科学社会主义思想的信仰者进行论争并不断克服种种非科学社会主义思想的影响。

（四）自由主义。自由主义也是从清末就被介绍到中国来，只是信从者一直寥寥。直到五四新文化运动兴起，具有欧美教育背景的知识精英的数量渐渐多起来，自由主义始渐渐形成一股思想潮流。自由主义强调个性解放、意志自由和自己承担责任，在政治上反对一切专制主义。在中国的社会条件下，自由主义缺乏社会基础。在政治激烈动荡的时候，自由主义者很难凝聚成一股有组织的力量；在稍稍平和的时候，他们往往更多沉浸在自己的专业中。所以，在中国近代史上，自由主义不曾有，也不可能有大的作为。

（五）激进主义与保守主义。处于转型期的社会，旧的东西尚未完全退出舞台，新的东西也还未能巩固地树立起来，新旧冲突往往要持续很长的时间，有时甚至达到很激烈的程度。凡助推新东西成长的，人们便视为进步的；凡帮助旧东西排斥新东西的，人们便视为保守的。其实，与保守主义对应的，应是进步主义；与顽固主义相对的则应是激进主义。不过在通常话语环境中人们不太严格加以区分。中国历史悠久，特别是君主专制制度持续两千余年，旧东西积累异常丰富，社会转型极其不易。而世界的发展却进步甚速。中国的一部分精英分子往往特别急切地想改造中国社会，总想找出最厉害的手段，选一条最捷近的路，以最快的速度实现全盘改造。这类思想、主张及其采取的行动,皆属激进主义。在中共党史上,它表现为"左"倾或极左的机会主义。从极端的激进主义到极端的顽固主义,中间有着各种程度的进步与保守的流派。社会的稳定,或社会和平改革的成功,都依赖有一个实力雄厚的中间力量。但因种种原因,中国社会的中间力量一直未能成长到足够的程度。进步主义与保守主义,以及激进主义与顽固主义,不断进行斗争,而实际所获进步不大。

(六)革命与和平改革。中国近代史上,革命运动与和平改革运动交替进行,有时又是平行发展。两者的宗旨都是为改变原有的君主专制制度而代之以某种形式的近代民主制度。有很长一个时期,有两种错误的观念,一是把革命理解为仅仅是指以暴力取得政权的行动,二是与此相关联,把暴力革命与和平改革对立起来,认为革命是推动历史进步的,而改革是维护旧有统治秩序的。这两种论调既无理论根据,也不合历史实际。凡是有助于改变君主专制制度的探索,无论暴力的或和平的改革都是应予肯定的。

中国近代揭幕之时,西方列强正在疯狂地侵略与掠夺殖民地和半殖民地,中国是它们互相争夺的最后一块、也是最大的资源地。而这时的中国,沿袭了两千年的君主专制制度已到了奄奄一息的末日,统治当局腐朽无能,对外不足以御侮,对内不足以言治,其统治的合法性和统治的能力均招致怀疑。革命运动与改革的呼声,以及自发的民变接连不断。国家、民族的命运真的到了千钧一发之际,危机极端紧迫。先觉分子救国之心切,每遇稍具新意义的思想学说便急不可待地学习引介。于是西方思想学说纷纷涌进中国,各阶层、各领域,凡能读书读报者,受其影响,各依其家庭、职业、教育之不同背景而选择自以为不错的一种,接受之,信仰之,传播之。于是西方几百年里相继风行的思想学说,在短时期内纷纷涌进中国。在清末最后的十几年里是这样,五四时期在较高的水准上重复出现这种情况。

这种情况直接造成两个重要的历史现象:一个是中国社会的实际代谢过程(亦即社会转型过程)相对迟缓,而思想的代谢过程却来得格外神速。另一个是在西方原是差不多三百年的历史中渐次出现的各种思想学说,集中在几年或十几年的时间里狂泻而来,人们不及深入研究、审慎抉择,便匆忙引介、传播,引介者、传播者、听闻者,都难免有些消化不良。其实,这种情况在清末,在五四时期,都已有人觉察。我们现在指出这些问题并非苛求前人，而是要引为教训。

同时我们也看到，中国近代思想无比的多样性与复杂性呈现出绚丽多彩的姿态，各种思想持续不断地展开论争，这又构成中国近代思想史的一个突出特点。有些论争为我们留下了非常丰富的思想资料。如兴洋务与反洋务之争，变法与反变法之争，革命与改良之争，共和与立宪之争，东西文化之争，文言与白话之争，新旧伦理之争，科学与人生观之争，中国社会性质的论争，社会史的论争，人权与约法之争，全盘西化与本位文化之争，民主与独裁之争，等等。这些争论都不同程度地关联着一直影响甚至困扰着中国人的几个核心问题，即所谓中西问题、古今问题与心物关系问题。

中国近代思想的光谱虽比较齐全，但各种思想的存在状态及其影响力是很不平衡的。有些思想信从者多，言论著作亦多，且略成系统；有些可能只有很少的人做过介绍或略加研究；有的还可能因种种原因，只存在私人载记中，当时未及面世。然这些思想，其中有很多并不因时间久远而失去其价值。因为就总的情况说，我们还没有完成社会的近代转型，所以先贤们对某些问题的思考，在今天对我们仍有参考借鉴的价值。我们编辑这套《中国近代思想家文库》，希望尽可能全面地、系统地整理出近代中国思想家的思想成果，一则借以保存这份珍贵遗产，再则为研究思想史提供方便，三则为有心于中国思想文化建设者提供参考借鉴的便利。

考虑到中国近代思想的上述诸特点，我们编辑本《文库》时，对于思想家不取太严格的界定，凡在某一学科、某一领域，有其独立思考、提出特别见解和主张者，都尽量收入。虽然其中有些主张与表述有时代和个人的局限，但为反映近代思想发展的轨迹，以供今人参考，我们亦保留其原貌。所以本《文库》实为"中国近代思想集成"。

本《文库》入选的思想家，主要是活跃在 1840 年至 1949 年之间的思想人物。但中共领袖人物，因有较为丰富的研究著述，本《文库》则未收入。

编辑如此规模的《文库》，对象范围的确定，材料的搜集，版本的比勘，体例的斟酌，在在皆非易事。限于我们的水平，容有瑕隙，敬请方家指正。

《中国近代思想家文库》编纂委员会

目　录

导 言

辜鸿铭是近代中国一个以古怪著称、以西学见长、以保守为特色、并在外部世界特别是西方世界具有广泛影响的思想文化人物。他一生主要以英文写作，留给今人大量值得品读的思想论著。但长期以来，他的外文著作多不为一般国人所知，人们只是乐津津乐道他"辫子"的故事、他关于纳妾合理的怪论以及他通晓多门外语的神奇。直到 20 世纪 90 年代中期以后，他的著作才陆续被整体性地译成中文出版，人们才得以透过其怪异的表象，深入了解其真正的关切，并品位其思想的滋味，感受其议论的精彩。于是，一个享誉世界的文化保守主义思想家的形象，在国人心目中逐渐地清晰起来。

这次，《中国近代思想家文库》编委会决定从保守主义思想代表的角度，来收录辜鸿铭的论著，不妨说在某种程度上，也是对于他在近代中国思想史上独特地位的一种承认。与此同时，笔者也希望能够借这次重编其文集的机会，对辜氏的文化活动和保守思想进行一点新的审视和反思。

一

辜鸿铭，名汤生，号汉滨读易者。早年的西文名为 Kaw（Koh）Hong Beng，后常用的西文名为 Ku Hung Ming。祖籍福建同安，1857 年出生于马来亚槟榔屿的一个华侨家庭，其曾祖辜礼欢曾出任英属马来半岛的首任甲必丹，家族从此兴盛起来。辜氏与台湾著名的辜显荣、辜振甫一家为宗亲关系，其祖父一代为亲兄弟。辜鸿铭的父亲辜紫云，以经商垦殖为业，他帮英人福布斯·布朗（Forbus Scott Brown）经理一个较大的橡胶园，深受布朗信任和器重。辜鸿铭为辜紫云次子，其母为西洋人。他从小聪明伶俐，甚得布朗夫妇喜爱，被收为义子。早年他曾在槟榔屿的威尔士王子岛中心学校（Prince of Wales's Island Central School）接受三年英式教育。13 岁左右也即 1870 年前后，被布朗夫妇带往欧洲留学。到英国后，他先是在爱丁堡近郊的英国很古老的利斯学院（Leith Academy）学习了两年，1873 年至 1874 年之交，考入爱丁堡大学文学院，专攻西方文学。1877 年春，他顺利通过拉丁文、希腊文、数学、形而上学、道德哲学、自然哲学和修辞学等诸多科目的严格考试，以优异成绩获得文学硕士学位，时年 21 岁。此后，辜鸿铭又曾到德国莱比锡某工学院进修，学习土木工程。接着到法国巴黎和意大利等国游学。1880 年 24 岁时方结束留学生涯，回到槟榔屿。①

回到东方后，辜鸿铭先在新加坡海峡殖民地政府任职，两年后得遇留法归国的著名维新思想家马建忠，两人一见如故，晤谈三日，受马建忠影响，辜鸿铭辞去殖民政府的任职，决定回国服务。随后转往香港居留。在香港，辜氏一面补习传统语文，一面大量浏览西方汉学著作。这一时期，他开始在《北华捷报》（The North-China Herald）等著名英文报刊发表文章，评点西方汉学，从而揭开了其一生文化活动的序幕。中法战争期间，他结识了张之洞的幕僚杨汝树和赵凤昌，经二人介绍，得以进入张之洞幕府担任洋文案，历时近二十年。除了有关洋务和外事的日常工作之外，他的主要活动，一是对外翻译出版儒家经典《论语》和《中庸》，直接传播中国文化，一是以英文撰写论著，维护大清国的国家利益和中国传统文化的尊严，谴责西方列强的蛮横霸道和在华外人的不道德行径。长江教案、义和团运动和辛亥革命前后，所著《为吾国吾民争辩》、《尊王篇：总督衙门论集》和《中国牛津运动故事》（又名《清流传》）等英文论著，都曾产生过一定的国际影响。1905 年出任黄浦浚治局督办，历任外务部员外郎、郎中和左丞等职。1910 年初，清廷以"游学专门一等"的名义，赏给辜氏文科进士，位在严复和伍光建之间，列名第二。他于年底辞官，到南洋公学任教。

在晚清，辜鸿铭政治上基本属于洋务派，但带有"清流"特点，他既不赞成戊戌维新和清末新政改革，更是反对辛亥革命，曾撰文屡予攻

---

① 值得一提的是，在各种西文著作或译著中，辜鸿铭都郑重标明自己为"文学硕士"，可见他对此一身份的重视程度。而这同时也清楚地表明，关于辜氏在欧洲曾获得 13 个博士学位的一类传说，当是靠不住的。至少有一点可以肯定，他本人在西方求学期间所获得的最高学位应是硕士，而不是博士。

击。民国建立后，以遗老自居，诅咒民国，留辫至死不剪，与世抗争。
1915 年前后到北京大学任教，主讲英诗和拉丁语。蔡元培出任北京大
学校长时，曾以"兼容并包、思想自由"为名，保留其北大教职。1917
年张勋复辟，他曾卷入其中，列名为外务部侍郎。第一次世界大战前
后，辜鸿铭的著译活动十分活跃，曾于 1915 年出版著名的《中国人的
精神》（又名《春秋大义》）一书，鼓吹西方文明破产和中国儒家文明救
西论，在欧美和日本曾产生较大影响。正如美国著名汉学家艾恺所指出
的："在战时和战后欧洲悲观与幻灭的氛围中，与泰戈尔、冈仓等成为
东方著名的圣哲者的，是辜鸿铭，而不是梁漱溟或梁启超。"① 同年，
辜氏还出版了《大学》一书的英译本。五四运动时期，辜鸿铭公开反对
新文化运动尤其是新文学运动，成为"新青年"们抨击和嘲讽的顽固象
征。1924 年，他曾应日本大东文化协会之邀，赴日讲学三年，1927 年
回国。其讲学内容，收入 1925 年大东文化协会所编的日文本《辜鸿铭
讲演集》和 1941 年萨摩雄次编译出版的日文本《辜鸿铭论集》之中。
这期间，他还曾被军阀张作霖聘为顾问，并应其同宗辜显荣之邀到台湾
演讲。1928 年，军阀张宗昌任命他为山东大学校长，但他并未到任。
同年 4 月 30 日，辜氏在孤寂和抑郁中因病去世，享年 72 岁。

　　综观辜鸿铭一生，其政治生涯实不足措意，他主要是一个思想文化
人物，而且是一个曾被学界长期轻视和忽略的文化思想家。20 年前，
笔者郑重以"文化怪杰"来定位辜鸿铭，就是试图以此定位为契机，为
纠正国人心目中长期形成的仅视其为"文化丑角"的思想成见，做出一
点切实的努力。当然，辜氏极端片面的"文化丑角"形象之改变，根本
上尚有赖于对其外文著作进行广泛搜集、系统整理和翻译出版。这次，
笔者欣然接受《中国近代思想家文库·辜鸿铭卷》的选编任务，这其实
仍然是直接的动机之一。

二

　　在笔者看来，辜鸿铭的思想具有以下几个方面的突出特征，值得引
起今日读者的格外关注和认真思考。

---

　　① 艾恺：《世界范围内的反现代化思潮：论文化守成主义》，153 页，贵阳，贵州人民出
版社，1991。

首先，他是一个通晓古今多种语言、能用欧洲语文熟练表达思想情感、真正具有跨民族的国际文化视野和思想资源、其思想也真正产生过国际影响的中国思想家。这不仅在近代中国思想史上是十分罕见的，在当时的中外文化思想交流史上，也是值得格外关注的现象。

辜氏乃语言天才，通晓英、德、法、意、希腊、拉丁、马来等多种语言，还略懂日语和俄语。其论著除中文外，主要以英文发表，夹杂欧美古今文字，并被译成德、法、日、俄等多种语言。俄国大文豪托尔斯泰曾与辜氏通信，讨论文化出路和人类前途问题，有的信还曾公开发表，向他表示敬意。英国大作家毛姆访问中国时，特地去拜访过辜氏，并撰写访问记《哲学家》一文，生动地刻画了他独特的哲学家形象，承认他"在关心抽象方面的东西的人中占据着重要的地位"。丹麦享誉世界的文评大家勃兰兑斯曾著《辜鸿铭论》，称辜氏是一位"卓越的中国学者"，认定"对于欧战及对于东西文化关系的思想，比之通常欧洲人士所仅识得之多半作家，辜氏值得更大的注意而不可同日而语"。① 在法国，罗曼·罗兰也承认"辜鸿铭在欧洲是很著名的"。更有一位法国学者弗兰西斯·波里（Francis Borrey），曾与辜氏合作将《论语》译成法文，他在辜氏去世后以法文出版《中国圣人辜鸿铭》一书，极力赞美辜氏拥有一颗"第一流的、甚至是举世无双的、具有概括能力的头脑，这头脑充满智慧——科学进入物质领域以前的那种智慧"；认为辜氏不仅具有关于中国的"全面知识"，而且具有关于世界的"全面知识"，"从这个角度说，他是唯一通晓东学和西学的中国人"。波里甚至还毫不掩饰对辜鸿铭的极端崇拜："有时候，我觉得看到了辜氏的脑袋放射出东西方一切智慧的光芒。我承认我欣赏他，我承认我爱他——除此之外，难道还有别的办法吗？"②

辜鸿铭在西方影响最大的时期，是第一次世界大战前后，而影响最大的国家又是德国。德国许多哲学家和学者，如凯瑟琳、新康德主义学派的信奉者奈尔逊、汉学大家卫礼贤等，都非常推崇辜氏，并承认其思想受到他的影响。一战时期的德国，还成立过"辜鸿铭俱乐部"和"辜

---

① 有关评价的具体内容及其分析，参见黄兴涛：《文化怪杰辜鸿铭》，第1、7、8章，北京，中华书局，1995。也可参看黄兴涛、宋小庆合译的《中国人的精神》（海口，海南出版社，1996）后所附的《托尔斯泰与辜鸿铭书》、毛姆的《哲学家》以及勃兰兑斯的《辜鸿铭论》等文的汉译。

② Francis Borrey, *Un Sage Chinois*, Paris, 1930. 参见桂裕芳、蔡方君合译：《中国圣人辜鸿铭》，见黄兴涛：《闲话辜鸿铭》，252页，桂林，广西师范大学出版社，2007。

鸿铭研究会"一类的组织，专门研讨他的思想学说。此外，晚年的辜鸿铭还被日本学界聘去讲学长达三年，可以说是近代中国应邀赴日讲学时间最长的学者之一。当然，究竟何以至此，另有其具体成因，但辜氏思想学说本身确有值得重视和研究之处，当是毫无疑问的。

其次，辜鸿铭是一个热爱祖国、醉心儒家文化、勇于维护国家主权和民族文化尊严的思想家，其思想带有某种民族主义的外在色彩，尤其是在晚清，他与西方列强及来华教会和特权西人积极抗争的思想特点，显得分外突出。他一登上思想舞台，就以锋利之笔，批评西方汉学的浅薄、汉学家的自大及其对中国文化的误解和轻视；抨击西方在华传教的虚伪、危害，以及传教士的傲慢无礼、蛮横无耻等行径；他还犀利地抗议、谴责西方列强对中国的多方欺压、武力侵略和内政干涉，呼吁西方改变对中国"无论是个人还是国际交往的态度"，奉劝西人不要歧视中国人和中国文化，不要侵夺中国国家主权；进而奋起进行文野之辩，乃至鼓吹中国文化救西论，等等。尽管在这一过程中，辜氏曾不适当地为清朝的落后统治进行了辩护，也存在不惜为中国文化护短的毛病，有时还传扬了文化糟粕，但在那个中国备受欺凌的时代，他有关这方面的思想活动总体说来还是难能可贵、机智深刻、充满道义力量的。前文提到的法国学者弗兰西斯·波里，在国民党元老李石曾拒绝为《中国圣人辜鸿铭》一书作序时，便曾这样提醒李氏：

> 辜氏在某些方面滞留在陈旧过时的年代，他未能分析形势，未能在复兴中国的事业中保持先锋地位，而是在思想运动、实际的运动中落伍。这一切，我完全承认，并为之惋惜。然而辜氏毕竟是复兴中国的奋勇先驱，早在我们这一代人以前，他就指出并谴责了"不平等条约"、治外法权，以及其他对中华祖国领土完整的侵犯。这非常好，非常好！青年们应牢记，不是吗？①

旁观者清。波里的评价无不道理。

在清末民初中国这样一个古老文明实现现代转型的关键时刻，如何保持可贵的民族文化自信心，实在是非常重要的问题。辜鸿铭以自己特有的文化眼界，意识到并呼吁国人自尊自重，无疑显示出一种非凡的清醒和见识。晚年在日本讲学时，他曾这样语重心长地告诫世人：

---

① 波里：《中国圣人辜鸿铭》，自序《致好友李君》，见黄兴涛：《闲话辜鸿铭》，231 页。

现代中国人，尤其是年轻人，有着贬低中国文明而言过其实地夸大西方文明的倾向……实际上，中日两国的青年都是通过望远镜来观察西方文明的，因而使得欧洲的一切都变得比实体伟大、卓越。而他们在观察自身时，却将望远镜倒过来，这当然就把一切都看小了。①

今天，当我们重读这一痛心疾首的告诫时，不能不对那个时代国人文化心态的缺失，做出深刻反省，也不能不对辜氏那颗火热的"中国心"，表示由衷的敬意。

不过，谈及辜鸿铭思想的这一特点，有几个相关问题需要略做辨析。一是辜氏的"中国人"身份问题。近些年，有些在美国研究辜鸿铭的学者，喜欢强调辜氏国籍身份的模糊或不确定，有的甚至还故意将其终生视为马来亚"华侨"。这是很错误的。辜氏的确出生在已沦为英国殖民地的马来半岛之槟榔屿，但其出生和早年生活时代，其祖父辈并无近代国籍意识，只有强烈的认祖归宗观念，其父辜紫云在他到动身到欧洲留学时告诫其不要忘记自己是中国人、不要剪辫和加入基督教，可谓明证。南洋华侨出现国籍问题，已到 1907 年。这年《荷兰新订爪哇殖民籍新律》颁布，规定凡生于荷兰属地的华侨皆为荷属殖民地籍，从而引起南洋华侨之不满。1909 年，中国制定《大清国籍条例》，就是对这一问题的因应。但辜鸿铭早在 1885 年就已正式回到祖国效力，且终其一生，都以一个"中国人"为荣，且从不曾以"华侨"自称，更不曾自称为马来亚人。也就是说，无论是在事实上还是主观认同上，辜鸿铭的"中国人"身份都确定无疑。

二是辜氏思想中政治、文化和民族意识的矛盾问题。在晚清时，辜鸿铭反对变法和革命的落后政治立场和文化选择是基本统一的，但进入民国后，他以遗老自居，不认同共和制的民国，又因视日本文明与中国传统儒家文明为一体，甚至认为日本保留了中国儒家文明的"真传"，故其晚年把复兴真正的中国儒家文明的希望错误地寄托在日本身上，甚至呼吁日本"必须把复兴真正的中国文明引为自己的天职"②。这一天真幼稚的文化幻想，太过于缺乏政治常识，最终不免被日本侵华时期所谓"大东亚文化"建设运动所利用，从而留下了深刻的历史教训。这是

① 见本书所收《辜鸿铭论集》中的《什么是民主》。

② 见本书所收《中国文明的复兴与日本》。

需要说明的。

　　与上述问题相关，辜鸿铭思想中的"民族主义"色彩也值得分辨。多年前，当人们热烈称扬辜鸿铭的爱国情怀时，就有学者敏锐地指出，辜鸿铭其实不能算是一个"民族主义"者，他恰恰批评那种从各民族国家自身狭隘利益出发的民族主义和爱国主义，强调永恒的正义和普遍的道德。的确如此。不过，我们同时也需看到，一方面，辜鸿铭明确地批判"爱国主义"和"民族主义"，主要是在第一次世界大战爆发之后的事；另一方面，他在清末的文化思想活动，也的确主要激于一种民族的义愤，捍卫的主要也是国家的主权和民族文化的尊严，希求得到西方的尊重与平等的对待——这就自然凸显了一种文化民族主义的色彩。与此同时，他的思想活动在当时西方所产生的效果，也主要是文化民族主义的。

　　笔者最初研究辜鸿铭的思想及其影响时，就曾注意到这一问题的复杂性，并从其思想在西方的影响角度努力做出些许分辨，但至今这一点似乎仍未引起同人更多的重视。这里，不妨重述如下：

　　　　可以断言，在晚清乃至一战以前，辜鸿铭引起西方注视的焦点，是体现在他身上的中国文化民族主义。换言之，他驰名西方，主要是一种文化民族主义激起的反应。但是，这种文化民族主义又不是一般意义上单独强调文化的历史性和民族性价值的狭隘民族主义，而是作为文化保守主义的一种外在形式而存在的东西。也就是说，在一战以前，辜鸿铭被西方所关注的并不是他对西方文明本身所进行的批评，以及他所憧憬的文明理想，即，不是他文化保守主义的思想内核，而不过是这一内核体现在外面的民族主义形式。与此同时，他著作的主要宗旨，也并非奢望西方当时采纳中国儒家文明的理想模式，而是要让西方了解中国，知道中国有高度的文明，它毫不逊色于西方。归根结蒂，他是要让西方懂得：应该尊重中华民族和文化，以求得中国儒家文明和传统社会秩序的自我生存与完善。①

　　正因为如此，当辛亥革命爆发以后，辜氏敦促西方的仍然是"非常严复地反省他们对待中国及其文明的方式"。只是到第一次世界大战爆发以后，他才真正鼓吹起中国文明救西论来。关于辜鸿铭思想的"民族

———————

　　①　黄兴涛：《文化怪杰辜鸿铭》，222～223 页。

主义"特色问题,学衡派巨子吴宓在悼念辜氏之文中曾有过明确揭示,他认为辜氏一生思想的根本,主要得之于留洋时所受卡莱尔、阿诺德、罗斯金等西方浪漫主义思想家的影响,不过回国后这一思想倾向复得到儒家经典的印证,于是两相结合,变得更加自信和坚决。同时,辜氏的文化批评活动本身,"其中又以国家主义(爱国思想)为之动机"。他一生的言行,"盖皆热烈之爱国主义所酿成者也"。吴宓还特别提醒"吾国今日爱国之士应洞察此层,勿徒以顽固讥斥辜氏"[1]。此一观点,当可供今人研讨辜氏思想时参考。

第三,就辜氏的思想逻辑和终极关怀而言,他无疑是一个文化保守主义者,一个现代西方文明的批评家,或者说一个现代性思想的反思者。总地说来,他比较推崇中西古典文明,强调中西古典文明之间的相通性,这从他关于文言白话的辩论可知。但他却也并不认为中国传统文明已完美无缺,尽管他在各种随机辩护中,曾说出一些偏激的话。许多时候,辜鸿铭都主张东西文明应该互补、融合。这是他根本超越一般民族主义者——不仅是政治民族主义,而且包括文化民族主义——的地方。所以在回应艾恺先生有关看法的时候,笔者曾特别强调:

> 就我长期研究辜鸿铭的思想所知,辜氏不仅是一般地肯定中国文化对于中国人的价值,也强调中国文化的普遍意义,并不只是一味消极地维护诸如纳妾、缠足那样的旧文化风俗。这无论是从他义和团时期的《文化与无政府状态》一文、第一次世界大战前后的《中国人的精神》等书,还是晚年的赴日讲学的内容,都可以明显看出来。他鼓吹的是中国文化拯救西方乃至整个人类。当然,学者们对他的思想深度,可能会有不同评价。这是另外一回事情。[2]

晚年在日讲学时,辜氏本人也曾对他的文化态度问题做过非常明确的自我解释。他说:"因为常常批评西洋文明,所以有人说我是个攘夷论者,其实,我既不是攘夷论者,也不是那种排外思想家。我是希望东西方的长处结合在一起,从而消除东西畛域,并以此作为今后最大的奋斗目标的人。"[3] 不仅如此,在辜氏看来,其实世界上本来也并不存在

---

① 吴宓:《悼辜鸿铭先生》,载《大公报》"文学副刊"第18期,1928年5月7日。
② 黄兴涛:《20世纪早期中国的启蒙批评何以如此"微弱"?——回应艾恺先生提出的问题与解释》,载《光明日报》,2015年4月8日。
③ 见本书所收《辜鸿铭论集》中的《东西异同论》。

什么完美无缺的文明，未来的人类，需要今人从人类自身的根本需要出
发，对现存的各种文明进行理性明智的"菁英"选择和创造性综合。这
一点，从他 1908 年底代表"太平洋学会"给托尔斯泰 80 寿辰的祝寿词
中可见一斑：

> 今之所谓宗教，如耶、如儒、如释、如道，靡不有真理存乎其
> 中，惟是瑕瑜互见，不免大醇小疵；各国讲学同人，如能采其菁
> 英，去其芜杂，统一天下之宗教，然后会极归极，天下一家，此真
> 千载一时之会也。同人不敏，有厚望焉。①

另外，就文化保守主义的思想类型而言，辜氏实既有别于清末的国
粹派，也不同于民初的"东方文化派"和后来的现代新儒家。对此，笔
者在其他论著里多有论述，这里就不再展开进行具体讨论了。总体说
来，辜氏从文化保守主义视角出发，对儒家道德文明价值的认知和强
调，对现代物质主义、机械主义和功利主义等文明弊端的嘲讽和抨击，
乃至对于中西文明的一些具体比较和认知等，多有可取之处和思想启发
价值。而他对君主制度的维护和对现代民主制度的反感，乃至于对妇女
的歧视等陈腐观念与行为，则理当批判、不足为训。

第四，辜鸿铭的思想，在表达上受愤世嫉俗心态的制约，多有偏激
过当之处，这的确是事实。但他却并不是一个没有思想根基和文化信念
的人。过于夸大其性格和心理对其思想的影响程度，以致有人将之视之
为所谓"性格人"，强调这种人"一生只求在抬杠中取胜，无所谓道理
不道理，对国事家事也无坚执之见，只求在每件事上驳翻别人"②，这
就言过其实了。实际上，他的思想特点，恰恰不在于基于所谓性格心理
的"多变"，而在于其以不变应万变，在于其对儒家文明的狂热挚爱和
终生坚守。正如笔者曾反复申说的那样，他对纳妾和缠足等的维护，未
尝不是一种爱屋及乌的表现。

三

辜鸿铭一生留下的论著，不下 100 万字。除《张文襄幕府纪闻》和
《读易草堂文集》等少数几种为中文之外，其他均为外文。其中又以英

---

① 见本书所收《给托尔斯泰的祝寿文》。
② 萧文：《"性格人"辜鸿铭》，载《读书》，1987 年第 7 期。

文为主。笔者从 20 世纪 80 年代中期起，开始研究辜鸿铭其人，不断收集、整理和翻译他的各种论著。特别是 1989 年至 1992 年攻读博士学位期间，为完成题为《辜鸿铭的文化活动及其思想研究》的博士论文，还曾摘译并请人协助翻译过当时所能见到的重要的辜氏著作。

1995 年，拙著《文化怪杰辜鸿铭》由中华书局出版后，产生了一些反响。海南出版社的欧阳欢等先生因此找到我，希望能够将辜氏的一些外文著作翻译出版。于是，笔者和宋小庆学兄首先合作完成《中国人的精神》（辜氏自定中文名为《春秋大义》）一书，交给海南出版社。该书于 1996 年 4 月首版之后，受到学术界和读书界的热烈欢迎，当年即一再重印，后来更是多次重版。同年 8 月，笔者所组织翻译的《辜鸿铭文集》上下两卷，也由海南出版社正式推出，其中收入辜氏论著近 70 万字。这些译著的出版，对于国人完整地了解辜鸿铭的思想，曾经起到过较为积极的推动作用。

此后，国内关于辜氏的译著又陆续有其他的版本问世，但似乎都没有收入新增的辜氏作品之译作。迄今为止，笔者所主编的《辜鸿铭文集》，仍然是收录辜氏译著文种最多和数量最大的本子。

这次应邀选编《中国近代思想家文库·辜鸿铭卷》，笔者按照规定的字数要求，重点选择了辜氏自 1883 年至 1927 年间公开出版的主要著作以及正式发表的文章或演说共 40 余万字，并大体以其撰写和发表的时间先后为序进行编排，以求能够反映其一生在政治、学术和文化教育等方面的主要思想及其演化过程。当然与此同时，笔者也愿意尽可能照顾到其原来被收入自编论集的收文原貌和排列顺序。只有在编排辜氏 1883 年发表的《中国学》和 1891 年发表的《为吾国吾民争辩——现代传教士与最近骚乱（教案）关系论》两文时，稍做了一点不同处理。这两篇文章，被笔者从《中国人的精神》和《尊王篇：总督衙门论集》两书中单独抽出，按其最早公开发表在报刊上的年代编入本书之中。原因是两者发表的时间都较早，有助于显示辜氏初登思想舞台时的精神关切和论辩状态。特别是《中国学》一文，乃是辜氏一生所公开发表的最早文章，比《中国人的精神》一书首版的 1915 年要早 20 余年。相信这次将其专门抽出，置于本卷之首，不仅有助于凸显该文对于辜氏本人的重要性，也能在一定程度上方便读者去有效地把握辜氏思想和文化活动的原初起点。

尽管受到字数的严格限制，本书这次除了使用原《辜鸿铭文集》所收论著之外，还特别补译了辜氏以英文发表的《中国人的家庭生活》（Chinese Domestic Life）（上下）、《在华外国人》（The Foreigner in China）和《未开化的美国》（Uncivilized United States）等三篇文章，并增补了《硕儒沈子培先生行略》一文（1922），共有三万字左右的内容，以求在资料上能给读者带来一点新鲜感。

《中国人的家庭生活》上下篇，连载于 1884 年 1 月 2 日和 1 月 9 日的《北华捷报》。从中可以看到辜鸿铭最早为中国纳妾制度进行辩护的内容。他在此文里奉劝欧美人要善意地了解和认知中国人的社会生活、婚姻制度、历史文化和妇人的地位，不要鲁莽轻率地对一个民族和文化下道德判断。实际上，该篇或可视为其后来的名著《中国人的精神》中"中国妇女"一章的雏形。另外，由于 1885 年辜氏即正式归国，此篇也自然成为今人研究他回国之前对于中国文化认知水平的一个直接凭借。

《在华外国人》一文作于 1906 年。文中公开谴责西方列强以清朝官员的腐败作为借口、攘夺中国海关管理权的无耻行径，呼吁在华外国人必须尊重中国人，尊重中国的国家主权。在举世瞩目中国改革浪潮兴起之际，辜氏却呼吁首先应该倡导的是在那些来华外国人中进行一场对华态度的改革运动，这实在有点意味深长。本文译自 1906 年 7 月 27 日《北华捷报》。五年后，辜鸿铭在其著作《中国的牛津运动》中曾提及："大约五年以前，我以'一个穿长袍的中国人'的名义给《字林西报》写过一篇文章，文中我说，'就我所见，目前中国改革运动的狂热，将注定导致一场灾难。'"《在华外国人》一文的倒数第二段，也恰恰有这句话，故我们认定此文为辜氏作品无疑。

《未开化的美国》一文，译自 1921 年 6 月 12 日的《纽约时报》。该文发表时，编辑于文前曾作如下说明："下文最初发表于中国北京的《北华正报》，由作者本人提供给《纽约时报》。"留学美国并看到此报的罗家伦，曾对该文留下相当深刻的印象，他后来在《回忆辜鸿铭先生》中写道："大约是在 1920 年美国《纽约时报》的《星期杂志》上有一篇辜先生的论文，占满第一页全面。中间插入一个辜先生的漫画像，穿着前清的顶戴朝服，后面拖了一根大辫子。这篇文章的题目是《没有文化的美国》。他批评美国文学的时候说美国除了 Edgar Allan Poe 所著的 Annabel Lee 之外，没有一首好诗。诸如此类的议论很多，可是美国这个权威的大报，却有这种幽默感把他全文登出。美国人倒是有种雅量，欢喜人家骂他，愈骂得痛快，他愈觉得舒服，只要你骂的技术够巧妙。

像英国的王尔德、萧伯纳都是用这一套方法得到美国人的崇拜。"实际上,辜鸿铭此文之所以受到美国人的重视,实在于他对"文明"具有独特的理解、并以此为据对美国予以尖锐的批评,用罗家伦的话来说,也就是这一批评,恰好"能够搔到人家的痒处"①。

至于《硕儒沈子培先生行略》一文,则是近代中国著名学者沈增植1922年逝世之时,辜鸿铭接受委托为纪念沈氏而撰。现原件藏于上海图书馆,由民国工商界名人、擅书法的柯菊初书丹。此次全文标点并录入本书之中。沈增植的道德人格、学问文章素为辜鸿铭所服膺,被辜氏誉为"君子儒"。两人早期曾同为湖广总督张之洞幕僚,进入民国后,又同为遗老并多有交往。在辜鸿铭心目中,沈氏无疑属于其文化保守事业的杰出盟友和人生楷模。

以上四篇文章的选入,除了可以丰富今人对辜鸿铭思想的全面了解之外,也希望能有助于认知他的文化保守思想与活动的特色所在。

此外,笔者此次选编这部辜鸿铭的思想文集时,还尽可能对以前翻译的辜氏译著进行了必要的校正。比如,从前拙译《中国人的精神》中所收辜氏1883年的《中国学》一文里,曾将文中提及的晚近校注庄子《南华经》有名的学者"Lin Hsi Chung",直接音译为"林希冲"。晚于笔者所编的有关译著集,也多半因袭此译,也有音译成"林锡聪"的,但同样流于疏懒、不可取。这次,为了彻底弄清其人的真实姓名,笔者特地查阅了清代校注《南华经》和研究庄子的所有重要学者,终于确认"Lin Hsi Chung"乃为福建闽县学者、《庄子因》的作者林云铭(字西仲)。笔者从林西仲的《增注〈庄子因〉序》中,还找到了辜鸿铭此文中所摘引的原文。至此,笔者多年的未安之心终于踏实下来。

又如1908年,辜鸿铭代表"亚洲太平洋协会"曾为俄国大文豪托尔斯泰的八十寿辰起草祝寿文,笔者原主持编辑《辜鸿铭文集》时所收的此文有错漏,系转录于台湾杜英穆先生所写《崇古好辩的辜鸿铭》(台湾别传丛书第五种"学术名家别传"《梁启超、辜鸿铭、章炳麟》中的第二篇)。2014年9月,中国国家博物馆举办"列夫·托尔斯泰与他的时代"展,笔者在参观展览时,有幸得见来自托尔斯泰庄园博物馆所藏的此一"祝寿文"之中文原件,于是拍摄下来。这次将其两相对照,得以纠正原转录之文中的多处错漏,从而使其成为目前最为准确的文

---

① 罗家伦:《回忆辜鸿铭先生》,载台湾《艺海杂志》,第1卷第2期。

本。诸如此类的修补努力，不必在此一一赘述。书中的相关注释里，都
已经有过不同程度的交代了。

最后，尚需特别说明的是，在选编此书的过程中，中国社科院近代
史研究所的李珊博士，曾帮助查找辜鸿铭的英文论文并翻译《中国人的
家庭生活》与《在华外国人》两文，中国人民大学出版社的王琬莹编
辑，也曾给予各种耐心的协助。这里，笔者均要表示衷心的感谢。

黄兴涛

于中国人民大学人文楼

中国学
（1883）

（一）

　　不久以前，一个传教士为了像他的同类一样赶时髦，在他那系列学术短文的封面上，自称为"宿儒"，闹了许多笑话。这个念头当然是极端滑稽可笑的。在整个帝国内，可以肯定没有一个中国人敢斗胆妄称自己为"（宿）儒"。中国的"儒"字，意味着一个学者或文人所能达到的最高境界。然而我们却常常听到某个欧洲人被称作为中国学家。《中国评论》的广告里说，"在那些传教士中，高水平的中国学正被辛勤地耕耘着。"然后就开列了一批经常撰稿者名单，并宣称，我们相信，"所有这些鼎鼎大名的名字本身，就是其扎实可靠的学问和对其研究主题融会贯通的象征"。

　　眼下，要估价被称为在华传教士辛勤耕耘的学问之高深程度，我们不必拿德国人费希特在他《论学者的使命》的演讲里、或美国人爱默生在其《文学伦理学》中所提出的高标准来衡量。比如，像前美国驻德公使泰勒先生，就被公认是一个大德国学家。不过，一个读过几本席勒剧本，在某杂志发表过一些海涅诗歌译作的英国人，尽管可以在他的社交圈子里被认作是德国学家，但他自己却绝不会在印刷品中公然以此自称的。但现在在中国的那些欧洲人，他们只出版了几本关于中国某些省份的方言录或百来条谚语的汇编，就立刻会被冠以中国学家的美称。当然，只是这么称称倒也无妨，凭着条约中的治外法权，一个在中国的英国佬，只要他乐意，随时都可以泰然自若地自称为孔子，而不必担心受到任何责罚。

我们之所以被引导来考虑这个问题，是因为有人认为，目前欧洲的中国学已经或正在超越早期开拓时期，即将要进入到一个新的阶段了。在这一新的阶段中，中国学的研究者将不再满足于编纂字典或诸如此类的搬砖运土性质的基础工作，而是试图去撰写研究专著，翻译中华民族文学中最完美的作品，同时，还要以理性的思辨和充分的论据，去对中国文学圣殿中那些最受推崇的名字，加以评判乃至最终给予论定。现在，我们打算从如下几个方面，来做点考察工作：首先，我们来看看所谓欧洲人的中国知识正经历着上述转换的说法，其真实程度究竟如何；其次，将看看以往的中国学都做过些什么；第三，看看目前中国学的实际状况如何；最后，再指出我们所设想的中国学到底应该是什么样的。常言道，一个站在巨人肩上的侏儒，很容易把自己想象成比巨人更加伟大。但尽管如此，也必须承认，那个侏儒，利用他位置的方便，将必定看得更加宽广。因此，我们将站在前辈们的肩上，对中国学的过去、现在和未来做一个鸟瞰。在这一过程中，如果我们提出与先辈们不完全相同的意见，这些意见，我们希望不要被看成我们有任何自炫高超的意思，我们宣称不过是利用了我们所处位置的优越条件。

首先来看第一个问题。所谓欧洲人的中国知识发生了变化，这在我们看来顶多不过意味着掌握一门语言知识的较大部分的困难，已经得到排除。翟理斯博士说："有一种流行的习见曾相信，掌握一门口语知识是件大难事，但现如今，莫说掌握一门口语知识，即便是学会一门汉语方言，也早已不再是历史小说中的虚构情节。"的确，不仅口头语言，甚至于书写语言也是如此。一个英国领事馆的翻译生在北京住上两年、在领事馆工作一两年，便能读懂一封普通电文的大致意思。因此，说迄今在华外国人中的中国知识已发生了一定程度的变化，我们欣然承认；不过，对于超过这一界限的任何夸大其辞，我们则感到非常怀疑。

继早期耶稣会士之后，马礼逊①博士那部著名字典的出版，被公正

① 马礼逊（Robert Morrison，1782—1834），19世纪英国乃至整个欧洲中国学的第一个代表性人物，也是来华的第一个新教传教士。1807年来中国。1823年首次译完并出版新、旧约《圣经》。他的主要汉学著作有《华英字典》、《汉语语法》、《广东土话字汇》等。《华英字典》1815年出版第一卷，1819年至1920年出版第二卷（上下两部分），1822年出版第三卷，整部字典1823年出齐，共6大本，计4595页，成为英汉字典的嚆矢，也为近代汉学打下了初步基础。

地认作是所有已取得的中国学研究成就之新的"起点"（Point de départ）。那部著作无疑留下了一座早期新教传教士那种严肃认真、热情诚挚和尽职尽责的纪念碑。在马礼逊博士之后的一批学者中，德庇时爵士①、郭士腊博士②可以作为代表。德庇时爵士对中国人真的一无所知，他自己也够诚实地承认了这一点。他肯定会讲官话并能够不太困难地阅读以那种方言写成的小说。但是像他当时所掌握的那点中国知识，在现今怕是难以胜任任何一个领事馆的翻译职务。然而值得注意的是，直到今天，仍能发现绝大多数英国佬对于中国人的看法，是受到他关于中国著作的影响。郭士腊博士的中国知识可能比德庇时爵士多一点。但他却浅尝辄止，不打算再作进一步的了解。已故的托马斯·麦多士③先生后来在揭露郭士腊的虚荣方面做得不错。诸如此类的人还有传教士古伯察④和杜赫德⑤。此后，我们莫名其妙地找到了蒲尔杰（Boulger）先生，在最近出版的新著《中国历史》中，他把上述这些人引作权威。

在法国，雷慕沙⑥是欧洲所有大学中最先获得汉学讲座教授席位的人。对于他的工作，我们还无法做出适当的评价。但他有一本引人注目的书——法泽中文小说《双堂妹》。那本书，利·亨特（Leigh Hunt）

① 德庇时（John Francis Davis，1795—1890），19世纪上半叶英国著名汉学家。1844年至1848年，曾任驻华公使、商务监督和香港总督。著有《中国诗歌论》、《中国概览》、《中国人：中华帝国及其居民概述》、《交战及媾和以来的中国》等书。还译有《好逑传》和《汉宫秋》等，对于中国文学、戏剧的西传颇有贡献。

② 郭士腊（Charles Gutzlaff，1803—1851），又译作郭士立、郭施腊。德国19世纪早期著名汉学家。马克思著作中唯一提到过的来华传教士。著有《中国史略》、《开放的中国——中华产国概述》、《道光皇帝传》、《1831、1832、1833年三次沿中国海岸航行日记》等书。

③ 麦多士（Thomas Taylor Meadows，1815—1868），19世纪前期英国汉学家，驻华领事官。1843年来华，死于牛庄领事任上。他著有《关于中国政府和人民及其语言的杂录》、《中国人及其叛乱》。还译过一些满文资料为英文。

④ 古伯察（Evariste Regis Huc，1813—1860），19世纪前期法国汉学家，遣使会在华传教士。1839年来华。曾著有《鞑靼、西藏、中国游记》、《中华帝国——"鞑靼、西藏游记"续编》、《基督教在中国、鞑靼和西藏》。他的著作多有英文本，一度在欧洲十分流行。

⑤ 杜赫德（Du Halde），生平不详。疑辜鸿铭将18世纪《耶稣会士通信集》的主编杜赫德（Jean Baptiste Du Halde）误认为19世纪法国汉学家。杜氏主编的名著《中华帝国全志》，1735年在巴黎正式出版，对西方认识中国和西方汉学产生了持久的影响。当时他的书仍在欧洲流行。

⑥ 雷慕沙（Abel Rémusat，1788—1832），19世纪初期法国著名汉学家，法国汉学学科创始人之一。1815年出任法兰西学院汉学讲座首席教授，1822年发起刊行《亚细亚学报》。1826年翻译出版中国小说《玉娇梨》。他最重要的作品是《汉语语法基础》，它是西方正式出版的第一部汉语语法著作。

读过，由他推荐给卡莱尔，再由卡莱尔传给约翰·斯特林（John Stirling）。谁读过此书后都觉喜爱，说它一定出自一个天才之手，"一个天才的龙的传人"。这部小说在中国名叫《玉娇梨》，是一部读来十分愉快的书，但它只是中国文学中一个二流作品的代表，而且即便是在二流作品中也不占很高位置。不过，一想到出自中国人脑袋瓜的思想与想象实际上已得到像卡莱尔和利·亨特这些人的理解，总还是令人高兴的。

继雷慕沙之后的汉学家有儒莲①和波迪埃（Pauthier）。德国诗人海涅曾说，儒莲有一个奇妙而重要的发现，即波迪埃先生一点也不懂汉语，而后者也同样有一个发现，即儒莲全然不懂梵文。然而，这些著作家所做的开拓工作却是非常重要的。他们的优势在于对于本国的语言驾轻就熟。另一个可以提及的法国著作家，是德理文②。他的唐诗翻译是对中国文学一个部门的突破性工作，此种工作在此前后曾长期得不到进展。

在德国，慕尼黑的帕拉特③博士出版了一部关于中国的书，题为《满族》。像德国人所写的其他著作一样，这是一部无懈可击的佳作。其明显意图是要勾勒出中国满族王朝起源的历史面貌。但该书的后一部分涉及有关中国问题的其他内容，就我们所知，是用欧洲文字写成的其他任何一部书中所无法找到的。像卫三畏博士的那部《中国总论》之类的书，同它比起来，就只能算是一部小人书罢了。另一个德国汉学家是冯·斯特劳斯（Von Strauss）先生，1866年被普鲁士吞并之后的小德意志公国的前任大臣。这个老臣卸任后一直以研究汉学自娱。他出版过一部《老子》译著，最近又出版了一部德译《诗经》，据在广东传教的

① 儒莲（Stanislas Julien，1797—1873），19世纪中叶法国著名的汉学家。对中国的农商业、佛教禅宗和戏曲等许多领域都有独到研究。曾翻译《蚕桑辑要》、《老子道德经》、《大唐西域记》、《灰阑记》等。继雷慕沙任巴黎法兰西学院讲座教授四十余年。后以他的名字设立的"儒莲奖"，是欧洲最高的汉学家奖。

② 德理文（De Saint Denys，1823—1918），继儒莲之后的法兰西学院汉学讲座教授。曾译唐诗、屈原《离骚》为法文。所译《文献通考·四裔考》也有盛名，给当时西方的人种学研究提供了重要资料。

③ 帕拉特（Plath，1802—1874），19世纪中叶德国著名的汉学家。曾任哥廷根大学东方学教授。晚年移居慕尼黑。他著有《满族》、《关于孔子及其弟子的生平与学说》、《中国古代的家庭》、《中国古代的法律》等书，是一个高水平的汉学家。他的《满族》一书，至今仍受到西方学者的重视。辜鸿铭对此书加以推崇，确实颇见眼力。

花之安①先生看来，其中的某些部分还是蛮不错的。据说他对《诗经》中的《颂》的翻译也很有神韵。遗憾的是，我们没能获得这些书。

以上我们提到的这些学者们，可以被认作是早期的汉学家。其工作始于马礼逊博士字典的出版。第二个时期的出现，则是以两部权威著作为标志的：一部是威妥玛②爵士的《自迩集》；另一部是理雅各博士的《中国经典》翻译。

说到第一部，那些中国知识现已越过能讲官话阶段的西方人可能会不屑一顾。尽管如此，它却是所有已出版的关于中国语言的英文书中，在力所能及的范围内的一部最完美的大著。而且这部书被写出是时代呼唤的必然结果。诸如此类的书必须被写出，瞧！它被写出了，在某种程度上说，它的写出既拿走了同代人的所有机会，也不会有来自未来的竞争。

那些中国经典的翻译工作肯定有人做，也是时代的必然要求。理雅各博士完成了它，结果出了一打巨大的、规模骇人的东西。如果单从数量上来看，确实是惊人的、了不起的成就。面对着这些卷帙浩繁的译著，我们谈起来都有点咋舌。不过必须承认，这些译著并不都令我们满意。巴尔福③先生公正地评论说，这些经典的翻译，大量地依赖了所生造的专门术语。我们感到理雅各博士所使用的术语生涩、粗疏、很不适当，有些地方简直不合语言习惯。这是就形式而言。至于内容，我们不想贸然发表意见，还是让广东的花之安牧师来做评判。花之安牧师曾对我们说："理雅各博士关于孟子的注释，表明他对孟子其书缺乏哲学的理解。"可以肯定，如若理雅各博士没有在头脑中，设法将孔子及其学派的教义作为一个有机整体加以把握，他是无法读懂和翻译这些作品

---

① 花之安（Ernst Faber，1839—1899），19世纪著名的德国汉学家、传教士。1865年来华传教。他的《自西徂东》（汉文）一书，在近代中国影响不小，是鼓吹"孔子加耶稣"理论的主要代表人物。他对中国的宗教哲学和植物学也很有研究，曾著有：《儒学汇纂》、《中国宗教学导论》、《从历史的角度看中国》、《中国古代社会主义的重要思想——哲学家孟子的学说》、《孟子的思想——基于道德哲学的政治经济学说》、《中国史编年手册》等。

② 威妥玛（Thomas Wade，1818—1895），19世纪英国著名的汉学家和驻华外交官。其外交官生涯充满了侵华臭味。但汉学上还是颇有贡献。曾著《自迩集》（Tzu Erh Chih，又称《语言自迩集》，1867年出版）、《寻津录》等书，还编有英华字典。对中国的语言学较有造诣。所创汉字罗马字拼音方案，被称为"威妥玛氏"注音符号，至今仍为研究汉学的外国人所用。

③ 巴尔福（Frederic Henry Balfour，1846—1909），19世纪英国汉学者。1870年来华经营丝茶，后来从事文学和新闻工作。1881—1886年任上海《字林西报》总主笔。曾把老子《道德经》和庄子《南华经》译成英文，著有《远东浪游》、《中国拾零》等书。

的。然而使人惊奇的是，无论是在注释中，还是在专题论述中，理雅各博士都没漏过一个字词能表明他对孔子教义的确是作为一个哲学的整体来理解的。因此，他对这些经典价值的评判，无论如何也不能作为最后的定论来看待。新的翻译者还将接踵而来。自从上面所提到的两种著作出现以后，又有许多关于中国的著作陆续问世，其中，的确有几部具有较大的学术价值，但我们觉得，还没有一部能表明中国学已到了一个重要的转折点。

首先有伟烈亚力①先生的《中国文学札记》。但它仅仅是一部目录，而不是一本带有一丁点文学意味的书。另一本是已故梅辉立②先生的《汉语指南》，它当然不是什么了不得的优秀著作，但在已出版的关于中国的著作中，它确实要算一部最严谨、认真而不装模作样的大著了。并且它的实用性，也仅次于威妥玛的那部《自迩集》。

另一个有名望的中国学家是英国领事馆的翟理斯先生，像所有早期的法国汉学家一样，翟理斯先生拥有令人羡慕的文学天赋，文风清晰、生动而优美。他所接触的每个问题，无不立刻变得明晰而易懂。他在选择值当他那支笔的题目时并不很幸运。不过也有一两个例外。一个例外是《聊斋志异》的翻译，它可以被视为中文英译的典范。但是，《聊斋志异》尽管是极为优美的文学作品，却仍然不属于中国文学的最上乘之作。

继理雅各博士翻译中国经典的盛举之后，巴尔福先生最近出版的关于庄子《南华经》的翻译，肯定是抱负最高的作品。我们承认，当第一次听到这本译著预告的时候，期待和高兴的程度绝不亚于听到一个英国人进入中国翰林院的消息。《南华经》被中国人公认为民族文学精华中最完善的作品之一。自从公元前两世纪以前该书诞生以来，它对中国文

---

① 伟烈亚力（Alexander Wylie，1815—1887），19 世纪英国传教士和汉学家。1847 年来华。曾著有《中国文学札记》（*Notes on Chinese Literature*，又译成《中国文献记略》）、《中国研究录》、《满蒙语文典》等书。学识渊博，对景教碑研究有素。在伟氏的汉学著作中，最受人重视的是 1867 年出版的《中国文学札记》，它实际上是《四库提要》的英文简编。另外伟氏对在中国传播西学也做出了相当贡献。他曾同李善兰一道，翻译出版过《续几何原本》、《谈天》、《代微积拾级》等西方自然科学名著。

② 梅辉立（William Frederick Mayers，1831—1878），19 世纪中叶英国汉学家和驻华外交官，1859 年来华，1871 年至 1878 年任英国驻华使馆汉文正使。死于上海。主要汉学著作有《汉语指南》（*Chinese Readers Manual*，又译成《汉语读者手册》，1874 年出版）、《棉花传入中国记》、《中国政府——名目手册》、《中外条约集》、《中日商埠志》（与人合著）等。其中以《汉语指南》和《中日商埠志》较为有名。

学的影响几乎不下于儒家学派的著作。以后历朝历代，富于诗意和想象力的文学作品，在语言与精神上均受到了它的主导性影响，就像四书五经对于中国哲学著作所发生的影响那样。然而，巴尔福先生的作品一点也算不上翻译，简直就是胡译。我们承认，贸然给予这部肯定花费了巴尔福先生多年心血的译作以此种评价，我们的心情是沉重的。但我们已经冒犯了它，只能希望这种评价能更加到位。我们相信，假如我们提出庄子哲学的准确理解和解释问题，巴尔福先生是绝不会屈尊来参加我们的讨论的。晚近新出的《南华经》中文本编辑林西仲①，在编者前言中写道："要阅读一部书，必须首先弄懂每个单字的意思；只有弄懂了每个单字的意思，才能正确分析每个句子的语法结构；只有搞通了每个句子的语法结构，才能理解段落的安排。做到了以上几点，才能最终获得整个篇章的中心思想。"② 然而巴尔福先生翻译的每一页，都表明他有许多单字的意思未能弄懂，未能对句子的语法结构做出正确的分析，也没有准确地理解段落的安排。如果我们所设想的上述观点能够被证实，正如它们很容易就被证实的那样，只需看看其关于语法和句法规则方面的理解水平，就能非常清楚地得知巴尔福先生未能准确地把握《南华经》的中心思想了。

在目前所有的中国学家中，我们倾向于把广东的花之安牧师放在首位。虽然我们并不认为花之安先生的成果比其他人更有学术价值或文学价值，但我们发现几乎他所写的每个句子，都表明了他对文学和哲学原则的某种把握，而这正是我们在同时代的其他中国学家的作品中所见不到的。至于我们所构想的这些文学和哲学的原则究竟是什么，必须留待本篇的下一部分里再谈了。届时，我们希望能够阐明中国学的研究方法、目标和对象。

（二）

花之安先生曾评论说，中国人不懂得任何系统的科学研究方法。然

---

① 辜氏原拼为"Lin Hsi Chung"，笔者早年曾直译为"林希冲"，此后所有重译者几乎都因袭此谬，甚为遗憾。现考证确知其人本名林云铭（1628—1697），字西仲，福建闽县人，有"书痴"之称。其所著《庄子因》极有影响。《红楼梦》里林黛玉题诗中即有"无端弄笔是何人，作贱《南华》、《庄子因》"之句。

② 此句中文原文为："盖凡读书家，必先识得字面，而后能分得句读；分得句读，而后能寻得段落；寻得段落，而后能会得通篇大旨及篇中眼目所注、精神所汇，此不易之法也。"

而在一部名为《大学》（*Higher Education*）① 的中国经典里，却提出了一个学者进行系统研究所应当遵循的一系列程序。这部经典，被绝大多数外国学者认作是一部"老生常谈经"。或许，研究中国学的人们，再也没有比按这部经典里所提出的程序去做研究，会更有成效了。这个程序就是：起于对个体的研究，再从个体进入到对家庭的研究，然后从家庭进入到对政府的研究。

因此，对于研究中国学的人们来说，首先应该努力弄懂的，是中国人个人行为原则方面最基本的知识，这是必不可少的。其次，他要检查一下，看看这些原则是如何运用和贯彻到中国人复杂的社会关系和家庭生活之中的。第三，在完成上述研究之后，他才能将其注意力和研究方向，放到国家的行政方式和管理制度上去。当然，这样一个研究程序，正如我们指出过的，只能是大体上得到贯彻。要完全贯彻它，需要学者们付出几乎毕生的精力，去专心致志、锲而不舍地追求。然而，可以肯定的是，一个人除非他设法让自己熟悉上述原则，否则他就根本不配称作中国学家或自认为有什么高深学问。德国诗人歌德曾说："在人的作品中，正如同在自然的造化中一样，真正值得注意和超越一切的，是意愿。"在对民族性格的研究中，最重要而值得注意的也是如此。不仅要关注该民族人民的活动和实践，而且要关注他们的观念和理论；要弄懂在他们看来何为好坏；何为正义非正义；何为美丑，以及怎样区分智愚。这就是我们所谓研究中国的人应该探究个人行为准则的意思。换言之，我们的意思是说，你们必须懂得中国人的民族理想（National ideals）。如果有人要问如何才能做到这一点，我们的回答是，去研究该民族的文学，从民族文学中，既能窥见他们最美好最高妙的特性，也能看到他们最糟糕的性格方面。因此，吸引那些研究中国的外国人注意的对象之一，应该是该国人民正统权威的民族文学。无论是作为研究必经的阶段，还是仅仅作为达到某种目标的手段，对民族文学的预备研究都可能是必要的。现在，让我们来看看怎样研究中国文学。

一个德国作家曾说："欧洲文明建立在希腊、罗马和巴勒斯坦文明的基础之上，印度人、波斯人与欧洲人一样同属雅利安人种，因此彼此是亲属关系。在中世纪，同阿拉伯人的交往，又使欧洲文明受到了影响。甚至直到今天这种影响仍没有消失。"但对于中国人来说，他们文

---

① 为外国人更熟悉的译名是"*Great Learning*"。——原注

明的起源、发展乃至赖以存在的基础，同欧洲人的文化完全不相干。因此，研究中国文学的外国人，具有要克服不了解其基本观念和概念群的一切不便。他们不仅有必要以有别于他们的中国民族之观念和概念来武装自己，而且首先必须找到它们在欧语中的对应物。假如这些对应物不存在，便要分解它们，看看这些观念和概念可以归属于普遍人性的哪一方面。例如，在中国经典中不断出现的"仁"、"义"和"礼"，英文一般译作"benevolence"、"justice"和"propriety"。然而当我们审查这些英语单词和它们的内涵时，发现它们竟然是那么的不合适：它们并不包含这些中国字所具有的全部意义。再者，"humanity"可能是那个被译成"benevolence"的中国"仁"字最恰当的翻译，但这时的"humanity"，在某种意义上必须要理解成不同于英语中的习惯用法。大胆一些的翻译者，会用《圣经》中的"Love"和"righteousness"来译"仁"，它的准确程度恐怕并不亚于任何别的被认为是既传达了词的内涵、又符合语言习惯的翻译。然而现在，如果我们把这些词所传达的观念进行分解并归类于普遍的人性，我们会得到它们的全部含义，那就是"善"、"真"和"美"。

此外，一个民族的文学，如果要研究，一定要将其视作一个有机的整体去系统地研究，而不能割裂零碎，没有计划或条理，正如迄今为止绝大多数外国学者所做的那样。马修·阿诺德先生说过："无论是全部文学——人类精神的完整历史，还是哪一部伟大的文学作品，只有将其作为一个有机的整体来贯通理解时，文学的真正力量才能体现出来。"眼下，我们看到，研究中国的外国人将中国文学视作一个整体来把握的是多么少见！因此他们不大能够认识到其价值和意义，以至真正懂得它的人也少之又少！因而变作他们理解中国民族性格的力量，也就微不足道！除了理雅各及其他一两个学者外，欧洲人了解中国文学主要是通过翻译过去的小说，而且并不是最优秀的、只是其中一些最平常的小说。这就好比一个外国人通过布诺顿女士（Rhoda Broughton）的作品，或是通过那类学龄儿童和保姆的小说读物来评价英国文学一样可笑。当威妥玛爵士发狂地指责中国人"智力贫乏"的时候，他头脑里装的肯定正是中国文学中的这类东西。

另一常被用来批评中国文学的离奇的评论，是认为它太过道德，这实际上等于指责中国人太过道德，而与此同时，绝大多数外国人却又乐于认同中国人是一个爱说谎的民族！我们可以通过事实来说明这一点。

除了前面我们已经提到的那些平庸的翻译小说外，从前研究中国的外国人的译作，仅限于儒家经典。在这些经典作品中，除了道德之外，当然还有其他内容。我们对巴尔福先生心怀敬意，但我们认为这些书中所包含的"令人钦佩的学说"，却绝非他所评论的那样是"功利的和世俗的"。在此，我们只举两句话来请教巴尔福先生，如果他真的以为中国经典所包含的"令人钦佩的学说"是"功利的和世俗的"，那么下面两句话又该做何解释？孔子在回答一个大臣的问话时曾说："罪获于天，无所祷也。"再者，孟子说："生，我所欲也；义，我所欲也，二者不可得兼，舍生而取义者也。"

我们认为将话题岔开，以抗议巴尔福先生的评论是必要的。因为在我们看来，像"上古人的奴隶"、"诡辩的老手"这种尖刻的词，在中国从不被用于评论一部哲学著作，更不必说用于批评那最古老的圣哲了。巴尔福先生可能是被对"南华"先知的那种钦佩引入了歧途。他渴望强调道家优于正统学派，所以荒不择言、误入了迷津。我们相信，他冷静下来的时候，定然是会收回这些议论的。

言归正传。我们说过，中国文学必须作为一个有机的整体来研究。另外，我们注意到欧洲人习惯于仅从以孔子名义合成的那些作品，来构筑他们对中国文学的评价。事实上，中国人的文学活动在孔子时代还只是刚刚起步，此后又历经了十八个王朝两千多年的发展。孔子时代的人对文学形式的理解，还非常不完善。

在此，让我们来谈一谈文学作品研究中应予注意的重要一点，这一点在迄今为止的汉学研究中完全被忽视了，那就是文学作品的形式问题。诗人华兹华斯说："要相信，内容固然重要，但内容总是以文体的形式表现出来。"的确，就文学形式而论，以孔子名义合成的那些早期作品，并未自诩为已达到完美的程度。它们被视作经典或权威作品，主要不是因其文体的优美或文学形式的完善，而是以它们所蕴含的内容的价值为标准的。宋朝人苏东坡的父亲曾评论说，散文体的雏形可以追溯到孟子的对话体。不过，中国文学作品，散文也好，诗歌也好，日后都发展成多种多样的文体和风格。比如西汉的文章不同于宋代的随笔，后者在文体上与培根散文更为相似，而不同于艾迪生（Addison）或哥德斯密（Goldsmith）的散文。六朝诗的狂放恣肆不同于唐诗的纯净、活泼与光彩夺目，就如同济慈早期诗作的柔弱和生嫩，不同于丁尼生诗的有力、明晰和色彩适中一样。

因此，正如我们所显示的，一个研究者只有用被研究民族最基本的原则和概念武装起来之后，才有资格把研究目标对准该民族的社会关系；然后再看这些原则是如何被运用和贯彻的。但是，一个民族的社会制度、礼仪风俗并非像蘑菇一样在一夜之间就能生长出来，而是历经了漫长的岁月，因此，研究该民族的历史实在必要。现在，欧洲学者对于中国人民的历史迄今为止几近无知。蒲尔杰先生最近出版的所谓《中国历史》，可能是像中国这样的文明人能够被写成的最为糟糕的历史。这样一种历史，如果写的是像南非的霍屯督那样的野蛮人，或许还能被容忍。这种水准的中国历史书能够出版，只能表明欧洲人的中国知识还多么不完善。而不懂得中国的历史知识，便无法对他们的社会制度作出正确的评判。像卫三畏博士的《中国总论》等其他一些关于中国的书，就缺乏这种历史知识，它们不仅无益于学者，甚且会给一般读者造成误导。试以中华民族的社会礼仪为例。中国人无疑是讲究礼仪的民族，他们正确地将此归功于孔教的影响。现在，巴尔福先生尽可以随心所欲地谈论中国人礼仪生活中的琐碎细节，然而，即便是"外在礼节中的打恭作揖"，也正如翟理斯先生所称的那样根植于普遍的人性，即我们定义为美感的人性方面。孔子的一个弟子曾说："礼之用，和为贵，先王之道斯为美。"在经书某处又说："礼者，敬也。"——歌德所谓的"威廉·梅思特式之敬"（the Ehrfürcht of Goethe's Wilhelm Meister）现在我们看到，对一个民族的礼仪风俗的评价，应当建立在对该民族人民道德原则的知识之上，道理是多么明显。不仅如此，对于一个国家政府和政治制度的研究，那种我们认为应当置于一切研究最后阶段的工作——也必须建立在了解他们的哲学原理和历史知识的基础之上。

末了，我们将从《大学》或者如外国人所称的"老生常谈经"中，引一段文字来结束全文。书中说："古之欲明明德于天下者，先治其国；欲治其国者，先齐其家；欲齐其家者，先修其身。"这，就是我们写作《中国学》一文所要表达的意思。

（这篇关于中国学的文章，写作和发表在 1884 年上海的《字林西报》上——确实是 30 年以前。）[1]

---

[1]　此文实际上于 1883 年 10 月 31 日和 11 月 7 日分两次载于《字林西报》上，辜鸿铭记忆略微有误。

中国人的家庭生活[*]
（1884）

上

有人说，科学已经向所有人指明了种族差异的最大、最富有意义的那些因素，其中再没有什么比世界各个种族的社会制度和家庭生活之间的显著差异更为鲜明的了。

"谁会相信，"一位英国作家说，"谁会相信，当有人真正考虑这个问题，也即谈到女性特质、理想女性以及我们与她们的关系问题时，那创造了缪斯女神、骑士制度和圣母玛利亚的优雅而敏悟的印欧种族的天才们，会在闪米特族——那个其最睿智的国王娶有七百个妻、纳有三百个妾的民族之风俗制度中，找到这个问题的权威答案呢?"

尽管现代黄色面孔的穿长袍的中国人与现代蓝眼睛、红头发的欧洲人不同，但可以确定，在这两个民族各自的早期历史上，都有过那么一个时期，那时他们还是赤身露体的野人，没有任何社会或道德的约束，在大地上尽情地奔跑。中国作家自己说，在他们的早期历史中，有那么一个时期，人们在自己的皮肤上画油彩、居住在洞穴之中，茹毛饮血。

---

  * 本文原题为"Chinese Domestic Life"，上篇译自 1884 年 1 月 2 日的《北华捷报及最高法庭与领事馆公报》（*The North-China Herald and Supreme Court & Consular Gazette*，以下简称《北华捷报》），下篇译自 1884 年 1 月 9 日的《北华捷报》。原文署名为"Kaw, Hong Beng"，M. A. 即辜鸿铭文学硕士。Kaw Hong Beng 是辜鸿铭早年名字的译法。这既是他在槟榔屿广为人知的名字，也是爱丁堡大学所藏辜鸿铭相关档案资料中显示的名字（参见黄兴涛：《文化怪杰辜鸿铭》，2 页，北京，中华书局，1995）。这篇文章的上半部分，由李珊博士翻译；下半部分，由陈欣和李珊合译。

唐代作家柳宗元在一篇关于封建制度（the feudal system）起源的文章①里曾写道："彼其初与万物皆生，草木榛榛，鹿豕狉狉，人不能搏噬，而且无毛羽，莫克自奉自卫，荀卿有言：必将假物以为用者也。夫假物者必争，争而不已，必就其能断曲直者而听命焉。其智而明者，所伏必众，告之以直而不改，必痛之而后畏；由是君长刑正生焉。"

　　中国人最早的祖先——他们最初究竟是移民还是这块土地上的原住民，现在已无从知晓——似乎最先出现在今日的陕西省。那时，他们之中已经有了头领，带着大家四处游荡，过着游牧民族飘忽不定的生活。最后，出现了一个伟大的统治者，即中国人称为伏羲的君主，他最终率领其子民定居在中国的西部，并选定了都城，这个地方据说是今天河南的某个城镇。这位叫伏羲的君主被尊奉为中国人社会和政治制度的创建者。其后即位的是神农和黄帝（字面意思为黄色的帝王），据说他们都继承了发端于伏羲的那种教化人民的伟大事业。正是他们建立了神圣的婚姻习俗，使我们得以从此开始构建关于中国人家庭生活的文章。

　　现在，在我细说中国人的婚姻生活之前，请容我指出：那种认为中国妇女的低贱地位是除雅利安或印欧民族之外的民族之特殊现象，并且一夫多妻或纳妾制只在亚洲民族中才存在（中国自然被包括其中）的看法，是欧洲作家中迄今未被指正的最大误区。实际上，所有民族的早期历史中都存在这样一个阶段，人们仅以武力和强权来统治他的同胞。在这样的时代，奴隶制及其伴生物——一夫多妻制和纳妾制，也就有了存在的理由。在战俘中，男人被充作做低贱苦工的奴隶，而女人们，除非她们又老又丑——我认为当今欧洲最大的社会问题就是如何对待那些又老又丑的女人——则被当作女仆或妾，供俘获她们的强人消遣娱乐。我认为，就像奴隶制一样，这也是一夫多妻和纳妾制的来源所在。事实上，它是残酷的需求铁律的产物（the cruel iron law of Necessity），但渐渐地，在我们亚洲人中间，由于人们的长期遵循而成为定制。在希腊罗马的早期时代，妇女的地位绝对不比我们现在亚洲人的妇女地位要好。而在中古封建时代，从可怕的男爵享有的初夜权（jus primae noctae）法来看，情况或许还要更糟。但是，随着基督教的传入，一个伟大的精神影响开始发生作用，它将女性理想化、创造了骑士制度，并且最终在所有欧洲国家废除了一夫多妻制和纳妾制。那么，这个影响究竟

① 即著名的《封建论》。

是什么呢？

我必须引用德国诗人歌德的话来加以解释。在歌德的哲学小说《威廉·迈斯特》① 里，曾对人类宗教的发展给出一个最恰当的论说，我认为这一论说不仅适用于欧洲，甚至对于我们中国人的宗教也适用。他说，在古代，人们只崇拜那些超过自己的强力。因此，在人与人的关系中，他们只臣服于那些仅凭勇猛和武力就能胁迫他们的强人。这是所有早期野蛮人的共同状态。当他们开始意识到与自己平等之人的权利时，其第二个发展阶段就到来了。由此，便产生了民众之间的和社会的组织，它们的出现只有在单纯的武力不再至高无上的时候，才成为可能。在他们最后的发展阶段，迎来了这样一种影响力，它不但使人们认识到在自己之上的人和与自己地位同等之人的权利，还认识到那些弱势的、悲惨之人的权利。基督教——爱的宗教，将这最后一种影响带到欧洲；佛教——仁慈的宗教，则将它带入中国。但是佛教在中国从来没有像基督教在欧洲那样，一度成为精神影响的主流。中国的佛教教义，可以说只是与儒教洪流交汇的一个支流。尽管如此，在晚近的中国文学和人们的社会及家庭生活里，我们会发现，这个仁慈的宗教对于塑造中国人心目中理想的女性，影响至深。就像欧洲的基督徒有他们的圣母玛利亚作为概念中最高尚最纯洁的女性一样，中国家庭中几乎每一个男孩和女孩，从幼年时起便被要求信奉纯洁、慈悲为怀的观世音菩萨，她聆听来自不幸之人的祈祷。在中国，几乎每个少女的闺房里都挂着这个女神——我为找不到其它的词感到气恼——的画像。在很多家庭中，少女还被教导晨昏时分要在这个画像之前诵经。虔诚的传教士将这称之为偶像崇拜。

还是回到主题上来。如我所说，一夫多妻制②或纳妾制，诞生于残酷的崇尚无理性的体力之定律，逐渐地在中国人中间成为长期遵循之人

---

① 小说原名《威廉·迈斯特的学习时代》（*Wilhelm Meister's Apprenticeship*），该书是歌德创作的第二部小说，正式出版于1796年。小说讲述了生于富商家庭的主人公威廉·迈斯特自幼热爱戏剧、文学，厌恶庸俗肤浅的生活。他为了逃避子承父业、成为一个中产商人的命运，随剧团四处流浪，途中遇见开明贵族，他们怀有高尚的人生追求、以社会改良为己任，威廉·迈斯特由此找到了自己的志向。与《浮士德》一样，歌德在这部小说中探讨了个人成长与人生价值的自我实现。

② 此处我将"一夫多妻"和"纳妾"用作相近的概念。但是，欧洲读者可能不大清楚，自皇帝而下，尽管他可以随自己的心意拥有尽可能多的妾和侍女，但每个中国人（Chinaman）只能有一个合法的妻子。关于这一点我们会在下文进一步说明。——原注

的一项定制。现在，要评判民族行为和道德特性，仅因他们与我们所熟知的东西不同，就要加以谴责，这是不对的。乔治·桑①说："道德，完全是地理性的。"指摘一个国家的观念以及被称之为道德的实践，一向是件危险的事情。例如，纯正而道德的英格兰人民，曾经肯定地认为一个男人娶其亡妻的姐妹是一件严重而邪恶的罪行。但近年来，很大一部分公众却突然转变观念，不少体面的英国人现在都认为，一个未婚的女子在其姐妹死后，只要她的姐（妹）夫和她自己两厢情愿，就有合法权利照顾其姐妹的孩子。这就是关于何为道德的公众意见。我常对人们所说的英格兰的公众观念可以一天一个样感到震惊——既然都已经变过了，那为什么不会再变一次？——或许，一个人在妻子还在世的时候就迎娶其妻妹，也会被认为是合法的。

但有的人却急于对个人及其民族的道德下判断。其原因在于，他们从不考虑人类思想中存在着两方面的因素，通常作此类判断时，二者都应当被考虑其中。它们在中国被称作"理"（li）和"情"（ching），可译为"理智"与"情感"。事实上，在欧洲有关道德哲学的著作中，究竟是我们的理智或判断力，还是我们的感觉或情感，让我们判定此行为正确而彼行为错误、此乃高贵而彼乃卑劣，始终存在着争议。在此，我们不必学究式地陷入深奥的哲学问题，大体说来，就两性关系而言，构成我们判断的一大部分是自身的感觉或情感。但这个感觉或情感又处于不断变化之中——就像我上文引用的法国作家所说的那样，它受到不同地位、时代变迁和不同时代需要、甚至可能是气温变化的影响。因为，寒冷的北方之人通常是一夫一妻制的、并且在他们的婚姻关系中往往从一而终。但炎热的南方之人，则通常是一夫多妻、两性关系较为随意，这些自然都是事实。的确，正如诗人所说的那样：

> 明亮的南方是凶险无常的；
> 忠诚与温柔在幽暗的北方。②

从我们现有关于中国古人婚姻生活的记载中可知，古时之人一定是容许纳妾的。我们知道，伟大的智者尧帝曾将他的两个女儿许配给耕田的男子——舜。同样可以肯定的是，三代的君王和贵族除了有合法的伴

---

① 乔治·桑（George Sand），法国女小说家。
② 出自英国桂冠诗人丁尼生（Alfred Tennyson）的长诗《公主》（*The Princess*），这首诗探讨了女性的人生幸福。

侣之外，还有很多侍女或姬妾。不过，从《诗经》（即古老时代的歌谣）来看，那时妇女的地位却决不低贱，尽管纳妾制的存在很容易使人作此揣测。在孟子所引的一段话中，周代的祖先被描述为携伴侣而行，最后在岐山下选择了居所。"在那时，"孟子说，"家中的女子感到很满足，而男人们都有自己的妻子和伴侣。"① 我们还能从这些歌谣中，引录许多显示古时婚姻幸福与快乐的片段。的确，一个能够忍受她的老爷有侍女或妾的女人被认为是贤惠的。但是，那时公众心目中的道德论调——用现代报纸的用词来说——是纯洁和健康的。在公众心目中葆有某种高贵的原则和情感，这使得纳妾制本身"也因为去除了全部的鄙俗而使其罪恶减半"。因为，只有在事先自我意识到自己的鄙俗之后，其所作所为才是作恶。这就是一位英国作家在比较英格兰的查理二世和亨利八世时何以要说："斯图亚特养的是情妇；都铎王朝娶的则是妻子。"

在基督时代前十二个世纪，伟大的周代建立之初，一个重要的中国立法者出现了，他编订了我们中国人社会和家庭关系的法律，并使其成为永久性的。这个人便是周公，该王朝第一位君王的弟弟。直到今天，中国人都将周公视作为婚姻礼法的创立者。不论此前的时代是何种情形，从此婚礼则成为了一个严肃而有宗教意义的仪式。同时还进一步规定，同姓之间不能通婚，此后历经两千多年的时间流逝，这项法令在中国仍然发挥效力。

下

伟大周代的没落始于平王（字面意思为和平的王）东迁。但在此之前，道德失序和社会解体已然开始，且一如既往地发端于上层。遗臭万年的周幽王和他的著名妃子褒姒之间的家庭关系，就是道德松弛的典型，而这一现象也在短时间内蔓延到了社会的各个阶层。在周平王统治的最后一年，中国进入了历史上动荡不安的春秋时代。自此，上至王公贵族下至普通百姓的行为都越来越出格。当时，孔子曾经疾呼："唉，吾未见好德如好色者也。"② 社会关系，尤其是家庭关系被完全忽略不顾。在王公贵族的厅堂之中，荒淫无度之举终日不绝。事实

---

① 此处典出《孟子·梁惠王下》："诗云：'古公亶甫，来朝走马，率西水浒，至于岐下。爰及姜女，聿来胥宇。'当是时也，内无怨女，外无旷夫。"
② 语出《论语·子罕》。

上，古时的简朴和纯洁已经无人记起；即便仍有人记得，他们也只能对他们所处的时代的堕落空自嗟叹。正因为看到这种情况，孔子和他的弟子们才会强调家庭关系的重要性。儒家经典中亦反复指出，好的政府建立于得宜的家庭管理之上。《诗经》中的一篇美文可以用来描述理想的家庭关系："妻子好合，如鼓瑟琴。兄弟即翕，和乐且湛。宜尔室家，乐尔妻帑。"① 这便是中国式秩序井然的完美家庭的写照。尽管有夫子的教导，那个时代的道德和风俗却并未有所改善。生育和培养妇女供市场买卖成为一项常规的贸易，这被花之安先生命名为"女性文化"（Frauen-cultur）。齐景公曾将八十名身怀歌舞等绝技的美女送给鲁定公，离间鲁定公和孔子，并推翻当时孔子正在鲁国推行的大改革。鲁定公收下了那群美女后，开始忽视孔子。孔子只能慨叹："唉，吾未见好德如好色者也。"②

不过，至圣孔子在自己的家庭关系中似乎并不快乐。《礼记》——一本由孔子的后期弟子编纂的有关家庭礼节诸多细节的概略——告诉我们，在往昔时代简朴而健康的习俗中，男子宜在三十岁娶亲、女子宜在二十岁之后嫁人。但孔子自己却遵循传统，早在十九岁时即已成亲，并且后来还由于某种原因不得不抛弃妻子或者说和妻子离婚。但是，理雅各博士认为有证据表明，那种怀疑孔子抛弃妻子的说法是不成立的，它很可能是杜撰。据圣人的弟子们记载，孔子自己曾抱怨过恰当对待妇女及仆从十分困难，他说："唯女子与小人为难养也，近之则不逊，远之则怨。"③ 我们还知道一个关于圣人与他的儿子相处方式的例子。孔子的弟子曾听闻孔子教导其子，故据此推论："君子之远其子也。"④ 事实上，这与孟子所说的相合，即："古者易子而教之。"⑤ 的确，直到现今，在中国，父子之间仍有些疏远。但尽管如此，也不能认为中国的家庭关系就没有嬉闹和情感自然增进的空间。诚然，中国的儿子一直称呼自己的父亲为"家严"；但却不能据此推断中国的父亲永远是严肃的化身。法国作家泰纳先生曾将英国男孩谈及父亲时的称呼可笑地概括为"我的统治者（governor）"，可见英国家庭成员之间的交往也是同样

① 语出《诗经·小雅·常棣》。
② 语出《论语·子罕》。
③ 语出《论语·阳货》。
④ 语出《论语·季氏》。
⑤ 语出《孟子·离娄上》。

如此。

但造成这种社会和家庭生活上道德关系松弛的原因——或者说结果是——那个时代"文"的风气（the literature of the time）。事实上，在那个转折的时代，人文精神的一股很重要的力量开始作用，影响着人们无法抗拒地回归自然并观察事物的本质，这就是英国作家所称的"希腊化"（the spirit of Hellenism）。尽管它总是能创造辉煌，但其副作用便是产生道德上的弱点和松懈的一面。宋代诗人苏轼曾撰文谈及道家及法家（原文为"政治家"）韩非子，"圣人之所以讨厌这些奇怪的教义，不是因为这些学说能够使世界陷入混乱的无政府状态，而是因为这些教义正是无政府主义的产物。从前周代没落之时，历史上出现了老子、庄子、列子等哲学家及其追随者。老子死后一百多年，商鞅与韩非子出现。后世有学者将后二位归为让人们饱受秦国严苛统治的邪恶人物；他们并不明白，这些所谓的邪恶其实源于老子和庄子。现如今，仁爱和正义的教义来源于夫妻之间、父子之间、兄弟姊妹之间发自内心的爱。换言之，道德和社会责任的基础根植于家庭关系，即'自然情感'（natural affection）。但老子和庄子否定了这种自然情感，认为父与子之间发生关系只是一种'意外'（accident），就像水草偶然交缠在一起，才有了联系。"① 众所周知，哲学家庄子对自己妻子的死亡毫不伤心。当一个朋友前来悼念时，发现庄子正蹲坐在地，鼓盆而歌。但是当时新的异端学说的两个最大的代表是哲学家杨朱和墨子，他们鼓吹人们应当远离社会和家庭关系。据孟子所说，杨朱否定了人在社会生活责任中的道德义务，而墨子则否定了人在家庭生活责任中的道德义务。对此孟子愤怒地说："无父无君，是禽兽也。"② 的确，孟子之所以能成为儒家的亚圣，很大程度上得益于其母亲早年对他的影响与教育，让他能够正确而全面地认识家庭关系的重要性。孟母之于中国人，如同格拉古（Gracchi）兄弟③之母之于罗马人。我曾谈到过孟子对于两性的合理关系的表

① 此段文字大意似出自苏轼的《韩非论》："后世之学者，知申、韩之罪，而不知老聃、庄周之使然。何者？仁义之道，起于夫妇、父子、兄弟相爱之间；而礼法刑政之原，出于君臣上下相忌之际。相爱则有所不忍，相忌则有所不敢。夫不敢与不忍之心合，而后圣人之道得存乎其中。今老聃、庄周论君臣、父子之间，泛泛乎若萍浮于江湖而适相值也。"

② 语出《孟子·滕文公下》。

③ 格拉古兄弟，只提比略·格拉古和盖约·格拉古，古罗马共和国的著名政治家、平民领袖。在他们的父亲死后，母亲科涅莉亚·阿菲莉加娜拒绝埃及法老托勒密的求婚，悉心教育儿子，并聘请了希腊学者作他们的家庭教师。

述，即："当是时也，内无怨女，外无旷夫。"① 孟子不赞成独身，他认为男子不娶是最可恶的罪过，"不孝有三，无后为大"②。此外，有着对人心的完美认识的孟子并不是那些严苛的道学家中的一员，他并未谴责和摒弃人类的激情、爱的激情。孟子说："人少，则慕父母；知好色，则慕少艾；有妻子，则慕其妻子。"③ 现在，谈到中国的家庭生活，有关子女对于父母的责任谈得非常多，而父母对于子女的责任则一概不谈。不过孟子明确地指出，当孩子到了适宜婚嫁的年龄，父母为女孩聘夫、为男孩娶妻，是一项神圣的职责任。这个习俗解决了甚至在今天的中国仍非常重要的社会问题之一，而在欧洲，父母与子女之间的义务和责任似乎只是偶然存在，诗人④不得不让他笔下的主人公发出对时下社会制度的诅咒：

> 我诅咒那无视少年人的社会意愿！
> 我诅咒那让我们远离真相的社会谎言。⑤

至此，我在一篇关于中国人的家庭生活的文章中，似乎写了过多与主题不甚切合的文字。但我所谈及的时代，在中国的历史中至关重要。中国的社会制度在那时获得了全面发展并达到一定程度的稳定；后世对这种制度的修改极小，甚至它直至今天仍旧有效。孔子及其追随者的学说——中国人在社会和家庭生活中的行为准则及道德的标准——因其在两性关系上的内容缺失以及允许一夫多妻制和纳妾，经常为人所诟病与责难。在此，对我来说，比起为一夫多妻制或纳妾制辩护，或许更好的做法，是说明儒家学说与这个所谓的不道德制度的关系。在孟子和当时的一个王的对话中，王坦白地承认，因为他爱美女，自觉无法治理好自己的百姓。孟子答道："王如好色，与百姓同之，于王何有？"⑥ 因此，（儒家）明确规定，需要被谴责的并非是爱女色，而是自私地、不自然地爱女色。一夫多妻制和纳妾制也一样，使这个制度堕落和邪恶的，不是娶了很多妻妾；其恶在于自私地、不自然地、不道德地占有女子。在

---

① 语出《孟子·梁惠王下》。
② 语出《孟子·离娄上》。
③ 语出《孟子·万章上》。
④ 指阿尔弗雷德·丁尼生（Alfred Tennyson），维多利亚时期著名的英国诗人，也是继华兹华斯之后的桂冠诗人。
⑤ 出自丁尼生的《洛克斯利大厅》（*Locksley Hall*）。
⑥ 语出《孟子·梁惠王下》。

现今中国的实际家庭生活中，虽然纳妾仍是个人自由且被全面允许，但如果一个六十多岁的老叟娶了一个十五六岁的妾，一定会招致人们的反感和一致谴责。我还想谈一谈儒家学说中关于两性关系的另一点。儒家经典中提到，"夫妻之间要相敬如宾"，意即夫妻彼此应敬重对方。如果有敬爱和尊重，中国女人现在的地位便不像想象中那么低贱。此外，据说在交接东西的过程中，男女是不允许碰触对方身体的，即男女授受不亲。①

　　回到我对中国家庭生活的历史描绘上来。在秦代，人们社会的和家庭的道德与行为方式，恐怕并不比衰败的周室之最后几年强。始皇帝之母因在宫闱之中极尽放浪形骸之能事而臭名昭著，当然不能为改进百姓的行为准则做出好的榜样。到后来，秦始皇不得不处死母后的众多情夫，其中之一就包括声名显赫的吕不韦，他也被认为是秦始皇的生父。但当汉室最终统治中国时，连年的战争和持续不断的争斗，为那个时代的人们的行为准则带来了一个有益的变化。的确，战争给人们的生活方式带来了某种行为上的残忍，但是不断的战斗又使人们能够吃苦耐劳，并且不容易沉湎于感官享乐、变得骄奢淫逸。事实上，中国历史上的这段时期与欧洲历史上罗马帝国和罗马文明的解体时期非常类似。这是中国的骑士时代的开始。人云："甜的从强者出来。"② 我认为这非常准确地描述了一个民族的行为准则。在一个全民皆兵、勇武无比的年代，公共行为准则无不是纯洁而健康的。我们发现，汉代早期男女之间的交往较为自由，除了中国历史上三代的早期，其他时期均未出现过此种现象。下面，我将以司马相如的浪漫故事来为上文作一说明。司马相如是一位诗人，他与一位美丽的富家寡妇相恋，二人双双被家族驱逐，私奔到四川的小镇上开了一家酒坊，由妻子卖酒，丈夫刷碗碟。经年，诗人到了长安做官并欲纳妾，他的妻子知晓后写下了一首至今闻名的优美诗歌给他，诗中这样总结道：

　　　　凄凄复凄凄，嫁娶不须啼，愿得一心人，白头不相离。③

　　另一个例子来自于这一时期的文献资料。由此我们可以看出这个时代公共道德的健康，以及人们行为准则的残忍无情。这是一份流传至今

---

① 语出《孟子·离娄上》。

② 《圣经·旧约·士师记》。

③ 此诗为卓文君《白头吟》。

的奏折，内容是一位老臣遵从王命，细致而认真地考察一个作为王后的候选人之女子的身体。文中充满私密的身体细节描写，如果不是在一个公共行为准则极为健康、未受淫乱和虚伪做作污染的时代，这类文字当是无法被容忍的。

而这种健康的社会状态只持续了一段很短的时间。就像人类所有的事情一样，它走到了尽头。汉代开国近二百年后，汉成帝宠信赵飞燕（字面意思为飞翔的燕子）姐妹，在皇宫中带来了恶习与淫乱。我们还不能说她们的影响蔓延到了宫墙之外。而后的篡权者王莽，在中国历史上被描述为一个伪君子和骗子。在他的统治之下，除了当时的各种不道德和邪恶，另一种大恶——伪善也开始出现并影响了世风。汉光武帝光复汉室后虽有一些好转，但汉代早期自由、纯洁和健康的社会风气却再也无法恢复了。东汉亦持续了近二百年。东汉皇室统治的最后时期，亦即是人们所熟知的三国时代，情况与东周末年十分类似。世风奢靡，极尽挥霍之能事。"希腊化"或"自然主义"（naturalism）再次植根于人们心中，对国对家的道德和社会责任再次被忽视。魏国的王室成员在家庭关系上显然并不快乐。因为同王后有私情，王子兼诗人曹子建被开国第二任君主、兄长魏文帝流放；一群被称为"建安七子"的文学家写文著书，抛弃并毁灭当时的社会和政治秩序。后再有"竹林七贤"，其著作和行为更加放纵不羁。两代文人血脉相承，他们甥舅时常同饮同醉之事，也常被中国的道学家们视为关系混乱的事例。竹林七贤之一为父母守孝之时，仍公开穿着鲜艳明快的衣服，并照旧与朋友放纵狂欢。这些人可以被称之为当时的自由思想者。

我必须略过作为转折的六朝时期，直接跳到伟大唐代的建立。但对于唐代的公共行为准则和家庭关系，我不得不将描述精简至一句话，即引用中国的一句谚语，把唐皇室的家庭生活概括为"脏唐"，而将后期的汉代称之为"臭汉"。

在那些曾经统治过中国的皇族中，赵宋的家庭关系是最为合宜体面的，但其后由蒙古族统治的元代则并非如此。朱明的家庭关系也较为体面和正派。然后我们就来到了当代，即清代。我将在下文，也就是这篇文章的最后部分，尽我所能在有限的篇幅中竭力介绍现今中国人家庭生活特征的诸多细节。

在这篇关于中国人的家庭生活的文章中，我从神圣的婚姻习俗开始下笔。如今，婚姻在中国已经不再是一种男人和女人之间互相爱慕的感情。它仅仅以责任感为基础。因此，在中国婚姻的核心中少有浪漫的成分，至少在婚礼那天之前确是如此。当然例外也是有的，不过十分罕见。一个结过婚的中国人通常认为，他只是为了祖先们而履行义务。在中国，男大当婚，而他或者他的家族又有条件的话，他只需要找到媒人或者说是中间人，她就会为他做好所有的预先安排，或者像有人所说的，帮他去追求女方。订了婚约的小姐可能对整件事情一无所知，直到在婚礼之前的几天，有人让她试穿结婚礼物为止。不过，即使是新郎自己也对此毫不知情。整件事都由他们各自的家庭一手操办。有时，一个不懂婚姻究竟为何的十五岁的男孩就被安排结婚了。例如，我就知道一个事例，其祖父年老，按照中国的话说是"行将就木"，而他的孙子，一个十岁的男孩因此被逼着和一个比他大一岁的姑娘拜堂成亲。这么做纯粹是为了让老祖父在其八十岁寿辰之时，或者如果他去世了就在他的葬礼之上，能有一个孙媳妇。不过，早婚在那些素有家风的文人家庭中并不普遍，而在那些可以被称之为中产阶级的家庭里，则要常见得多。对那些儿子们必须完成学业、在科举考试中光宗耀祖的家庭而言，婚礼往往被推迟到他考取功名之后。如果他没有订婚通常是一个优势，因为功名通常会给他带来一个来自富贵家庭的妻子。不过有时，女方家里会以金榜题名来作为将女儿许配给他的条件。所以，正如我所说的，早婚在中国上层社会中并不普遍。例如，著名的诗人袁子才①就是在北京考取进士后，二十六岁时才成婚的。不过在那些富裕的家庭里，儿子的婚事也从不拖过三十岁。

我已说过，当儿女到了婚嫁的年龄，中国的父母们就认为有责任为儿娶妻、为女聘夫。如果是儿子的话，还得在他们婚后继续养活他们。这就带来一个严重的问题：在父母活着的时候，儿子们从未自立。他们在精神上和家庭生计上都处于依附状态。所有的家庭成员总是生活在一个屋檐下；而即便是父母去世后，兄弟们也继续生活在一座房子里，除非他们决定分家。父亡而长兄代替他的位置，母亡则由长嫂代之，成为一家之长。因此，我们经常看到一家里六七个甚至十个兄弟以及他们的妻子生活在一个屋檐下。于是，当家庭主妇的可怜的母亲要管理十个儿媳。通常，她要防止这些年轻的妇人们把对方的眼睛给挖出来，住在同一个家里的妇人们，彼此之间难免会有妒忌、小恩怨和恶作剧。而没有

① 即袁枚，清代诗人、散文家。

出嫁的小姑们往往也参与其中，把事情弄得更为复杂棘手。英谚有云：血浓于水；在中国家庭中，比起儿媳来，母亲总是偏向自己的女儿，由此便引发了持续不断的分歧与争吵。例如，儿媳会抱怨小姑子有漂亮的鞋子或头巾，而她却没有；或者抱怨给她分派了原本不归她做的家务活。之后，（儿媳）便会向儿子告状，自然，他始终站在自己的另一半那边。事实上，关于中国家庭中兄弟姐妹和媳妇之间的关系足可以写一本书。我们可以从翟理斯先生那令人钦佩的《聊斋志异》译文中，看到一个例子。当两个媳妇在厨房里干活时，长子在科举考试里金榜题名的消息传来。婆婆马上来到厨房叫长儿媳停下手中的活，快去换衣服。另一个女孩自然无事可做，只能在心里默默哭泣。不过，很快，另一个儿子也考中的消息传来了，刚才还在抹眼泪的媳妇赶紧丢下手中的活计，说："我也去梳洗打扮。"

　　不过，这种所有家庭成员都生活在一起的制度，也有很多优点。其中之一是，一个嫁了人的女子——如我所说，中国的女子成亲时往往年龄尚小——不必承担艰巨而辛苦的管家责任。在大多数情况下，她还没有准备好、也不适合管家。她只是作为主妇生活的学徒而嫁到夫家。她发现，那儿所有的事都已为她预先安排好了，只需为她提供一间睡觉的房间和吃饭时用的一把椅子就够了。迄今为止，她的职责是学习如何当一个好主妇。同时，她需要做的只是严格、默默地服从；她还没有被要求发号施令。但是，不久以后，她就会被分派一部分的家庭职责。那时她可以施展一些权威，但仍要在掌权人的监命之下。在富有的大家庭里，每个女儿都各自负责一项家务。譬如，有一个女儿要负责记录家庭支出，这可是大家竞争得最热切的位置。如果这个家里有女儿尚未出嫁，母亲总是把它交给这个女儿来管。但是，如果没有未出嫁的女儿，家里的每个儿媳都会为了得到这个令人艳羡的家庭会计的职位，而用尽全力。一般说来，得到这个职位的是最得婆婆欢心的女子。至于其他女子，一个负责管理家人的衣服，另一个负责脂粉或者说梳妆用品。在未出嫁的女儿年龄还小的情况下，长媳要负责照看她们，监督她们的学习、女红以及得体的举止。有时，这些女孩中有人会被选作陪伴年老的婆婆——如果她识字，还要给婆婆读一些有趣的书，或是陪她下棋、玩牌。最重要的是，在所有井然有序的家庭中，儿媳除了接待访客、拜访别人和回访之外，并无他事可做。

　　让我们跟着这些年轻的妇人们，进入到分配给她们自己的房间去。

在那里，她们每个人都是女主人。她通常有一个自己的仆人或奴婢，此人结婚那天跟着她从娘家而来。她可以随心所欲地指使这个女孩，如果这个女孩惹她不高兴，她甚至可以责打她，当然是在自己的房间里。自然，这个女孩为她擦擦洗洗、整理房间，在适当的时间叫她起床，端着热水热茶及其它必需品伺候她，甚至服侍她如厕。她向外传递消息或买小物品，也是通过这个女孩。这个女孩事实上成了她的知心女友，也许在她结婚之前便是如此，所以知道她的所有秘密。顺便说一句，她有时会说服自己的丈夫将这个小贱妇（hussy）纳为姜室。但是，有时是丈夫先调戏这个女仆，然后说服女主人允许他和这个"贤惠的小女孩"（good little girl）的关系更进一步。此外，如果妻子不允许丈夫将自己的丫鬟收为偏房的话，人们会认为她有错。此外，如果二房是她的小小权威始终能够指使的人，自然要好过从外面来的陌生女人，后者可能不习惯她的小伎俩，也不服她的管。万一她死了，她知道一直在照顾她的孩子的贴身丫鬟会疼爱和善待他们，而别的女人则做不到。丫鬟和女主人的关系往往是美好的、有人情味的。现在我要进一步补充，这个丫鬟只是小时候从她的穷困的父母手里买来的奴婢。这就是香港和其他地方强烈抨击的家奴制度的形式。但是，即便这样，中国的法律也规定主人必须在她到一定年纪的时候将她婚配出去，并且不能超过30岁。相反，在大多数情况下，虐待奴婢的事发生在欧洲所谓"死要面子"的家庭中，那些家庭实际上雇不起侍女。可怜的女孩因此成为家庭中的"灰姑娘"，缺衣少食，做着远远超出她们能力范围之外的家务事。但是那些富有的小康之家，则可能对她很好，她们甚至不配被如此对待。她们有时会玩把戏——传小话，由此破坏和辱没了如此善待她的家庭。

接下来，我们谈谈儿媳。根据古老的传统，她应该鸡鸣即起，以便开始做她的家务。她需要做的第一件事，便是公婆一起床就得服侍在侧，为他们准备洗漱的热水、为他们做早餐，然后听他们吩咐当日要做的事。然而，现如今，这些繁重的任务基本上都被免除了，完婚后最初的几天除外，那段时间新娘的确假装履行了这些义务。事实上，在一些满清官吏的家庭中，儿媳们的确是必须在每天早晨向父母们请安的。此外，每个女孩在父母起床后，都要轮流在旁监督伺候他们的仆人们。晚上也是如此。在家长回房之前，媳妇们绝对不能回自己的房间、去找她们的丈夫。我确曾听说有个家庭，一个可怜的体弱多病的女子因为要等着公婆就寝，所以不得不总熬夜，以致毁了自己的健康。

在早晨拜见完父母之后，一天的任务开始了。不过，在富裕的家庭中，这些任务并不繁重。年轻的妇人照例和下来分派任务的家中女主人坐在某个房间中。如果婆婆还很年轻且精力充沛，通常她自己在经营家庭方面做得更多。但是，如果她年事已高或身体抱恙，这些女孩中她最信任的那个，则会替她做事。同样，为了保持家庭传统，更是为了让这些年轻的妇人不要你争我夺、要心眼，得给他们找点儿事做，因此她们便各自领受了任务。在大多数我了解的富人家庭里，年轻的妇人小姐每天的工作就是梳妆打扮、睡觉和玩牌。只有一家的女子识字，而所读的东西仅限于用白话文写的最通俗的垃圾读物。其它诸如绘画、音乐之类的才艺则更为少见。就音乐而言，女孩会演奏那些诸如在街巷和戏院中听到的音乐被认为是不光彩的事。只有一种乐器例外，那就是古琴。据说我的一位朋友的夫人会弹这种乐器，但我从未能说服他，让他带我去听她演奏。事实上，我认为中国妇女的身体健康和肤色不如英国女孩的原因之一，便是她的确没有什么理智的健康的消遣方式。哈里特·马蒂诺（Harriet Martineau）① 建议将有很大裨益的跳绳活动介绍给土耳其妇女。但是，在中国，我们有"三寸金莲"，当然无法跳绳。我目前能想到的唯一消遣是荡秋千。我的确在很多诗文中读到，妇人们把荡秋千当作运动，但是我所认识的家庭中，却没有一家的女孩如此。

然而，有人会问，为什么这些妇人不工作？不，她们是工作的，如我所说，她们假装工作。但是，在富裕的家庭中仆人太多了。的确，我认为，大多数中国家庭之所以那么脏乱不堪，乃是因为他们拥有太多的仆人。在我看来，两个能干的女佣打理的家，要比中国家庭中的十个仆人弄得干净得多。我想顺便说说我所认为的中国家庭环境如此令人不爽的另一个原因。孔子曾说："俭则固"②，这当然会导致不洁。而节俭是中国妇女的一项恶习。每个男孩和女孩——尤其是女孩——从他们年幼时起被教导的不是要正直善良，或是始终要说实话，而是总被教导要节俭。尽管我是一个中国人、而且与生俱来就懂得这个规矩，我并不认为我的节俭恶习过于严重。不过，如果我有孩子，无论男女，我都要将节俭的习惯从他们身上抽离出来。事实上，正是这个节俭导致了另一个孔

---

① 哈里特·马蒂诺（Harriet Martineau），英国作家、社会学家。
② 辜氏译为：节俭导致鄙陋。原语出自《论语·述而》。

子所说的低劣的恶习，即"虚伪"，这也是西方人对中国人贬斥最多的一点。

现在，在谈中国的夫妻关系之前，让我再次概括一下我对聚族而居制度的看法。它有损人的独立性；但是对于妇女而言却可能是极为有利的。它将她们训练得逐渐适宜于持家。事实上，要让一个有八到十个妇女的家庭和和睦睦，本身就是一门学问。此外，这种在婆婆——一个比自己年长、阅历多的女性——的监督和眼皮下的生活，对于她的心智及智力上有好处，说智力上也许不当，但如果她迫切地想学习，这自然是一种学会很多女性职责的好办法。如果生病、伤心或有烦恼，她也总是有人可以征求意见。此外，婆婆和小姑子的经常陪伴，一定能使她远离——一个她这样青涩的、青春的、涉世未深的女孩——如果和她的丈夫单独生活，将会遇到的各种诱惑。因此，中国社会制度的这一方面，不能一概否定。

接下来，我们将让男人和他的妻子，在自己的房间中面对面。想象这是新婚之夜。那些前来闹房、戏弄新娘的难缠的客人们都走光了，仆人们也都退下了。象征吉祥如意的红烛依旧燃着。新娘已经脱下了大部分笨重的装束。墙上挂着许多色彩浓艳的卷轴，上面写着对这对幸福夫妇的祝福。房间的一面墙上还挂着宝剑，古时它被认为能给丈夫带来巨大的力量。那个可怜的女孩就坐在那里——此前这个女人他从未见过，而现在却要成为与他甘苦共度的终生伴侣。他自己也不自在，坐立不安，也许还会偷偷地打量她。但是，夜越来越深。巡夜人已经敲过第四次钟；蜡烛越来越短；房间中充斥着让人神智昏沉的香气，这在一个年轻男子的一生中仅有一次。陪伴新娘的老妇人也许会进来告诉他们夜已深了，并提醒他们该马上就寝，因为明天他们还必须准时起床，完成婚礼余下的部分。接着，老妇人终于退下。现在他可以和她说话了——对她的新娘。但是他会说什么呢？

这是你永远无法从一个中国男人或女人中得到答案的问题之一。所以我不得不邀请读者们去自行想象。不过，我在此要强调的是，中国男人往往很尊重他们的结发妻子，这一点并不为欧洲人所熟知。也许有一天，他对她的爱会变，但他从未或者极少不尊重她。他可能会娶很多姬妾，或者追求陌生女子。但是她始终是他的妻子。如果他不再如此待她，那基本上是女方自身的问题。她可能很蠢笨、很丑、脾气坏；她可能很爱咆哮，甚至因他犯错而打他。但是，只要她对他忠贞不二、尊敬她的公婆，她就是他的妻子，他孩子的母亲，就是那个当他们去见先祖时与他同穴而葬的女子。就像当美丽的宠妾问阿拉伯先知，为什么他没有像爱第一个妻子那样爱她时，他说："以真主之名！我爱她胜过任何人。"

为吾国吾民争辩*
——现代传教士与最近骚乱（教案）关系论（1891）

箴言

人能弘道，非道弘人。

——《论语》卷十五

鉴于最近民众屡次掀起反对传教士的暴乱，我打算在这里对外国在华传教事业的实际活动及其目的予以检查，在进行这样一个检查之后，看看时机是否已经成熟：为了中外双方的共同利益，请求外国政府采取措施，如果不将其全部撤走、至少也应该对目前中国业已存在的整个传教系统做出某些修改和调整。

眼下传教士们公开声言的传教目的，我将提出来加以检查的，我想可以归纳为以下几点：

Ⅰ.——提高民德
Ⅱ.——开启民智
Ⅲ.——慈善工作

Ⅰ. 提高民德

这是中国政府最初被请求接受在华传播基督教真正合理合法的目的。按其最初的设想，它无疑应得到全方位的支持。任何能够提高人民的道德水平，使他们成为更好的公民和更高贵之人的计划，都值得花费一切纯粹世俗的钱财。因此，如果能够证明现代传教士以他们目前在中国传播基督教的方式，将或有实现这一目标的些微希望，那么，我赞成让他们得到保护，如果必要，可以用枪炮和战舰来镇压民众。但是能够

---

* 此文原作于 1891 年长江教案时期，最初发表在《字林西报》上。1901 年，曾被辜鸿铭收入著名的《尊王篇：总督衙门论集》一书中。译者为黄兴涛。

证明吗？如果只是接受现代传教士带入中国的基督教形式便能有助于人们提高道德水平，使其变得更好和更高尚，那么人们一定会想到该民族中的那些最优秀分子——不可否认，在中国仍然存在好人和高尚之人——将是最愿意被吸收入教者。但事情果真如此吗？我请求每一个真正了解中国那些最优秀和最有教养者心思的外国人说，是否这些人能够被吸引入教？是否他们民族信仰的基础能够容忍像传教士带入中国的基督教形式这样一种上层建筑？我以为答案是否定的。相反，一个公开的秘密是，只有中国人中那些最糟糕、软弱无知、贫困堕落之徒，已经或能够说皈依了基督教，除了这些人之外，传教士们还吸收了谁？如果有人认为我这种说法过于武断绝对，那么我要求他给我证明，传教士所吸收的中国教民作为一个阶层，不要说道德水准较高，即便像那些没有皈依的中国公民那样受过教育、像他们一样好和一样有用也行；我请求他给我证明，这些皈依者，这些丢弃了他们先辈的信仰，听从外国老师吩咐，如果不蔑视、起码也不同情他们自己以往历史的传统或记忆的人，这些孤立地生活着，为本民族及其人民所不容的弃民，一旦那纯粹的金钱利益的希望破灭和其他外在的影响消除之后，结果不变成比目前中国最坏之人还要坏的恶棍。如果还有任何人怀疑我在此所言的事实，那么我将请他去读一读中国太平天国的历史，它应该被未来的历史学家称之为"中国人了基督教会的本国弃民之叛乱"。无论是在道德上还是在智识上，太平天国叛乱者都属于那种皈依了基督教的中国人的一种典型。

因此，我请求在中国的每一个有评判机会的外国人，也包括那些传教士自己扪心自问，他们是否完成了传教计划中的这一部分，即通过传播基督教使中国人道德水平更高、变得更好和更高尚，是否这方面的活动还没被证明已惨遭失败？我请问他，那些新教传教士，是不是这种惨痛的失败促使其转向了他称之为科学之教和慈善工作的方面？接下来，我们再讨论另外两个传教的目的。

Ⅱ. 开启民智

无疑，这也是一项伟大而高尚的工作。如果说易于腐烂的商品交易必要而有价值，那么民族之间不朽的思想交流则更为必要和更有价值。因此，如果能够证明在中国的传教事业是一种智识运动，传教士为以前只有黑暗的地方带来了光明，也就可以说，他们通过连结较高层次的思想潮流，使东西方之间变得更加亲密。如果事情真是这样，我希望他们得到所有好人的支持。但我又要问，能够证明吗？无疑，新教传教士最近带来了大量他称之为科学和科学之教的东西，他能毫不犹豫地告诉他当地的学生：清朝官员愚蠢到对月食大惊小怪；但在下一次祈祷时他不会告诉同样的学生，太阳和月亮仍然听命于犹太耶稣会长约书亚而停滞不动吗？不会告诉同样的学生，那本记录了其真实情况的书，是一本由全知全能的造物主所口述的圣书吗？现在，我请求每一个心中怀有智识启蒙目的的人说，是不是还有比这更反科学的东西——用一个不太刺耳的名词可称之为"智识把戏"。传教士自己没有意识到这一事实，只能证明其毒害的微妙和巨大。因此，我认为，无论新教传教士能够带入多少纯科学信息的东西，他们同时也带入了一个害虫，这个害虫最终必将葬送中国启蒙智识的全部希望。因为不正是为反对与之同样的智识把戏，欧洲所有伟大的人类精神的解放者已经战斗过和直到今天还在战斗吗？的确，对于任何一个完全了解欧洲这种为了智识启蒙而斗争历史的人来说，这些在欧洲焚烧和残害科学家的教中人，却在中国这儿把自己装扮成为科学和智识启蒙事业的斗士，这看起来该是多么奇怪和荒唐可笑。因此，中国的传教事业非但不是真正的智识运动，任何不厌其烦地浏览过那些以传教名义出版的愚昧的东西，就很容易相信正是这些愚昧的东西，使得受过教育的中国人在智识上实在看不起外国人。而当受过教育的中国人看到这些愚昧的东西正被强加给中国人民：一方面伴随着传教士的傲慢自大和狂妄放肆，另一方面又经由某些外国政府炮舰的威胁时，他们便不得不憎恨外国人。这不是一般的憎恨，而是只有那些看到他们作为至高至圣的东西、那些属于民族国家也属于他们自己的东西，诸如他们的处世之道，他们的文化和文学的优雅都处在无法挽回的损伤和破坏的危险中时才能有的憎恨。这，让我在此指出，就是受过教育的中国人憎恶外国人的根源。

因此，我认为，如果就传教士传播福音这一合理合法的目的本身而言，鉴于人们仍可以抛开其纯粹的基督教外在形式而相信其精神，所以它对中国人来说还有某种好处，起码没什么害处。而他们以反科学的把戏来传播科学的这种伪装，肯定连这样一点好处也谈不上。如果我曾指出在中国传播福音的工作已彻底失败，那么我必定认为，某些传教士最近关于科学和科学器械能够使中国强盛的叫嚷（无疑，它带有反对其祖国的终极目的）不是一种显而易见的欺骗，便是一种幻想。

Ⅲ. 慈善工作

这，尽管肯定也是一种值得赞赏的事，但必须承认，一个世俗的工作，本身必须以纯粹世俗利益的天平去衡量。如果在中国的基督教传教活动是、并且只是一个纯粹的慈善计划，那么我请求证明作为一种慈善，它值当它的花费。无疑，新教医院和天主教孤儿院对于单个的中国人来说是一种行善的手段，但是能够证明甚至于这种所行之善在数量上值当它所花费的钱吗？且不提其他项费用，仅就其本国政府为传教士在中国所提供的特别保护与补偿费用而言值吗？我认为所有这样被花费掉的钱，与其被用于期望传教机构去行善，还不如代之以纯粹的医生和护士去行同样的善更为值当（如果你们欧洲人愿意的话），后者的收益不知要大到多少倍，而且也更能胜任。如果人们还要认为基督教传教是为减轻中国人民的痛苦而行的慈善的话，那么让我再问，他们实际上所做的工作，是否值当他们叫嚷每年都的的确确用在中国人民福利上的那样一笔庞大的钱款呢？在欧美人民为支持传教所捐助的数以百万元的费用中，到底有多少被用于减轻中国人民的痛苦，又有多少被用于供养传教士及其家眷，用于他们修建漂亮的住房和疗养院，用于他们长篇的信笺和邮票的费用，用于支撑他们的讨论会和一时冲动的兴会呢？因此，我请问，这种被当作为纯粹的慈善计划的东西，难道不是每个在中国的公正无私的外国人都知道的公开秘密吗？在中国的整个传教事业，难道不只是一个为那些从欧美来的失业的专职人员提供福利的巨大的慈善计划吗？

对于这种慈善的问题，谁也不愿意如此来谈论，但我认为一旦发现真理就应该毫无保留。不仅如此，我请求那些心胸最为博大的人们开口说点什么。这些本来受雇而来要带给这个国家和平与亲善的人们，此时却正对该国政府极尽侮辱和叫嚣报复之能事，而这个政府尽管焦头烂额、困难重重，仍然在忠实地设法保护他们；这些口口声声对这里的人民念着仁慈和慈爱的人们，如今却只是为了那些愚昧之举——甚至于在最近这些骚乱中，即使那些受难最深的合法起诉人在公正的法庭上，也只能证明这些举动并不比可以理解的无知更坏——便以炮弹和葡萄弹威胁他们。事实上，我请求那些心胸最为博大之人要说的是，当人们对上述这些人仅以真理相告的时候，他们是否有资格要求人们嘴上留情。

不过，我在这里对传教士们讲逆耳的老实话的目的，并非只是图自己一时快乐。前面我已经给大家说明了他们传播福音的工作已然失败；我还证明了他们那所谓的传播科学和进行智识启蒙不是一种欺骗、便是一种幻想。进而，我还证明了那被认为是纯粹的慈善计划的整个在华传教事业，充其量不过是一个为了那些失业的专职人员而设计的巨大慈善计划，像这样一种东西是不值当它的花费的，即便仅以供养他们的钱款而论，也不合算。我之所以要证明这些的目的，是要请求每一个明达智慧、公正无私的外国人说，如果他发现我所表明的（他可以加以补充和修改）确实可信，那么我请求他说说看，这种巨大而不值得的慈善计划还该不该让它继续为害——此时此刻，它所威胁到的比已经危害的要多得多——不仅威胁到四万万中国人民生命财产的安全，而且威胁到欧美各国人民在中国巨大的商业、工业和其他利益，使之危若累卵、面临倾覆之险。因此我认为，不难说明传教士在中国的存在，无论对于中国人还是外国人都是一个危害。

下面，我将证明，目前外国政府支持在中国的传教活动，既是对中华民族的侮辱，也是对他们自身利益的伤害。我之所以说它对中华民族是一种侮辱，是因为中国的高级官员，那些正雇佣着大批有技术有教养的外国专家的高级官员，当他们看到连他们所雇佣的这些人也不相信传教士的鬼话，而外国政府却偏要坚持将其作为宗教导师送到中国来提高中国人民的道德时，他们所想到的必然是什么呢？我说它对中国人民是一种侮辱，还因为当外国领事调来炮舰为传教活动撑腰的时候，那些在他们的领事馆干活的中国苦力们却知道，传教士作为一个整体，并不被那些层次较高的外国人当成道德教师。

然而，它还不仅仅是对于中国人的一种侮辱，一种导致了中国人民起来反对在华传教的侮辱。我已经提到过，它对于欧美人民来说也是一笔巨大的花费、一笔经由他们的政府为传教士及其财产提供专门保障而不得不支付的浪费。此外，在所有这些骚乱中，外国公众只能听取传教士——有偏见的一方的一面之词，而人民的声音却听不到。现在，代表那些人民，我以为提出下列意见，每个正直无私的外国人都将认为是合理的。

一般人都承认，对于一切错误行为，只有两种途径可以加以有效的控制，那就是法律和公众舆论。但中国这儿的传教士，那些允许带着一个 comitatus（我称之为中国社会弃民）四处游荡的人，他们的眼中却没有法律，因为他们的领事远在天边，而中国人对之又没有裁判权。同时，他们也不害怕公众舆论，因为他们只同那些中国弃民，他们的皈依者们接触，很少有例外。因此，我以为在那些中国人甚至于目前的那些骚乱者受到谴责之前，应该揭示这样一个事实，即，那些缺少我所谓一般人都必需的两种基本约束力的传教士们，是能够无恶不作的。他们出于对那些中国弃民、也就是他们的皈依者之自然的偏心，出于他们自己对于圣洁的高见，能够对他们生活于其中的中国人蛮横、放肆、到处插手和施展小小的暴虐。如果有人怀疑就其主体而言，传教士们会做出这些事情来，那么请他去看一看并记下这些人不仅在有关中国人的问题上，而且在只与外国人有关的问题上，无论何时涉及传教士自身的事情与私利时，他们在报纸上所发表的言论那共同的腔调和精神。因此，我说，在中国人受到外国公众舆论的道德谴责之前，请拿出证据来说明这些骚乱不是日积月累的侮辱和伤害所激起的愤慨的爆发。至于那些关于婴儿及其眼珠的传闻，其实不过是点燃这场随时可燃的烈焰的导火索罢了（见 1879 年爆发的福州乌石山教案）。

这，我以为就是中国民众对于传教士存在于中国的真正强烈不满的原因。我称之为来自欧美的失业的专职人员这一阶层，他们可以带着中国的弃民、皈依者，在中国的土地上自行其是、无所约束，除了他们纯粹的圣职之外，什么都侮辱什么都伤害，这样的事实让我在此强调指出，就是中国民众憎恶外国人的根源。它与我在本文第二节（"智识启蒙"部分）谈到的受过教育的中国人憎恨外国人的根源有所不同。这样，传教士就对中国人憎恨外人仅有的两个深层原因，都负有了不可推卸的责任。

基督教在华传教给中国带来的所有灾难，都可以从一个丑恶凶暴的事实中概而见之。这个事实就是我称之为"在华基督教传教团中之中国弃民叛乱"的太平天国暴动。正是这一暴乱，改变了我们曾经喜爱并自豪地称之为"花国"（Flowery Land）[①] 的本来面目，就像将一个如花似玉、面带微笑的少女变成一个形容枯槁、憔悴不堪的老妇人一样。

下面，我长话短说，简单地谈谈传教士在中国的存在，对于外国的利益也是一种危害。在此，我只需请求所有明智的外国人想一想一个老资格的外国驻华领事曾对我说过的话："对于中国人持久的伤害，最终也要伤害到外国人。"因此，如果我所做的关于传教士在中国不是行善、而实在是伤害中国人的说明有可信之处，那么传教士在中国的存在也就必然是对外国人的伤害了。我曾说过，传教士又实在对中国人憎恶外国

---

① 外国人也有将中国称为花国的，如美国北长老会教士克陛存 1857 年所写的关于中国华北宗教和迷信的名著就称为《花国的蒙昧》（*Darkness in the Flowery Land*）。

人负有责任。现在，毫无疑问的是，中国人的这种憎恨对于外国人不可能有什么好处。面对今日中国的这种危急状况，我坚持认为，此种憎恨，使外国人在华的巨大商业利益和其他利益面临着大大受损的威胁。一切愚蠢和感情用事的憎恨当然应当制止，但那种归根结蒂是正义的憎恨，我相信再多的炮弹和葡萄弹也摧毁不了它，那些试图如此行事的人将只能造成混乱和以伤害他们自己而告终。现在，传教士们正叫嚷要以炮舰镇压，并引导外国公众相信，那些请求外国人在这些教案中不要以炮舰相威胁的官员们不过纯粹是自私而已。但我想，那些了解人民脾气的人应当告诉外国公众，外国炮舰为传教事业所发出的第一炮，就将成为一场战争的标志，不是与中国政府的对抗——正如我们迄今为止的对外战争那样——而是一场反对中国人民的战争。传教士们已经大声在以"鸦片战争"相恐吓，但他们应称之为一场"传教战争"，我们现在正面临着这样一场战争，除非公正无私的外国人有足够的常识，有正气感，要阻止这场战争是不可能的。因此，凭藉这种常识和正气感，我要说，为了中外人民的共同利益，请求外国政府着手解决中国的传教问题，即便不将其完全撤离，起码也应该对它作某些修改，这样一种时机是否还没有到来？对于此种传教计划，我已经证明，它不过是救济来自欧美失了业的专职人员的一种毫无价值的慈善计划罢了。

现在，我讲出了多年来反复沉思的话，这些话鉴于个人和其他更深的考虑，我一直犹豫未曾出口，不过现在都讲出来了。So hilf mir Gott：ich kann nicht anders.①

一个中国人

又及：以上所述，我把新教教会与天主教会的活动等量齐观，并为一谈。然而，如果不在此附上引自埃里松伯爵先生（le Comte d'Hérisson）所著《一位译员在中国的日记》一书中的这个"片断"，我将有失公正，也不便于人们了解真相的由来。这个狂热的爱国伯爵，我可以在此指出，他是那个统帅法军、与英国人一道进占北京的法国将军的译员和机要秘书。这位大伯爵说：

> 如果在此不提请人们注意我们在中国所看到的基督教传教士起了多么大的协助作用，那么我就缺乏正义感，也不符合实际。耶稣会士所呈献给将军的一切情报——以及说明情报的准确性的事件，

---

① 吾岂好辩哉，吾不得已也。——原注

无论是关于我们将必须经过的那些省份的资源的情报，还是关于我们将要在前面碰到的部队人数的情况，都是通过耶稣会士获得的，而他们也得通过为他们效劳的中国人来得到这些情报。秘密报告不仅要求对人和事有深刻的了解，而且要求提供报告者有真正的勇气，因为我们一旦离开这个国家，这些报告就会使他们受到中国人的可怕报复。耶稣会士在这个时期表现出了热烈的爱国主义和令人钦佩的忠诚。①

现在，我请求每一个外国人说说看——无论他是法国人，英国人还是德国人，中国人民以他们所具有的力量，Ecrasez l'infâme（消灭邪恶者），猛烈地撞击怀有这样一种 patriotisme ardent（爱国主义狂热）的人，就像他们现在所做的那样，在道德上是否有什么不对？

----

① 原文为法文，由于太长，故不附注。

《论语》英译序*
（1898）

　　自从理雅各博士开始发表关于"中国经典"翻译的最初部分①，迄今已四十年了。现在，任何人，哪怕是对中国语言一窍不通的人，只要反复耐心地翻阅理雅各博士的译文，都将禁不住感到它多么令人不满意。因为理雅各博士开始从事这项工作的时候，他的文学训练还很不足，完全缺乏评判能力和文学感知力。他自始至终都表明他只不过是个大汉学家，也就是说，只是一个对中国经书具有死知识的博学的权威而已。我们遗憾地得知这位大汉学家最近刚刚去世，但为了公正地纪念他，必须指出，尽管他的工作尽了力所能及的努力，是完全严谨的，但他却没能克服其极其僵硬和狭隘的头脑之限制，这是他的性情气质造成的结果。

　　对于一个能够以哲学和文学的敏锐去研究像理雅各博士所译的"中国经典"这样的巨帙的笃实学生来说，无疑会对那种道德文化，或者称之为中国人文明的东西有所洞察，透见其真相。但对于绝大多数英国读者而言，我们却不能不认为，理雅各博士在其译著中所展示的中国人之智识和道德的装备，正如同在普通英国人眼中中国人的穿着和外表一样，必定会使其产生稀奇古怪的感觉。

　　有鉴于此，我们决定翻译这本小书。我们相信，在所有用中文写成的著作中，正是这本书给了中国人一般英国人可以理解的智识和道德的

---

　　* 《论语》英译（*The Discourses and Saying of Confucius*），系辜鸿铭翻译儒经的代表作之一。1898 年在上海由别发洋行出版发行，副标题是"引用歌德和其他西方作家的话注释的一种新的特别翻译"。我们在此没有翻译译文的注释，基于两点考虑：一是这些注释内容，文集所收的其他部分基本上都曾出现过；再是能看译文者，必能懂注文，这样也能避免杂乱。

　　① 指先在英文刊物上发表的部分，不是指成书出版的"Chinese Classics"。

装备。因此，我们努力按照一个受过教育的英国人表达同样思想的方式，来翻译孔子和他弟子的谈话。此外，为了尽可能地消除英国读者的陌生和古怪感，只要可行，我们都尽量去掉所有那些中国的专有名称。最后，为了使读者能彻底到家地理解文本内容，我们还加了一些注释，引用了非常著名的欧洲作家的话。通过征召这些欧洲读者熟悉的思想系列，对于他们或许会有所帮助。

借此机会，我们还想表达对一个英国人阿查立爵士的崇敬和怀念之情。他在不同时期曾发表过关于本书许多部分的老练的译文。十年以前在广东的时候，我们曾怂恿他去认真从事中国经书的翻译工作。因为我们都不满意于理雅各博士的译著。但是他非常有自知之明。他说他对于中国经书和文学的知识太为有限，此外也不是一个"文人"。因此，他挨个地劝我们去从事这项事业。现在，十年过去了，正当我们听从他的劝告完成这第一步的时候，却传来了令人感伤的消息，他，这个对我们的小书会有些兴趣的人，已经离开了人世。

我们认为，正是这本蕴涵着孔子及其弟子一贯之道的言论集——阿诺德将称之为"生活评论"的一个非常小的圈子之内的馈赠——是一本给予了中国人智识和道德装备的书。在此，我们并不打算对这一装备的性质和价值发表评论，我们只是想借此表达这样一个愿望：即受过教育的有头脑的英国人，但愿在耐心地读过我们这本译书后，能引起对中国人现有成见的反思，不仅修正谬见，而且改变对于中国无论是个人、还是国际交往的态度。

辜鸿铭
于武昌湖广总督衙门
1898 年 8 月 1 日

尊王篇：总督衙门论集（节选）*
（1901）

一个中国人为中国的良治秩序和
真正的文明所作的辩护

怀念①

赫尔曼·布德勒（Hermann Budler）②

（已故德国驻广州领事）

一

红红白白的野李花

在寒空中开放，

阳光照射下的丛林

一片美丽的橙黄。

二

珍珠般的河水清澈透亮，

静静地流向大海。

---

　*　此书是辜鸿铭的英文代表作之一。1901年由上海别发洋行出版发行。1923年曾由日本人办的《北华正报》社重版再印。主要是辜鸿铭在义和团运动爆发后至庚子议和前后公开发表的英文文章的合集。此时他在湖广总督张之洞幕府当幕僚，故称"总督衙门论集"。封面题有"尊王篇"三个汉字，乃赵凤昌手笔。

　①　此诗做于和发表于布德勒先生去世之时，他1893年在广东走完了人生旅途。——原注

　②　此诗题在原书扉页上，为黄兴涛所译。

那灵魂的骚动纯粹只为了
自己能够自由自在。

三

爱、鲜花和音乐往日都是你的，
但爱对于你
是一种摧折，就像盐海之水
那般辛酸苦涩。

四

你诚笃的灵魂渴望着
实现更高贵的计划：
梦想高尚时代能够重来，
唉！这只能是梦想。

五

年复一年地住在河谷之上，
它成为你这个流放异族者的家乡。
的确，你形同流放，因为
这儿不是你该来的地方。

六

我们坐着谈论新式的信条
和古老的学说，
还有那现代的主义，从古至今
滔滔不绝地谈个不停。

七

你渴望的是
最优和最优者的结合，
要打破那
东方与西方的畛域。

八

啊，朋友，尽管我们种族不同，

你那高贵的面孔，

那过于苍白的面容，

却永远留在我的心中。

九

虽然你心胸博大，

但仍容不下世事的悲哀，

当我们还在工作和等待，

你却已撒手离开。

十

别了！我为你伤心地吟唱，

让快帆将它带到

你那遥远的西方，

直到你安息。

辜鸿铭

序　言①

　　下列论文，最初都曾在横滨出版的《日本邮报》上发表过。只有一篇题为《为吾国吾民争辩》的文章，最早发表于上海，时值扬子江骚乱②期间。现在将这些论文结集出版，是为了把它们提供给更多的读者。我本来还是想按它们初次发表时那样，不署上作者名字的，但这些论文中最重要的一篇的性质及其写作的特殊背景，使得我不得不署名。此外，我公开自己的身份还有另外的原因。一是据传闻，正如一个英国人贪恋勋爵之位一样，一个在华外国人也贪恋总督之位。孔子说："君子怀德，小人怀土。"③ 因此，当人们得知这些文章不是某个总督所写，而是出自一个总督幕僚的手笔时，这样一些论调会不攻自破。

　　鉴于此，这次我把这些论文提交给世界的时候，署上了自己的真实

---

① 此序译者为刘辉。

② 扬子江骚乱，指 1891 年长江教案。

③ 辜氏将"土"这一历来解释不一的字译成"位"。

姓名。因为戈登①谈到埃及时所说的下列话，也同样适应于中国："外国人统治埃及多久，埃及人民的声音被压抑多久，那么埃及作为最劣等王国的时间，就必定有多久。"

我在这些论文中所要阐述的意见，可以概括为以下几点：

首先，目前关于中国的议和是虚假的。中国的事态以去年的事变为标志，恶化到了极点，在此，我丝毫无意于说这全是外国人的错，而承认错在双方，正如中国皇太后陛下在她的谕旨中所表示的那样——"彼此办理不善"。这就是皇太后陛下请求文明开化的欧美列强解决问题的基础。作为答复，文明开化的列强却要求——砍头！在局势最为紧张、恐怖气氛最浓和最为冲动的时刻，叫嚣惩罚乃至复仇，都是自然的和可以理解的。然而，在联军已经占领北京并成为局势的实际控制者的时候，一些责任重大的政治家们仍然提出冷酷无情的、固执的砍头要求，我必须指出，这是一种道德上甘于堕落和玩世不恭的行为，对于当今的文明国家来说，它甚至比外国军队在北部中国的野蛮行径还要耻辱。我实在为那些对中国王公大臣的自尽负有责任的人感到可怜。至于中国的皇太后陛下，据报道，她已说过人生无非一死。她为人行事的原则——正如丹东②所言，是"Tout est perdu fors l'honneur!"（除了荣誉，一切都可抛弃!）

牛津大学的外交学权威教授蒙塔古·伯纳德（Montague Bernard）先生指出："一个和平的条约，必须包括由双方裁决、以期消除战争爆发根源的必要条款，调节不平，平息怨气，防止它们再度复活，这是谈判者必须做到的基本之事。如果这一点没有明确有效地做好，那么和议就是虚假的。"眼下，北京的外国使臣们非但不努力去消除中国目前事态的根源，甚至连根源何在也全不了解。他们试图消除的是吴淞炮台！这里，我冒昧地捉醒世界注意，在中国存在一个更危险的炮台——传教士炮台，我大胆地预言，除非中国的传教士炮台得到应有的关注，要不了多久，外国人甚至连在中国谋生也不可能——恐怕只好抢！

我在这些论文中要阐明的第二个观点如下：目前，要想使中国公平合

---

① 戈登（Charles George Gorden，1833—1885），英国军官和殖民地行政官。1860年参加英法联军侵占天津北京。1863年统"常胜军"，帮助清王朝镇压太平天国革命。次年"常胜军"攻下常州后解散。清廷升戈登为提督并赏穿黄马褂。1864年回国。后任苏丹殖民总督。1885年被苏丹起义军击毙于喀士穆。辜鸿铭对戈登的为人行事很敬佩，曾作《英将戈登事略》。

② 丹东（Georges Jacques Danton，1759—1794），18世纪法国资产阶级革命时期著名的政治家。

理的贸易能够繁荣兴旺，最明显不过的一点。是该国必须首先具备一种良治秩序①，然而，如果不允许北京的帝国政府有充分的自由，去做它认为有助于形成这样一种秩序的正确和最为合宜的事情，那么良治秩序便无从谈起。在此，我可以指出，如今列强在中国所采取的政策。即支持各省所谓进步的总督反对那被指称为极端保守反动的中央政府——反对皇太后陛下及其所选定的顾问的政策——可能是一种蓄意毁灭中华帝国，或起码将它抛入这样一种无序和混乱状态的政策。这一政策最终也将毁掉欧美——或者肯定毁掉欧洲。现在列强要做的事情是，在中国恢复原有的秩序。

鉴于目前外国人对中国事态所具有的荒谬、不当和虚假的知识，列强们应该采取的、或更确切地说，一个列强应带头采取并以道义或其他方法强制别的列强采取的唯一正确的政策，不是"门户开放"，而是"让中国人独立"。除此之外，如果在中国废除治外法权时机还不成熟，那么列强，或者我所说的一个领头的列强，便应当采取适当的措施，和坚决主张其他列强采取适当的措施，以保证在华外国人自身的良治秩序。在此，我要指出一个关系到大不列颠声誉的事实，即英国为了保证在中国各地的外国人自身的良治秩序所做的仅仅一丝努力，是在上海建立了英国高等法院。公正地说，如今受命在中国通商口岸担任领事的那些英国毛头小伙子，也常想努力去做一个英国佬所希望做的事情——尽责。但这些可怜的年轻人，现在却不被鼓励去发展他们的脊梁骨。有个英国领事在同总督的一个属员谈起某件明显的不义之事时，曾说："我实在抱歉，我不能去考虑事情的正义，因为我身不由己。"另一个在华的英国佬曾写信给我："我必须仰仗你的友情，不要把我写给你的关于这次冲突（传教士问题）的话告诉任何人，以免给我招惹麻烦，因为这样将对我极为不利。"可怜的海盗之子，现在甚至于害怕——惹麻烦！

还是回过来谈论列强在中国的正确政策问题。要想推行我所说的政策，列强们应首先选送较好和较有能力的代理人到中国来，这是极为必要的。爱默生②说："政府总是很晚才懂得，任用不诚实的代理人，对于国家就像对于个人一样有害。"现在，一个真正诚实而有能力的驻京

---

① 辜鸿铭在此使用的是"good government"，有人译作"好政府"，我认为不妥。在《尊王篇》全书乃在其他书文之中，辜氏常使用这一概念。他指的是一种良治，即政治清明、社会井然有序，人民循规蹈矩、遵纪守法。

② 爱默生（Ralph Waldo Emerson，1803—1882），19世纪美国浪漫主义思想家和文学大师，也是19世纪世界文坛的巨人。他批判资本主义近代文明弊端的思想。对辜鸿铭影响颇大。辜氏经常引用他的言论。

外国使臣，用不着我教，就能懂得他在中国的任务不是引导或帮助其国民通过出卖主义信条、假药、铁路股票，或后膛装弹的新式枪械去做生意或谋生。他的任务是要照管好本国在华侨民遵纪守法，使自己的商业活动符合有法度的文明国家的政令、礼仪和良治秩序。已故新加坡殖民总督英国人麦克唐纳（Richard MacDonald）爵士，曾为改善种植园中中国苦力的境况做过一些事情。当一个英国代表团来访问并对他的上述作为大肆议论、指手画脚时，他说道："别忘了，你们这些种马铃薯的家伙，我是女王派来统治你们的总督。"然而，如今的公职人员，从公使、舰队司令到可怜的舰长与巡警官，他们所寻求的只不过是参加宴会，和对他人高谈阔论、指手画脚罢了——在这种情况下，人们竟还奇怪中国义和团的兴起和欧美无政府主义的泛滥！

简而言之，列强在中国要采取的唯一正确的政策，是"让中国独立，看管好外国人，使他们在中国规规矩矩，安居乐业"。那么，还要不要"门户开放"呢？要的，只要你们拥有一个公正的法官或起码有一千像麦克唐纳爵士那样的人来看管出入中国门户的那些人，使他们规规矩矩，大门是务必要尽一切办法打开的。"是吗！"廉洁的外国人对我说："外国人在中国怎么不规矩了？"这个问题现在听来，就仿佛像诙谐的庞提乌斯·皮雷特（Pontius Pilate）在问"何为真理"一样。去年夏天，在北京和天津，外国平民、传教士甚至于还有官员公然无耻地抢劫财物，连上海出版的那份并不很严正的《字林西报》[1] 也为此感到羞愧，并不得不在社论中大声疾呼："难道在中国和本国都没有政府或当局了吗？谁能够制止眼下正在北京持续的这种无耻局面呢？"正好一年以后，赫德[2]爵士自告奋勇地站出来，在他那部苦心经营的文学作品

---

　　[1] 《字林西报》（*North China Daily News*），又称《字林报》。英国在上海创办的英文报纸。以向西方介绍、评论中国的情况为主要旨志，是近代关于中国的影响最大的英文报纸。1864 年创刊，1951 年停刊。

　　[2] 赫德（Robert Hart, 1835—1911），英国人，生于北爱尔兰。1854 年来华。1863 年起任中国海关总税务司，控制中国海关达半个世纪，对晚清中国的内政外交发生过重要影响，清廷曾授予他太子少保的头衔。义和团运动爆发后，他以英文写了一本题为《这些从秦国来：中国论集》的书（先是以论文形式发表在报刊上）。书中谈到中国的民族性，说中国是一个伟大的民族，绝不会永远屈服于外国列强之下，列强应该赶紧废除治外法权等。但同时又极力为外国列强出谋划策，剥夺中国的权益。从表面上看，他似乎是不偏不倚，实际上归根结蒂却是站在西方列强尤其是英国的立场上。他的言论颇受各国重视。在这本书的序言里，赫德自承文学修养不足，说此书不是"文学之作"。下文里，辜鸿铭故意以反讽的文字，说此书乃赫德"苦心经营的文学作品"。

中，他竟然向国际世界平静地说："的确没有发生过真正的抢劫。"因此，显而易见，如果让庞提乌斯·皮雷特来做判官，让像赫德爵士这种头脑中具有随机应变的双重道德价值标准的人充当辩护人。要回答最近由玛丽·菲奇（Mary Fitch）太太提出的问题、那个曾就在华外国人净化灵魂问题写过文章的上海传教士夫人所提出的"究竟谁是魔鬼？中国人还是外国人？"的问题，是不容易的。

下面，我想谈谈我这些论文要说明的最后一个观点。在题为"关于中国问题的近期札记"的系列文章中，我已努力对此做出过说明。有人告诉我，许多外国人读了这些札记后感到极不愉快——特别是英国人。我这些札记，就是专门针对那"玩公正游戏"的现代英国腔调而做的。不过我很明白，这种腔调对于英国人来说，当它被一个中国佬操之于舌的时候，是讨厌去听的，因为现代英国人相信或试图相信他们自己是"海盗（Vikings）唯一的儿子"，正如一个英国佬最近在上海对我说："你们中国人非常聪明并有奇妙的记忆力，但尽管如此，我们英国人仍然认为你们中国是一个劣等民族。"当这个英国佬对我讲此话之时，我没有告诉他只有死海类人猿没有记忆，而是想起了曾国藩侯爵的劝告（见本书64页），我和蔼地微笑着，装作傻乎乎的，似乎不懂得他在说些什么。在英国人所有令人讨厌的民族特性中，最糟糕的甚至还不是他们那麻木迟钝、呆头呆脑的傲慢，这种傲慢有时表现为"一种冷酷的英国式逼视"，试图把你吓呆。最糟糕的是现代英国人装模作样的虚伪恶习。而在所有这种恶习中，最荒唐可笑和令人难以容忍的又在于——他们俨然是海盗唯一的儿子。现在，要一个受过教育的英国人拥有真诚的信仰，即便这种信仰有一部分是真诚的，我也毫不怀疑它有时的确是那样，都实在是太晚了。此种情形，不过表明可怜的现代英国人不幸忽视了他的教养。因为现代欧洲文化，如果它还承认一点东西的话，总该承认孔子所说的"有教无类"的真理。总之，我要严肃地奉劝现代英国人，奉劝那些一般说来都懂得自身利益所在的现代英国人，要公平合理地参与竞争并净化其虚伪的灵魂；如果他实在愿意傲慢无礼，那么请他在傲慢无礼中至少要贯之以真诚。

言归正传。我在札记中要说明的是：今日世界真正的无政府状态不在中国——尽管中国人正遭受它所带来的苦难——而是在欧美。无政府状态的标志或检验尺度，并不在于一个国家是否或多或少地出现无序或管理不善状况。"无政府状态"（Anarchy）一词在希腊语中的字面意思是"无王"。"无王"或无政府状态有三个发展阶段：第一阶段，是一个民族中缺少真正有能力的君主。第二阶段，是人们公然或隐然不相信君主政体的统治。第三个阶段，也是最坏的阶段，是人们不仅不相信君主政体的统治，甚至连"君主政体"也不相信——事实上丧失了辨识"君主政体"、人本身的道德价值或尊严之所在的能力。在我看来，现在欧美正迅速地接近无政府状态的这一最后和最坏的阶段。歌德在上世纪末以诗的语言写到：

Frankreich's traurig Geschick, die Grossen mögen's bedenken;

Aber bedenken fürwahr sollen es Kleine noch mehr.

Grosse gingen zu Grunde; doch wer beschtützte die Menge

Gegen die Menge? Da war Menge der Menge Tyrann.

译成英文：

Dreadful is France's misfortune, the "classes" should truly bethink them;

But still more, of a truth, the "Masses" should lay it to heart.

"Classes" were smashed up; well, then, who will protect now the "Masses"

'Gainst the "Masses"? The "Masses" against the "Masses" did rage.

法兰西的不幸实在可怕，"在上者"真该好好反省一下；
但更为必要的，还是"在下者"应该认真考虑它。
若"在上者"被打倒，那么谁来保护彼此争斗
的"在下者"？"在下者"已成为"在下者"的暴君。

目前在欧美，当权者乃至好人们出于绝望，都对群氓放任自流——"在上者"也变成了群氓一伙。现在当权者唯一要做的事，就是以爱国主义、帝国主义和殖民政策去愚弄群氓。兹以中国的情形为例。英国政治家们知道他们已经制造了一个巨大困局，因此他们现在通过"中国协会"，来愚弄上海那些最希望无法无天胡作非为的群氓——手段是拆除吴淞炮台！然而，当权者们应当诚实一些。我所谓的诚实，不仅是指在钱财方面，而且指理智方面。要老实承认错误，老实面对困

局。伏尔泰①说：

"C'est le malheur des gens honnêtes qu'ils sont des lâches——胆怯乃是好人的不幸。"孔子说："君子喻于义，小人喻于利。"

这就是我所谓理智的诚实或诚实的理智。最后，歌德平静地说：

Sage，thun wir nicht recht? Wir müssenden Pöbel betrtügen；
Sieh nur，Wie ungeschickt，sieh nur wie wild er sich zeigt!
Ungeschickt und wild sind alle rohen Betrognen；
Seid nur redlich und so führt ihn zum Monschlichen an.

译成英文：

Aren't we just doing the right thing? the mob，we can only befool them；

See，now，how shiftless! and look now how wild ! such is the mob.

Shiftless and wild all sons of Adam are when you befool them；

Be but honest and true. Thus you will make human，them all.

难道我们这样做有什么不对吗？群氓，我们只能愚弄他们；
你瞧，他们多么懒惰无能！看上去多么野蛮！
所有亚当的子民当你愚弄他们的时候都是无能和野蛮，
唯有真诚，才能使他们焕发人性。

再回过头来看中国。中国的事态即便是现在，也不能说成是一个纯粹的无政府主义状态或无王状态。去年夏天当两宫外逃，整个政府机构几乎陷于瘫痪状态的时候，中国的民众却依然忠实地服从于他们法定的当局，循规蹈矩、不越雷池。我相信，世界上没有任何别的民族能做到这一点。一句话，在中国，眼下的无政府状态只是一种功能失调，而欧美的无政府状态才真正是器官组织不健全。

下面，我想从我的一本写于四年前，准备压缩后以《中国的治体和公职服务》为书名出版的书中摘录一段话，来说明中国目前的统治状况：

在一个公正无私的观察者看来，中国今日的弊端实在不是"误

---

① 伏尔泰，法国18世纪杰出的启蒙思想家，十分推崇中国文化，他的著作对辜鸿铭的思想发生过影响。

治"，而更多的是"无治"。我所谓的"误治"，是指任意的没有限制的滥用权利，公然背信弃义，残酷无情、专横无理地践踏人民的利益和感情，乃至于腐败，也就是盗用和挪用公款。目前中国的腐败尚没有外国人想象的那么严重。但不幸的是这种事情确实存在。不过我必须指出，此种腐败情形主要存在于诸如兵工厂、购舰、外国机器、战争物资等有关"洋务"的那些部门。像甲午中日战争前天津①的情形就是如此。这样一种事物状态称之为"误治"是恰当的，并且它已经成为中国公职服务中道德败坏的最大根源之一。至于各省的公务部门，其弊端正如我所说过的，"误治"远不如"无治"情形严重。所谓"无治"，就是完全忽视官员自身、地方利益和人民的福利。

在中国，这种"无治"状态的原因不难找到。为应付外国人到来所引发的危机，也就是为了那称之为"帝国的目标"的东西，国家被弄得财力枯竭。与此同时，各省或地方人民的利益也不得不被忽略。当政府全力关注帝国的问题的时候，高官们，诸如各省总督，或应准确地称之为"制军"大人，他们的职责所在是关注整个帝国的问题和利益，因而权利实际上被无限扩大，超越了他们应有的职权范围，不仅享有花公款的特权，而且拥有官员的任免权。至于那些本该对各省或地方利益负责的巡抚们，则什么权利也没有。不仅如此，在公职服务中还存在一个寡头政治集团或派系，他们伪装"进步"，以博得外国人的垂青，当帝国政府的政策合外国人的意时，他们便被起用管理"洋务"——这些人在差事上捞尽油水，得以暴富，与此同时，其他老实本分的官员，那些对地方利益负有责任的人，则被留下来与饥民一道挨饿。

在此，我想将我所要表达的观点进一步概括如下：

1. 目前在中国的议和是十分虚假的。因为列强没有老老实实努力去弄清中国眼下事态出现的根源。

2. 列强在中国唯一正确的政策，是"让中国独立，看管好在华外人，使他们规规矩矩，安居乐业"。

3. 今日世界真正的无政府状态不在中国，而在欧美。

最后，我还想说明一件事，我不得不承认，这是一件非常有损于我自尊的事。如果说谁有权利抱怨皇太后陛下的政府，我就有这个权利。

———————————

① 指直隶总督、北洋大臣李鸿章集团。

我已为陛下的政府服务了 18 年，但至今仍然停留在刚入职的位置上始终没有得到升迁。我现在的薪水还不如赫德爵士手下的一个四等助手。我承认这种非常有损于自尊的事，与其说是要证明我写这些东西的正直无私，不如说是要让人们铭记这样一个教训，即在列强目前的对华政策之下，像我这样只关心中国的良治秩序和真正文明的人，绝不会像他们所想象的那样能升任到一个最能为国家尽力的位置上，而其他那些喜爱李提摩太那一套进步与文明的"欺骗"或日本驻上海总领事那套秘密"满洲"政策的人——这样一些身在中国衙门，却受洋人操纵被推上高位的人，终将使国家蒙受耻辱并使之走向毁灭。因此，皇太后陛下的政府无论如何都是不完善的。不然的话，目前的作者在这一时刻就会站在皇太后一边给她出谋划策，如果必要，为之献出生命——而不是在这儿写这本书，在国际世界面前维护她的荣誉和祖国的尊严了。

辜鸿铭

武昌，1901 年 11 月 18 日

一个中国人对于义和团运动和欧洲文明的看法①

我们愿为君王去死，皇太后啊！

关于中国人民对皇太后陛下及其权威真实感情的声明书

箴言

请记住：一个不满的民族意味着更多的军队。

——戈登发自毛里求斯的信

中国的事态现已发展到这样的地步，在某些人看来，似乎只有奉行"先强权后公理"的信条，非诉诸武力不可。然而，我却毋宁倾向于赞同索尔兹伯理②侯爵的意见：即他在克里丹危机之后所表达的、支持舰队司

---

① 此文译者为刘辉。

② 索尔兹伯理（Robert Arthur Talbot Gascoync-Cecil, Marquis of Salisbury, 1830—1903），英国首相（1885—1886，1886—1892，1895—1902），保守党首领。曾反对 1867 年英国国会改革和爱尔兰自治法案；对外标榜"光荣孤立政策"，以操纵"欧洲均势"；推行帝国主义扩张政策，发动英布战争。

令反对外交官们以应付那个困难时期的看法。同样，在中国这儿，自这场危机爆发以来，列强们所采取的最为明智的措施，也是联合舰队司令所发布的那封重要的通知。正是这个适时而发的通知，使得中国南方各省的督抚们，能够使辖内之民得以避免正在北方漫延的那种恐怖。

　　然而此时此刻，所有有头脑和责任心的人们要问的问题是："公理还靠得住吗？"对此，长江流域的总督们已经以实际行动作出了肯定的回答。如果公理仍然可靠，那么接下来的问题就是：怎么办？为了有助于回答这第二个问题，我通过公共报刊媒介提出下列建议：

　　首先，列强应尽快同意充分而清楚地说明此次联军进兵中国北方的目的，以及他们关于中国未来的打算；并应指派专人，授予其足够的权力代表他们，去公开地、权威性地向中国人宣布这一消息。

　　其次，除非列强决定承担管辖和统治中国人民的责任，他们应首先立即公开地、严肃地保证在对待中国的皇太后陛下时，与对待皇帝陛下一样，不侵犯其人身自由、权力、地位和名誉。

　　为此，我进一步做如下说明：

　　其一，总督、巡抚以及所有现在直接间接地对中国的良治和秩序负有责任的人，都绝对不同情上海的外国报刊所谈到的所谓"改革党"。

　　其二，所谓"改革党"在国内散布的，上海外国报刊又加以附和的关于中国人民对皇太后陛下个人及其法定权威之感情的断言，绝对虚妄，毫无事实根据。

　　其三，中国最根本的国法，基于孩子绝对服从于父母（以孝治天下）的原则。作为国母的皇太后陛下在中国治体中至高无上的权威，是得到绝对的认可而毫无疑义的。

　　其四，所谓"改革党"在国内的党徒和上海外国报刊所散布的种种谣言，连同那些被用来诋毁皇太后陛下的品德、动机和所谓反动政策的毫无根据的报道，以及其他一些莫须有的罪名，在很大程度上为导致目前的这场灾难起了推波助澜的作用。因为这些谣言，助长了在外国使臣和皇太后陛下及其政府之间制造猜疑，破坏彼此之间良好的信任，而这种信任对于皇太后陛下以自由、自信和坚定沉着的态度，去处理帝国政府目前所面临的许多新的困难和错综复杂的问题，是非常必要的。

　　以上，是我接受委托要加以声明的内容。完成这一任务后，我想进一步对这些声明所包括的一些观点提供几点意见，它将有助于人们对这些观点形成更清晰的认识。

首先，我们来看看所谓的"改革党"。外国人偏爱并支持该党，因为这些"改革者"声称他们拥护进步以及西方文明的事业，是外国人的朋友。然而，用不着讨论这些观点拙劣和知识贫乏的年轻狂徒对"进步与文明"的滑稽模仿，只需好好问一问这些头脑发热的狂徒为什么要盼望中国进步和强大就足够了。人们可以从康有为最近发表的一篇直抒胸臆的文字中，找到这一问题的答案。此文翻译和发表在《字林西报》上。在这篇文章中，那些所谓的改革者不知不觉地暴露了他们的狰狞面目。

公正地说，人们对"改革"运动的支持被夸大其辞了。运动初起之时，它的确得到了好人和热心公益的人们的支持，因为甲午中日战争之后，中国的知识阶层感到了极大的耻辱。但是，同所有政治运动一样，在这次改革运动中也存在着许多不同的政见，并引起了国民的不满。所有这些政见持有者可以归结为两派：一派由热心公益、富有经验，有判断力和辨别力的人组成，他们想要改革和进步，即凡是西方文明中同我国国情与"长治久安的良治事业"和谐一致的东西，他们都要尽可能加以采纳。另一派可以称之为"过激派"，它由那些聪明的、头脑发热的年轻人组成。这些人自称是爱国主义者，其实浮躁、贪图名利，野心勃勃，既没有治事经验，又缺乏判别能力。他们要求连根带枝一块的改革和飞速的进步，毫不顾及可能会遇到的困难，甚至于连毁灭帝国也在所不惜。其目的，只是为了满足自身的虚荣和野心。他们愚蠢地想象，由此便可以轻而易举地获至西方民族那般的富强和繁荣。这就是康有为及其党徒的那一派。具有讽刺意味的是，他们居然能从外国人那儿得到如此多的同情和支持。这些人所以叫嚷"改革和进步"，因为他们尽管渴望和羡慕外国人的富强和繁荣，却憎恨外国人，仅是这种羡慕和渴望本身，便能导致一种极度的憎恨。他们也恨皇太后陛下，因为他们认为皇太后太过于稳健了。

在我看来，外国报纸上关于皇太后陛下所谓的反动政策及其对中国国计民生的恶劣影响的断言，是愚蠢、放肆、鲁莽和毫无道理的。要证明事实与此截然相反，是世上最为容易的事情：也就是说，皇太后陛下的政策不仅不反动，而且事实上中国能有今日，正应归功于她的稳健和随机应变的政策——这是一个久经磨炼，有四十年统治经验的国家元首深思熟虑的政策——此时此刻，皇太后陛下的存在及其影响，乃是中华帝国稳定与统一的唯一保证。

为了证明我的上述观点，我想没有必要提供任何精心准备的论据，下面这几个众所周知的简单明了的事实，便可以给我提供证明。

事实一：翟理斯①博士在他的《古今名人谱》一书中（799 页），关于皇太后陛下的生平一条是这样记述的："生于 1835 年。西太后；同治皇帝之母；咸丰皇帝的妃子〔可在她的儿子登基后，被提升到与正宫娘娘同等的地位〕；她还是光绪皇帝的姨母〔？养母〕，1861 年，当咸丰皇帝崩于热河行宫，八个极端排外的王公大臣被指定为小皇帝的辅政之臣时，她支持了恭亲王的事业。当时，恭亲王在醇亲王的帮助下，正在北京与英国和法国议和。反动的八个大臣被他们抓了起来，有的被处死，有的勒令自杀"云云。

翟理斯博士不带偏见的历史记述中那最后两句所提供的证明，可以完全彻底地推翻对于皇太后昔日排外或反动的指控。人们甚至可以反过来问，如果当时皇太后陛下真的排外并站在反动的王公大臣们一边，那么现在的中国将会是一种什么景象？

事实二：无论人们可以找到什么借口，都难以否认，总理衙门大臣们坚持除了与驻京各国使臣进行官方交往外，同其他一切都保持隔绝的态度，从某种程度说，对于造成中外双方彼此之间这种不信任和猜疑的困境，并进而引发目前北京的这场灾变负有责任。另一方面，在北京的当权人物中，皇太后陛下是唯一一个尽管身居高位，却有勇气与外国公使馆夫人交心，并邀请她们进入自己家中的人。② 还有什么比这更令人

---

① 翟理斯（H. A. Giles，1845—1935），英国驻华领事，著名汉学家。1897 年出任剑桥大学汉文教授。曾著有《中国文学史》、《华英字典》、《中国名人谱》、《中国绘画史导论》、《中国概要》、《中国的文明》、《嶂山笔记》等几十种汉学著作。此外还是《聊斋志异》、《佛国记》、《庄子》和中国诗歌最有影响的早期英译者。

② 我在这里附录一段摘自（1900 年）9 月 12 日《字林周报》（即《字林西报》的星期日副刊，原称《北华捷报》——译者）的文字——它在时间上比我最初写作此文的要晚（辜氏此文写于 1900 年 7 月 27 日——译者）。该文写道：

的确，皇太后是一个不同寻常的妇人。我们从《伦敦与中国邮报》（*London and China Express*）上月 3 日所发表的下列文字中，可以瞥见这位昔日女仆之品性的另一面：

皇太后的真实品性是一个无关紧要而又难以弄清的问题。她的形象已被描绘得五光十色，不过阴暗仍是其主调。人们在美国出版的一册书信中，可以找到对她的气质极尽赞美的观点。这册书信，出自一位美国驻华公使的妻子康格夫人之手。康格夫人同其他公使夫人一道，曾拜见过皇太后。她被那位肯定极力取悦于她们的女主人给迷住了。无论内心深处多么憎恶这些"外国魔鬼"，皇太后在表面上或言辞上都没有丝毫的流露。"她看上去很快活"，康格夫人说，"她的脸上充满了善意，见不到一丝残酷的踪影。她简单地讲了几句欢迎我们的话，但其举止自然而热情。她站起来向我们问好。然后向每一位夫人伸出双手，并极为诚挚地说道，'我们彼此是一家'。她非常亲切，当我们接过递上来的茶时，她上前一步，向我们频频举杯。她呷了一口茶，接着换了一边再呷一口，又说道：'我们彼此一家，普天之下都是一家'。"不过，最近几月所发生的事变，可能会使康格夫人对皇太后的真诚及其以"一家人"相待的方法之信任，发生几许动摇。——原注

感伤和悲哀的证据，能表明皇太后陛下渴望自己及其臣民与外国人和平友好地相处呢？不错，那些敏锐的新闻政客们，从这一切当中只能见到深藏的虚伪，然而，任何人都会同意，如果事情果真如此，那么帝国国母对待外国客人的这种礼貌好客的榜样，岂不是会对臣民产生事与愿违的极坏影响？除此之外，人们还应记住，可能是出于对臣子们指望不上的绝望心理，皇太后陛下甚至还一度让她的儿子光绪皇帝学习英语！

事实三：我们现在在长江流域享有和平，公认应归功于南京刘（坤一）总督的智慧、仁慈和政治家风范。由于显而易见的原因①，我不便敷陈张（之洞）总督阁下的功劳。在目前这个危急存亡关头，幸亏有"老成硕望"的刘坤一坐镇南京。本来他曾屡次请退，之所以至今仍膺两江重寄，完全归功于仁厚的帝国女主人的再四慰留。因此，如果还存在逻辑联系这种事实的话，我们中国人，还有外国人，乃至包括那些正以一种愚昧的狂热在上海报纸上尖声叫喊，对皇太后加以诋毁和怀有偏见的人，都应该承认，我们现在还能有幸拥有和平和安全，归根溯源，当归功于皇太后陛下的明智和远见。可至今为止，人们竟然还在一个劲地指责她排外和反动。

我恐怕很难使那些对中国过去四十年历史不熟悉的外国人懂得，在那四十年灾难频仍、动荡不宁的岁月里，像皇太后这样的国家掌舵之人该需要怎样的政治家风范、胆略、坚忍不拔和治国之才。兹举以下一事，足可见到一斑。1861 年，当皇太后陛下与已故的东宫太后陛下一道（众所周知，后者没怎么分担实际的治国工作），辅佐已故的同治皇帝陛下，垂帘听政的时候，帝国十八省之中，已有十三个省份惨遭叛军蹂躏。但皇太后具备女性特有的同情心和洞察力，拥有完美的德行和智识，她知人善任，激发御下之臣②的忠良之心，使其鞠躬尽瘁，任凭驱驰。同时还唤起了举国乡绅的勇武精神。为了她这个可怜无助的拖着幼主的寡妇，湖南和其他省份的绅士在曾国藩侯爵的率领下奋起翊戴，他们以其炽热之心和抑悲之调哭喊着③："Moriamur pro rege, regina!"（我们愿为君王去死，皇太后啊！）最终，她得以消灭可怕的叛乱，使

---

① 辜鸿铭为张之洞的幕僚，不便为主人邀功。

② 比如文祥："美国外交通讯"中曾提到他，可参见。——原注

③ 这是真的——已故湘吏彭玉麟收到皇太后陛下赏赐的礼物时，经常滚在地板上，号啕大哭。——原注

国家逐渐恢复到往日的太平状态。

我已经谈到过"改革运动"的兴起。我曾说过，这一运动起于甲午中日战争之后士大夫和统治阶层因忧心国是而产生的极度的耻辱感和绝望感。在运动刚刚兴起和突然急剧滥泛的时候，正如我曾指出的，它包含着许许多多的倾向和形形色色的观点。在中国统治阶层中，一度还存在过不同派系之间互相攻袭，几乎导致政府崩溃、帝国瓦解的急迫危险。说也奇怪，正如在所有国家政治的危急关头经常发生的那样，在中国，以帝师翁同龢为代表的偏执顽固的极端保守派或称法利赛派①，出于彻底的绝望，加入到，或更确切地说，任用了肆无忌惮的过激派或称无赖与收税人派。后者把精密的国家机器和行政管理搞得混乱不堪。皇太后陛下闻知此事后，不得不放弃多年渴望且极其需要的休养退隐，出来帮助皇帝陛下掌管国政。现在人们都看到了她是如何应付时局的。她以其天生而老练的政治家的明晰和敏锐的洞察力，一眼就发现，在所有的政治危机中，两派对于国家最大的危险，在于那些极端的偏激狂。因此，她毫不犹豫地动手给两种走极端的人——极端保守派和过激派的首领以迅速、严厉而果断的打击。她摘掉了帝师翁同龢的一切头衔，不过对其所作的处置还算宽大，这与其说是她仔细思虑的结果，不如说是出于恻隐之心。她将其开缺回籍，申明永不叙用。至于年轻的、肆无忌惮的过激派康有为及其门徒，一般舆论，甚至是士大夫阶层，也没有吁请给予宽恕。因此，她认为有必要将这些人中最劣迹昭彰者明正典刑，以儆效尤。因为他们在中日战争后，企图利用国民的不满，假借进步观念施行诡计和欺骗，夺取国家政权。事实上，正如众所周知的，皇太后要将康有为及其党徒变成报纸上所谓的殉难者。她将能够抓到的那些党徒开刀问斩，并通令全国追捕在逃犯。这样，在非常短的时间里，她就控制了局势，使国家渡过了危机。

自从我所努力描述过的这场危机过去之后，皇太后陛下已经避免了一切极端，明智并始终如一地坚持稳健和通权达变的执中之道。作为政府的最高首脑，她懂得自己应对国家的长治久安负责，所以无论她个人可能同情哪一方，她都宣布不结党。她既不排外也不亲外，既不反动也不进步。如果归根结蒂，我倒倾向于认为她向进步的一方有

---

① 法利赛人是古犹太教一个派别的成员，墨守传统礼仪，基督教《圣经》称其为泥于形式的、言行不一的伪善者。

所倾斜。这一点，可以从各省高级官员的任何一种分类名单上推断出来。在选用官员方面，她按照自己所希望得到的结果，因才器使。因此，像李鸿章、刘坤一、张之洞总督阁下与巡抚袁世凯这样的人，和帝国大臣徐桐、李秉衡、刚毅①、赵舒翘这样的人，他们的政治观点和倾向截然相反，但都能人尽其才，各得其所。仅此一点，便表明她的统治是多么机智，心胸是多么宽广，用人行政是多么精明和老练！

然而，她之所以成为帝国稳定的保证，不仅在于其自身的能力和政治家的才干。她的实际影响要远为深刻。她统治中国四十年来，真是历尽重压，迭遭变故。尽管个人生活十分不幸，却一直指导、关怀并分担了她苦难臣民的命运。而所有这一切，如今都存留在朝野士庶的记忆之中，并赢得了他们的同情和爱戴。她在中国具有如此强大的影响力，原因应在于此。在我看来，这也是康有为及其党徒卑鄙无耻、丧尽天良的标志。因为所有这一切，事实证明——对于他们这些本该懂得过去四十年间本国历史的士人来说——并未有助于他们减轻在憎恨和辱骂皇太后陛下过程中所体现出来的那种粗鄙下流、感情用事和凶恶刻毒的程度。

在此，我忍不住要指出，对于上海的外国报纸自以为是地、不正当地非难和不合宜地诽谤皇太后个人品格的运动，留待我这个中国人来首先提出抗议，这对于在华外国侨民来说，实在不是一件光彩的事。无论她会有什么缺点，至少她维持了中国的秩序，在这里，如此多背井离乡的外国人得以安家落户。且不提她高贵的身份和崇高的地位，作为帝国国母，外国人在她的国家里实际上过着客人的生活。单言她的性别，她的年纪和她那众所周知的个人生活的不幸——年轻时希望的破灭，长期孤独的寡居生活，为帝国操劳，替儿子担忧。她唯一的儿子（同治帝）突然死去，对她这个慈爱的母亲是最残酷的打击，如今所留下的，只是一个饱经忧患的皇太后和历尽痛苦折磨的母亲之孤寂的心灵。——所有这些考虑，我想肯定可以使那些愚昧无知、肆无忌惮的报纸，特别是那些由文明的欧洲人所经营的报纸，免除对于皇太后陛下个人生活不合宜的中伤。但伯克（Burke）那句不朽的名言说得好："在欧洲，骑士时代已一去不复返了！"

---

① 后来辜鸿铭将此稿节译成汉文时，删掉了此人。

下面，我来谈谈我要谈的问题中最难的部分。它难，并不意味着我对所谈问题的缘由在理解上有什么危险或偏见，而是因为激起目前事变（我指的是义和团运动）的那种强烈的情绪。

如同在改革运动中一样，这里事实上也存在两种不同的倾向，而对此，外国人没能加以区别。一种可以称作为防御性运动，它是相当于古老的盎格鲁–撒克逊 fyrd（民兵）或德国战时后备军这样一种特殊的古代民兵制度的复兴。这种旨在共同防御的村社之结社或者结盟风俗，在中国自古以来就是完全合法的。每逢国内动乱，帝国当局就经常鼓励这种结社。这样一种村社防御制度，过去一般称之为"保甲"，现代则称之为"团练"。"义"字在这里的意思是善良的、诚实的或正直的（法语中的"brave"字）。它规定所有成员都必须是善良和忠实可靠的好人，乱臣或贼子是不准加入的。"和"字的字面意思是和睦和谐，它意味着社团是一个友好的整体，也含有"mutual"（彼此共有）字的意思。"团"字指的是一个集合或社团。

"义和团"是最初那些拳社的合法称谓，它可以被译成"善良和忠实可靠之人的友好社团"或"旨在共同防御的正直之人的社团"。为了贯彻结社的宗旨，即在他们的家乡保卫人身和财产的安全，这些社团的成员必须习"拳"，和进行其他一些体育训练。此后，这些社团所训练和传授的"高尚的自卫艺术"，还包括艺术和科学的其他内容。并非是社团本身称之为"义和拳"。

这，我认为就是所谓义和团运动的起源。它完全是一种合法的村社防御制度；其目的在于防御，而不是进攻。

运动的另外一个倾向，或者毋宁说开展，其产生无疑应归于特殊的地方局势，它脱离了原有的运动轨道，变成了一种更富于攻击性的、好战且完全失去控制的狂热，无论是对于朋友还是对于敌人，都构成一种灾害。至于这种狂热是如何在这场灾变中达到顶峰的，我将留待以后再做公正评判。只有当这场事变的全部事实被调查清楚、真相大白之后，才有可能宣判它的发生究竟是由于皇太后陛下的邪恶、软弱、判断错误或误信庸臣，还是由于外国使臣的干涉和压力所强化了的"地方困难"，这种干预和施压，妨碍了皇太后陛下始终如一、镇定从容和坚定果断地去应付困局。在"地方困难"中，我要特别提出"传教方式"，和陌生的外国技师麇集中国内地两点加以强调。这些来自希腊和意大利等欧洲国家的洋技师们，带着那种现代欧洲文明"I'homme sensuel moyen"

（耽于肉欲的庸俗之辈）的行为举止（即使不是品行问题），一下子出现在贫困、古朴、宁静而孤弱的中国妇女和穿长袍的中国男人中间，导致了内地民情不安。

同时，在事实真相还没有探明之前，我请求欧美人民不要忘记公正的首要原则；不要先下宣判，得到证据以后，再作宣判不迟。

在此，我打算专门就指控皇太后一开始便拒绝剿杀义和团运动的观点，提出辩驳。说皇太后一开始就绝对拒绝这么做，是不符合事实的。她所拒绝的，只是不加区别的一概剿杀。对于义和团运动中那富于攻击性、好战的真正骚乱分子，她命令官员加以剿灭；而对那些善良的成分，那防御性的而非攻击性的运动，那她的人民为了自卫而做出的努力，她却不同意加以剿杀。为什么要这样？在回答这个问题的时候，需要驳斥那种指控她阴谋利用拳民驱逐洋人的说法。这后一种指控，不用说，一看就荒谬可笑。不过我相信，这种无耻的指控，也是有由来的。中日战争之后，皇太后陛下准确无误地发现，乱世就要降临在她的臣民头上。这不仅鉴于直接来自外国的侵略，也是因为国家的经济状况日益恶化，神州各地可能会产生一种无法无天的危机状态。事实上，她预见到中国在不远的将来，可能要经受一场大险的考验，用卡莱尔①的话来说，要陷入一种"混乱再减去一个警察"的可怕状态。在这种情况下，出于对臣民的爱护和关怀，她感到有责任鼓励他们做好准备，组织起来保卫自己的家园。有哪一个正直的人，揆诸哪一条正义的原则，能够谴责她这样做呢？事实上，任何一个有心肝的、能理解中国文字之下那种情感力量的人，只要读一读她最近的许多谕旨，那些强调总督和巡抚们有必要做好准备、去保卫委托给他们每一个人的神圣领土的谕旨，以及她的人民有必要复兴旨在共同防御的古代村社组织制度的谕旨，就会感到她的话中充满了无限的怜悯之情和悲怆之感，仿佛是慈母对于爱子伤心的临终告诫，没完没了地说个不停："我的孩子，你们生不逢时，赶上多事之秋，我饱受痛苦和悲伤的折磨，已经照顾你们多年。现在我老了。不久以后我就要离你们而去。勇敢些，孩子们，你们每一个人都要做好准备，去保卫好自己的家园。那个时候一旦来临，我将不能再与你们一道捍卫帝国并

① 卡莱尔（Thomas Carlyle，1795—1881），19世纪英国杰出的思想家、预言家、文学家和史学家，浪漫主义思潮的主要代表。他强烈谴责资本主义社会弊端和文明缺陷，是对辜鸿铭思想影响最大的西方人之一。

照顾你们了。"

在上述文字中，如果我多少还成功地表达和传达了一点中国人民对于皇太后陛下个人的情感，那么外国人就应该理解，何以那些十三四岁的中国男孩，能够"傻不愣登、昏头昏脑、不顾一切"地向现代欧洲人的枪口冲锋。无论欧洲现代崇尚科学的人们何时遇到他们不能解释的人类灵魂的特别现象，他们都称之为狂热。但是，何为狂热？所谓狂热，就是能够驱使人们去从事那些需要勇气和英雄主义、能为之献身的特殊行动的唯一冲动，它是被一种渴望，一种要保卫他们心中赞赏、热爱和崇敬的事物和渴望所激发的冲动。当这种赞赏、热爱和崇敬变得无限度和超常时，那种勇气和英雄主义也随之变得无限度和超常——这就是狂热。

那么，作为个体和作为一个民族，中国人所热爱和崇敬的是什么呢？在个人生活中，中国人热爱和崇敬其父母，这种感情，被其所有少年时代和家庭的记忆所缠绕并被证实为神圣。作为一个民族，中国人现在热爱和崇敬其国母皇太后陛下，以及按王朝命运为之系赖的皇太后的意志指定的后嗣和继承人皇帝陛下。该王朝的统治已经惠泽中国人民250多年了。中国人心中的这种感情有多深，义和团小伙子的狂热已经充分的证明了——狂热，正如我所说过的，是一种无限的和超常的勇气冲动，它驱使人们去保卫他们心中无限和超常热爱与崇敬的东西。现在，从迄今为止在总督衙门所接收的所有信息来看，对导致北京灾变这场危机的骤然决裂一事还无法做出清楚解释。不过，我最近刚刚得到的一个非官方的可靠消息，可以马上说明以前那个不太清楚的问题。据这一消息，那再也不能忍受的最后一击，用一句熟悉的话来说，是一个谣言。这个谣言，正好赶在总理衙门召开的那场预定会议之前，它像电击一样传遍京城。那就是外国使臣打算逼中国接受的四项条件之一，即，让皇太后陛下归政。正是这一谣言，一下子使得帝国军队和民众"群"起加入义和团，从而导致了以大沽口不幸而可悲的陷落为顶点的那场危机。

因此，很清楚，真正的"Causa belli"（宣战原因），促使中国人民无论南北都想与洋人开战的实实在在的情绪性冲动，乃是他们确信列强要冒犯或打算冒犯皇太后陛下及其自由行动一事。可以说，它是一场人民的战争，而不是一场政府的战争，事实上，它毋宁说置政府于不顾。这就是在这场战争中，那些称之为文明战争的严格规则没有得到认真奉行的不幸原因。

现在，我不知道欧美那些或多或少民主化的人民，那些目前极为热衷于"爱国主义"的人民，是否能够或愿意记得，在他们过去的历史中，有一个比现代爱国主义更为神圣的字眼，这个字眼的含义，我在本文开头已经借用一个拉丁词努力加以揭示了，它就是"Loyalty"（忠），仆人对于主人之忠，孩子献给父母之忠，妻子对于丈夫之忠，总括言之，人民对于君王之忠！如果欧美人民还记得这个字眼的含义，他们就会懂得何以中国人民——而不是政府——现在处于战争状态，无可奈何地与全世界抗争。在中国，从南到北，自东徂西，一个声音高喊着："Moriamur Pro Rege，Regina！"（我们愿为君王去死，皇太后啊！）

全文该结束了。我说过，在中国目前的事态中"公理是否还靠得住"的问题，长江流域的总督们已经做出了肯定的答复，接下来的问题是："怎么办？"现在，我能够用几句话回答这一问题了。

首先，中国人民的"宣战原因"，在于他们相信列强已经采取措施，或打算采取措施反对皇太后陛下本人及其自由行事。

其次，列强的"宣战原因"，在于北京公使馆被围，急待救援。

显而易见，在双方有希望达成和解之前，这两个基本的"宣战原因"必须首先加以消除。如今，北京帝国政府已经尽了最大努力，消除了列强方面的"宣战原因"，我敢肯定，外国使臣一定能被安全地带至天津。因此，现在的问题，就是要看列强方面是否愿意消除中国人民的"宣战原因"了。我大胆地补充一点，为了对那些正竭尽全力维持和平的总督和其他人公平起见，列强们应抓紧时间，不失时机地赶快做出决定。每一次拖延，不仅使维持和平更加困难，甚至削弱了获至和平的希望。

又及：孔子本国的国君①问孔子：怎样做才能使人民服从？孔子回答说："捍卫正义的事业，镇压不义之事，人民就会服从；而捍卫不义之事，镇压正义的事业，人民就不会服从。"②

前文发表在《日本邮报》上，那是一份在横滨出版的英文报纸。当时附有致该报编辑的一封信，原文如下：

---

① 指哀公。

② 此句是辜鸿铭对《论语·为政》中一段话的翻译。这段话原文是："哀公问曰：'何为则民服？'孔子对曰：'举直错诸枉，则民服；举枉错诸直，则民不服。'"此句翻译历来有争议。杨伯峻先生译为："提拔正直的人放在邪恶的人之上，百姓就服从了；若是提拔邪恶的人放在正直的人之上，百姓就不会服从。"

先生：在请求您发表这篇文章之前，我要说明的是，我这样做，完全由我自己负责。文章写作和准备发表的时间是（1900 年）7 月 27 日。当时，（张之洞）总督阁下刚刚发出那封与南京刘（坤一）总督联署的致英国政府的长电报，电报的内容就是本文所讨论的问题。作为"授权的声明"，本文所述，乃是以英文对那份电报旨意的自由翻译。剩余部分，则是我自己为了使这些声明便于理解和清楚起见，所做的评论。

我先是受张之洞总督委托，准备一份关于他那封电报主旨的英文翻译，以供发表。后来在各种外来因素的影响下，我不由自主地写成了一篇关于那封电报的长文章，总督阁下得知此事后，只好收回成命。我没有事先将全文呈送给总督阁下，原因之一，是为了让他能尽快见到文章的效力。因为要将这篇东西译成适当的汉文形式，要花费我不少时间。而在局势极度痛苦的时期，每一分钟都是珍贵的。因为我打算以这篇文章来拯救北京和那儿的公使馆。后来我相信——几乎至今还相信——如果我能够成功地阻止或减轻几分目前反对皇太后陛下及其政府的部分外国人自然而生的愤激情绪，那么，双方的惊恐和精神上的极度痛苦，将会有所缓解，从而便于当权的人们更清楚地了解局势，在避免不必要流血的前提下，解决问题。

于是，我设法让文章能够递到索尔兹伯理勋爵手里。我相信索尔兹伯理勋爵即便不出于慷慨，起码也出于盎格鲁-撒克逊种族那种对于公平竞争的热爱，会对我的意见做出积极反应。直到今天，我仍然不知此文究竟是否真的送到勋爵府上。不管它被送到与否，我都没有发现它对英国以及其他列强的在华政策发生我所希望看到的那种影响。因此现在，我以自己的名义将此文发表给文明世界。

由于我打算另做一文，专就目前列强的在华政策进行充分的批评，所以在这里，关于列强还没有采取能够解决目前中国问题的政策方面，我将不再多说。

同时，在本文已经包含的建议之外，我再冒昧地补充三条：

（一）英国王后陛下，作为世界王后之首，应尽快谦和感人地直接拍给中国皇太后陛下一封公开电报——不用官方语言，而用心灵的质朴语言——对中国的皇太后，她的儿子，以及她多灾多难的人民在目前的困厄中所遭受的苦难，表示同情。

（二）外国使臣，尤其是英国使臣，应当制定一个条例，对于中国通商口岸出版的那些外文或中文报纸，有发表侮辱或不尊重中国皇太后和皇帝陛下言论的，要给予处罚。

（三）赫德先生应当指派上海的海关人员，出版一份《中华帝国报》（*Imperial Gazette of China*），除了定期发表《京报》①的准确译文之外，还登载一些关于中国国家大事的官方消息，有时可能还有必要对报纸上所散布的有害谣言加以驳斥。

上述建议中的前两条，可能看上去有些感情用事。可是我将借用那句绝妙的法文短语"la politesse du coeur"——以不容置疑的常识性的实践理性，来证明这一"politique du coeur"（心灵的政治）的必要。中国人，作为一个民族，其文明的基础决定了他们更赞赏、尊崇和畏惧道德力量，而不是物质力量。像外国列强那种肯定出于知识不足的愚昧无知的物质力量，只能使中国人道德沦丧，陷入混乱。因此，如果外国列强或他们在中国的高级代理人真渴望和平解决中国问题，他们运用真实、智慧和道德的力量越早越好。目前，最为急需的，是要使中国人民相信欧美人真的不是"魔鬼"，而是像他们一样有心肝的人类。

外国报纸——特别是上海的外国报纸——完全丧失了他们的常识。然而，如果那些在华管事的外国人也丧失他们的常识，那将成为一种可怕的灾祸。正是求助于这种常识，我为中国人民辩护——甚至为处在拳祸中的保定府和太原府的恐怖辩护。当英国地方当局动用其全部警察机器，也控制不了群氓们的暴力行为、无法制止他们捣毁斯特德（Stead）先生及其朋友们的集会②的时候，尊敬的贝尔福③先生以其令人钦佩的英国人的机智对此加以评论时，所使用的就是这样一种常识性论据。在那个场合，贝尔福先生说，人们不必过于指望人性这种东西。中国人的人性与欧洲人的人性是相同的，具有此种人性的中国人，当他们得到一种可怕印象，感到有人要灭绝他们，不让他们活下去的时候，就会做出可怕的事情来与之对抗。而且，中国人民也有一种民族感情，这种感情一旦遭到蹂躏和伤害，他们将对此产生怨愤。

---

① 《京报》，清代民间"报房"商人抄录邸报（封建王朝出版的政府官报），翻印出版的报纸。因其封面多用黄纸，俗称"黄皮京报"。日出一小册。每册约七八页。内容以报道官吏任免消息和皇帝谕旨为主。

② 这种集会称"Pro-Broer"。

③ 贝尔福（Arther Fames Balfour，1848—1930），英国首相（1902—1905）和外交大臣（1916—1919），保守党首领之一。1902年《英日同盟条约》和1904年《英法协约》的策划者。1917年发布《贝尔福宣言》，表示英国赞同"在巴勒斯坦为犹太人建立一个民族之家"。

目前中国的整个局势，是一种可怕的彼此恐惧状况。中国人为亡国灭种而恐惧；欧美人则为他们在华同胞的生命财产而恐惧。我遗憾地看到，赫德爵士用他的文章，帮助强化了欧洲方面的恐惧。

我不像赫德爵士那样悲观。因此我认为，我通过减轻这种可怕的彼此恐惧，正在为中国人和外国人、甚至为在华外国人做有益之事。

以我目前在这里的职位，对于中国政府现状的了解，和我在中国三个最大的衙门——两广、湖广和两江总督衙门任职十六年的经验，我强调指出，目前在中国，只有一个人能够真正防止一场并非不可能发生的可怕的国内战争，或者说至少是一种无序和无政府状态，也等于说是一切外国人和中国人真实与合法利益的灾害——她就是皇太后陛下，如果她得到道义上、智识上强有力支持的话。

因此，我提出了那个常识性建议，直接求助于皇太后陛下的心灵，使她确信外国人、甚至于那些在华外国人也不是"魔鬼"，而是有心肝的人类。如果说我的上述第二个建议看上去显得有些不公，那么，我将把它归咎于在华外国人允许上海外国报纸所捏造的那一恶毒指控，即指控皇太后陛下试图毒死她的儿子皇帝陛下。只有当我设想在华外国人都处在一种可怕的恐惧之中时，我才能原谅他们的这种行为。人们不会忘记，在法国大革命的恐怖时期，法国王后玛丽·安托万内特（Marie Antoinette）也曾遭受到同样恶毒的指控，她替自己简单地辩护道：

> 我求助于普天之下所有的母亲！

我认为提及这一恶毒的指控是必要的。因为中国目前局势的一个严重危险，在于皇帝陛下那众所周知的健康状况：他身体虚弱至极，而目前中国合法政府有确定继承权的人，是端王的儿子。

北京的外国使臣提出"不可更改的条款"，已将被告中国置于 hors de débats（辩护之外）的地位，即，不听被告声辩，就宣判并通过判决——这是文明的欧洲仅在法国大革命的恐怖统治时期采取过的审判程序。现在，我请求在远东的所有渴望和平的外国人，即便为了他们自身的利益，也应该支持我找出某种办法来，制止外国使臣实施对于中国所作出的判决——尤其是对端王和在目前的灾祸中被指称为罪犯的那些人的判决，直到他们读到我为了解决目前的中国问题而发表的系列论文为止。

多年以前，在长江暴乱①期间，承蒙《字林西报》允许，我大胆地发表了一篇题为《为吾国吾民争辩》的文章。伦敦《泰晤士报》在评论它的一篇社论中，认为它不可能出自一个中国佬的手笔，如果是的话，"所用语言将没有那种极其高贵的镇静。"

现在，作为一个不著名的中国人首次以自己的名义、自行负责地出来公开对世界发言，我想文明世界有权问问我就这一重大问题发表意见的资格。因此，我认为有必要说一说，现在的作者是一个花了十年时间在欧洲学习其语言、文学、历史和制度，又花了二十年时间研究本国事物的中国人。关于他的品行，我只能说：尽管现在的作者不能自夸是一个 Chevalier sans peur et sans reproche（无可指摘、无所畏惧的骑士），然而我想，那些在华外国人，无论与我有着私人交往、深知我为人的人，还是以任何关系同我有过接触的人，当我说，现在的作者从没有做任何卑鄙无耻之事，以取悦和讨好在华外国人，或者应该遭到他们的冷遇和唾弃，他们都会给予证实。

末了，我冒昧地公开请求俄国驻日本公使阁下，请他将我所写的东西毕恭毕敬地呈送给俄皇陛下过目。承蒙陛下记得，多年以前，他访问汉口的时候，我曾有幸做过他和张之洞总督阁下之间的翻译。

我还冒昧地请求德国驻日本公使阁下，请他毕恭毕敬地把我的这篇东西呈交给普鲁士的海因里希亲王殿下，他访问武昌期间，我曾荣幸地得到他馈赠的特别礼物。

如此冒昧公开地利用他们高贵的名字，我希望俄国皇帝陛下和海因里希亲王殿下能够谅解。因为我迫不得已这样做，不仅代表中国和中国人民，也是为了世界的和平与文明。我知道并且相信，他们都是世界文明与和平最热心的维护者，我曾听到他们亲口这样承诺过。

武昌

辜鸿铭 文学硕士（爱丁堡大学）

又及：我极为悲痛地说，正当我写完上述文字的时候，却传来英国王后奥古斯特夫人不幸去世的消息，因此，按现有的形式实行我的第一个建议已不可能。我原打算通过上述提议，以她的尊荣，来帮助解决中国问题并维护世界和平。作为其漫长一生中最辉煌的顶峰，这也能给她赢来更多的荣誉。但伤心的是，奥古斯特夫人刚刚离开人世，这一点已

---

① 指 1891 年长江教案。

经无法实现了。

因此，我现在对我的上述建议略作修改，请求俄国驻日本公使阁下，毕恭毕敬地把我的提议呈送给俄国皇太后陛下，我认为，她是最有资格代替奥古斯特本人，将这一提议付诸实行的。

辜鸿铭

为了中国的良治①
实践的结论

箴言

当我们在黑暗之中摸索时，正如我们必须在东方所做的那样，最好的道路就是公正行事。

——戈登将军

我认为，现在对列强在中国的现行政策加以检查，不仅有必要，而且时机也已经成熟。我在这里只想反复申明，我写这些东西完全是出于自己的责任心，并愿单独对自己的观点负责。

精神和态度

目前，要想使中国问题有望得到满意的解决，首要的前提是，列强必须根本改变他们对中国政府及其官员的政策的精神与态度。有位名叫豪斯（E. H. House）的先生，在《日本邮报》上发表文章谈到西方各国对于日本的以往政策时，这样写道："外人炮制了一种说法，即认定日本的政策，乃是一个虚饰和欺骗的迷宫。对于日本的任何行动，外人都无法理解，因而认为它必然是其深藏不露、无所不包的欺骗计划的一部分。这实在是荒谬透顶。但多年以来这种猜忌却构成了欧洲外交的基础。"我毫不犹豫地说，这也是以往外国列强在与中国交往过程中发生灾祸的根源（fons et orige）。正是这种到处扩散的猜疑精神，感染了每一个外国使臣特别是英国使臣，从而滋生了一种黄疸性偏见，使他在中国无论看到什么，都觉得是黄的。

---

① 此文曾以《中国问题的最近札汇》为题，于 1901 年由《香港日报》社出版过单行本，现北京大学图书馆有藏。此文译者为刘辉。

我写这些东西，并非只是为中国人辩护，而是为了真理。我不同意那种认为中国人在与外国人打交道的时候绝对缺乏坦率的说法。其理由将是人所共知的。俄国前驻华公使喀西尼①伯爵最近指出："中国是一个礼仪之邦，而英国人和德国人，一般说来则不太懂得礼貌。"实际的情况是，在中国的一般外国人，他们往往蛮不讲理、急躁易怒，而一般中国人则彬彬有礼，具有涵养。当你向一个真正有教养的中国人提出一个无理要求时，他不可能说："不行"。他天生的礼貌将促使他用婉转的敷衍，给你一个有条件的"可以"。已故的曾国藩侯爵，1860 年在写给一个朋友的信（洋务尺牍）中说："若你碰到外国人当着你的面蛮横无礼地大放厥词，你最好的办法就是憨笑装傻，仿佛你不懂他在说什么。"赫德爵士曾经对伊藤（博文）②侯爵谈到与中国人打交道的原则是"宁弯毋折"。因此，在对付外国人提出无理要求的时候，有教养的中国人通常使用不失礼貌的敷衍和搪塞的办法，而对付外国人蛮横的暴力行为，则有时使用这样一种武器，在汉语里它称之为"羁縻"，翟理斯博士译作"to halter"（给……套上笼套）③。事实上，当你遇上一头狂暴发疯的公牛时，同它讲道理是没有用的，你唯一能做的就是，用笼套把它套起来！

窦纳乐④爵士将为我们解释中国"羁縻"二字的含义。1900 年 9 月 20 日，他在致索尔兹伯理勋爵的电报中说道："为了设法推迟或延缓进攻，我们让中国人沉溺在这样一种信念之中，即让他们感到，我们有机会将自身置于他们的仁慈与恩惠之下，其途径是：中国人护送我们到天津。……我们所做的，原则上是既不接受，也不拒绝，而是提出更多的具体要求来为日后的最终决议做好准备，以此赢得时间。"

窦纳乐爵士在谴责中国人不守信用、背信弃义的同时，似乎没有意识到他对中国人所施行的诡计和地地道道的背信弃义行为中，存在任何道德上的过失，这实在让人感到奇怪。或许应该说，正是中国人的行为，将窦纳乐爵士置于这样一种境地：使得他不得不像他做过的那样行

---

① 喀西尼（Arthur Pavlovitch Cassini, 1835—?），俄国外交官。1891 年至 1897 年任驻华公使。与李鸿章往来甚密。1905 年和威特代表沙俄与日本签订日俄和约。

② 伊藤博文（1841—1909），日本政治家，1885 年起曾四任日本首相。在日本进行欧化改革。任内曾发动侵华的甲午中日战争。1898 年曾来华游历。

③ 外国人通常译作"to humbug"（哄骗）。——原注

④ 窦纳乐（Dlarde Maxwell MacDonald, 1852—1915），英国外交官，陆军出身。1896 年至 1900 年任驻华公使。义和团运动发生后，窦氏被外交团推为使馆区司令。后调任驻日公使。

事。然而毫无疑问，在几乎所有情况下，事情的说法正好可以反过来。而且逼迫中国人不得不像他们所做过的那样行事的力量，甚至更为强大。

下面，我们退一步，看看外国人对于中国人行事方法的猜忌，是否有某种恰当的理由。在此，我想有必要强调指出，就与目前这场灾祸有关联的北京帝国政府而言——从我在总督衙门的便利位置所得到的有关电报和国书消息来看，没有一星半点事实或根据，可以指责它失信和背信弃义。这里，我想再引用豪斯先生谈及过去的日本外交关系时所说的话，它用在这儿是很合适的。外人声明说，鉴于目前的困境，应该做出大的让步，还说外国公使们的猜忌并非不合情理。针对这一声明，豪斯先生诘问道："外国人对于那种困境、那种日本人痛苦焦灼的忧虑和频繁严重的危机，曾做过任何让步吗？……江户的官员们具备了一个国家的统治者所能具备的坦率和正直。他们几乎像孩子一样的天真和率直。他们再三地、毫无遮掩地将麻烦摆在对方面前，对敌手绝无防范之心。然而他们所得到的只是傲慢无理的拒绝，并继而遭受新的苦难和侮辱。"

在此，如果将日本人换成中国人，江户换成北京，人们将认为豪斯所写的正是去年夏天发生在中国的事变，而不是四十年前发生在日本的事情。的确，任何公正无私的人，只要仔细阅读一下中华帝国的谕令和其他国家公文①，就会感到豪斯先生所作的评论是多么恰当。

下面，我们且举一例，以见中华帝国政府毋庸置疑的绝对坦率之一斑。在 6 月 3 日拍给中国驻外使臣的谕令中，帝国政府指示他们，要将政府的困难毫无保留地向列强陈述。谕令说："我们此刻仍严令驻军统领一如既往地保护使馆，惟力是视。"可见，帝国政府并没有想要对外国政府隐瞒公使馆的危险。它甚至不是简单地说"我们已经命令保护使馆"，而是明示这种保护乃是绝对的、不惜一切代价的。事实上，它以一种毋庸置疑的绝对的坦率说明，这是一种尽可能的保护。②

关键的问题

以上，我们谈到外国列强对待中国的精神和态度。下面，我们再来讨论中国难题中的主要和关键的问题，这一关键问题是：当外国列强要求中国尽一个独立的君主国的责任的时候，他们在对待中国时，丝毫也没有努力去承认和尊重该国政府能够独自尽其义务、履行独立统治之责

---

① 它发表在日本人佐原笃介编辑的《拳匪纪事》一书中。——原注

② 人们反复指称中华帝国政府发布过一个灭绝洋人的政令。然而绝不存在这样一个政令。5 月 24 日的政令，只是一份宣战书。戳穿西洋镜是有益的。——原注

的权利与前提。

赫德爵士以其慷慨的爱尔兰风度，建议取消治外法权。从原则上讲，他这一见解——对于任何有政治头脑的人来说——都是无可置喙的。但在此应坦率地承认，在目前的情势下，要废除治外法权是不现实的。歌德说："世上有两种和平的力量：公道与常识（es giebt zwei friedliche Gewalten：das Recht u. die Schicklichkeit）。"赫德爵士的提议是公道的，但缺乏常识。

然而，如果现在废除治外法权还不现实，那么，只有千方百计将它的恶劣影响减少到最低限度才是公正的。治外法权是一个畸形怪胎——它已经在道德效果上，对中国的良治事业产生了危害。但是，外国政府不仅没有设法去减轻这一怪胎的恶劣影响，还允许他们的在华代理人引入一个更坏的怪胎，名之曰治内法权（in-territoriality）。他们不满足于中华帝国政府对外国人没有裁判权，还允许其代理人否认帝国政府对于中国的国民具有裁判权。人们公正地谴责传教士干涉了诉讼、因而侵犯了中国地方官对于国民的裁判权。但当英国公使蛮横地要求中国政府解除四川总督的职务时，他也正在干涉中国的诉讼，并且仅仅只是出于一种极度恐惧的动机。在这种情况下，他不仅侵犯了地方官对中国臣民的裁判权，而且侵犯了皇帝至高无上的君权，那种天子对于臣下的权威。当然，一个总督对外国人做错了事是可以惩罚的。但这种惩罚，必须经由皇上的权威，依照帝国自身的法律来进行。

这一原则，从最近的惩罚问题①中，能够得到最好的说明。美国国务卿是唯一一个似乎对此有所认识的人。下面，请允许我完全用外国人的观点，来看待这个问题。

去年夏天，北京的帝国军队没有任何正当理由便围攻了使馆，于是严重地违反了文明的国际法。中华帝国政府不是适时地抛弃其代理人的行为，而是对列强宣战。由于中国和列强之间事实上处在一种战争状态，所以，当中国紧接着求和的时候，列强便有理由加以拒绝，因为他们所遭受的不公正待遇还没有得到满意的补偿。这种不公正待遇，就是使馆遭到围攻。列强要求中华帝国政府绝对地抛弃其代理人围攻使馆的行为，并将此作为议和的前提条件，这是正确的和合理的。下面，我要谈的是前面提到过的那一原则。

━━━━━━━━━━

① 指惩办祸首。

　　一场战争行动是要惩罚一个国家，而不是惩罚个人。如果帝国政府中的某些代理人，被认为犯有违反国际法的罪行，那么，列强的行动就是正当的。假若他们认为合适，可以行使现代战争中所用的报复权利，即，抓住那些犯罪的代理人，就地处罚。[1] 不过这样一种处罚，是一种战争行为，而不是一种司法上的处罚。

　　若是由中华帝国政府来处置罪犯，情况就完全不同了。对于列强来说，目前的问题是，在发生了围攻使馆这样的事情之后，他们是否还愿意承认中国政府的存在。如果列强决定对中国政府的存在不予承认，那么显然，其责任便是立即接管中国。但如果列强承认中国政府的存在，正如他们明显做过的那样，那么他们就该约束自己，去尊重中华帝国政府对中国国民唯一的、绝对的裁判权。

　　现在，一旦战争局面形成，争执的正确与错误就立刻合二为一，它不是某个中国人与外国列强之间的争执，而是中华民族与外国列强之间的争斗。就与对立方列强有关的惩罚而言，战争及其结果本身，便是一种惩罚。中华帝国政府对于列强所应该做的，只是绝对地否定围攻使馆的行动，一旦帝国政府做到这一点，那么，所有对这一围攻负有责任的人就成了罪犯——不是对立方列强的罪犯——而是冒犯君主权威、危害帝国和平与安全的罪犯；所有这些人都容易给予处罚。但是，只要中国还被承认为是一个独立的君主国，对于中国国民，上至国家大臣下至平头百姓的惩罚，便只能由君主唯一的权威并依照帝国的法律来执行。[2]

　　以上，是我完全按照外国人的观点特意假定的情形，即，错误完全在于中国方面。但实际上，围攻公使馆只不过是使馆卫兵与北京民众之间一场吵闹（fracas）的结果，其中，有中国士兵参与进来助威。这场事变的可悲之处在于，外国使臣以及那些无辜者、无依无靠的妇女和儿童也被卷入进来。事实上，这就是中华帝国政府方面最终所持的观点。7 月 14 日，当彼此一旦可以沟通，中国大臣就郑重其事地看望了外国使臣们，并建议"将他们、他们的家属及所有属员转移到总理衙门，不

---

[1]　比如对保定府那个司库的处罚，就假定他真是像所指控的那样为罪犯。但在这一事件中，联军没有意识到他们的动机是不友好的，因此，中国人将这种处罚看成是一种背信弃义行为。刘（坤一）总督对此感到"哀愤"。——原注

[2]　实际上，皇太后陛下将审判特大政治犯的事宜，委托给公认的最高法庭来执行。这一法庭称之为"三法司"。它由相当于上议院的大理寺卿，都察院（相当于下议院）左都御史，和刑部尚书组成。在目前这个案件中，因为罪犯里有亲王，所以以内务府总管取代大理寺卿。——原注

准带一个卫兵"。这一动议的目的，中国大臣说，是保护自始至终并未受到损害的友好关系。那场吵闹，实在是闹得太严重了，唯一可行的办法，是救出外国使臣、非战斗人员、妇女和儿童，将他们与吵闹中实际的闹事者分别开来。然而，窦纳乐爵士在这一建议中，却只能见到背信弃义和玩世不恭！

实际上，如果平心静气、公正中允地给去年夏天的事变作一定论，我以为它是这样一种情况：先是外国使臣丧失了常识；接着是中国人发脾气；最后是，欧美的人民和政府发脾气并丧失常识。

海军将军们，由于攻占了大沽口而受到责备。这一责备是不公平的。对大沽口的进攻无疑可悲可叹——因为在此之后，中华帝国政府要维护它的自尊，除了宣战之外别无选择。但海军将军们是军人，他们对于外交官们所给予的局势的评判，只能从纯粹的军事角度来考虑。事实上，他们参与进来，是由外国使臣的所作所为造成的。然而，在整个危机之中，真正的、最初的大错误，却在于向驻中国公使馆派送卫兵。连具有最起码常识的人都会说：如果你要炫耀和诉诸武力，就请拿出足够的武力来，现在，不仅整个北京的民众，而且整个华北的民众都群情激愤——要紧的不是正确或者错误，而是反对洋人，反对那些送入这些民众当中的一小撮洋面孔、洋装扮、说洋话的人，以及那些狂妄自大的洋兵，不仅如此，他们还没有统一的指挥，而是成群结队地按照各种不同的命令行事！因此，我认为，用丧失了常识来描述外国使臣的所作所为，还是非常轻微的。

严格地说，对于外国使臣的保护，是他们自己所持的信任书，正如在战争中，对于一个军事谈判代表的保护是他的停战白旗一样。当外国使臣带来使馆卫兵的时候，他们的信任书严格说来已经失去了价值——不错，中国政府是同意过他们这么做，但不管怎么说，这种做法至少在某种程度上使中国政府减轻了对他们的保护之责，因为外国使臣们已经选择了不依靠中华帝国政府的保护措施。

事实上，整个中国问题的关键，在此已经得到了非常有力的说明。列强们义愤填膺、惊魂未定。索尔兹伯理勋爵谴责中国人围攻使馆是蛮横无耻的行径——因为中国应该说是已经侵犯了使节的神圣性（Sanctitas legatorum）法则。但似乎没有人意识到，外国使臣首先也无耻地侵犯了一个同样重要的国际法——中国国土的神圣不可侵犯权，他们竟然把兵派到中华帝国的首都来。现在，经历了这样一种政策所导致的灾祸之后，列强们一面郑重保证要维持中华帝国的完整，一面却又要建立一个俯瞰皇宫的堡垒。正如我们说过的，如果你要诉诸武力，就请拿出足够的武力来。假若列强想用暴力使中国就范，那么请便，但他们起码应该保持一种有效的控制，否则，中华帝国就要分崩离析。

的确，自从经历了去年的那次灾祸之后，列强并没有反思他们过去的政策并承认所犯的错误，似乎不仅要继续坚持下去，甚至还要加重这种错误。首先，他们没有立即派出具有新头脑的新人，给局势的缓和带至新的希望，以求得一个满意的解决结果。绝大多数列强都固执地使用那些导致这一局势的旧人，那些神经已经错乱、感情已经愤激的人——来指导和议。其结果，自然是那十二条不可更改的条款。

（一）外国使臣反对总理衙门①的设置，其实他们应当以更大的力度，去反对目前的外国使臣共同议定的机构。如没有一个公认的负责的领导，要想使和议迅速而满意地取得确切结果，是不可能的。

（二）在赢了战争之后，提出不可更改的条款本来无可非议。但是，这样的条款一般要限定在对于当前和以往错误的直接补偿、和军事行动状态的范围之内。就对于未来的保证而言，不可更改条款的提出，是基于这样一种错误，即外国使臣自以为比帝国政府更懂得如何防止将来民众反对外国人的暴动，而这，正是导致了目前这场灾难的政策。就对于未来的保证而言，请求帝国政府陈述她将以什么来担保未来，这不会有任何害处。

（三）事实上，十二条中的绝大多数条款，不符合给了强盗钱就不给强盗命的原则，而是既要你的钱，又要你的命。要执行这些条款，意味着在中国不可能再有良治。我已经讲到过惩罚问题，执行这一款，对于帝国的稳固是最为严重的祸害，幸赖皇太后陛下个人的影响力，才使条款得以履行，并没有导致帝国的分裂。接下来，是在首都的心脏建立一座堡垒问题，我也已经说过了。下面，我再谈谈停考。② 撇开问题本身是

---

① 总理衙门是一个专门商讨对外事务的委员会，就像美国的外国事务委员会一样。它是一个审议和协商机构。其最大缺点，无疑是没有一个主事人。但目前的设置是有理由的。首先，在北京的各部衙门实际上都是审议和协商机构。唯一的执行机构是军机处或内阁（被误称为最高议事会）。其次，因为中国是一个真正的立宪政府，即，必须仰赖知识阶层清议支持的政府。因此，在各大都市的政府部门中，设立一个由所有知名人士参加的对外事务协商委员会，还是必要的。然而，外国使臣不努力去了解总理衙门存在的理由，却反对它的名称，仿佛玫瑰换了别的名字，闻起来就不香了似的！——原注

② 《议和大纲》规定："诸国人民被戕害凌虐之各城镇，五年内概不得举行文武各等考试。"

否公正不谈，我想在此指出，在中国，举行考试，并不是像在欧洲给予人民选举权那样多的一种特权。它毋宁说是一种职能，一种中国政府遵循门户开放原则的极其重要的职能。现在，你要求一个机械师能保持机器正常运转，同时又命令他堵塞机械中一个最重要的管道，我想，这将被认为是惊人的无理。然而列强们要求帝国政府停考的做法，就是如此。

我以为我所讲的，已足以表明，外国列强在中国不仅行使着治外法权，而且行使着治内法权。目前，这种情况似乎已变本加厉。一个中国官员任命到一个重要位置，必须首先从外国官员那里接受一个半官方的许可证书（exequatur）。其结果，我可以在此提及，湖北省因为过去八个月的事情，已经罢免了一个巡抚。湖广总督不得不忙于帝国的国家问题和保护传教士。省内实际的民政管理正面临着越来越糟的危险！外国人干涉中国官员任免的另一个后果是，那些最无德行和名望，最没有教养和能力，只是一味奉迎巴结，如果没有实际贿赂、至少也给外国官员和有权有势的外国人带来好处的人，能够官运亨通。最近的例子是中国驻日本大臣①的任命。我冒昧地提醒外国驻日本官员注意此事，以便能够调查一下，看日本驻中国的官员究竟是否干预了这项任命。正是外国官员和外国人对中国的此等不肖之辈所显示出的偏爱和支持，使得中华民族的一些最优秀分子，不可能对外国人和外国事物表现出友好态度。

另外，还有必要提及这样一个众所周知的事实，即外国政府允许天主教传教士公开干涉其教徒与不信教的中国民众之间的诉讼案件。新教传教士不仅干预诉讼，还在外国报纸上和通过国内报纸公然鼓动造反。最后，越来越多的外国人，他们的唯一生意，就是参与从事所有通岸仍在继续的一切声名狼藉的商业活动。

鉴于以上所述，我想任何一个尽力了解事实的人都必能看到，中华帝国政府要想在中国保持良治，实在是一件令人沮丧的事情。而且中国，就其治理而言，又是一个没有警察机器的国家。和平与秩序，是通过民众的常识和亲善友好来维持的，当民众的义与礼的常识遭到践踏时，就会发生地方当局没法加以镇压的暴乱。暴乱之后，人民则不得不为此付出代价——一种过于高昂的代价——正如可以从最近送到省府衙门的罗马天主教传教士的清单，对了，还有新教传教士的清单上所看到的那样。

---

① 前任上海道台。——原注

然而，所有那些地方上的、特定的伤害，都无法与外国使臣行使治内法权所造成的伤害之总和相比。中国人民被剥夺了享受良治之益，比康兹菲尔德①勋爵说过："除非一国的现存政府，有绝对的权利去做它认为正确的事情，该国的良治便无从谈起。"现在，列强在中国既不取代统治中国之责，又不允许帝国政府去做它认为正确的事情，它们实际上做的是，要使中央政府瘫痪。一旦中央政府瘫痪，帝国的各省政府及其官员也将随之陷入混乱。在此，我想说，最近和目前的改革叫嚷，确实存在很多理由。国家的实际管理正变得越来越糟。然而，要改善中国现存的统治状况，却不应由此入手。我将另外撰文专门讨论这个问题。在这里，我想指出的是，只有当帝国政府的中央当局有权去做它认为正确的事情，帝国的法律至少对于所有中国国民还具有唯一和绝对的效力时，改革才才成为可能。简而言之，只有当每个总督和巡抚，以及所有在职的高级官员，都用脑袋对皇太后和皇上负责，不只是为了保护洋人，更不是为了讨得外国政府的欢心，而是为了良治，即，为了每个下属的品德、行为和生计，为了托付给他们的人民的幸福与长治久安时，在中国，才有可能存在真正的良治。

概括起来说，中国难题中主要和关键的问题在于，外国列强必须清楚地、毫不含糊地决定，究竟是要代行统治中国之责，还是要将此一责任留给中华帝国政府？如果列强决定代行统治中国之责：那么请便。但如果列强要求中华帝国政府负起良治之责，那么它们的简单义务，就是绝对地承认和尊重中华帝国政府作为一个独立国家政府的一切权利——在目前，只有裁判外国侨民除外。

对外国人的管理

然而，在中国，治外法权的行使，使列强对于其侨民循规蹈矩、保持良治状态负有了责任。任何人，只要认真去读一读上世纪前三十年英国的蓝皮书和国会文件，就会清楚地看到，英国之所以要派一个国王代理人到中国来，实际上是因为那个时候，没有一个人对于英国侨民的良治负责。在广东，英国侨民的那种无政府状态已经恶化到让人无法容忍的地步。向中国派驻英国大臣的主要和最初的目的——不是推进贸易，而是照看英国侨民，使其规规矩矩，保持良治秩序。

---

① 比康兹菲尔德（Beaconsfield，1804—1881），英国政治家和作家，近代英国保守党的主要缔造者，所谓托利民主政治的奠基人。1868 年受命组阁。从 1874 年至 1880 年几度出任首相期间，与格莱斯顿领导的自由党人进行了激烈斗争。1876 年被授予伯爵称号。

　　现在，人们大谈帝国主义。帝国主义意味着公正无私的统治——一种既不用害怕谁，又无需讨好谁，绝对有权去做它认为正确的，对于国家的良治有益的事情的统治。然而现在，要想让一个英国大臣公正无私是困难的。现在的英国大臣不是为了祖国的荣誉去对国王负责，而是对坐在众议院的那六百个不固定的小国王负责。英国国会最初是一个智囊，一个智者的会议，现在却只是一个私虑重重者的会议。

　　我实在想知道，英国统治阶层的人们是否从未想过到，如此多地并如此高声地谈论英国利益，至少可以说是相当自私的。英国绅士所以鄙视纯粹的"职业作风"，就是因为，后者要求关心并且只是关心利益，也就是钱。无论怎么说，那些建立大英帝国的人们并不谈利，而是谈责任。理查德·麦克唐纳爵士，像窦纳乐爵士一样，是个军人，曾做过马六甲海峡殖民总督，他对新加坡的一个英国同胞代表团说过："我是女王派到这儿来统治你们的，你们这些种植马铃薯的家伙。"在英国殖民地，那些有中国移民的地方，英国政府尚有常识指令一个官员去做中国人的保护者。在中国的通商口岸，他们更应该像在殖民地一样，很好地指派一个同样的官员来，保护那些雇不起律师充当恶霸的、可怜的中国人的利益，使他们免于那些粗暴无赖、肆无忌惮的英国侨民的欺凌。至于说到贸易，用不着派一个商务专员来教英国商人如何经商，或者招徕他们去影响进步的中国官员，恐怕组成一个由像麦克唐纳这样的人参加的委员会，指令他们来华调查贸易情况，要更为有益。他们的任务是要调查何为合法贸易，即那些既有益于英国民族也有益于中国人的贸易；何为不合法贸易？即那仅有利于英国那些个体的利益，而伤害了上面所提到的既有利于英国民族、又有利于中国人的那种合法贸易的贸易。因此，正如已故威妥玛①爵士所说的："持久地伤害中国人，最终必定也要伤害外国人，甚至那些在华外国人。"

　　总而言之，外国列强首要的责任，是当他们行使治外法权的时候，要采取严格的、适当而有效的措施，来保证他们每个可敬的国民都遵纪

_____

　　① 威妥玛（Thomas Francis Wade, 1818—1895），英国外交官，汉学家。陆军出身。参加过侵华的鸦片战争。退伍后开始了在华外交官的生涯。1871 年至 1882 年任驻华公使。曾与李鸿章签订《烟台条约》。归国后于 1888 年任剑桥大学第一任汉文教授。他编有英汉字典，著有《语言自迩集》等书。所创汉字罗马拼音方法，至今仍为研究汉学的外国人所用。但他对中国态度非常傲慢，并不像自己所标榜的那样友好。

守法，形成良治秩序。必须承认，要在外国侨民中保持良治秩序是不易的，因为治外法权是国际法中的一个怪胎。但仿佛上述问题还不够困难似的，如今，列强又试图增加它的困难，竟然愚蠢地要求每个国家在每个通商口岸都要有一个独立的租界。于是，每个通商口岸现在都变成了一个小国林立的巴尔干半岛，每个小鲱鱼都有可能引爆它。在此，应当指出，欧洲列强要求拥有一个独立的租界，却存在一个合理的理由，那就是英国政府所犯下的一个错误，即，它把主要的权力授给了所有的英国殖民者，不仅授予英国领事，而且授予由大多数人组成的市政当局，甚至还将其授予到英国商人的每场官司上。对于一个外国列强来说，要使其国民服从于市政当局，尽管英国官员的市政管理已然糟透，仍然可以勉强维持，但若指望一个外国列强使其臣民服从于英国商人的权威，那就太过分了。事实上，正如已故的弗劳德先生①曾指出的那样，在一个鱼龙混杂的社会中，要实行代议制政治是不可能的，在这样一个地方，你必须实行君主统治。带有强烈的种族与民族偏见的人们，是绝不可能成功地通过选举，建立起一个真正的代议制政府的。为了废除那愚蠢的独立租界，这也是维持外国人良治秩序的需要，外国殖民者的机构应当接受调查，并加以改革。

真正的困难

但是我恐怕，在中国问题中，真正的几乎无法克服的困难，是列强之间的和谐一致：哪怕仅仅是名义上的一致，而不是实际上的一致。事实上，华北上次所发生的那场事变已经清楚地表明，就像在法国大革命的恐怖时期一样，因为不同的政府派别之间害怕争斗，所以他们允许各种各样的暴行竞相登场。同样，在中国，因为列强们害怕彼此开战，他们宁愿让中国人民惨遭各种暴行的蹂躏。然而，列强们逃避责任是无济于事的，他们不仅对于中国人民负有责任，而且对于文明事业负有责任。列强们必须心平气和地同意绝对尊重中国作为一个君主国的完整，否则他们就必须开战。至于和平瓜分的其他选择，根本行不通，尊敬的布罗醉克（Brodrick）就说过："对大不列颠来说，企图管理中国领土的任何部分，都将是发疯。"

①　见其《尤利西斯之弓》。——原注

弗劳德（James Anthony Froude，1818—1894），英国历史学家和作家。卡莱尔的友人和思想的信徒，也是卡莱尔遗嘱指定的处理其文学遗著者之一。曾发表卡莱尔的《回忆》，著有《信仰的因果》、《托马斯·卡莱尔——他的一生的前四十年》等。因为卡莱尔的缘故，辜鸿铭也常看弗劳德的书。

中国问题的解决，有赖于三个列强：英国，俄国和日本。像西摩尔①将军那样的英国人，乐于唤起世界注意这样一个事实：他们为西方民族打开了中国门户，却从不考虑对这一行为后果所负的责任。实际上，英国仍然是当今在中国的头号列强。这件事本身好坏参半。由于我最近的文章已经招致了许多英国人的厌恶，但愿我下面的话，不至于被怀疑又在有意讨好他们。这里，我要说的是，在影响中国的外来因素中，英国因素至今仍然是最好的。比如，英国领事馆就不仅只是一个有条有理的行政机构，其中还收罗了一些最为出色的在华外国人。不过，在说英国是今日中国的头号列强时，我也毫不犹豫地要说，对于目前中国局势的形成，它应受到更多的责备。中国事态之所以陷入到如此困局，是因为英国政治家在中国没有政策，甚至那错误的政策，"押错赌注"的政策，也没能始终贯彻！我能够听到英国政治家自言自语地说："我们愿意对中国公正行事，但你看其他人不愿意；因此，我们唯一能做的是照顾好自身的利益，如果我们正直诚实，但是——"现在，正是英国的这种"但是"政策，带来了眼下这场可怜而又鄙的悲剧性混乱。然而，如果英国政治家丧失了责任感，只是考虑自身的利益，再加上又奉行一个"但是"和"如果"政策，那么，英国将无法保住它在中国的头号列强地位。英国应奉行的政策，即便是从它自身的利益来考虑，也在于我在本文开头作为箴言所引用的那段戈登的话中。不过英国要想坚持这项政策，就必须准备战斗。因为愿意战斗，最终还可能免除必要的战争。

至于说俄国，如果她成为了中国的头号列强，那将不是她的本愿。只是英国报纸及其英国民主政体的不受约束，将迫使俄国违背她的心愿，去加强在远东的力量，从而成为在中国的头号列强。

中国问题有赖于解决的最后一个列强，是日本。就日本的利益和日本人民的福利来说，它在解决中国问题的过程中，将比联合行动中的其他任何列强都具有更大的风险。鉴于她目前的军队有自由行动的权利，所以日本在对待中国问题时，可以采取一个左右列强的政策。一旦日本对中国问题的症结有了正确清晰的认识，它恐怕就会成为远东文明的Mark-graf（边疆镇守使）。

---

① 西摩尔（Edward H. Seymour, 1840—1929），英国海军将军。曾参加侵华的第二次鸦片战争。1862 年又参与镇压太平天国的战争。1900 年任英国东亚舰队总司令，率队进攻北京，在廊坊附近曾为义和团和清军挫败。

一个文明问题

外国人对我说："你所有的意见都很动听和正确，但为什么不唤醒中国起来战斗呢？现在的世界不认公理，只认强权和物质力量。"对此，我将指出，"拳民"应当使世界相信，中国人并非不愿战斗。赫德爵士的同胞认为他在预言"义和团运动"的前景时，丧失了理智。但在此，我将从中国历史上举出两件事，来证明赫德爵士毕竟错得还不是太远。

（一）在公元十二世纪，中华民族已经发现，文明，正如罗斯金①先生所说的，意味着培养文明的人。但其结果，却遗忘了战争艺术。因此，当汉人面对来自北方的蒙古游牧民族的入侵时，他们束手无策，无能为力。1260年，蒙古头人忽必烈汗实际上登上了中国的皇位，并用暴力压服了汉人。1361年，正好——百年后，我们汉人重新学会了战争艺术，在明朝开国皇帝的领导下，中国武士再度崛起，将蒙古游牧民族赶出中国，回到自己的家园。至少，这部分野蛮的入侵者还没有耽于中国文明、变成文弱之人。

（二）当1850年太平天国叛乱在广东刚刚爆发之时②，作为统治阶层的"文人学士"，也是束手无策，无能为力。但大约十年以后，"文人学士"们脱掉了他们的长袍，掌握了一套战争艺术，结果于1864年扑灭了这场叛乱。

在这里，我要指出的是，中华民族是否必须起来战斗的问题，是一个关系到世界文明事业的异常重大的问题。在一场公平的战斗之中，我不为中国人担心什么。但是，文明的危险甚至在于，在中国人准备战斗之前，外国列强的现行政策，可能会逼使中国人失去理智，"乱砍乱杀"。人类为了防止这样一种"乱砍乱杀"，能够做到的一切都应该尽力去做，如果不是为了人类的缘故，起码也应当为物质利益着想。欧美人民还不了解中国人眼下的痛苦状态。在如今的中国，甚至中产阶层，且不说更低下的阶层，都正生活在饥饿的边缘，而外国的外交家们竟天真地以为，中国人民会平静地饿死——不仅付出实际破坏的代价，而且还

---

① 罗斯金（Ruskin，1819—1900），近代英国著名政治家、文艺评论家、浪漫主义文化思潮的重要代表。他谴责近代资本主义制度的不合理和罪恶，痛恨资本主义文明的事务主义、实用主义和商业主义精神，具有浓烈的返古意识。他还将其乌托邦的复古计划付诸实践。其思想对辜鸿铭影响颇大。

② 这种说法严格说来不确切。太平天国起义，一般认为从1851年11月11日（道光三十年十二月十日）开始，地点是在广西金田，而不是广东。

会给现代殖民政治以荣誉，为它燃放炮竹。此外，如果西方民族想要抢劫中国人民，那就请公然地、明目张胆地来抢好了，就像最近在北部中国所干的那样。但是看在上帝和人类之爱的份上，千万不要将中国人民交到那些称之为金融家和资本家的现代欧洲高利贷者手中，任凭他们虐待。在此，我想指出，中国人民，甚至现在，为了和平的缘故，仍能牺牲一笔合情合理的赔款。但要做到这一点，中央政府必须有绝对的行动自由，比如，有命令每个总督和巡抚如实上交公款、否则提头来见的绝对权利。

我说过，中国问题归根结蒂是一个巨大的文明难题。在欧洲，三十年战争之后，召开了威斯特发里亚会议，讨论像中国目前事变这样的、与文明利益攸关的问题。现在，我冒昧地请求，在现有的最后和约批准以前，也应当将它提交到这样一个会议来讨论，不仅要修改它，如果有必要，还应彻底改变整个条约。

国际法和外交学教授齐克尔（Bernard Chichele）先生在谈起威斯特发里亚和约时说道①：

> 威斯特发里亚会议的结果，是签订了一个和平条约。如果你细加分析，一个和约，一般应由以下几部分组成：首先，它有外交家们称之为的一般性条款——宣告和平已经恢复并实行大赦。其次，它有消除战争起因、调节彼此抱怨的不平并防止它们死灰复燃的必要条款。这是实质性条款，谈判者必须做好，如果没有清晰有效地做到这一点，和约就是虚假的和不完满的。第三，它有交战中的强方所要求的赔款或补偿条款，以弥补强方长期受到的伤害和战争费用。最后，它还包括有关实施前述各项规定所必须预备的一些条款。

上文最初发表在《日本邮报》上，当时附带如下评价：我曾经表示过，要对列强在华的现行政策做一篇详尽的批评，现在，我所以失诺，主要鉴于以下两方面原因。

首先，因为我得知英国驻华当局，对我所写的东西感到不满，并已正式抱怨总督②阁下。自然，我也要有所收敛，免得总督阁下感到难堪。我不知道英国驻华当局的行为是否得到英国政府的许可。但鉴于

---

① 见其《有关外交的四篇演讲》，伦敦，1868 年。——原注
② 指张之洞。

此，我认为有必要在此公开提醒索尔兹伯理勋爵注意，去年夏天，我曾经给他的府邸拍过一个密码电报。

去年夏天形势最为严重的时期，上海报纸上刊登的电文说，（张之洞）总督正在汉口的外国租界操练军队。而来自上海衙门的电报则一致报告：英国舰队司令西摩尔在长江上已有图谋。果不其然，西摩尔司令正领军到沪。有个英国军官也在武昌周围窥探。这时候，一个外国领事馆派代表向我反复说明，让我提醒总督，防范英国的阴谋。我直言不讳地告诉那个代表他的领事有点丧失理智。我把鲁特（Reuter）的电报拿给他看，其中，尊敬的布罗醉克先生说，试图管理中国领地的任何部分都是发疯。末了，南京的刘（坤一）总督发来一个电报，深信我们正在"坐以待毙"。于是，彼此的恐惧加剧，大祸即将临头。我束手无策，感到绝望，因为我无法使我们的人民相信那些关于英国阴谋的报告是没有根据的。同时，我也不知道这些有害的电报是否已到索尔兹伯理勋爵那里。

正在这一危急关头，索尔兹伯理勋爵发来一个电报，主动提出要为总督打端王!! 我立即发现一个消除紧张气氛的机会。总督当时正需要钱。我大胆地劝总督向索尔兹伯理勋爵要求一笔借款。那就是我的密电内容。我的目的，是要叫索尔兹伯理勋爵信任我们，不派军队到中国来。我知道在索尔兹伯理勋爵的担保下，香港和上海银行将欣然接受此项业务。我盼望这笔借款的成功会成为恢复彼此信任的手段。我有理由相信它能起到此种作用。遗憾的是，索尔兹伯理勋爵并未充分了解我那封密电的意图，还是把军队派到上海来了。我更遗憾地得知，通过半官方渠道获悉，索尔兹伯理勋爵感到失望，因为英国政府通过这笔借款，并未得到任何"实质性的"好处。我总以为长江流域的和平是值五十万两的，何况只是这样一笔数目的借款呢？

实在很抱歉，我在此介入了个人的因素。但鉴于英国在华当局的行为损害了我与总督之间的关系，我认为在此，让索尔兹伯理勋爵及其英国人民，了解到我个人为维护长江流域的和平所做过的事，还是必要的。

我不再写关于时局评论的其他原因在于，我感到自己写这些东西，完全是在随意地给自己找不自在。同时，我还认为，以我在政府机关的卑微之职，去评论议和的细节，使正在进行和议的帝国高级官员感到为难是不合适的，特别是当事情可以说还在审议之中的时候。

文明与无政府状态①
或
远东问题中的道德难题

箴言

我们这个时代的伟大任务是什么？

是解放，不仅是爱尔兰人民的解放，希腊人的解放，

或其他国家人民的解放，而且是全人类的解放，

特别是已经成熟了的欧洲人的解放。②

——海涅《旅游印象》

毫无疑问，对于许多人来说，所谓的远东问题无非是指中华帝国的最近前景。但人们只要对此稍为认真地加以思考，就不能不注意到问题并未就此完结。因为在贸易和金融的纯经济问题以及因国际物质利益纠纷而引起的和平与战争的政治问题上，远东问题里还涉及一个道德的问题，一个比中华帝国的政治前途更为严峻抑或更为现实的大难题。

欧洲第一次十字军东征的历史告诉我们："在法兰西的克勒芒（Clermont）举行的第二次宗教会议上，教皇（乌尔班二世③）亲自向广大民众发表过一次激动人心的演讲，在演讲的过程中，人们那被抑压的情感骤然爆发，同时听众中升起'Deus Vult'（上帝之意）的呐喊。"而今在我们看来，那些民众的感情似乎很难叫人理解。确实，当我们今天以本世纪眼光去看待他们当时所施行的愚蠢的、宗教的和狭隘的政治计划时，十字军东征对于那些一心想去践踏东方民族的欧洲人，显然是

---

① 无政府状态（Anarchy），不少学者将此词译作"混乱"，亦可。此文译者为蔡翔。

② 原文为德文：

Was ist aber die grosse aufgabe unserer Zeit?

Es ist die Emancipation，nicht bloss die der Irländer,

Griechen，&c.，Sondern es is tdie Emancipation der ganzen

Welt，absonderlich Europa's，das mündig geworden ist.

③ 乌尔班二世（UrbanⅡ，约1042—1099），罗马教皇（1088—1099在位）。为扩张教权，与德皇亨利四世、法王腓力一世相争。1088—1089年企图使东罗马帝国的教会听命于教皇，无结果。1095年召开克勒芒会议，煽动第一次十字军东侵。

场劳民伤财、昏聩糊涂的事业。然而，当我们去研究欧洲民族的理性与道德发展的时候，就不得不承认，那十字军东征尽管是一场出于自愿和头脑昏聩的狂热与贪婪的远征，但其对于人类种族文明的完善无疑仍具有严肃的道德动机和道德作用。在那一行动上，看起来顽固贪婪，但确实含有"上帝之意"。因为我们知道，中世纪十字军东征的最后结果，首先便意味着打碎当时欧洲的拘谨古板的寺院文明。十字军东征之后，在欧洲赢来了马丁·路德及其新教改革。所以基佐①先生在他的《文明史》一书中指出："十字军东征的最终结果，是通向人类精神解放的一步迈进。"

现在让我们来看看欧洲各民族目前在远东的行径，这在德国被叫做"Kolonial Politik"（殖民政策）——谁都不怀疑这十九世纪的现代远征，尽管表面上看起来大体不过是一场贪求物质利益并着眼于贸易目的的自私行动，但其对于人类种族文明的完善，也还是有一个道德的动机和道德作用的。当德国皇帝在基尔（Kiel）庄严宣告"上帝之意"寄于现代远征的时候，那种场面和他那陌生的中世纪语言，使人非常奇妙地想起1095年在法国克勒芒的情景。谁知道这场称之为"殖民政策"的现代远征之最后结果，不会像中世纪十字军东征时的基督教一样，即使不完全改变现代欧洲文明与社会结构，也会使其在修正中结束呢？正是这一思想，而不是什么黄种人将来可能入侵的观念，激起了这位显然是中世纪欧洲最后的一位皇帝，去绘制了他那幅"黄祸"的著名图画②。

不过确实，对于任何不辞辛苦去研究远东民族的道德文化和社会秩序的人来说，黄种文明本身如何会对欧洲人构成一种潜在威胁实在让人难以思议。欧洲人，尤其是那些讲求实惠的英国人，他们习惯把现代政治经济学家所说的"生活水平"看作衡量一个民族的道德文化或文明的标准，在他们眼里，中国和东方民族的实际生活无疑是十分低劣和难如

---

① 基佐（Guizot，1787—1874），法国著名的历史学家和政治活动家。七月王朝时期，历任内政大臣、外交大臣和总理。1848年二月革命爆发后被迫去职。作为一个历史学家，他试图以阶级斗争观点来解释历史。著有《英国革命史》、《欧洲文明史》和《法国文明史》等。这里提到的《文明史》，应指《欧洲文明史》一书。

② 1895年，德皇威廉二世送给俄国沙皇尼古拉二世一幅《黄祸图》。他画的是一幅草图，后来再由一位德国名画家加工而成。图中的意思是"黄种人"的崛起将给欧洲白人带来威胁，欧洲白人应当联合起来，抵制来自他们的入侵。辜鸿铭对"黄祸论"的驳斥，是近代中国人中最早的。但他对德皇绘制《黄祸图》动机的解释，却只是他的一厢情愿，并不符合事实。

人意的。然而，生活水平本身却并不是一个民族文明的标尺。在今天的美国，生活水平比在德国要高得多。可尽管一个美国百万富翁的儿子会认为某所德国大学教授的生活水平简单和相对低下，因此要怀疑教育在该大学的价值，但我相信，没有一个有教养的人在游历了这两个国家之后，会承认德国人不如美国人文明。

实际上，生活水平完全可以作为文明的"条件"来考虑，它却不是文明本身。举一个物理现象来说明。热在一个动物体内是生命和健康的条件，但是动物体内的温度本身却并非是衡量其内部结构组织完好或粗劣的真正与绝对的标准。一个结构组织真正完好的动物躯体会因某种反常原因而变得很冷。同样，某一民族的生活水平也可能由于某种经济原因而变得十分低下，但它本身却不是该民族道德文化或文明的证据。爱尔兰的土豆歉收和大不列颠长期持续的贸易萧条，可能极大地降低了这些国家的生活水平，但是人们却不能由此判断说爱尔兰人和英国人已经变得不怎么文明。

然而假如单纯的生活水平不是文明——那么什么又是文明呢？欲解释全世界各国的文明就有如对单个人来说什么是真正的教育那样，实在很难下一个确切的定义。不过，我倒是可以通过一具体事例来阐述我对文明的理解。1816 年英国皇家海军巴兹尔·霍尔（Basil Hall）上尉访问朝鲜时，有一位年老的朝鲜下级官吏曾给他留下了这样的印象：

> 他那种彬彬有礼和悠然自在，实在令人欣羡。考虑到迄今为止他很可能连我们的生存方式也一无所知时，却能在行为举止上表现出这种得体有礼的风度，仅此似乎已表明、而无需别的情形来证实：他不仅已进入到社会上层，而且已达到其所在社会的文明的高度。实际上，让人感到奇妙的是，在不同的国家，无论社会状况可能存在多大的差异，其礼貌都是大体相同的。这种优良品性在那位朝鲜官员身上便得了极好的证实。当他乐于我们请他干什么和无论我们对什么事情似乎表示关切的时候，他便立即怀有兴趣。他十分好问，一旦发现任何起初使他感到过迷惑的事物的用途时，总是高度地满足。但他并不一下子过分地表示赞赏之情。他肯定可以被看成是一个世界任何地方都有的教养好、观察敏锐的人。

我所谓的文明就是如此。一切能够产生像霍尔上尉上面所描述的这样一种样子的人的社会，便是一个文明的社会。如果说以上解释说明了在远东民族的文明里有教养者或社会上层的典型特征，那么已故麦嘉温

(Macgowan)① 博士下面对中国人特性的描述，则可说明那种文明对于下层民众的影响。

麦嘉温博士说："在前面所述中国人的工商业生活中，可以注意到这个民族的一个显著特征，即他们的结合能力。这种能力是文明人的主要特征之一。对于他们来说，由于生来崇尚权威和恪守法纪的天性，组织与联合行动是件容易的事情。他们的驯良不同于那种精神崩裂招致阉割的民族，而是由于其自我管束的习惯，和地方性、公共或市政事务中长期听任其'自治'（Self-government）的结果；可以说他们的国家，立于人人自治自立之上。倘若这些人中最贫穷可怜、最不文明的部分将他们自己置身于一个孤岛之上，他们也会像在原来地区生活、受过理性民主熏陶的人们那样，很快便将自己组成一个完整的政治实体。"

从以上对远东民族文明的说明中，可以清楚地看到，这样一种文明本身不可能对欧洲民族构成潜在威胁。然而尽管如此，必须承认，目前在欧洲和远东之间确实有一种文明之争在进行着。不过在我看来，这种斗争似乎并不是一种黄种文明与白种文明之间的冲突，而更似一种远东文明与那种可称之为欧洲中世纪文明之间的冲突。

任何一个有兴趣研究欧洲现代制度之精神的人都不可能不注意到，最近一百年来，在通常所谓"自由主义"的名义下，欧洲一直滋长着一种新的道德文化意识，和一种大异于那可称作古代中世纪文化与秩序的新社会秩序观念。在本世纪末，即第一次法国大革命之前，一个名叫杜·克罗斯（Du Clos）的法国人曾说："Il y a un germe de raison qui commence à se développer en Franee（在法国，有一种理性的胚芽正开始滋长）。"无疑，一般认为，严格说来，今日所谓的自由主义的那些思想和概念都是由本世纪法国哲学作家们第一次真正认识并传播开去的。但值得奇怪的是，迄今为止一直没有人知道也估计不了这些法国哲学家的思想，究竟在多大程度上应归功于他们对耶稣会士带到欧洲的有关中国的典章制度所作的研究。现在无论何人，只要他不厌其烦地去阅读伏尔泰、狄德罗的作品，特别是孟德斯鸠《论法的精神》，就会认识到中国的典章制度的知识对他们起了多大的促进作用：如果它对杜·克罗斯所谓的"理性胚芽"的兴起没起什么作用，至少对我们今天所讲的自由思想之迅速发

① 麦嘉温（John Macgowan，？—1922），英国伦敦会在华传教士，近代汉学家。1860年来华，在中国生活了几十年。曾著有《近代中国的人和生活方式》、《中华帝国史》等书，对中国人的自治能力甚为欣赏。

展与传播是起过促进作用的。众所周知，那种"理性胚芽"最终发展成为自由主义思想，它在本世纪带来了欧洲中世纪制度的"culbute géneral"（全面解体）或彻底崩溃。

这对上帝神灵真是一个极大的嘲讽。在此，我不禁要指出，那些来到中国，要使异教的中国人皈依其宗教的罗马天主教传教士们，他们应当使自己成为给欧洲传播中国文明思想的工具。因为正是中国文明的思想，那些传教士花费毕生精力，在努力教化中国人的过程中传播过去的思想，曾经成为打碎其中世纪文明的有力武器。

我已经绕了一个大弯子——现在让我们再回到文章的主题上来。这种文明的冲突，或更确切地说这种现代自由主义和古代中世纪主义的冲突，就是远东问题中的道德难题。它不是黄种人同白种人之间的冲突，而倒是部分欧洲人为将自己完全从古代中世纪文明中解放出来的斗争。一句话，它是今天德国人所说的"Kulturkampf"（文化之争）。

欧洲中世纪道德文化起源于基督教《圣经》。基督教《圣经》作为歌德所说的一部"世界文学"（welt-literature）典籍，有如荷马的《伊利亚特》和维吉尔的《埃涅阿斯记》，是一部非常了不起的巨著，它永远也不会在这个世界上完全消失。正如马修·阿诺德①先生所说，《旧约》道德之崇高，耶稣基督个性之魅力，以及《新约》中其教义的明了简朴——所有这些，可以说都已深入到欧洲出产的最好人型（best types of humanity）的骨髓之中。不仅如此，对于那些歌德的"世界文学"能够发生影响的人们来说，它将始终保持永恒的力量和价值。当然，这一力量和价值并不伴随着那些普通的人。因为一般欧洲人，要想充分地感受到基督教《圣经》的力量，就必须得和撰写《圣经》之人处于同等的理智状态。但我想，现在一般都会承认，杜·克罗斯所说的"理性胚芽"已极大地改变了一般欧洲人的理智状况。对于这样一些普通人，基督教《圣经》纵或不是全然晦涩难懂，也是难以理解的。而其结果，势必是《圣经》不再能成为真正的道德文化的源泉。在伦敦一校

---

① 马修·阿诺德（Matthew Arnold，1822—1888），英国 19 世纪著名诗人，社会批评家，浪漫主义文学思潮的重要代表。他对近代资本主义文明十分厌恶，认为社会各阶层都丧失了文化教养，对希腊、罗马的文明制度流露出向前之情。他的思想对辜鸿铭产生了较大影响。辜氏经常引用他的论著（特别是《文化与无政府状态》一书）中的话，来表达自己的思想。

务会议上，已故教授赫胥黎[①]曾说：如果这些（不列颠的）岛屿上完全没什么宗教，那么借助于《圣经》去传播宗教的思想，也是不可能渗入人们的心灵的。

总而言之，我们相信现代自由主义的真正道德文化，如果不那么严格，恐怕是一种比来源于基督教《圣经》的欧洲中世纪文化更为博大的文化。一方面，过去的道德文化在人一般主要依赖于希冀或敬畏的情绪，而另一方面，新的道德文化则依赖于人性的整个理智力量：求助于他的理性和情感。在旧的文化中，那种关于人性的理论是"性本恶"（人生来就处在原罪中），即人的本性从根本上说是坏的。可现代道德文化的理论则认为人的本性从根本上说是好的（"性本善"），而且如果它得到适度的发展并求助于它自身，在世界上就会产生健全的德性和社会秩序。旧文化的方法起于"敬畏上帝乃智慧之发端"，现代文化教育方法则认为"大学之道，在明明德"。

起源于基督教《圣经》的古代文化的语言是象征性语言，即形象、符号、隐喻性的语言。现代道德文化的语言则是具体实在的语言，即科学语言。一种语言是这样说："对于他，正确地使其交谈有条不紊会显示出上帝的恩赐。"而用另一种语言说则为："要想治国，必先齐家，要想齐家，必先修身。"

以上，便是我从人性理论、教育方法和语言上，对古代中世纪道德文化与我们称之为的欧洲现代道德文化之间不同点的一个概述。我相信，欧洲古代的和现代的文化，对于人们的生活以及他们的社会法律制度的影响也将是不同的。古代道德文化使得人们对权力和权威盲目和消极的服从。现代道德文化的影响即如麦嘉温博士谈及中国人的特征所说的那样："国民自治自赖乃有国。"欧洲中世纪道德文化的结果，用一句话来说，是封建统治。而自由主义旗号下的现代道德文化的结果，则将是麦嘉温博士所说的"理性民主"，即自由制度的统治。

当今，欧洲作家习惯谈论基督教文明是比远东人民的儒家文明更高级的文明。其实这两种文明的目标无疑是相同的，即保证人们道德的健全和在世界上维持国民秩序。但如果我所讲的欧洲古代和现代的道德文化是不错的话，那么我想就必须承认，尽管建立在一个依赖于希冀和敬

---

① 赫胥黎（Huxley，1825—1895），英国杰出的生物学家，主张生物进化论的达尔文系统的普及者。

畏之情的道德文化基础之上的文明或许是个极其强大甚至更为严格些的文明，但可以肯定，建立在一个依赖于人的平静的理性基础之上的道德文化，纵使不是一个较高层次的，也是个极其博大的文明。这一文明人们更难达到，而一旦实现，就将会永恒持久，不衰不灭。

事实上，在我看来，对一部分欧洲人而言，获得新的道德文化确实很不容易，而且黄种人文明，不仅对于现在的欧洲民族，就是对于人类的命运与文明也不是真正的威胁。欧洲民众，由于在很大程度上对使用暴力丧失了理性，且崇尚他们古代的中世纪道德文化，由于没有充分获得现代的新道德文化并用它去作为保持国民秩序的一种约束力量，所以而今其维持治安，在根本上不是通过道德力，而是靠警察或称为"军国主义"的纯粹外在力量。卡莱尔说："现代的欧洲各国是无政府状态加上一个警察。"一位法国作家说得更妙："C'est la force en attendant le-droit."（在公理通行之前只有依靠强权。）

然而在现代欧洲，维持这种规模巨大的军国主义的无数必要开支对于人们的经济健康来说，正起着一种毁灭性的破坏作用。在我看来，欧洲人民要想逃脱这种毁灭的厄运，只有两条路摆在面前：要么是为获得新的现代文化去奋力抗争，要么就回归到中世纪的信仰上去。但回归到中世纪信仰上去，欧洲人民是决不会愿意的。伟大的俾斯麦公爵说过："wir gehen nicht nach Canosaa."（我们绝不回到卡诺莎①去。）况且，欧洲人民纵或愿意，现在也不可能回到过去那真正的中世纪信仰上去了。如果他们试图回归，那么就只可能出现基督教救世军那样的劳民伤财或耶稣会教皇至上主义的骗子。

现在，如果有人想知道一种什么样的毁灭文明、毁灭一切道德文化的力量，以及基督教救世军那种浪费有一天会出现在欧洲，那么他应该读读中国太平天国暴动的历史。那次暴乱中的中国基督教徒们，抛弃了他们本民族的仰赖理性的道德文化，而退回到依赖于民众心中希冀与敬畏情绪的中世纪欧洲的道德文化上去，其结果是践踏了各省，屠戮了百万生灵。

---

① 卡诺沙（Canossa），意大利北部的古城堡（在今勒吉奥（Reggio）附近卡诺沙村）。神圣罗马帝国皇帝亨利四世因同罗马教皇格列高利七世争夺主教叙任权，被后者是开除教籍，帝国境内诸侯乘机叛离。1077 年 1 月，亨利被迫冒着风雪严寒，翻越阿尔卑斯山到卡诺莎向教皇"悔罪"。据载，亨利身着罪衣，立于城堡门口三昼夜，始得教皇赦免。后来"往卡诺莎去"成为屈辱投降的同义语。但辜鸿铭这里有意指回归到教士统治时代。

至于耶稣会的教皇至上主义，它甚至比基督教救世军的浪费更为糟糕。耶稣会教皇至上主义的智力欺骗对于人性来说是一种践踏。这种践踏的结果，有如卡莱尔所指出的，"将是普遍的灾难，反抗和谵妄；过激分子骚动的狂热，复辟暴政的冷酷，百万生灵惨遭那饱食终日无所事事的军队的杀戮；那'不义的君王以法律裁决不义'的令人毛骨悚然的场面"。

说得更简明些，耶稣会教义的实际结果借用一句粗俗的表达，可以像福音书所定义的那样，知道你的面包哪一边涂上了黄油。[①] 建立在这样一种自私卑鄙精神习惯基础之上的社会秩序是不可能持久的。在法国，路易斯·拿破仑之后就出现了巴黎公社。有谁知道，如果欧洲人民回到中世纪信仰并且只成功地达到耶稣会的教皇至上主义，那对于他们又必然会发生什么样的结果呢？

我已经说过黄种文明对于欧洲民族绝不可能形成一种威胁。在我看来，危险倒更在于欧洲那"养尊处优的集团"（Pampered unit）竭力驱使政府以一种愚蠢蛮横的方式同这一文明进行交往。在欧洲，尤其是在英国，这种"养尊处优的集团"的喉舌便是报刊。他们齐声要求所谓在中国的炮舰政策并平静地列出瓜分中国的计划。但我不知道是不是有人曾经想过，一旦中国的官僚统治被破坏，人们像后来在土耳其亚美尼亚的人民那样狂热，那么要维持中国四万万民众的秩序与治安将会耗费欧洲各国多大的开支。已故戈登将军说过："要记住，一个不满的民族意味着大批军队。"不管中国的官僚统治在今天是何等的令人失望与腐败，他们的统治依然是一个道德的而不是一个警察的统治。军国主义在欧洲必要但在中国却不然。外国人在中国实施炮舰政策，将只能对中国人和外国人所有相关的利益构成损害。依我之见，在上海建立一所深入研究中国历史与文学的国际学校，与此同时派遣大批中国学生去欧洲和美国，这比起出动欧洲各国最强大的舰队来，倒更能促进外国商业的利益。相反，一旦军国主义在中国成为必要，那么中国人肯定会成为一支强大的军事力量或者势必为外来军事力量所制服。但无论出现哪种情况，全世界都将不得不为此付出一大笔额外的军事负担。

在欧洲，由于人民的不满情绪，军国主义是必要的，它是文明的庇护者与捍卫者——一种权力范围内的力量。用丁尼生中世纪的话来说，

---

① 即知道自己的利益所在。

它的真正作用在于：

> 打倒异教徒，捍卫救世主。

　　即打倒暴虐、野蛮与混乱。可是后来欧洲的军国主义却不被用来对付混乱与野蛮，反而用来对抗真正的文明，反对中国人民的好政府。这种欧洲军国主义愈是被滥用，其所耗资的负担就只会愈加沉重。

　　因此，对于欧洲人民来说，要想逃脱被其军国主义负担所压垮的唯一可能的途径，就是为获得我们称之为的那种普遍自由主义名义下的新的道德文化而斗争。但欧洲人民要实现这一点，很难说清要花多长时间。就我个人看来，上世纪欧洲的那种自由主义确已衰退。比康兹菲尔德伯爵在谈到他那个时代英国的自由主义时，说他惊奇地发现其已变成一种实际的政治独裁。我以为今天欧洲那种自由主义也已经变成了一种独裁：一种"养尊处优集团"的独裁。前一世纪的欧洲自由主义是有文化教养的，今日的自由主义则丧失了文化教养。过去的自由主义读书并且懂得思想；现代的自由主义为自身利益却只看报，断章取义、只言片语地利用过去那美妙的自由主义惯用语。前一世纪的自由主义是为公理和正义而奋斗，今天的假自由主义则为法权和贸易特权而战。过去的自由主义为人性而斗争，今天的假自由主义只是卖力地促进资本家与金融商人之既得利益。如果能设想一个在上世纪不得不行杀死国王、险些推翻王权暴举的十足的自由主义者再生今日，那么他肯定会用莎士比亚作品中"布鲁图斯"（Brutus）的话来告诫今天的假自由主义者：

> 难道我们打击世间的一流人物
> 只是为了助纣为虐吗？难道我们现在
> 以卑鄙的行贿玷污我们的手指
> 出卖我们廉耻的广阔空间
> 只是为了换取可能得到的这么一堆垃圾吗？
> 我宁愿做条狗去吠月，
> 也绝不做这样一个罗马人！

　　然而，我们却不必绝望。我相信目前的所谓"殖民政策"运动在欧洲的最终结果，将会是真正自由主义的复兴。基佐先生在其关于欧洲文明的演讲中，谈到中世纪基督教远征的动机以及其对欧洲基督教国家的影响时说：

> 对于最初的编年史家，及其他们笔下的十字军的最初成员来

说，穆斯林教徒是他们憎恶和鄙视的唯一目标；显而易见，那些如
此谈论他们的人并不真正了解他们。后来的十字军参加者的历史，
说起来就十分不同了；很清楚，他们已不再将其看作怪物；并且还
不得不在某种程度上深入到他们的观念中去；他们彼此住在一起；
在他们之间一种沟通关系甚至某种同情已然建立。"因此，基佐先
生接着说，双方的灵魂尤其是十字军战士的灵魂，已经从因无知而
产生的那些偏见中解放了出来。最后他说："所以，这是向通往人
类精神解放的一步迈进。

欧洲这一称作"殖民政策的现代远征"，在欧美终将完成人类精神
的彻底解放。而这种人类精神的彻底解放，又终将产生一种全球性的真
正的天主教文明；这一文明不建立在一个仅仅依赖人的希冀与敬畏情绪
的道德文化基础之上，而建立在依赖人的平静理性的道德文化基础之
上。它的法令不是出自于外在的某种强力或权威，而是像孟子所说的，
出自于人类生来热爱仁慈、正义、秩序、真理和诚实本性的内在之爱。

在新的文明之下，受教育者的自由并不意味着他们可以随心所欲，
而是可以自由地做正确的事情。农奴或没有教养的人所以不做错事，是
因为他害怕世间的皮鞭或警棍以及死后阴间的地狱炼火。而新的文明之
中的自由者则是那种既不需皮鞭警棍，也不需地狱炼火的人。他行为端
正是因为他喜欢去为善；他不做错事，也不是出于卑鄙的动机或胆怯，
而是因为他讨厌为恶。在生活品行的所有细则上，他循规蹈矩不是由于
外在的权威，而是听从于内在的理性与良心的使唤。没有统治者他能够生
存，可无法无道他则活不下去。因此，中国人把有教养的先生称作君子
（"君"相当于德文 Koenig，或英文"King"，"a kinglet"，即一个少王）。

美国人爱默生谈到他访问英国和卡莱尔一起参观 Stone henge 这座
英国最古老的纪念碑时发生的一件小事说：

星期天我们在雨地里谈了许多。我的朋友们问是不是存在这样
一些美国人——拥有一种美国思想的美国人。由此我想到的既不是
各政党会议，也不是国会，既不是总统也不是阁员，不是诸如此类
想把美国变成另一个欧洲的人，我所想到的只是那最单纯的灵魂。
于是我说："当然有的；不过拥有那种思想的美国人是些狂热的理
想主义者。我恐怕这种思想你们英国人是不爱听的，或许只会觉得
荒谬可笑，但它却是唯一真实的。"于是我谈起无政府主义和不抵
抗主义的教义。我说："真的，我从未见过哪个国家有为了这一真

理而勇敢地站起来捍卫的人。我很清楚，再没有比这种勇敢更能博得我的敬意了。我能很容易地看到那可鄙的滑膛枪崇拜的破产，这就像上帝的存在一样无疑。不必以枪易枪，以暴易暴，唯有爱和正义的法则，能收到一场干净的革命之效。"

正如杜·克罗斯谈及现代自由主义将依赖于"理性胚芽"的滋长一样，人类未来的文明就在于爱默生的这种美国人的思想之中。进而言之，爱默生这种美国人的思想又依赖于中国文明的根基，或更确切地讲依赖于远东民族可称为儒家文明的东西。在此，它包含了远东问题中的道德难题，而要解决这一难题，既不完全依赖于国会，也不完全依赖于议会，既不依赖于皇帝、国王，也不依赖于内阁大员。解决它的办法用爱默生的话来说，即需要具备在欧美发现的那种最单纯的灵魂。诗人们曾为这种新的文明唱过赞歌。那个自称为人类精神解放而战的德国骑士海涅唱道：

> Ein neues Lied，ein besseres Lied，
> O Freunde，well ich euch dichten：
> Wir wollen hier auf Erden Schon
> Das Himmelreich errichten。
> 一首歌，一首更好的歌，
> 啊，朋友，我要给你们写出它来：
> 让我们在这人间
> 建立起上帝的天国。

苏格兰诗人罗伯特·彭斯（Robert Burns）唱道：

> 让我们祈祷它的来临，
> 它将为那一切而来，
> 为了理性和价值遍及大地
> 可能带来生机和那一切：
> 为那一切，为那一切
> 它仍将为那一切而来。
> 在这广阔的大地上，
> 人与人之间应该亲如兄弟。

最后，法国人贝朗杰（Béranger）在幻境中看到了他所谓的神圣同盟（Sainto alliance des Peuples）并且唱道：

J'ai vu 1a Paix descendre sur la terre,
Semant de l'or des fleurs et des épis:
L'air était calme et du dieu de la guerre
Elle étouffait les foudres assoupis.
Ah! disait-elle, égaux Par la vaillance,
Francais，Anglais，Belge，Russe ou Germain
Peuples，formez une Sainte alliance
Et donnez-vous la main!
我目睹和平徐徐降临，
她把金色的花朵麦穗撒满大地：
战争的硝烟已经散尽
她抑制了使人昏厥的战争霹雳。
啊！她说，同样都是好汉，
法、英、比、俄、德人，
去组成一个神圣同盟，
拉起你的手吧！

致一家英文报刊主编的信[*]
（1903）

致主编

先生：

鉴于不久前曾因北京处决一名革命领袖，而在外国人士当中引起了异常情绪和过激言词，我认为有必要以中国人的观点就这个案件作一自我克制的阐述。

在我看来，公众就这一案件对中华帝国政府的指控，可以分成三点：

第一，司法程序不正当；

第二，判刑过严；

第三，处决过分残酷。

现在，为了断定司法程序是否不正当，有必要了解案情的真相。真实情况是：沈克诚①其人被控不仅犯了写文章进行诽谤和煽动叛乱的罪行，而且确系一个旨在推翻帝国政府的革命社团的领导成员，上述社团的成员确曾企图在 1900 年纵火焚烧武昌和汉口两座城市，为此，许多成员已被湖广总督张之洞阁下处死。沈克诚被捕后，在受刑部委任的法官提审时，不仅对其全部罪状供认不讳，而且公然扬言引以为荣。刑部

---

* 此函录自骆惠敏先生编注、刘桂梁等译：《清末民初政情内幕（上）》，271～276 页。它是辜鸿铭交给《泰晤士报》驻北京记者莫里循（G. E. Morrison）一封信的抄件。此信是写给某英文报刊主编的。我们现在已无法证实它发表在哪一报刊上，或是否曾公开发表。

① 沈克诚或沈荩，是一位新闻记者，和 1900 年因暴动计划败露在武昌被杀害的维新派领袖唐才常为同党。沈于 1903 年 7 月 17 日被捕，同月 31 日在刑部被毒打致死（见《实录》）。这一事件使在华的外国人大为震惊，最后他们说服北京的各国公使拒绝清朝政府所提引渡在上海公共租界的章炳麟和邹容的要求。这两个人是《苏报》案中被控的首要人物。（见莫理循 1903 年 9 月 7 日致濮兰德函。）——骆惠敏注

据此判以死刑，并以全部提审过程奏请皇上降旨处决。但是刑部收到的不是通常的朱批处决谕旨，而是一道由军机处封交的廷寄，钦命将囚犯不是一般地公开处决斩首，而是立毙杖下。这道敕令就那样执行了。我可以在这里提一下我的一个能讲英语的学生告诉我的可靠消息，他是刑部郎中，是目击最后行刑过程的见证人。据他说，杖毙的敕令只在名义上执行了，实际上这个人是在挨了几棍子以后被用一条带子勒死的。

目前，按照中国的国法，皇上未经咨询皇家司法官员是不准下令把一个人处死的。未经咨询皇家司法官员，只凭皇上的专横意旨去惩处一个人，中国话叫做诏狱，相当于革命前法国统治者发出的拘票。中国这种诏狱治罪事属非法、违法，监察御史的职责就是专门阻止此类事情。当前所涉及的这一案件中，这种不通过内阁直接颁发廷寄敕令的干预行动，按照正常司法程序可以看作皇上不当地行使其君权。但是，必须记住，在中国，皇上可以以一国之主的身份或别的理由驳回皇家司法官员所作的定谳，因为皇上的裁决是最高的法律。

由此可见，指责中华帝国政府司法程序不正常的鼓噪是十分荒谬的。人们记得在不久前的布尔战争中，一位被指控为倾向布尔人的英国妇女据说被非法逐出了非洲。当此案提交英国法律当局时，颁布了一项未经议会同意的敕令，支持放逐令的合法性。当时弗雷德里克·哈里逊先生①以漫无节制的措词谴责英国内阁大臣们的违宪行为。但是我不认为柏林的哪一个德国国务大臣会想到要在德意志帝国议会中提出这样的问题。总之，我并未听说英国政府因为英国内阁的这一违宪行为而被谴责为野蛮的政府。

现在谈第二个问题，那就是中国对政治犯和犯煽动罪者判刑过严的问题。让我提出下列需要考虑的情况：

尽人皆知，香港和东京对鼠疫的预防措施之一是，把整个区域的建筑物，不管多么有价值，全部夷为平地，如有必要则全部用火焚烧。我想任何人对于采取这样严峻的预防鼠疫的措施也不会提出疑问的。现在按照中国人的看法，无政府主义是同鼠疫一样的坏，而中国这个国家把所有对正统权威的公然违抗看作最危险的瘟疫，或者确切地说，是无政府主义病菌。因此，为了消灭一切可能的无政府主义病菌，采取最强有

① 可能是弗雷德里克·哈里逊（1831—1923），英国学者、历史学家和作家，英国实证主义委员会的主席（1880—1905）。——骆惠敏注

力的严厉措施是必要的。中国的君主是最高正统权威的象征，而对于公然违抗最高正统权威者的惩治就是处死。中国宋代的伟大政治家和历史学家司马光所著中国史是一部关于中国合法政府历史的最伟大的标本著作，然而他在谈到审判一个政治犯的案例时写道："一家（即罪犯的家庭）哭何如一路哭（就是说遭受未惩办罪犯的后果之苦）。"事实上，对罪犯实行不适当的和欠考虑的宽大，实际上就是对于受这些罪行后果之苦的人们的残忍。

关于严厉惩办政治犯的问题，人们应该记得，布尔战争之后不久，有一个爱尔兰人，竟然由于犯了法律上认为的叛国罪而被判处死刑。还有，在辛丑条约中，列强要求对任何参加排外社团的中国人均应定罪处以死刑。因此，面对这些事实，我认为让外国政府出面干涉，以减轻对那些公开宣称要推翻中国现政府并谋杀所有满族的中国人的惩治，是荒谬而不合逻辑的。

最后，谈一谈处决残酷的问题，我想在这里指出两件事。第一件，根据中国人的观点，认为用棍子打死的严峻和残酷程度比砍头处死要轻，因为前一种惩处不会造成中国人感觉特别可怕的身首异处。但是为了免得中国人对事情的这一颠倒看法，被认为是荒谬可笑的和难以置信的，让我再举一个看起来更为荒谬可笑和难以置信的外国人对惩治观点的例子。在美国独立战争期间，一个英国军官被作为间谍逮捕，判处绞刑。这个可怜的人苦苦哀求不要把他吊死，他宁愿听任一排士兵同时把他们枪筒内的子弹对准他的身体射击。的确，在中国人的心目中，欧洲式的军法处决是那样的野蛮而可怕，正如在欧洲人心目中把中国式的乱棍打死的处决看得非常野蛮而可怕一样。

关于残酷处死的问题，我想提醒注意的另一点是，如果认为过于残酷和野蛮的指责只是就现在这一案件而言，那么，这一指责不应直接针对中国现政府，而应指责中国的文化。中国的法律是中国人民文化的产物，现政府不能对此负责。如果人们认为中国的法律残酷而野蛮，也不应该归咎于中国现政府，而应归咎于中国人民和他们的文化。因此，在我看来，当前这种直接针对中华帝国政府的愤怒呼声，是反常而不公平的。

用现代欧美人民的道德观念来判断中国的法律，它无疑像是残酷的和野蛮的。但是在对有关中国人和他们的文明与刑罚的残酷性作出最后判断之前，我愿提出两点重要考虑。

第一点，中国刑事裁判制度是以道德为基础的，而欧洲的裁判制度的基础，从杰里米·本瑟姆（边沁）以来，便单纯是功利主义的原则，即仔细盘算其收益和损失。用简单的话来说，现代欧洲惩办罪犯的动机，仅仅是希望阻止犯罪、保障社会安全使之不受伤害和损失。但是在中国，惩办罪犯的动机是对犯罪的憎恶。简言之，欧洲国家惩办罪犯是为了保护钱袋。在中国，国家惩办罪犯则为了满足国家正义的道德情感。欧洲法理学家全然不以道德上的是非感来看待犯罪分子，只是把这些人看作社会上应被谴责的分子，必须采取对社会和国家损害最小而获益最大的方法子以铲除。与此相反，中国的法理学家把罪犯看作应该被人憎恨的恶棍，在制定惩办他们的法律时，以憎恨犯罪的道德感为指导，而这种道德感是必须满足的。在中国道德主义者看来，某些罪行是特别令人憎恨和骇人听闻的。所有具有健康道德感的人，都应该具有反对这种罪行的感情，因此，为了表现对这种罪行憎恨和恐惧的道德感，在中国有必要用残酷和野蛮的手段来惩处这种犯罪行为，否则那是不符合并非残酷的中国人的精神，而且也不符合并非不人道的中国文化的主旨的。

关于这一点，我想再进一步讲一讲。如果一种文化是否残酷和不人道，要以人类遭受的痛苦后果去判断，我认为，没有偏见又善于思考的欧洲人，在确定其对中国文化的判断之前，当他睁开眼睛看一看现代欧洲的毁灭性战争机器给人类造成了多么大的灾难时，就很可能迟疑不决是否使用强烈谴责的语言了。的确，像一位中国朋友对我讲的那样，当你考虑进口的鸦片使中国人民蒙受的痛苦时——一个家庭中的男性和挣钱养家的成员吸食鸦片，使他的妻子儿女所受的饥寒之苦——倘如你们考虑到这一切，那么据最近路透社报道，英国下院开始对于所谓中国残酷可怕地处决政治罪犯的歇斯底里叫嚷，就变成极端不合逻辑和荒谬可笑了。①

最后，我想说明我不嫌麻烦地写这封信的主要目的，不完全是为中国政府的行为辩护，而是向外国人说明：他们错误地同情所谓上海的维

---

① 辜鸿铭所指的是 1902 年 8 月 13 日兰斯东勋爵在英国上院对斯宾塞伯爵提出的关于上海《苏报》案被捕者问题的回答。这位外交大臣提到了处决沈克诚的报告后说："爵爷大概注意到了不久前一个中国人在北京在骇人听闻的野蛮情况下被处死的可怕消息；我们感到在我们正在讨论的这一案件的问题上，我们不可能同意这些被控告的人们应服从中国的判决。"（《英国议会议事录》第四辑，第 127 卷，第 1123 栏。）——骆惠敏注

新派是很愚蠢的。我想在这里指出的是，中国真正的改革只能出自品学兼优的中国好人之手。但是这些被无知的外国人设法使他们成为英雄的所谓维新派，从道德上和智力上说都是病态的人。这些人正像我上面说过的那样，是受鼠疫或无政府主义细菌感染的人。必须承认，空口说说怎样处理这些被鼠疫和无政府主义感染的人最好，那是很容易的事。我个人并不认为目前当政者对这些维新派采取的措施，在现在情况下是最明智的。不过，这些措施是否最明智，那是留待这个国家的好政府的负责人去解决的问题。外国政府或外国人干涉这个问题，只能是有害的，而且会使事态恶化。我经常反复说过，指导外国人同中国政府打交道的一个原则是，如果外国人要求中华帝国政府尽到一个好政府的职责，那么外国人的一个简单的责任就是，允许中华帝国政府有充分自由和权限，去采取它认为是治理好这个国家的最好的措施。比康兹菲尔德勋爵说过：除非一个国家现实有效的政府拥有绝对权力去做它认为正确的事情，那个国家是不可能治理好的。外国人在中国应该支持的事业不是改革和维新派的事业，而是支持好政府①的事业。支持好政府的事业的唯一途径，就是用各种可能的办法维护正统权威的权力。

辜鸿铭

---

① 此处恐怕是指"良治"的事业，"好政府"系"good government"误译。

在华外国人 *
（1906）

致《字林西报》编辑：

阁下：

我认为 21 号的简报①上，你们的主编在讨论上述这个问题时的态度和情绪，应该受到抨击。它读起来就像是"哦，感谢上帝，我们并不这样"之类的祷告。毋庸置疑，对于在华外国人来说，知道不用为恐惧被镇压而焦虑不安，是令人得意的。但是，我认为，在华外国人也不该当着中国人的面炫耀其优越感，他们就生活在中国人中间，并以此谋生。

你们的大致结论是，现在中国这个民族无法做到廉政，并且即使是西方教育也无法使中国人变得廉洁。在此，我并不打算争论这个。不过我想请教的是，你们以甘福履先生（Mr. Carey）②所描述的三都澳的情形作为唯一论据，便如此武断固执地得出结论，这是否公正？如果一个中国人在读到诸如最近被揭露出的南非丑闻，或者是现下美国肉制品之类的丑闻时，就下结论说盎格鲁-撒克逊人种不诚实，你们会作何感想？

我也无意为现在中国的官僚阶层辩护。我承认，现今中国的官僚阶

---

* 本文译者为李珊博士，原文为"The Foreigner in China"，译自 1906 年 7 月 27 日《北华捷报》。辜鸿铭在其著作《中国的牛津运动》中曾提及："大约五年以前，我以'一个穿长袍的中国人'的名义给《字林西报》写过一篇文章，文中我说，'就我所见，目前中国改革运动的狂热，将注定导致一场灾难。'"《在华外国人》倒数第二段恰恰有这句话，且发表于 1906 年，距 1910 年《中国的牛津运动》首版恰恰是 5 年。由此可以断定，此文乃辜鸿铭所作。

① 简报（instantane，缩写为 inst.），此处指《字林西报》。

② 指时任福建三都澳常关代理税务司的甘福履（Frederic William Carey）。1906 年 7 月 20 日，《北华捷报》刊载了他所撰写的三都澳常关报告，其中介绍了三都澳常关在被海关接管之前管理混乱、腐败盛行的情况，以及海关接管后所进行的一系列改革及其成效。

层是腐败的。但是我认为，比起官员们贪污的本性来，人们公认，现在中国官僚阶层的腐败更多地应归咎于体制，或者更准确一些说，应归咎于北京和地方高层当局的怯懦和无可救药的游移不定之无助状态，这导致了整个国家公共机关的失序。已故的戈登将军，在提到中国大僚们不得不对付的巨大困难之后，说道："我能替满清官吏说的话远不止此；他们有自己的过错，但他们所承受的那些掠夺其国家的外国人所干的坏事，则更多。"

不过，在我看来，中国官员的腐败并不影响中国人要求掌握他们自己的海关这一要求的正当性。就职责而言，中国官员是对中国皇帝和中国百姓负责，而不是对外国人负责。如果中国皇帝和中国百姓喜欢让不廉洁的中国官员来管理他们的海关和铁路，而不是让廉洁的外国官员来管理，这是他们自己的事，我认为外国人无权干涉。至于说中国已将她的海关收入抵押给外债的观点，这里需指出的是，中国抵押的是其海关的收入，而不是海关的控制权。根据抵押物条款，只有当中国出现拖欠赔款和无法偿还债务时，其债权人才能攫取中国海关。

如你们所说，海关控制权的问题，只不过是你们所谓的青年中国党（the Young China Party）的抱负之一。作为一个上了年纪的人，我并不属于青年中国党，而且，我强烈反对目前那宣称"中国人之中国"的运动（claim China for Chinese）的自以为是和飘忽不定的倾向。但我同时必须指出，在我看来，在华外国人对于你们所谓的青年中国党运动，并未以公正的精神和开阔的视野视之，而这将是最终和平解决中国问题的方案。因为，你们所谓的青年中国党运动或许在很多方面显得飘忽不定，但其根源则在于中国人的强烈感受，即外国人没有公正合理地对待自己，或者用戈登的话说，他们一直被外国人掠夺着。在这个"中国人之中国"运动的最深处，其真正的抱负是，在公正合理的基础上重新调整我们和外国人的关系。

我斗胆认为，即便是在华外国人无法同情这场运动，也应该尊重它。若像那些外国外交官员所做的那样，仅仅将这场运动、将中国人对于公正的渴望诉诸条约的神圣权利，这是没有用的。因为在大烟馆里躺着腐败的、公开洗劫米店的三亿多中国人，有一天会站起来，并且可能会来到上海，质问是谁将那些条约授予了神圣的权利？

我认为，更遗憾的在于，阁下，你们作为在华外国人非官方领域的喉舌，竟然表示因为中国这个民族不廉洁，所以中国人无权通过一场运动来获得公正，试图以此来遏制（snub）这场运动、遏制这种人民对公正的渴望。在此，我谨提醒你们，如此地对待对于公正的渴望、运动及其要求的办法，正是俄国官僚主义寡头政治的做法，而这乃是在那个倒霉的国家产生令人惊讶后果的缘由所在。

自从庚子之变以后，在华外国人一直呼吁中国和中国人应当改革。因此，满清官吏们一直在大力改革。不过就我所见，大肆宣扬改革狂热的官员们很可能把改革搞砸，因为他们疏忽了在改革这件事情上，中国百姓心目中真正的首要改革目标所在。在改革这件事上，中国百姓心目中真正的首要目标，并非铁路、并非新学、并非欧洲式的奢侈——中国百姓心中真正想要的，是引发来华外国人在对待中国人的方式上的改革。一位身在汉口的聪明的英国人曾对我说："上海的那些人的愚蠢，恰正在于他们要中国人改革。为什么？如果中国人真的改革成功，你认为我们这些在华外国人还能像我们现在这样过得那么好吗？"

然而在华外国人或许会问，中国人究竟想让自己改革什么？已故的戈登将军说："我想，如果我们试图驱策中国人接受突如其来的改革，他们可能会暴动，并像顽固之猪那样抵制它；但是如果我们加以引导，便会发现，他们在一定程度上愿意接受管理，并且也很容易管理。他们喜欢有选择的余地，讨厌被指手画脚，好像他们在这事上毫无发言权一样。"

中国人希望在华外国人所做的改革乃如是：他们希望外国政府和来华外国人在中国和中国人打交道时，给他们以选择的权利。他们讨厌外国政府和在华外国人和中国打交道时，在中国抛出诸如门户开放、划分势力范围、兴建并控制铁路、控制海关等政策，仿佛中国人对此完全没有发言权。中国人并不反对外国人来中国经商、谋生，甚至是发大财，如果他们有这个能力的话。但是中国人强烈反对其整个的政府机构、其生活方式和整个国家生活与生存都被夺走，并用来促进和增益英国和其他国家的贸易。总之，中国百姓希望在华外国人能摆脱这样的观念，即认为上帝在中国创造了三亿多中国人，乃是为了与英国和其他国家通商，以及让在华外国人谋生。用丁尼生①的话说："我们为其它事情而生"，这是"中国人之中国"运动的根本理念所在。中国人要夺回的并

---

① 阿尔弗雷德·丁尼生（Alfred Tennyson），维多利亚时期著名的英国诗人，也是继华兹华斯之后的桂冠诗人。

不是"为了中国人的中国",而是"为了中国人的中国人自身"（not China for the Chinese，but the Chinese for the Chinese），例如，在这个属于上帝的宇宙中，中国人的国家生活不应该只是用来促进和服务于英国及其它国家的贸易和产业的，并且，正如我那聪明的朋友对所我说的那样，也不是用来让外国人在中国享福的。

我写作时并无排外情绪，而是期望理智思考的外国人能理解中国的情况。因为就像法国的圣伯夫①所说："能正确地认识事情，乃是人类的幸福。"的确，即使是在上海，我也看到作为个体的外国人对中国人怀有如此多的善意，这促使我在他们面前讲出实情，即便它并不中听，而且我斗胆向他们求助，在中国，也从另一方，即从外国人的那一方，来开启一场改革。

据我所见，目前中国改革运动的狂热，就中国方面而言，必将带来一场大灾难。我以为减轻和制止这种狂热的唯一办法是，在中国从两头开始进行改革，既从外国人那方面改，也从中国人这方面改。我认为一旦外国人那方面开始改革，中国人这方面的狂热程度就会降低，而后我们所有人都能躲过这场大灾难。

歌德说："在这世上有两种和平的力量——公正和常识。"外国人，尤其是英国人，无论其观念有多么错误，他们仍怀着强烈的公正意识；而中国人，除非被传教士和近邻日本完全破坏掉，则仍存在不少常识，因此，我们不必对和平解决中国的现状问题感到绝望。

一个穿长袍的中国人

7 月 24 日

---

① 沙尔-奥古斯丁·圣伯夫（Charles-Augustin Sainte-Beuve），法国作家、文艺批评家。

《中庸》英译序[*]

（1906）

　　本书是儒教经典《四书》之一《中庸》的译本，该经典理雅各博士曾翻作"中的学说"（Doctrine of the mean）。中国字"中"的意思是中心的——因此有正确的、真实的、公正的和恰好的意思；"庸"字的意思是共同的、一般的、平常的——因此有普遍的意思。这两个中国字合起来的意思就是正确之真实，公正恰当的普遍标准，简而言之，即关于正确的普通常识。

　　这本书，连同另一本理雅各博士译作"伟大的学说"（Great learning）或者准确地应译为"高等教育"（Higher education）的书①，可以被称为儒教的教义问答手册。我原打算将它们放在一起出版，但是按照我的翻译标准，另一本译著还未臻至圆满的境地。我的翻译标准是：彻底掌握其中意义，不仅对等译出原作的文字，而且再现原作的文体风格。因为正如华兹华斯在谈起一切真正具有内在价值的文学时所说的："的确，内容是重要的，但内容均需由文体来表现。"而要能再现其风格，那种出自古代圣哲、在文学中称之为"style"的东西，就必须努力使自己具有圣哲的性情和心境——生活在"进步文明"的现代世界，这并非是一件易事。

　　绝大多数人都认为中国旧式的秩序正在消亡，他们欢呼新学和进步

---

　　* 辜鸿铭英译《中庸》（*The Universal Order or Conduct of Life*），1906 年在上海由别发洋行正式出版。题为《普遍秩序或人生之道》，扉页上标明："特以此书志念我的妻子吉田贞"。1908 年和 1912 年，英国《东方智慧丛书》收录此书，予以重版。内容没有什么变化，标题调整为《人生之道或普遍秩序》，注释较前更为简练。"序言"也有所增删。1908 年和1912 年版的"序言"增补了有关《中庸》成书及内容特点的介绍。删掉了"何为道德或不道德"的例证及其他内容。另外，初版后面原有的 A、B、C、D 四个附录也一并删掉了。
　　这里翻译的是他 1906 年初版此书的译及其主要附录。译者为黄兴涛。
　　① 即《大学》。

文明进入中国。然而，我个人却不相信在中国古老的秩序会过时，因为我知道旧的秩序，中国文明和中国社会秩序是一个道德的文明和真正的社会秩序，它符合事物的本性，因此绝不会消亡。

但是人们会问我，什么是你所谓的"道德"和"不道德"。有一次，我同一个受过教育的外国人谈起在上海中国人和外国人的道德谁高谁低的问题时，那位外国朋友便认为那完全取决于不同的"观点"。为了澄清由"观点"所产生的误解，让我们在此举一个被中外公认为道德行为的例子来进行分析，看看构成道德的内容究竟是什么。

1853年，当太平天国暴乱分子占领本国城市上海的时候，由于外国领事控制了上海海关，中华帝国当局和外国人之间发生了纠纷。但是当纠纷解决以后。外国领事不仅退回了所有税收款，并且归还得一分一厘也不剩。当时有一个住在湖南的中国士人，后来成为大侯爵的曾国藩，在听说了驻上海外国领事这一行为之后，写信给他的一个朋友说："彼亦有君子之行。"

那么，曾国藩侯爵当时认作为构成道德内容或道德行为的那些外国领事的做法，其原则是什么？外国领事退还了钱，不是因为有任何外在的压力迫使他们这样做，也不是因为他们这样做能从中得到任何好处，而是因为这样做才对，不这样做即错，（也就是说，）他们这样做是出于那种对正确和错误的意识，那种道德责任感。因此，道德行为就是受（追求）正确的自由意志驱使、出自纯粹的道德责任感的行为。道德，就是对道德责任感的公认和服从。

正是人类的这种道德责任感，不仅使得文明、而且使得人类社会的存在成为可能。如果每个人都无视人类无所不在的这种道德责任感，那么，他所寄生的那个社会将是一副什么状态！这样一副状态，哪怕只存在一个时辰或一瞬都是不可想象的。另一方面，再想想，如果每个人都能完满地按照这种道德责任感来行事，那么他所在的那个社会又将是一副什么景象。那将是一个完美无缺的社会，它不仅不需要警察，甚至连一切政府都不必要存在。

因此，我认为中国文明是一个道德的、真正的文明。首先，它不仅公认这种道德责任感，将其作为社会秩序的根本基础，而且还把使人们完满的获得这种道德责任感作为唯一的目标；因而在社会秩序、教育方法、统治方式和所有社会设施中都贯彻这一目标，旨在教育人们获得这种道德责任感；所有的那些习俗、风尚和娱乐，都只是通过激励和规划使人们容易服从这种道德责任感。简而言之，在人类朝着他们进步的方向上面，中国文明树立了一种理想的目标，它不是要限制每个人的快乐，而是限制自我放纵，使每个人都得到幸福，"致中和，天地位焉，万物育焉"。

我完全了解，在目前的中国，作为一个民族和作为个人距离其文明最高理想的实现还多么遥远。但同时，我认为在此正应指出，即便现在，环视中国目前陷入混乱的事态，要是人们能耐心地了解和观察事物的内在本质，就不能认为中国文明失败了。假如你以人民的生活水平为标准来评价文明，看人们是否有钱，是否能舒舒服服地享受，那么中国文明的确是一个失败的文明。但是，假如你以该民族文明之下的人民强大而有效的道德责任感为标准，那么我认为，中国文明即便在今日也没有失败，相反倒是一个奇妙的成功。

众所周知，在目前中国的许多地方，绝大多数人都濒临饥饿的边缘，同样为众所知、起码应当知道，中国当局没有使用警察，或用任何值得一提的军事力量来维持秩序。但尽管如此，我认为，如果从这些饥荒地区的任何最坏部分中拿出同样大的地区和人口，与富裕繁华的上海租界相比，仍能发现那儿的违法、破坏公共秩序和犯罪的比率要低得多。据说上海租界用于维持警察武装的费用，每年就要五十万两。

阿瑟·史密斯牧师说："儒教的答案是中国"，我答道："是的，儒教的答案是中国。不过你必须从本质上去看中国，即从道德方面，而不只是从电灯方面。"

事实上，如果我所说的中国文明是一个奇妙的成功还需要进一步的证明，那么，下面这个事实将使之确信无疑。尽管中国目前公用事业陷于瘫痪，人们在挨饿，但是政府仍然能够按约支付给列强的庚子赔款。中国官员依赖的是一种什么力量，使得千千万万饥饿的中国人都去偿还与他们本人并无关系的债务呢？众所周知，在中国，这种力量不是警察或物质力，而是一种高度发展的中国人的守法本能。这种在目前艰难环境的严峻考验之下如此有效的本能从何而来？它来自于中国人民强大的道德责任感。这种强大的道德责任感又从何而得？答案是：从中国文明中得来。因此，我认为中国文明是一个奇妙的成功。

在下面的翻译里，人们将看到对这种道德责任感的阐述和解释，它构成了中国文明设计下的人类行为和社会秩序的基础。当然全部内容中不含"新学"，只有更好的"实学"。关于道德责任感，每一个曾有过文明的民族最优秀的文学作品中，都能找到以各种方式对之所作的阐述。不过最引人注目的是，正如我在译本附录的注释中所显示的，在现代欧美最优秀和最伟大的思想家的最近著述中，能找到与这本写于两千年前的书同样的形式和语言的阐述，而这，正是该书特有的价值所在。就我有限的知识来看，在所有欧洲文学作品中，无论是古代的还是现代的，都没有见过像在这本小书中所发现的那样简单明了到了极点，同时又如此完整而丰富的关于道德责任感或道的阐说。

最后，我希望说的是，如果这本出自中国古代智慧的小书能有助于欧美人民，尤其是那些正在中国的欧美人更好地理解"道"，形成一种更明白更深刻的道德责任感，以便能使他们在对待中国和中国人时，抛弃那种欧洲"枪炮"和"暴力"文明的精神和态度，而代之以道，无论是以个人的方式，还是作为一个民族同中国人交往的过程中，都遵从道德责任感——那么，我将感到我多年理解和翻译这本书所花费的劳动没有白费。[1]

附录 A、B、C、D

A

在此，我可以指出，目前欧洲一般思潮和文学中悲观主义的流行，是现代教育制度的必然结果——这种由国家鼓励和供养的教育，目标在于教育的数量，而不是质量——在于质量不高的受教育者的数量，而不是真正的受教育者的质量。简而言之，一种更注重数量而不是质量的教

---

[1]　为了有助于读者了解辜氏1908年和1912年版译序中对《中庸》成书及内容特点的补充介绍，特将其补充文字译录于下：

"《中庸》的幸存归功于孔子的外孙子思，他'惧夫愈久而愈失其真'，故'笔之于书'。然而此书并非都是孔子所言，也包含了许多子思自己的人生哲学。它的内容与其说得益于严格的逻辑，不如说仰赖于洞察力。在中国的士大夫看来，它是有较高价值的不多的经典之一。最伟大的注释者朱熹大师根据程子的精辟之言说：'其书始言一理，中散为万事，末复合为一理，放之则弥六合，卷之则退藏于密。其味无穷，皆实学也。善读者玩索而有得焉，则终身用之，有不能尽者矣。'理雅各，那位英译中国经书的先驱在谈起《中庸》时说：'它给了我们关于儒家哲学和道德最好的说明，务必予以仔细的研究，它不仅在中国占有其位置，而且在它之外的最广阔领域亦然。'"

"《中庸》是著名的儒家'四书'中的第三本，其他的几本是《论语》，纳入《东方智慧丛书》的是翟林奈先生的译本；《大学》，即人们通常所知的'伟大的学说'，它是孔子著名的弟子曾参所传；最后是孟子的书即《孟子》，共由七篇组成。"——原注

育制度之必然结果，是不完善的半教育（half education），这种半教育的产物，便是本性发展不完善的人。歌德说，魔鬼，那无恶不作的幽灵的化身不过是些本性发展不完善的东西。如此看来，目前欧洲现代半教育制度的一般产品——实际上乃是魔鬼的化身。魔鬼最显著的特性，正如弥尔顿①告诉我们的，就其积极的形态而言：是傲慢、虚妄、自负、野心勃勃、专横放肆、不服管教，"不承认道德或不害怕道德"，无所忌惮，而这一切特性，你都将在现代半教育制度的一般产品中发现，如果你碰上一个强悍的性情粗鲁者的话。就其消极形态而言，魔鬼的另一些显著特性则是卑鄙、残酷、嫉妒、猜疑以及对人、对人的本性和动机乃至通常一般事物的悲观主义。这一切特性，你也会在现代半教育制度的一般产品中找到，如果你碰上一个性情软弱者的话。现在，当人们牢记这样一个事实，即当今全人类的幸福和文明的事业，实际上正掌握在十足的魔鬼化身的手中，掌握在现代半教育制度的不幸产物、那些具有我所说的上述一切特征——构成目前欧美所谓有教养阶层和统治阶级绝大部分人的手中时，那么他就应该像托尔斯泰伯爵那样，不必为当今世务正陷入我们所能见到的、可称之为"科学残杀"的战争困境中而感到奇怪了。这种"科学残杀"，现在仍在中国的满洲继续着。② 如果追根溯源，导致当今一切事务陷入巨大困境之中的混乱或缺乏道德社会秩序的真正道德原因，就在于理智的退化、不充分和不健全；而这种理智的退化、不充分和不健全，又是那种把目标放在数量上的由国家所鼓励的教育或确切地说半教育的现代虚假制度的结果。因此，如果要想恢复当今世界的和平与真正的道德秩序，目前这种虚假的现代教育制度，这种由国家供养支持的教育就必须彻底改革。改革的第一步，是必须严格地限制受教育的人和自称受过教育的人之数量，提高那真正受过教育者的质量。办法是，把那些正花费在修建学院和大学上的钱节省下来，正如爱默生谈起傻瓜和那些确实不适合高等教育的人们时所说的，将这节省下来的钱用在鼓励和供养那些被发现确实适合高等教育的人身上，以便他们能够完全彻底地完成他们的教育。事实上，也就是要采取像中国古代和日本明治维新时代称之为"养士"和"造士"的那样一种国家教育制度。正是由于担心那种对教育和自称受过教育的人之数量不加限制所产

---

① 弥尔顿，英国著名诗人。
② 此文写于日俄战争期间。——原注

生的可怕后果，歌德晚年倾向于认为，路德对于欧洲文明倒退二百年负有责任。因为路德将《圣经》译成了白话德文，为在真正受过教育的绅士中废弃拉丁文铺平了道路，并为那种不限数量的、人人都将成为受教育者的随随便便的简易教育打开了方便之门，其结果，我们现在都已有目共睹了。

B

找到我们"道德本性"的中心线索，并依照它来指导我们的行为①，所有这一切只是意味着要做道德上正确的事情。而道德上的正确，又意味着一个人的整个天性都处在正常状态下被告知的正确。换言之，道德上的正确不只是人之天性的一部分告之于他的正确，不只是其智力中的呆板机械部分告之于他的正确，而是一个人的整个天性、包括情感（既有情绪的也含精神的）、连同智力的部分充分发展、适度平衡、处于一种完全和谐有序状态下——告之于他的正确。因此，要正确地思考并找到道德上的正确与真实，我们必须首先将我们的整个天性或自我保持在一种适度的、完好有序的状态之中。我们整个的天性或自我发展得越充分，其被保持在适度、完好有序的状态中越完善，其平衡状态越精确，我们思考的结果就越正确和真实。即，我们心中的观念或我们思考的结果，越接近于我们所认为的、按照其本性存在的事物之真实状态，从而使我们的行为更接近于同普遍秩序及宇宙中万事万物的法则保持谐和一致。实际上，也就是我们所思考的是真实的，我们所做的是正当的。因此，很明显，如果某人想要看看一个事物真实不真实，一种行为正当不正当，他必须在此之前，首先看看他的自我、他的本然之性是否处在正确的状态之中。实际上也就是在对待他身外之物之前，在对待事物的正确与错误之前，一个人必须首先严格地对待他自己。正是由于这个原因，所有缺乏道德教育，缺乏那种意味着人性和人的教育的教育；所有缺乏道德改革，缺乏那种意味着人的性情改革的改革，所有诸如此类的教育和改革，都等于白费。

有鉴于此，戈登将军——当他看到英国政策被所谓聪明智慧的人所操纵，那种斤斤计较的政策使得埃及事务陷入困境时——说道："当我们必须在东方冥行索途之时，最好的道路就是按照公正行事。"戈登应

---

① 这句话是辜鸿铭对"致中和"的翻译。"道德本性"（"moral being"或"our being"）是辜氏对"性"的翻译。

该更进一步地指出，不仅在东方，而且在一切我们必须冥行索途的地方，都不能只从得失角度来考虑行事。因为我们到处面临的处于我们和我们控制之外的事物和力量是无限复杂多样的。没有人能够确切地从得失角度预知他的行为取向将如何有益于一时，或终将对他自己和别人的前途发生怎样的影响；也没有哪一个政治家能够算计出和预知该民族的行为和政策的取向将怎样有利于一时，或终将对他的民族的未来，对满洲、中国或黄种人及白种人的前途有何影响。孔子在前一章①里曾说："舜好问而好察迩言"，这是伟大的、完全彻底的智者的另一个真实特征。对此，我在前文忘了加以强调。此种特征，名之为谦逊、有自知之明，留心和调查浅近的事物。这种谦逊、有自知之明，是完全彻底的智者的特征。因此，那种想象或相信能计算自己或别人行为得失之效，能计算其行为对于满洲、各民族、种族和人类的最近前途和遥远未来的影响的说法，不过是半智之人的自夸和魔鬼之智的自以为是罢了。孔子在另一个地方对他的一个弟子说："由！诲女知之乎！知之为知之，不知为不知，是知也。"的确，正如德国哲学家费希特在他的《知识学》（Wissen Schaftslehre）中已证明的，哲学的真正目标和归宿，是发现可以知晓的知识之限度，发现人类智慧的限度。据说费希特这本形而上学的名著，他打算将其作为自己形而上学研究的歇手之作。总而言之，当一个人的教育和哲学研究教给他智慧的限度，教给他在使用智慧时要谦逊时，他就会真正成为一个有教养的人，成为真正的哲学家或爱智者；相反，当一个人的教育和哲学研究没有或不能教给他智慧有限度，不能教给他在使用智慧时要谦逊，那么，那种教育和研究就是无用的、虚假的、危险有害的。子曰："攻乎异端，斯害也已。"②"异端"即"半真理"（half truth），也就是智慧误用的产物。它们从抽象的、深奥难解的、玄学和所谓科学推理出发，来演绎推断人类的起源和命运，推断其道德本性，人或民族的行为对于未来的得与失，以及诸如此类人智不能预知的问题。因此古人说得好：当天的苦恼就够了（不用替未来担心）。

然而，尽管一个人的智力无法计算出未来他的行为的得与失，却能够观察、理解和认知那结果，即他自己的行为或别人的行为与事物在过去已经造成的结果。这种观察和知识称之为经验。所有经验——无论是

---

① 指《中庸》第六章。

② 辜鸿铭和理雅各都将其译为"研究异端邪说，的确有害"，恐怕有误。杨伯峻先生译其为"批判那些不正确的议论，坏事就会消灭"。

个人的还是称作民族的大众经验，都导源于对自然界无生命和有生命物质的观察与研究。迄今为止，人类的一切经验都在教诲、证明和确认这样一个真理，即，在大千世界所有生物的存在与生命之中——人、兽、禽、鱼、虫、植物、花、草、石头、火、水、空气——当它按照其性之本然行动，遵循它正常的天命之性来指导和支配自己时，其行动取向便会产生最有效、最巨大、最有益和最好的结果。这种来源于经验或由经验所引发的知识，就是费希特称之为"天命"（divine idea）的东西。孔子也说，不知命，无以为君子。正是由于这个原因，虽然我们一点也没有办法计算出自己行为的未来结果，但我们仍然能够自信地同戈登一起宣称：行为的最好道路或取向，是按照公正行事，即遵循我们的性之本然。我们依那处于单纯和自然正常状态之下的整个天性告之于我们正确的东西行事。

C

确实，正如罗斯金所言，一个真正士兵的天职不是杀人，而是被杀。但士兵却不能不负责任地放弃生命。他必须且只能为一个目的、一个真正的目的捐躯，即成为一个真正的士兵。那么一个君子去当兵的目的是什么呢？毛奇①，那个最伟大的现代欧洲人，还有孙武子，那个古代中国最伟大的战略家，都一致认为，真正的战略和战术在于以较少的杀伤赢得胜利。这种较少的杀伤不仅表现在己方，也表现在对敌方。相反，通过不必要的杀伤来取胜，则是糟糕的战术和下下之策。我们现在明白了君子当兵打仗的真正目的。最伟大的战争艺术家告诉我们：一场战役所要达到的目标——是不战而屈人之兵。同理，战争的真正目的是解除武装：解除蛮人的武装，解除那些丧失理性的、暴虐的、荷枪实弹的、危险的疯子的武装，解除由诸如此类疯子所组成的、危害和破坏道德、公共或社会秩序乃至世界文明事业的民族的武装。一个真正的士兵的荣誉不在于杀死敌人，而在于他为了解除危险的、荷枪实弹的疯子的武装而愿意去献身。因此，一个真正的士兵去参战、去从事解除危险疯子的武装工作时所带有的性情和精神状态，不是愤怒、憎恨、蔑视或狂喜，而是一种对无可奈何、不可避免之事所抱有的悲痛、哀伤和无限的悯惜之情。当真正的士兵在试图解除危险疯子的武装过程中被打死时，

---

① 毛奇认为康尼格拉茨战役对他来说不是一场胜仗，而是一场败仗。"他对于战争只有一种概念，那就是俘虏而不是杀死敌人。死去的敌人从不和他算帐。他开枪只是为了俘虏对方，每死一个敌人，他胜利的花冠上就掉落了一片花叶。"——《邦森回忆录》

他心中没有怨恨，没有报复的蔑视之念，而有的只是一种平静的满意的神情，因为他尽到了自己的责任，做了他整个的天性（自我）所告之于他正确的事情。所以，那种真正的武士道（Bushido）训练，靠的不是使人的身心对死亡的痛楚和畏惧麻木不觉，而靠的是调节那愤怒、憎恨和报复的本能冲动，使这些冲动和情欲受到控制，不许它们扰乱人的性情与精神状态的平静和平衡。

士兵之为士兵去参战和战死时所具有的那种精神、性情和心灵状态，在戈登将军的生与死中能够见得最为分明。戈登将军的生与死，是现代武士道最真实的典范。我说过武士道是一种能使人的精神、性情和心灵状态达到完美境界的风纪教育。在此我补充一点，一个真正的士兵活着时候的生活，就是一种严格要求自己的、受军人风纪约束的生活。而他在一场正义的必要的战争中去死，也是为了他的国家和世界的风纪。戈登将军在喀士穆面对死亡时所具有的那种精神、性情和心灵状态，正如他在临终日记中所显露的，已接近于这个世界上人类精神与性情教育所能达到的风纪之最高境界，即歌德称之为圣哀深处的殉难风纪。卡莱尔说："你能像古希腊人泽罗（Zeno）教导的那样，不惧苦难踏上人间大地，那还是微不足道的，当你受尽了人间的苦难后还能够爱它，那才是至上之境。为此，需要一个比泽罗更加伟大的天使降临人世。现在这样的伟大者已被派来。"

卡莱尔所指的比泽罗更加伟大的天使，是拿撒勒的圣人①，他的生与死，两千年前给了后来欧洲所谓的文明人、那些像现今这样正变成或已经变成魔鬼化身的人以一种新的文明或一种文明的更生形态：一种人们知之为现代欧洲文明的文明。这种文明，中国人是如此频繁、如此强烈地被请求欣赏，而我有时被谴责为不能够欣赏。该文明中包涵着许多奇妙的内容：它产生了但丁，文艺复兴及其艺术和艺术家，骑士风度，贝阿德，莎士比亚，伊丽莎白时代的文学，歌德，毛奇，德国文学与哲学，卡莱尔，罗斯金，戈登，五月花清教主义，爱默生，美利坚合众国、拥有最多人口和最大弄臣、在圣·路易斯所显示出的近期巨变，大俄罗斯帝国及其伯爵托尔斯泰，它的殖民政治，它最近因文明而起的战争，它那称整个日本民族为蛇蝎并鼓吹没有宽恕没有俘虏理论的《莫斯科报》；最后但同样重要的还有，那个由拿撒勒出生的圣人之生与死所

① 指耶稣。

初创的文明中所拥有的奇妙事物，即，在中国为一个自找的街头争吵中被杀的主教之死，而向正在挨饿的中国人索取六十万两银子的基督教传教士！的确，正如托尔斯泰伯爵所说的，当那些人从中国、日本和遥远的西藏带走和带入条约之前，真该好好反省一下自己，想一想什么是真正的文明！

我在上文中已经努力说明的那种道德，那种作为道德教育和宗教教化目标的道德，不是这种、那种或任何其它特定的品德。道德教育的目标是促进和培养某种性情、精神和心灵的状态。正如所有伟大的宗教体系一样，基督教的本质和力量，并不存在于任何特定的教条乃至金科玉律之中，也不存在于后来人们归纳成体系并名之为基督教的理论汇编、行为和戒律的规定之中。基督教的本质与力量，存在于基督为之生为之死的那种完美的性情、精神和灵魂状态之中。在孟子时代的中国，有两个著名的贤人伯夷和叔齐，他们生活在乱世，处在因文明而起的军国主义和战争的环境，为了维护自己的节操，他们拒绝同流合污，宁愿饿死在荒凉的山脚之下。孟子在谈起这两个贤人时说："故闻伯夷之风者，顽夫廉，懦夫有立志。"

由此，我忍不住要提醒日本教育家和所有胸怀道德文化事业的人们，请他们注意现今日本公学所使用的那套德育课本。依我的愚见，也是我深思熟虑的看法。如果在现代日本有什么东西能使日本人完全抛弃他们独特的、优美高超的道德文化，乃至丢弃一切道德文化，那就是日本文部省最近发行的这套可怕的德育课本。我说过，道德教育的目标，不是这种、那种或其他任何特定品德的实践，而是促进和培养某种性情、精神和心灵的状态。然而促进和培养完美性情、精神和心灵状态的途径只有一条：那就是将其置于世上那些伟大宗教的创始人那样的大宗教天才的影响之下，学习和理解他的生活、行为与戒条，乃至他的情感和思维方式：即他的性情、精神和心灵的状态，实际上就是我们中国人所谓的"道"；他的生存或生活方式。因此，我大胆地指出，那种道德教育的目标，存在于《新约》里面的这样一句话中："向我学习，因为我性情温和，内心谦恭，这样你就能发现灵魂的安宁。"或者像《论语》中所说的那句"夫子温、良、恭、俭、让"。当这些话被学者们恰当的理解和领会时，它对于其道德品格、性情、精神和灵魂状态的培养，将远远胜过东京和柏林最有造诣、最为博学的教授能够制定和希望制定的那套关于公德与私德之最精确刻板、整齐方正的规则。马修·阿诺德说："想象那些以正确科学化的语言或排除了旧式错误的新式花言巧语来表述的行为与道德劝诫准则，能够收到同我们长期习惯、情感与喜好已为之系缚的旧式准则和劝诫所能收到的同样效果，那是一种错误。可迂腐的学究却总是这样想象。这类错误已是司空见惯。它只是表明我们之中还有多少人身上具有着迂腐之气。关于道德准则的正确科学化的表述，对于人类的大多数来说，丝毫也没有取得过成效。指望一种新式的花言巧语的表述，能像基督教（或中国的圣书，乃至佛教训诫与日本的古经（Okio hajimaru））那旧式的熟悉的表述那样吸引人心和激发想象，能拥有那些表述所具有的效果，除非当这种表述出自一个宗教天才之口、能够等同于旧式的表述时方才可能。可以断言，以一种新式的花言巧语的表述来传达必要的东西是做不到的。奥古斯特·科姆德极端的迂腐，正体现在他自以为能做到这一点的虚浮的想象之中。他的弟子们的迂腐，则取决于他们对其师虚浮想象的承袭程度。"

D

富裕的、有闲的、生活腐化的阶级对工人阶级说，他们经由政治经济学家之口所说的那些话是完全正当的："我们非常抱歉，但我们能做什么呢？你们难道没有看到，除非我们饮香槟和奢侈地生活，否则贸易将要受损；一旦贸易受损，受到伤害的不正是你们，工人阶级吗？"这就是特权阶级维护社会不平等的逻辑和托词。

然而与此相对，社会主义者们公正合理地回敬道："假定你们所言不错，但就事物的本性而言，为何我们不该互换一下位置和角色？为何你们、有闲的特权阶级不被调换去做工，而我们工人阶级不该被调换去饮香槟、过奢侈的生活，而偏要给你们谋利呢？"

"你们不能这样做，"特权阶级回答道："因为你们没有钱。"

"我们有力量并能够夺取你们的钱。"

"哦，你们不能那样做，因为存在着神圣的财产权。"

"是谁授予神圣的财产权？"社会主义者诘问道。

"法庭和律师。"特权阶级回答说。

"如果我们不服从法庭和律师的判决又将如何？"

"那么，"特权阶级回答道："警察就会把你们关进监狱。就这样。"

因此，在现代欧洲，社会的基础是律师和警察——武力和欺骗，它不是一种道德的基础。

然而，必须指出，为民众呼吁政治权力和奢侈享乐的社会主义者们，也是基于自身的需要。他们不是出于正义，而是出于对权力之爱和享乐之爱。社会主义者们的理由是，下层人民具有着和特权阶级同样多的对权力和奢侈生活的爱欲，因此也就具有和特权阶级一样多的享受这些东西的权利。正因为如此，在欧洲主张打破社会不平等的社会主义者们，也就与那些想要维护这种社会不平等的特权阶级一样的不道德。即，他们没有认识到社会不平等的任何道德基础，没有认识到并承认有道德责任这样一种东西将构成社会平等的基础。

给托尔斯泰的祝寿文[*]
（1908）

今日我同人会集，恭祝笃斯堆①先生八秩寿辰。窃维先生当代文章泰斗，以一片丹忱维持世道人心，欲使天下同归于正道，钦佩曷深②。盖自伪学乱真、刍狗天下，致使天下之人汩没本真，无以率性而见道。惟先生学有心得，直溯真源，祛痼习而正人心，非所谓人能宏道，非道宏人者欤？至若泰西各国宗教递相传衍，愈失其真，非特无以为教，且足以阻遏人心向善之机。今欲使天下返本归真，复其原性，必先开民智以祛其旧染之痼习，庶几伪学去、真学存，天下同登仁寿之域焉。今天下所崇高者势力耳，不知道之所在不分贵贱、无有强弱，莫不以德性学术为汇归。今者与会同人，国非一国，顾皆沿太平洋岸而居，顾名思义，本期永保太平。孰知今日各国，专以势力相倾，竞争无已，匪独戕贼民生，其竟也必至互相残杀、民无噍类。故欲救今日之乱，舍先生之学之道，其谁与归？今之所谓宗教，如耶、如儒、如释、如道，靡不有真理存乎其中，惟是瑕瑜互见，不免大醇小疵；各国讲学同人，如能采其菁英，去其芜杂，统一天下之宗教，然后会极归极，天下一家，此真千载一时之会也。同人不敏，有厚望焉。是为祝。

_* 此乃辜鸿铭 1908 年 8 月受"亚洲太平洋协会"同人委托所起草的给托尔斯泰的祝寿文。2014 年 9 月 23 日，中国国家博物馆举办"列夫·托尔斯泰与他的时代"展。笔者得见此祝寿文真迹，并校正了原《辜鸿铭文集》中所收文之误处。

① 笃斯维，Tolstoy 的音译，今译为托尔斯泰。

② 原件"深"字旁，写有一"胜"字，似乎同人中有人觉得改为此字更好。

雅俗辨[*]
——译辜鸿铭博士二十五日
致《文汇报》主笔书
（1910）

　　昨贵报刊论说一篇，题曰《中国人与外国人》，内有"外国人以其所学所行，振拔中国人成一种族，过于中国数千年圣贤"一语。余愿凡读《文汇报》，而曾读余近著之《中国欧斯福大学一事》之绪论者，咸留意于斯言。因忆艾诺尔德[①]文集内某篇，曾引用马凯雷之言，其语意语气，与昨贵报论说之词名相似。马凯雷之言曰："今日通行英国之文学，较之三百年前世界之文学，殆远过之。"艾诺尔德从而议之曰："斯言诚然。独不思斯宾诺塞[②]之名言乎，'自夸乃身心之害之一端也'。"艾诺尔德复谓，"我曹若是之自夸，我曹之文学，出以马凯雷矫健之文笔，既入粗俗而又自画矣。"外国友人之曾读余所撰《中国欧斯福大学一事》之短篇绪论者，曾询余所谓今日输入中国之欧洲文化之粗俗应作何解？余思余所指之粗俗，余所谓可骇之粗俗，就余所引昨晚《文汇报》之词句证之，蔑以加于此矣。余更欲一言以申明之，夫往日中国圣贤之所以未能振拔华人者，或圣贤误教华人以自夸自骄为非德行，亦如斯宾诺塞所言谓为身心之害者。然今日华人，如效法华人而争自夸傲，则华人将一振而至于前数千百年来未至之地位。窃谓如昨晚贵报所刊之论说，极有关系，比之《字林西报》所载运动聚会之纪事，固较有关系，而于有思想之人，亦大有裨益也。有思想之人，读余所援引之词句，必引法国之成语曰："余虽触于怀，而于余心滋有得也。"

---

　　[*] 此文录自宣统二年（1910）四月出版的《尚贤堂纪事》第四册"晨杂录"之"译辑门"。

　　[①] 艾诺尔德，现一般译为阿诺德，即马修·阿诺德。

　　[②] 斯宾诺塞，现一般译为斯宾诺莎。

中国牛津运动故事（节选）[*]
（1910）

自 序

　　有一天，我同一些外国人讨论：上海的中国居民和欧洲居民谁更道德？对此，一个英国人说："那完全要看你观点如何。"这个英国人的此种"观点"哲学，就是马修·阿诺德所谓大不列颠人特有的无神论代词。马修·阿诺德说："有一种哲学理论在我们中间广泛流传，它使人们相信，尽善尽美的品德或至当至上的理由是不存在的，起码，公认的和可行的至上品德或至当理由这种东西是不存在的。"阿诺德接着还援引伦敦《泰晤士报》上的一篇文章说："试图将几种我们喜欢和不喜欢的东西强加于周围的人，是没有用的，我们必须实事求是。每个人对于宗教或世俗的完善，都有自己小小的看法。"

　　* 此书又译为《清流传》，最早出版于 1910 年。1912 年上海墨丘利公司（Shanghai Mercury）再版。头版时扉页上写着："献给张之洞"。再版时又增加了一些内容。这里我们翻译的是再版本。牛津运动（Oxford Movement）：1833 年至 1845 年英国国教会中兴起的宗教复兴运动。由牛津大学的纽曼、弗洛德、凯布勒等发起。自 1833 年开始，陆续发表九十本书册，故又称"书册派运动"。它标榜复兴早期基督教会的传统，改变现有礼仪，并企图在罗马天主教和新教之间建立一条中间路线，保护教会不受自由主义思想的"侵蚀"和避免世俗权力干涉教会。运动受到政界和国教会的抵制，英国的大学领导人和各地主教谴责他们是罗马主义派。1845 年纽曼等改信天主教，在英国国教会中影响很大。之后，运动势力减弱，方式改变，由皮尔兹领导。他坚持恢复传统的教义和礼仪，但并不皈依天主教。辜鸿铭在此书中，是把以张之洞等领导的清流运动，即反对自由主义，反对西方物质实利主义文明，更严格地按儒家原则办事的运动，与英国的牛津运动相比拟。本书译者为黄兴涛。

现在，人们之所以无法帮助英国人了解中国事情的真实状态，不仅在于每个英国人都有他自己的小小看法或观点，而且在于他根本不相信有所谓正确或错误观点这种东西。我有一个受人尊敬的英国熟人，他是上海头脑最为冷静的商人之一。有一次他光临寒舍小宴，我把国内最杰出的书法家之一的手迹拓本拿给他看，这位英国人说他敢肯定他的买办的字写得比这要出色得多，起码笔画要更为工整。这就是他自己的小小看法或观点。还有一个英国人，也出身于公立学校，活跃于上海上流社交圈。有一次他对我谈起诗来，说他极为欣赏马可利（Macaulay）勋爵的《古罗马之歌》。于是，我便把马修·阿诺德的有关评论拿给他看。阿诺德说："一个人若不能从马可利勋爵那些短歌貌似金属之鸣中，辨听出瓦釜之音来，他就不配谈诗，包括马可利勋爵的那些诗：

> 人们来到这个尘世，
> 死不过是或早或迟。

读这样的诗不感到厌恶难受，那真是难。"

可这位公立学校出身的英国人看后却对我说：那不过是马修·阿诺德个人的意见或观点。照他看来，这些诗实在是妙不可言。因此，每一个英国人，正如英国《泰晤士报》所说的，对于诗歌、艺术、宗教、政治和文明，如何才算高超，怎样才算完美，都有着他自己小小的看法或观点。

当然，一个英国人对于中国艺术品或英国诗歌这类事物发表自己的小小看法或观点，尽管有害，却无关紧要。而当像莫理循①博士和濮兰德②这些伦敦《泰晤士报》驻中国的通讯员们，这些对于中国已故皇太后的品德或中国的政治与文明，就如同我在前文提到的那个头脑冷静的英国朋友评论中国艺术品一样喜欢发表自己看法的人，当这些人将他们关于中国事态的"观点"送到伦敦《泰晤士报》上发表，而英国政府又根据这些"观点"来制定政策和采取行动的时候，悲惨祸乱的发生，如

---

① 莫理循（George Ernest Morrison，1862—1920），英国人，生于澳大利亚。1897年任《泰晤士报》驻北京记者。1912年被袁世凯聘为总统府顾问。他是当时舆论界的活跃人物，主张中国政治上"西化"，经济上加强同英国的贸易关系。为辜鸿铭所恶。后者也因此骂辜鸿铭为"疯子"。

② 濮兰德（John Otway Percy Bland，1863—1945），英国人，曾任职于中国海关，担任上海英租界工部局秘书长。后为中英公司驻华代表。他是一个敌视中国的新闻记者，经常在《泰晤士报》上发表反对中国的文章，著有《中国：真遗憾》等书。

义和团运动，围攻各国驻北京公使馆，或更加悲惨的，在满洲发生的日俄战争，那场因文明的问题而起的科学大屠杀，不就成了顺理成章、不足为奇的事情吗？

然而，究竟有无正确与错误的绝对标准呢？对于艺术和诗歌，对于宗教和世俗常规，乃至对于文明，是不是就没有一个公认的至当标准，可以据之判定孰好孰坏，孰优孰劣呢？说到道德或宗教与文明，基督教传教士会说："是的，有一个标准，那就是基督教标准。"同样，在中国，一个儒学士大夫会说："唉，如果你们基督传教士揭橥你们的基督教标准，那么我们中国人就要抬出孔教的标准。"

宋代著名诗人苏东坡（1037—1101）的弟弟，曾讲过一个乡愚第一次进城的故事。说那个乡愚见到一头母马的时候，硬说是见到了一头母牛。城里人说他弄错了，并告诉他面前的牲口是母马而不是母牛，那个乡愚却反驳说："我父亲说它是一头母牛，你们怎敢说它是头母马呢？"因此，当基督教传教士告知中国文人学士，道德或宗教与文明的绝对标准是基督教标准，或者，当中国文人学士告知基督教传教士说，孔教标准是绝对标准时，他们的所作所为就好比是那个乡愚。

在本书的正文中，我说过："我们中国的文人学士，在欧洲现代物质实利主义文明的破坏力量面前无能为力，正如英国中产阶级面对法国革命的思潮和理论时束手无策一样。"我还说："要想有效地对付现代欧洲文明的破坏势力，中国文人学士需要扩展（expansion）。"我这里的所谓"扩展"就是需要懂得：那些后来被归纳成体系的称之基督教或儒教的理论汇编，行为规范与信条，并不是绝对真实的宗教，正如中国的文明或欧洲文明并非是真正完美无缺的文明一样。中国文人学士之所以束手无策，无能为力，是因为他们没有此种认识。现代欧洲文明无论利弊如何，其伟大的价值与力量——说到这里，我希望能与那些认为我排外的外国朋友言归于好——就在于法国大革命以来，现代欧洲人民已经有力地抓住了这种扩展观念，并且这种伟大的扩展观念已经传到中国。马修·阿诺德谈起他那个时代的英国事态时所说的情形，正与中国今日的情形相同。阿诺德说："我们长期在其中生活与活动的那种封闭的知识视野，现在不是正在打开吗？种种新的光辉不是正畅通无阻地直接照耀着我们吗？长期以来，这些光辉无由直射我们，因而我们也就无法考虑对它们采取何种行动。那些拥有陈规故套并将其视为理性和上帝意志的人，他们被这些陈规故套束缚了手脚，无以解脱，哪里还有力量去寻找并有希望发现那真正的理性和上帝的意志呢？但是现在，坚守社会的、政治的和宗教的陈规故套——那种极其顽强的力量，那种顽固排斥一切新事物的力量，已经令人惊奇地让步了。当前的危险，不是人们顽固地拒绝一切，一味地抱住陈规故套不放，并将其当作理性和上帝的意志，而是他们太过轻易地便以某些新奇之物相取代，或者连陈规新矩一并蔑视，以为随波逐流即可，无需麻烦自己去考虑什么理性和上帝的意志。"

实际上，无论是中国还是欧洲，当前的危险，不在于人们会把马修·阿诺德所说的陈规故套，即因袭已久的是非标准误认为理性和上帝的意志，而在于他们根本不相信有理性和上帝的意志这种东西存在。伦敦《泰晤士报》说："对于'完美'，人人都有自己小小的看法。"不仅如此，现在自称为自由主义者的每一个英国人，都认为他自己对于"完美"的看法或观点即便不比别人高明，起码也和别人一样高明。他们根本不在乎我们所谓的正确理性和上帝的意志。因此，现代英国人，当他来到中国时，因为打着开金矿，卖便宜肥皂，或借款给中国人修些无用的铁路来赚钱的如意算盘，试图将"自己对于'完美'的小小看法"强加给中国人，所以，只要中国人予以抵制，他就会怒火中烧，变成一个病态的悲观主义者，像濮兰德那样，写一些心怀歹意，无中生有的下流事情来诽谤中国官员。

那些有头脑的英国人，在读过濮兰德之流所写的有关清朝官员的充满歹意的鬼话和令人作呕的诽谤文字后，也应该去看一看已故戈登将军对于中国官员的有关看法。在将两者加以比较时，人们应该记住，戈登将军是一个闻名于世的基督教武士和一位君子，而濮兰德只不过是一个写通俗韵文的聪明作家和一个令人失望的中国政府前任雇员。戈登将军说："我所想到的是，如果我们逼迫中国人进行突如其来的改革，他们将会以一种猪一般的顽固群起抵制；但如果我们引导他们，就会发现他们情愿进行一定程度的改革并极易管理。他们希望有一种选择权，憎恨突然给他们划定道路，仿佛他们于事无关，不在话下。我们从前试行的办法，就是迫使他们走某种道路，使他们付出同样的代价，并认为与他们交换意见徒费唇舌，毫无必要。……我总在考虑那些清朝官员不得不与之斗争的最困难问题；他们可能完全认可我们强加给他们的一切，却不会去贯彻它；我们必须承认，说起来做这做那容易，而真正做起来却要难得多。如果他们不想在自己的军队中进行改革，我们就对这些可怜的家伙大加斥责，却没有考虑到变革必须尽可能循序渐进，赢得人心。

我还能替这些（中国的）帝国主义者说得更多些。他们有很多缺点，但却蒙受了那些掠夺他们国家的外国人带给他们的更多冤屈。"①

在此，我想指出的是，在我看来，像濮兰德那样来中国谈进步和改革的一般现代英国人或欧洲人，他们的精神状态甚至比我们旧式的中国文人学士还要不如。诚然，中国文人学士除了他们自己的文明之外不知道任何文明；但他们至少对自己的文明尚有所知，而濮兰德之流现代英国人或欧洲人，那些油嘴滑舌地谈论中国的进步与改革的人，甚至连他们自身的文明也不知道，实际上不知道和无法知道什么是真正的文明，因为他不相信存在正确理性和上帝意志这样的东西，而不相信这种东西，世上就没有文明可言，只可能有无政府混乱状态。

依我看，其实比我们旧式的中国文人学士还远为不如的现代英国人更需要"扩展"，一种心灵开阔意义上的正确扩展。但"真正的扩展"并不告诫人们说不存在可以据之判定孰是孰非、孰优孰劣的至上之德和至当理由这类东西。心灵扩展的真正价值，在于能使我们领悟到像伦敦《泰晤士报》称之为我们自己小小看法的所谓完美，距离真正的、绝对的完美实在非常遥远。这种真正的绝对的完美，存在于事物的内在本性之中。的确，当英国人一旦弄清了真正扩展的意义所在，他就会意识到他现在那种小小的猜测，即那种对于宗教和世俗完美的小小看法，实在是一个极其狭隘的小小看法，由此，他还会感到不再那么迫不及待地要将自己的这种小小看法强加给别人了。

然而，最大的困难在于如何实现这种真正的扩展。我觉得有一件事情必不可少，用一句政界的时髦词来说，就是"门户开放"的原则。不是贸易和铁路的"门户开放"，而是知识和道德上的"门户开放"。毫无疑问，没有知识和道德上的"门户开放"，真正的扩展是不可能的。这种"门户开放"原则，用圣保罗的话来讲，就是"检验一切事物，择善固执"。

简而言之，不仅今日中国，而且今日世界所需要的，不是那么多的"进步"和"改革"，而是"门户开放"和"扩展"，不是那种政治上的或物质上的"门户开放"和"扩展"，而是一种知识和道德意义上的扩展。没有知识上的门户开放，不可能有真正的心灵扩展，而没有真正的心灵扩展，也就不可能有进步。我已经给过圣保罗对"门户开放"的定义，下面，我再提供一个孔子关于"扩展"的定义，孔子说"在真正有

---

① 此段引文与1910年版略有差异。

教养的人们中间，是不存在种族之别的（有教无类）"。

正是怀着促进世界"知识上的门户开放"和"道德上的扩展"事业之愿望，我写了下列文章，也是出于同一愿望，现在我将它们汇集成书，提交给公众阅览和批判。

辜鸿铭

1910 年 2 月 1 日于上海

雅各宾主义①的中国
一个中国官员②致一位德国牧师的信

尊敬的牧师先生：

大约五年以前，我以"一个穿长袍的中国人"的名义给《字林西报》写过一篇文章。文中我说："就我所见，目前中国改革运动的狂热，将注定导致一场灾难。"现在灾难来临了。革命以袁世凯成为中华民国的总统而告终。人们都对此感到意外，我却不然。如果你读到辜鸿铭先生题为《中国牛津运动故事》一书，你会看到他将中国人分成三个等级——（1）满洲贵族；（2）中产阶级文人学士；（3）群氓。

中国过去二百五十年的历史开始于

1. 满人当权

太平天国暴乱后到来

2. 中产阶级的崛起

中日战争后到来

3. 满人重新掌权

义和团事变后到来

4. 一个空位期：中国三头执政

在这场"新学"拳民暴乱③之后，我们面临了

---

① 雅各宾主义，即所谓过激主义。这里是对法国大革命时期雅各宾派激进革命主张与实践的蔑称。

② 一个中国官员，这是辜鸿铭假托，实际上是他自己。

③ 辜鸿铭在此指的是武昌起义和辛亥革命。他以为这场革命形同义和团暴乱，不过暴乱者具有所谓"新学"知识。

5. 群氓掌权

正如我说过的，五年以前我所预见的灾难现在来临了。然而，真正的灾难，让我在此指出，它还不是伴随着流血和财产破坏的革命。真正的灾难是革命以袁世凯成为共和国总统而告终。目前这场革命，开始于四川那场暴动，就这场暴动本身而言，它可以称之为一场合理的暴动。正如它将被记住的，它是为了反抗北京政府允许外国人处理中国的铁路问题，就好像中国人于事无关，不在话下似的。目前这场革命暴动的最初起因，应该被记住，它是列强对中国内部事务的干预。当上海和其他地方的群氓利用人们对政府的不满情绪，并最终将其转化为一场革命时，真正的灾难降临了。当像伍廷芳①博士这样的人都能拍电报给中国皇帝叫他退位时，那实在是一场真正的灾难。马修·阿诺德谈起群氓时说："至于群氓，无论他是一个粗暴蛮子，还是一个庸俗市侩，如果他记得——每当我们愚昧而激情冲动地坚执一个过激主张的时候，每当我们渴望以纯粹的暴力压服对手的时候，每当我们嫉妒他人的时候，每当我们蛮横残暴的时候，每当我们只崇拜强权或成功的时候，每当我们参与瞎嚷嚷反对某些不受欢迎的显贵，以壮声威的时候，每当我们残忍地践踏战死者的时候，他对那些受害者均无同情之心——那么，他就发现了自己内心深处那永恒的群氓精神。"现在，伍廷芳博士正参与反对不受欢迎的满人的瞎嚷嚷，为之壮势，这清楚无误地表明，他身上有着阿诺德所说的那种永恒的群氓精神，并已深入骨髓。

真正的灾难，我说过，不是这场革命，而是革命以袁世凯当上共和国总统而告终，因为它意味着群氓已将整个中国踩在脚下。袁世凯，正如辜鸿铭先生在他的书中所说的，是群氓的化身，他在第一次改革运动②时出卖了同党，现在群氓掌权了，他自然是共和国总统最为合适的人选。我认为他的统治将不会长久。不过，在短时期之内，中国一切精妙、美好、尊贵、崇高、亲切、声誉好的东西，都将面临毁灭的危险。

几天前，你们德国领事馆有位绅士对我说，他很奇怪我们汉人竟然那么长久地屈从于满人的暴政！他问我，满人究竟为中国做过些什么。

---

① 伍廷芳（1842—1922），广东新会人，生于新加坡。曾留学西洋，任香港律师。后回国入李鸿章幕，曾任修订法律大臣，会办商务大臣，驻美国公使等职。武昌起义后，宣布赞成共和，并与陈其美等发起成立"共和统一会"，旋任南方民军代表，与袁世凯派出的代表进行南北议和，南京临时政府成立后，任司法总长。

② 指戊戌变法。

在回答他时，我问他是否见过康熙瓷器，我告诉他，如果他见过康熙瓷器，就应该知道满人为我们做过什么——他们给了我们汉人一颗美好的心灵，以致我们能生产出那些美丽的瓷器，当然还有其他美丽的东西。简而言之，中国在满人统治下变成了一个美丽的国家——一个真正花一样的国度。当太平天国叛乱之后，中产阶级在中国掌了权，中国变成了一个庸俗市侩的民族。辜鸿铭先生在他的书中，引述过一个带贵族气的英国人所描绘的一幅关于广州和部分裸露无掩的广东人的图景，那是李鸿章掌权之下的中国的图景——一个粗俗丑陋的中国。顺便说一句，正是为了反对这种粗俗丑恶的中国，中国的牛津运动者们才奋起抗争。

如果说李鸿章统治下的中国变得粗俗丑陋——那么现在，在袁世凯统治之下，包括孙逸仙和美国人荷马李（Homer Lee）的群氓们大权在握，不受限制的时候，我们中国又将变成什么样子呢？我忽然想到这一点。歌德说："Was uns alle bändigtdas Gemeine."（压抑我们的是什么？——庸俗。）庸俗，中国所有的那些低级、庸陋、粗俗、卑鄙和可耻的东西，现在都得到了充分的机会和充分的"自由"，可以发展自己了。简而言之，庸俗将成为新中国的理想。更为糟糕的是，我们将不仅拥有中国自身的庸俗，还将拥有来自欧美的庸俗。

歌德死前曾大声警告人们，必须防治"盎格鲁-撒克逊传染病"。去年的大年初二，我去上海最为贵族化的茶园小坐，看到了**新中国**——一伙剪了辫子的中国人，谈吐粗俗，举止嚣张，骚动狂乱，吵吵嚷嚷，其厚颜无耻实在无法形容。当我看到这一切的时候，我第一次充分地领会到歌德那一警告的意义。现在上海的外国人，他们为袁世凯统治下的**年轻中国**通过剪辫最终采纳了欧洲文明的事实而兴奋不已。这些上当的人们完全没有意识到，**年轻中国**所采纳的完全不是什么欧洲文明，只不过是上海的欧洲文明——歌德称之为盎格鲁-撒克逊传染病，一种欧洲文明正在生长的疾病而已。想一想，一旦四万万中国人都染上这种盎格鲁-撒克逊流行病，采纳这种上海的欧洲文明，都变成像我在新年的茶园所见到的那些剪了辫子的中国人那样庸俗透顶，卑鄙之尤和骚动不安的人，那将给世界文明带来一种什么样的后果。而且请记住，这些新式的卑鄙和骚乱型的中国人已经学会了使用炸弹。人们谈论着袁世凯统治下的**新中国**，依我看，这才是真正意义上的"黄祸"。"Völker Europa's, bewahret eure heiligsten Güter."（欧洲人，保住你们最神圣的天良。）

现在，在上海，当我与欧洲人，甚至那些有教养的欧洲人谈起上述这些话时，他们都称我为理想主义者。但这些现实主义者们忘记了一件事。在我看来，当今的时事评论家和政客们完全忘记了一个极为简单的真理，那就是，正如一个法国作家所说的："一切文明和统治赖以存在的最终基础，在于民众的一般道德，和公共事务中正直行事的足够程度。"

中国的旧式政体，让我在此指出，尽管有种种缺陷，它仍然在民众之中维持了一般的道德水准。这一点，从欧洲传教士——男人、妇女和孩子——能穿过幅员辽阔的帝国游历而不出大的危险的事实，便能得到证明。至于在公共事务中正直行事，也能从这样一个事实中得到证实：旧式政体下的中华帝国政府，尽管财政极端困乏，仍然能够定期支付庚子赔款。

而现在在袁世凯及其共和国统治之下，一切都将不可能了。之所以如此，有两个原因。其一是，在欧洲，国家和教会是两个分离的机构，而在中国则合而为一。在欧洲，教会负责人民的道德，国家则主要负责维持秩序。而在中国，国家既要负责人民的道德，又要负责维持秩序，二者兼管。欧洲的教会得以促进人民道德的权威本源，是上帝；而在中国，国家得以促进人民道德的权威本源，是皇帝。因此，在欧洲，如果你破坏和取消了对上帝存在的信仰，维持民众的道德即便不是不可能，也将是困难的。同样，在中国，如果你攻击和取消了人民对皇帝的尊崇，你就等于破坏了中国人民的道德赖以存在的整个结构——事实上你破坏了中国宗教，它不是超越尘世的神道教，而是一种人间教，一种以中华帝国大清王朝为天堂，以皇帝为上帝——上帝的代理人的宗教。一旦破坏了这种宗教，你在中国要保持民众的道德，哪怕是一般水平的道德，也是不可能的。正是由于这个原因，我认为在中国对皇帝的忠诚是一种宗教，可以说，它是儒家国教（State religion）的基石，与欧洲的教会宗教（Church religion）区别开来。正如在欧洲，殉道者因为信仰基督——上帝之子而万死不辞一样，在中国，殉道者则宁愿万死，也不放弃对于君主——天子和天使的忠诚。这一点从中国历史上可以得到证明。正是因为这个原因，我认为在袁世凯及其共和国的统治之下，民众连一般的道德水准也不可能维持。

然而人们会说，在中国，我们发生过许多次以改朝换代告终的革命，中国人都并没有因此沦丧道德。但是，在中国，每一次导致了改朝换代的革命，始终都存在两个条件。其一是，革命为人民（people）发动，而不像现在这场革命那样为群氓发动。孟子说："得乎邱民为天子，得乎天子为诸侯，得乎诸侯为大夫。"① 显而易见，在目前的这场骚乱中，普通国民（邱民）不仅始终没有参加革命，而且公开反对革命。另一个条件是，那个成功地变作最高统治者的人，必须具备能激发憧憬并赢得全民族尊敬的卓越的道德品质。而袁世凯的所作所为，表明他连一般的道德品质，一般的廉耻和责任感都不具备，甚至连小偷和赌徒也不如。袁世凯奉命出山保卫大清，可他出山后，不是像一个有廉耻的人那样去尽职尽责，而先是恭顺地屈从于革命党，然后百般狡计，使其统帅的士兵坠失忠君之心，并拥兵自重，逼迫皇帝退位，最后成为民国总统。在所有这一切当中，一个具有最起码常识的普通人，也无法将此种行为与廉耻和责任的最基本原则②调和起来。然而，最令人奇怪的还在于，袁世凯自始至终从没有进行过拒绝屈从的努力，哪怕是装模作样的努力的也没有过。这样一种人，怎能博得他统治下的人民的尊崇呢——除非人民丧失了一切廉耻和责任感。

这，就是我认为在袁世凯及其共和国统治下，中国民众即便连一般道德水平也保持不了的另一个原因。而失去了民众的一般道德，又怎能进行统治，更谈不上文明了。

外国人欣赏袁世凯，认为他是一个挽救了中国目前局势而没有流血的大政治家。殊不知他不过仅为了一时，推迟了必要的少量流血，而将可怕的无政府混乱局面和更大的流血留给了未来。的确，如果我上述所言不差，那么袁世凯的所作所为比人类流血还要更坏万万——他不仅毁弃了中华民族的廉耻和责任感，而且毁弃了中华民族的政教和文明。大清王朝不仅是中国权威尊崇的象征和旗帜，而且是中国政教和中国文明目标的象征与旗帜。这面旗帜交托给了袁世凯。但他却像一个懦夫和卖国贼一样，借口挽救这面旗帜的布料，不得不将大清抛弃。然而，经管这面旗帜的官员的责任，并不仅仅在于救出这面旗帜的布料、那花费了许多金钱的物质的东西，他的责任在于捍卫那为之战斗的目标——那无价的道德利益，而旗帜的布料只不过是其表征罢了。像袁世凯这般行事的官员，每个有廉耻感的人，都会认为他是一个懦夫和叛徒。

我的许多外国朋友笑话我，认为我对满人朝廷愚忠，但我的忠诚不仅是对我世代受恩于它的王朝的忠诚，在这种情况下也是对中国政教的

① 辜氏原译将孟子此言顺序打乱了，译为"得乎天子为诸侯，得乎诸侯为大夫，得乎邱民为天子。"他将"邱民"译成"普通国民"。

② 名分原则，忠义观念。

忠诚，对中国文明目标的忠诚，辜鸿铭先生在他的中国牛津运动故事中试图告诉人们的，就是我们为了这一目标——中国文明、中国政教、那种名誉和责任宗教的目标，来反对现代欧洲文明，那种利欲宗教而孤注一掷的战斗故事。这个故事的寓意，现在能见到的真理，包含在这样一句话中："你不能既侍奉上帝，又供奉财神。"张之洞告诉我们并教导文人学士"我们能够而且应该调和"。现在这种局面，就是我们调和的结果。辜鸿铭先生在此书第 1 版第 42 页中写道："纽曼①博士和张之洞所采用的调和办法，在道德上和宗教上导致了耶稣会教义，在政治上则导致了称之为马基雅维里主义②的东西。""在中国，张之洞向文人学士和统治阶层所传授的这种马基雅维里主义，当被那些品德不如他高尚、心地不如他纯洁的人所采纳，诸如被袁世凯这种天生的卑鄙无耻之徒所采纳的时候，它对中国所产生的危害，甚至比李鸿章的庸俗和腐败所产生的危害还要大。"

正是张之洞所传授的这种耶稣会教义的作用，使得整个中国的文人学士们在革命者和袁世凯面前，其忠诚与抵抗能力土崩瓦解，令人费思。事实上，正是这种耶稣会教义，使得中国的文人学士们在袁世凯屈从于群氓、逼迫皇帝宣布退位并成为民国总统后，欺骗他们说他仍然忠于皇上时，文人学士们竟然信以为真。最后，也正是这种耶稣会教义的阴险狡诈精神——只要目的正当，可以不择手段的精神——甚至使得那些有教养的外国人，对这样一个明显的事实，即袁世凯的所作所为连盗贼也不如的事实视而不见。

爱默生在《英国人的性格》一书中谈到英国人实事求是，憎恶两面讨好、见风使舵、见机行事的机会主义者时说道，"牛津那些激进的暴民追随在托利党人埃尔登（Eldon）勋爵之后，大声叫喊着：'老埃尔登在，为他喝彩：他从不叛卖！'"接着，他又提到英国人给予路易·拿破仑的荣誉并对此加以注解，说道："我相信，当伦敦的贵族和平民在这个成功的小偷面前，像一个那不勒斯下等人那样卑躬屈膝的时候，我有幸结识的英国人当中，没有一个人会以此为然。然而，尽管这种行为令人作呕，作为

① 纽曼（John Henry Newman，1801—1890），英国国教会内牛津运动的主要领导人。初系英国国教会信徒，抨击天主教。1833年与凯布勒发起牛津运动，呼吁恢复英国国教会的早期传统；提倡恢复严谨的纪律，持守正统教义，维持圣事和教会礼仪等。后发表文章公开表示撤回对天主教的抨击并加入了天主教。引起英国国教内的极大震动。1864年发表名著《为自己的一生辩护》（即通常所谓"辩护书"）。1878年，被教皇利奥十三世选为红衣主教。
② 马基雅维里主义（Machiavellism），意大利政治家兼历史学家马基雅维里的政治学说，指为达到目的，可以不择手段的理论旨意。

国家，怎样才能采取一系列必要而有机的措施来加以抵制呢？政府总是太晚才知道，任用不诚实的代理人，对于国家就如同对于个人一样有害。"

如果像我所说，中国革命以袁世凯当上民国总统而告终是一场巨大的灾难，那么，我以为，若是外国列强找不到抵制袁世凯及其民国的办法，迈出承认它的令人作呕的一步，那将是一场更大的灾难，它不仅危害中国，而且危及全世界。有一个故事，讲一个西班牙贵族，当他受命接纳一个身居高位的臭名昭著的卖国贼时，说道："我完全服从命令，然后便焚毁自己的家园。"如果外国列强承认袁世凯，那么，中国人就将同那个西班牙人一样，暂时接受他；但随后必定焚毁自己的家园，在焚毁自己家园的同时，也将纵火全世界。

在结尾，让我再一次强调中国共和主义意味着无神论的事实。当罗伯斯庇尔①在法国革命期间公开宣布无神论，并制定理性女神（Goddess of Reason）的法令时，所有的欧洲人都渴望见到自由、平等和博爱的黄金时代的到来。然而，在不到六个月的时间里，到来的不是黄金时代，而是动摇欧洲王权的"恐怖统治"。现在在中国，袁世凯的喉舌不仅无耻地宣称共和政体是最好的统治形式，而且实际上宣称共和国对于中国人民来说，就等于是无神论的代词。所有欧美人都希望看到一个改良、进步和繁荣的新中国，但在我看来，袁世凯及其共和国在中国的直接后果，甚至于比法国的"恐怖统治"还要可怕——它必将迫使欧美民族非常严肃地反省他们对待中国及其文明的方式。

汤生

导 论

谈起牛津，过去的牛津，马修·阿诺德说："我们是在牛津那个优雅的环境中接受教育的。我们不会不懂得这样一个真理：美丽芬芳乃是人生至上之境的本质特征。我们喜爱美丽芬芳，厌恶丑陋下流，这种情感，已成为我们对许许多多遭受挫折的事业依恋不舍、对各式各样获得

---

① 罗伯斯庇尔（Maximilien de Robespierre，1758—1794），18世纪法国资产阶级革命时期雅各宾政府的实际首脑。

成功的运动不以为然的内在动因。这种情感实实在在，从来没有彻底败下阵来，即便是在挫折之中，它也显示出了自己的力量。"马修·阿诺德接着说："看一看大约三十年以前震撼过牛津中心的那场伟大运动的过程吧。凡是读过纽曼博士《辩护书》（*Apology*）的人们都可以发现，这场运动所攻击的目标，可以用一个词来概括，即'自由主义'。自由主义最终赢得了胜利并泛滥开来。牛津运动则受到挫折，遭到了失败。我们的残兵败将流落四方。真所谓 Quae regio in terris nostri non plena laboris（世界上哪个地方不充满着我们悲哀的故事）。"

前些天，当我正在琢磨马修·阿诺德上述这些话的时候，看到了一份要为中国建立一所大学的规划报告。我得知，这份规划出自牛津。于是我擦擦眼睛，自言自语道：自从纽曼博士时代以来，世界、牛津已经走过了多么漫长的道路啊。纽曼博士之牛津运动的目标，是反对自由主义。他那个时代的自由主义，意味着进步和新学。而眼下这场从牛津发起的运动，在中国建立一所大学的规划，则是要向中国输入西方观念。西方观念在中国，正如每个人都知道的，也意味着进步和新学。那么，马修·阿诺德所说的牛津情感，那种鼓舞和激励纽曼博士的牛津运动去反对自由主义、进步和新学的情感，都发生了怎样的变化呢？现在的牛津学者，已经找到了办法可以将牛津情感与进步、新学调和起来了吗？我自己并不认为这样一种调和是可能的。古人说得好，"你不能既侍奉上帝，同时又供奉财神"。换言之，难道牛津的学者打着同春风得意的进步与新学事业联盟的旗号，就真能给绝望中的中国人带来帮助吗？在牛津和英格兰，高尚的人们自言自语道："我们实在同情正在与进步和新学战斗的中国人。这种进步和新学使得他们唯利是图，道德沦丧。为了帮助他们更为有效地战斗并赢得胜利，我们将给他们提供武器。的确，这些武器都取自于进步和新学的武库，但是，我们却用追求美丽和优雅的牛津情感对之加以了调剂，如果可能，用那基督教神圣的优雅和芳香来加以调剂就更好了。"

下面，我并不想对目前要在中国建立大学的规划提出什么意见或批评，我想给塞西尔（Cecil）勋爵及那些对这一大学规划感兴趣的人们，讲一个故事，一个大约三十年前发生在中国的伟大运动的故事，它在许多方面，与纽曼博士领导的著名英国牛津运动故事如出一辙。我想，讲这一故事对于他们或许不无益处。中国那场牛津运动的目标，也是反对自由主义，反对进步和新学的现代欧洲观念。现在，新的牛津运动就要到来了，我相信，正如我所说过的，它将要来帮助我们中国人同现代欧洲的进步和新学观念战斗了。当此之时，回顾我们过去的运动，可以总结经验。我们怎样战斗，为什么失败和如何失败：所有这一切，对于我们新的外国盟友都将是有用的。我尤其有资格讲这一运动的故事，因为我有幸加入到牛津人的行列中参加了战斗。我们艰苦奋战了 30 年，然而现在我们的事业却几乎失败了。有些人背叛了我们的事业，许多人投了降。余下的所有人现在都已流散到四面八方。

领导我参加战斗的首领，是已故的帝国大臣张之洞。当我两年前在北京最后一次见到他的时候，他彻底绝望了。一心只想着怎样才能获得更为宽容的投降条件。运动中，同样接受张之洞指挥，和我一道并肩战斗的战友梁敦彦①，现在的外务部尚书，去年见到我的时候，向我下达了"各自逃命！"（Sauve quipeut！）的命令——我恐怕是我们的队伍中唯一仍然绝对相信对我们的事业、那反对进步和新学之现代欧洲观念的中国文明事业最终必将胜利的人。但现在，我孤身一人，像维吉尔所写故事中的英雄一样。那个英雄在特洛伊城被攻破之后，不得不四处流浪，起先，他是想在贪婪的色雷斯人中间寻个安身的地方。而我现在在上海，为了给我的家庭守护神和那个伟大的特洛伊守护神（Penatibus et magnis Dis）找个临时避难所和栖身之地，也不得不与黄浦江的污泥之龙（Mud dragons）搏斗。② 寻遍整个上海地区，我都找不到一个英国人肯向我伸出救援之手。因为："人人可管之事，也就是无人过问之事。"

我要讲的我们为中国文明事业拼死决战的故事，是很长的。它与我过去的生活紧密相关，并勾起我对倒下的战友、死去的亲人及所有逝去的美好事物的怀念之情——对于我个人来说，它则是一个无法用语言形容的悲哀故事。

> Sed si tantus amor casus cognoscere nostros,
> Et breviter Trojae supremum audire laborem,
> Quamquam animus meminisse horret luctuque refugit，
> lncipiam.
> 但既然你这么想知道我们的故事，
> 想简要地听一听特洛伊的最后灾难，

---

① 梁敦彦，字崧生，广东顺德人。第一批赴美的留学幼童之一。回国后长期在张之洞手下任职，曾官至外务部尚书。民国时曾参与张勋复辟，负责外交联络。
② 指出任上海黄浦浚治局督办。

尽管一想起来就令人毛骨悚然，瑟缩哀痛，

那我还是开始讲吧。

第一章　满人当权

一

　　北京的翰林院是中国的牛津——国家精英知识分子的荟萃之地。正是这个翰林院，成为了我所谓中国牛津运动的总部。那些参加并坚持了这场运动的年轻的翰林们，称之为"清流党"——国家净化党。这个中国的民族净化运动，像英国的牛津运动一样，可看作是儒教中保守的高教会派①的复兴。运动的目的，是反对引进那些为李鸿章和中国自由主义者所热衷的外国方法和外国观念，通过呼吁国民更严格地信守儒家原则，来净化民族心灵和规范民族生活。为了让人们更清楚地了解这个中国的牛津运动，我想有必要先相当详细地谈一谈中国的社会本体或社会秩序。

二

　　马修·阿诺德将英国国民依次划分成三大阶层——蛮族、庸俗者和民众。中国人也同样可以划分成三个阶层。蛮族是满人——生来的贵族；庸俗者乃受教育阶层，文人学士从中产生；民众则是中下层市民和劳工阶层，从中派生出富裕商人和买办——凭其勤劳，也可能跻身于贵族之列。满洲贵族的特长，在于他们的英雄气概或高贵品德。中国文人学士的特长，在于他们的智力。民众或劳工阶层的特长，则在于他们的勤劳或辛勤工作能力。孔子说"力行近乎仁"，马修·阿诺德称之为希伯来精神，这就是中国民众或劳工阶级的勤劳力量。孔子又说"好学近乎智"，马修·阿诺德称之为希腊精神，这就是中国文人学士的知识力量。最后，孔子说"知耻近乎勇"，这就是满洲贵族的气节或高贵品格。作为中国唯一的军事部族的后裔，满族人远比汉人有气节，因为他们的祖先是军人。没有什么东西比尚武更能促进气节的养成。一个真正的军人，总是不断地以勇于自我牺牲相砥砺，而自我牺牲，正是气节和所有高贵品格的根基。

　　中国社会在健康的正常运转的情况下，必须首先依靠民众或劳工阶

---

　　①　高教会派，英国注重教会礼仪的圣公会中的一派。

层的勤劳力量，去生产食物和其他生活必需品，以保证国家物质充足，民族安康。其次，必须依靠中国文人学士的知识能力，来训育和管理民众的勤劳力量，并适当地供应劳动成果。最后，也是最重要的，是必须依靠满洲贵族的高贵品格来指导——将民众的勤劳力量引导到一个高尚的目的之上。简而言之，在中国，民众的勤劳力量是不得不生产；文人学士的知识能力是不能不施教；满洲贵族的高贵是不得不指导民众的勤劳力量，使国民过上高尚的生活，享有高尚的文明。曾经在中国内地旅行，看到那些保存下来的桥梁和运河的外国人，将会懂得我所谓民族生活的高尚指导——引导民众的勤劳力量在物质方面趋向一个高尚目的的意义。至于精神方面，像编纂《康熙字典》那样宏伟的著作，就充分地证明了早期满族皇帝的高尚品格和他们指导民众精神生产趋向一个高尚目的的能力。

三

然而，在外来势力侵入中国之前，中国社会承平日久，也就自然产生了这样一种必然结果：满洲贵族的高尚品格或英雄气概，由于缺乏积极的军事活动的促进，不免衰退、萎缩。至于中国的文人学士，参加科举考试须得殚精竭虑，其知识能力确实仍能得到锻炼。然而，由于缺乏早期那种催人奋进的满族影响之滋补推动，他们的智力也大大衰退，数量仍存，质量尽丧。如果你把康熙时代早期的文学，特别是诗歌，和后来满族影响削弱后的诗歌加以比较，就可以非常明显地看到这一点。事实上，中国文人学士的知识能力，在失去了满族强有力的高贵影响之滋补作用后，也就丧失了其优雅，而变得卑劣和粗俗不堪了。①

————————

① 知识，若失去其内在固有的优雅，便是英国人所谓常识。这种常识，或丧失了优雅的知识，当其被滥用而扭曲，变得麻木硬化的时候，就是卡莱尔所谓河狸（狐狸的一种——译者）之智，马修·阿诺德称之为庸人市侩之智。卡莱尔将其称之为狡猾的狐狸之智，是针对它被欲望所强化的情形而言的。这种河狸或庸人之智，对于日常工作，诸如收关税，做统计之类有用，但绝不能用在与教育有关的工作上。因为它能教人才智，不能教人品德，能够教人头脑，不能教人心灵。孔子在谈到教育时说："以一种焦急亟忧的心态关注人民的爱好，这是教育的根本问题——也就是最高的教育"（大畏民志，此谓知本，此谓知之至也）。再者，狡猾的狐狸之智，对于修铁路、开纱厂、造电机是有用的，却不能用在与文化有关的问题上——因为它不仁，不知道同情为何物。穆罕默德说："上帝将同情放在你的心中"。正因为这种被欲念所强化的狐狸之智，或缺乏优雅的常识——现在成为控制各民族生活和文明命运的至上力量——不知同情为何物——从而使我们能够说明，何以那些受过教育的人们看不到和意识不到：一味追求自己增加生活上的舒适，奢华和绚丽多彩的程度，却不顾周围的人们正在挨饿或仅能过上聊以充饥的生活，硬要强迫他们与之进行贸易并修铁路，这不仅不道德和不公正，而且情趣也卑劣至极，太不像话。爱默生说："过一种相当克己或极为慷慨大方的生活，似乎是一种（舍己为人）的苦行主义。一般善良的人们，常常认定那些悠闲富裕者即是如此。理由是，他们对受苦受难的广大民众怀有兄弟般的情谊。"——原注

承平日久之后，正如目前这样，唯一没有受到削弱的民族力量，是劳工阶层的勤劳之力，那种勤奋劳动，努力工作的力量。然而，即便是中国普通民众没有受到削弱的这种勤劳力量，由于得不到文人学士的训育和管理，不仅变得粗俗，而且效率降低。更为糟糕的是，它还失去了高尚的指导。没有满族人以高尚品格去引导它趋向于高尚的目的，中国劳工阶层的勤劳力量，被卑劣的目的所浪费。也就是说，它不是被引导去生产一些促使国民身心健美的生活必需品，而只是为了刺激、满足感官的愉悦和虚荣之心去生产，实际上生产的只是一些供人逸享、奢侈和摆阔的工具。

四

罗斯金以其毕生的精力，要使人们相信政治经济学是一门伦理学。其目的是教人民和国家怎样花钱而不是怎样挣钱。的确，当今中国财政的不景气和世界经济的萧条，不是由于缺乏足够的生产能力，也不是由于缺乏工业制品和铁路，而是由于可耻的浪费性的消费。这种可耻的浪费性消费，无论是地区性的还是全国性的，都意味着缺乏高贵的指导，没能使民众勤劳的生产力倾向于高尚的指导。在有高尚品格指导的国家和地区，人们将懂得怎样花钱，怎样为高尚的目的而花钱。当人们懂得怎样为高尚的目的而花钱的时候，他们将不在乎有什么，而在乎怎么做——不是去追求浩大、豪华和炫耀，而是追求高雅的趣味和生活环境的优美。当某个国家或地区的人民品德之高，已足以使他们除了高雅的情趣和优美的生活环境之外别无所求时，就不会把民众勤劳的生产力浪费在修建大而难看的房舍、长而无用的公路之类东西上了。一旦某个国家或地区人民勤劳的生产力得到高尚的引导而不是被浪费，那么该国家或地区就称得上是真正的富裕，它不是富在有钱或拥有大而难看的房舍上，而是富在人民身体健康和心灵优美之上。

歌德说："每一种天赋之物都有自身的价值，都应该得到发展，有人只鼓励美的东西，另有人则只鼓励有用的东西，实际上，只有将两者结合起来，才能建设好一个国家。有用的东西自我鼓励，因为大众生产，人人不可或缺；美的东西则必须被鼓励，因为很少有人能够展示它，而许多人又需要它。"因此，袁世凯和莫理循博士认为中国所需要的东西，诸如煤、铁、廉价的肥皂，便宜的电车，无线电报——即歌德称之为有用的东西，其实不必加以鼓励。而已故皇太后认为中国所需要的那些东西，诸如她的颐和园的美，《论语》的美，中国诗的美，乃至于八股文的美——即是歌德所谓美好、必须加以鼓励的东西。因为很少有人能够展示它，不仅许多人而且所有的人又都需要它。如果缺少了歌德称之为美的这些东西，便不会有高尚的品格，而没有高尚的品格，正如我们看到的，人民勤劳的生产力就会被可耻地浪费掉。紧接着，那里人民生活中所有的舒适、奢靡与豪华煊赫，就会像死海南岸罪恶之都里的苹果那样，金玉其外，败絮其中。

这样，我们谈论的那个时期，即承平日久，外人来华前夕，苏州、杭州之类城市里纸醉金迷的安逸、豪奢生活已明显地表现出国内业已存在浪费性消费的癌症。其原因，正如我已说过的，是由于失去了满族人高尚品格的指导，那种使人民勤劳的生产力趋向于高尚目的的指导。事实上，无耻的浪费性消费不仅白白浪费了人民勤劳的生产力，而且使人民的劳动果实难以得到公平的分配。由此，也就富者愈富、贫者愈贫。

这就是外国人最初携带商品和鸦片来华时中国的状况。外国人通过做生意和贩卖鸦片，向沿海一带的中国商人和买办阶层公开传授了那又快又容易的生财之道，于是本民族原有的无耻和浪费性消费的癌症急剧恶化，红肿起来，公平分配人民的劳动成果不仅困难，并且几乎成为不可能之事。这样，城里的富人和寄生虫们变得越来越富有，而那些不能变为寄生虫的乡下人，则不仅越来越贫穷，甚至无以为生。当一个国家的民众，除富人及其寄生虫之外，发现他们已竭尽全力、拼命地劳动仍无法养活自己之时，那么留给他们的唯一出路，就只有发疯发狂，起而猛烈地荡涤那民族的癌症了。正如我们所看到的，症候表现得最为明显的是在苏、杭这样的城市。在中国，荡涤这种无耻浪费之癌的，便是著名的太平天国暴乱。①

五

太平天国暴乱发生后，满洲贵族束手无策，无能为力。其原因并不在于他们已完全丧失了勇武精神或高尚品质。1860 年，英法联军进攻北塘时，就遇到了满族军队的英勇抵抗。外国人从关于北塘战役的战况报道中可以看到，那种一往无前、视死如归的英雄气概在满洲贵族身上

---

① 在中国，太平天国涤荡民族癌肿的暴乱，是从南方的广州附近开始的。因为在那里，民族癌肿突然加剧，这应归咎于外国贸易和英国鸦片的"开化"。义和团运动对此癌肿的涤荡——正如我们从发生天津的那场短促而又可怕的暴乱中可以看到的，其内在意义也在于此。那场运动起于天津，因为那里的人民最为深切地感受到李鸿章及其进步和新学癌症的肿痛。——原注

依然存在。那么，他们在太平军面前为何一筹莫展，狼狈不堪呢？真正的原因在于，虽然满洲贵族方面有他们的高贵品格，但在太平军方面，却又有他们的狂热。

何为狂热？狂热就是陷入疯狂之中的高贵人性。对于社会弊病的强烈义愤感，在太平暴乱分子那麻木迟钝的本性中也激发出了勇武的高贵品质。因此，面对太平暴乱分子的狂热或高贵的疯狂，满洲贵族的英雄气概和傲慢抵抗就毫不奏效，不值一提了。在此，顺便指出一点，欧洲那些具有崇高的精神和其他杰出的道德品质的旧式贵族，所以对革命和革命者始终是、至今仍然是束手无策，无能为力，原因也正在这里。一个贵族的傲气，也许能使愚蠢学徒和店主组成的俗不可耐的乌合之众产生敬畏感，但是，一个不能或不愿正视民众社会错误的贵族，其所有的英雄气概和最优秀的战斗素质，在上帝的正义面前也是无能为力。因为上帝的正义，总是我国革命和上海骚乱这类事变的最终根由。正确与谬误，正义与非正义，在骚乱和革命中是如此的鱼龙混杂，难以分辨，这就要求你既要具有准备出击的拳头，又要有明敏的双眼。否则，即便你紧握的拳头包上最好的克鲁伯钢甲，若向上帝的正义出去，也会将自己的拳头砸得稀烂。简而言之，要想有效地对付狂热或陷入疯狂的高贵人性，要想对付疯子，最最需要的一点，是才智——知识的力量。因此，当太平天国叛乱发生后，在满洲贵族面对叛乱者的狂热无能为力之时，已故皇太后便不得不求助于汉族文人学士知识的力量，完全依靠他们去镇压叛乱。于是，马修·阿诺德所谓的统治权或政权，也就是统治中国的真正的主动权和指导权，从满洲贵族手里转入汉族文人学士手里。满洲贵族的权力中心或指挥总部在北京，而汉族文人学士的指挥部则在地方各省。因此，从满洲贵族到中国文人学士的权力转移，也就意味着政府的实权从中央北京转移到地方各省了。这就是许多外国人已经观察到了的中国现政府权力分散的开始和形成这种局面的真正原因。

然而，当时地方分裂的祸患，被一个伟大的汉族文人学士消弭了。他就是已故的曾国藩侯爵（前任驻英公使曾纪泽之父）。这位伟大的侯爵乃中国文人学士的领袖。已故皇太后授予了他"便宜行事"的绝对权力。在整个太平天国叛乱时期，他可以说是中国事实上的独裁者。在他的统率之下，汉族文人学士毅然响应皇太后的号召，他们脱下身上的长袍，虽然对战争韬略一窍不通，对行军打仗之苦极不习惯，但仍然奋发努力，克服了所面临的一切困难。他们先是以超人的知识及时制止了太平军的疯狂进攻，接着在实战中逐渐学会了战争艺术，最后终于扑灭了这场叛乱的烈火。①

第二章　中产阶级的崛起

一

中国的太平天国叛乱相当于欧洲的法国革命，两者都是要摧毁不公正的腐败的社会秩序。如同欧洲法国革命之后一样，中国太平天国革命之后，国家的统治权也从贵族转到中产阶级手里。此外，捣毁旧社会秩序所产生的震动，也总会带来习惯势力如人们心目中的常规和旧俗的崩溃。一场革命之后，人们往往能够以一种比较自由和独立的方式来看待事物。这种方式就是所谓自由主义。一个民族的才智，一旦摆脱常规和旧习的束缚，就立即变得积极活跃，生机勃勃。因此我们看到，中国的太平天国叛乱时期，正如欧洲的法国大革命时期一样，才智的焕发和飞跃之势遍及全国。在这种智识持续增长之初，那位伟大的中国文人学士尚能引导和控制这股失控后的力量，将其纳入秩序。但是不久之后，智识的增长停滞了，这种失控的势力（仍自称为自由主义）不仅迷失了方向，而且误入歧途，极易损害国民生活。正是为了要把这种游离失控、误入歧途的力量严格按照儒家原则纳入正轨，我所谓的中国牛津运动兴起了。

二

这场中国的牛津运动，主要是反对李鸿章——中国的中产阶级自由主义代表帕麦斯顿②勋爵。李鸿章继大侯爵曾国藩成为中国文人学士的领袖。当那位伟大的中国士人镇压了太平天国叛乱之后，摆在他们面前的，仍然有两个非常困难的问题需要解决。首先是重建工作——一个极为现实的重建社会和各级行政管理的问题。另一个问题，则是采取什么

---

① 大侯爵曾国藩说："我令儒生率农夫以平天下。"——原注

② 帕麦斯顿（Henry John Tempie Palmerston, 1784—1865），一译巴麦尊。三度出任英国外交大臣，两度出任英国首相（1855—1858，1859—1865）。原为托利党人，后成为辉格党人。任内曾两次发动侵略中国的鸦片战争，协助清政府镇压太平天国革命。还镇压过印度民族起义；挑起克里米亚战争；并在美国内战期间，支持南方的奴隶主。

办法来对付欧洲人的东来以及他们那极其强大的现代物质实利主义文明的破坏力量。

第一个问题——重建社会和行政管理的实际工作，那个伟大的汉族士大夫做得即使不算是完全彻底，起码也是迅速和成功的，非常值得称道。在镇压太平天国叛乱后的一个很短的时间内，整个中国的行政和社会机器迅速恢复了正常运转，辽阔的帝国呈现出一派太平景象。

然而，在处理另一个问题——即怎样对付现代欧洲文明的破坏势力问题上，那个伟大的汉族士大夫则完全失败了。中国的文人学士在欧洲现代物质实利主义文明的破坏力量面前一筹莫展，就如同在英国，中产阶级面对法国革命的思想和理论无计可施一样。要有效地对付现代欧洲文明的破坏力量，中国的文人学士们需要"扩展"，但是，这些文人学士是在狭隘的宋代儒家清教主义影响下成长起来的，他们压根就没有所谓"扩展"观念。鉴于现代欧洲文明的东来，他们所想到的"扩展"，就是中国人必须拥有现代的枪炮和战舰，仅此而已。

不过，当时在中国，有一个大人物对于真正的"扩展"意义有所领会，他是一个满族人。正当汉族的文人学士们忙于修建兵工厂和试制现代枪炮时，文祥①，后来的领班军机大臣和总理衙门首席大臣，设立了同文馆②，一个旨在使中国青年接受充分的欧式教育的学院。的确，曾国藩侯爵后来也派出 120 名中国幼童赴美留学，不过，同那个伟大的满族政治家相比，这位大侯爵的欧式教育观念是极其模糊和狭隘的。曾国藩侯爵及其汉族文人学士是要派学生出国学习制造枪炮，掌握驾驶战舰技术。而那位伟大的满族政治家对于欧式教育的看法，却与此截然不同。若有人想了解这位伟大的政治家创设同文馆的构想是多么广阔和宏伟，只要阅读一下他与美国驻华公使的一段谈话就够了，这段谈话刊登在美国政府出版的《外交通讯》里。不幸的是，这位伟大的政治家拯救中国的正确的扩展思想，却被委托给海关总税务司、即现在的赫德爵士

---

① 文祥（1818—1876），满洲正红旗人。瓜尔佳氏，字博川，号文山。道光朝进士。1861 年与恭亲王奕䜣、大学士桂良奏请设立总理各国事务衙门，任衙门大臣。后官至户部、吏部尚书、晋武英殿大学士。自 1861 年至死，兼任军机大臣和总理衙门大臣达 15 年之久，是著名的洋务派头领之一。

② 同文馆，也称"京师同文馆"，清末最早的洋务学堂。由奕䜣、文祥等奏设。最初主要是为了培养翻译人才。除学习外国语言外，还开设算学、化学、万国公法等课程。经费、人事等方面，多受总税务司英人赫德控制。美国人丁韪良曾任总教习多年。1902 年并入京师大学堂。

来贯彻执行。对于这个未来中国赖以拯救的极其重要的教育机构，赫德爵士不是选派第一流的学者、绝对胜任的人来主持，而是指派他的一个私人朋友，一个美国前传教士①担任总教习。这样，本该成为中华民族的曙光、启蒙和"扩展"之源的同文馆，却被变成了一个收容贫苦、饥饿和无用青年的二流食宿学校。

事实上，在中国，一度有两个人想着手拯救中华民族，但不幸得很，这两个人，都是马修·阿诺德所说的庸人，令人黯然神伤。尽管赫德爵士和李鸿章无疑都对中国做出过贡献，但赫德爵士对于同文馆和所有有关中国教育的问题漠不关心和疏忽大意，李鸿章对于一百二十个归国留学生的消极处理态度，都将使他们永远背上难以洗刷的耻辱。在李鸿章看来，只有枪炮和战舰才能拯救中国，而赫德爵士则认为，拯救中国，最为重要的是高额国家税收。对于这两种关于国家强盛之本的观念，我大胆指出，赫德爵士的比李鸿章的还要狭隘、卑鄙和无耻。

三

我们已经得知，中国文人学士关于中国"扩展"的思想和观念，是要拥有现代新式的枪炮和战舰。为了推行这一"扩展"计划，李鸿章将那些富人，中小商人和买办阶层，那些在对外贸易中挣钱获利之徒吸引到自己周围。这些人都赞成采用外国方式方法的所谓进步事业。然而，他们那采用外国方式方法的拙劣观念，其中包含了马修·阿诺德谈起英国中产阶级自由主义时所斥责的一切粗俗和丑陋之处，这种粗俗和丑陋，令翰林院——中国的牛津那些知识贵族的精英们为之震惊。这样，中国的牛津运动就变成了一场强烈排外的运动。它排外，并不是因为这些学者们憎恶外国人；它排外，完全是因为这些学者看到了映于眼前的李鸿章及其追随者所采用的外国方式方法骇人的粗鄙与伤风败俗。这便是真正的中国文人学士排外精神的道德基础。

中国牛津运动中相当于纽曼博士地位的，是已故的李鸿藻②，后来的翰林院掌院学士。他不是一个杰出的思想家，而像纽曼博士一样，是一个温文尔雅、品德纯正的人。这一辈士大夫今天谈起他来，不仅怀有

---

① 即丁韪良（William Alexander Parsons Martin，1827—1916），美国教会长老会传教士。1850年来华传教。1865年为同文馆教习，1869年被赫德荐为总教习，直至1894年。后还担任过京师大学总教习。著有《花甲记忆》等书。

② 李鸿藻（1820—1897），直隶高阳（今属河北）人。字寄云，号兰孙。咸丰进士。同治帝师。曾掌管翰林院。为军机大臣、总理衙门大臣，授协办大学士。光绪初年，以清流议政，名重一时。称为"清流头"。以他为首的清流党，则称为"前清流"。

敬仰之忱，而且充满爱戴之情。他逝世后，已故皇太后赐给他荣耀的"文正"谥号。

同这场中国牛津运动有关的两个最著名人物，一是已故张佩伦①，那个福州海战中的主角，一是已故帝国大臣张之洞。参加这一运动的其他名人还有：已故的邓承修、陈宝琛②（最近被召到北京）、徐致祥③和陈启泰（江苏巡抚，前些时候刚去世）。

中国的这场牛津运动，在东京湾战役爆发前夕达到一个高潮，势不可挡。等到李鸿章将边界协定问题弄得一团糟之后，这些年轻的翰林们意气风发，为了国家利益大声疾呼，使李鸿章被迫畏缩了一段时间，躲到一旁徒生闷气。接着，清政府派陈宝琛为钦差，赴上海高昌庙去与巴诺德（法国公使）谈判。张佩伦则被任为福建会办大臣，去保卫福州。张之洞接任两广总督，前去防守广州。

这帮年轻气盛、头脑发热的文人学士，毫无实际作战经验，书生典戎，自然是一塌糊涂。最终的结果是，法国耐不住了，舰队司令孤拔下令摧毁了福建水师。张佩伦，如同拉丁诗人一样，丢盔弃甲，狼狈逃到一座山上躲了起来。张之洞则幸运一些，法国人没有攻打广州。

中法战争后，李鸿章东山再起，大权重握。中国牛津运动就这样失败了。到上海高昌庙谈判的陈宝琛，受了免职处分。张佩伦，那位福州海战中的主角被流放到驿道上服苦役，流放期满后，等待他的是一个更富戏剧性的命运：他竟成了李鸿章的乘龙快婿。邓承修被派往东京湾去划定边界，不久就从政坛上永远消失。徐致祥则长期被搁置在翰林院，终于沉湎酒色，死去时还很年轻。死前，他上书猛烈弹劾张之洞④，措辞严厉，指责他背离了早期的原则，向李鸿章靠拢。

---

① 张佩伦（1818—1903），直隶丰润（今属河北）人。字幼樵。同治进士。曾任翰林院侍讲学士，充日讲起居注官。19世纪70、80年代清流派的主角。与张之洞称为"清流角"。是"翰林四谏"之一。（"翰林四谏"说法不一，一说是张佩伦、张之洞、陈宝琛、宝廷；一说以黄体芳代宝廷。）1884年被派赴福建会办海疆事务。马尾海战因无备，致使福建水师全军覆没。被革职充军。后入李鸿章幕，并成为李鸿章的女婿。著有《涧于集》。

② 陈宝琛（1852—?），福建闽县（今闽侯）人。字伯潜，又字弢庵。同治进士。授翰林院庶吉士。入阁后以敢谏著称，是"清流党"健将，称"清流尾"。1891年被黜，回原籍赋闲二十年。辛亥革命前夕起用，任山西巡抚，未到任。被留作溥仪的师傅。后支持溥仪复辟。

③ 徐致祥，浙江嘉定人，同治进士。著名的清流人物。曾官至大理封卿。有《嘉定先生奏议》。

④ 1893年，徐致祥上奏，劾张之洞"辜恩负职"、"滥用公款"、"起居无节"等。经两广总督李瀚章（李鸿章之兄）核查，将徐氏之参驳回。

四

中国牛津运动中，有两人在清流党解体后没有失宠，他们是李鸿藻和张之洞。皇太后对李鸿藻一如既往，恩遇有加。正如我们所看到的，在李死后，她赐给了他"文正"称号。这件小事在我看来是一个标志，它标志着已故皇太后的心是站在牛津运动一边的。同已故维多利亚女王不能容忍帕麦斯顿勋爵一样，已故皇太后也绝不会真的喜欢李鸿章，尽管她不得不利用他那双富有经验的手来处理政务。当张佩伦、那个福州海战的主角流放归来，入赘李（鸿章）府之后，李鸿章请求太后将其官复原职，对此，太后不客气地加以了拒绝。她无法想象一个曾经属于牛津运动阵营的人，竟然会跟李鸿章的女儿结婚。

李鸿章已被我称之为中国的帕麦斯顿勋爵，那么张之洞，则可以称之为中国的格莱斯顿①勋爵。他们分别是中英两国牛津运动的产物。格莱斯顿勋爵先是英国圣公会高教会派保王党人，后来成为了国家统治者。张之洞起初是一个儒家高教会保守代表，后来则成为立宪政治的鼓吹者。他们都是学者，但学养不厚，学识肤浅。事实上，从他们两人身上，都可以看到中英两国牛津运动在精神文化方面的不足。

中英两国牛津运动的共同缺陷在于，他们都从各自既定的理论原则出发来看待问题。在英国是基于基督教的原则，在中国则是基于儒教的原则。双方的学者都理所当然地认定既成的其基督教原则和儒教原则千真万确，而不敢揆诸事物的本质，来检验一下这些原则究竟是否真的正确。简而言之，无论是中国的还是英国的牛津运动，其思想都从未虑及到事物的基本原则，也就是从未触及到事物的道德本根上。从这个意义上说，两国的牛津运动都不是真正的、而只能算是肤浅和虚伪的智识启蒙运动。投身运动的学者们缺乏生机勃勃富有活力的思想，也没有真正的思想家那种坚定不移的精神信念，因为他们的思想从未触及到自身道德本性的本根之上。这就是投身牛津运动的学者们极易发生转变的原因所在。纽曼博士改变了自己的宗教信仰。格莱斯顿和张之洞则一而再、再而三地改变自己的政见。

简而言之，张之洞和格莱斯顿一样不是思想家，而是一个杰出的雄辩家；不是一个真正的学者，而是一个文人士大夫。但作为牛津运动的

① 格莱斯顿（William Ewart Gladstone, 1809—1898），英国自由党领袖，曾两次担任英国首相，长达 14 年之久。对内实行温和改革，对外推行殖民政策。

成员，张之洞却有一种李鸿章从不曾有过的思想能力。李鸿章实在是个庸人，不过，像帕麦斯顿勋爵那样，他是一个带贵族气的庸人。他具有一个翰林外在的涵养和良好的仪度，因为他出身于翰林院——中国的牛津。但是，除了参加科举考试所受到的一般教育外，他绝没有更多更高的文化教养。当然，勤奋而有条不紊的办事作风补偿了他的这一不足。长期处理实际事务的丰富经历，使他获得了切实可靠的常识，因而处理起问题来，他比张之洞那样见识不广、缺乏主见的学者要更为果断和老练。

中法战争之后，张之洞继续留在广州。正是在那里，他偏离了牛津运动的原则，而变成了一个改革主义者。那场外国人所知的中国改革运动①，其真正的发起人是他，而不是袁世凯。这场改革运动，经历了三个比较明显的阶段。第一阶段是以发展实业即实业化为目标，张之洞在广东形成了这一思想，并在武昌付诸实施。第二阶段开始于甲午战争之后，其目标是振兴军事即军事化，改革军事体制。在上海附近的吴淞口，张之洞编练了一支由德国军官培训的中国模范军队。改革运动的第三个也是最后一个阶段，开始于义和团运动爆发之后，其直接目标是实现教育的西化。

现在，我们可以看到，在英国，按照马修·阿诺德的说法，正是纽曼博士领导的牛津运动的影响，才导致了中产阶级自由主义的崩溃，同样，在中国，也正是由于牛津运动的影响，才得以打倒李鸿章及其粗鄙不堪、腐败至极的寡头政治集团。牛津运动——挚爱优雅的牛津情感的影响——使得张之洞觉察到并憎恨李鸿章所引进的那些外国方法及其惊人腐朽的人们自身的庸俗卑鄙。张之洞和所有牛津运动的成员，最初都坚决反对引进外国方法，因为他看到了伴随这些方法而来的粗俗和丑陋。但中法战争之后，他认识到，单是用严正的儒教原则，要对付诸如法国舰队司令孤拔那配备有可怕大炮的丑陋而骇人的战舰一类的东西，是无济于事的。于是他开始调和折中。他一方面感到采用这些丑陋可怕的外国办法迫不得已，不可避免。又认为在采用这些方法的同时，能够尽可能地消除其中的庸俗丑陋成分。在此，我想指出，这样一个事实可以作为张之洞纯洁动机和高尚爱国精神的证据。他在担任两广和湖广总督期间，正如有些人可能会说的，滥花了公款引进了外国方法，但同时，他也毫不吝惜地拿出并花掉了自己所有的私人财产，用以创办高等学院和学堂，专门鼓励人们研习儒家原则（指创办存古学堂之类——译

---

① 指清末新政。

者）。他认为此刻加强这种研习，以消弭他被迫引进的外国方法之粗鄙和丑陋，比以往任何时候都更为必要。

五

于是，张之洞变成了一个革新主义者。这位牛津运动成员的改革政策，成为中国的一股政治潮流，它最初阻碍了、然后抑制了、最终摧毁和消弭了李鸿章粗鄙的自由主义及其寡头政治集团。事实上，正是这股中国牛津运动所创发的情感之潮，助长了文人学士阶层中对于李鸿章自以为是的中等阶级自由主义及其寡头政治集团的潜在不满，并为它在甲午战后的突然崩溃和最后消亡铺平了道路。当李鸿章从日本带着和约及耻辱回国时，正是牛津运动所创发的这种潜在的不满情绪，使得陈腐、顽固保守的帝师翁同龢之流，也将自己的命运与新兴的康有为激进党及其凶猛激烈的雅各宾主义联系在一起。

马修·阿诺德说："对于过去的强烈不满，抽象的革新体制的一股脑运用，一种见诸文字、精心入微炮制出的新式学说，一个面向未来的合理社会：这些就是雅各宾主义的做法。"也是李提摩太①牧师和那些自称为中国朋友的外国人极为赞赏的康有为的做法。

而且，外国人不仅赞赏康有为及其做法，当已故皇太后试图以她最好的方式将中国从康有为及其同党凶猛暴烈的雅各宾主义中挽救出来的时候，驻华外国公使们还千方百计干涉她的行动自由。而普通民众，整个华北的农民们则起来支持已故皇太后，反对康有为及其雅各宾主义，从而使局势变得更加复杂。

外国人错误地认为，在中国只有文人学士才是排外的，一般人则不排外。殊不知在所有国家里，普通民众都比知识阶层更为保守。在中国，文人学士同一般民众一样排外，反对革新，恐怕后者的程度还要严重些。中国只有一个阶层不排外和不反对革新，那就是在对外贸易中赚了钱的买办和暴发户。

一般民众之所以起来反对康有为的雅各宾主义，乃是因为这种雅各宾主义意味着要使中国全部欧化。虽然，我还不能确定早期中国牛津运动对于普通民众的影响程度有多大，但可以肯定的是，它无疑有助于一

----

① 李提摩太（Timothy Richard，1845—1919），英国传教士，威尔士人。1870 年来华传教，并与清朝官僚结交，曾对张之洞、李鸿章等洋务官僚产生过一定影响。后任广学会总干事，出版《万国公报》等书刊宣传基督教，传播西学。支持康有为领导的维新变法运动。一生主要致力于宣传让中国接受外国人的"保护"、"开化"和统治管理的所谓"新政策"。

般民众本能地感觉到，中国的全盘欧化意味着输入粗鄙和丑陋。因此，当普通民众看到外国人和列强公开支持康有为的雅各宾主义，那对普通民众意味着带来庸俗和丑陋的恶魔时，还有什么比这些人，这些满脑子恐惧这一恶魔的人愤然而起，尽自己最大的努力，将所有在中国的外国人都抛入大海更为自然的呢？这就是义和团狂热内在的道德原因。

由此，北京的局势变得复杂至极、危险之至。已故皇太后竭尽所能，施展一切政治手腕来挽救危局。但驻北京的欧洲外交官们，不仅不同情这位国母，反而极尽威令恫吓之能事，并带着一小撮卫兵耀武扬威。为了抵制康有为凶猛暴烈的雅各宾主义，皇太后不得不唤起满洲贵族的高贵精神和傲慢的抵抗力量。已故宓吉①先生在其《英国人在中国》一书中指出，满族人是中国各阶层中最不排外的。然而此刻，满人的热血沸腾起来了。这沸腾的热血，带着高贵精神及其傲慢的抵抗力量，同外国外交官的威吓与命令针锋相对，狭路相逢，一场大爆发也就不可避免了。这时候，即便已故皇太后再伟大，也是无能为力，正如德国诗人所言："攻击愚昧，神仙来战也是枉然。"

六

在这最危急的关头，张之洞要扮演一个非常困难的角色。康有为的雅各宾主义已然脱离了他的革新方案。不仅康有为，还有那个雅各宾中最才华横溢的人梁启超，实际上几乎所有最著名的年轻雅各宾分子，都要么是他的学生，要么是他的特殊门徒。中日战争后，康有为最初在北京鼓吹他的雅各宾主义时，当即被赶出了北京城。正是在张之洞的支持下，他才得以再次进京煽惑已故光绪帝，使其接受了他的雅各宾主义改革方案。但这一回，牛津运动的影响又一次挽救了张之洞。马修·阿诺德所言的那种追求优雅和美好的牛津情感，使张之洞憎恨康有为雅各宾主义的凶暴、激烈和粗陋。于是，在康有为及其雅各宾主义处于最后关头时，张之洞便舍弃他们，折了回去。

梁启超，这个最具才华的雅各宾分子，此后一直指责张之洞像袁世凯一样，是一个投机政客——在他们落难的时候向后退缩。这一指责是绝对不合事实的、不公正的。我曾经亲自出席过张之洞总督召集的一次幕僚议事会，讨论如何对付康有为的雅各宾主义问题。当时，康有为正

---

① 宓吉（Alexander Michie，1833—1902），英国人。1853 年来华经商。后任伦敦《泰晤士报》驻华通讯员，并充李鸿章顾问。《英国人在中国》一书即《阿礼国传》。

以皇帝的名义大肆颁发改革法令。我非常清楚地记得那个场景，因为这是总督第一次准我参加他心腹幕僚的内部会议。在此之前，我曾经冒昧地提醒过总督，向他说"就我所知，康有为人品卑劣，计划虚夸不实"。我还把"爱国主义是恶棍的最后避难所"这句约翰逊博士的名言，尽可能准确清楚地译给总督听，然而总督听不进去，还说我不懂中国政治。但这时康有为的雅各宾主义露出了狰狞面目，总督便想起了我，于是专门叫我出席他的私人朋友议事会，讨论对策。这个议事会在武昌棉纺厂的楼顶召开。总督非常激动。我至今依然清楚地记得老总督在月光下来回踱步的情景，他一遍又一遍地重复着："不得了！不得了！"我们的会议没有做出任何决议。

我举出上述细节，是为了使人们相信，对于那种指责他像真正的投机分子和叛贼袁世凯那样，转而攻击其雅各宾朋友的不公正的责难，我代表老幕主所做出的反驳是毋庸置疑的。或许比我的反驳更为有力的证据，是他自己那本著名的"小册子"，就是外国人所知的题为"劝学"（Learn），或更确切地应译为"教育之必要"的书。① 外国人认为此书证明了张之洞赞成康有为的改革方案，其实大谬不然。这本著名的书，是在我们于武昌棉纺厂召开那次议事会之后立即写出来的——它是张之洞反对康有为雅各宾主义的宣言书，也是他的"自辩书"。该书告诫他的追随者和中国所有文人学士，要反对康有为的改良方法，凡是此类的改革必须首先从教育入手。"自辩书"陈述了他之所以放弃早年严格信奉的儒教原则，赞成和提倡引入西方文明方法的理由。

七

张之洞的这部名著，像纽曼博士那本著名的《自辩书》一样，是人类智识发生微妙偏差的一个极为突出的例证。按照这两个人的看法，明辨是非的真理和道德准则都不是绝对的——不是对任何人在任何情况下都有约束力。关于纽曼博士，正如查尔斯·金斯尼（Charles Kingsley）所批评的："真理自存，总体说来，它不必也不应该只是罗马传教士的

---

① 即著名的《劝学篇》。署名作者为张之洞，时间是光绪二十四年（1898）三月。全书24篇，4万余言。分内外篇。内篇强调封建伦理纲常有关世道人心，不能动摇，这是"本"。外篇认为有关工商业和学校报馆诸事，可以而且应该变通举办，这是"通"，"内篇务本，以正人心；外篇务通，以开风气"。全书贯穿"中学为体，西学为用"的宗旨，猛烈攻击维新派"开议院、兴民权"之说，又竭力颂扬清王朝"德泽深厚"，一味"教忠明纲"，故得慈禧太后和光绪赏识，认为"持论平正通达"，下令广为刊布，实力劝导。该书还当即被外国人译成英法出版。1900年，美国传教士吴板桥将其译为英文，题为《中国唯一的希望》。

美德之一。"至于张之洞，他一方面认为儒家原则是真理，在个人生活中必须绝对遵从，但另一方面又认为，这一原则在现代国家生活中则行不通。儒家之教，告诫个人或国家不必专心致志于财富、权力和物质的繁荣，本乎孔子"贱货贵德"之说。而现代欧洲的新学则教导人们，人生的成功和国家的强大，基础在于拥有财富、权力和物质的繁荣。按照那个在中国鼓吹西学最为热心的李提摩太牧师的说法："一种没有商业价值的教育，是绝对无用的。"①

　　面对这两种矛盾的理想——儒教的理想和现代欧洲新学的理想——张之洞试图以一种天真的方式将它们调和起来，他得出一个结论，即，一个人必须有双重道德标准——一重是关于个人生活的，另一重则是关于民族和国家生活的。作为个人，中国人必须严守儒教原则，但作为一个民族，中国人则必须抛弃儒教原则而采纳现代欧洲新学的原则。简而言之，在张之洞看来，中国人就个人而言必须继续当中国人，做儒门"君子"；但中华民族——中国国民——则必须欧化，变成食肉野兽。为此，他动用了自己丰富的学识，举出古代中国试图变做食肉动物的混乱时代的例子，来阐明自己的学说。

　　张之洞以为他这种奇特而荒唐的调和是正当合理的。理由是，我们处在只认强权不认公理的食肉民族的包围之中，时代迫切要求解除对于中国及其文明生存的巨大危险。因此，在张之洞这位爱国者和儒门弟子的心目中，中国及其文明的利益与安全是超越一切道德准则之上的，就如同在纽曼博士心目中对于罗马天主教和基督教利益和安全的认识一样。事实上，正因为纽曼博士对于基督教的优雅与美好是如此的挚爱，才使得他为了挽救和维护基督教——在他看来，基督教具体体现在罗马天主教会中——认为他在某种特定环境下，抛弃基督教原则是正当合理的。同样，出于对中国及其文明的强烈忧患，张之洞认为他被迫调和，迫不得已抛弃儒教原则，至少对于中国的民族生活来说，也完全应该。

　　无论是纽曼博士还是张之洞，像所有牛津运动的成员一样，由于我已指出过的那种弱点，都成为极端的理想主义者，那种其才智被过于强

---

　　① 当梁王问孟子不远千里而来，有没有对梁国有利的办法时，孟子对曰："王何必曰利，亦有仁义而已矣！"但现代那些基督教在华传教士，那些新学的倡导者们，如果清朝大臣们问及基督教中正义的完整意义时，将答曰："何必曰义，亦有铁路、最惠贷款而已矣。"借此机会，我想指出的是，我出席过许多在华传教士与总督、巡抚和各种清朝官员的谈话会，但从未听到他们谈论像"基督教中正义的完整意义"这一类问题。所有的谈话全都是关于铁路、科学、财政、医药、技术教育和反缠足的。——原注

烈的空想所歪曲的人。孔子说："道之不行，我知之矣，智者过之，愚者不及也。"法国人茹伯则说："愚昧，从道德方面看，可以减少罪过；从智能方面看，本身就是最大的罪过。"纽曼博士和张之洞所采用的这种调和办法，在道德上和宗教上导致了耶稣会教义，在政治上则导致了被称为马基雅维里主义的东西。尽管张之洞和纽曼博士这样的人，正如我所说过的，是品格高尚动机纯洁的人，但当张之洞所教给中国文人学士和统治阶层的这种马基雅维里主义，被那些品德不如他高尚、心地不及他纯洁的人所采纳，诸如被袁世凯这种天生的卑鄙无耻之徒所采纳的时候，它对中国所产生的危害，甚至比李鸿章的庸俗和腐败所产生的危害还要大。

八

当庚子灾变结束，朝廷回到北京之后，中国政府在全民族的支持下，开始致力于采纳欧化方案。——中日战争首次将欧洲那极端的物质实利主义文明的可怕怪物带到中国门口，置于中国古老文明的面前。此前，中国的文人学士虽然对这一可怕怪物感到惊奇、厌恶和憎恨，但他们仍然蔑视它，试图不去理会它对于中国人民及其文明可能造成更大的伤害。这个怪物远在欧洲，在另一个大陆，所以危害尚且遥远。而中日战争之后，中国及其文明与这种可怕的怪物——现代欧洲那极端的物质实利主义文明之间——就仅仅是一海之隔了。于是，在中国文人学士之中，便激起了一种异常强烈的忧患意识。其结果，自然是一场由忧患和激动所造成的疯狂。那些最坚定的保守派，甚至已故的光绪皇帝，也愿同康有为及其中国的雅各宾派，同这些打算把希腊人的木马引入特洛伊城①的人们合作。实际上，也就是要祈求和呼唤现代欧洲的物质实利主义文明之可怕怪物来援助中华民族。对此，反对的呼声蜂拥而起："我害怕希腊人，甚至怕他们的礼物！"（Tinco②Danaos et dona ferentes！）张之洞在这时候，正如我们所见到的，建议来个调和，但骄傲的满洲贵族起而声言"不可，我们宁愿像一个真正的人那样去死"，誓死抗拒（Perissons en resistant）。已故的帝国大臣除桐，一位中国一流人物和满族派成员便说："要亡么？要亡得正。"

---

　　①　这里是指引狼入室，引祸进门。在特洛伊战争的第10个年头，希腊人制造了一个大木马，内置勇士若干，特洛伊人听信一个战俘的谎话，将木马拖入城内。结果希腊人得以里应外合，攻陷特洛伊城。

　　②　Tinco，疑是"Tmeo"之误。

与此同时，对这种可怕怪物的恐惧，对现代欧洲实利主义文明可能即将占领中国并毁灭中国文明的可怕恐惧，迫使一般中国人、整个华北的农民发了疯，他们组成义和团，奋起支持满洲贵族。已故皇太后尽其最大努力设法摆脱这种困难而复杂的局势。但是，当外国海军袭击并攻占大沽口的消息传到北京之后，皇太后得出了"对战败的人来说，不再希望有任何救星便是唯一的救星"（Una salus victis, nullam sperare salutem）的结论。她同意下令向公使馆开火。于是，满洲贵族和整个华北的农民疯狂地、不顾一切地做出极端之举，要赤手空拳地将可怕的现代欧洲实利主义文明这一怪物，以及在中国的所有外国人统统赶入大海。就这样，中华民族以自身的文明资源，以满洲贵族的英雄主义和勇敢的义和团小伙子的视死如归精神——正如海军将军西摩尔的一个部将所看到的，他们如痴如狂地向现代欧洲的枪口冲锋，与他们的对头作孤注一掷的抗争，来保卫和挽救中国文明。可是，这最后一搏以失败告终。此后，中国人民得出一个结论——正如我将说明的，一个错误的结论——认为他们自身的文明资源，要对付现代欧洲民族物质实利主义文明的破坏力量，是无能为力的，没有效果的和不中用的。

九

因此，如我所说，当朝廷在庚子事变后回到北京时，中国政府在全民族的支持下，走上了欧化的道路。这里，我想指出的是，目前中国局势的可怕可悲之处在于，当中华民族决心抛弃他们自身的文明，采纳现代欧洲文明的时候，在整个帝国内，没有一个受过教育的人对现代欧洲文明的真正内涵有丝毫的了解。康有为及其中国的雅各宾，正如我们所见到的，只想通过一个单一的改革行动，仅凭皇帝的一纸"上谕"来欧化中国。若不是已故皇太后采取强有力的措施，成功地取消其外甥、已故光绪皇帝的统治权，镇压康有为及其雅各宾主义——那么，世人将看到一场可怕的悲剧：整个中华民族就像一个疯子一样行动起来，砸碎自己家中的所有家具，拆毁房子，代之以纸糊的家具和纸房子的假货。

已故皇太后在庚子灾变结束回到北京后，决定采取完全不同的行动。她绝不允许自己或任何别人像其外甥光绪那样行事，即听从康有为与中国雅各宾派居心不良的鬼话，按自己个人的意志颁布法令来改革和欧化中国。作为一个拥有高贵满族天性的满人，她个人对于欧洲文明的方法并没有什么好感。但作为一国之主——在这里，已故皇太后显示了她品德的完美和杰出的政治家风度——作为一国之主——她感到有责任让自己个人的愿望服从于全民族的意志。不仅如此，整个骄傲的满洲贵族也像她一样，出于高贵的满人天性，并不热爱现代欧洲文明的方法。这里，我可以指出，主要是那些暴发的买办阶级和一部分卑劣的文人学士，那些具有粗俗的中产阶级庸人智慧而缺乏像满洲贵族那样高贵天性的人——主要是他们这些暴发户和卑劣的文人士大夫，渴望欧洲文明的物质享受，因而叫嚣要欧化中国。这样，中国已故皇太后不得不以她伟大的人格，强迫骄傲的、生来倔强的满洲贵族服从全民族欧化的意志和命令。但尽管如此，她仍下定决心，每一个欧化中国的改革行动和措施，都不能个人说了算，包括她本人在内，而必须得到全民族充分而自由的认可——如得到代表民族意志的各部大臣，在京的其他名人显要，以及各省总督巡抚的同意才行。简而言之，已故皇太后决定，如果中国非要进行一场革命不可，它将是如伟大的英国公爵威灵顿（Willington）所说的："一场合乎法律秩序的革命。"①

---

　　① 非常奇怪，似乎没有人知道中国政府是一个不折不扣的立宪政府。所以如此，我以为乃是由于很少有人真正了解"代议政体"和"立宪政体"之间存在极大差别的缘故。一个立宪政府，它的执政者必须得到人民的拥护，按人民的意愿办事；而一个代议政府，它的执政者不仅要得到人民的拥护，按人民的意愿办事，而且人民的认可权还必须从形式上授给那些被选举出来的人民代表。中国，的确从来没有过代议政府，但中国政府又是一个得到人民拥护、反映人民意愿的地地道道的立宪政府。连外国人在受过挫折，吃过苦头之后，也知道在中国，上至皇帝，下至地方官，若得不到人民的拥护和支持，便会一事无成。事实上，中国的宪法是一种"道德上的"宪法，而不是"法律上的"宪法。正如英国宪法一样，后者与其说是一个"法律上的"宪法，还不是如说是个"道德上的"宪法。在中国，按照法律一个地方官虽然服从上司，但在自己的辖地却有绝对的自主权。一旦他违反了道义宪法，不按人们的意愿办事，他的衙门就会被拆毁，脑袋就要搬家。从法律上讲，皇帝的权力也是绝对的，但如果他违反了"道义上的"宪法，人民就会造他的反，他的王座就保不住。简而言之，在中国，人民对于皇帝和官员们的服从，不是一种"法律上的"服从，而是一种"道义上的"服从，是基于道德法律和儒家的"君子之道"。因此，我认为，中国的宪法是一种道德宪法（参见我译作《人生准则》的《中庸》第20章或16章）。

　　但在这里，我要特别指出的是，当人们谈论中国需要宪法时，应该记住，中国的文人学士现在想要和呼唤的不是立宪政府，中国现在已经是立宪政府了，而是"代议"政府。我认为文人学士们不该得到它，并希望他们永远也得不到。因为一旦中国有了代议制政府，中国文人学士们要做的第一件事，就是要废除中国的上议院——我指的是满洲贵族——随之而亡的将是满族的高贵品格。在此，我最后要说的是，外国人应像索尔兹伯理勋爵将说的那样："在中国，要把宝押对（put their money on the right horse in china）。聪明人，一点即透（Verb. sap.）。"事实上，那些自称为中国的朋友的外国人，不应敦促中国人制定什么宪法，而应把法国人茹伯的这些话说给中国文人学士听："去呼唤自由魂吧，不要呼唤自由人。道德的自由是至关重要的、必不可少的自由。从属就其自身而言总比独立要好。一个意味着秩序和条理，另一个则意味着孤立的自足。"然而，我不知道，在那些声称是中国的朋友，以给中国带来开化和文明为荣的外国人中，是否有一个人将我所引用的茹伯的这些话译成中文。从我与那些自称为中国和中国人朋友的外国人打交道的经验来看，实际情况正如约翰逊博士谈起"爱国主义常常是恶棍的最后逃避所"一样，在中国这儿，无论如何，"对于中国人的友谊，乃是失业的欧洲人最后的避难所"。——原注

第三章　满人重新掌权

一

继大侯爵曾国藩之后，中国文人学士名义上的首领是李鸿章。在中日战争李鸿章倒台之后，中国的文人学士则群龙无首。其结果，是中国的统治权，正如我所说过的，它曾经在太平天国叛乱时期从满洲贵族手中落入汉族文人士大夫手里，现在则又重新回到了满洲贵族手中。裕禄①，这位义和团暴动时在天津自杀的满人总督，继李鸿章之后做了直隶总督和北洋通商大臣。不过，他还算不上是满洲贵族的首领。成为满洲贵族首领的，是已故军机大臣荣禄②。他是中国的索尔兹伯理勋爵。

已故索尔兹伯理勋爵，是英格兰贵族阶层中最后一个不仅拥有卡莱尔极为欣赏的那种彬彬有礼的英国气派，而且在私人和社会生活中还拥有马修·阿诺德谈论诗时所称的——"气魄"的人。同样，中国的荣禄也是满族最后一个不仅具有高尚品质、尊贵气派，和人们常可以从有教养的满族青年身上看到的那种温文尔雅，还具有宏大气度、一种"大人阁下"——大贵族威严的人物。目前，我在北京见到的最为出色的满洲贵族，甚至于现在的摄政王，也没有索尔兹伯理勋爵和荣禄身上的那种"气魄"。除荣禄之外，近来满洲贵族中唯一的另一位具有"宏大气度"的人，是已故皇太后。皇太后不止是一位像英国维多利亚女王那样的伟大贵妇或女国主，她还是一位高贵的"不同寻常"的女性。③

---

　　① 裕禄（约 1844—1900），满洲正白旗人，喜塔腊氏，字寿山。监生出身，1887 年授湖广总督，因反对修芦汉铁路被降职。1898 年升为军机大臣、总理衙门大臣。旋任直隶总督兼北洋大臣。义和团运动初起时主张镇压。后清廷改剿为抚，他亦改为利用义和团以排外。八国联军攻占天津后，他败守北仓，北仓败，自杀于杨村。
　　② 荣禄（1836—1903），满洲正白旗人。瓜尔佳氏。字仲华。荫生出身。百日维新开始后不久，出任直隶总督兼北洋大臣，为慈禧太后所宠信。后得袁世凯密报，帮慈禧镇压了维新运动。义和团运动期间，他任军机大臣，节制北洋海陆各军。曾屡请镇压义和团，保护使馆。
　　③ 目前这一代皇室后人或满洲贵族成员，由于离群索居，其为人行事从某种程度上说，比较刻板生硬，过分自律，不够镇定自若，加之从小家境优裕，生长于温室之中，所以"不善交际"（gaucherie）。就连那桐和铁良也不例外。他们没有自信，也缺乏在上流社会有广泛交往、见过世面的人们的那种涵养（Savoirvivre）。——原注

　　然而，俾斯麦对于索尔兹伯理勋爵的看法，也同样适用于中国的荣禄。在谈到国务活动家和政治家的索尔兹伯理勋爵时，俾斯麦说道："他只不过是一块看上去像钢的涂色石膏"。相反，俾斯麦则与比康兹菲尔德勋爵一样，富有才华。无论是索尔兹伯理勋爵还是满人荣禄，都不曾自命为天才。相比之下，不管是俾斯麦还是比康兹菲尔德勋爵，则都费尽心机加强修养——以提高智识水平。另外，索尔兹伯理勋爵和荣禄的血液里，都只仅有英雄主义和高贵品格，可以说是块好铁或贵金属，但是他们却并未努力，或因太过执拗与骄傲，不屑于去努力把自己血液中的贵金属经由智识修养的精致坩埚与文火耐心地加以提炼，事实上，他们未能将其血液中的好铁冶炼成纯钢。①

　　结果，他们两个人，索尔兹伯理勋爵这个品格高贵的英国大贵族，与骄傲的满洲贵族荣禄——当他们在各自的国家处于危急的关头，而本人又负有最高责任的时候——两人都非但未能控制局势，反而听任局势的摆布。索尔兹伯理勋爵做梦也没想过要向南非的布尔人开战，更没想到要吞并德兰士瓦。但他听凭事态自由发展，直到南非共和国总统克鲁格（Kruger）送来了最后通牒之后，那个伟大而骄傲的赛希尔②的热血，才终于战胜了国务活动家和政治家索尔兹伯理勋爵，使他在战争爆发前夕的那场极其动听、令人难忘的演说中，怒火中烧，不可遏止。这一演说，读起来就像莎士比亚笔下科里奥兰纳（Coriolanu）的那场演说：

> 你有数不清的谎话！叫我撕裂心肺
> 也容纳不下。呀，奴才，你这该死的奴才！
> 原谅我，爵主们，这是我生平头一次
> 不得不骂。

　　其结果，是布尔战争的爆发和南非持续两年多的祸乱。同样，中国的荣禄——正如有一天保存在武昌总督衙门的电报会证明的——他做梦也不曾想攻打外国使馆，更谈不上要将所有外国人都赶出中国

---

　　① 子路，儒家学派中的彼得，那个孔子最勇敢的弟子初次见孔子的时候，孔子问他："汝何好乐？"对曰："好长剑。"孔子曰："吾非此之问也。徒谓以子之所能，而加之以学问，岂可及乎？"子路曰："学岂益哉也。……南山有竹，不揉自直，斩而用之，达于犀革。以此言之，何学之有？"孔子曰："栝而羽之，镞而砺之，其入之不亦深乎？"子路再拜曰："敬而受教。"——原注

　　② 赛希尔（Cecil），索尔兹伯理的本名。

去。要说正确和公正，外国人指责已故中国皇太后和荣禄处心积虑围攻使馆，要把所有外国人赶出中国，就好比指责已故维多利亚女王和索尔兹伯理勋爵在南非战争之前，阴谋发动布尔战争并吞并德兰士瓦一样。事实恰恰相反。荣禄尽最大努力，去抑制那些刺痛了自尊而发疯的满族王公们，保护在京的外国人，维护和平。当克林德男爵被董福祥①军纪涣散的部下杀死时，他心如刀割，给张之洞总督发出一封告别电报，绝望地呼叫："Tout est Perdu fors l'honneur."（一切都完了，只剩下自尊了。）实际上，像索尔兹伯理勋爵一样，荣禄听凭事态自由发展，漫无节制，直到外国海军发动猛攻，占领大沽炮台，他身上那骄傲的满族血液才占了上风。于是，他放开抑制之手，让端王带着疯狂的拳民、董福祥带着漫无军纪的甘军为所欲为。其结果，是华北骚乱一年有半，中国人民宁愿每年把千百万两白银送入外国国库。

这样，索尔兹伯理勋爵和荣禄一经考验，便表明他们正如俾斯麦所说："只是一块看上去像钢的涂料石膏。"孔子说："古之矜也廉，今之矜也忿戾。"②

二

议和完结、朝廷返京不久，荣禄便死去了。此后，庆王③继之成为满洲贵族的领袖。尽管中英两国社会状况有别，但庆王就是中国的贝尔福。像贝尔福先生一样，他是一个大悲观主义者，因而也是一个玩世不恭的犬儒。有些没有头脑的外国人，还有中国人，将这样一个事实，即庆王从其所栽培和庇荫下的那些有油水可捞的下属那里接受钱财和礼物，说白了也就是他受贿的事实，看重过了头。其实，庆王并不像李鸿章那样，对钱财本身怀有卑鄙无耻的贪婪之心，而是他身上那种玩世不恭的犬儒主义，使得他无所顾忌地从其被保护人那里接受礼物和金钱，

---

① 董福祥（1840—1908），甘肃固原人，造反起家，后被左宗棠收编。所属官兵多为甘肃人，称甘军。曾参与收复新疆之役。1897 年调防北京，编为荣禄所辖武卫后军。义和团运动爆发后，参与围攻使馆，杀死日本公使馆书记生杉山彬。（辜鸿铭此处有误，德国公使克林德并非为甘军所杀，而是被端王的虎神营士兵打死的）。庚子议和，董氏被指为"首凶"，但因他握有甘军实力，虑"激变"，清廷仅予革职处分。

② 语出《论语·阳货》。

③ 庆王，即奕劻（1836—1918），爱新觉罗氏。乾隆帝第十七子永璘孙。1884 年封庆郡王，1894 年封庆亲王。八国联军攻入北京后，他奉命留京，与李鸿章为全权大臣，与列强议和。后任内阁总理大臣。此人贪鄙昏庸、纳贿卖官，结私揽权，是袁世凯在京的靠山。

正如臭名昭著的罗伯特·沃波尔①爵士的犬儒主义使他在他那个时代容忍和庇护英国的"假公济私者"一样。沃波尔爵士曾说："每个人都有他的价值"。庆王则说："我的身后事，与我无关"（Apres nous, le deluge）。在庆王看来，如果一个无望世界上的无望政府，连他这个奢侈惯了的老头子及其一家老小也养活不了，而他自己又辛辛苦苦一辈子，为了挽救这个无望世界上的无望政府，耗尽了全部的房产、私人财物乃至自己的一生，在这种情况下，他这个老头子就要依靠自己来为自己及一家捞点外快了。假如英国的贝尔福先生是生活在乔治时代而不是维多利亚时代，他的犬儒主义将使他像罗伯特·沃波尔爵士一样，容忍和庇护"假公济私者"。假如他生活在中国，也会接受张伯伦先生及其伯明翰朋友的礼物和钞票，就像庆王接受袁世凯及其广东朋友所送的礼物一样。②

三

爱默生说："我们评价一个人智能的高低，要看他希望的大小。"因此，我在另一本书中曾指出，一个人或一个民族抱悲观主义，是其智能不健全或有缺陷的确切标志。——现在中国的满洲贵族，像所有国家的贵族一样，最初都是一个军事部族或种族，其专长在于能征善战。它从形成之日起，就更需要和更重视发展体力，而不是脑力或智力。因此，该部族的后代，甚至到了晚近，社会环境改变了，但一般说来，他们仍然不爱去进行脑力或智力方面的训练，加强这方面的修养。

然而，如果缺乏智能方面的修养，你就无法有思想，无法了解思想。进一步说，若没有深厚的智能修养，你就不能有正确的思想，而没有思想，便无法对现实作出说明，一个没有思想的人只能看见事物的外表，却无法见到事物的内涵，见到那物质客体的内在道德特质或精神价值。对于一个没有思想的农民来说，正如华兹华斯（Words-

---

① 罗伯特·沃波尔（Robert Walpole, 1676—1745），英国民主党领袖，两度任财政大臣（1715—1717，1721—1742），后一任时间极长，成为内阁事实上的掌权者。

② 在我与黄浦江的污泥之龙奋力拼搏的时候，一个上海的高级律师告诉我，按照英国的法律，除了法官和警察之外，受贿不算犯法。在华外国人，当他们听说一个中国官员，像上海道台这样的公职人员捞钱致富的时候，会立刻厌恶地指手画脚说，中国必须改革。而当上海和其他地方的国有公司经理，那些和上海道台或两江总督一样的公职人员，以自己公司的股份进行投机，稳操胜券地赚大钱，发大财的时候，英国人却说："这当然是不道德的，'它违反了最高的道德'。但是，唉，罢了，天天如此嘛。"——原注

worth）释怀所言：路旁的樱草就只是一颗樱草，再也没有任何别的
意义。简而言之，没有思想，人们无法说明和了解现实的内涵，而
没有正确的思想，人们便无法得知现实真正的内涵——那种现实内
在的道德特质或精神价值。①

因此，一个国家的贵族阶级，像中国的满洲贵族和英国的上层阶
级，因为他们缺乏智识修养，一般说来没有思想已无法理解思想，结果
也就无法解释和说明现实。然而，生活中的现实，就像古埃及的斯芬克
斯之谜一样，如若得不到正确的解释和说明，她就会将其人和民族一起
吞并——在太平时期，对于那些生活在古老的既成的社会和文明秩序中
的人来说，不必自行理解生活中环绕自己的种种现实——那由男人和女
人组成的社会，既成社会秩序和文明中的生活方式与风俗习惯。因为这
些现实已经得到了解释，绝对无需人们再去自行解释。然而，生活在革
命和"扩展"的时代——比如当今生活在中国和欧洲的人们——当文明
与文明相遇、冲突和碰撞之时，一个民族旧有的社会秩序、生活方式与
习惯，就像大地震中的陶器一样很容易破碎——在这样的时代，人们突
然面临新的现实，他们不得不对其作出正确的解释和说明，否则，新的
现实，就如同那埃及的斯芬克斯女怪，将要吞没他们、吞没他们的生活
方式及其文明。

在这样的时代，我们发现那些具有智识修养的贤者，像中国文人学

---

① 这里，我转述一幅弗雷德里克·特力乌斯（Frederick Treves）爵士在《灯笼的另一
面》一书中所提供的画面，它是描写中国的伯明翰广州的。中国的约瑟夫·张伯伦即袁世
凯的朋友和追随者们，还有中国的伦敦佬，那个布雷特·哈特（Bret Harte）笔下的阿新，
都来自这个地方。特力乌斯写道："广州是一个梦魇般的城市，一切都是那样令人不可思
议。街道阴暗狭窄不见天日，空气中散发着令人窒息的恶臭。巷子里挤满了菜色的人群，
有的衣着肮脏，有的裸露着黄皮肤。他们光着脑袋龇牙咧嘴，他们战战兢兢，鬼鬼祟祟，
从一条巷子移向另一条巷子，带着诡秘奇异的神情，使人一看见他们，就不由自主地想到
他们的邪恶、可怕的暴乱和刻毒的残忍。"对于这样一个没有思想的英国贵族来说，一个衣
着肮脏、拖着豕尾、黄着皮肤的中国人，只不过是一个拖着豕尾、皮肤泛黄的中国人而已。
他无法透过表面的黄皮肤看到其内在之物——那种中国人的道德特质和精神价值。如果他能
够的话，他将看到在拖着豕尾、黄着皮肤的中国人的内里，还别有洞天。在那里，他将看
到道教及其胜过古希腊男神女神的神仙群像；他将看到佛教及其无限悲天悯人的诗歌，它
们与但丁那深邃的诗歌一样的美妙、伤感和深沉；最后，他还将发现儒教及其"君子之
道"。几乎没有英国人能够料到，这种包含"君子之道"的儒教，总有一天将改变欧洲的社
会秩序并摧毁欧洲文明。但那个没有思想的英国人看不到这一切。对于他来说，一个留着
豕尾、黄着皮肤的中国人，就只不过是一个黄着皮肤、留着豕尾的中国人而已，再也没有
任何别的意义。——原注

士的代表张之洞，英国中产阶级的代表纽曼博士和格莱斯顿，他们有思想且能理解思想——这些人做出了真诚而英勇的努力，来说明解释新时代的新现实。但是，由于他们的智识修养肤浅，不够深厚，因而其思想不正确，只是虚假的不成熟的思想——他们对于新现实，也不能做出正确的解释说明，只能做出虚假的总体说来错误的说明。当他们发现自己错误的解释和说明拯救不了自己的时候，又改变主意去搞折中调和：以一种极端虚伪的理想主义来自行拯救。纽曼博士和张之洞这类人的极端虚伪的理想主义，正如我所说明过的，使得人们在宗教和道德上成为耶稣会士，在政治上则成为马基雅维里主义者。

另一方面，贵族阶级中人，在一个革命和扩展的新时代，由于他们缺乏智识修养，没有思想和不能理解思想——也就完全不能解释和说明现实。比如像义和团运动中的端王和疯狂的满洲王公贵族们，他们不去设法了解和认识现代欧洲文明的新现实，而是以英雄主义作拼死一搏，去对抗新的冷酷的现实——那可怕的现代欧洲文明的物质主义器械，诸如连发的来复枪和马格西姆枪。仰仗满族全部的英雄气概、勇武精神和高贵品格，去赤手空拳地与之搏斗。但这些新的冷酷现实，就像埃及的斯芬克斯女怪一样，以这种方式自然是无法将其战胜和赶走的。因此，在一个革命和扩展的时代，满洲贵族阶级的人们，当他们以自身所有的英雄气概和高贵品格去英勇抗击新时代的新的冷酷现实，而又无法将其战胜和赶走的时候，他们只能发现自己被可怕的新现实冷酷无情地击倒——不久，他们就拒绝再战。然后，他们掏出手帕揩干额上的汗珠说："好一个野蛮的讨厌东西！与这种绝对无法理解的野蛮东西作战是毫无益处的。罢了，罢了，如果我们要灭亡，就灭亡好了，反正五十年后，我们都难免一死，迟死早死又有什么关系呢？此时此刻，我们还不如将这个无望世界上的无望生活尽量过好。"由此，我们就能够了解像中国的庆王、英国的罗伯特·沃波尔爵士和贝尔福先生那样的人怎么变成悲观主义者，然后又由悲观主义者变成犬儒主义者的了。罗伯特·沃波尔爵士的犬儒主义使他容忍和庇护"假公济私"；贝尔福先生的犬儒主义使他能容忍约瑟夫·张伯伦先生，并培植和保护在南非的赛西尔·罗德斯（Cecil Rhodes）和杰米逊（Jamieson）博士；中国庆王的犬儒主义使他竟说："我死之后，即便天塌下来我也不管"，并对袁世凯及其广东朋友所送的礼物和银票来者不拒。

四

因此，我们发现，我所谓"一个人或民族抱有悲观主义，是其智能不健全和有缺陷的确切标志"一说完全正确。像纽曼博士和张之洞这样智识修养肤浅不深的人，他们具有不完善、不正确的思想，一旦面临革命和扩展时代的新现实，他们就变成了极端理想主义者，或者像拿破仑所说的空想主义者（idealogues），从极端理想主义者或空想主义者又变成耶稣会士和马基雅维里主义者。而耶稣会教义和马基雅维里主义，不过是悲观主义和犬儒主义的别名和伪装形式罢了。另一方面，像庆王和贝尔福先生这样的人，他们甚至连肤浅的智识修养也没有，没有思想也不能理解思想，因而变成了彻底的悲观主义者和玩世不恭的犬儒。

纽曼博士和张之洞那样的中产阶级代表，其高贵的天性使他们摆脱了其错误的人生观所带来的严重后果：虚伪的理想主义的结果。同样，庆王和贝尔福先生那样的贵族阶级代表，其英雄主义和高贵品格也使他们摆脱了其悲观主义和犬儒主义所造成的后果：那极端物质实利主义的结果。因此，尽管纽曼博士和张之洞在理论上都是耶稣会士和马基雅维里主义者，但他们在实际生活中所信奉的却与其持论不同，他们过着一种正直无私的高尚生活。同样，尽管庆王和贝尔福先生在理论上均为极端的物质实利主义者，并且最终变成了悲观主义者和犬儒主义者，但在实际生活中，贝尔福先生是一位温和的悲观厌世者，庆王则是一位好心肠的玩世不恭者。我相信，在英国，贝尔福先生是他的朋友们所尊敬的人物。而中国的庆王，我在北京时就曾听说，他受到仆人和随从们的敬重。

但是，在这里，我认为有必要指出——这一点非常重要——纽曼博士和张之洞这样的人，尽管其错误的人生观对他们自己的道德生活伤害不大；同样，庆王那样以犬儒方式供养自己及其家属的恶习，容忍张伯伦的贝尔福先生和赛西尔·沃波尔那类人的恶习——对他们自身的高贵气质也没有太大的玷污，事实上就贝尔福先生来说，他那种态度甚至还可能给他的高贵品质增光——然而，纽曼博士和张之洞错误的人生观，以及庆王和贝尔福先生的恶习，最终将对世界——对于世界文明，产生无穷的危害。因为耶稣会教义和马基雅维里主义使一个人或民族不可能有真正的道德生活；悲观主义和犬儒主义则使人或民族不可能有真正的智识生活，而没有真正的智识生活，真正的道德生活也是不可能的。孔子说："道之不行也，我知之矣。智者过之，愚者不及也。道之不明也，我知之矣。贤者过之，不肖者不及也。"（《中庸》第四章）

五

英国人有个"霸王"兰斯东①，中国人也有自己的"霸王"铁良②。铁良是中国的改良派和革命党的绊脚石（bête noire），兰斯东勋爵则成为英国激进党和社会主义者的嫌恶对象。中国的革命党人有充分的理由痛恨满人铁良，犹如英国人有足够的理由憎恶兰斯东"霸王"。因为兰斯东和铁良这种人不仅是"霸王"，而且是沙皇——一个上帝派来的可怕沙皇，其特殊使命是"逮捕流氓和无赖"，打击乱臣和贼子，消灭一切混乱与无政府状态。事实上，这两个人，是那欧洲必定要来的、甚至中国也可能要来的超人同类，除非欧洲人和我们中国人马上改弦更张，那个超人将会携带比俾斯麦首相的"铁血"政策更为可怕的东西来，不仅报复性地"改造"我们，而且残害和丑化我们及其全部文明——将文明中的所有精华，其香甜之处，美丽之处，乃至聪慧之处，统统糟蹋得面目全非。现代欧洲人，还从来没有见过这种可怕超人真正令人恐怖的面孔。大约两千年前，我们中国人就在本国与这个极其骇人的超人面孔打过了照面，直到今天，中国的文人学士一想起他的名字，就不寒而慄。他在中国，人称秦始皇，就是那个修筑长城的皇帝。这种超人，英国的兰斯东和中国的铁良只能算是其虚弱的代表，真正强有力的象征人物是中国那个著名的皇帝。这种即将来到欧洲也可能来到中国的恐怖超人——代表着"在公理通行之前，只有依靠强权"（La force en attendant le droit）。他是《旧约圣经》中犹太人的神，也是现代那些没有思想的英国人的神。希腊人称之为公正的审判官或报应女神。罗马人则称之为本丢·彼拉多，他不知真理为何物，把拿撒勒的圣人③与强盗巴拿巴不加分别地一并钉到十字架上。

现代欧洲人称这一超人为"警察"。这个欧洲"警察"现在也到了

---

① 兰斯东（Henry Charles keith Lansdowne，1845—?），英国政治家，一个强权人物。

② 铁良（1863—1938），满洲镶白旗人。字宝臣。曾任户部、兵部侍郎。1903 年赴日考察军事，回国后任练兵大臣，继任军机大臣，陆军部尚书。1910 年调任江宁将军，辛亥革命时，负隅顽抗，兵败逃。

③ 指耶稣。

中国。① 除非欧洲人不再做食肉兽，而我们中国人既拒绝变做食肉兽，又拒绝变成没有思想的英国人——这一"警察"、这一代表"公理通行之前，只有依靠强权"的"警察"，就会不断成长，直到他变成那种可怕至极的超人，有一天要毁灭全部文明，毁灭文明中一切有价值的东西，而留下一片荒漠并称之为秩序为止。

六

生活在革命的混乱时代和社会变革时期，那些品德高尚但缺乏智识修养的人，要想不变成丧失理智的疯子，或不变成使他人丧失理智的无政府主义者，存在以下三种方式：像纽曼博士和张之洞那类人，正如我们看到的，其学问或智识高于简单智识或常识，他们使自己免于疯狂，靠的是抛弃常识、变成极端虚伪的理想主义者，即变成耶稣会士和马基雅维里主义者。所谓耶稣会士和马基雅维里主义者，就是通过一种虚假的极端理想主义，一方面以宗教热忱的形式出现，另一方面又以热烈虚假的爱国主义相标榜的人。他们那自欺欺人的实践，实际上已经毁了自己的道德品质，但他们还在诓骗自己，以为由此保住了自身高贵的品格。再一种方式，就是中国的庆王和英国的贝尔福先生所代表的。他们的常识远远超过了学识，生活在乱世之中，他们使自己免于疯狂，靠的是置学识乃至高贵品格——置"道德法律"于不顾，变成悲观主义者和犬儒。悲观主义者是抛弃和扭曲了智识的人；犬儒则是在抛弃了高贵品格之后，又抛弃了"道德法律"的人。但是，悲观主义和犬儒，当其实际上抛弃高贵品格——抛弃道德法律的时候，却认为他们正以其坦率在挽救自己的高贵品质，挽救道德法律，而不像耶稣会士和马基雅维里主义者那样是通过自欺欺人。悲观主义者和犬儒坦白地说："如何进退，需要三思。"他们用莎士比亚笔下鲍西亚（portia）的话来为自己开脱："如果行善与知道何为善行一样的容易，那么小教堂就变成大教堂了，穷人的陋居就变成王子的宫殿了。"然而伏尔泰说过："C'est la malheur des gens honêtes qu'ils sont des lâches（胆怯是所有好人的不幸）。"

最后一种方式，可以英国的兰斯东勋爵和中国的满人铁良为代表。

---

① 上海的纳税人们应该好好反省一下了；否则，那个"警察"——我指的是"警察"的鬼魂——将逐渐膨胀，直到将整个租界建成一个大兵营供其居住，而所有非警察人员都将没有房子栖身。除非上海志愿队向道台衙门甚或南京进军，以武力迫使道台或两江总督把江苏全省都划归他们，扩大租界。有头脑的英国人应当铭记戈登将军的话："一个心怀不满的民族，意味着更多军队。"军队或警察越多，纳税人要掏出的钱就越多。聪明人，一点就透。——原注

他们既无常识又无学识，只有英雄主义和高贵品格。——这样一种人生活在乱世，要使自己免于疯狂，靠的是变成白痴。他们成了盲目巨人，有力量却没有眼睛——没有一丝一毫的智慧。但他们是道德上的巨人，他们所拥有的力量是一种"真正"的力量，一种道德力量。人们指责卡莱尔，说他不道德，因为他崇拜强力，殊不知所有"真正"的力量都是道德的——是一种道德力量。所有真正的力量都具有建设性，因而是道德的。而假的或虚伪的力量，虽貌似强大或自以为强大，其实虚弱不堪，就像那"看上去像钢的涂色石膏"一样——一旦付诸检验，会立马败北。它具有破坏性，因而是不道德的。所有真正的力量之所以具有建设性，是因为它总是力求建立秩序，即使在进行破坏的时候也是如此——因为必要的破坏正是为了建设——所有真正的力量所从事的破坏，都只是为了建设——为了建立秩序。①

盲目的力量——像兰斯东勋爵和满人铁良那样的人的无知无识的力量——是一种巨大的真正的道德力量，因为他们能够克己。孔子的一个弟子曾请教他何为真正的道德生活（仁），孔子回答说，就是"克己复礼"。因此，中国的端王及其拳民，以及英国那些鼓吹妇女参政的女人们所具有的那种狂热或高贵的疯狂，虽然是真实的力量，却并非是健全可靠的力量，因为他们不能充分地克制自己。在此，我可以顺便说一说，北京和外地的那些贫苦的满族家庭妇女——还可捎上日本妇女——所有这些高贵的妇女，处于无政府混乱时代，为了尽力保持她们的高贵品质，甚至比英格兰那些主张妇女参政的妇女遭受到更加残酷的迫害。但是我们中国的妇女，特别

---

① 真正的军国主义甚或战争，即真正的武力，并不是不道德的。但是，侵略主义或假军国主义，比如欧洲目前建造无畏战舰的竞赛，不惜浪掷金钱维持那些穿红色硬领制服的人们（指军人——译者）无度的消费来保证"和平"；这种侵略主义或假军国主义，在中国，正如我们知道的，它意味着捍卫各种条约中的"神圣权利"，意味着不惜浪掷金钱前来拜见已故皇太后，向她表示"真诚的友谊"，不是吻她的双颊或握她的手，而是在她的面前，在她那些扬子江岸饥饿的人民面前，把无畏战舰开来开去，耀武扬威。我说过，侵略主义，比如现代欧洲的假军国主义，不是真正的武力，而是腐朽的酿乱力量——它是不道德的。古斯塔夫·阿列а弗斯（Gustavus Adolphus）、奥伦瓦·克伦威尔和腓特烈大帝的真正军国主义，都不是不道德的。因为这些军国主义带来的结果，正如我们知道的，是持久的和平，对于欧洲人民来说，是一个更好的社会秩序和繁荣局面。但是，路易·拿破仑的侵略主义或假军国主义则不道德，其结果是一场大毁灭和巴黎公社的出现。约瑟夫·张伯伦的侵略主义或假军国主义也是不道德的，其结果并未带来和平与繁荣，而带来的是鼓吹妇女参政的那些女人，她们尖声叫喊并与英国警察搏斗。海军上将阿列克谢耶夫（1843—1909，俄国东亚舰队总司令——译者）的侵略主义，连上海人也该知道，它带来了——不说别的——起码是给上海带来了贸易萧条和一段难熬的岁月。——原注

是满族妇女和日本妇女①，却没有尖声叫喊去跟警察搏斗。她们只是以苍白的面容，倦怠的双眼，和凹陷的两颊做沉默的抗议。当一个生人从旁经过并试图与她们搭话的时候，这些苍白的面孔因太疲倦而失去骄傲，因太悲哀而不再美妙，她们以无声的尊贵移开目光，转身走开：

> 她转身凝视地上，
> 面容丝毫不为埃利阿斯的话所打动，
> 俨然一块坚硬的燧石或马尔佩斯山上的大理石。②

任何一个想要了解中国义和团运动狂热风暴的英国人，都应该到北京或南京贫苦的满族聚居区去走一走，看看那里本该成为最优秀的高贵妇女们所遭受到的摧残，如果他有些头脑，起码还有一点点高尚的人性，那么，他就会自愧无颜，悔不该谈论什么汉人或满人穷凶极恶、魔鬼无情之类混话了。简而言之，这些汉族和满族妇女，还有日本妇女，由于她们确实坚强，具有真正的道德力量，拥有孔子所讲的古代自尊的人们那种克己和沉静，所以，她们比英格兰那些尖声叫喊并与警察搏斗的现代妇女、那即使和她们遭受到同样的苦难、也必定没有她们坚强的妇女更有自制力。

七

言归正传。虽然满人铁良像兰斯东勋爵一样，没有荣禄和索尔兹伯理勋爵的"气魄"，但由于他们能够克己，因而也就摆脱了索尔兹伯理勋爵和荣禄特有的弱点：极端的急躁和任性。铁良，和兰斯东勋爵一样，以沉着冷静著称，在革命和国家剧变的时代，这是一种伟大而可贵的品质。借用一句俾斯麦的隐喻来说，如果荣禄和索尔兹伯理勋爵是看上去像钢的涂色石膏，那么铁良和兰斯东勋爵则是水泥——坚硬的水泥。引申一步说，在革命和扩展的时代，像纽曼博士和张之洞那样的人——拥有极端虚伪的理想主义，变成了"毒气"；像庆王和巴尔福先生那样带有极端物质实利主义倾向的人，则变成了"泥浆"。而像铁良和兰斯东这样的人，由于连何为理想主义何为物质实利主义也一概不知，仅仅具有英雄主义和高贵品质，便成了又硬又纯的水泥。对于奠基

---

① 辜鸿铭始终认为日本文明是真正的儒家文明，日本妇女是真正的中国式妇女。

② 原文如下：

Illa solo fixos oculos aversa tenebat,

Nec magis incepto vultum sermone movetur,

Quam si dura silex aut stet MarPesia cautes.

房子来说，水泥是一种非常有用的材料，它能用来抵挡暴风雨和洪水的冲击，保证房屋不至于整个地坍塌。然而，当环境迫使你不得不改变和扩建房屋的时候，那房中用水泥制成的东西不仅没有用，而且肯定还难以处理，妨碍你干事。要是赶上一场地震，那就连房子带房中的一切，都要一并遭殃。

隐喻的话就此打住。在一个国家，像中国的满人铁良和英国的兰斯东勋爵这样的人，他们固执，却有强烈的廉耻感和责任感；刻板僵硬，但确实正直诚实；酷爱秩序，勇武有气节（moral hardiness），又具有傲慢的抵抗力量；最为重要的是，他们还沉着冷静。

> 即使天塌下来，砸在身上，
> 他也绝不动摇，毫无恐惧。①

这样的人，在社会剧变和国家动荡时期，就抵抗和防止急剧的社会堕落、国民道德总体的败坏，以及社会与文明的彻底崩溃这一消极防御目的而言，是极为可贵的。纽曼博士和张之洞那种人极端虚假的理想主义没能起到防止作用。中国的庆王和英国的贝尔福先生那种悲观主义和犬儒主义，只能帮倒忙，将局面弄得更糟。

八

事实上，像兰斯东勋爵和满人铁良这样的人是现代清教徒：此种人，中国的铁良和英国的兰斯东勋爵——而不是像"谈起来就害怕"的英国人斯特德先生，汉口的杨格非②牧师、甚至于张之洞这种人——才是现代文明真正的清教徒。但是，这些现代清教徒是心中没有神的清教徒。无论如何，他们的神，我说过，跟《旧约圣经》中犹太人的神差不多。现代清教徒，像兰斯东勋爵和满人铁良那样的人，他们心中的神是——荣誉和责任。他们不知道也不承认《新约圣经》里的神，爱和仁慈。当仁慈之神向现代清教徒请求以更真确的道德法律，一个比讲荣誉和责任的法庭更高的法庭的法律："宽恕罪犯，体谅作恶和违法的人，乃至对不人道的人也以人道相待"——当仁慈之神请求按此种法律行事

---

① 原文为：Si fractus illabatur orbis,
Impavidum ferient ruinae.

② 杨格非（Griffith John，1831—1912），英国伦敦会传教士，1855 年来华，先在上海传教。1861 年从上海出发，遍历华中各省，为第一个深入华中的基督教传教士。最后卜居汉口，在两湖传教，有"街头传教士"之称。据说所设福音堂达百余座。曾在汉口创办博学书院，后改为杨格非学院，培养华籍传教士。著有《对中国的希望》、《中团的呼声》等书。

的时候，现代清教徒却回答说："我们的神是一个要求绝对忠实和崇敬的神，我们必须公正无私。"甚至于爱神——我们见到的那些面容苍白、双眼倦怠，两颊凹陷的满族妇女——恳请于他们时，也是徒劳。当爱神如此请求的时候，现代清教徒用缓和而冷酷的声音回答道：

> 我不能爱你这么深，亲爱的，
> 我对荣誉也不曾如此厚爱。

就这样，现代清教徒决定参加公平竞赛了。中国的铁良决心不惜一切代价，也要给中国建立一支强大的海军。兰斯东勋爵则要在英国继续建造无畏战舰。与此同时，中国的满族妇女那苍白的面容越来越苍白，两颊陷得越来越深；而在英国，要求女人参政的妇女则尖声叫喊着与警察搏斗，到头来，不是自身的女人味消失殆尽，就是一命呜呼。现代清教徒们就这样公平竞争下去，直到总有一天，现代欧洲将会听到一声大叫，就像两千年前在古代欧洲所听到的那样，当时，他们把《犹大书》① 中那个拿撒勒的圣人钉在十字架上——叫喊着："潘神②死了！"简而言之，跟古代清教徒一样，现代清教徒，比如铁良和兰斯东勋爵这种人，他们太过刚直耿介，太道德了，不可能去冒一个不道德的险，因而也就无法维护道德和文明于不堕。

因此，对于那种积极的扩展和重建工作，那种开阔心胸便于了解在实践中所遇到的新时代的各种新情况，并懂得如何处理这些新情况的积极工作，像中国的铁良和英国的兰斯东勋爵这样的人，当然是毫无用处的。不仅如此，甚至于让他们去做那种激励工作，正如我所说过的，那种满洲贵族在中国社会组织结构中所肩负的特殊任务，他们也难以胜任。因为他们太过刚直刻板了。他们品质高贵，就像是一朵美丽的花，一朵晚秋的菊花，生长在阴冷的寒空下，沐浴不到阳光——太冷，太无光泽和缺乏热度，万不能打动人的心灵、温暖他们的情怀，点燃他们的激情。要想激励民族扩展工作——达到激励的目标，就必须以激情去点燃一个民族的火热之心，从而实现灵魂的扩展，使之能够容忍和接受新的观念。在这种情况下，你需要的是那些品德高贵的男人和女人具有爱心，具有强烈的激情，他们热情奔放，可以发狂，像中国的端王及其拳民，或者英国那些主张妇女参政、实实在在与警察搏斗的女人一样。正

---

① 《犹大书》，《新约圣经》中的篇名。
② 潘神（Pan），希腊神话中的人身羊足、头上有角的畜牧神。

如我的一个苏格兰女朋友最近来信所说的："她们主要不是为自己着想，而是为了她们那更贫苦和不堪折磨的姐妹们。"①

孔子说："不得中行而与之，必也狂狷乎！狂者进取，狷者有所不为也。"

九

如果说铁良是目前中国的满洲贵族中最坚强和最好的典型，那么端方②便是最软弱和最坏的典型。端方是中国的罗斯伯里勋爵。英国的罗斯伯里勋爵同中国的端方一样，又跟著名的或声名狼藉的白金汉公爵韦利尔斯③属于同一类人。这位白金汉公爵，就是德赖登④讽刺诗里的那个齐木里（zimri）：

> 他如此多能，仿佛不是
> 一个人，而是全人类的缩影。

的确，德赖登对软弱、轻浮、不忠不实、聪明过人的白金汉公爵的无情描绘，尽管时间和社会状况可能不无差异，但却同样可以用在英国的罗斯伯里勋爵和中国的满人端方这两个现代名人身上。因此，我毫不客气地将德赖登那首令人叹赏的妙诗，全文抄录在此：

> 他如此多能，仿佛不是
> 一个人，而是全人类的缩影。
> 他固执己见，所见总是荒谬，
> 他什么都做过，没有一事能够持久；
> 然而，月亮轮回一遍之间，
> 他却成了化学家、提琴师、政治家和小丑。

---

① 今日英国那些"市井之人"，那些没有高贵品质的悲观主义者和犬儒，他们对法国人以其更灵敏和细腻的感觉称之为"la brutalité des journaux anglais"（"英国新闻的暴行"）的东西，那种他们无法理解的东西负有责任。——英国的市井，他们不是公正地考虑和人道地对待"女拳民"或英国如今的那些女权主义者，而是用粗俗和不正经的称呼来嘲弄这些贫苦的不堪折磨的高贵疯妇，以此表明其无耻的犬儒主义或卑鄙的恶毒，就像上海的一份最有名的英文报纸习惯于称中国富有"贵族之风"的妇人——已故皇太后为"女仆"一样。——原注

② 端方（1861—1911），满洲正白旗人，托忒克氏，字午桥。1899年护陕西巡抚。1900年慈禧逃到西安，他拱卫周祥，得宠署湖广总督。1904年调江苏巡抚，摄西江总督。1905年与载泽等五大臣出国考察宪政，四国后，建议朝廷预备立宪。1909年因在东陵拍摄慈禧葬仪，被摄政王免职。1911年起用为督办铁路大臣。在镇压四川保路运动中，被起义新军所杀。

③ 韦利尔斯（Ceorge Villiers，1592—1628），英国海军将领。

④ 德赖登（John Dryden 1631—1700），英国诗人和戏剧家。

> 责骂和颂扬是他的经常论断，
>
> 为要显示高明，他总是走上极端。
>
> 挥金如土，是他特有的能耐，
>
> 无事不赏，唯有弃他一事除外。
>
> 傻瓜骗他，他知情为时仍晚，
>
> 他嘲弄别人，别人却骗走他的财产。
>
> 离开官廷他自嘲不断，然后组建政党
>
> 将心自宽，但主席职位从来与他无关。

威廉·约翰逊·科里，罗斯伯里勋爵在伊顿公学的教师，谈起年轻的达尔门尼（罗斯伯里在公学时的名字）时所说的话，也完全符合满人端方。威廉·科里说罗斯伯里"不愿手掌上染上灰尘"。然而，一个不愿让手掌沾上灰尘的人，生活在无政府混乱时代，要想在人世上取得成就和进步，赢来地位、荣誉、名望和显达，不去辛勤工作和奋斗，不去拼搏到"手指关节失去血色"——这样的人，是不可能有固定不变的操守的。孔子说："善人，吾不得而见之矣；得见有恒者，斯可矣。亡而为有，虚而为盈，约而为泰，难乎有恒矣。"

满人端方，很年轻时就当上了部堂衙门的主事，属于北京有名的"公子哥"。大约二十年前的北京，有三个衙门主事以放荡、奢侈闻名。直到今天，北京妓院的那些老鸨还记得并谈起"大荣"、"小那"和"端老四"。大荣就是荣铨，庚子暴乱时期任浙江按察使，被外交团列上黑名单，遭到流放。小那就是那桐①，现在北京外务部的尚书。最后那个端老四，就是现在的端方，直隶总督兼北洋大臣（治所在天津）。这三个年轻的满洲贵族，入仕都很早，可谓少年得志，大有"不可一世"之气概。——北京的长者们对他们的看法，与威廉·科里对罗斯伯里勋爵的评论颇为一致，都认为他们"有些不祥的鬼聪明，却不乏风趣"。简而言之，端方，正如我所说过的，入仕之初，属于北京"花花公子"中的佼佼者。

作为花花公子，不能也不必有什么原则或宗教信仰，对于所有的花花公子，北京的也好，上海的也好，巴黎或伦敦的也好——除了信奉人

---

① 那桐，生卒年不详。满洲镶黄旗人，叶赫那拉氏，字琴轩，光绪举人。初任户部主事。八国联军攻入北京后，充留京办事大臣。1903 年为外务部会办大臣。1906 年授体仁阁大学士。1909 年为军机大臣。皇族内阁成立时，为内阁协理大臣。后病死。

人都必须投机钻营，知道利益所在之外，他们没有任何原则。再者，所有花花公子，除了信仰"享乐宗教"之外，也没有任何宗教信仰。然而，带着享乐的念头加上时髦的原则去投机，一般说来都好景不长。除非一个人碰巧特别幸运，像英国的罗斯伯里勋爵那样，娶个百万富翁的女儿——享乐的信仰，我说过，一般说来，很快就会以破产告终，不仅身体玩完，品德丧尽，名誉扫地，而且还会出现现代人特别是现代花花公子最为害怕的情况，它比赴汤蹈火还要可怕，那就是因负债累累而完蛋。与此相应，我们发现，端方，那个北京最放荡的花花公子之尤，那个衙门中年轻的满人主事，抱定享乐主义，尽情奢靡不几年之后，大约在中日甲午战争时期，即便实际上没有破产，实践上也是负债累累了。于是，破产的端方，那个年轻的满洲贵族，有了伦敦或巴黎的花花贵公子们在同样处境中的表现：尽力出卖或典当自己作为一个贵族的名望，实际上，就是把自己在北京名公子中佼佼者的身份转换成现金。换言之，为了现金或骗取现金还债，端方与那些金融界人士——银行家和买办们拉上了关系，交上了朋友。这些人，对像他这样的贵族兼名公子当然另眼相看，他们将其不仅当成一件难得的装饰品，而且视作一件有商业价值的宝贝。于是，端方成了天津汇奉银行买办、臭名昭著的吴调卿①那类人的赞助者和知心朋友。实际上，端方在天津还真的开办过银行，或者把他的名义借给这些银行。我可以顺便提一下，在义和团之乱爆发后，这些银行倒闭了，端方那时正在署理湖北巡抚，他厚颜无耻地拒绝偿还债务。当他的债权人把他的负债票出卖给一个在天津的美国公民时，他便求助于美国驻华公使康格先生，让他阻止那个美国人干预此事。

十

但是，中日战争之后，端方发现，与天津的买办和李鸿章豢养的德国犹太狗拉关系的骗钱术已然过时，他找到了更好的摆脱负债困境的出路。因为这时候李鸿章已经垮台，康有为和其他中国激进党人正以暴烈和凶猛的雅各宾主义勃然而兴。端方，这个破了产的满洲贵族，还有那个从朝鲜回国的破了产的"暴发户"袁世凯，与激进派和雅各宾党人携起手来，共同拥护康有为的变法事业。作为回报，在已故光绪皇帝发布

---

① 即吴懋鼎，字调卿，安徽人，早年为天津汇丰银行买办。后为李鸿章的淮军购买军火。戊戌时期为农工商总局的三名主事之一。曾创办天津火柴厂等。

变法诏令之后，那个同天津汇丰银行前任买办吴调卿搅在一起的端方，被赏给三品内务府大臣的职位，并兼任农工商总局监督。然而不久以后，康有为垮台了，其党徒被送上了断头台。但端方倒一点也不狼狈，这位公子哥诡计多端、厚颜无耻——他来了一个一百八十度大转弯，利用约翰逊博士称之为恶棍最后逃避所的"爱国主义"大做文章。实际上，康有为刚一倒台，已故皇太后重掌政柄时，端方就以中文白话写了一首爱国歌——肉麻地颂扬已故皇太后及其辉煌政绩。由此，他得以摆脱了与康党及其雅各宾主义之干系的严重后果。

但尽管如此，对于这个破了产的、以爱国主义作为最后逃避所的满洲贵族来说，北京已是无法容身。他打通关节，得以外放，成为陕西按察使，不久又升为陕西布政使。拳民乱起时，他迁为代理陕西巡抚。起初，谣言纷纷，传说义和团已经得手，并消灭了海军上将西摩尔率领的海军增援部队。陕西的端方便兴高采烈地给已故湖广总督张之洞发来一封电报，劝他炸毁汉口和所有长江的通商口岸，以切断来自上海外国人及其军舰上的一切给养。张之洞不得不回了一封措辞严厉的电报，告诫这位以爱国自居的年轻的满人巡抚说，形势严峻，万万不得有此种儿戏之举，让他最好还是维持好本省的秩序。一向乖巧的端方幡然悔悟，他立即又来了一个一百八十度大转变，不仅竭力保护陕西境内的传教士，而且对他们极尽谄媚讨好之能事。

从陕西巡抚迁为湖北巡抚后，端方感到爱国主义并非生财良途。于是又抛弃爱国主义，选择更好的赚钱之道——与外国人交朋友，特别是与那些有利可图的重要人物拉关系。不过，他有时候也与那些无业的、把对中国的友谊作为最后避难所的外国人交往。这些外国人有奶便是娘，能忍受并欣赏这位满洲破落贵族那种骄横凌人和放肆的戏谑与嘲弄，因为他是个总督。我顺便在此指出，就我所知，端方是满族高级官员中唯一一个言谈举止最无教养，令人讨厌的人。已故张之洞总督就极其憎恶此人。记得在武昌的时候，有一次，他模仿端方那晃晃荡荡的步态，咬牙切齿地说："这个人，居然成了一省的巡抚！"话扯远了。然而，端方也常常发现自己吃了亏，他同后一种外国人交往经常是一无所获，我说的后一种外国人，指的是那些无业的洋佬。事实上，德赖登谈论白金汉公爵的那些话，也同样适用于端方及其外国朋友：

　　傻瓜骗他、他知情为时仍晚，

他嘲弄别人，别人却骗走他的财产。

无论怎么说，端方有他的癖好，而他那些并不傻的外国朋友——那些精明的美国人，则迎合他的癖好，诸如爱好搜集中国和埃及古董之类，甚至于用黄浦浚治局的淤泥去激励他。而当端方有话可以戏弄他们的时候，那些精明的美国朋友和其他洋朋友们，已经是大笔酬金到手，或者是已经搞到了一笔中国国家的赔款。

我不必再谈端方的官宦生涯了。谁都知道，他通过炫耀与外国人的友谊，受命到欧美各国考察宪政，是同行五大臣之一。对于端方来说，无论是考察宪政，还是与洋人友好都不是目的，只是投机的手段。这时他盯住的是两江总督的职位。果然。他考察归来便如愿如偿。当上两江总督后，端方像罗斯伯里勋爵一样，又变成了一个帝国主义者——帝国主义意味着好大喜功，一事无成，如约瑟夫·色菲斯（Joseph Surface），大谈高尚优美的情操，却挥金如土。正是这种空洞的帝国主义精神，使得端方不惜重金在南京修建一所特别学校，专门教育那些出生在爪哇和其他荷属殖民地的中国男孩。同样是出于这种空洞、虚幻、和无良心的帝国主义，端方在他所统辖的人民饿死或几乎要饿死的时候，竟然设计建造了一个优美的公园，它的兽圈里有两头小狮子——几乎花了一百万两银子！事实上，端方自打成为北京花花公子的一员，到如今当上大权在握、关系到数百万人民生命财产的总督，他始终依然故我，从来忘不了也改不掉了那挥霍钱财的特有技能。早年他破落败家，今日则将其统治下的各省——湖北、湖南、江苏、安徽和浙江搞得元气大丧，濒临崩溃的边缘。上海的中国士大夫文人给他取了一个外号，称之为"债帅"。他们还把《上海周刊》送给我们上海的荣誉市民福开森①博士的戏称，也用在端方身上，名之曰："应变有方"。

不错，已故的张之洞也滥用公款，但他本人的生活却很清廉。环视整个中国，没有一个总督衙门像张之洞当总督时的武昌（湖广）总督衙门那么破烂，待遇那么差。在此，我可以自豪地说，我们所有这些在张之洞手下当差的人，都同我们的首领一样清廉。我在武昌的老友和同僚

---

① 福开森（John Calvin Ferguson, 1866—1945），美国人。1888 年来华传教。创办汇文书院。1897 年辞教会职，协助盛宣怀创办南洋公学。曾充盛宣怀和端方的顾问。民国后，还曾任北洋政府和国民党政府的顾问。他研究中国美术有成绩，是著名的"中国通"。

梁敦彦，现在的外务部尚书，当他被迫接待盛宣怀，即那个后来的督办铁路大臣，那个李鸿章寡头政治集团里面最富的成员的造访时——不得不把一条家常红毯子扔过去盖住客厅里那个破烂坍塌的土炕即中国人的沙发。

但是，满人端方及其在他手下当差的人却与此截然不同。他们滥花公款，为的是所谓的帝国主义。他们以为自己过奢华的生活是责无旁贷，以便激励和带动他人（pour encouroger lesautres）。激于一种帝国主义的梦想，端方盼望把中华民族搞得富裕繁荣起来，他认为最好的途径，莫过于身先士卒，带个好头，无论想什么办法，先把自己变成豪华富翁再说。实际上，已故张之洞，正如我们已说明的，他揭橥一个莫名其妙的站不住脚的理论，以为中国人就个人来说，必须严守儒家原则，努力去做一名真正的儒门君子，而中华民族——整个中国则必须抛弃儒家原则，去变成食肉野兽；而端方，及其像他一样的中国人，则揭橥更为莫名其妙的理论：认为中华民族必须坚守儒家原则，同时民族中的个人则不妨抛弃这一原则，见机捞它一大把，以赢得那"不沾灰尘的手掌"——在丧失天良的生活中获得成功。一句话，在现时代，一个自称帝国主义者的人，像英国的罗斯伯里和中国的满人端方，就如同莎士比亚笔下的奥菲丽亚（Ophelia）所说的那个牧师一样：

> 他指给别人一条险峻多刺的天堂之路，
> 自己却像一个无所顾忌的放荡人物。
> 踏上樱草嬉戏的快乐小径，
> 对自己给予他人的忠告满不在乎。

十一

下面，我们来做一个综述。端方是一个彻底丧失了英雄主义和高贵品质的满洲贵族。两年前，我在北京时，曾听他的一个幕僚对已故张之洞说：如果政府举行一场考试，设奖考一考中国的督抚之中谁没有良心，那么端方总督必得头奖。年老的张之洞极为痛楚地苦笑了一下，点头表示同意。实际上，近来，无良心的端方对于中国官场风气的败坏，比任何一个高级官员都严重，除了袁世凯之外。说句公道话，端方比起袁世凯来，还是要强得多。在血液里，他毕竟有或者说曾经有过英雄主义和高贵品格。而暴发户袁世凯除了贪婪、伶俐和狡诈之外，实在一无所有。他那种狡诈，卡莱尔称之为狐狸之智，一种缺少优雅成分的智识，或者说是被欲念强化的常识。就端方而言，他身上那种满族英雄主义和高贵品质的毁坏，使他感到痛苦，就像罗斯伯里患下可怕的"失眠症"一样。相反，那些骨子里卑鄙无耻的人，如袁世凯，他们那无良心的、乃至于荒淫无度的生活，只能使他们变得越来越肥，油腻腻，矮墩墩。其实，端方这种人，在本质上还不算卑鄙无耻，只是道德品质被其轻率、任性和固执的自我放纵削弱和毁坏了。——这种人对一个国家和民族最大的危害在于，他们身居高位以后，那些寄生虫，国内的那些邪恶分子便蜂拥而至，聚集到他的周围，像一块臭肉上的蚂蚁或杆菌，不仅损害这些虚弱者自身的身体，而且危及一个民族和国家的道德命脉和物质命脉。最近当端方离开南京北上时，一个中国学者兼诗人在上海报纸上发表了一首讽刺诗，极为辛辣，其中有一句是："狐鼠都来穴建康"（所有肮脏的动物，如狐狸、老鼠，都来这里搭窝造巢）。简而言之，像中国的端方和英国的罗斯伯里勋爵这种人，其最大危害在于，当他们成为首相或总督时，正如德赖登对白金汉公爵的描写那样：

> 挥金如土，是他特有的能耐，
>
> 无事不赏，只有弃他一事除外。

孔子说："色厉而内荏，譬诸小人，其犹穿窬之盗也与？"[①] 这就是孔子对于英国的罗斯伯里勋爵和中国的满人端方这种人、这种自称为帝国主义者的现代型新人所作的描绘。

十二

在本文的开篇，我曾对满洲贵族及其英雄主义和高贵品质说过许多赞赏和表扬的话，人们可能会因此认为我著此文乃是利害攸关，偏爱使然。其实，我赞赏和要表扬的，乃是中国满洲贵族至今依然的那种良好的质地和高贵的气质。不过，我必须指出，中国满洲贵族目前的实际状况，确实离值得赞扬还差得很远。

跟英国贵族一样，满洲贵族最初是个军事部族。明朝末年，中国复兴时代伟大的爱国皇帝——我指的是明朝开国皇帝[②]，他的后人经过苦战，终于将蒙古游牧民族赶出中国，恢复了尚武精神和高贵品质，即古代中国的豪侠之风——后来，大约三百年前，中国的统治阶级又一次退化了，丧失了其高贵品质，无法保卫中国文明。当时，未退

---

① 语出《论语》第十七章。
② 朱元璋。

化的，只有生活在白雪覆盖的深山中的那些北满部族——他们最初仅有二十八甲①——因此，他们不得不进入中国本土，来指导和协助中国统治阶级，照管好中国人民的道德生活及其物质福利，并保卫中国文明。简而言之，中国现有的满洲贵族，最初是一个军事部族，后来成为了整个国家的核心和潜移默化的内在力量，它激励、改善并形成了中国的新统治阶级。

然而，跟英国的不列颠贵族一样，中国的满洲贵族打败了汉人，赢得并重建了中华大帝国。此后，他们逐渐地不把具有古老文明的大帝国视作人民托付给他们照管的神圣之物了，而只把它看作祖宗的遗产或既得利益，认为有特权享用，而没有任何责任。因此一味地花天酒地、以为可推动劳工阶级的利益，促进商业繁荣。有个真实的故事，讲一个无知无识、颇有来头的满族高级官员，太平天国暴乱前受任为两广总督。这位出身名门的满洲贵族，把全部时间都用来搜集和玩赏玻璃器皿和鼻烟壶上，当有人规劝他要他好好尽一个总督责任的时候，他说："我的责任！笑话！哎，难道你不知道我们满人受圣上的鸿恩，被派来当总督，不是来办什么事，而是来享福的?!"可惜，我们中国没有像法国格拉蒙特公爵的回忆录和英国最近出版的卡狄根夫人回忆录这样的书，将太平天国前中国上层社会的腐败情形如实记述下来，传之于世。不过，我们中国有一部著名小说叫《红楼梦》。据可靠说法，书中内容是以纯粹的事实为根据的——它记述的是一个名叫明珠的满洲大贵族家族的兴衰。它的衰落，乃和珅的垮台所致。和珅是乾隆朝权势显赫的政治家，以贪婪著称。后来被乾隆的继位者嘉庆皇帝给杀掉了。但《红楼梦》在写作手法和风格上与《金瓶梅》不同，《金瓶梅》才是真正的写实主义小说。它描写了明朝末年的社会状况，比左拉的任何一部小说都更有力度。《红楼梦》所描写的是没有高尚理想的社会生活：上流社会的男男女女，除了吃、喝、穿戴、互相调情之外，没有一点正经事情——所有这一切，都只是略施淡墨，描个轮廓而已；那些违反了第七条戒律②的无味细节，只是一笔带过，并未大加渲染。不过，《红楼梦》尽管算不上是写实主义小说，但它所反映的满洲贵族中上层人物堕落的程度已经很是惊人了。

---

① 满人最初的基层组织，带有军事部族的特点。

② 指基督教中上帝予摩西"十诫"中的第七条，即"不可奸淫"。

从小说里所描写的一件小事便可见一斑。书中的角色之一在谈及这个满洲贵族大家族时，曾说："整个王府内外，也只有府前那两个大狮子是干净的了。"

的确，在太平天国叛乱之前，正如我在本文开头所说过的，由于丢掉了尚武精神和高贵品质，丢失了高尚理想，结果，堕落了的满洲贵族，无法给予国民所期望的高贵引导——正是这一切。造成了卑鄙无耻的浪费性消费，最终招致了那场太平天国大叛乱的灾难和激变。如果说在太平天国叛乱之前，中国的满洲贵族实在犯下了大罪，那么，他们在太平天国叛乱中已经受到了应有的惩罚：那些头扎红巾的狂热的叛乱分子，突如其来、气势汹汹地杀入那些无忧无虑、尽情享福、腐化堕落、享有各种特权的满洲显贵驻防的城市。正如那位希伯来预言家所说的："地狱已因此自动扩大，并张开了它那无边无涯的大嘴，他们的盛名，他们的民众，他们的荣耀，他们所拥有的一切，都不得不落入那张巨嘴之中。"事实上，太平天国叛乱刚刚爆发的时候，驻防在不同城市的许多满族显贵，几乎全部丧命：老人、青年、男孩、妇女、女孩、婴儿——统统被狂怒的太平军赶尽杀绝。所有满人和站在满人一边的汉人，都被称之为"妖"或"阎罗"，必须加以斩杀。

在太平天国叛乱之后，正如我们所看到的，中国的统治权，也从满洲贵族手中落入到中产阶级文人学士手里。由于丧失了在国家政治中的主动权，中国的满洲贵族便无力发挥他们在社会组织或社会秩序中的应有作用——激励和引导中国人民去过一种高尚的国民生活。既然无力发挥应有的作用，那么他们在中国的社会结构中，也就没有存在的理由了。简而言之，如同不列颠贵族组成了英国上议院一样、享有特权的中国满洲贵族，也构成了一个异乎寻常的中国"上议院"。因此，除非从外部来人，或从他们内部出现强有力的成员，着手改造满洲贵族，给其体内注入新的生命力，我们中国的"上议院"，犹如英国的上议院一样，将不得不被废除。但紧接着，我们就会陷入两难境地，如果我们按照中国的改良派和革命者打算做的那样，学英国的激进党和社会主义者，把上议院解散——那么我们就会丧失英雄主义和高贵品质，国家便会失去英雄主义和高贵品质的集结点与重振的依托。

十三

眼下，马修·阿诺德对他那个时代英国贵族的看法，用在中国的满洲贵族身上也是合适的。他说："真不知道，世界上是否还有人像我们上流社会一般英国人这样，对于世界的现实变化如此的无知、迟钝，糊里糊涂。他既无思想，也没有我们中产阶级的那种严肃认真态度。正如我常说的，这种严肃认真态度，可能是本阶级得以拯救的伟大力量。唉，当听到贵族阶级中一个年轻富豪兴致勃发，以一种玩世不恭的态度对财富和物质享受大唱赞歌时，我们勤劳的中产阶级中人，即便庸俗透顶，其良心所在，也会吓得倒退几步。"

说起我们的满洲贵族缺乏智识，任何一个与北京汉人称之为满族大爷的人因公打过交道者，都能告诉你这么一个头戴蓝顶子或红顶子的白痴，他会毫无理由地与你辩论不休，纠缠没完，而根本不懂什么叫交涉或辩论，一直到你觉得非逃之夭夭不可，不然你就得气疯，被迫犯下谋杀之罪，因为你忍不住要去掐他的脖子，把那个面无血色、两眼无神、絮絮叨叨的白痴给憋死。不过，目前在中国，满洲贵族最大的缺点，还在于他们缺乏严肃认真的态度。现任摄政王是个例外，在我看来，他倒是有点过于严肃认真的毛病。我在北京见过的大多数满族王公和其他名流，他们不仅没有意识到当今国事的严重，也没有意识到在国家财产方面他们那特殊化的、朝不保夕地位的危险性。正如拿破仑说起上个世纪的法国顽固派那样，现在中国的满洲贵族自太平天国叛乱以来，甚至于义和团灾变之后，虽然吃尽了苦头，却丝毫也没有接受教训。他们所剩下的唯一一样东西就是骄傲——那种门第高贵、身无分文的苏格兰少女的骄傲。

当然，我以上所说也有许多例外。目前的满洲贵族中，像铁良等人，便有强烈的荣誉感和责任感。中国的满洲贵族最杰出的道德品质，那种或许可以拯救自身的伟大力量——是他们的纯朴和耿直（guileessness），即便是今天，满人虽然有许多缺点，但仍然是一个不狡诈的民族，一个具有伟大的质朴心灵的民族，其结果，是生活简朴，清风可操。现任外务部侍郎联芳[①]，曾留学法国，在李鸿章手下供职多年。他本有机会像李鸿章手下的"暴发户"们那样大捞一把——然而现在，他大概要算是中国留过洋的人当中最贫寒最清廉的一个了。还有一个锡良[②]，现在的东三省总督。他是从小知县做起，最后升任大总督的。其

---

① 联芳，汉军镶白旗人，字春卿。同文馆卒业，曾赴法留学。1910 年由外务部侍郎升任荆州将军。

② 锡良（1853—1917），蒙古镶蓝旗人，巴岳特氏，字清弼。同治进士。初在山西任知县，逐级升迁。1900 年任山西巡抚。后又曾任湖北巡抚、河南巡抚、热河都统、四川总督、云贵总督。1909 年授钦差大臣，任东三省总督。

生活也很清寒，是个廉洁的人。说实话，要是不怕把这篇文章写得太长，我本可以再举出官场内外我所认识的许多满人贵族的名字，他们心地质朴，举止优雅，并有法国人所谓"发自内心的得体的礼貌"（la politesse du coeur）。他们都是真正的君子，一旦知道怎么办，就会毫不犹豫地去尽职尽责，一旦听到召唤，便不惜为了君国的荣誉献出生命。在此，我还想再提一下满族妇女。特别是较为贫寒的满族家庭里的那些妇女，她们靠朝廷补贴的微薄俸银为生，自己过着克己的、半饥半饱的生活，像奴隶一样做苦工，努力成为一个贤淑之妇，去尽自己对孩子、丈夫、父母和祖先的责任。①

十四

总而言之，公平合理地观察中国目前的种种混乱和颓败状况，我必须指出，那种最好的材料，凭借它可以产生出一种新的更好的事物秩序，一种真正的新中国的最好材料——将仍然要在中国的满洲贵族中去找。的确，正如马修·阿诺德所说的，处在我们今天所生活的扩展新时代，所有习惯于墨守成规，对事物的变迁流转、对一切人类制度不可避免的暂时性缺乏认识的贵族，都是最容易陷入不知所措、无可奈何的困境之中的。实际上，在扩展的新时代，最需要的是思想和懂得思想的人。不幸得很，中国的满洲贵族，跟所有的贵族一样厌恶智识修养，是些最不懂思想的人。话又说回来，虽说满洲贵族没有思想和不懂得思想，他们却有其某种可贵的东西，如没有这种东西不仅一种新的好的事物秩序，甚至旧秩序，旧秩序中的最佳之物，中国文明中的精华也势必遭到破坏和毁灭。一言以蔽之，满洲贵族有"气节"。

---

① 已故阿奇博尔德·福布斯（Archibald Forbes）先生谈起 1871 年巴黎被围期间人民的苦难时，说道："在那次围困中，最遭罪的是那些过于自尊的、固定工资到不了手的人们，最难以救济的也是他们。那些女人倔强至极，自尊过分。有一座楼房的守门人，总是对分配食物的布施者说，在某层有两个老太太一定在大挨其饿，可当你去按她们的门铃时，出现在你面前的却是庄重大方，毫无饿态的人。'不错，英国是一个善良的民族，仁慈的上帝会报偿他们。顶楼上有些可怜人正迫切需要食物，送给他们，他们会感激你；哦不，他们不会接受施舍。行行好，早安，先生！'接着劈头盖脸一下关上门。哎，这真是一件令人伤感的事情。"中国的满族家庭也是那些自尊和有固定俸禄的人所组成的。那俸银，由于国库空空，也就微不足道。中国的满族妇女同样倔强至极，自尊自傲透顶。我认识一位广州老太太，她丈夫在英法联军占领广州时被杀害。两个月后她生下儿子，并节衣缩食，把他抚养成人，还供他读书，给他娶了媳妇。我认识她的时候，她的儿子也就是我的挚友，当时正在邮传部做小职员，月薪三十两。然而这位高贵的老妇人，为了庆祝她的教女（god daughter，受过洗礼的女儿）也就是我去世不久的妻子的生日，花钱就像一个王妃那样慷慨大方。——原注

这种道德品质在中国的任何阶级中，至少在我们庸俗的中产阶级文人学士中是不易找到的。中国的文人学士，我们庸俗的中产阶级，在此我可以指出，除了少数几个人例外，如现任两江总督、福州海战中的主角张佩伦的侄儿①，他虽然还年轻，难以成为牛津运动的实际成员，却是一个受到过牛津运动精神熏陶的人——目前中国文人学士的庸俗与丑恶的特征，从上海的中文报纸上随处可见，顺便补充一句，他们在张园的"各种表演"② 就更为庸俗不堪了。这些文人学士已经是彻底丧失了道德，除了虚荣和狂妄之外，毫无品行可言。而中国的民众，辛勤工作阶级，的确，他们的道德至今也没有受到太大损害。但中国的民众没有政权，庆幸的是他们目前还没有掌权，因为在中国，民众的真实伟大的道德力量尽管强大，却是一种粗陋、残暴的力量，它没有满洲贵族道德力量的高尚与优雅。因此，一旦真正的民王被用于维护它的"否决"权，正如在太平天国叛乱和义和团暴乱中一样——那种否决权只能成为一种可怕的破坏力量。

简而言之，一种新的更好的事物秩序，一个新中国赖以建立的唯一基础和基石，是满洲贵族。但正如我所说过的，满洲贵族，这个中国的上议院必须革新。不仅中国，还有英格兰，目前急需着手的第一件事，就是革新贵族。中国的满洲贵族，正如比康兹菲尔德勋爵时代的英国贵族一样，我以为直到今天，他们的道德都仍然是健全的。不过，满洲贵族缺乏一个领袖——一个有思想且能理解思想的人来领导他们。我们的满洲贵族中最出色的人，像铁良，或更出色一些的，像现任摄政王③——正如我在后文要说明的，他是一个和铁良一样纯洁和高尚、并且受到过牛津运动精神熏陶的人——所有这些人，只能够维护——且他们正尽最大的努力在维护——旧的秩序，使中国文明的精华免于破坏和毁灭。至于扩展的积极工作——建立一个新的更好的事物秩序，创建一个新中国——满洲贵族，正如我所说过的，还缺乏一个领袖——一个有思想且能够理解思想的人去领导他们。维多利亚时代中期，英国贵族找到了

---

① 指的是张人骏。直隶丰润人，字千里，安圃。进士出身。1905 年任山西巡抚，1907 年升两广总督，1909 年转两江总督。为人行事有儒者之风。武昌起义后，抗击革命军，后不知所终。

② 指立宪活动。

③ 即载沣（1883—1951），清宣统帝父，爱新觉罗氏，袭封醇亲王。1908 年宣统继光绪位，他任摄政王。次年罢免袁世凯，设立禁卫军，代为海陆军大元帅，集军政人权于皇族。1911 年 5 月成立皇族内阁。武昌起义后，被迫辞职。后病死。

他们的领袖比康兹菲尔德勋爵，此人的优势在于，他既不属于庸俗的中产阶级，也不属于野蛮的贵族阶级。因此，满洲贵族将可能从一个留过学的中国人中找到他们的领袖，一方面，他没有受到过分的教育，没有中国文人学士那种自大和不切实际的迂腐；另一方面，他又没有满洲贵族的傲慢和阶级偏见。实际上，也就是一个对古老的中国文明中的道德价值和美的观念有真正认识，又具备说明和理解现代欧洲文明中扩展和进步思想能力的人。如果满洲贵族有了这样的领袖，外国又能接受忠告，把一些真正有智识修养、除了懂外交和写新闻专电技术之类文明之物，还懂得文明问题的人派到中国来做外交官，如果这些外交官对于我所描述的那个留过学的中国人不仅不加干涉，给予放手处理一切的权利，甚且以他们的德望来支持他——那么，中国真正的改革，那为了新中国的改革才有希望。这个新中国，不单属于中国人，也属于文明和全人类。Ab integro soeclorum nascitur ordo! （世纪的秩序将重新诞生！）

第四章　空位期：中国三头执政

一

我说过，中日战争之后，李鸿章倒台，中国文人学士失去了领袖，其实应该说，中国文人学士中的自由党失去了领袖。大侯爵曾国藩死后，正如我们看到的，政权落入到两派文人学士手中，一派称之为湘军系，一派称之为淮军系。湘系是些湖南人，属于保守党，司令部在南京。淮系是些安徽人，属于自由党，司令部则在天津。大侯爵曾国藩一去，保守党的湘系逐渐失去权势，除了从国库里按期领取抚恤金外，那些曾经参与镇压太平天国叛乱的湖南人再也没有任何别的特权，于是长江流域又出现了哥老会（秘密结社），对帝国统治构成新的威胁。相反，自由党的淮系在李鸿章领导下，则权势日增，直到大权在握，统治全国。特别是掌握了支配国家钱款和拨去他人顶戴花翎的权力，还控制了国家那些最有利可图的肥缺。

中日战争后李鸿章失势，自由党的淮系集团群龙无首、一哄而散。但保守党的湘系却还有领袖，他就是已故两江总督刘坤一。实际上，此时初兴的康有为雅各宾党尚未形成气候，刘坤一不仅是保守党的湘系首领，名义上也成为整个中国文人士大夫的领袖了。

从某种意义上说，刘坤一在中国近期政治生活中的地位，相当于英国的威灵顿公爵。他跟威灵顿公爵一样，并非学者，甚至不算文人，只是一个军人而已。其与威灵顿公爵的不同之处在于，他是中国的苏格兰高地人。中国的长江流域就是英国的英格兰。汉口以上的长江流域上部，包括山陵覆蔽的湖南省及其"内湖"，形成中国的苏格兰高地。汉口以下的长江流域下部，包括安徽和南京，形成中国的苏格兰低地。长江流域的居民具有苏格兰人的一切特性。长江下游的中国人，像苏格兰低地人一样，机灵、精明；是讲求实惠的生意精，吃苦耐劳，贪婪鄙吝。比如李鸿章，就是长江下游的安徽人，带有苏格兰低地人机灵精明的典型特征，把"半个便士"或中国所谓"碎银"看得极重。相反。长江流域上部居民，特别是湖南人，则像苏格兰高地人一样——粗豪，耿直，勤劳，节俭但不吝啬。不过，无论是长江流域上部还是下部的居民，他们都具有一个共同的特征：勇敢或坚毅。这种道德品质，是中国其他各省人特别是广东人所不具备的。事实上，在镇压太平天国叛乱中出力最大的，也正是具有苏格兰那种"勇敢坚强"品质的湖南人和安徽人。

我说过，刘坤一不是学者，而是一位军人——一位粗犷的苏格兰高地老将，他终其一生都保持了那粗率耿直的作风，说起话来调门极高，操着湖南方言。他缺乏智识修养，甚至还不如李鸿章斯文，但像威灵顿公爵一样，他在与太平军的作战中因功显达。久经沙场的磨炼，使他对人对事富有实际的见识，有成熟的判断力。此外，他还具有强烈的责任感和荣誉感。这一点，也与威灵顿公爵相同。说实话，刘坤一可以称得上是中国有气节或道德勇气（moral hardiness）的最后一个文人士大夫。甚至于张之洞也缺乏气节或道德勇气，尽管他是一个秉性高洁的人。我说过，目前中国唯一称得上有气节的有教养阶级，是满族人。

孔子说："刚毅木讷近仁。"1900 年，华北爆发了义和团狂热运动，北京帝国政府在列强攻占大沽口之后，被迫宣战。南京的刘坤一致电两宫，认为把战争的恐怖带给他治下的人民是不应该的，但尽管如此，他却向皇太后和皇帝陛下表示效忠，如果外国列强侵犯他统辖区的任何部分，无论是获胜还是落败，他都将誓死捍卫中华帝国的荣誉和尊严。孔子曰："可以托六尺之孤，可以寄百里之命，临大节而不可夺也——君子人欤？君子人也。"①

二

刘坤一死后，中国文人学士受三大巨头领导。这三大巨头是张之洞、袁世凯和前两广总督岑春煊②。中日战争后，中国整个知识阶层陷于绝望，在绝望中，无论是保守党还是自由党，都乐于追随康有为的过激党，赞同他那连根带枝的彻底改革方案，此种改革终于演变为康有为暴烈凶猛的雅各宾主义。然而，张之洞首先警觉起来，他同康有为及其雅各宾派划清了界线，如我们所看到的，他发表了反对他们的宣言书。正是牛津运动的影响，那种反对丑陋粗鄙、追求美好优雅的牛津情感，把张之洞从康有为暴烈凶猛的雅各宾主义中挽救了出来。讲到这里，我可以指出，张之洞在他的全部政治生活中，对于国家最伟大的贡献，就在于中国历史的这一危急存亡关头，他本人觉悟并率领追随他的文人学士们脱离了康有为及其雅各宾派。如果张之洞与中国文人学士跟康有为搅和在一起并支持他到底，我不知道中国是否会发生内战。但不管怎么说，要不是张之洞和中国文人学士及时退出，已故皇太后绝不会如此轻而易举地对付和镇压康有为及其雅各宾党徒，使国家免遭他们那暴烈凶猛的雅各宾主义的灾难和毒害。

袁世凯，三巨头中的另一个成员，在这危急存亡时刻，也从康有为及其雅各宾同伙中脱离了出来。就张之洞而言，他脱离他们，是因为品格高尚，性情优雅，牛津运动的影响使他更加老练。而袁世凯则不然，他之所以抛弃雅各宾朋友，抛弃康有为及其党徒，纯粹是品质卑劣之故。

三

袁世凯乃中国的约瑟夫·张伯伦。索尔兹伯理勋爵曾把张伯伦先生称之为"杰克·凯德"③。的确，像杰克·凯德一样，中国的袁世凯和英国的张伯伦，实在都属于群氓党，分别代表他们国家那粗野、浅薄、污浊和卑鄙的群氓志趣。在所有国家，群氓都并非是不道德的。在中

---

① 见《论语·泰伯》。但此言并非孔子所说，而是曾子所言。辜鸿铭记忆略误。
② 岑春煊（1861—1933），广西西林人，字云阶，岑毓英之子。光绪举人。1900 年因护送慈禧有功，升任陕西巡抚，后又升任四川、两广总督。1907 年调任邮传部尚书，因与奕劻、袁世凯争权，被免职。民国后，曾参与反袁和护国运动。
③ 杰克·凯德（Jack Cade,？—1450），英王亨利六世的反对派领袖。1450 年曾领导商人造反。5 年后爆发的约克族与兰加斯德族之间的"蔷薇战争"，也与他有关。

国，群氓甚至于极为道德，比目前中国的知识阶级、文人学士们要有道德得多。——这一点，从他们一心一意踏踏实实努力工作所表现出的正直诚实中，可见一斑。然而，即使是中国的群氓，尽管他们有道德，却并不高贵。群氓之所以不高贵，是因为他们无法克服和抑制自身的欲望。一个人要想高贵，必须首先彻底战胜和抑制其自身的动物性——他的欲望。民众的确拥有实力，但这种实力来源于强烈的欲望，因而不是一种高尚的力量。此外，受其生活和工作环境的影响，群氓是粗俗不堪、无优雅之处可言的。这种粗俗与强烈的欲望两相结合，便使得民众在掌权之后，总是蛮横残暴。

因此，无论是中国的袁世凯还是英国的张伯伦，由于他们分别代表了本国的群氓，所以也就一并拥有了群氓的长处和短处、优点和缺点。他们两人都是强人，但是，正如我说过的，他们的力量由于来源于自身强烈的欲望，因而是一种卑鄙残暴的力量。此外，他们俩都具有天生的智能，但却只是一种丧失了优雅和美妙成分的智能，即英国人称之为常识的东西，在华外侨则名之曰："自救本能"（savey）。实际上，袁世凯和张伯伦都有足够的"自救本能"。他们深知生姜入口便有辣味，与饭碗作对是愚蠢至极的，一旦失去了饭碗，绝对不会有什么好处，即便真能带来太平盛世也不行，而这一点，像康有为那些强烈渴望太平盛世立即实现的雅各宾党人，却是不很明白的。

我说过，正是出于卑劣的本性，袁世凯摒弃了他的雅各宾朋友。像袁世凯和张伯伦先生一类人之所以改变政策，跟端方和英国的罗斯伯里勋爵的情况不同，后者是因为生性轻浮，而他们则完全是出于冷静的算计。袁世凯加入康有为及其雅各宾党徒一伙时，并没有康有为及其党徒们的那种热情，和他们那种对太平盛世的渴望，只是因为他盘算着李鸿章倒台了，而康有为及其激进党却有王牌在手。同样，看到他们出牌轻率不慎，即将输掉时，便又将这些朋友弃如敝履。事实上，像约瑟夫·张伯伦一样，袁世凯是一个完全没有热情和高尚冲动的人，也根本不理解热情和高尚的冲动为何物。正因为他对义和团运动那种高贵的疯狂完全没有能力理解并感到同情，从而使得他在山东巡抚任上，对省内那些误入歧途的疯狂的义和团农民青年，不分青红皂白，一律残酷镇压，大下杀手。奇怪的是，他这种暴行，竟然得到那些同他一样的、没有头脑且卑鄙无耻的外国人的喝彩，为他赢得荣誉。简而言之，中国的袁世凯和英国的张伯伦先生这样的人，他们身上带有着群氓的一切卑劣和残暴的特性。

四

袁世凯步入政界，是从做吴长庆①将军帐下吃闲饭的随员开始的。当时，吴将军受大清帝国政府派遣，率领中国军队进驻朝鲜仁川。袁世凯是早期镇压太平军的名将和统帅袁甲三②总督的远房亲戚。袁甲三的许多部将后来都成了将军，吴长庆就是其中之一。袁世凯尚未成年时，被认为是一个没有出息的无赖，被赶出家门。后由袁甲三的另一个部将，最近才升任长江巡阅使的程文炳抚养成人。程的一个儿子与袁世凯一块念过书，他告诉我，袁世凯从小就固执任性，自私自利，完全靠不住。

卡莱尔描述耶稣会创始人伊格内图斯·罗耀拉时，说道："（他是）一个年轻的西班牙下级贵族，带有嗜欲的比斯加亚血统，其特点是厚颜无耻，好色荒淫，公然无道，尤其是欲望极强。在他看来，这个宇宙就是一个饮食店，里面有大蒜，有牙买加胡椒，还有不幸的女人和其他调味品，再加上一些配菜，专供大胆的人去满足欲望。除此之外，宇宙间就只剩下谣言和空谈了。在这样的人生哲学和人生实践中，伊格内图斯已度过了差不多三十年。"

袁世凯早年在他的故乡河南项城，也是在上述人生哲学和亲身实践中混日子，一直到他身无分文，完全破产为止。他的朋友们乐于打发这个年轻的无赖，于是借给他赴朝鲜的旅费，在那里，正如我在前文提到的，他成了吴（长庆）将军帐下吃闲饭的随员。不过，袁世凯虽是一个彻头彻尾的流氓无赖，却并非没有能力和能量。他逐渐地向上爬，后来得到李鸿章的保荐，被任命为"驻朝总理交涉通商事宜"大臣。就这样，他成为天津李鸿章腐败的寡头政治集团中最年轻的成员。

五

同英国的约瑟夫·张伯伦一样，中国的袁世凯也是一个暴发户和骤起的新贵。暴发户和新贵的标志是狂妄自大，不可一世。这一点，凡是与袁世凯所宠爱的留过洋的中国人打过交道的外国人都能看到，这些人

---

① 吴长庆（1834—1884），安徽庐江人，字筱轩。曾参与镇压太平军，是著名的淮军将领，后又随李鸿章镇压捻军。1882年奉命率部赴朝鲜汉城，镇压兵变。袁世凯随他进入朝鲜。

② 袁甲三（1806—1863），河南项城人，袁世凯的从祖父，道光进士。1853年南下攻捻，任帮办团练大臣。在攻捻过程中屡受挫折，又遭排挤。但终成捻军劲敌。他一生主要是镇压捻军，辜鸿铭将捻军与太平军混为一谈，似不妥。1861年，袁甲三任钦差大臣漕运总督。两年后病死。

生活奢侈，趾高气扬，他们的主要特征是——狂妄自大，不可一世。北京的中国文人学士称天津袁世凯的党徒为票党——狂妄自大党。两年前我在北京的时候，有一次，一个督察院的官员在街上与我同行。当他看到袁世凯口衔金烟嘴，叼着香烟，乘着新式洋马车，后面跟着耀武扬威的侍从马队，浩浩荡荡地从旁经过时，情不自禁地向我诵起《诗经》里的如下诗句：

> 骄人好好，
> 劳人草草，
> 苍天苍天，
> 视彼骄人，
> 矜此劳人。

事实上，袁世凯是在有意模仿满族人荣禄的气魄；天津和北京的许多外国人，都错把袁世凯的这种狂妄自大，当成了荣禄的那种真正的气魄。已故的满人荣禄虽有不少缺点，但却是一个生来的贵族，而袁世凯则是一个暴发户和新贵。我曾对袁氏的同党唐绍仪^①说，袁氏有百万富翁的做派而无百万富翁的钱财。其实，袁世凯装出的气魄或骄狂自大，正是手中并无百万的百万富翁所摆出来的架子。

英国的约瑟夫·张伯伦先生的骄狂，大有助于南非布尔战争的爆发，同样，袁世凯派驻朝鲜时期的骄狂自大，则促使中日战争不可避免。等战争真正打起来的时候，他为自己骄狂的严重后果感到害怕，便逃回天津。说句公道话，天津的李鸿章并不想打这场战争，他对导致战争的那个骄狂之徒、那个过于热心的暴发户十分气恼——因而对逃回天津的袁世凯不理不睬。这样，袁世凯就又一次流落街头，负债破产，只得千方百计四处求人向李鸿章说情，希图重新得到李氏的优遇，他求到了李鸿章寡头政治集团中最有势力的人物盛宣怀^②，但事情毫无结果。

---

① 唐绍仪（1860—1938），广东香山（今中山）人，字少川。为避溥仪讳，曾改名绍怡。辛亥革命后恢复本名。曾官费留美七年。曾在朝鲜和天津小站练兵时期与袁世凯共事。1907年出任奉天巡抚，1910年任邮传部尚书。辛亥革命时，充袁世凯内阁全权代表，与民军谈判议和。曾任民国第一任国务总理，与袁不和，愤而辞职。后参加护法军政府，成为国民党中央监察委员，国府委员。1938年被军统特务刺死。
② 盛宣怀（1844—1916），江苏武进人。字杏荪，号愚斋。早年入李鸿章幕，颇得信任。曾任轮船招商局督办，中国电报局总办。积极协助李鸿章办洋务。一生经办过许多个厂矿企业，1902年因与袁世凯发生冲突，曾失势。后内结奕劻，又复起。辛亥革命前曾任邮传部尚书。

从此，他对盛宣怀怀恨在心。后来他升任直隶总督时，便将盛氏所担任的中国电报局总办和轮船招商局督办的职务全部免去。此事是盛宣怀亲口告诉我的。

未能重新进入李鸿章的寡头政治集团，袁世凯便另辟蹊径，去巴结北京的满洲贵族。经过离职回京的程文炳将军，即他那个早期保护人的引见和疏通，他得到了满人荣禄统帅下的新建陆军副统领之职。不过，他在满洲贵族手下立足未稳，李鸿章便垮台了，康有为及其激进派异军突起。袁氏认为时机已到，又赶忙去投靠康有为与激进派。但正如人们都知道的，到最后的紧要关头，他又叛卖了他的雅各宾朋友。此后，他就明确地投身到满洲贵族一派中，与之形成了一个集团，可以称之为"联合党"。如同约瑟夫·张伯伦成为索尔兹伯理勋爵的亲信仆从一样，袁世凯则成了满人荣禄的心腹仆从和走狗。

我不必详细追述袁世凯的为官履历。他在天津小站编练"新建陆军"的特种部队后，被任命为山东巡抚，任上，义和团狂热风暴爆发了。我们已经看到，他完全没有能力理解那场误导和愚昧的暴乱之高贵动机，只是残忍地以玩世不恭和兽性的手段，去杀害那些误入歧途的疯狂农民。从山东巡抚，他继而成为直隶总督兼北洋大臣。在他到天津就任之前，占领天津的八国联军组成了临时政府，他们已经打扫和整顿了天津的环境，使天津成为现代欧化的自治城市。袁世凯从外国临时政府手中接管了天津市政，他坐享其成，得到了许多不该享有的荣誉。外国人看到天津进步和改革的表象，看到天津成为一个欧化的城市，便一味夸奖袁世凯。刘坤一死后，袁世凯——正如我说过的——与张之洞和两广总督岑春煊一起，成为了左右中国政治的三大巨头。

我本不该对这位已经倒台的中国张伯伦的经历和品质不厌其烦地讲这么多，但鉴于以下事实，我还想再唠叨几句。莫理循博士和所有中英两国的英文报刊，都以一种自以为是、甚至狂妄自大的权威腔调，极力推出袁世凯这座泥塑的偶像来，这种做法只是荒谬可笑，对于外国人正确地了解中国的真实情况倒也没有什么太大妨害。他们神化袁世凯，说他是拯救中国必不可少的唯一伟人，从而给现任摄政王的统治投去不信任的阴影。英国舆论过去曾一度奉李鸿章为偶像。有些与宓吉先生见识相仿佛的英国人，甚至称李鸿章为中国最了不起的老人。如今，英国人对宓吉先生所谓的那个最了不起的老人，还有什么好话可说呢？[①]

但公正地讲，李鸿章还不是一个邪恶的、不道德的和刻毒的人。李鸿章只是一个庸人。他庸俗粗鄙，但不暴虐恶毒。而康有为及其中国雅各宾党人不只是庸俗粗鄙，而且恶毒暴虐。在他们的雅各宾主义中，包含一种理想主义的成分，一种希冀立即带来太平盛世的强烈渴望。而袁世凯，则综合了庸人李鸿章的粗俗卑鄙和雅各宾党人康有为的暴虐刻毒。事实上，中国的袁世凯和英国的约瑟夫·张伯伦先生一样，两人都是雅各宾党人的叛徒。[②]

六

下面，我不再谈袁世凯。不过在此之前，我想明确指出，这种生性粗俗、庸陋和蛮横的人们，损害了他们本国真正改革和进步的事业，因而也必然危害他们所在国高尚的国民生活乃至世界文明。例如，约瑟夫·张伯伦先生，人人都知道，他采纳了比康兹菲尔德勋爵的帝国主义。但是，意味着使大英帝国强大的帝国主义，对比康菲尔德勋爵来说只不过是实现目的的手段，其目的是为了大英帝国的良治和世界文明。换言之，比康兹菲尔德勋爵要使大英帝国强大，只是为了能使大英帝国政府，正如他自己所说的，去做它认为对于大英帝国的良治、进而对于世界文明事业来说是正确的事情。而约瑟夫·张伯伦先生的帝国主义，也就是使大英帝国强大，则本身就是目的。无论如何，他的帝国主义与良治或文明没有关系。张伯伦先生帝国主义的目的，只是要让大英帝国境内的盎格鲁—撒克逊民族吃的东西更多，住的地方更好等等，事实上也就是要比地球上任何国家或民族在物质方面更加繁荣，然后能狂妄自大，趾高自扬，称霸全世界。比康兹菲尔德勋爵的帝国主义，其结果是推进良治和文明的事业，使英国式的法律和英国式的公正——使大不列

---

① 上海仅有两座公共塑像，一座是李鸿章的，一座是巴夏礼爵士的。（巴夏礼 Harry Parkes，1828—1885，英国外交官。1841 年来华，次年充英国侵华军全权代表璞鼎查随员，参加鸦片战争。1956 年代理广州领事期间，制造亚罗号事件，挑起第二次鸦片战争，后又参加北京天津战役，是臭名昭著的侵略分子。）两人都不是好东西！一个民族的品质，可以从他们所崇拜的天神或英雄身上看出来。上海的中国人和德国犹太狗把李鸿章尊为英雄，英国人崇拜的则是巴夏礼爵士。巴夏礼爵士同李鸿章一样，是马修·阿诺德所谓的中产阶级自由主义庸人。那位可怜的到中国来过的唯一真正的基督教武士戈登将军，却被人与福开森博士相提并论。上海有一条僻静的糟糕透了的马路，竟以戈登与福开森两人的名字命名。不过，说起来，上海人的英雄崇拜真是可笑至极。他们曾把一个家庭生活最理想的卓越人物的大名，送给了家庭生活最不足为范的人们常来常往的一条大街。——原注

② 1910 年版的《中国牛津运动故事》一书没有这段文字。它是 1912 年的版本增补的。

颠统治下的和平赢得全世界的尊崇。孔子谈起他那个时代一个著名的政治家时说道："微管仲，吾其披发左衽矣。"所谓"披发左衽"，就是成了野蛮人。同样，我们也可以说，如果没有英国比康兹菲尔德勋爵和德国俾斯麦首相的政治才能，欧洲人民现在也要堕入无政府和野蛮状态了。相反，约瑟夫·张伯伦先生的帝国主义，其结果则是要使盎格鲁-撒克逊民族能有更多的牛肉吃，能住得更加舒适，能狂妄自大、趾高气扬地去欺辱全世界。它所带来的是在南非的布尔战争，是英格兰鼓吹女人参政的妇女，是印度投掷炸弹的无政府主义学生和每年预算六千万英镑的赤字。由此可见，我们中国人"有治人无治法"的说法，是千真万确的。

在中国，这一公理比在英国或欧洲要有力量得多。中国国家管理中的"宪法"，正如我所说过的，是一种道德上的宪法而不是法律上的宪法。换句话说，我们中国人更多地是依靠道德法律，而不是纸上的宪法、国家法规或治安条例来约束上至皇帝下至地方官，使那些身居高位、有责有权的人们不敢为非作歹。简而言之，中国的良治完全仰赖我们统治者的道德品质。因而在中国，当不道德的人身居高位，大权在握的时候，他们的所作所为所造成的危害是无法想象的。而且，在中国，像一切专制独裁的政府一样，政府行好行坏的权力非常之大。因此，一旦像袁世凯这种生性庸俗、粗鄙、暴虐和刻毒的人在政府中享有了某种支配权，那后果便可怕至极。这里，且不谈那种奢侈浪费，为了维持袁世凯及其寄生虫们骄狂恣肆的排场，在天津，无论是官员还是商人都已破了产。在此，我只想从那些灾难性后果中举出一个实例。袁世凯，正如我所说过的，他成为了统治中国的文人士大夫中三头执政的成员之一。三巨头即张之洞、袁世凯和岑春煊，他们乃是当时中国文人士大夫所公认的领袖。已故皇太后正是依靠这三个人，来指导与推行改革运动或中国的欧化新政的，我说过，在1901年銮驾回京后，整个中华民族就决定采取这样一场欧化改革了。张之洞仍是三巨头中唯一有思想和能懂思想的人，他在反对雅各宾主义的宣言书中，指出中国的改革或欧化，必须首先从改进和变革公共教育入手。袁世凯则毫无自己的主见，他以其粗俗卑鄙的狐狸之智大体上抓住了张之洞的这一思想，然后立即狠命地催迫和促使那个可怜的老人，正如我曾说过的，那个缺乏道德勇气的张之洞，糊里糊涂就答应劝说已故皇太后不等到新的教育体制有个草案或经过讨论，就将整个现行的旧式公共教育机构悉行废除。其结果，是拥有四万万人的整个中华帝国，目前可以说绝对没有任何公共教育可言了。只有在一些大城市的几座造价高的、陋而俗的欧式红砖楼房里，还有人在把一些蹩脚的英语，和现代欧洲科学术语以及其它学科的日式译文混在一块，向学生灌输着，对这些东西，学生们丝毫也不理解，就被强行塞进脑中，结果使他们一个个变成了胡言乱语的白痴。这就是前文中我所谓像中国的袁世凯和英国的张伯伦这样的人，不能让他们有掌管教育或文化事务任何权力的一个实例。已故的著名法国人内农①先生说："人们健全的教养，乃是达到一定程度的高等文化教育的结果。像美国这样一些国家，已经发展了为数不少的大众通俗教育，却没有任何严肃认真的高等教育。而这种缺陷，就势必长期以他们知识分子的平庸，行为举止的粗俗，精神上的浅薄以及普通智识的缺乏为代价。"中国旧式的公共教育尽管可以说有许多缺点，但它仍然致力于给人们一个像内农所说的严肃认真的高等教育。不仅如此，这种严肃认真的高等教育，还造就出像大侯爵曾国藩乃至张之洞本人这样杰出的人物。

七

三执政当中最年轻的一位，是岑春煊，前两广总督，现在在上海做寓公。他是著名的已故云贵总督岑毓英②的长子，其父曾被指控与马嘉理谋杀案③有牵连。岑毓英是一个厉害人物，他用克伦威尔挫败爱尔兰叛民的严酷手段，挫败了云南回民起义军。像乃父一样，岑春煊也是一个厉害角色。他是德国人所谓容克④派的一员，他的家族也来自蛮荒的仍处在半开化状态的广西省，即中国的波美拉尼亚。因此他跟俾斯麦首

---

① 内农（Ernest Renan，1823—1892），法国著名东方语言学家、评论家。

② 岑毓英（1829—1889），广西西林人，字彦卿，秀才出身。1856 年云南回民起义爆发，他率团练寸迤西助攻起义军。曾迫使义军头领"二马"（马复初、马如龙）投降；"二陶"（陶新春、陶三春）败亡，并杀掉起义领袖杜文秀。1883 年升任云贵总督。

③ 马嘉理谋杀案，也称"云南事件"或"滇案"。说"谋杀"，乃是不实之词。实际情况是，1874 年，英国为在我国西南地区扩张势力，修筑从缅甸到云南的铁路，命军官柏郎率二百多人组成的武装"探路队"，要入云南。英国驻北京使馆派职员马嘉理（Augustus Raymond Margary，1846—1875）前往迎接。马嘉理带领"探路队"私自进入云南内地，与当地居民发生冲突，被打死。后英国借此生事，逼迫中国签订《烟台条约》。

④ 容克（Junker，辜鸿铭写作"Yunker"）：意为地主之子或"小主人"。原为普鲁士的贵族地主阶级。16 世纪起长期垄断军政职位，掌握国家领导权。19 世纪中叶开始资本主义化，成为半封建型的贵族地主。它是普鲁士和德意志各邦在 19 世纪下半叶联合后右翼势力的支柱。

相一样，是一个真正的中国波美拉尼亚的容克。在其政治生涯之初，他也同俾斯麦一样是个极端保皇主义者——plus royaliste que le roi。事实上，岑春煊在义和团事变爆发后才崭露头角，他以其极端的保皇主义精神引起了已故皇太后的注意。当朝廷逃至陕西西安时，他赶紧奔去救援，与 1848 年俾斯麦赶去救护柏林的朝廷一样。

他们两人的相同之处按下不表。且谈彼此之间的相异之点。俾斯麦是一个含辛茹苦、始终不懈地提高自身思想修养的人。而岑春煊则绝对没有任何思想修养。不过，正因为他完全没有文化修养，所以他是实实在在的，不像雅各宾党人，诸如卖弄博学和怀有空洞理想主义的康有为之辈。他不是空想家，而是一心一意务实的实干家。他确实没有满洲贵族的优雅之处，但同时也没有暴发户袁世凯那种狂妄自大，庸俗不堪，装模作样讲排场的鄙陋习气。到上海岑春煊的寓所拜访过他的外国人，都可看到，这位伟大的厉害总督的儿子，自己也是总督。他的生活却相当简朴。由此可见他是一位君子，不属于那种暴发户买办阶级。

总之，岑春煊是一个坚强有力、忠心耿耿的狂热保皇派。他主张对雅各宾党人和革命派以快刀斩乱麻的方法迅速处理。但是，正如弗里德里希·威廉（Friederich William）1848 年谈论俾斯麦时所说的那样，岑春煊在当今中国是个不合时宜的人。目前中国正处在变革时期，需要的是善于妥协与和解的建设性政治人才，而岑春煊则太过强硬、不屈不挠，因此难当大任。歌德见了同时代的渥瓦茨①元帅，说道："再也没有比缺乏见识的行动更为可怕的事情了。"此刻，像希腊的阿喀琉斯②一样，这位厉害的总督离开了所有当权者，坐在上海马卡姆路他的寓所里满脸愠怒，毫不妥协。眼见中国越来越糟，他实在忍受不住气恼的折磨，便到杭州湖畔、普陀海滨逛悠散心去了。

β η δ'ακέων παρὰ θ î να πολυΦλο′ιοσ βοιο θαλάσσηs

（（他）沿着呼啸的海岸沉默地走着）

也许将来有那么一天，这位中国的阿喀琉斯可能还要披挂上阵，前

---

① 渥瓦茨（Vorwarts），普鲁士陆军元帅，曾参与滑铁卢战役。

② 阿喀琉斯（Achilles），希腊神话中的人物。出生后被其母倒提着在冥河水中浸过，除未浸到水的脚踵外，浑身刀枪不入。在特洛伊战争的第十个年头，因希腊统帅夺去他的女俘，二将发生争吵，阿喀琉斯断然退出战争，闷闷不乐，下文所提到阿喀琉斯"闷闷不乐"一事即指此。

去为希腊人作战。然而，正如这位前总督几天前对我所说的，当那一天到来的时候，对于中国和每个人来说，将会是一个暗无天日的时刻。

尾　声

一

现在，我必须结束这个中国的牛津运动故事了。我并不想在世界公众面前，去批评现任摄政王统治下的帝国政府的政策和措施，作为现政府的一个下级官员，我认为这样做也是不合适的。如果我对于现政府有什么非说不可的话，还是宁愿说给自己的同胞听。其实，两年以前，在给帝国已故皇太后和光绪皇帝陛下的一封长长的上书中，我已经把关于中国目前局势的所有想法都陈述过了。但在这里，在结束这篇中国的牛津运动故事之前，我很想，也确曾承诺过，要说明目前的摄政王也是一个受益于中国牛津运动影响的人。摄政王的父亲是已故的七王爷①，中国牛津运动非官方的保护人。他是已故光绪皇帝的父亲。这位七王爷在中国政治生活中所处的地位，就如同英国已故的维多利亚女王的丈夫在英国所处的地位一样。英国那位已故的女王夫君，在试图指导当时自称为自由主义的散漫和无政府主义势力中丧了生，同样，中国的七王爷，在发现他指望着能与李鸿章及其腐败的寡头政治集团之中产阶级自由主义斗争的中国牛津运动最终失败和崩溃的时候，也因极度伤心而过早去世。现任摄政王，当今中华帝国的实际代理人，便是这位尊贵的七王爷——这位中国牛津运动的支持者和非官方保护人的第三子。因此，已故七王爷对孩子们的教育，是完全置于牛津运动者们的影响之下的。最后的一个王府教师，便是已故帝国大臣孙家鼐②。由于有这种因素，中国的牛津运动对于目前中国的政治，仍然施加着影响。

这里，我可以进一步指出，在帝国的亲王之中，已故皇太后认为配

① 指奕譞（1840—1891），爱新觉罗氏。道光帝第七子，故称七王爷。慈禧太后的妹夫，光绪皇帝的生父。1872 年进封醇亲王。1884 年，奕䜣被革除一切职务后，他曾左右军机处。其思想较为保守。

② 孙家鼐（1827—1909），安徽寿州（今寿县）人，字燮臣，咸丰状元。历任工部、礼部、吏部尚书等职。曾与翁同龢同为光绪帝师。后升擢文渊阁大学士，武英殿大学士。

做她继承人、堪当指导民族命运之大任的只有两位。她心中牢记孔子所说的："不得中行而与之，必也狂狷乎？狂者进取，狷者有所不为也。"最初，她看中的是有"拳匪"臭名的端王，并把他的儿子指定为大阿哥。如果义和团事变没有发生，今天中国的摄政王便是端王。端王是一个狂热型的人，如果他摄政，他会毫无疑问像孔子所说的那样有所进取。但是义和团事变招致了外国列强的干涉，使他无法当摄政王了。于是已故皇太后不得不选择目前的摄政王，他是那种有所不为的偏执型的人。如果他不是为了去创造新秩序而做得那么多，他一定能获得更多的荣誉的，因为这些事情做得越多，反而使中国的事态越糟。不仅如此，目前的摄政王正严格执行着已故皇太后的政策，这一政策就是：如果中国一定要闹一场革命——目前的欧化实际上就真正等同于一场革命，它必须是"一场合乎法律程序的革命"。现任摄政王称得上是一个具有满族的高贵灵魂和自尊自傲品质的年轻人。当外国人指责中国在他的统治下发展缓慢的时候，应该记住这位满族亲王克己的力量是多么值得称赞。因为这种力量，使得他的私人生活纯洁无瑕，无可挑剔，使得他在国家事务中，情愿不以个人意志而以合法程序去引导革命。其实，谈起这位摄政王，我们可以同说过这样一句聪明话的智者一道说："不轻易发怒，比暴跳如雷要威风要好，善于控制自己的情绪，比攻城夺池还难。"

二

本书就要结束了，我想说的是，在讲这个中国牛津运动故事的过程中，我已尽力说明，自从欧洲人进入中国以后，我们中国人怎样努力与那现代欧洲那强烈的物质实利主义文明（materialistic civilization）的破坏力量战斗，使它不至于危害中国的长治久安和真正文明的事业，然后我们又如何遭到失败。率领我们战斗的中国牛津运动的领导人现在都已亡故。眼下的问题是：今后该怎么办？我们是只能听任自己古老的文明被扫除净尽呢？还是有什么办法能避免这样一场灾难？在此，正如马修·阿诺德要说的，我觉得此刻我的敌人正以一种急不可待的喜悦，眼巴巴地等着我回答。但我却要避开他们。

我说过，义和团事变之后，整个中华民族、中国的统治阶层得出这样一个结论，即，面对现代欧洲各国那种物质实利主义文明的破坏力量，中国文明的应战能力不足，无效无用。我还表示过要说明，为什么我们的统治阶层、中国的文人学士得出这样一个结论是错误的。在此，我将兑现我的诺言。

在我看来，一个人或一国人用以反对和试图消除一个社会错误或政治错误，存在着四种方式。下面，我想对此做出具体的说明。假设在上海地区有一个纳税人，他诚心诚意地相信上海租界运行的有轨电车对于上海人民来说不仅是一种讨厌的东西，而且是一种很坏的、不道德的、伤风败俗、导致混乱的设施。怀着这种念头，他首先可以以一个纳税人的名义，抗议在上海街道上铺设有轨电车道。如果抗议无效，他可以孤身一人或邀上几个志同道合者站到马路中央，逼迫有轨电车司机要么停车，要么从他或他们身上碾过去。如果电车司机拒绝停车，他就用拳头和血肉之躯去与电车对抗。这时候，如果没有警察和市政人员来干预，愚蠢的纳税人就会粉身碎骨，而上海的电车道也仍将原封不动。端王及其义和团员用来抵御现代欧洲物质实利主义文明到来的方法就是这样一种方法。

上海的那位纳税人，还可以用另外一种方法来阻止电车的运行。他自己或邀一些朋友，在上海合伙创办一个对立的电车公司。从财政方面或其他方面设法搞垮这家电车公司，终使其无法存在，无法开业。到这个地步，人们能够想象出上海将会是一幅什么景象。然而，这就是已故的张之洞主张采取的，用以防止欧洲物质实利主义文明进入中国并带来恶果的办法。

上海纳税人能够用来阻止电车运行的第三种方式，正如我曾说过的，是消极抵制，洁身自好（boycott）。但消极抵制和洁身自好不是一种真正的道德力量，在消除或改良社会弊端方面决不会有效。而这就是伟大的俄国道德家托尔斯泰伯爵在给我的一封公开信中，劝告中华民族阻止现代欧洲物质实利主义文明进入中国的方法，也就是要我们消极抵制，不理会欧洲的一切。托尔斯泰伯爵所提议的这种对待社会罪恶的方法一点也不新鲜。佛教改革世界便是通过消极抵制。当世界腐败无道之时，佛教徒们就剃光脑袋进入寺庙，以此洁身自好。结果社会只能变得越来越糟，且最终连挤满各种光头和尚的寺庙也逃不脱被焚毁的命运。因此，世界上的社会罪恶绝不能通过消极抵制来革除，因为消极抵制乃是一种自私和不道德的暴行。马修·阿诺德指出，"茹伯说得很妙：'C'est la force et le droit qui reglent toutes choses dans le monde；la force en attendant ledroit.'（强权和公理是世界的统治者；在公理通行之前，只有依靠强权。）强权之所以需要，是因为公理未行，因为公理未行，所以强权那种事物存在的秩序是合理的，它是合法的统治者。然而公理在很大程度上是某种具有内在认可、意志之自由趋同的东西。我们不为公理作准备——那么公理就离我们很遥远，不备于我们——直到我们觉得看到了它、愿意得到它时为止。对于我们来说，公理能否战胜强权，改变那种事物的存在秩序，成为世界合法的统治者，将取决于我们在时机已经成熟时，是否能见到公理和需要公理。因此，对于其他人来说，试图将其所醉心的新近发现的公理强加给我们，就仿佛是我们的公理一样，并以他们的公理来强制取代我们的强权的那种做法，是一种暴行，应当反抗。"

简而言之，当我们认为某种制度不合理时，便去消极抵制它，而想不到这是一种不道德的暴行，这是不对的。以这样一种不道德的行为，绝不能改革某种制度，即便它真是一个罪恶的和不道德的制度。

上海那个真诚相信电车是一种危险和讨厌的东西，是一种不道德的设施的纳税人，能够用以阻止上海电车运行的第四种方法如下：他不必不去乘电车，甚至可以保护它，但在私人生活或公职生活中，他却必须保持自尊和正直的品质，以赢得所有上海居民的敬重。由于邻里居民对他的敬重所激起的道德力量，他得以参加纳税人会议，又由于所有纳税人对他的敬重，都愿听从他的意见，而对其他人的意见置若罔闻。这时候，如果他能向纳税人说明——上海的有轨电车是一种危险的东西和伤风败俗的设施，那么，他将有机会使纳税人们心甘情愿地将电车废置。这，我以为就是孔子制止某种社会或政治罪恶及其改革世界的办法，即通过一种自尊和正直的生活，赢得一种道德力量，孔子曰："君子笃恭而天下平"。因此，我认为，将中华民族的古老文明，将此种文明中最优秀的东西，从现代欧洲各国物质实利主义文明的破坏势力中挽救出来的力量正在于此，并且这是唯一可靠的力量。

三

末了，我愿意在此指出，迄今为止，不但中国人作为一个民族在反对现代欧洲文明势力的过程中，对于中国文明所固有的这种唯一真正的力量的利用极其之少，而且我本人作为一个中国人，直到今天才意识到，自己立身行事一无所成，正是由于我不懂得在生活中通向成功的唯一正确的方法，也就是，"修己以敬"（order one's conversation aright）① 照孔子所说的，集中精力去过一种"笃恭"的生活。的确，

① 可参见辜鸿铭英译《论语》第十四章，这是他的独特翻译。从字面意思上看，即慎言，言之有矩。

要说起来，如果不是这本牛津运动故事中所提到那位名人①给予我二十多年的庇护，我这条命恐怕早就丢了。我很清楚，在这篇故事中谈到这位老头领时，我并非只是一味褒扬。我写这篇故事的目的不是要臧否什么人或什么事。我的目的，是要帮助人们如实地了解中国的现状。Amicus Plato, magis amica veritas.（我爱柏拉图，但更爱真理。）但在这篇故事结束之时，我愿公开在这里表达我对已故帝国总督张之洞的感激之情，感激他二十多年所给予我的保护。有了这种保护，我不至于在冷酷自私的中国上流社会降低自我去维持一种不稳定的生活。此外，尽管我时常固执任性，他却始终抱以宽容，很善意和礼貌地待我。而且我还荣幸地学会了作为一个新兵，在他的领导下去为中国的文明事业而战。他是中国牛津运动中最优秀的和最有代表性的人物，也是最后一位伟大的文人学士。两年前，当我在北京见到他的时候，他告诉我他彻底绝望了。我尽力安慰他，并向他保证最后胜利仍属于我们。他摇了摇头。我希望能够再次在他的直接指挥下返回战场，但现在战局还未明了，我们的头领却死去了，Ave atque Vale!（告别了!）

---

① 指张之洞。

张文襄幕府纪闻（节选）*
（1910）

不排满

或问余曰："曾文正公所以不可及处何在？"余曰："在不排满。"当时粤匪既平，兵权在握，天下豪杰之士半属门下，部曲及昆弟辈又皆枭雄，恃功骄恣。朝廷褒赏未能满意，辄出怨言。当日情形，与东汉末季黄巾起事，何大将军领袖群雄，袁绍、董卓辈飞扬跋扈无少异。倘使文正公稍有猜忌，微萌不臣之心，则天下之决裂必将有甚于三国者。天下既决裂，彼眈眈环而伺我者，安肯袖手旁观，有不续兆五胡乱华之祸也哉！孔子曰："微管仲，吾其被发左衽矣！"我今亦曰："微曾文正，吾其剪发短衣矣！"

虎门轶事

前哲有言："人必有性情而后有气节，有气节而后有功业。"余谓当日中兴人材，其节操风采最足动人景慕者，莫如彭刚直公①。犹忆庚申

---

* 《张文襄幕府纪闻》系辜鸿铭现存的重要汉文著作之一。宣统二年（1910）铅印本。

① 指彭玉麟，湖南衡阳人，湘军将领。曾任兵部尚书。中法战争起，以钦差大臣赴广东会办防务，驻虎门。卒谥"刚直"。

年中法构衅，刚直公以钦差大臣守粤省虎门，时余初入张文襄幕，因识刚直公左右，得闻其轶事。当时孝钦皇太后①垂念老臣，不时赏赐参貂食物等品，每逢赏品赍至，刚直公一睹天家物，辄感激涕零，哭失声。庚子年辜鸿铭部郎名汤生撰西文《尊王篇》有曰：当时匪踪蔓延，十三省大局糜烂，又值文宗龙驭上宾②，皇太后以一寡妇辅立幼主，卒能廓清祸乱，盖皇太后之感人心、系人望者，不徒临政之忧勤也。三十年来迭遭变故，伦常之间亦多隐痛，故将相大臣罔不体其艰难，同心爱戴云云。据闻辜部郎《尊王篇》之作，盖有感于当日所闻刚直公虎门哭失声一事。

大臣远略

余同乡故友蔡毅若观察名锡勇③，言幼年入广东同文馆肄习英文，嗣经选送京师同文馆肄业，偕同学入都至馆门首，刚下车卸装，见一长髯老翁欢喜迎入，慰劳备至，遂带同至馆舍遍导引观，每至一处则告之曰：此斋舍也，此讲堂也，此饭厅也。指示殆遍，其貌温然，其言霭然。诸生但知为长者，而不知为何人。后询诸生曰："午餐未？"诸生答曰："未餐。"老翁即传呼提调官，旋见一红顶花翎者旁立，貌甚恭。诸生始知适才所见之老翁，乃今日当朝之宰相文中堂④也。于此想见我朝前辈温恭恺悌之风度也。余谓文文忠风度固不可及，而其远略亦实有过人者。中国自弛海禁后，欲防外患，每苦无善策。粤匪既平，曾文正诸贤筹划方略，皇皇以倡办制造厂、船政局为急务。而文忠独创设同文馆。欲培洋务人材，以通西洋语言文字、学术制度为销外患之要策。由此观之，文文忠之远略，有非曾文正诸贤所可及也。

---

① 指慈禧太后，卒谥孝钦皇太后。
② 指咸丰帝刚死。"文宗"，咸丰帝庙号。
③ 蔡锡勇（？—1897），广东人。广州同文馆毕业。曾任驻美公使馆翻译。1884 年被两广总督张之洞任为洋务局委员，向外商订购冶铁和纺织机器等。后随张之洞到武昌，以道员衔受命筹办汉阳铁厂，湖北枪炮厂，织布局等。是张之洞办洋务的得力助手。
④ 指文祥，死后谥"文忠"。

上流人物

国朝张缙示张在人书曰："凡人流品之高下，数言可决者，在见己之过、见人之过，夸己之善、服人之善而已。但见己之过，不见世人之过，但服人之善，不知己有一毫之善者，此上流也；见己之过，亦见世人之过，知己之善，亦知世人之善，因之取长去短，人我互相为用者，其次焉者也。见己之过，亦见世人之过，知己之善，亦知世人之善，因之以长角短，人我分疆者，又其次焉者也。世人但见人之过，不见己之过，但夸己之善，不服人之善者，此下流也。"余昔年至西洋，见各国都城皆有大戏园，其规模之壮丽、装饰之辉煌固不必说，但每演一剧，座客几万人，肃然无声。今日中国所创开各文明新舞台，固欲规仿西制也，然每见园中观剧座客，举止嚣张，语言庞杂，虽有佳剧妙音，几为之夺。由此观之，中国比西洋各国之有教无教即可概见。尝闻昔年郭筠仙侍郎名松涛①，出使西洋，见各国风俗之齐整，回国语人曰："孔孟欺我也。"若郭侍郎者，可谓服人之善，而不知己有一毫之善，是之谓上流人物。

五霸罪人

庚子拳匪肇衅，两宫巡狩西安，李文忠电奏有曰："毋听张之洞书生见解。"当时有人将此语传于张文襄，文襄大怒曰："我是书生，他是老奸巨猾。"至今文襄门下论及李文忠，往往痛加诋詈。余曰："昔孟子有言：'五霸者，三王之罪人；今之诸侯，五霸之罪人也。'余谓：'今之李文忠，曾文正之罪人也；今之督抚，又李文

---

① 松涛，应为嵩焘，即郭嵩焘（1818—1891），湖南湘阴人，字伯琛，号筠仙，学者称养知先生。道光进士。曾任广东巡抚。1876 年首任驻英公使。1878 年兼驻法公使。与保守副使刘锡鸿不合，以病辞归。郭氏思想较为开明，因服"西人之善"处，遭到顽固派的痛恨。所著《使西纪程》被毁板。

忠之罪人也。'"

清流党

或问余曰："张文襄比曾文正何如？"余曰："张文襄儒臣也，曾文正大臣也，非儒臣也。三公论道，此儒臣事也；计天下之安危，论行政之得失，此大臣事也。国无大臣则无政，国无儒臣则无教。政之有无，关国家之兴亡，教之有无，关人类之存灭，且无教之政终必至于无政也。当同光间，清流党之所以不满意李文忠者，非不满意李文忠，实不满意曾文正所定天下之大计也。盖文忠所行方略，悉由文正手所规定，文忠特不过一汉之曹参，事事遵萧何约束耳。至文正所定天下大计之所以不满意于清流党者何？为其仅计及于政，而不计及于教。文忠步趋文正，更不知有所谓教者，故一切行政用人，但论功利而不论气节，但论材能而不论人品。此清流党所以愤懑不平，大声疾呼，亟欲改弦更张，以挽回天下之风化也。盖当时济济清流，犹似汉之贾长沙①、董江都②一流人物，尚知六经大旨，以维持名教为己任。是以文襄在京曹时，精神学术无非注意于此。即初出膺封疆重任，其所措施亦犹是欲行此志也。洎甲申马江一败，天下大局一变，而文襄之宗旨亦一变。其意以为非效西法图富强无以保中国，无以保中国即无以保名教。虽然，文襄之效西法，非慕欧化也；文襄之图富强，志不在富强也。盖欲借富强以保中国，保中国即所以保名教。吾谓文襄为儒臣者为此。厥后文襄门下如康有为辈误会宗旨，不知文襄一片不得已之苦心，遂倡言变法行新政，卒酿成戊戌、庚子之祸。东坡所谓'其父杀人报仇，其子必且行劫。'此张文襄《劝学篇》之所由作也。呜呼，文襄之作《劝学篇》，又文襄之不得已也，绝康、梁并以谢天下耳。韩子③曰：'荀子大醇而小疵'，吾于文襄亦云然。"

---

① 贾长沙，指贾谊，他曾被周勃等排挤，贬为长沙王的太傅，因称贾长沙。
② 董江都，指董仲舒，西汉思想家。曾向汉武帝建议"罢黜百家，独尊儒术"。他曾任江都相，因称董江都。
③ 韩子，指唐代思想家、文学家韩愈。

孔子教

一日，余为西友延至其家宴会，华客唯余一人，故众西客推余居首座。及坐定，宴间谈及中西之教，主人问余曰："孔子之教有何好处？君试言之。"余答曰："顷间诸君推让不肯居首座，此即是行孔子之教。若行今日所谓争竞之教，以优胜劣败为主，势必俟优胜劣败决定后，然后举箸，恐今日此餐大家都不能到口。"座客粲然。传曰："道也者，不可须臾离也。"孔子六经之所谓道者，君子之道也。世必有君子之道，然后人知相让。若世无君子之道，人不知相让，则饮食之间，狱讼兴焉；樽俎之地，戈矛生焉。余谓教之有无，关乎人类之存灭，盖以此也。

新算学

辜鸿铭部郎云，日本故相伊藤侯①甲午后解职来游中国，至武昌，适余所译《论语》英文告成付刊，即持一部赠之。伊藤侯谓余曰："闻君素精西学，尚不知孔子之教能行于数千年前，不能行于今日之二十世纪乎？"余答曰："孔子教人之法，譬如数学家之加减乘除，前数千年其法为三三如九，至如今二十世纪，其法亦仍是三三如九，固不能改如九为如八也"云云。予闻此言，谓辜部郎曰："君今尚不知目今二十世纪数学之业已改良乎？前数学谓三三如九，今则不然。我借洋款三二如九，则变作三三如七；俟我还洋款三三如九，则变作三三如十一。君尚不知此，无怪乎人谓君不识时务也。"

① 指伊藤博文，日本明治时期内阁总理，1898 年曾来中国，在武昌与张之洞及其幕僚相见。当时为侯爵。

孟子改良

陶靖节①诗云："诗书复何罪，一朝成灰尘，区区诸老翁，为事诚殷勤。"此言诗书自遭狂秦之火，至汉代真读书人始稍能伸眉吐气，然亦老矣，检收残篇，亦多失其真。且当时守旧党如董仲舒辈，欲售其顽固之奸，恐亦不免改窜原文。近有客自游日本回，据云在日本曾见有未遭秦火之《孟子》原本，与我今所谓《孟子》七篇多有不同，譬如首章其原本云，孟子见梁惠王，王曰："叟不远千里而来，仁义之说可得闻乎？"孟子对曰："王何必仁义，亦有富强而已矣！"云云。又如，"孟子道性善，言必称尧舜"一章，其原本云："孟子道性恶，言必称洋人"②　云云。

践　迹

"子张问善人之道，子曰：'不践迹。'"朱子解曰："善人质美而未学。"又引程子言曰："践迹如言循途守辙，善人虽不必践旧迹，而自不为恶。"余窃以为，践迹一解，盖谓行善事不出诸心，而徒行其外面之形迹，即宋儒所谓客气。如"有事，弟子服其劳；有酒食，先生馔。"此皆所谓践迹之孝也，故孔子不谓之孝。曾子论子张曰："堂堂乎张也，难与并为仁矣。"朱子谓堂堂容貌之盛，言其务外自高，务外自高而欲学为圣人之道，其学必不能化其弊，必至于践迹。故子张问善人之道，子曰："不践迹。"此孔子对症下药也。盖学圣人之道而践迹，即欲求为善人而不可得，况圣人乎？后有荀卿亦学为圣人之道者，其学终至于大醇而小疵，盖亦因务外自高所致。东坡论荀卿曰："其为人必也刚愎不逊，自许太过。"是亦自高之一证也。今日张文襄亦出自当日清流党，凤以维持圣人之道自任，而其门下康、梁一出，几欲使我中国数千年来声明文物一旦扫地净

---

①　指东晋诗人陶渊明，私谥靖节，故称。

②　此处是辜氏反用孟子章句，以讽世。《孟子·梁惠王上》原句为："孟子见梁惠王，王曰：'叟不远千里而来，亦将有以利吾国乎？'孟子对曰：'王何必曰利，亦有仁义而已矣！'"《孟子·滕文公上》原句为："孟子道性善，言必称尧舜。"

尽。东坡谓荀卿明王道，述礼乐，而李斯以其学乱天下。噫！学为圣人之道不化而至践迹，其祸之烈一至于斯。然其致病之原，乃由务外自高所致。禹对舜之言曰："无若丹朱傲。"傅说之对高宗曰："惟学逊志，务时敏，厥修乃来。"傲与逊之间，此圣学纯粹与不纯粹之所由判也。

务 外

《荀子·儒效篇》云："我欲贱而贵，愚而智，贫而富，可乎？曰，其唯学乎。""乡也，混然涂之人也，俄而并乎尧、禹，岂不贱而贵矣哉！乡也，效门室之辨，混然曾不能决也，俄而原仁义，分是非，图回天下于掌上，而辨白黑，岂不愚而智矣哉！乡也，胥靡之人，俄而治天下之大器举在此，岂不贫而富矣哉！"按荀子劝学，不可谓不勤，然犹不免歆学者以功利。荀子讥墨之言曰："墨子蔽于用而不知文。"余谓荀子亦蔽于用而不知学。何谓学？曰："正其谊不谋其利，明其道不计其功。"夫明道者明理也，理有未明而欲求以明之，此君子所以有事于学焉。当此求理之时，吾心只知有理，虽尧禹之功不暇计，况荣辱贫富贵贱乎！盖凡事无所为而为，则诚；有所为而为，则不诚，不诚则伪矣。为学而不诚，焉得有学？此荀子之学所以不纯粹也。犹忆昔年张文襄赀遣鄂省学生出洋留学，濒行，诸生来谒文襄，临别赠言慰之曰："生等到西洋，宜努力求学，将来学成归国，代国家效力，带红顶，作大官，可操券而获，生等其勉之"云云。此与《荀子·儒效篇》勉励学者语又奚以异？余谓文襄之学本乎荀子者，盖以其务外自高，故未脱于功利之念也。昔孔子有言："古之学者为己，今之学者为人。"知此则可以言学。

生 子

袁简斋[1]言："昔方望溪[2]先生有弟子某，年逾商瞿，戚戚然以无子

---

[1] 指袁枚，号简斋，别号随园老人，清代诗人。
[2] 指方苞，清代桐城派古文大家，号望溪。

为虑。先生曰，汝能学禽兽，则有子矣。先生素方严，忽作漫语，其人愕然问故。先生曰，男女构精，万物化生，此处有人欲而无天理。今人年过四十，便有为祖宗绵血气意，将天理搀入人欲中，不特欲心不炽，难以成胎。而且以人夺天，遂为造物所忌。子不见牛羊犬豕乎，其交也，如养由基之射，一发一中，百发百中，是何故哉？盖禽兽无生子之心，为阴阳之所鼓荡，行乎其所不得不行，止乎其所不得不止，遂生乎其所不得不生。"余谓此无关乎天理人欲也，斯即《中庸》所谓"天地之道，可一言而尽，其为物不贰"。不贰则诚，诚则有功。吾人当求学之时，不可存有国家之念，犹如人欲生子，不可存有祖宗之心。董仲舒曰："正其谊不谋其利，明其道不计其功。"余曰："正其谊不谋其利，则可以生子；明其道不计其功，则可以得真学问。"

公利私利

余随张文襄幕最久，每与论事辄不能见听。一日晤幕僚汪某，谓余曰："君言皆从是非上著论，故不能耸听。襄帅为人是知利害不知是非，君欲其动听，必从利害上讲，始能入。"后有人将此语传文襄耳，文襄大怒，立召余入，谓余曰："是何人言余知利害不知是非？如谓余知利害，试问余今日有偌大家事否？所谓利者安在？我所讲究者乃公利，并非私利。私利不可讲，而公利却不可不讲。"余对曰："当日孔子罕言利，然则孔子亦讲私利乎？"文襄又多方辩难，执定公利私利之分，谓公利断不可不讲。末后余曰："《大学》言：'长国家而务财用者，必自小人矣。'然则小人为长国家而务财用，岂非亦系言公利乎？"于是文襄默然让茶[1]，余即退出。今日余闻文襄作古后，竟至囊橐萧然，无以为子孙后辈计。回忆昔年"公利私利"之言，为之怆然者累日。

权

张文襄尝对客论余曰："某也知经而不知权。"余谓文襄实不知所谓

---

[1] 清代官场习俗，示客人起身告辞之意。

权者。盖凡所以运行天地间之物，惟理与势耳。《易传》曰："形而上者谓之道，形而下者谓之器。"道者，理之全体也；器者，势之总名也。小人重势不重理，君子重理不重势。小人重势，故常以势灭理；君子重理，而能以理制势。欲以理制势，要必知所以用理。权也者，知所以用理之谓也。孔子曰："可与共学，未可与适道；可与适道，未可与立；可与立，未可与权。"所谓可与适道者，明理也。可与立者，明理之全体而有以自信也。可与权者，知所以用理也。盖天下事非明理之为难，知所以用理之为难。权之为义大矣哉！譬如治水，知土能克水，此理也。然但执此理以治水患，则必徒为堵御之防，如此水愈积愈不可防，一旦决堤而溢，其害尤甚于无防也。此治水者之知经而不知权也。知权者必察其地势之高下，水力之大小，或不与水争地而疏通之；或别开沟渠河道而引导之，随时立制，因地制宜，无拘拘一定成见，此之谓知所以用理也。窃谓用理得其正为权，不得其正为术。若张文襄之所谓权，是乃术也，非权也。何言之？夫理之用谓之德，势之用谓之力。忠信笃敬，德也，此中国之所长也；大舰巨炮，力也，此西洋各国之所长也。当甲申一役，清流党诸贤但知德足以胜力，以为中国有此德必可以制胜。于朝廷遂欲以忠信笃敬敌大舰巨炮，而不知忠信笃敬乃无形之物也，大舰巨炮乃有形之物也，以无形之物攻有形之物，而欲以是奏效于疆场也，有是理乎？此知有理而不知用理以制势也。甲申以后，文襄有鉴于此，遂欲舍理而言势。然舍理而言势，则入于小人之道，文襄又患之。于是踌躇满志而得一两全之法，曰：为国则舍理而言势，为人则舍势而言理。故有公利私利之说。吾故曰："文襄不知权。文襄之所谓权者，乃术也，非权也。"

爱国歌

壬寅年①张文襄督鄂时，举行孝钦皇太后万寿，各衙署悬灯结彩，铺张扬厉，费资巨万，邀请各国领事大开筵宴。并招致军界学界奏西乐，唱新编《爱国歌》。余时在座陪宴，谓学堂监督梁某曰："满街都是

———

① 即 1902 年。

唱《爱国歌》，未闻有人唱《爱民歌》者。"梁某曰："君胡不试编之？"
余略一仁思曰："余已得佳句四，君愿闻之否？"曰："愿闻。"余曰：
"天子万年，百姓花钱；万寿无疆，百姓遭殃。"座客哗然。

半部论语

　　孔子曰："道千乘之国，敬事而信，节用而爱人，使民以时。"朱子
解"敬事而信"曰："敬其事而信于民。"余谓"信"当作"有恒"解，
如唐诗"早知潮有信，嫁于弄潮儿。"犹忆昔年徐致祥劾张文襄，折内
有参其"起居无节"一款，后经李翰章覆奏曰："张之洞治簿书至深夜，
间有是事。"然誉之者曰："夙夜在公。"非之者曰："起居无节。"按夙
夜在公，则敬事也；起居无节，则无信也。敬事如无信，则百事俱废，
徒劳而无功。西人治国行政，所以能百废俱举者，盖仅得《论语》"敬
事而信"一语。昔宋赵普谓："半部论语可治天下。"余谓："此半章论
语亦可以振兴中国。"今日中国官场上下果能敬事而信，则州县官不致
于三百六十日中有三百日皆在官厅上过日子矣。又忆刘忠诚①薨，张文
襄调署两江，当时因节省经费，令在署幕僚皆自备伙食，幕属苦之，有
怨言。适是年会试题为道千乘一章，余因戏谓同僚曰："我大帅可谓敬
事而无信，节用而不爱人，使民无时。人谓我大帅学问贯古今，余谓我
大帅学问即一章论语，亦仅通得一半耳。"闻者莫不捧腹。

官官商商

　　曾文正复刘印渠②制军书云："自王介甫③以言利，为正人所诟病。
后之君子例避理财之名，以不言有无、不言多寡为高。实则补救时艰，

---

① 指刘坤一，卒谥"忠诚"。
② 即刘长佑（1818—1887），号印渠，曾官直隶总督。
③ 即北宋政治家王安石，字介甫。

断非贫穷坐困所能为力。"叶水心①尝谓:"仁人君子不应置理财于不讲。"良为通论。余谓财固不可不理,然今日中国之所谓理财,非理财也,乃争财也。驯至言理财数十年,其得财者,惟洋场之买办与劝业会之阔绅。昔孔子曰:"君君臣臣,父父子子。"余谓:"今日中国欲得理财之道,则须添一句曰,官官商商。"盖今日中国,大半官而劣则商,商而劣则官。此天下之民所以几成饿殍也。《易传》曰:"损上益下,谓之泰;损下益上,谓之否。"如此则可以言理财。

禁嫖赌

余尝谓客曰:"周之末季自荀卿以后无儒者,今自张文襄以后亦无儒臣。"客曰:"现在南洋大臣张安圃②出示,禁止官界、学界、军界嫖赌,以维持风化自任,岂不岿然一儒臣乎!"余答曰:"孔子言:'道之以政,齐之以刑,民免而无耻;道之以德,齐之以礼,有耻且格。'出示禁嫖赌,是道之以政,齐之以刑也。此行政也,非行教也。然行政亦须知大体。盖嫖赌是伤风化之事,唯礼教可以已之,非刑罚所能治。刑罚所能治者,作奸犯科之事耳。小民嫖赌,易于聚众滋事,扰害地方,此作奸犯科之事,得以刑法治之,故出示禁止犹可说,至出示禁止职官嫖赌,即以行政大体论,亦乖谬已极。古人刑不及大夫,盖欲养其廉耻也。夫以刑政施于小民,孔子犹惧其无耻。小民无耻,尚可以为国,至使职官士大夫而无耻,吾不知其何以能为国邪?今日职官放浪冶游,有失威重,固足以伤风化,若督抚不明大体,乃至将督部堂煌煌告示,粘贴妓馆娼寮,以为维持风化,不知其败坏风化实有千百倍于士大夫之冶游放浪者。君谓张安圃为儒臣,安圃如此不明大体,是焉得为儒臣?张安圃是幼樵胞侄,当时亦清流一派,幼樵入赘合肥相府,而安圃亦与袁世凯结儿女姻亲,所谓清流者如是如是。昔班孟坚③论西汉诸儒,如张禹、孔光辈曰,服儒衣冠,传先王语,其蕴藉可也。然皆持禄保位,被阿谀之讥。以古人之迹见绳,乌能胜其任乎!"

① 即南宋哲学家叶适,号水心。
② 指张人骏,字安圃。
③ 即东汉史学家班固。

贱　种

有西人问余曰："我西人种族有贵种、贱种之分，君能辨别之否？"余对曰："不能。"西人曰："凡我西人到中国，虽寄居日久，质体不变，其状貌一如故我，此贵种也。若一到中国，寄居未久，忽尔体质一变，硕大蕃滋，此贱种也。"余询其故。西人答曰："在中国，凡百食品，其价值皆较我西洋各国低贱数倍，凡我贱种之人以其价廉而得之易，故肉食者流可以放量咀嚼，因此到中国未久，质体大变，肉累累坟起，大腹庞然，非复从前旧观矣。"余谓袁世凯甲午以前，本乡曲一穷措无赖也，未几暴富贵，身至北洋大臣，于是营造洋楼，广置姬妾，及解职乡居，又复构甲第，置园囿，穷奢极欲，擅生人之乐事，与西人之贱种一至中国，辄放量咀嚼者无少异。庄子曰："其嗜欲深者，其天机必浅。"孟子曰："养其大体为大人，养其小体为小人。"人谓袁世凯为豪杰，吾以是知袁世凯为贱种也。

庸言庸行

英国名宰相论用人有云："国家用人，宜重德行而不宜重非常之才。天下之人既不可无君长，而君长之事有大小轻重，即寻常之识量，亦未尝不可以胜任。盖造物于经理天下之事，未尝秘有玄妙之理，一若非一二圣智之人不可求解。惟忠信廉正俭约诸庸德，此固人人之所能。人果能行此，且加以阅历，虚心于从政，何难之有？若无德行，虽特绝等高才，焉能有济？故凡有才无德之人，断不可以任用。盖秉性敦厚而才识不足者，固能遗误事机，然其害岂若彼心术邪僻且有大才足以铺张扬厉、粉饰其邪僻者之能败坏国家，至于不可补救耶？"云云。此言庸德也。余尝撰联以自勖曰："不伎不求，淡泊明志；庸言庸行，平易近人。"即此意云。

不吹牛屄

壬寅年①，张文襄在鄂奉特旨入都陛见，余偕梁崧生②尚书随节北上，时梁尚书得文襄特保以候补道员奉旨召见，退朝告余曰："今日在朝房，闻锡清帅③对客言曰：'如咱们这种人如何配得作督抚。'君试志之，此君子人也。"后有客谓余曰："今日欲观各督抚之器识才能，不必看他作事，但看他用人；不必看他所委署差缺之人，但看他左右所用幕僚，即可知其一二。"余答曰："连他左右幕僚亦不必看，欲观今日督抚之贤否，但看他吹牛屄不吹牛屄。"人谓今日中国将亡于外交之失败，或亡于无实业。余曰："中国之亡，不亡于实业，不亡于外交，而实亡于中国督抚之好吹牛屄也。"《毛诗》有云："具曰予圣，谁知乌之雌雄。"今日欲救中国之亡，必从督抚不吹牛屄作起。孔子谓："一言可以兴邦，曰：'为君难，为臣不易。'"如锡清帅其人者，可谓今日督抚中之佼佼者矣。

马 路

有某省某中丞奉旨办新政，闻西洋有马路，即欲仿照举办。然又闻外洋街宽阔，中筑马路，两边以石路厢之，以便徒步人行走。今省城民间街道狭隘，碍难开辟。后闻南京、武昌业经举行，民亦称便，遂决意办马路。既成，又在上海定购洋式马车，出门拜客皆乘马车，不用肩舆，亦觉甚适意焉。一日，有某道台之子，在马路上驰马，忽于人丛中冲倒一老媪，几毙命，行路人皆为不平，道台之子停马鞭指而骂曰：

---

① 壬寅年，即 1902 年。据冯天瑜先生考证，张之洞进京是癸卯年（1903）。
② 梁敦彦，字崧生，广东顺德人。第一批赴美的留学幼童之一。回国后长期在张之洞手下任职，曾官至外务部尚书。民国时曾参与张勋复辟，负责外交联络。辜鸿铭曾声称他是其反对西方物质实利主义文明斗争的战友。
③ 指锡良，因字清弼，又官至总督，故称"锡清帅"。

"抚台筑此路，本要给马走，故不叫作人路，而叫作马路，你们混帐百姓，敢占了马路，我不送你到警察局惩办已算你们造化，还敢同我理论呢。"有一乡人应曰："哎哟，大少爷！如此说来，如今中国惟有官同马有路走，我们百姓都没有路走了。"后某中丞得闻此事，遂即停办马路，并不坐马车出门拜客，仍乘肩舆。韦苏州①诗云："自惭居处崇，未睹斯民康。"某中丞亦可谓难得矣。

不问民

"厩焚，子退朝曰：'伤人乎？'不问马。"今日地方一有事故，内外衮衮诸公，莫不函电交驰，亟问曰："伤羊乎？"不问民。噫！窃谓今日天下之大局，外人之为患不足畏，可畏者内地思乱之民耳。民之所以思乱者，其故有二，一曰饿，一曰怨。欲一时即使民不饿，谈何容易，故入手办法，当先使民不怨。今民之饿者，新政使之也。民之怨者，非新政使之也。民非怨新政，怨办新政之衮衮诸公之将题目认错耳。我朝廷今日亦知新政累民，然有不得不亟亟兴办者，无非为保民而已，非为保外人以保衮衮诸公之禄位也。上下果能认清题目，凡办理新政，事事以保民为心，则虽饥饿以死，民又何怨？孟子所谓"以生道杀民，虽死不怨杀者"是也。

国会请愿书

余尝谓诸葛武侯之《前出师表》即是一篇真国会请愿书。何言之？武侯谓后主曰："宜开张圣听"云云，此即是请开国会。又曰："宫中府中，俱为一体，陟罚臧否，不宜异同。若有作奸犯科及为忠善者，宜付有司论其刑赏，以昭陛下平明之治"云云，此即是请立宪。盖西洋各国当日之所以开国会立宪者，其命意所在，亦祇欲得平明之治耳。今朝廷

---

① 即唐代诗人韦应物。他曾任苏州刺史，因称韦苏州。

果能开张圣听，则治自明。如此，虽无国会，亦有国会；不如此，虽有国会，亦如无国会也。朝廷能视官民上下贵贱大小俱为一体，陟罚臧否无有异同，则治自平。如此，虽不立宪，亦是立宪；不如此，虽立宪，亦非立宪。吾故曰："武侯之《前出师表》是一篇真国会请愿书。"若今日各省代表之所请者，乃是发财公司股东会，非真国会也。盖真国会之命意，在得平明之治，得平明之治，则上下自为一体，然后国可以立。股东会之命意，在争利权，一国上下皆争利权，无论权归于上，权归于下，而国已不国，尚何权利之有哉？噫！

马拉马夫

昔年余至上海，见某国领事，谓余曰："今日中国督抚凡办一事，辄畏惧本省绅士，并且有畏惧学生者，尚复成何政体！"余答曰："此岂不是贵国所谓立宪政体？"领事曰："是非立宪政体，恐是马拉马夫政体。"《书》曰："罔违道以干百姓之誉，罔咈百姓以从己之欲。"余谓民情固不可咈，然至违道以干百姓之誉，则乱之阶也。

夷狄之有君

辜鸿铭部郎云，甲午后袁项城为北洋练兵大臣，时守京师者多北洋兵队，适张文襄奉特旨陛见，项城特派兵队守卫邸寓。余随张文襄入都，至天津见项城，谈间，项城问余曰："西洋练兵其要旨何在？"余答曰："首在尊王。"项城曰："余曾闻，君撰有西文《尊王篇》，尊王之意余固愿闻。"余答曰："西洋各国凡大臣寓所有派兵队守卫者，乃出自朝廷异数。今张宫保入都，宫保竟派兵守邸寓，是以国家之兵交欢同寅。兵见宫保以国家之兵交欢同寅，则兵将知有宫保而不知有国家，一遇疆场有事，将士各为其领兵统帅，临阵必至彼此不相顾救，如此虽步伐齐整，号令严明，器械娴熟，亦无以制胜。吾故曰，练兵之要，首在尊王。"子闻是语，谓辜部郎曰："君言今日兵不知有国家，君抑知各省坐官厅之黼黻朝珠者，其心中目中亦皆知有督抚，尚知有国家耶？君于行伍中人又何责焉！"辜部郎曰："信如君言。中国未经外人瓜分，而固已瓜分矣。"

读书人

袁简斋《原士论》曰："士少则天下治，何也？天下先有农工商，后有士。农登谷，工制器，商通有无，此三民者养士者也。所谓士者，不能养三民，兼不能自养也。然则士何事？曰，尚志。志之所存，及物甚缓，而其果志在仁义与否，又不比谷也、器也、货之有无也，可考而知也。然则何以重士？曰，此三民者，非公卿大夫不治，公卿大夫非士莫为，惟其将为公卿大夫以治此三民也，则一人可以治千万人，而士不可少，亦不可多。舜有五臣，武王有乱臣十人，岂多乎哉！士既少，故教之易成，禄之易厚，而用之亦易当也。今则不然，才仅任农工商者为士矣，或且不堪农工商者亦为士矣，既为士，则皆四体不勤，五谷不分，而妄冀公卿大夫，冀而得，居之不疑；冀而不得，转生嫉妒，造诽谤，而怨之上不我知，上之人见其然也，又以为天下本无士，而视士愈轻，士乃益困。嗟乎！天下非无士也，似士非士者杂之，而有士如无士也。"余谓今日中国不患读书人之不多，而患无真读书人耳。乃近日上下皆倡多开学堂，普及教育，为救时之策，但不知将来何以处如此其多之四体不勤五谷不分而妄冀为公卿大夫之人耶？且人人欲施教育，而无人肯求学问，势必至将来遍中国皆是教育之员，而无一有学问之人，何堪设想！

女子改良

西人见中国市招有"童叟无欺"四字，尝讥中国人心欺诈于此可见一斑。余闻之，几无以置喙。犹忆我乡有一市侩，略识之无，为谋生计，设一村塾，招引乡间子弟，居然拥皋比为冬烘先生矣。为取信乡人计，特书一帖，粘于壁右，曰："误人子弟，男盗女娼。"其被误者，盖已不知凡几。内有一乡董子弟，就读数年，胸无点墨，引为终身恨。尝语人曰："我师误我不浅，其得报也，固应不爽。"人谓汝师之报何在？
曰："其长子已捐道员，而其女公子现亦入女子改良学堂矣。"至今我乡
传为笑柄。

高等人

昔有一身子极胖大之某教官，颇留心新学，讲究改良，闻新到学
宪亦极讲新学，初谒见，称学宪为"高等人"。学宪大怒，以为有心
侮己。某教官即逡巡谢曰："高等人明见。晚生以为，中国几千年来
连用字都多欠稳切，极应改良，故如今大学已改为高等学。缘学问之
道只有高等阶级，并无所谓阔大者，即如目前宪台身子比晚生身子并
不大，不过宪台官阶比晚生官阶高一等耳，故对宪台不称大人，而称
高等人。"

费 解

袁简斋晚年欲读释典，每苦辞句艰涩，索解无从，因就询彼教明禅
学者，及获解，乃叹曰："此等理解，固是我六经意旨，有何奥妙。我
士人所喜于彼教书者，不过喜其费解耳。"余谓今日慕欧化讲新学家，
好阅洋装新书，亦大率好其费解耳。如严复译《天演论》，言优胜劣败
之理，人人以为中国数千年来所未发明之新理，其实即《中庸》所谓
"栽者培之，倾者覆之"之义云尔。

不 解

昔年陈立秋侍郎名兰彬，出使美国，有随员徐某夙不谙西文，一日
持西报展览，颇入神，使馆译员见之讶然，曰："君何时已谙悉西文

乎?"徐曰:"我固不谙。"译员曰:"君既不谙西文,阅此奚为?"徐答曰:"余以为阅西文固不解,阅诸君之翻译文,亦不解。同一不解,固不如阅西文之为愈也。"至今传为笑柄。

狗屁不通

近有西人,名轨放得苟史者,格致学专门名家。因近年中国各处及粤省常多患瘟疫之症,人民死者无算,悯之,故特航海东来,欲考究其症之所由来。曾游历各省,详细察验,今已回国,专为著书。其书大旨谓,中国疫症出于放狗屁,而狗之所以病者,皆因狗食性不相宜之杂物。盖狗本性凉,故凡狗一食杂种凉性之物,则患结滞之病,狗有结滞之病,脏腑中郁结之秽气既不能下通,遂变为毒,不由其粪门而由其口出,此即中国瘟疫之毒气也。总之此书之大旨,一言可以蔽之曰:中国瘟疫百病,皆由狗屁不通。噫!我中国谓儒者通天地人,又曰:一物不知,儒者之耻,故儒者是无所不通。今若轨放得苟史者,连放屁之理都通,亦可谓之狗屁普通矣!

看　画

昔有人与客谈及近日中国派王大臣出洋考究宪政,客曰:"当年新嘉坡有一俗所谓土财主者,家资巨万,年老无子,膝下只一及笄女儿,因思求一快婿入赘作半子,聊以自慰。又自恨目不识丁,故必欲得一真读书、宋玉其貌之人而后可。适有一闽人,少年美丰姿,因家贫往新嘉坡觅生计,借寓其乡人某行主之行中。土财主时往某行,见美少年终日危坐看书,窃属意焉。问某行主,知是其里人欲谋事者,遂托某行主执柯,事成,某少年即入赘作土财主家娇客。入门后无几何,土财主召美少年,曰,从此若可将我家一切帐目管理,我亦无须再用管帐先生。美少年赧然良久,始答曰,我不识字。土财主骇问曰,曩何以见若手不释卷终日看书耶?少年答曰,我非看书,我看书中之画耳。"噫!今中国王大臣出洋考察宪政，亦可谓之出洋看洋画耳。

照 像

辜鸿铭部郎云："余昔年初到英国，寓学堂教授先生家。一日诣通衢，见道旁驻一高轮马车，乘坐其上者为美男子，衣服丽都花簇簇缀冠，上衣缘边悉用金缕蟠结，似显者状。旋见一旧服者，自市肆出，升车接缰在手，扬鞭而去。余归告先生曰：'今日见一贵官。'并言其状。先生曰：'汝误矣，彼冠簪花衣金缕衣者，仆也；服旧服者，此仆之主，贵人也。'余曰：贵人何以不自著金缕衣，而反以施之于仆，胡为邪？'先生曰：'不然，凡贵人欲观人者也，故衣朴素；贱者欲取观于人者也，故衣华丽。汝谨志之。'此与吾《中庸》所谓'衣锦尚绚，恶其文之著也'同义。我中国风俗，向贱优伶，固谓其欲取观于人也。不料今日中国号称士大夫者，事事欲取观于人，即如摄影小照，亦辄印入报纸，以夸炫于人，是亦不知贵贱之分也。"噫，陋矣！

赠日本国海军少佐松枝新一氏序

光绪二十三年①岁次丁酉，日本国海军少佐松枝氏新一领其国战舰，来游长江，时余差次武昌省垣，蒙松枝君屈驾来访，余亦诣战舰答礼。遂即在汉皋邀集东客六七人，借西人酒市命酒，叙谈主客萍水相逢，欢若平生，余心感焉。余少游西洋各国，习其语言文字，因略识其沿革立国缘由。夫西洋近百年来风气盛开，讲智术，精造器，惟生齿日繁，故航海东来，于是东洋诸国因亦多事。我中国自古圣人教民，重道不尚器，故制造器械，皆远逊西人，兼以近来中国民俗苟安，士气不振，故折冲御侮，常苦无策。惟日本与我华义属同族，书亦同文，且文物衣冠犹存汉唐古制，民间礼俗亦多古遗风，故其士知好义，能尚气

① 即1897年。

节。当西人之东来，皆慷慨奋起，致身家国，不顾性命。当时又有豪杰，如西乡诸人辈出，皆通古今，能因时制宜，建策修国，制定国本。噫！日本今日之能振国威，不受外人狃侮，其亦有以夫。然尝闻日本国人，近日既习西人技艺，往往重西学而轻汉文经书，余私心窃疑焉。今得识松枝君，咨询底蕴，乃知其不然也。松枝原日本士族，幼年习西人兵略航船之术，然尤好中国文学，故能荷其国家重任。余于是益信日本之所以致今日之盛，固非徒恃西洋区区之智术技艺，实由其国存有我汉唐古风，故其士知好义，能尚气节故也。余不能操东语，前日与松枝晤谈，用英语以酬对，未尽欲言，今聊书数语，以志景仰云尔。

士　说

张文襄曾问余曰："外国各领事本文职，而佩刀何故？"余答曰："此士服也。"西洋本以封建立国，一国之中有贵族，有平民。平民脱民籍后，武者为士，文者为史。其服制，史则宽衣博带，如今在中国牧师神父所服者是。士则短衣佩刀。领事虽文职，亦属士类，故遇大典礼，则短衣佩刀，服士服也。窃谓今日我中国有史而无士，考古制，通六书者为史，在行伍者为士，故有甲士、士卒之称。两汉、三国时，宰相犹以剑履上殿，为当时朝廷特赐异数，然于此见古制尚存，是时为士者亦尚知士之本义。自唐以后，古制渐泯，乃以能文章应科第者为士，于是名则为士，实则为史，士之本义全失矣。吾故曰："今日中国有史而无士。"

在德不在辫

近有英人名濮兰德者，曾充上海工部局书记官，后至北京，为银公司代表，著一书曰《江湖浪游》，所载皆琐屑，专用讥词，以揶揄我华人。内有一则曰《黼黻①为厉》，大致谓五十年来，我西洋各国因与中

---

① 古代礼服上所绣的花纹，此指清朝官服。

国通商，耗费许多兵饷，损失无数，将士每战辄胜，及战胜以后，一与交涉，无不一败涂地，是岂中国官员之才智胜我欧人耶？抑其品行胜我欧人耶？是又不然。若论其才智，大概即使为我欧人看门家丁，恐亦不能胜任；论其品行，亦大半穿窬之不如。如此等无品之人物，何我欧罗巴之钦使领事遇之便觳觫畏惧若不能自主，步步退让，莫之奈何，其故安在？余于此事每以为怪，研究多年，始得其中奥妙。盖中国官之能使我西人一见而觳觫恐惧者，无他谬巧，乃其所服之黼黻为之厉也。鄙人之意，以为今日我西洋各国欲图救交涉之失败，亟宜与中国商订新约，以后凡外务部及各省与我交涉之大小官员，不准挂朝珠，穿黼黻，逼令改用窄袖短衣，耸领高帽如我欧制。如此黼黻即不能为厉于我，则我西人之交涉庶不致于失败矣。中国果能遵此新约，我西人即将庚子赔款全数退还中国，犹觉尚操胜算也云云。按如濮兰德以上所言，其藐视我中国已极。然君子不以人废言，其言我中国黼黻衣冠，能使西人畏惧，虽系戏言，然亦未尝无至理寓乎其中。孔子不云乎："君子正其衣冠，尊其瞻视。"俨然人望而畏之。且尝揆之人情，凡遇人之异于己者，我不能窥其深浅，则有所猜忌，故敬心生焉；遇人之同于己者，我一望而悉其底蕴，则无所顾畏，故狎心生焉。今人有以除辫变服为当今救国急务者，余谓中国之存亡，在德不在辫。辫之除与不除，原无大出入焉。独是将来外务部衮衮诸公及外省交涉使，除辫后窄袖短衣，耸领高帽，其步履瞻视，不知能使外人生畏敬心乎，抑生狎侮心乎？

自　大

光绪十年，日本名下士冈千仞振衣氏来游中国，曾撰《观光纪游》一书，内载其友人樱泉氏论中国弊风一则，谓樱泉游学中土，其论弊风极为的切。曰所贵于中土士大夫，重名教，尚礼让，志趣高雅，气象温；和农工力食者，忍劳苦，安菲素，汲汲营生，孜孜治产，非我邦所能及也。而士人讲经艺，耗百年有限之力于白首无得之举业，及其一博科第，致身显贵，耽财贿肥，身家喜得忧失，廉耻荡然，不复知国家之为何物。而名儒大家，负泰斗盛名者，日夜穿凿经疏，讲究谬异，金石、说文二学，宋明以前之所无，顾炎武、钱大昕诸家，以考证为学以来，竞出新意，务压宋明，纷乱拉杂，其为无用，百倍宋儒。其少有才气者，以诗文书画为钓名誉、博货贿之具，玩物丧志，无补身心，风云月露不益当世，此亦与晋时老庄相距几何？吏胥奴颜婢膝，奉迎为风，望门拜尘，欺己卖人，自为得计。商贾工匠，眼无一丁，妆貌衒价，滥造粗制，骗取人财，此犹可以人理论者。其最下者，狗盗鼠窃，不知刑宪为何物；立门乞怜，不知秽污为何事，其人轻躁扰杂，喧呼笑骂，此皆由风俗颓废，教化不行者。呜呼！政教扫地，一至此极，而侮蔑外人，主张顽见，傲然以礼义大邦自居，欧米①人之以未开国目之，抑亦有故也云云。此日人樱泉二十年前语也。犹忆道光末年，徐松龛中丞名继畲，撰《瀛环志略》，当时见者哗然，谓其张大外夷，横被訾议，因此落职。自来我中国士大夫夜郎自大，其贻讥外人固不足怪，惟今日慕欧化者，又何前倨而后恭也？孔子曰："古之矜也廉，今之矜也忿戾。"所谓廉者无他，但知责己而不责人；但求诸己，不求诸人而已。

依样葫芦

子曰："学而时习之。"朱子注谓："学之为言效也。"余窃谓，学之义甚广，不当作效字解。如仅作效字解，使后之为学者，只求其当然，而不求其所以然，所谓依样画葫芦者是也。犹忆中国乾嘉间，初弛海禁，有一西人身服之衣敝，当时又无西人为衣匠者，无已，招华成衣至，问："汝能制西式衣否？"成衣曰："有样式即可以代办。"西人检旧衣付之，成衣领去，越数日，将新制衣送来，西人展视，剪制一切均无差，惟衣背后剪去一块，复又补缀一块，西人骇然问故，成衣答曰："我是照你的样式做耳。"今中国锐意图新，事事效法西人，不求其所以然，而但行其所当然，与此西人所雇之成衣又何以异欤？噫！

---

① 米，今译"美"。

学　术

宋陆象山云："为学有讲明，有践履，《大学》'致知格物'；《中庸》'博学审问，慎思明辨'；《孟子》'始条理者，智之事'，此讲明也。《大学》'修身正心'；《中庸》'笃行之'；《孟子》'终条理者，圣之事'，此践履也。物有本末，事有终始，知所先后，则近道矣。欲修其身者，先正其心；欲正其心者，先诚其意；欲诚其意者，先致其知，致知在格物。自《大学》言之，固先乎讲明矣。自《中庸》言之，学之弗能，问之弗知，思之弗得，辨之弗明，则亦何所行哉？未尝学问思辨，而曰吾惟笃行之而已矣，是冥行者也。自《孟子》言之，则事盖未有无始而有终者，讲明之未至，而徒恃其能力行，是犹射者不习于教法之巧，而徒恃其有力，谓吾能至于百步之外，而不计其未尝中也，故曰：其至，尔力也，其中，非尔力也。讲明有所未至，材质之卓异，践行之纯笃，如伊尹之任，伯夷之清，柳下惠之和，不思不勉，从容而然，可以谓之圣矣。而孟子顾有所不愿学，拘儒瞀生又安可以硁硁之必为，而傲知学之士哉！然必一意笃实学，不事空言，然后可以谓之讲明，若谓口耳之学为讲明，则又非圣人之徒矣"云云。余谓宋代学者，偏在践履，而不知讲明，故当日象山乃有此论。今之学者，不特不知讲明，而亦并不知士之所业何事，不以国无学术、无人材、无风俗为忧，而断断以国无实业为急务，遂至经生学士负赫赫山斗之名者，亦莫不将毕生精神注意于此，顾名思义，尚得谓读书人邪！昔樊迟请学稼，子曰："吾不如老农。"请学圃，曰："吾不如老圃。"樊迟出，子曰："小人哉，樊须也！"

风　俗

管异之拟言风俗书云："臣闻之，天下之风俗，代有所敝。夏人尚忠，其敝为野；殷人尚敬，其敝为鬼；周人尚文，其敝也，文胜而人逐末。三代已然，况后世乎？虽然，承其敝而善矫之，此三代两汉俗之所以日美也；承其敝而不善矫之，此秦人魏晋梁陈俗之所以日颓也。而俗美则世治且安，俗颓则世危且乱，天下之安危，系乎风俗。而正风俗者必兴教化，居今日而言兴教化，则人以为迂矣。彼以为教化之兴，岂旦暮可致者耶？而臣谓不然。教化之事，有实有文，用其文则迂而甚难，用其实则不迂而易。夏商成周之事远不可言，臣请以汉论之。昔者汉承秦敝，其为俗也，贪利而冒耻，贾谊所云孳孳嗜利，同于禽兽者也。自高帝孝文困辱贾人，重禁赃吏，遂不久而西汉之治成。其后中更莽祸，其为俗也，又重死而轻节，逮光武重敬大臣，礼貌高士，以万乘而亲为布衣屈，亦遂不久而成为东汉之治。由是言之，移风易俗，所行不过一二端，而其势遂可以化天下不为难也"云云。我朝咸同以前，科场弊窦百出，买枪手，通关节，明目张胆，习为故常。及咸丰初年，某案出，朝廷震怒，将当朝宰相柏俊治以重典，天下悚然，由此科场舞弊之风少减。可见风俗之转移，操之自上，朝廷能肃纲纪，实行不过一二端，即足以使上下悚然，洗心革面耳。

政 体

国朝潘耒[①]上某学士书云："某闻善为治者，不务为求治之名，而贵有致治之实。孔子曰'其人存，则其政举。'后儒亦言有治人无治法。衰弊之世，法制禁令与盛世无殊，而不能为治者，法意不相孚，名实不相副，上下相蒙，苟且成俗也。若徒恃科条以防奸，藉律令以止慝，有立法之名，无行法之实，窃恐弥缝掩护之弊，更有甚于前也。假如今制，督抚地方官与在京大臣交通者革职，此其所得而禁者，辇下拜往之仪文耳。使在数千里外，私人往来，潜通货贿，能知之乎！官吏坐赃满十金者，即论死，审能如法，则人人皆杨震、邓攸矣。度今之作吏者能如是乎！夫立法远于人情，则必有所不行，而法故在，则必巧为相遁，掩覆之术愈工，交通之迹愈密，而议者且以为令行禁止，中外肃清也。夫天下未尝无才，其才未尝不能办事，特患无以驱策而激励之，于是以

---

① 潘耒（1646—1708），清初学者，对经史、历算诸学皆有研究。

其才智专用之于身家，以其聪明专用之于弥缝掩护。设也一变其习，以其为身家者为朝廷，以其弥缝掩护为拊循保障，则何事不可为，何功不可立！所赖二三大臣为皇上陈其纲领，辨其本末，以实心实意振起天下之人材，以大机大权转移天下之积习，开诚布公，信赏必罚，正朝廷以正百官，以正万民，纪纲肃而民生安矣"云云。窃谓中国自咸同以来，经粤匪扰乱，内虚外感，纷至迭乘，如一丛病之躯，几难著手，当时得一时髦郎中湘乡曾姓者，拟方名曰"洋务"清火汤，服若干剂，未效。至甲午，症大变，有儒医南皮张姓者，另拟方曰"新政"补元汤，性燥烈，服之恐中变，因就原方略删减，名曰"宪政"和平调胃汤。自服此剂后，非特未见转机，而病乃益将加剧焉。势至今日，恐殆非别拟良方不可。昔宋苏轼当哲宗初年，乞校正陆贽奏议进御札子云："药虽进于医手，方多传于古人，兹姑撮录前篇为正本清源之论，倘有医国手出，或有取于此，庶不无小补"云尔。

看招牌

昔有一洋行主人作军装生意者，尝与中国官场酬应，不时宴请各省委员，以为招徕。每宴会饭罢，出雪茄烟供客，概用上品，价值不赀。而华客每每食未半，辄轻掷之。行主人性素吝且黠，以后宴客即暗易以最劣品之烟，而袭以最上品之烟盒。一日有某省办军装之道员，素自名为熟悉洋务者，至该洋行主人家晚膳，食罢，主人出烟供客，道员瞷其所装之盒，讶然曰："咦，我知此品一盒当值十洋。"即抽取一枝，含嚼之，喷其烟，扬扬自夸曰："吾说十洋味道，果不错。"主人惟掩口胡卢。噫！西商在中国售洋货，最重招牌，凡有仿冒其招牌者，必请官惩办。盖知中国人不论货之优劣，而但看招牌耳。孔子曰："人莫不饮食也，鲜能知味也。"盖有以夫！

不自贵重

国朝张尔岐先生《蒿庵闲话》云："赵宣子囚叔向，乐王鲋欲为之

请，叔向弗应。室老咎之，曰，祁大夫必能免我。祁大夫卒免之。其知
人之明，处变之度不待言，至一段守身经国远识，更不可及。鲋，小人
也，小人不可与作缘久矣，况受其脱囚之惠乎？受其惠而与之为异，彼
必有辞，徇其所欲，又将失己，君子之受制小人，身名坐隳者，皆自一
事苟且阶之。叔向宁不免其身，必不肯受小人之惠而为所制，大臣之识
也。"余谓"小人不可与作缘"一语，最有关系。昔柳子厚因附和王叔
文党，身名坐隳，遗恨千古。韩文公谓子厚少年时不自贵重，顾谓功业
可立就，故坐废退。夫以子厚之品之学，一不自贵重，卒不能自展其才
以裨世用，至如今日以夤缘奔竞为能、不知人间有羞耻事者，尚望其挽
回大局、宏济时艰，得乎！

自强不息

"唐棣之华，翩其反而，岂不尔思，室是远而。"子曰："未之思也，
夫何远之有?!"余谓此章，即道不远人之义。辜鸿铭部郎曾译德国名哲
俄特①《自强不息箴》，其文曰："不趋不停，譬如星辰；进德修业，力
行近仁。"卓彼西哲，其名俄特，异途同归，中西一辙。勖哉训辞，自
强不息。可见道不远人，中西固无二道也。

———

① 今译歌德。

关于时局致《字林西报》编辑的信*
(1911)

先生：

  正好两个星期以前，你允许我在你的专栏里讨论的那个至关重要的问题的答案，现在已经到来了，它来得无论是比你还是比我料想的都要快。当这场我所预见的流血革命不幸来临之际，我想我有责任向外国人更充分、更清晰地解释目前事态的准确情形，以便他们不至于惊慌失措。我首先请外国人相信的是，他们对目前的局势完全不必持悲观态度。尽管形势严峻，但却并没有绝望，甚至于还大有希望。对于目前的局势，我想要说的是，它是新中国诞生之时的最后阵痛。

腐败还是无能？

  那些把目前这场暴乱与太平天国叛乱相提并论的人，实在是胡说八道，它只能表明这些人完全不配评论眼下的局势。太平天国叛乱像法国大革命一样，目的是要捣毁那腐败堕落的社会秩序。用卡莱尔的话来说，它是处在社会底层的百万众生对于那养尊处优集团的奢侈浪费和轻浮无聊的反抗。太平天国叛乱之前，中国的养尊处优集团是满洲贵族。他们在苏州和杭州这样的城市里过着天堂般的生活。但现在中国，已经没有了太平天国叛乱之前像满洲贵族那样的养尊处优集团了。现在的满人，作为一个阶级，甚至于比我们汉人还要穷。至于说那些受过较高教育的中国人，中国的官僚阶级也比上海的买办阶级要穷，其中有些人的经济状况，还不如在华外国人家中的仆人。昏聩糊涂的英国佬奢谈达官

---

  * 此信原载《字林西报》，1911 年 10 月 24 日。译者为黄兴涛，选自《辜鸿铭文集》。

贵人的贪污是中国目前一切罪恶的根源。然而，让我来告诉有头脑的英国人，现在中国一切罪恶的根源不在于官员的贪污腐化，而在于他们的无能。那些在中国各地听到或看到勒索现象，到处谈论中国官员贪污腐化的人们忘记了，这些可怜的官员也必须要活命，而在目前的体制下，或好或坏，一个官员总得需要一点勒索，否则便无法生存。事实上，自从李鸿章去世和他的寡头政治集团覆灭之后，那种肆无忌惮的恶劣的贪污腐化现象在中国已经极为少见。在一个国家里，高等阶级中存在腐败现象的标志和证据是奢侈浪费和轻浮无聊。然而正如谁都可以看到的，今日中国奢侈浪费和轻浮无聊的现象非常之少。我们中国最后一个真正腐败、轻浮无聊和奢侈浪费的高官是端方阁下，中国士人给他取了个绰号叫"债帅"。总之，在现在中国，恐怕除了上海按摩公司总监和股票经纪人这些在模范租界开着汽车横冲直撞、对贫困而辛苦的劳工市民的身体和生命造成威胁的人之外，不存在我所知道的可以称之为养尊处优集团和贵族的阶级。

一句话，太平天国叛乱像法国革命一样，是一场社会革命，它意味着机体器官本身出了毛病，而目前的这场暴乱则是一场政治革命，它只意味着一种器官功能的失调而已。

暴乱不是革命

因此，我认为，将目前这场暴乱与太平天国叛乱相提并论简直是胡说八道！把法兰西法院的法官对路易十六的那个著名的回答颠倒过来，用于评价目前这场暴动，我以为再合适不过："Ce n'est pas une révolution, c'est un révolte."（它不是一场革命，而是一场暴乱。）

事实上，反朝廷只是目前这场暴乱的表象。它实在不过是一场反对或反抗对于本民族的自然和自由发展构成阻碍的某个寡头政治集团的斗争而已。我们可以将其视作日本历史上的萨摩藩叛乱。当日本民族投身于开化或现代化事业的时候，他们首先遇到的障碍物就是东京的幕府。在幕府寡头政治集团被摧毁之后，日本民族才得以真正行动起来。但那些从幕府寡头政治集团手中接管国家事务的人，又开始形成另一个小寡头政治集团。这第二个寡头政治集团，在日本被称之为大久保寡头政治集团。目前的盛宣怀寡头政治集团，就是日本的这第二个大久保寡头集团在中国的翻板。正是为了反抗大久保寡头政治集团，日本爆发了已故西乡隆盛侯爵领导下的萨摩藩叛乱。因此，目前武昌爆发的这场暴乱，可以说是日本萨摩藩叛乱在中国的翻板。日本的萨摩藩叛乱作为一场叛乱是失败了，但它却成功地摧毁了大久保寡头政治集团，因而做了一件好事。

目前的武昌革命作为一场革命来说也将要失败，但是它将、至少我真诚地希望它将摧毁盛宣怀寡头政治集团。正如在萨摩藩叛乱之后现代日本诞生了一样，在这次武昌革命之后，我们也将迎来新中国真正的开端。因此我在这封信的开头说，目前这种极为严峻的形势，是新中国诞生的最后阵痛。

一个巨大的危险

不过，在目前这种紧要关头，却存在一个巨大的危险，这个唯一的危险就是：某些钩心斗角的外国列强对于中国不明智地加以干涉。我见过一封来自日本的电报说，日本政府为了保护汉口和汉阳地区广泛存在的日本人财产，正考虑对中国乘机采取某些行动。我真诚地希望这不是真的。我要指出的是，即便汉口地区的整个外国租界、连同租界内所有的外国财产都遭到破坏，其损失仍然是可以弥补的：它实在无法与外国列强的干涉所必然带来的那种可怕后果相比。外国对于保皇者的任何帮助，除了会大大地降低现政府的威望之外，还会激生强烈的排外情绪。目前这场暴乱，我以为是全民族对于现政府的谏劝或抗议。任何外国帮助现政府强制镇压这种民族的谏劝，都会因此激生一种比上次义和团事变还要大还要严重的排外暴动。因此，我真诚地希望日本政治家有足够的远见和政治家的风度，不要采取任何行动才好，这种行动即便不会使事态发展到无法收拾的地步，起码也会使其变得极端困难。

失败的必然

在做结论之前，我想在此解释一下，为什么我说反朝廷只是目前这场暴乱的表象，同时又为什么认为它作为一场革命不会成功。

我之所以说反朝廷只是目前这场革命的表象，是因为，中国最近这场以武昌革命为顶点的骚乱和暴动，乃是本民族渴求充分和自由发展的民族愿望之强烈而激愤的表达。革命者憎恨满人，因为他们认为满人妨碍了这种发展。然而满人并不是真正的障碍。真正的障碍是治体（国家）① 缺乏活力，以及当权者们的无能。除此之外，在治体内已经发展起来的寡头政治集团所形成的障碍，突然造成了血液循环的中断，从而导致了一根血管在武昌的爆裂。但满人并不是造成这一障碍的原因，盛宣怀及其同伙的寡头政治集团才是导致这一障碍的真正原因。因此，我认为反朝廷只是这场革命的表象。

另外，我所以认为目前这场革命作为一场革命来说会以失败告终，是因为这场革命的发动者，乃是一个在革命中永远要失败的阶层。这场革命的发动者属于众所周知的"革命党"，外国人称之为"Revolutionary Party"。但这个"革命党"，在欧洲应被称之为雅各宾党。从法国革命和其他革命的经验来看，雅各宾派从来都没有过好结果。雅各宾主义是一种走火入魔的爱国主义。它好比是民族中的健康血液因为治体内的某些障碍而引发了炎症。这种障碍，便是寡头政治集团，它就像人体内的脓液和腐烂之物一样，妨碍了健康血液的自由循环，从而导致了炎症和腐烂。雅各宾主义，那种民族中已发炎的或带炎症的血液，对于推倒和驱除本民族的脓液和腐烂之物——寡头政府集团是有用的和必要的。然而一旦雅各宾主义，或者说那发炎变质的血液完成它的任务之后，就不得不被摧毁——至少，其中那已经过于腐烂和有害的部分必须被消灭。拿破仑用他的葡萄弹轻而易举地就扑灭了法国的雅各宾主义，使得法兰西内部那已经腐烂变质的、有毒血液的最后废物得到了清除。

文人学士的名誉

中国的雅各宾党已经掌握了一支新中国的孩儿军（Baby Army），并利用它来推进自己的事业。事实上，新中国的孩儿军现正经历着战火的考验。然而这还不是目前局势真正严重的危险所在。目前，真正的危险在于这样一个事实，即整个中国的文人学士，此时此刻给予了武昌的雅各宾党以道义上的支持。这里，我可以指出，在我上海的文人学士朋友中，我恐怕是现在唯一一个仍然绝对效忠于朝廷的中国人了。

---

① 辜鸿铭使用的是"Body Politic"，即治体，即国家。

然而，反对文人学士的不忠行为，中国人有一个防卫武器，那就是孔子学说——孔子学说中的忠诚之教。对于一个有教养的真正的中国人来说，要其公然举手反对皇帝，绝对背叛他头脑中那三千年以来根深蒂固的观念和思想，就好比在欧洲人中，要一个男人举手反对一个妇女一样。这就是中国绅士的名誉所在，如果必要，他一定会为此名誉去死，否则就会变成一个恶棍。外国人出于无知，喜欢上海报馆的那些误入歧途的中国人，那些受到传授利益和野心之教的"新学"的毒害，不懂得忠诚之教——那名誉与责任之教意味着什么的中国人。因此现在，这些外国人轻浮地谈论着满人的厄运。

中国绅士们的此种名誉感或忠诚之教，最近受到了巨大的伤害，因为盛宣怀及其同党的方法，也就是你们所赞赏的那种方法，蹂躏和损害了公众舆论，并使整个的文人学士阶层弃之而去。所以这个时刻，他们对于武昌的雅各宾党给予了道义上的支持。不过，现在政府悬崖勒马、补偿这种损害，为时还不是太晚。一旦政府采取严厉的措施来对付盛宣怀及其同党，为那种曾有过的伤害做出补偿，以求得文人学士的谅解，那么它就能重新赢回文人学士们在道义上的支持。而雅各宾党一旦失去文人学士的道义支持，就会一事无成。他们最终将与其怀抱中的那些毫无战斗力的新中国孩儿军们一道，被袁世凯的葡萄弹不费吹灰之力地打得烟消云散。

一句出自戈登的话

最后，让我再引用一个英国伟人、曾在中国待过的戈登将军的话来结束全文。这句话，此时此刻包括英国人在内的所有外国人都应铭记在心。戈登将军说："当我们必须在东方冥行索途之时，最好的道路就是按公正行事。"我认为对于外国人来说，目前情况下所应做的正当之事就是：严守中立，别妨碍中国政府自由行动。一句话，让中国人独立自主，照管好在华外人的良治秩序，使其循规蹈矩。作为为数很少的受过外国教育的中国人中的一员，我愿意负责任地代表我多灾多难的同胞，请求在华外国公众中的最好之人，那些仍然相信名誉和责任之教的人，在与中国人打交道的时候，也以这种名誉和责任之教来约束个人的行为，在这种困难的时刻，像戈登所说的那样，去做他们当做的事情。总而言之，如果外国人按公正行事，我们现在就会赢来一个新的中国。

Ab integro saeculorum nascitur ordo!（世纪的秩序将重新奠定!）就谈这么多。

辜鸿铭

上海，10 月 21 日

又及：这里，我大胆地提出一个建议，在目前这样的危急时刻，我以为滞留上海的外国人应当通过某些有组织的手段，不仅获悉那些新闻报刊所提供的有关当前事件的信息，而且了解中国知识阶层的有关感情与观点。为此，那些有教养的外国人和中国人，是否可以成立一个"观察委员会"（Watch Committee），以相互交换关于中国目前正发生的那些重大事件的观点和看法呢？在这样一个委员会的工作中，不说别的，单就其抑制和消除那些毫无根据的有害谣言一点而言，就是极有价值的。不过，这样一个委员会在选择其成员的时候，应当非常慎重才是。某些别有用心的外国名人，在上海的某些中国人，那些对中国真实状况的了解程度与洋行苦力不相上下的人，必须被严格地排除在委员会之外。为了说明我所谓的中国官员的无能，在此，我可以指出，如果我们现在拥有一个真正能干而称职的上海道台，那么我的这个建议也就实在没有必要了，因为，他不仅早已主动地成立了这样一个委员会，而且还会成立另一个救济委员会，以帮助那些来自长江各口岸的可怜的难民们。

辜鸿铭

中国的皇太后[*]
——一个公正的评价
（1912）

辜鸿铭评论德龄著《清宫二年记》^①

当此全世界都注视着中国满族权力悲剧性丧失的时候，这本由一位新式的满族现代妇女所著的书出版了。它给予了我们有关满族宫廷以及满族上层社会的第一手资料，读来十分有趣也很有意义。过去，在这方面，人们一般都认为，濮兰德和白克好司两先生的那部书^②，是划时代的力作。可依我看来，倒是德龄女士这部不讲究文学修饰、朴实无华的著作，在给予世人有关满人的真实情况方面（尤其是关于那刚刚故去的高贵的满族妇人情况方面）要远胜于其它任何一部名著。不错，在濮兰德和白克好司先生的书中，确实存在许多有价值的材料，可是所有这些有价值的材料，都因作者的过分聪明而被糟蹋了——这种过分聪明是现代知识分子的通病。孟子曾说："所恶于智者为其凿也。"（我憎恶你们这些聪明人，因为你们总是把事实歪曲。）对此，濮兰德和白克好司两

---

* 本文是辜鸿铭辛亥革命后发表在上海英文报纸《国族评论》上的一篇读书评论。译者为黄兴涛。

① 德龄（约 1884—1944），一般称德龄公主，实际上是郡主。她是满洲贵族裕庚公爵的女儿。裕庚充任法、美等国出使大臣时，她随父在欧洲生活多年。会英语。1903 年回国，与其妹一起入清宫，为慈禧太后贴身女官。1905 年父死出宫，嫁给美国驻华副领事，随夫往美。曾将她在宫中见闻写成《清宫年二记》（或《在紫禁城的两年生活》）、《御香飘缈录》、《御苑兰馨记》等书，失实之处不少，可供治史者参阅。

② 指濮兰德和白克好司合著的《慈禧外记》一书。白克好司（Backhouse，1873—1944），英国人，汉学家，曾任京师大学堂英文教习。此人人品较差，曾伪造《景善日记》。

先生的著作正是一个极好的说明。它向我们显示出对历史的歪曲竟可以达到何种的程度！刚刚去世的中国皇太后，是为世人所公认的伟大女性，她具有一切伟人所共有的品质——纯朴。孟子曾说："大人者，不失其赤子之心者也。"（如果你想成为一个伟人，切记不要丢掉你单纯的童心。）梅特涅在他的回忆录里，也谈到过拿破仑智慧中那伟大的纯朴。可是，皇太后不仅是一位伟大的女性，还是一位满人。满人，正如我在其它场合曾说过的那样，尽管他们现在有着许多缺点和毛病，但仍然是一些不狡诈、心地质朴的人。因此，如果说世界上还有一个既具有高尚的灵魂，又不失赤子之心的伟大女性，那么她就非中国刚刚故去的皇太后莫属了。可是，濮兰德和白克好司两位先生对此一无所知，相反却为我们提供了一幅夸张的、过分渲染的、畸形变态、腐化狡诈的超人妇女形象。而那些鉴赏力已然沦落的现代公众，因热衷于荒谬和耸人听闻的事情，对此也都众口一词："好一幅美妙的图画啊！"

本书的女作者也是一位年轻的现代妇女，但好在她不过分聪明。或许，正是她那满人的纯朴坦率使她避免陷入这种过分的聪明吧。不过，她毕竟受过现代教育，同所有受过现代教育、描写中国的男女作家一样，她也奢望什么进步和改革，而这些东西恰如横亘在她头脑里的一条长虫。在她第一次觐见皇太后的路上，她说："我们得知恐怕将被要求留在宫内，我想要是果真如此，也许能对太后施加某种影响，促使其进行改革，而这对中国将是一件十分有意义的事情哩！"庞大帝国的复杂机器已然出现了故障，可这个纯朴的黄毛丫头，却自信有能力将它修好！

该书的中心人物当然是刚刚故去的皇太后。她的形象被描绘成异常纯简而又质朴。唯其如此，它才堪称真实，而不像濮兰德和白克好司先生那幅大肆渲染的作品那样，仅是一幅被歪曲的漫画。女作者在描述她第一次觐见皇太后的场面时是这样写的："在正殿的门口，我们遇见了光绪年青的皇后，她说：'太后叫我来接你们'。接着就听得殿里高声叫道：'请她们马上进来'。于是我们立刻进入殿中，一眼就看见一位老太太，穿着一件绣满大朵红牡丹的黄色缎袍。珠宝挂满了她的冕，两旁各有珠花，左边有一串珠络，中央有一只用最纯的美玉制成的凤。"

"太后看见我们，就站起来和我们握手。她动人地微笑着，对于我们熟知宫中礼节表示惊讶。招呼我们以后，太后就对我母亲说：'裕太太，我真佩服您，把两个女儿教养得这样好，虽然她们在外国住了那么多年，可是她们的中国话竟说得跟我一样；并且她们怎么会那样懂得礼节?'她们的父亲平时管教她们非常严厉,'我母亲答道,'他先教她们念中国书,而且她们自己学习也很努力。''我真佩服她们的父亲,'太后说,'对他的女儿这样当心,并且给她们受这样好的教育。'她拉着我的手,看着我微笑,并亲了我的双颊,然后对我母亲说:'我喜欢你的女儿,希望她们能留在宫中和我做伴。'"

上述这些场面,简直无异于《红楼梦》中林黛玉初见贾母一节。这位穿着美丽缎袍,带着动人微笑凝望并吻孩子的老妇人,与濮兰德和白克好司先生所描绘的那个狡黠、极度邪恶阴险的超人妇女,究竟有何相似之处呢?

濮、白两先生曾谈及宫中的酒宴。本书对那些庄重的酒宴也有过一次描述:"太后沿着小径走了一程,然后笑着对我说:'你看我现在不是舒服多了吗?我要走长路,到那边山顶上去用午餐,那里有一块极好的地方,我想你一定也喜欢的,来吧,我们一起去。'"

"太后走路极快,我们必须快步跟着,才不至落后。太监、宫女都在太后右边走,只有一个捧着黄缎椅的太监是跟在我们后面的,这黄缎椅就像太后的狗是随时随地跟着太后的。太后出来散步的时候,常喜欢坐在黄缎椅上休息。走了很长一段路之后,我开始觉得疲倦了,可是太后仍然走得很快,丝毫没有一点倦意。"

"我们终于来到石舫。站了还没几分钟,一个太监携来黄缎椅子,太后坐下休息了。在谈话中,远远瞧见移来两只华丽的大船,四周布满了小船。太后说,船在那儿,我们必须上船,划到湖西去用餐。她站起身,来到湖边,在一左一右两个太监搀扶下上了船,我们也跟着上了船,太后坐在御座上,并让我们坐在船板上。太监送来红缎垫褥替我们铺好。我们身穿洋装很不方便,太后不知怎样发现了,就叫我们站起来,还让我们看看后面跟来的船。我把头伸向窗外,瞧见年轻的皇后和几个宫女在那条船上。皇后挥手,我也挥手。太后微笑着说:'我给你一个苹果,你能掷给她们吗?'说着太后从桌子中央拣了一个大苹果给我,我用劲一扔,扑通一声苹果落入水中,太后大笑,让我再试,又未中。太后就自己掷了一个,恰巧打在一个宫眷的头上,我们都尽情地笑了。"

马修·阿诺德在谈到诗人荷马时,曾说:"荷马纯朴而高贵。"我们说皇太后亦然。在前面我的两段摘录里所体现的那种特性——纯朴性,不仅为皇太后个人所拥有,而且为整个满族所具有的特性,确实贯穿全书，并得到了很好的体现。但我还说，皇太后不仅纯朴，而且高贵。这一高贵的性情，也就是马修·阿诺德所说的庄重高雅的风度。遗憾的是，皇太后性格的这一侧面，在该书中没有充分反映出来。不过通过下面这段文字，细心的读者对这位伟大的、高贵的女性这方面的特性，还是可以略见一斑的。在谈到那张由美国画家为太后所绘的肖像时，作者写道："第二天上午，我收到康格夫人①一封信，求我不要怂恿太后拒绝卡尔小姐来画像。我把这信翻译出来给太后听，太后听了很是发火，道：'没有人可以用这样的口气给你写信，她怎敢诬蔑你说了卡尔小姐的坏话？你回信时告诉她，在我们国家里，宫眷从来不能干涉太后的事，而且你（作为一个满族人）也不至于这样卑鄙会在背后说人坏话。'"下面还有一章可以作为太后不仅纯朴而且高贵的例证。在描写太后大驾要由颐和园返回城内的宫苑时，作者这样写道："当天早晨六点钟，全体起程离开颐和园，正好赶上大雪，许多马匹滑倒在路上，太后的一个轿夫也失足滑倒，将太后掀翻在地，一时人马嘈杂。我立刻觉察到有什么严重的事情发生了。太监们高叫'停下，停下！'于是人马立刻停止下来，路也被堵住了。最后，我们看到太后的轿子停在路边，便都下轿奔过去，看究竟发生了什么事情。等到了太后轿边，只见她安坐轿内，正对太监总管发令，叫其不要责备那个轿夫了，这不是他的错，实在是路太滑了。"拿破仑有一次在散步时，被两个身背重物的士兵挡住去路，当几个宫眷卫兵喝令二人为大皇帝让路时，拿破仑则说："尊敬的夫人，请尊重负重者。"作为伟人，他必定是高贵的，而作为一般人，只有当他或她能够理解拿破仑这句"尊重负重者"的话时，才配称高贵。

我曾在我的著作中谈到过，作为满人，皇太后那高贵的满人理智，使她对欧洲文明的生活方式并无多大兴趣。下面，我们不妨看看她对欧洲服饰的看法。该书的作者曾给太后看过一张她身着晚礼服的画像。太后说，"你穿的衣服多特别，怎么连颈和臂都露在外面？我听说外国人穿的衣服都是没有领和袖的，却没想到会像你所穿的那样难看。我不懂你怎么肯穿的。我想你穿了这种衣服一定会感到难为情。以后不要再穿这种衣服了，我看了这样的穿着打扮很不舒服。这也算是文明吗？这种

---

① 美国驻华公使康格的妻子。庚子以后常到宫廷，曾著有《北京信札——特别是关于慈禧太后和中国妇女》一书，叙述当时北京宫廷生活甚详。

衣服是在有特别事情时穿的呢，还是随便什么时候，甚至有男人在场的时候都可以穿的呢？"作者解释道这只是普通女人的晚礼服。太后听了笑着喊道："越说越不成样了。我看外国好像变得越来越糟，似乎样样都在倒退。我们在男人面前手腕都不准露一下，但外国对此则有截然不同的看法。皇帝（光绪）总讲要革新，但如果这就是所谓新法的话，我看我们自己固有的东西倒要强得多，还是守旧些好呢！"

如果说以上就是太后对欧洲服饰的看法，那么下面我们再来看太后对欧洲人举止的评价。"太后对我说波兰康夫人（俄国使臣的妻子）真是一位体面有礼的太太。以前来宫里的许多（欧洲人的）太太都没有像她那样知礼，有些太太举止就很不适当。"她又说："她们似乎以为我们不过是中国人，因此很是瞧不起。可是，我很快就注意到并奇怪地发现：那自以为是文明的，有教养的到底是怎么一回事。依我看，她们所认之为野蛮的，比起她们来，倒好像要文明得多，举止得体得多呢！"该书在描述满族宫廷和满族社会时，给人印象最深的，莫过于他们每人都有优雅得体的举止这一点。甚至于在濮兰德和白克好司先生书中所提到过的那个可怕的妖魔——太监总管李莲英，尽管他又老又丑，脸上布满皱纹，却也有着优美的举止和风度，从而有其可爱之处。优美的举止风度，恰是一个人道德品质健全完美的体现和确证。当然，我非常清楚，此时此刻对于满人的这一优点，无论我怎么说也是不会有人听的，但我在此还是要冒昧地说一句：今日中国那些沉默的、真正高贵的人——少数正与全民族抗争的人——虽然忍受着不可避免的失败和羞辱，但却应当赢得人们的尊敬，因为在反对这场下流无耻的诽谤运动时，他们没有用有损尊严的一字一句进行过反击和报复。

我说过，刚刚故去的皇太后纯朴而高贵，不仅如此，她还是一个了不起的女人。下面这段摘录就是关于她如何获取权力并成为伟大女性的原始资料。作者记述说："七月照常是太后最悲痛的月份，因为该月的十八日就是她丈夫咸丰皇帝的祭日。十七号早晨，太后去祭奠亡夫。她跪在咸丰帝的灵前，哭泣了许久。宫中也一律戒荤三日，以表虔敬。我当时是太后所喜爱之人，所以在这悲痛的日子里，她常叫我伴随她左右。这是一件倒霉透顶的差使。当太后哭时，我也得陪着她哭，然而她却每每停下来叫我别哭，说我无论如何还太年轻，不宜悲痛，同时也还不懂什么是真正的痛苦。在那段时间里，她告诉我许多她自己的身世。一次她对我说：'你知道在小时候，我的生活是很苦的，我没能从父母那里得到过丝毫欢乐。我初进宫时，大家也都妒忌我的美貌，后来幸运我生了一个皇子，这才好了些。然而在这之后，我的命运就又不济了。咸丰当朝的最后一年，他突然病倒，洋兵又烧毁了圆明园，我们于是不得不避难到热河，当然这件事是大家都熟悉的。那时我还很年轻，丈夫病危，儿子又还小。当皇帝处于弥留之际时，我急忙抱着儿子来到他身旁，对他说：'你的儿子在这里。'他听到这话，即微微张开眼来，说道：'当然是他继承皇位。'在那个时候，我觉得尚有同治可以依靠，能够获得一点愉快，但不幸的是，同治不到二十岁竟又死了。从此我的性情大变，对什么事都不感兴趣，因为我的一切幸福都连同死掉的儿子一起失去了。稍为慰藉的是，光绪帝还只有三岁就被带到我的身边。他是个瘦弱多病的孩子，你知道，他的父亲就是醇亲王，他母亲便是我妹妹，所以他就像我的儿子一样，而且事实上我也是把他当成自己的儿子来待的。可是，尽管我为他想尽办法，他的身体却依旧很糟，这是你们都知道的。除此之外，我还有许多苦恼的事，现在说也无益。总之没有一件是我所希望得到的，样样都使我失望。'说到这里，她又痛苦起来，接着又说：'人家都以为太后不知有多少快活，却不知我刚才所说的那些痛苦。然而我总算还很达观，顺其自然，随遇而安，有许多小事也就不放在心上，要不然我恐怕恐怕早就躺在坟墓里了。'"

> 从不靠眼泪来度日，
>
> 从不坐熬那寂静的夜时，
>
> 哭泣到次日黎明——
>
> 他知道你不会，（因为）你拥有非凡的力量。

现在，我们可以明白这位纯朴而又高贵的满族妇女，是在怎样一个环境中成为一个伟大统治者的了。在将近五十年的时间里，她保持了一个庞大而又纷乱的帝国的统一。孟子说："天将降大任于斯人也，必先苦其心智，劳其筋骨，饿其体肤，空乏其身，行拂乱其所为，所以动心忍性，增益其所不能。"此是谓也。

下面，在本文即将结束之时，我再摘录一段，谈谈前面我们已经提到过了光绪的皇后——现在的皇太后隆裕①。该书的作者初见她时，她

① 隆裕太后（1868—1913），满洲镶黄旗人，叶赫那拉氏，慈禧太后侄女。1889 年慈禧强立她为光绪皇后。溥仪为帝时，尊为皇太后，垂帘听政，以载沣为摄政王监国。1912 年 2 月 12 日，在革命形势的逼迫和袁世凯的要挟下，发布逊位诏书，宣布清帝逊位。

显示出极好的举止和风度，且并无丝毫造作之感。下面这段故事则体现
了她品性的另一方面。一次作者在与宫眷们交谈并回答她们的提问时，
庆王的四女儿问了一个可笑的问题："'难道英国也有国王吗？我一直以
为太后是全世界的女皇。'这些人还问了我许多问题。最后年轻的皇后
言道：'你们怎么那样无知！我晓得每个国家都有个领袖，有些国家是
共和国，像美国就是；美国和我们是很友好的。不过有一点我觉得很可
惜，就是现在到美国去的中国人都是些平民百姓，使得美国人以为中国
人就是那种样子。我希望能有些好的满人出去，让他们知道我们究竟是
些什么样的人。'"

好一个年轻的皇后！这位当今的隆裕太后所希望见到的，不正是中
国目前最迫切需要的首项改革吗？中国人最大的不幸，正是他们不为世
人所了解，也就是说正因为欧美人都不了解我们真正的中国人——即太
后的那句话——以为我们中国人什么都不懂，所以便瞧不起我们。欧美
人的这种态度，是 1900 年中国庚子事件爆发的排外情绪的真正根源。
因为这场运动本身，正是为了反抗外国人的歧视。同样，目前这场革命
（辛亥革命），也是为了反对政府对洋人歧视的妥协和忍让。该革命的矛
头所向并非是一个腐败的政府，而是一个软弱的政府——反抗一个软弱
受欺的政府。革命的真正动机并非排满，而是源于遭受外人蔑视引发的
巨大的羞耻感而生的盲目排外力量。这些拥有如此这般新学的盲目者，
天真地想象我们受歧视的原因只是由于我们有辫子，而满族人则须对这
一耻辱的标志负责，所以这些盲目的过激分子痛恨满人并坚持要摆脱和
推翻满族的一切。正如聪明的辛博森实话所言："目前这场割发革命，
值得世界人民同情。"简而言之，1900 年中国爆发的庚子事件，实际上
是受到伤害的民族自尊心的狂热迸发；而当今这场革命，则是一次民族
自大心理的狂热爆炸。然而，正是在这里，狂热分子不久就会发现他们
犯下一个可怕的错误。洋人绝不会因为我们割去发辫，穿上西服，就对
我们稍加尊敬的。我完全可以肯定，当我们都由中国人变成欧式假洋人
时，欧美人只能对我们更加蔑视。事实上，只有当欧美人了解真正的中
国人——一种有着与他们截然不同却毫不逊色于他们文明的人民时，他
们才会对我们有所尊重。因此，中国目前最迫切的改革并非割发或换发
型，而实在是隆裕太后所希望看到的——派出我们的良民——最优秀的
中国人——去向欧美人民展示我们的真相。简而言之，这种最优交往，
或能有望打破东西畛域。

今日的德国人都深切地怀念着他们已故的、普鲁士高贵的路易丝王后，我相信，我们中国人对我们的隆裕太后之同样的深情，不久就会到来。上个世纪初，遭受拿破仑·波拿巴践踏后的德国霍亨索伦王族，正如今日受到英国报纸攻击和侮辱的爱新觉罗皇室一样，遭受到全世界带着怜悯和嘲讽的蔑视。然而，据说那位忍受了巨大牺牲的普鲁士尊贵的王后，在那段孤寂凄凉的日子里，却一遍又一遍地默诵着我在前面引述过的、歌德的那句名言：

　　绝不靠眼泪来度日。

——尊贵的王后所做出的牺牲和忍受的痛苦，终于触发和震撼了全体德国人民的心灵，使他们不仅作为一个民族崛起并击败了拿破仑·波拿巴，而且最终形成了一个统一的强大帝国。有谁又能肯定，当今隆裕太后所受的痛苦，不会激发帝国那四万万沉默的人民也奋起进击，坚决反对并制止这场愚蠢而疯狂的革命，并最终依然在暂时失色的皇室领导下，去创造一个崭新的、纯粹的现代中国呢？正如德国诗人对尊贵的普鲁士王后所赞美的那样，以后我们中国人，也会对今日在北京被残忍背弃的帝国皇后放声歌唱：

　　你是一颗星，一颗光彩夺目的星，
　　往昔的风暴和乌云全都已经过去。

中国人的精神（节选）[*]
（1915）

序 言^①

本书的内容，是试图阐明中国人的精神，并揭示中国文明的价值。在我看来，要估价一种文明，我们最终要问的问题，不是它是否修建了和能够修建巨大的城市、宏伟壮丽的建筑与宽广平坦的马路，也不是它是否制造了和能够制造漂亮舒适的农具、精致实用的工具、器具和仪器，甚至不是学院的建立、艺术的创造和科学的发明。要估价一种文明，我们必须要问的问题是，它能够造就什么样子的人（what type of humanity），什么样的男人和女人。事实上，一种文明所造就的男人和女人——人的类型，正好显示出该文明的本质和个性，也即显示出该文明的灵魂。既如此，那么这一文明中的男人和女人所使用的语言，也将表明该文明中男人和女人的本质、个性和灵魂。法国人谈起文学作品时说"Le style, c'est l'homme"（文如其人），即是此意。因此，在本书中，我以真正的中国人、中国妇女和中国语言为题，组成前三篇，以此说明中国人的精神，揭示中国文明的价值。

---

* 该书以英文写成，1915 年由北京每日新闻社首版，1922 年商务印书馆再版。译者为黄兴涛和宋小庆。

① 1922 年，《中国人的精神》重版时，辜鸿铭曾写过如下一个"再版说明"："本书首次出版于 1915 年第一次世界大战期间。当时作为附录的一篇文章题为《战争与战争的出路》，现在战争早已过去，再印它已无必要。因此这次重版时，我们拿掉了这篇附录，而代之以一篇题为《文明与无政府状态》的论文。这篇论文是从出版于庚子事变后即 1901 年的《尊王篇或总督衙门论文集》（现已绝版）一书中抽出来的"。这次我们翻译的是该书 1922 年的版本。除了上述辜鸿铭说明的不同外，后者还有个别地方文字的修改。如将《中国妇女》一节中的"孔教会大厅"改为"基督教青年会大厅"等。

此外，我还加进了两篇（即《约翰·史密斯在中国》和《一个大汉学家》——译注）。在这两篇文章里，我力图说明那些被称作中国文明研究权威的外国人，实际上并不真正懂得中国人和中国语言。比如那个可敬的阿瑟·史密斯[①]先生，他曾著过一本关于中国人特性的书，但他却不了解真正的中国人，因为作为一个美国人，他不够深沉；还有那个被认作大汉学家的翟理斯[②]博士，我试图表明他实际上并不真懂中国语言，因为作为一个英国人，他不够博大——没有哲学家的洞察力及其所能赋予的博大胸怀。起初我本想把约写于四年前的那篇谈到濮兰德和白克好司先生著作[③]的文章也收进此书的，他们那本书讲到了举世闻名的已故皇太后，但很遗憾，我未能找到此文的副本，它原发表在上海的《国族评论》报上。在那篇文章里，我试图表明，像濮兰德和白克好司这样的人没有也不可能了解真正的中国妇女———中国文明所培育出的女性之最高典范——皇太后的。因为像濮兰德和白克好司这种人不够淳朴——没有纯洁的心灵，他们太聪明了，像所有现代人一样具有一种歪曲事实的智慧。[④] 事实上，要懂得真正的中国人和中国文明，那个人必须是深沉的、博大的和淳朴的。因为中国人的性格和中国文明的三大特征，正是深沉、博大和淳朴（deep，broad and simple）。

在此，我可以指出，美国人发现要想理解真正的中国人和中国文明

---

① 阿瑟·史密斯（A. H. Smith，1845—1932），中文名叫"明恩溥"，美国著名在华传教士和汉学家。曾著有《中国人的特性》、《中国乡村生活》等书，是美国退还中国庚子赔款的最早提议人之一。《中国人的特性》一书首版于1890年，后来曾在欧美多次再版翻印。日本人将其译作《支那人的气质》。该书谈到中国人"缺乏精确习惯"、"好面子"、"不诚实"等二十余条"特性"，时有敏锐发现，但总体色调不免阴暗。它对世界认识中国人产生了极大的影响。辜鸿铭极为厌恶此人此书，认为其肆意糟蹋中国人，在不同场合多次加以批评。

② 翟理斯（H. A. Giles，1845—1935），英国驻华领事，著名汉学家。1897年出任剑桥大学汉文教授。曾著有《中国文学史》、《华英字典》、《中国名人谱》、《中国绘画史导论》、《中国概要》、《中国的文明》、《山笔记》等几十种汉学著作。此外还是《聊斋志异》、《佛国记》、《庄子》和中国诗歌最有影响的早期英译者。

③ 指濮兰德和白克好司合著的《慈禧外记》一书。该书1910年出版，书中抄录大量公私文件，对慈禧太后的腐化生活、狡诈的权谋和太监李莲英的权势记述甚详。该书文笔生动，又是第一部向西方世界较全面反映慈禧一生的传记，书一出版就成为畅销书。但记述评论不合事实之处尚多。濮兰德（Bland，1863—1945），英国人，曾任职于中国海关，担任上海英租界工部局秘书长。后为中英公司驻华代表。他是一个敌视中国的新闻记者，经常在《泰晤士报》上发表反对中国的文章，著有《中国：真遗憾》等书。白克好司（Backhouse，1873—1944），英国人，汉学家，曾任京师大学堂英文教习。他与濮兰德还曾合著过《清室外记》。此人人品较差，曾伪造《景善日记》。

④ 孟子说："我憎恨你们这些人总是歪曲事实。"（所恶于智者为其凿也。）——原注

是困难的，因为美国人，一般说来，他们博大、淳朴，但不深沉。英国人也无法懂得真正的中国人和中国文明，因为英国人一般说来深沉、淳朴，却不博大。德国人也不能理解真正的中国人和中国文明，因为德国人特别是受过教育的德国人，一般说来深沉、博大，却不淳朴。在我看来，似乎只有法国人最能理解真正的中国人和中国文明①，固然，法国人既没有德国人天然的深沉，也不如美国人心胸博大和英国人心地淳朴——但是法国人，法国人民却拥有一种非凡的、为上述诸民族通常说来所缺乏的精神特质，那就是"灵敏"（delicacy）。这种灵敏对于认识中国人和中国文明是至关重要的。为此，中国人和中国文明的特征，除了我上面提到过的那三种之外，还应补上一条、而且是最重要的一条，那就是灵敏。这种灵敏的程度无以复加，恐怕只有在古代希腊及其文明中可望得到，在其他任何别的地方都概莫能见。

从我上述所谈中，人们自然会得出这样的结论，即，美国人如果研究中国文明，将变得深沉起来；英国人将变得博大起来；德国人将变得淳朴起来。而美、德、英三国人通过研究中国文明、研究中国的典籍和文学，都将由此获得一种精神特质，恕我冒昧，据我看，一般说来，他们都还远没有达到像中国这般程度的特质，即灵敏。至于法国人，如果研究中国文明，他们将由此获得一切——深沉、博大、淳朴和较他们目前所具有的更完美的灵敏。所以，我相信，通过研究中国文明、中国的书籍和文学，所有欧美人民都将大获裨益。基于此，在本书中还收入了一篇关于中国学的论文，讨论了如何研究中国的程序纲要。这份程序纲要，是正好三十年前我从欧洲回国后下决心研究祖国文明时为自己制定的。但愿我的这个程序纲要，对那些想研究中国人和中国文明的人们会有所帮助。

最后，我还收录了一篇关于现实政治的论文作为书的附录，这篇论文是讨论"战争与战争的出路"问题的。我深知谈论现实政治的危险性。然而，我所以这样做，乃是为了证明中国文明的价值，说明研究中国人、中国书籍和文学，即研究中国文明，不仅仅是汉学家们的事，而且它将有助于解决当今世界所面临的困难，从而把欧洲文明从毁灭中拯救出来。

在这篇文章里，我试图揭示导致这场战争的道德根源。因为如果不了解并清除这个根源，要找到战争的出路是不可能的。在我看来，这场

① 用欧洲文字写的关于中国文明的最佳著作是西蒙（G. simon）所著的《中国城市》。西蒙曾是法国驻华领事。剑桥大学的罗斯·迪金逊教授曾亲口告诉我，他那本著名的《中国佬约翰来书》就是受西蒙《中国城市》的启发和激励而写成的。——原注

战争的根源，就是大不列颠的群氓崇拜（worship of the mob）和德意志的强权崇拜（worship of the might）①，但公正地看，前者对后者又负有责任。所以，在本文中，我把论述的矛头重点指向英国的群氓崇拜。

事实上，正是欧洲诸国尤其是大英帝国的群氓崇拜，导致了人人憎恶个个谴责的残暴的德国军国主义。在讨论这一点之前，让我先来谈谈德意志民族的道德秉性（moral fibre）。正是德国人的道德秉性、其对正义所具有的强烈之爱，恰好导致同等的对不义、对分裂和混乱（unzucht and unordnung）的极度之恨。而对分裂和混乱的恨，使德国人迷信强权。所有挚爱正义、憎恨不义的人，都容易成为强权迷信者，苏格兰人卡莱尔就是一个例子，因为他具有德国民族的那种道德禀性，强烈憎恶不义。可是，为什么说英国的群氓崇拜应该对德国的强权崇拜负责呢？这也正是由德意志民族的道德禀性决定的。德国人痛恨分裂与混乱，这使得他们不能容忍大英帝国的群氓、群氓崇拜教和群氓崇拜者。当他们看到英国的群氓和群氓政客们发动了对非洲的布尔战争的时候，出于对不义本能的强烈憎恨②，他们甘愿意为消除这种不义而付出巨大牺牲，整个德国民族因此而准备勒紧裤带建立一支海军，盼望能打倒英国的群氓、群氓崇拜教和群氓崇拜者。事实上，德意志民族，可以说，当他们发现自己在整个欧洲处于英国怂恿的邪恶势力的四面包围时，他们就越来越相信强权了，越来越迷信只有强权崇拜才是人类解决问题的唯一途径。这种出于对英国群氓崇拜的憎恨而产生的强权崇拜，最终导致了残暴可怕的德国军国主义。

我再重申一遍，正是欧洲诸国，尤其是大英帝国的群氓崇拜者、群氓崇拜教，应对德国的强权崇拜负责，是它导致了当今欧洲德国军国主义那种畸形变态的残暴和凶恶。所以，如果英国人民和整个欧美人民想要扑灭德国军国主义，那么，他们就必须首先打倒本国的群氓、群氓崇拜教和群氓崇拜者。③ 对于欧美国家乃至中国和日本的那些爱奢谈和向

---

① 强权崇拜，也有学者译作"武力崇拜"。

② 德国皇帝致克鲁格总统的那封著名电报，是拥有自身道德禀性的真正德国精神的义愤之本能爆发。这种本能驱使他们反对英国的约瑟夫·张伯伦及其伦敦佬阶级，反对这些操纵布尔战争的人。——原注

③ 孔子对他的一个弟子说："远人不服，则修文德以来之。"然而英国贵族，如同中国的满洲贵族一样，现在没有能力反对英国的群氓和群氓崇拜者，不过我必须指出，就我所知，英国贵族中没有一个人加入到群氓的队伍并在这次战争中大声嚷叫，这是一个巨大的荣誉。——原注

往自由的人，我愿在此冒昧告知，要获得自由，真正的自由只有一条路，那就是循规蹈矩，即学会适当地约束自己。看看革命前的中国吧——那里没有教士，没有警察，没有市政税和所得税，总之，没有这类使欧美人民苦不欲生的东西。那时的中国人享有较世界其他各民族更多的自由。为什么？因为革命前的中国人循规蹈矩，懂得如何约束自己，如何按照一个良民的标准去办事。然而革命以后，中国人的自由不多了，这是由于在当今中国有了那些剪了辫子的时髦之徒、那些归国留学生的缘故。这些人从欧美人那里，从上海的欧美群氓那里，学会了怎样放荡不羁，怎样不按一个良民的标准来约束自己的行为，从而变成了一群乌合之众。在北京，他们成为一群被英国外交官和海关税务司怂恿、纵容和推崇的乌合之众。[①] 事实上，我强聒不舍，只是为了说明：假如欧洲人民、英国人民想要消灭普鲁士德国军国主义，他们就必须先在本国内打击群氓，使之就范。也就是说，必先打倒本国的群氓崇拜教和群氓崇拜者。

但是，在谈到英国的群氓崇拜和怂恿者对德国的强权崇拜及军国主义应负有责任的同时，我必须公正地指出，后者毕竟对这场战争负有更直接的责任，尽管这场战争给德国人民，给德意志民族带来的灾难比带给任何其他民族的都更加深重。

为了说明这一点，首先我来谈谈德国军国主义在欧洲的历史。宗教改革运动和三十年战争之后，德意志民族，因为他们具有自己优良的道德禀性：挚爱正义、痛恨不义、分裂和混乱，所以，当他们一旦紧握军国主义利剑的时候，就成了欧洲文明正统的捍卫者，也就是说，他们为恢复欧洲的正统秩序尽到了责任。普鲁士的腓特烈·威廉一世，和英国的克伦威尔一样，他挥舞德国军国主义之剑，力图恢复整个欧洲、至少成功地恢复了欧洲北部的秩序和统一。然而，在腓特烈一世死后，他的后继者却不懂如何使用这把利剑来保卫欧洲的文明，事实上，他是不适合掌握欧洲的道德盟主权的，其结果是整个欧洲，甚至德国的王室，都只是虚饰一件文明的外衣，而实际却沦入了一种憎恨的无底深渊，以致

---

① 为了说明中国留学生已变成群氓，我可以提及去年北京某些归国留学生给《京报》(Peking Gazette) 写信一事。这份报纸是由一个名叫陈友仁的聪明的中国 "Babu"（贬称懂得一点英语的印度人。陈友仁出身于西印度，故辜氏如此贬称——译注）主编的。他曾公开威胁要组织和发动对我的《中国妇女》一文中批评新中国妇女的观点进行一场围攻。这位聪明的中国 "Babu"，一场有预谋的流氓行动的怂恿者，现在是中英友谊社的一个重要成员。这个友谊社受到英国使臣和海关总税务司的庇护！——原注

于那些饱受痛苦、本性淳朴的法兰西人，也不得不揭竿反抗。可是，这些本来反抗憎恨的法国人却很快地也变成了一群乌合之众，他们找到了一个伟大而又能干的领袖拿破仑·波拿巴。① 在他的率领下，群氓们进行抢劫、谋害和残杀，并踩躏了整个欧洲，直到各国最终团结在军国主义德国周围，才于滑铁卢一役，打败了这个群氓领袖，并结束他的暴政。本来从此以后，欧洲的道德盟主权就应回到德国人——德意志民族的脊梁普鲁士人手里的，但由于组成奥地利帝国的其他民族出于嫉妒，进行了阻止，结果使欧洲的那些群氓们逃脱了德意志民族的道德和军国主义的制裁，他们于 1848 年再度暴乱，疯狂地破坏欧洲文明。后来，依旧是德意志民族及其精华普鲁士人，以他们的道德和军国主义利剑，再度把欧洲、欧洲王权（俾斯麦称作"王朝"）及欧洲文明从群氓手中拯救了出来。

可是这次奥地利人又犯了嫉妒心。他们绝不允许普鲁士人去享受整个欧洲的道德盟主权，为此，普鲁士国王威廉一世，任用俾斯麦和毛奇，对他们诉诸武力，终于在 1866 年，重新获得了欧洲的道德盟主权。此后，路易·波拿巴当上了法国的皇帝，他虽然不像其伟大的叔父②，但却也是一个流氓成性的骗子，按爱默生③的说法，即是一个成功的小偷。他唆使巴黎的群氓们追随自己，去同德国争夺欧洲的道德盟主权。结果，色当一役，威廉皇帝的军国主义利剑，终于戳破了这个可怜虫的美梦。淳朴的巴黎人民相信群氓，可抢劫和焚毁他们房屋的，不是德国军国主义，不是普鲁士德国人，而恰恰正是他们所信任的群氓。实际上，1872 年以后，德国人不仅在道德上，而且在现实政治上，都最终取得了在欧洲的盟主地位。他们的心灵里，蕴藏着本民族的道德禀性，他们的手中，握有军国主义的利剑，他们以此镇压群氓、维护欧洲的和平。从 1872 年开始，欧洲人民整整享受了四十三年的和平生活，这都得感谢德国人的道德禀性及其军国主义利剑。所以，憎恨和谴责普鲁士德国军国主义的人们应该记住：正是这种军国主义曾一次又一次地为欧洲的和平立了功。

---

　① 爱默生以非凡的洞察力指出：送拿破仑到圣赫勒那岛的，不是战场上的失败，而是暴发户心理，他卑鄙的野心——要同一个真正的公主结婚，建立一个王朝的卑鄙野心。——原注
　② 指拿破仑。
　③ 爱默生（Ralph Waldo Emerson，1803—1882），19 世纪美国浪漫主义思想家和文学大师，也是 19 世纪世界文坛的巨人。他批判资本主义近代文明弊端的思想，对辜鸿铭的影响颇大。辜鸿铭在著作中经常引用他的言论。

以上，我不厌其烦地叙述德国军国主义的历史概况，只是为了使德国人明白：我之所以认为德意志民族与其他民族相比，对于这场战争负有更直接的责任，并不是出于偏见。尽管这场战争带给德意志民族的灾难比带给其他任何别的民族的都要深重得多。为什么？——因为能力就意味着责任。①

在我看来，正是德国人身上那种对正义强烈的爱，和对不义、分裂和混乱极度的恨，使得他们迷信并崇拜强权。可是，当他们这种恨一旦恶性发展而失去控制的时候，就会变成一种不义、一种更可怕更恐怖的不义，其罪孽甚至远为分裂和混乱所不及。古老的希伯来——那个曾给欧洲带来过知识与正义之爱的民族，正是由于这种恶性发展的恨——狂热偏激的、冷酷刻毒的、失去控制的恨，从而毁灭了他们的国家。耶稣基督，那位被马修·阿诺德说成无法形容的，拥有最高理性的救世主，也正是为了将其子民从这种憎恨中拯救出来，才谆谆告诫他们："要记住，必须和善、谦卑，你们的灵魂才会安宁。"然而，犹太人不仅不听他的教诲，反而对其大加迫害，结果犹太国灭亡了。耶稣对曾是欧洲文明保护者的罗马人，也有过同样的警告："拔剑者必亡于剑！"② 可罗马人不仅置若罔闻，反而还纵容了犹太人对耶稣的迫害。结果罗马帝国土崩瓦解，古老的欧洲文明也随之消失了。无怪乎歌德要这样感叹："要经过多么漫长的历程，人类才能学会温和地对待罪人，宽容地对待违法者，人道地对待野蛮啊！可以断言，最先这样教导，为把此种可能变作现实而推动它的实践并为之献出生命者，一定是具有神性之人。"

在此，我想引用其伟人歌德的几句话，来呼吁德国人民和德意志民族：除非他们设法改变那种对不义所抱的偏激、冷酷、刻毒和无节制的仇恨，除非他们铲除由此而发生的对暴力的迷信与崇拜，否则，德国就会像犹太国一样灭亡，甚至欧洲的现代文明也将同其古代文明一样走向毁灭。我认为正是这种恶性发展的憎恨与仇视，导致了德意志民族的强权崇拜与迷信，而这种迷信与崇拜，又使得德国的外交官、政府官员和一般百姓在与其他民族的国际交往中，变得那样不识轻重和蛮横无礼。德国朋友曾要我对此拿出证据来，我简单地举了北京克林德纪念牌坊的

---

① 孔子曰："居上不宽吾何以观之哉。"莎士比亚说："拥有巨人的力量是伟大的，但像巨人一样使用它却是专横的。"——原注

② 这里指的是一切依赖和绝对信仰物质残暴力量的人，或像爱默生所说的搞滑膛枪崇拜的人。——原注

例子。北京的克林德纪念牌坊，是德国人强权崇拜的纪念碑，是德国外交蛮横无礼的纪念碑，也是德国民族在其与他国的国际交往中蛮横无礼的纪念碑。① 正是这种无礼与蛮横，激起了俄国沙皇的不满，他愤而言道："我们已经容忍七年了，现在一切都该结束了！"德国外交上的无礼行径，迫使真正热爱和平的统治者沙皇以及欧洲最优秀、最高尚、最可爱、最仁慈和最慷慨的俄罗斯人，同情了英法群氓和群氓崇拜者，并同他们缔结了三国协约。最后，俄罗斯人甚至还支持了塞尔维亚的无政府暴徒②，战争也就由此爆发了。总之一句话，正是德国外交上的无礼，或者说是德意志民族的无礼，直接导致了这场战争。

因此，我认为作为欧洲现代文明合法的、正统的保护人德意志民族，目前要想不被毁灭并试图挽救欧洲文明，就必须设法克服那种对不义所抱的狂热、偏激、冷酷、刻毒和无节制的仇恨。因为这种仇恨导致了对强权的迷信和崇拜。而这种迷信和崇拜又正是德意志民族不识轻重、蛮横无礼的根源。可是，德意志民族要到哪里去才能找到医治顽疾的灵丹妙药呢？我认为，对这一切他们伟大的歌德其实早就准备好了，那就是："在这个世界上，有两种和平的力量，即，义和礼。"（Es gibt zwei friedliche Gewalten auf der Welt：Das Recht und die Schicklichkit.）

这里所说的义与礼，das Recht und die Schicklichkit，实际上就是孔子赋予我们中国人良民宗教的精华。特别是礼，更为中国文明的精髓。希伯来文明曾授予过欧洲人以"义"的知识，但没有授予"礼"，希腊文明曾给过欧洲人以"礼"的知识，但未兼及"义"，而中国文明，其教化是"义""礼"并重的。欧洲人以犹太教的《圣经》为蓝本，建立了他们现代的欧洲文明。这部《圣经》教导欧洲人要热爱正义，要做一个真正的人，要行得正。而中国的四书五经——孔子为拯救中华民族而设计的文明蓝图，虽然也这样教导我们中国人，但它还补充了一句："要识礼"。简而言之，欧洲宗教要人们"做一个好人"；而中国的宗教则要人们"做一个识礼的好人"；基督教叫人"爱人"；而孔子则叫人

---

① 德国驻华公使克林德（Ketteler）在中国狂热的庚子之乱期间，被狂热士兵中的一个疯子意外杀死。作为对这个疯子行为的惩罚之一，德国外交官坚持要在中国京城的主街竖立这块克林德纪念牌坊，从而在整个中华民族的前额上烙上一个永久耻辱的标志。前俄国驻华公使喀西尼伯爵正好在庚子之乱爆发之前，与一个美国报界人士的会谈中说道："中国是一个礼仪之邦，然而英国和德国使臣的无礼——特别是驻北京的德国使臣的无礼，实在让人无法容忍。"——原注

② 指刺杀斐迪南大公的凶手等人。

"爱之以礼"。这种义礼并重的宗教，我称之为良民宗教。我相信，对于欧洲人民，特别是那些正处于战争灾难之中的欧洲人、那些不光要制止这场战争而且要挽救欧洲文明乃至世界文明的欧洲人来说，良民宗教将是一种使其受益无穷的新宗教。不仅如此，他们还会发现这种新宗教就在中国——在中国的文明中。因此，在这本小书里，我力图阐明并揭示它的价值——中国文明的价值。我希望所有受过教育的，善于认真思考的人们，在读了这本书以后，能够对这场战争爆发的道德根源有更深刻的理解。因为这将有助于我们制止这场人类迄今为止最残酷、最野蛮、最无益而又最可怕的战争。

然而，要想制止这场战争，我们首先必须消除的是当今世界上的群氓崇拜，其次便是强权崇拜。因为正如前文所言，它们是导致这场战争的根源。可消除群氓崇拜，又须从我们每个人日常生活的每一件事做起，从我们的一言一行做起。它要求我们考虑问题不应从个人的私利出发，不应去想我将会得到什么报偿，而应当以歌德所说的"义"为出发点。孔子说过："君子喻于义，小人喻于利。"我认为只有当我们鼓足勇气，不计个人私利，拒绝参与和追随那些群氓的时候，我们才有可能在不远的将来消除群氓崇拜。伏尔泰曾说："正人君子最大的不幸，就是缺乏勇气。"我以为，正是我们自身的自私与怯懦，导致了今天世界上的群氓与群氓崇拜。这是因为，自私使我们见利忘义，而怯懦则使我们不敢单个地去反抗群氓。人们往往认为今日世界的主要敌人和危险是德国军国主义，我则以为它们恰恰是我们自身的自私与怯懦，这二者结合，从而产生了商业主义。这种商业主义精神笼罩世界各地，尤以英美为最，它构成了当今世界的大敌。所以我认为，今日世界真正的、最大的敌人是体现在我们身上的商业主义精神，而不是普鲁士德国的军国主义。这种由自私与怯懦结合而生的商业主义精神，造成了群氓崇拜的泛滥；而又正是英国的群氓崇拜教，导致了德国的强权崇拜教和军国主义，并最终促成了这场战争的爆发。所以，要制止这场战争，我们就得首先消除商业主义精神，克服我们自身的自私与怯懦，简而言之，我们必须首先见义非利，树立孤军奋战以抗群氓的勇气，这样，也只有这样，我们才能消除群氓崇拜，从而结束这场战争。

一旦我们消灭了群氓崇拜，那么，强权崇拜，普鲁士和德国的军国主义就不难消除了。要清除强权崇拜，打倒普鲁士的、德国的或世界其他任何军国主义，我们只需牢记歌德所说的另一个字——"礼"，时刻想着它，以它束缚自己的行为，一句话，循规蹈矩即可。这样一来，强权、军国主义，甚至普鲁士军国主义，都将变得无的放矢。因为在懂得如何严格以礼行事的人们面前，他们很快就将发现自己的存在既没有用也没有必要。这种"礼"就是良民宗教的本质，就是中国文明的奥秘，同样也是德国人歌德教给欧洲人的新文明的奥秘，即：不以暴抗暴，而应诉诸义礼。事实上，要想清除强权及其这个世界上一切不义的东西，都不能依赖强权，而只能靠我们每个人优雅得体的举止。以礼来自我约束，非礼毋言，非礼毋行。① 这就是中国文明的精华和中华民族精神的精髓所在。我在这本书中要加以阐明和解释的，也正是这一点。

最后，我想以法国诗人布朗吉（Béranger）的几句诗作结。这几句诗，我在中国庚子之乱后写的《总督衙门论文集》那本书里曾引用过。我觉得此时此刻，它们用在这里是再合适不过了。

> J'ai Vu La Paix descendre sur la terre,
>
> Semant de I'or des fleurs et des épis;
>
> L'air était calme et du Dieu de la guerre
>
> Elle étouffait les foudres assoupis.
>
> Ah! disait-elle, egaux par la vaillance.
>
> Anglais，Francais，Belge，Russe ou Germain,
>
> Peuples，formez une sainte alliance
>
> Et donnez vous la main!
>
> 我目睹和平徐徐降临，
>
> 她把金色的花穗撒满大地；
>
> 硝烟散尽而且战神
>
> 她抑制了使人昏厥的战争霹雳。
>
> 啊！她说，同样都是好汉，
>
> 英、法、比、俄、德人
>
> 为结成一个神圣同盟，
>
> 拉起你们的手吧！

辜鸿铭

北京，1915 年 4 月 20 日

---

① 孔子曰："君子笃恭而天下平。"——原注

中国人的精神[1]

(在北京东方学会上所宣讲的论文)

首先，请允许我对今天下午所讨论的主题做一点解释。我所说的"中国人的精神"，并不仅仅是指中国人的性格或特征。关于中国人的特性，已经有许多人做过描述。但是，诸位一定会同意我这样一个看法，即迄今为止，尚没有人能够勾画出中国人的内在本质。此外，当我们谈及中国人的性格或特征时，是很难简单概括、笼统言之的。因为众所周知，中国北方人的性格与南方人不同，正如德国人不同于意大利人一样。

我所指的中国人的精神，是那种中国人赖以生存之物，是该民族在心、性和情（mind，temper and sentiment）方面的独特之处。这种精神使之有别于其他任何民族，特别是有别于现代的欧美人。将我们的论题定为中国型的人（Chinese type of humanity），或简明扼要地称之为"真正的中国人"（the real Chinaman），这样或许能够更准确地表达我所要说的含义。

那么，何为真正的中国人？我相信诸位一定会同意这是个很有意思的问题。特别是在目前，我们已经看到，典型的中国人——即真正的中国人正在消亡，取而代之的乃是一种新型的中国人——即进步的或者说是现代的中国人。事实上在我看来，往日那种典型的中国人在世界各地都正趋于消亡。所以，我们应该仔细地看上最后一眼，看看究竟是何物使真正的中国人本质地区别于其他民族，并且区别于正在形成的新型的中国人。

首先，我想诸位感触最深的，一定是在旧式的典型的中国人身上，没有丝毫的蛮横、粗野或暴虐。借用一个动物学的术语来说，我们或许可以将真正的中国人称之为被驯化了的生物。我认为一位最下层的中国人与一个同阶层的欧洲人相比，他身上的动物性（即德国人所说的蛮性）也要少得多。事实上在我看来，用一个英文词可以把典型的中国人所给你们留下的印象归纳出来，这就是"gentle"（温良或文雅）[2]。我

---

[1]　该文曾于 1914 年 6 月发表在英文报纸《中国评论》上，在美国留学的胡适看到此文，并在日记中略有评论。

[2]　五四时期，陈曾谷将"gentle"译成"温良"，发表之前，曾给辜鸿铭过目。故本文以"温良"译之，并兼及文雅之义。或也可译为"温文尔雅"。

所谓的温良或文雅，绝不意味着懦弱或是软弱的服从。正如前不久麦嘉温博士所言：中国人的温良，不是精神颓废的、被阉割的驯良。这种温良意味着没有冷酷、过激、粗野和暴力，即没有任何使诸位感到不快的东西。在真正的中国型的人之中，你能发现一种温和平静、稳重节制、从容练达的品质，正如你在一块冶炼适度的金属制品中所能看到的那样。尽管真正的中国人在物质和精神上有这样那样的缺陷和不足，但其不足都能受到温良文雅之性的消弭和补救，或至少被其所淡化。真正的中国人或不免于粗（coarse），但粗而不臃、粗而不劣；或不免于丑（ugly），但丑而不恶，不至令人恐怖；或不免于俗（vulgar），但俗而不嚣，不会侵凌他人；或不免于愚（stupid），但愚而不谬，不至荒唐可笑；或不免于滑（cunning），但滑而不奸、滑而不毒。实际上，我想说的是，就其身、心、性格的缺点和瑕疵而言，真正的中国人没有使你感到厌恶的东西。在中国老派人物那里，你很难找到一个完全令你讨厌的人，即使在社会最下层亦然。

我曾提到典型的中国人给诸位留下的总体印象是温良，是他那种难以言喻的文雅。当你分析这种温文尔雅的特性时，就会发现，此种温良或文雅乃是同情（sympathy）与智能（intelligence）这两样东西相结合的产物。我曾把典型的中国人与已被驯化的动物做比较，那么是什么使得驯化的动物如此不同于野生动物的呢？我们都承认驯化的动物已经具有了某些人类的属性。但是人与动物的区别何在？就在于智能。驯化动物的智能不是一种思想型的智能，它不是由推理而来，也不是来源于它的本能——就像狐狸那种狡猾的本能、知道在何处可以找到美味的小鸡。来源于本能的智能不仅狐狸、甚至所有的动物都有。但我们所说的驯化的动物所具有的某些人类的智能，与狐狸或其他任何动物的智能是有根本不同之处的。它既不源于推理，也不发自本能，而是起自人类的爱心和一种依恋之情。一匹纯种的阿拉伯骏马之所以能够明白其英国主人的意图，既不是因为它学过英语语法，也不是因为它对英语有本能的感应，而是因为它热爱并依恋它的主人。这就是我所说的区别于狐狸或其他动物的人类的智能。人的这种智能使其有别于动物，同样，我认为也正是这种同情的智能造就了中国式的人之类型，从而形成了真正的中国人那难以言表的温良或文雅。

我曾听说一位外国友人这样说过：作为外国人，在日本居住的时间越长，就越发讨厌日本人。相反，在中国居住的时间越长，就越发喜欢中国人。这位外国友人曾久居日本和中国。我不知道这样评价日本人是否合适，但我相信在中国生活过的诸位都会同意上述对中国人的判断。一个外国人在中国居住得越久，就越喜欢中国人，这已是众所周知的事实。中国人身上有种难以形容的东西。尽管他们缺乏卫生习惯，生活不甚讲究；尽管他们的思想与性格有许多缺点，但仍然赢得了外国人的喜爱，而这种喜爱是其他任何民族所无法得到的。我已经把这种难以形容的东西概括为温良或文雅。如果我不为这种温良或文雅正名的话，那么在外国人的心中它就可能被误认成中国人体质和道德上的缺陷——温顺和懦弱。这里再次提到的温良或文雅，就是我曾给诸位展示过的源于同情心、或真正人类智能的温良或文雅——既不是源于推理、也非产自本能，而是源于同情心——来源于同情的力量。那么，中国人又是何以具备了这种同情的力量的呢？

我在这里将冒昧地给诸位一个解答——或者说是一个假设。诸位愿意的话，或许可以将其视为中国人具有同情力量的秘密所在。中国人之所以有这种力量、这种强大的同情的力量，乃是因为他们完全或几乎完全地过着一种心灵的生活。中国人的全部生活是一种情感（feeling）的生活——这种情感既不是来源于身体器官感觉意义上的，也不是来源于你们会说的那种神经系统奔流的情欲意义上的，而是一种产生于我们人性的深处——心灵或灵魂的激情或人类之爱那种意义上的情感。实际上，正是由于真正的中国人太过注重心灵或情感的生活，以至于可以说他有时是过多地忽视了生活在这个由肉体和灵魂组成的世界上人所应该的、甚至是一些必不可少的需要。中国人之所以对缺乏优美和不甚清洁的生活环境不甚在意，原因正在于此。这才是正确合理的解释。当然这是题外话了。

中国人具有同情的力量——因为他们完全过一种心灵的生活——一种情感的生活。我在这里举两个例子加以证明。我的第一个例子是：在座的诸位或许有人知道我在武昌的一位好朋友和同僚，曾任外务部尚书的梁敦彦。梁先生告诉我，当他最早被任命为汉口道台时，心中充满了希望，并且发誓要努力奋斗成为一个达官贵人、享有顶戴花翎。他得到这个职务时很快乐并不是因为他多么在乎这顶戴花翎，也不是他从此可以发财，那时我们在武昌都很穷。他快乐的原因，乃是他的升迁能够讨他在广东的老母亲之欢心。这就是我所说的中国人所过的心灵的生活——一种情感的生活、一种人类之爱的生活。

另一个例子是在海关的苏格兰朋友告诉我的。他说他曾经有过一个中国仆人，那是一个十足的流氓，不但说谎、敲诈，而且还经常去赌博。但当我的这位朋友在一个偏僻的口岸染上伤寒，且身边无一个朋友能照料他时，他的仆人、那个十足的流氓却来精心地侍候他，使他获得了从最好的朋友、最亲的亲属那里都无法得到的照顾。《圣经》中谈到一位妇女时曾说："多给一些他们宽恕吧，因为他们爱得是那样深。"我想这句话不仅适用于那位中国仆人，而且适用于一般的中国人。在中国生活的外国人耳闻目睹了中国人在习惯和性格上的缺陷与不足，但仍然乐意与中国人相处，就是因为中国人有着一颗爱心。这也就是我曾说过的，他们过着一种心灵的生活，一种情感的或人类之爱生活的缘故。

现在我们已经掌握了解开中国人同情心之谜的线索——同情的力量给了真正的中国人以同情感和人类的智慧，造就了他那难以言表的温良或文雅。下面让我们对这根线索或假设进行一下检验。看看顺着这根中国人过着一种心灵生活的线索，能否不仅可以解释前面我曾提到过的两个例子那一类孤立的事实，而且还可以解释中国人的实际生活中所表现出来的一般特征。

首先，我们来看看中国语言。因为中国人过着一种心灵的生活，所以，我说中国的语言也就是一种心灵的语言。一个很明显的事实就是：那些生活在中国的外国人，其儿童和未受教育者学习中文比成年人和受过教育者要容易得多。原因何在？就在于儿童和未受教育者是用心灵来思考和使用语言。相反，受过教育者，特别是受过理性教育的现代欧洲人，他们是用大脑和智力来思考和使用语言的。事实上，外国的知识分子之所以感到中国的语言如此难学，正是由于他们受过太多的教育，受到过多的理性与科学的熏陶。有一种关于极乐世界的说法也同样适用于对中国语言的学习："除非你变成一个孩子，否则你就难以学会它。"

其次，我们再指出一个众所周知的、中国人日常生活中的事实：中国人具有惊人的记忆力。其秘密何在？就在于中国人是用心而非用脑去记忆。用具有同情力量的心灵记事，既柔且粘，如胶似漆，远胜于用既干且硬的大脑或理解力去记。举例来说，我们当中的绝大多数人童年的记忆要强过成年，原因就在于儿童就像中国人一样，是用心而非用脑去记忆。

接下来的例子，依旧是体现在中国人日常生活中并得到大家承认的一个事实——中国人讲礼貌。中国一向被视为礼仪之邦，那么其礼貌的本质是什么？就是体谅、照顾他人的情感。中国人有礼貌是因为他们过着一种心灵的生活。他们完全了解自己的这份情感，很容易将心比心推己及人，显示出体谅、照顾他人情感的特性。中国人的礼貌虽然不像日本人的那样繁杂周全，但它是令人愉快的。正如法语所绝妙表达的，它是 La politesse du coeur（一种发自内心的礼貌）。相反，日本人的礼貌尽管周全，却令人不快。对此，我已经听到了一些外国人的抱怨。这种礼貌或许应该被称为排练式的礼貌——如剧院排戏一样，需要死记硬背。它不是发自内心、出于自然的礼貌。事实上，日本人的礼貌是一朵没有芳香的花，而真正的中国人的礼貌则是发自内心、充满了一种类似于名贵香水般（instar unguenti fragrantis①）奇异的芬芳。

最后，让我们再举出关于一个中国人特性的例子，即他们缺乏精确的习惯。这是由阿瑟·史密斯提出并使之得以扬名的一个观点。那么，中国人缺少精确性的原因又何在呢？我说依然是因为他们过着一种心灵生活的缘故。心灵是纤细而敏感的，它不像头脑或智力那样僵硬、刻板，你不能指望心也像头脑或智力一样，去思考那些死板、精确的东西。至少那样做是极为困难的。实际上，中国的毛笔或许可以被视为中国人精神的象征。用毛笔书写绘画非常困难，好像也难以精确，但是一旦掌握了它，你就能够得心应手，创造出美妙优雅的书画来，而用西方坚硬的钢笔是无法获得这种效果的。

以上有关中国人生活的几个简单的例子，是任何人，甚至是对中国人一无所知的人也能观察到并认同和理解的。通过这些例子，我已经充分证明了这样一个假设：中国人过着一种心灵的生活。

正是由于中国人过着一种心灵的生活、一种像孩子一样的生活，以致他们在生活方式的许多方面，竟是那样的简单和淳朴。的确，作为一个伟大民族，一个在世界上生活了如此长久的民族，中国人至今理当在许多方面保持如此原始的淳朴之态，这是一个值得注意的事实。而正是这一点，使得中国一些浅薄的出洋留学生认为中国人未能使文明得到任何发展，中国文明是一种停滞的文明。必须承认，就中国人的智力发展而言，在一定程度上的确是被人为地限制了。众所周知，在有些领域中国人只取得很少甚至根本没有什么进步。这不仅有自然方面的，也有纯粹抽象科学方面的，诸如数学、逻辑学、形而上学。实际上欧洲语言中"科学"与"逻辑"二字，是无法在中文里找到完全对等的词

_____

① 这几个法文词的意思与前者是重复的，即"像抹了香膏似的"。

加以表达的。像孩童一样过着心灵生活的中国人，对抽象的科学没有丝毫兴趣，因为在这方面心灵与情感无计可施。事实上，每一件无需心灵与情感参与的事，诸如统计表一类的工作，都会引起中国人的反感。如果说统计图表和抽象科学只是引起了中国人的反感，那么欧洲人现在所从事的所谓科学研究、那种为了证明一种科学理论而不惜去摧残、肢解生物的所谓科学，则使中国人感到恐怖，并遭到了他们的抑制。

我承认单就中国人的智识生活而言，是在一定程度上受到了人为的限制。今天的中国人仍然过着孩童的、心灵的生活。就此而言，中华民族这一古老的民族，在其生活方式的许多方面，目前仍然呈现出如此的原始和淳朴（primitive）之相。但有一点诸位务必牢记，这个淳朴的民族，虽然过着一种心灵的生活，虽然在许多方面尚显幼稚，但他却有着一种思想和理性的力量，而这是一般原初民族所不具备的。这种思想和理性的力量，使得中国人成功地解决了社会生活、政府以及文明中许多复杂而困难的问题。我敢冒昧断言，无论是古代还是现代的欧洲民族，都未能取得像中国人这样辉煌的成就，他们不仅将亚洲大陆上的大部分人口置于一个庞大帝国的统治之下，而且维持了它的和平。

实际上，我在此要指出的是：中国人最美妙的特质并非他们过着一种心灵的生活。所有处于原初阶段的民族都过着一种心灵的生活。正如我们大家都知道的一样，欧洲中世纪的基督徒们也同样过着一种心灵的生活。马修·阿诺德就说过："中世纪的基督教诗人是靠心灵和想象来生活的。"中国人最优秀的特质，其实是当他们过着心灵的生活、像孩子一样生活时，却同时具有为中世纪基督徒或其他任何原始民族所没有的思想与理性的力量。换言之，中国人最美妙的特质就是：作为一个有着悠久历史的成熟民族，一个有着成年人理性智慧的民族，他们至今仍然能够过着孩子般的生活——一种心灵的生活。

因此，与其说中国人的发展受到了阻碍，还不如说它是一个永不衰老的、青春常驻的民族。简言之，作为一个民族，中国人最美妙的特质就在于他们拥有了永葆青春的秘密。

现在我们可以回答最初提出的问题了——什么是真正的中国人？我们已经知道，真正的中国人就是有着赤子之心和成年人的智慧、过着心灵生活的这样一种人。简言之，真正的中国人既拥有成年人的智慧而又童心未泯。因此中国人的精神乃是一种永葆青春的精神，是族类不朽的精神。那么，这种使民族不朽、永远年轻的秘密又何在呢？诸位一定还记得在篇首我曾说过：是同情的或真正的人类智能造就了中国式的人之类型，从而形成了真正的中国人那种难以言表的温文尔雅。这种真正的人类的智能，是同情与智能的有机结合。它使人的心与脑得以调和。一言以蔽之，它是心灵与理智的和谐。因此，如果说中华民族之精神是一种青春永葆的精神、是不朽的民族魂，那么，民族不朽的秘密，就是中国人心灵与理智的完美谐和。

现在诸位或许会问：中国人是从何处、又是怎样得到了这种使民族永远年轻、让心灵与理智得以和谐的秘密的呢？答案只能从他们的文明中去寻找。诸位不可指望我在这短短的时间里做一个关于中国文明的报告。然而，我还是将试着告诉诸位一些涉及目前论题的有关中国文明的一些情况。

首先，我要告诉诸位，中国文明与现代欧洲文明有着根本的不同。著名的艺术评论家勃纳德·贝伦森①先生在比较欧洲与东方艺术时曾说过："我们欧洲人的艺术有着一个致命的、向着科学发展的趋向。而且每幅杰作几乎都有着让人无法忍受的、为瓜分利益而斗争的战场的印记。"正如贝伦森先生对欧洲的艺术评价一样，我认为欧洲的文明也是为瓜分利益而斗争的战场。在这种为瓜分利益而进行的连续不断的战争中，一方面是科学与艺术的对垒，另一方面则是宗教与哲学的对立。事实上，这一可怕的战场也存在于人们的头脑和心灵之中——存在于心灵与理智之间——造成了永恒的冲突和混乱。然而在中国文明中，至少在过去的两千四百年里，是没有这种冲突与混乱的。中国文明与欧洲现代文明的根本区别就在于此。

换句话说，在现代欧洲，人们拥有一种满足心灵而不是头脑需求的宗教；有一种满足头脑需要而忽视心灵渴望的哲学。我们再来看看中国。有人说中国没有宗教。诚然，在中国即使是一般大众也并不认真对待宗教，我指的是欧洲意义上的宗教。对中国人而言，佛寺道观以及佛教、道教的仪式，其消遣娱乐的功能要远远超过于教化功能。可以说，它们触及的是中国人的美感，而不是其道德感或宗教感。事实上，对于

---

① 勃纳德·贝伦森（Bernard Berenson，1865—1959），美国最有影响的艺术评论家和历史学家。在鉴赏绘画，特别是意大利艺术品的真伪方面，尤其擅长。著有《美学、伦理学和历史》等书。

它们，中国人更多地是诉诸想象力，而不是诉诸心灵或灵魂。因此，我们与其说中国没有宗教，还不如说中国人不需要宗教——没有感觉到宗教的必要，更为确切。

中国人，即使是一般大众也没有宗教需要感，这个如此奇特的现象应该做何解释呢？对此，伦敦大学的汉学家道格拉斯①先生在其儒学研究中曾有过如下论述："已有四十多代的中国人完全服从于一个人的格言。孔子作为一个地道的中国人，其教化特别适合中国人的天性。中国人是蒙古人种，其黏液质头脑不善思辨穷理，这就会自然排斥对经验范围之外的事物进行探究。由于来生的观念尚未觉醒，那些简明易懂、注重世俗实际生活的道德规范，像孔子所阐述的那样一些东西，已全然满足了中国人的需要。"

这位博学的英国教授说中国人不需要宗教，是因为他们已经受教于儒学，这个观点是正确的。但他认为中国人之所以不需要宗教，是由于蒙古人种的黏液质头脑及不善思辨所造成的，这就完全错了。宗教最初并非产生于思辨，宗教是一种情感、情绪之物，是与人的灵魂息息相关的某种东西。甚至非洲的野蛮人在刚一脱离纯粹动物般的生活，他身上那种称之为灵魂的东西刚刚觉醒之时，就立刻有了对宗教的需要感。因此，虽然蒙古人种的头脑或许是黏液质的和不善思辨的，但必须承认，作为蒙古人种的中国人与非洲野人相比，毕竟是属于更高层次的一种类型，他们也有灵魂。而有灵魂，就会感到宗教需要，除非有别的什么东西能够取代了宗教。

实质上，中国人之所以没有对于宗教的需要，是因为他们拥有一套儒家的哲学和伦理体系，是这种人类社会与文明综合体的儒学取代了宗教。人们说儒学不是宗教，的确，儒学不是欧洲人通常所指的那种宗教。但是，我认为儒学的伟大之处也就在于此。儒学不是宗教却能取代宗教，能使人们不再需要宗教。

要弄清儒学是如何取代宗教的，我们就必须首先弄懂人类为什么需要宗教。在我看来，人类需要宗教同需要科学和哲学的原因是一样的，都在于人类是有灵魂的生物。我们先以科学为例，这里我指的是自然科学。是什么原因促使人们去追求科学呢？多数人会认为是出于对铁路、

---

① 道格拉斯（Robert Kennaway Douglas，1838—1913），英国近代著名汉学家。曾来华任英国领事官。1903 年至 1908 年任伦敦大学汉文教授。著有《中国的语言和文学》、《非基督教的宗教体系：儒教和道教》、《中国的社会》等书。

飞机一类东西的需要导致了对科学的追求。但实际上，吸引那些真正的科学家从事研究的动机，却并非如此。像目前那些（所谓）进步的中国人，他们从事科学研究，乃是为了铁路和飞机，因此他们将决不会得到科学。在欧洲历史上，那些真正献身科学、为科学进步而努力的人们，那些使修筑铁路、制造飞机成为可能的人们，最初就根本没有想过铁路和飞机。他们献身科学并为科学进步做出贡献，是因为他们的心灵渴望探求这广袤宇宙那可怕的神秘。所以我认为，人类需要宗教，与他们需要科学、艺术乃至哲学一样，都是基于同一种原因，那就是人类是有灵魂的存在物。因为人有灵魂，所以他不仅要探索现在，还要探索过去和未来——而不是像野兽那样，只生活在现在，这就使得人类感到有必要懂得他们生活于其中的大自然之奥秘。在弄清宇宙的性质和自然法则之前，人类就如同处在黑屋之中的孩子一样，感到危险、不安全，对任何事情都不确定。事实上，正如一个英国诗人所言，宇宙的那种神秘，沉重地压迫着人们。因此，人类需要科学、艺术和哲学；出于同样的原因，他们也需要宗教，以便减轻

> 那神秘的重压——
> 琢磨不定的世界所带来的
> 所有沉重、恼人的负担。

艺术和诗歌能够使艺术家和诗人发现宇宙的美妙及其秩序，从而可以减轻宇宙的奥秘带给他们的压力。诗人歌德曾这样说过："谁拥有了艺术，谁就拥有了宗教。"所以，像歌德这样的艺术家们不需要宗教。哲学能够使哲学家发现宇宙的法则和秩序，从而缓解这种神秘所带给他们的重负。因此，对像斯宾诺莎那样的哲学家来说，智力生活的王冠便是一种转移和超脱，正如对于圣徒来说，宗教生活的王冠便是一种转移和超脱一样。所以他们不感到需要宗教。最后，科学也能够令科学家认识宇宙的奥秘和秩序，使来自神秘自然的负担得以减轻。因此，像达尔文和海克尔①教授那样的科学家，也不感到需要宗教。

然而，对于大多数人来说，他们既不是诗人和艺术家，也不是哲人和科学家，而是一群凡夫俗子。对于他们，生活充满了困苦，每时每刻

---

① 海克尔（Ernst Heinrich Haeckel，1834—1919），德国自然科学家，达尔文学说的著名支持者。著有《人类的进化》等。

都要经受着各种事故的打击，既有来自自然界的恐怖暴力，也有来自同
胞冷酷无情的相煎。有什么东西能够帮助人类减轻这个神秘莫测的世界
所造成的重负？唯有宗教。但宗教又是如何减轻宇宙的奥秘给芸芸众生
带来的负担的呢？我认为宗教的这种作用，是通过给人以安全感和永恒
感来实现的。面对自然力量的恫吓和同胞冷酷无情的相煎，以及由此激
发的神秘和恐惧，宗教给普通大众提供了一个避难所——正是在这个避
难所中他们找到了安全感。此种避难所就是一种信仰，相信有某些超自
然的存在，或者某些具有绝对力量，能够控制那些威胁他们势力的东西
存在。此外，人类面对世事的沧桑、人生的沉浮、不定的变迁——生、
老、病、死，以及由此激发的神秘和不确定，宗教同样提供了一个避风
港——正是在那里，他们找到了一种永恒感，这个避风港就是对于来生
的信念。因此，我认为，宗教正是通过提供这样一种安全感和永恒感，
方才使得那些既非诗人、艺术家，也非哲学家和科学家的百姓们，得以
减轻这个神秘莫测世界的种种奥秘给他们带来的重压。耶稣说过："我
赐给你和平安宁，这种安宁，世界不能给予你，也无法将它从你身上剥
夺。"这就是我所说的宗教给予众生安全感和永恒感的含义。因此，除
非你能找到像宗教那样能给大众以同样的安全感和永恒感的东西，否则
芸芸众生将永远需要宗教。

　　但是我曾说过，儒学不是宗教却能取代宗教。因此，在儒学中必定
存在像宗教那样能给众生以安全感和永恒感的东西。现在，让我们就来
探寻一下，儒学中的这种东西究竟是什么。

　　常常有人问我：孔子对中华民族的贡献何在？我本可以告诉你们许
多关于孔子的贡献，但今天由于时间的关系，我只能将孔子最主要也是
最重大的一个贡献告诉诸位。孔子自己曾说："知我者其惟《春秋》乎？
罪我者其惟《春秋》乎？"当我对此加以解释之后，诸位就会明白何以
儒学能像宗教那样给人以安全感和永恒感。为了将这个问题解释清楚，
请允许我先对孔子及其生平做一简要说明。

　　正如在座诸位中不少人所知道的那样，孔子生活在中国历史上所谓
的"扩展"时期——那时封建时代已经走到尽头。半宗法式的社会秩序
与统治方式有待发展和重建。这种巨大的变化不仅必然带来了世界的无
序，而且造成了人们思想的混乱。我曾说在中国两千五百年的文明史
中，没有心灵与头脑的冲突。但现在我必须告诉诸位，在孔子生活的时
代里，中国也同现在的欧洲一样，人们的心灵与头脑是曾发生过可怕冲

突的。生活在孔子时代的中国人发现他们自己拥有一套由制度、成规、教条、风俗和法律组成的庞大系统——事实上是一套从祖先那里继承下来的庞大的社会制度和文明系统。他们的生活不得不在这个系统中延续下去。然而，他们开始感到——明显意识到这种系统不是他们的创造，并与他们的实际生活绝不相适应。对于他们来说，这些只不过是惯例的沿袭而非理性的选择。中国人这种在两千五百年前的意识觉醒，就是今日欧洲所谓的现代精神——自由主义精神、追根究底的探索精神之觉醒。这种现代精神发现调和传统的社会秩序和文明的需要，与现实生活需求之间存在着必要性，他们不仅要建立新的社会秩序和文明，而且还要为之寻找一个基础。然而在当时的中国，为这个新秩序和文明寻找基础的种种尝试均告失败。有的尽管满足了人的头脑——满足了中国人理性的需要，但却未能使他们的心灵得到抚慰；有的则满足了心灵的渴望，却又忽略了头脑的需求。如我说过的那样，在重建秩序和文明的过程中，两千五百年前的中国人也发生了心灵与头脑的冲突，恰与今日的欧洲相同。这种在寻求重建社会和文明新秩序过程中出现的冲突，使中国人对一切文明都感到了厌倦，在极度的痛苦与绝望中，他们产生了对文明的不满，并试图灭绝一切文明。比如中国的老子就仿佛今天欧洲的托尔斯泰，他看到了心脑冲突给人类造成的不幸后果，转而认为所有的社会制度与文明均带有根本性的错误。于是，老子和庄子（后者为老子的得意门生）就告诉中国人，应该抛弃所有文明。老子对中国人说："放弃你所有的一切，跟随我到山中去当隐士，过一种真正的生活——一种心灵的生活、不朽的生活。"

但是，同样是看到了社会与文明状态的苦难和不幸，孔子却认为罪恶并不在于社会与文明建设本身，而在于这个社会与文明采取了错误的路径，在于人们为这个社会与文明打下了错误的基础。孔子告诫中国人不要抛弃他们的文明——在一个真正的社会和真正的文明里，在一个具有真实可靠基础的社会与文明中，人们也是能够过上真正的生活、一种心灵的生活的。实际上，孔子毕生都致力于在为社会和文明引入一个正确的轨道，并给它打下一个真实可靠的基础，从而阻止文明的毁灭。但是在他的晚年，当他已经意识到实在无法阻止文明毁灭的时候——他还能够干些什么呢？作为一个建筑师，看到他的房子起火了，屋子在燃烧、坍塌，他已明白无法保住房子了，那么他能够做的一件事自然是抢救出房子的设计图，这样才有可能日后得以重建它们。因此，当孔子看到中国文明这一建筑已不可避免地趋于毁灭时，他自认只能抢救出一些图纸。于是他努力完成了这一任务。这些被抢救出来的中国文明图纸和设计图，现在被保存在中国古老的《旧约圣经》中——即著名的五经之中。所以我认为，孔子对中华民族的伟大贡献，就在于他抢救出了中国文明的蓝图。

抢救出中国文明的蓝图是孔子对中华民族的一大贡献，但这还不是他为中华民族所做的主要的和最伟大的贡献。孔子的最大贡献是通过挽救原有的文明图纸和设计，对文明的蓝图又做了一个新的综合、新的阐发。通过这一工作，他给中国人提供了一个真正的国家观念——为国家奠定了一个真实可靠的、理性的、永久的、绝对的基础。

然而，古代的柏拉图、亚里士多德和近代的卢梭、赫伯特·斯宾塞同样对文明做过新的综合，并试图通过这一综合，给予人们一个真正的国家观念。这些欧洲大哲学家们的理论体系与儒家的文化哲学、道德规范相比，有何不同呢？我认为不同之处就在于，欧洲哲人们的学说并未成为宗教或准宗教，未能成为一个国家或民族的广大民众的共同信仰。相反，儒学在中国则为整个民族所接受，它成了中国的广大民众的宗教或准宗教。我这里所说的宗教是就其普遍和宽泛的广义而言的，并非是指在这个词的欧洲狭义上所说的那种宗教。歌德说过："Nur Saemtliche Menschen erkennen die Natur；nur saemtliche Menschen leben das Menschliche."（唯有广大民众懂得什么是真正的生活，唯有广大民众过着真正人的生活。）现在我们谈到的广义的宗教，指的是带有行为规范的教化体系，正如歌德所说，它是被人类大众、至少是被某个民族或国家的广大民众视作真理和有约束力的准则。就此广义而言，基督教、佛教是宗教，儒家学说也是宗教。因为正如你们所知，儒学在中国得到了全民的信仰，它的规范为民族所遵从。相反，哲学家柏拉图、亚里士多德、卢梭和斯宾塞的学说即使是在广义上说也未能成为宗教。这就是欧洲哲学与儒学最大的不同——一个是仅为学者所研究的哲学，另一个则不仅是学者所研究的哲学而已，并且得到全中华民族的信仰，成为宗教或相当于宗教的东西。

就广义而言，我认为儒家学说是宗教，正如基督教、佛教是宗教一样。但诸位也许还记得，我曾说儒学并非欧洲意义上的宗教。那么儒教与欧洲意义上的宗教之间有何区别呢？显然，区别在于一个里面有超自然的起源和因素，另一个则没有。但除此之外，儒教与欧洲意义上的宗教如基督教、佛教仍存在其他不同。这不同之处在于，欧洲意义上的宗教是教导人们做一个好（个）人；儒教则不仅如此，还更进一步，教导人们去做一个好公民（良民）。基督教的教义手册这样发问："人的主要目的是什么？"而儒教教义手册却是这般提醒："公民的主要目的是什么？"作为公民的人并不是过个人的生活，难道作为人，他的生活与其同伴和国家不密切相关吗？关于人生的主要目标，基督教的答案是"赞美上帝，为之增光"。儒教则回答说："人生的主要目标，是做一个孝顺的儿子和良善的公民。"在《论语》这样一部记述孔子言行的著作中，孔子的弟子有若曾引述孔子的论述说道："君子务本，本立而道生。孝悌也者，其为仁之本欤！"① 总之，欧洲意义上的宗教，企图使每一个人都变成一个完人，一个圣者、一个佛陀和一个天使。相反，儒教却仅仅限于使人成为一个好的百姓，一个孝子良民而已。换言之，欧洲人的宗教会这么说："如果你想拥有宗教，你就一定要成为一个圣徒、一个佛和一个天使。"而儒教则会这么说："如果你能够像孝顺的儿子和善良的臣民那样生活，你就拥有了宗教。"

实际上，儒教与欧洲意义上的宗教如基督教、佛教之间真正的不同在于：一个是个人的宗教或称教会宗教，另一个则是社会宗教或称国家宗教。我说孔子对中华民族最大的贡献，是给予了人们真正的国家观念。孔子正是在供给这种真正的国家观念的过程中，同时使这种观念成为了宗教。在欧洲，政治是一门科学；而在中国，自孔子以来，政治则成为一种宗教。简言之，孔子对中华民族最大的贡献，就在于他给了人们一个社会宗教或称之为国家宗教。在其生命的最后日子里孔子写了一本书，传授了他的这种国家宗教，他将此书命名为《春秋》。之所以如此命名，是因为该书旨在揭示支配国家治乱兴衰——民族的"春和秋"之道德原因。② 我们可以称这本书为《近世编年》（*Latter Day Annals*），像卡莱尔所撰的那部名叫《近世纪事》（*Latter Day Pamphlets*）的书一样。在这部书中，孔子勾勒出一种社会和文明处于错乱和衰败状态的历史概貌，追溯了此种错乱和衰败的社会与文明各种苦难与不幸的真正根源，他指出这一问题的根源正在于，人们缺乏一种真正的国家观

---

① 关于这句话，辜鸿铭的译文与原文略有出入，他译成："君子务本——把人生的基础打好了，智慧信仰也就会随之产生。像一个孝子良民那样生活，难道不正是人生的基础吗？这难道不是一个君子最主要的人生目的吗？"辜氏将"悌"习惯译成"做一个良民"。
② 国家的兴衰就仿佛季节中春与秋的变化。

念，对归诸国家、国家首脑、统治者和君王的责任之真正的本质缺乏正确的了解。从某种意义上说，孔子在书中宣传了君权神授的主张。我知道在座诸位绝大多数是不相信君权神圣性的。但我并不想就这个问题与诸位展开讨论。我只希望诸位等我把话讲完后再下结论不迟。同时也请允许我在此引述一句卡莱尔的名言："君权对于我们来说，要么是神授的权利，要么是魔鬼般的罪恶。"在我们讨论君权的神圣性这个问题时，我请诸位牢记并深思这句名言。

在《春秋》这部书里，孔子教导人们，人类社会的所有日常交往中，除了利益和敬畏这种低层动机之外，还包涵一种影响行为的更为高级、更为高贵的动机，这种动机超越了对利益和恐惧的各种顾虑，我们将此种高尚动机称之为责任（感）。在人类社会的重要关系中，最重要的就是责任。一个国家或民族的人民与首脑之间，也存在这种高尚的责任动机，以影响和激励他们的行为。然而，这种责任的理性基础又是什么呢？在孔子以前的封建时代，是一种宗法的社会秩序和统治形式，国家或多或少像个家族。那时人们并不特别感到需要为他们应对国家首脑所负的责任奠定一个非常明确而可靠的基础，因为他们的所有成员都属于一个家族或宗族，其血缘纽带或天然情愫已经以某种方式，将他们与君王，也就是家族或宗族中的长者，紧紧联系在一起。但正如我说过的，孔子的时代，封建时代已经到了末期，国家已经超出了家族或宗族的范围，其臣民也不再仅仅限于家族或宗族的成员。因此民对君的责任关系，就需要有一个新的、明确的、理性的、坚实的基础。那么，孔子又为这种责任找到了一个怎样的新基础呢？这个新基础，便是"名分"（Honour）一词。

去年我在日本时，日本前文部大臣菊池男爵①从《春秋》一书中找出四个字让我翻译，这四个字就是"名分大义"。我将其译为有关名誉与责任的重大原则（The Great Principle of Honour and Duty）。正是由于这个原因，中国人一般不把孔子所传授的教化体系称之为"教"，而是称之为"名教"——一种名分宗教。在汉语中，"教"字乃是被用来称作其他宗教，诸如佛教、伊斯兰教和基督教那一类宗教的通用词。儒家教义中的另一个词"君子之道"，它在欧洲语言中最接近的对等词是"Moral Law"（道德法），其字面意思是指"The Law of the Gentle-

---

① 译名参照了鱼返善雄的日译本。菊池（Baron Kikuchi），时任日本文部省的副相。

man"（绅士的法则），理雅各①博士将其译为"The Way of the Superior Man"。其实，孔子传授的整个哲学和道德体系，可以用一个词来概括，即"君子之道"。孔子将这一思想编纂成典并使之成为宗教——国家宗教。国家宗教中最重要的思想就是"名分大义"——关于名誉与责任的原则——或许可以称之为"名分或荣誉大典"（A Code of Honour）。

孔子在国家宗教中教导人们：君子之道、人的名分意识或荣誉、廉耻感不仅是一个国家，而且是所有社会和文明唯一真正的、合理的、永久的绝对基础。我想诸位，甚至那些认为政治毫无道德可言的人也会承认，荣誉感和廉耻感对于人类社会是多么的重要。但我不能确信诸位是否都意识到，为了使社会的各个部分都得以运转，荣誉和廉耻感不仅是重要的，而且是绝对必需的。正如俗语所说："盗亦有道。"人丧失了荣誉和廉耻感，所有的社会和文明就会在顷刻间崩溃。请允许我对此略加解释，看看何以如此？让我们来举个例子，就拿社会生活中一件微不足道的小事赌博来说吧，当大家坐下来一起赌钱，如果参与者在牌的花色和骰子翻转之时，没有荣誉感和廉耻感的约束，使输者得以认帐付钱，那么赌博就会立刻无法进行。再以商人为例，如果没有荣誉感和廉耻感迫使他们去履行契约，那么所有的贸易也将会被迫停止。或许你会说，商人拒绝践约，可以诉之法院。此话极是。但如果当地没有法院又该如何？即使有法院，法院又当如何迫使商人践约？只有依靠武力、暴力。实际上，人若没有了荣誉和廉耻感，社会就只能依靠武力来维系一时。但我可以证明，武力无法使一个社会长治久安。警察靠武力迫使商人履行合同。但律师、政客、地方官或共和国总统又是如何使警察恪尽职守的呢？你们知道他不能通过武力。那么又是用什么呢？要么是靠警察的荣誉感和廉耻感，要么就利用欺骗手段。

现时代，在当今世界，很遗憾也包括中国在内——律师、政客、地方官和共和国总统都是在使用欺骗手段使警察尽职。他们告诉警察

---

① 理雅各（James Legge，1814—1897），19世纪英国最伟大的汉学家。1839年启程来华，1840年到马六甲，出任英华书院院长。奠定他汉学地位的，是他从19世纪60年代开始翻译出版的《中国经典》系列。他一共翻译了儒学十三经中的十部经书，外加老子《道德经》和《庄子》。在25年内陆续推出。这些翻译以严谨著称，不少至今仍受到推崇。1875年，牛津大学特别为他设汉文讲座，一直任教至死。除了翻译中国经典外，他的著作还有《孔子的生平及其学说》、《孟子的生平及其学说》、《中国的宗教：儒教和道教评述及其与基督教的比较》等。

他必须忠于职守，因为这样做是为了社会和国家的利益。而社会的利益意味着，他这个警察可以按时领到薪水，若无此薪水，他自己连同家属都不免要饿死。共和国的律师、政客或总统如此告诫警察，我认为用的是诈术。我之所以认为它是一种欺诈，是因为这种国家利益对警察来说，只意味着每星期十五个先令的薪水，意味着他和他的亲属刚刚免于饿死；而对那些律师、政客、官员和总统来说，则意味着每年二万英镑的高薪，意味着豪华住宅、电灯、汽车以及其他舒适、侈奢之物，而所有这些都是成千上万人的血汗换来的。我之所以认为它是一种欺诈，是因为全社会若不承认荣誉感和廉耻感，不认同能够使输牌的赌徒付出口袋里最后一个便士的这种名分意识、荣誉感和廉耻感，所有导致社会上贫富不均的财富之转让和占有，就如同赌桌上钱的转移一样，全无正当性和约束力可言。因此，那些律师、政客、官员及共和国总统，虽然侈谈着社会和国家的利益，但他们实际上真正依靠的，仍然是警察潜意识中的荣誉感和廉耻感。这种荣誉感和廉耻感不仅使警察忠于职守，而且使之尊重他人的财产权并安于每星期十五先令的现状。但与此同时，律师、政客、总统们却拥有着每年二万镑的收入。我说这是欺诈，是因为当他们要求警察应该有荣誉和廉耻感的时候，而他们自己，这些现代社会的律师、政客、地方官和共和国总统们，却相信并公然按照那种政治无道德可言、不讲荣誉感和廉耻感的原则言说和行动。

　　诸位一定还记得我曾引用过的卡莱尔的那句名言："君权对于我们来说，要么是一种神授的权利，要么是一种魔鬼般的罪恶。"在现代社会中，律师、政客、地方官员和总统之欺诈，便是卡莱尔所说的魔鬼般的邪恶。现代社会公职人员的欺诈和伪善，使得他们一面声称政治无道德、无荣誉和廉耻感可言，一面又在装模作样地大谈什么社会利益和国家利益。正如同卡莱尔所说，"正是这种伪善的耶稣会主义导致了普遍的苦难、兵变、谵妄，无套裤汉暴动的狂热和复辟暴政的冷酷无情。还有数百万人成群结队的畜牲般堕落，和个体们那被纵容的轻薄。"这一切，乃是我们所见到的现代社会的真实写照。一言以蔽之，正是这种欺诈与武力的结合——耶稣会主义与军国主义的携手，律师与警察的合作，造就了现代社会的无政府主义者与无政府主义。武力和欺骗的这种组合践踏和玷污了人们的道德感，使人产生了疯狂，这种疯狂促使无政府主义者向共和国的律师、政客、地方官员和总统投掷炸弹和其他爆炸物。

事实上，如果一个社会、一个人丧失了荣誉感，如果政治不讲道德，那么我敢说这个社会最终是无法维系下去的，或者，它无论如何难以持久。因为在这样一个社会里，警察们———那些律师、政客、地方官和总统赖以实施欺诈的警察们，将因此而陷于内在冲突的、难以说服自身的自我窘境之中。作为警察，他被告知必须为社会而忠于职守；而他、这个可怜的警察本身也是社会的一部分——至少，对他自己和他的家庭来说，还是社会最为重要的组成部分。现在如果有别的工作比当警察更好，或充当反抗警察的人能使他挣得更多的钞票，并因此而可以改善自身和家庭的条件，这对社会也同样有好处。而这样一来，警察早晚会得出一个结论：既然政治已全无廉耻与道德可言，既然社会的利益就只意味着个人获取更高的薪水，那么还有什么理由可以阻止他为了赚钱而放弃警察的身份、成为一个革命党徒或无政府主义者呢？一旦警察得出这样的结论——为了更多的收入而应该成为革命党徒或无政府主义者，那么这个社会也就该到毁灭的时候了。孟子说："孔子作《春秋》，而乱臣贼子惧。"——在《春秋》中，孔子宣传了他的国家宗教思想，并描述了当时的社会景象——就如同今日的世界一样，人们的荣誉感和廉耻感已然丧尽，而政治亦无道德操守可言。

下面还是言归正传。我认为如果一个社会没有荣誉感和廉耻感，那么它最终是无法维持下去的。因为正如我们所看到的那样，在社会生活中，即便是对赌博、经商这一类区区小事而言，荣誉感和廉耻感也是如此的重要和必不可少，那么对于人类已经建立起来的两个最基本的制度：家庭与国家来说，它就更加的重要和不可或缺了。众所周知，历史上所有国家公民社会的兴起，总是始于婚姻制度的确立，欧洲的教会宗教使得婚姻成为圣礼，即使之成为某种神圣不可侵犯的事情。在欧洲，神圣婚姻的约束力出自教会、而约束的权威则来自上帝。不过这只是一个表面的、外在形式上的，或者说法律的约束。对这种神圣婚姻真正的、内在的名副其实的约束——正如我们在那些没有教会宗教的国家所见到的，乃是荣誉感、廉耻感和君子之道。所以孔子说："君子之道，造端乎夫妇。"换言之，在所有存在公民社会的国家里，对荣誉感和廉耻感——君子之道的公认，使婚姻制度得以确立，而婚姻制度则又使家庭得以确立。

我曾说孔子所传的国家宗教是一部名分荣誉法典，而且指出过孔子是通过君子之道来制定这部法典的。但现在，我还必须告诉诸位，在孔子以前很遥远的时代里，就已经有了尚不十分明确、未诉诸文字的君子法，也就是大家所知道的关于礼节、礼貌得体的行为方式的"礼"。后来，到孔子时代之前，一个伟大的政治家，中国法律的缔造者在中国出现了，这就是人们通常所说的周公（公元前 1135 年）。他最先明确、定型并制订了形成文字的君子法典——关于得体的行为方式的法律。这部由周公制订的第一部形成文字的君子法，就是著名的周礼———周公之礼。它或许可以被视为中国的前儒教（The Preconfucian Religion），或者，像前基督教被称之为犹太民族的摩西法典一样，将这种前儒教可以称之为中华民族的旧约教（Religion of the Old Dispensation①）。正是"周礼"这中国人的旧约教——这一部最早形成文字的君子法，第一次给予了中国人的婚姻以神圣的、不可动摇的约束力。中国人从此将神圣的婚姻称之为周公之礼——周公制订的关于良好的行为方式的法律。这种神圣的婚姻制度，这个前儒教，使中国人建立起了家庭制度，并令中国人的家庭得到了稳定与持久的维系。或许可以将这个前儒教、周公的君子法称之为家庭宗教，以区别于孔子后来所传的国家宗教。

相对于其时代以前的家庭宗教而言，孔子在他所传的国家宗教中创立了一个新的制度，给出了一个"新约"。换言之，孔子在其国家宗教中，对于君子之道进行了新的、更宽泛、更全面而富有理解力的应用。如果说家庭宗教，孔子时代之前的中国旧约教确定了婚姻圣礼，那么孔子，经由他传授的国家宗教，对于君子法那种新的更广泛、全面而富于理解力的运用，则制定出新的圣礼。他所创立的这一新圣礼不再被称之为礼——关于好的行为方式的法律，而是称之为名分大义。我将其翻译为有关名誉与责任的重要法则或名分荣誉法典。这种孔子所创的以名分大义为主旨的国家宗教，取代了从前的家庭宗教，成为了全中国人的信仰。

在"旧约教"之下，家庭宗教使妻子和丈夫受到神圣婚礼的约束——周公之礼的约束——以维系他们的婚姻契约不被侵犯而得到绝对遵守。同样，在孔子所创的新的国家宗教之"新约教"制度下，中国人

---

① "The Old Dispensation"，我们译成"旧约"，这里的"约"涵带约束、制度和规定的意思。辜鸿铭使用"Old Dispensation"，我们觉得正有比附基督教的深意在。

民和他们的帝王都要受到新的圣礼即名分大义的约束——这部有关名誉和责任的重大法则，或称之为名分和荣誉法典，是须由君臣共同绝对遵守、神圣而不可侵犯的契约。简言之，昔日周公制订的是婚姻圣礼，孔子的名分或荣誉法典所确立的则是忠诚圣礼。通过这种方法，我说过，孔子给予君子法一个新的、内容更广泛、更全面而富有理解力的应用。相对于他之前时代的家庭宗教而言，孔子在中国建立起了一个"新约"，并使之成为国家宗教。

换句话说，正像在从前的家庭宗教里把婚姻契约变成圣礼一样，在孔子的国家宗教中则把忠诚契约变成圣礼。家庭宗教建立的婚姻圣礼，使妻子有绝对地忠诚于丈夫的责任。同样，孔子传授的国家宗教对忠诚的圣礼即名分大义的确立，则要求中国人民有绝对效忠于君主的责任。国家宗教的这种关于忠诚的圣礼，或许可以称之为"忠诚圣礼或忠诚宗教"（Sacrament or Religion of Loyalty）。你们会记得，我曾说过孔子在某种程度上是主张君权神授——那种君主的神圣权利的。其实，与其说孔子主张君权神授——君主的神圣权利，不如更确切地说，孔子强调的是"忠诚的神圣责任"（Divine Duty of Loyalty）。在欧洲，君权神授理论，以超自然的上帝或深奥的哲学来解释君权的神圣，使后者得到认可。可是在中国，孔子教导人民绝对地效忠于皇帝，其有效性和约束力却是来源于君子之道——来源于人的名分意识和荣誉感。在所有国家里，正是这种荣誉感使得妻子忠实于自己的丈夫。事实上，孔子关于对君王绝对忠诚的理论，只是来源于简单的名分意识和荣誉感，这种荣誉感使商人信守诺言、履行合同，使赌徒按规则行赌并偿还他的债务。

我在谈到家庭宗教时曾经指出：中国的这种旧约教制度和所有国家中的教会宗教一样，它通过确立婚姻的圣礼及其不可侵犯性，使家庭得以建立。同样，我所说的孔子传授的国家宗教，则通过制定忠诚契约的新圣礼，从而使国家得以确立。在这个世界上，如果说首创家庭宗教、确立神圣的婚姻制度，可以被认为是对人类和文明事业的伟大贡献，那么，你由此就不难了解，孔子创立国家宗教、确立忠诚宗教乃是一项多么伟大的工作。婚姻圣礼的制定巩固了家庭，使之得到长久的维系，没有了它，人类便会灭绝；忠诚契约的新圣礼的制定则巩固了国家，使之长存不朽，没有了它，人类社会和文明都将遭到毁灭，人类自身也将退化成野蛮人或是动物。因此我说，孔子对中国人民最伟大的贡献，乃是给予中国人一个真正的国家观念——一个有着真实的、合理的、不朽的、绝对基础的国家观念，并且在这一过程中，他还把此一观念变作一种宗教——一种国家宗教。

孔子是在一部名为《春秋》的书中传授这一国家宗教的。正如我曾经说过的，该书是他在其生命的最后日子里写成。在这部书中，孔子首先制定了名为名分大义或荣誉法典的忠诚契约之新圣礼，这个圣礼因此通常被称之为春秋名分大义，或简称为春秋大义。孔子在这部著作中所传授的忠诚的神圣责任，就是中华民族的大宪章，它使全中国人民和整个国家绝对地效忠于皇帝。这种神圣的契约、这部名分和荣誉法典，在中国不仅是国家和政府，而且是中国文明的唯一真正的宪法。孔子说过，后人将通过这部书来了解他——了解他曾为这个世界做过些什么。（"知我者其惟《春秋》乎？"）

我恐怕谈得太多，绕得太远，你们已经不耐烦了。现在让我们言归正传。记得我曾说过，芸芸众生之所以总是感到需要宗教——我指的是欧洲意义上的宗教——是因为宗教可以为他们提供一个避难所。通过对一个全能之物即上帝的信仰，他们可以为自己找到一种安全感和永恒感。但是我也曾说过，孔子的哲学体系和道德学说，即著名的儒家之教，能够取代宗教，能够使人们、甚至使整个人类众生不再需要宗教。那么在儒教之中，必定有一种东西同宗教一样的东西存在，它能够给人们以安全感和永恒感。现在，我想我们已经找到这个东西，这就是孔子在其国教中给予中华民族的"忠诚于皇帝的神圣责任"（Divine Duty of Loyalty to the Emperor）。

由于这种绝对效忠皇帝的神圣责任的影响，在中华帝国的每个男人、妇女和儿童的心目中，皇帝被赋予了绝对的、至高无上的、超越一切的全能力量。而正是这种对绝对的、至高无上的、全能的皇权之信仰，给予了中国人民一种安全感，就像其他国家的大众因信奉上帝而得到的安全感一样。这种对皇权的绝对信仰，保证了中国人民心目中国家的绝对稳定和持久。而国家的绝对稳固与持久，又使人们确信社会发展无限的连续性和持久性，并由此最终导致中国人民对族类不朽的信念。族类不朽的意识起源于对全能皇权的信仰，而对全能皇权的信仰则来源于忠诚的神圣责任。因此，在其他国家中，是信仰来世的宗教给予了大众以永恒感，而在中国，这种永恒感则来自于忠诚宗教。

进一步说，正如孔子所传授的忠诚之教，使人们在国家方面感受到民族的永生，同样，儒教所宣传的祖先崇拜，又使人们在家庭中体认到族类的不朽。事实上，中国的祖先崇拜与其说是建立在对来世的信仰之上，不如说是建立在对族类不朽的信仰之上。当一个中国人临死的时候，他并不是靠相信还有来生而得到安慰，而是相信他的子子孙孙都将记住他、思念他、热爱他，直到永远。在中国人的想象中，死亡就仿佛是将要开始的一次极漫长的旅行，在幽冥之中或许还有与亲人重逢的"可能"。因此，儒教中的祖先崇拜和忠诚之道，使中国人民在活着的时候得到了生存的永恒感，而当他们面临死亡时，又由此得到了慰藉。在其他国家中，这种对大众的慰藉则是来自信仰来世的宗教。中国人民对祖先的崇拜与对皇帝的效忠具有同等重要的意义，原因正在于此。孟子说："不孝有三，无后为大。"因此，反映在国家宗教之中的孔子的教化体系，其实只包含了两项内容：对皇帝尽忠、对父母尽孝——即中国人的忠孝。事实上，在中国的儒教或国家宗教之中，有三项最基本的信仰，在中国被称之为三纲。按照重要性其排列的顺序依次是：首先，绝对效忠于皇帝；其次，孝顺父母、崇拜祖先；第三，婚姻神圣、妻子绝对服从丈夫。三纲中的后两项，在我所说过的家庭宗教、或称之为孔子之前的旧约教制度中，就已经具有相同的内容。但是三纲之首——绝对效忠于皇帝，则是由孔子首次阐发，并规定于他所创立的国家宗教即新约教制度之中的。这儒教中的第一信条——绝对效忠于皇帝——取代了并且等同于其他任何宗教中的第一信条——对上帝的信仰。正因为儒教之中有了这种相当于信仰上帝的内容，所以它能够取代宗教，使中国人民甚至是普通群众，也没有感到有宗教存在的必要。

但是现在你或许会问，通过对上帝的信仰，利用上帝的权威，可以使人们服从并遵守宗教的道德规范。而没有了对上帝的信仰，只是绝对地效忠皇帝，又怎么能够使人们、使普通民众服从并遵守孔子所传授的道德规范呢？在回答这个问题之前，请允许我首先指出你们有一个极大的误解，即认为使人们遵从道德规范的约束力是来自于上帝的权威。我告诉你们，在欧洲，神圣不可侵犯的婚姻要由教会来认可，教会则声称约束婚姻的权威力量来自于上帝，但我说这只是一个表面现象。正如我们在所有没有教会宗教的国家所看到的那样，神圣婚姻的内在约束力，其实是男人和女人自身的荣誉感、廉耻感和君子法。因此，使人们遵从道德规范的真正权威，乃是人们的道德感、是君子之道。所以我说，信仰上帝并非人们遵守道德规范的必要条件。

正是这样一个事实，使得上个世纪的怀疑论者伏尔泰和汤姆·潘恩，以及当代的理性主义者海勒姆·马克希姆①先生竟然指责道：对上帝的信仰，是始于宗教创始人并由神父们持续下去的一种欺诈行为。然而，这是一种下流的、荒谬的诽谤。所有伟人，所有富于智慧的人们通常都信仰上帝。孔子也信奉上帝，虽然他很少提及它。甚至像拿破仑这样富于实践经验的智慧过人的豪杰，也同样信奉上帝。正如赞美诗的作者所言："只有傻瓜——思想卑劣、肤浅的人才会在心中说，'根本没有上帝'。"然而，富于智慧的人们，其心中的上帝又通常有别于普通人。他们对上帝的信仰，乃是斯宾诺莎所说的对神圣的宇宙秩序的信仰。孔子曾说："五十而知天命"，即认为五十岁时，人才懂得神圣的宇宙秩序。富于智慧的人们给这种宇宙秩序起了不同的名称：德国哲学家费希特称之为神圣的宇宙观，中国的哲学语言则称之为"道"。但无论它被赋予何种名字，都只是一种关于神圣的宇宙秩序的知识。这种知识使富于智慧的人们认识到，道德法则或"道"属于宇宙秩序的一部分，必须绝对地予以遵守。

因此，虽然信奉上帝不是人们服从道德准则的必要条件，但是信奉上帝对于使人们认识到服从道德准则，却是绝对必不可少的。正是这种对宇宙秩序的认识，使得那些富于智慧的人们服从并遵守了道德准则。孔子说："不知命，无以为君子。"（一个没有天命知识的人，即不懂得神圣的宇宙秩序的人，是无法成为君子的。）而那些不具备如此智慧的大众们，因为无法领会神圣的宇宙秩序，也就不懂得必须遵守道德准则。正如马修·阿诺德所言："道德准则，总是先作为观念被理解，然后才被当作法则去奉行，这只有在圣贤那里才能做到。而大众既无理解道德准则的智力，亦无遵守道德准则的能力。"由于这个原因，柏拉图、亚里士多德以及赫伯特·斯宾塞所宣传的哲学和道德学说，才只对学者具有意义和价值。

但是，宗教的价值和意义则在于，它能够使普通大众服从并严格地遵守道德准则。而宗教又是如何做到这一点的呢？人们想象是由于宗教教人信奉上帝使然。但是，正如我已经说明的那样，这是一个极大的误解。使人们真正服从道德法则或行为准则的权威其实只有一个，那就是

———————————

① 海勒姆·马克希姆（Hiram Maxim，1869—1936），美国著名的制造商和发明家。他曾是消声器的发明人。

人们自身的道德感、即君子之道。孔子曾说过："道也者，不可须臾离也，可离非道也。"基督也说："上帝就在你的心中。"因此，以为使人服从道德法则的力量来自信仰上帝，这是错误的。马丁·路德在《但以理书》的评注中说得不错："上帝不过是人们心中忠诚、信义、希望和慈爱之所在，心中有了忠诚、信义、希望和慈爱，上帝就是真实的，相反，上帝则成为虚幻。"因此，宗教所宣传的上帝，不过是人们心灵的一种寄托和慰藉而已，我称之为一种避难所。路德又说："这种寄托，也即对上帝的信仰，肯定是真实的，否则的话，才必属虚幻。换言之，对上帝的信仰必定是有关上帝的真正知识，一种关于神圣宇宙秩序的真正知识。正如我们所知，此种知识，只有杰出的才智之士才能获得，而普通民众则无法得到。因此，你们所看到的那种由宗教所宣扬的上帝信仰，乃是虚假的，以为它能使芸芸众生服从道德规范，纯属误解。"人们把这种对上帝的信仰（belief），把宗教所教导的对宇宙神圣秩序的信仰，称之为"信念"（faith）和"信任"（trust）是正确的，我则宁愿将其称作避难所。然而，此种避难所，此种宗教所鼓吹的对上帝的信仰尽管虚假，尽管属于一种虚幻之物，但它却的确有助于人们遵从道德准则。因为正如我说过的，这种信仰能给人们、给广大民众带来一种他们生存中所需要的安全感和永恒感。歌德指出，"虔诚，宗教所传导的对上帝的信仰，其本身并不是目的，而只是一种手段，它通过带来一种心性之完美的宁静，以实现文明的最高状态或人类至善至美的境界"。换言之，宗教所传授的上帝信仰，通过给人一种生存的安全感和永生感，使他们平和宁静，给他们带来必要的心灵与性情的平静与祥和，从而使之由此感受到君子之道和他们自身的道德感，这，我再重申一遍，乃是让人们服从道德规范和行为准则的唯一权威。

如果说对上帝的信仰只是有助于人们服从道德法则，那么它得以实现这一点，主要依靠的又是什么呢？靠的是启示、感悟（inspiration）。马修·阿诺德说得对："无论持何种信仰的高贵灵魂，异教徒恩帕多刻勒也好，圣徒保罗也好，都主张启示、感悟的必要性，主张靠激发人生命的灵感来完善道德。"那么，这种启示或人生命的灵感又是什么？

我曾告诉过诸位，孔子整个的教化思想体系或许可以被归纳为一句话：君子之道。孔子称君子之道是个"秘密"。他说："君子之道费而隐。"（君子之道无处不在，但它仍然是一个秘密。）又说："夫妇之愚可以与知焉。……夫妇之不肖，可以能行焉。"（甚至愚夫愚妇亦能够对这个秘密有所了解，他们也能够奉行君子之道。"）同样知道这一秘密的歌德，则把它称之为"公开的秘密"。那么，人类是在何处、又是怎样发现这一秘密的呢？诸位想必还记得，我曾说过，对君子之道的认识始于对夫妻关系的认识。歌德所谓的"公开的秘密"，孔子所说的"君子之道"，首先是被夫妇们发现的。但是，他们又是如何发现了这一秘密——发现孔子的君子之道的呢？

我曾经告诉过诸位，在欧洲语言中，与孔子的君子之道一词最为相近的是道德法则。但是孔子的君子之道与道德法则还是有区别的——我指的是哲学家、伦理学家们的道德法则与宗教家的道德法则之间的差别。为了弄清孔子的君子之道与哲学家、伦理学家的道德法则之间有何差别，让我们首先找出后者与宗教家道德法则之间有何不同来。孔子说："天命之谓性，率性之谓道，修道之谓教。"因此，按孔子的意思，"教"与"道"，即宗教与道德法则之间的差别在于，宗教是提炼过的精纯化且井然有序的道德法则，一种更深刻、更高级的道德规范。

哲学家的道德法则告诉我们，我们必须服从称之为"理性"的人之性①，即人的存在之道。但是，理性通常被理解为一种思维推理的力量，它是人头脑中的一个缓慢的思维过程，可以使我们区别和认知事物的外在形式及其可定义的属性与品质。因此，在道德关系方面，理性也即我们的思维能力，它只能帮助我们认识是非或公正的那些可以名状的特征，比如习俗惯例、德行等，它们被正确地称之为外在的行为方式和死板的形式，即躯壳；至于是非或公正的那些无法名状的、活生生的绝对的本质，或者说公正的生命与灵魂，单是理性——我们的思维能力是无能为力的。因此，老子说："道可道，非常道；名可名，非常名。"道德学家的道德法则告诉我们：我们必须服从人之性，人的存在法则，即服从我们的良心。然而正如希伯来《圣经》中的圣人所言："人心充满着各种欲念。"因此，当我们把良心视作人之性而加以服从时，我们易于服从的往往并非我称之为"公正"的灵魂、公正那无法名状的绝对本质，而恰恰是充满欲念的人心。

换言之，宗教教我们服从的人之性，是我们必须服从的人之真性，即人真正的存在之道。这种本性既不是圣·保罗所说的世俗或肉体之

---

① 这里使用的"the law of our being"，是辜鸿铭对"性"的惯常翻译法，可见其前文对"天命之谓性"的译文："the ordinance of god is what we call the law of our being"，也可见其《中庸》英文译本。

性，亦非奥古斯特·孔德的著名弟子利特尔（Littre）先生所说的人类
自我保护和繁衍的本性。这种人之真性是圣·保罗所说的灵魂之性，也
就是孔子所言的君子之道。简言之，宗教告诉我们必须服从自己的真正
本性，这个本性就是基督所说的我们心中的天国。由是我们就可以理
解，正如孔子所言的，宗教是一种精致的、精神化的条理清晰的道德法
则，是比哲学家和道德学家的道德法更深更高的标准。因此基督说：
"除非你比法律学家和法利赛人（即哲学家和道德学家）更为正直（或
道德），否则你根本进不了天国。"①

　　与宗教一样，孔子的君子之道也是一种精纯有序的、比哲学家和伦
理家的道德法更为深刻、更为高级的法则。哲学家和道德学家的道德法
要求我们必须服从人的存在之道，哲学家将其称之为"理性"，道德学
家则称之为"良心"。像宗教一样，孔子的君子之道也要求我们服从自
己真正的本性，遵从人之为人的存在之道——但绝非庸众身上的粗俗、
卑劣之性及其生存法则，它是爱默生所说的一种至诚的灵魂之性及其存
在之道。事实上，要懂得何为君子之道，我们就必须首先成为一个君
子，具备爱默生所说的至纯至诚的灵魂之性，并且进一步发挥自身的这
一天性。因此孔子说："人能弘道，非道弘人。"

　　然而孔子还说过：如果我们学习并试图拥有君子的优雅情趣和得体
的举止，那么我们就可以理解何为君子之道。中国人的"礼"在孔子的
学说中有着各式各样的含义：它可以是礼仪、礼节和礼貌等，但这个字
最好的译法还是"good taste"（文雅、得体、有礼）。当被运用于道德
行为的时候，礼指的就是欧洲语言里的"the sense of honour"（荣誉
感、名分意识、廉耻心）。事实上，孔子的君子之道不是别的，正是一
种名分意识、荣誉感和廉耻感。它不像哲学家和伦理学家的道德律令，
是关于正确与谬误的形式或程式化之枯燥的、没有生命力的僵死知识，
而是像基督教《圣经》中的"正义"一样，是一种对是非或公正那无法
名状的绝对本质之直觉与洞察，对被称为名分、荣誉（honour）的公正
之生命与灵魂的直觉与洞察，这是一种本能的、活生生的感知与洞察。

　　下面，我们能回答这样一个问题了，即首先确定夫妻关系的男女是
如何发现那个秘密———歌德所说的"（公开的）秘密"，孔子的"君子

---

　　① 法利赛人是古犹太教一个派别的成员，墨守传统礼仪，基督教《圣经》称其为拘泥
于形式的、言行不一的伪善者。

之道"的？他们能够发现君子之道，是因为他们具备了君子高雅的情趣和得体的举止，应用在道德行为上即是荣誉和廉耻感。这使得他们能够明辨是非，能够把握公正的生命与灵魂，也就是名分、荣誉那无法名状的绝对本质。但是，又是什么使他们被赋予这种美好的情趣、得体的举止或荣誉感与廉耻感的呢？茹伯（Joubert）的一句妙言可以对此做出解释。他说："一个人除非爱邻居，否则不能公正地对待邻居。"由此可见，是爱，使人们明白孔子的君子之道——可以这么说，正是男女之爱产生了君子之道，人类也因此不仅建立社会和文明，而且创建宗教——去找上帝。你现在可以理解歌德借浮士德①之口而做出的那一忠实自白了。它是以这样两句开头的：

> 我们的头上难道不是茫茫的苍天？
> 我们的脚下岂非坚实可靠的大地？

　　我曾经告诉诸位，并不是宗教所传导的上帝信仰促使人去遵守道德规范。真正使人服从道德规范的乃是宗教所诉诸的君子之道——我们内心的天国。因此，宗教真正的生命所在是君子之道。反之，对上帝的信仰，以及宗教所规定的各种道德法则都只是宗教的外在形式。宗教的生命与灵魂是君子之道，君子之道由爱而生。人类首先从男女之间学到了爱，但人类之爱却并不仅限于男女之爱，它包括了人类所有纯真的感情，这里既有父母与孩子之间的那种亲情，也含有人类对于万事万物所抱有的慈爱、怜悯、同情和仁义之心。事实上，人类所有纯真的情感均可以容纳在一个中国字中，这就是"仁"。在欧洲语言中，古老的基督教术语中的神性（godliness）一词与"仁"的意义最接近。因为"仁"是人所具有的一种神圣的、超凡的品质。在现代术语中，"仁"相当于仁慈、人类之爱，或简称爱。简言之，宗教的灵魂、宗教启示和感化力的源泉便来自于这个中国字"仁"，来自爱—— 不管你如何称呼它，在这个世界上，这种爱最初是起自夫妇。宗教的启示和感化力就在于此，这也是宗教中的至上之德。正如我曾说过的那样，宗教正是据此使人服从道德规范或者说是服从"道"（它构成神圣的宇宙秩序的一部分）。孔子说："君子之道，造端乎夫妇，及其至也，察乎天地。"（君子之道始于夫妻关系，将其推到极致，君子之道就支配了天地万物——即整个宇宙。）

---

　　① 浮士德，歌德著名诗剧《浮士德》中的主人公。

现在，我们已经在宗教之中发现启示、灵感、活的情感（the inspiration, the living emotion）。但是，这种启示、感化与活的情感却并非仅存于宗教之中——我指的是教会宗教。每一位曾感受过那种冲动、那种激发自己克服自私自利或恐惧以使自己服从道德行为法则冲动的人，都能够了解这种启示与活的情感。事实上，凡是为责任感和荣誉感所推动而不是为任何自私或恐惧的动机所驱使的行为中，也都存在着这种圣启与活的情感。在我看来，这种活的情感虽并非宗教才有，但宗教的可贵之处却正在于拥有这种情感。世界上所有伟大宗教的创始者之所以能够使教义留传后世，原因就在于此。而这一点也正是哲学家和伦理学家的道德说教所无法企及的。正如马修·阿诺德所说："宗教照亮了道德法则，从而使人易于遵循。"但是，这种启示、感染和活泼泼的激情，在所有的文学巨匠、特别是诗人的作品中，也都同样存在。例如，在我曾引述过的歌德的作品中就有。不过不幸的是，这些伟大的作品却无法对大众产生影响，因为文学巨匠们所使用的是受过教育者的语言，这是大众所无法理解的。世界上所有伟大宗教的创始人，大多没有受过教育，他们讲着平民百姓所喜闻乐见的、朴素明了的语言，从而赢得了大众的爱戴。因此，所有伟大的宗教，其真正价值正在于能够把启示、感化力或活泼泼的热情传达给大众。为了弄懂宗教是如何具有了这种感染力或活泼情感的，我们首先要考察一下宗教是如何产生的。

正如我们所知，世界上所有伟大宗教的创始者，都是具有异常强烈的情感天性的人。这使得他们感受到一种强烈的爱或称为人类之爱，我说过，这种爱使宗教具有了圣启和感化之力，它是宗教的灵魂。这种强烈的情感，这种爱的情愫或人类爱心，使人们发现了我所说的是非或公正以及他们称之为"义"的公正之魂那难以确定的绝对本质。这种对公正之绝对本质的生动把握，使他们能够洞悉是非法则与道德法则的统一体。由于他们都是一些有着强烈情感的特殊人物，所以又不乏丰富的想象力。这种非凡的想象力使得他们在不知不觉之中，把这种道德法则的统一体人格化为一种全能的、超自然的存在。他们将此种超自然的全能存在，此种想象中的道德法则的人格化统一体，名之为上帝。他们还坚信，自己所感受到的那种强烈的爱或称人类爱心，也是来自于上帝。于是，圣启和活泼泼的情感就这样进入了宗教。这种圣启照亮了宗教里的道德行为法则，打动了大众，为他们沿着道德行为的笔直而有限的道路前行提供了激情和动力。然而，宗教的价值还不仅在于此。宗教的价值还在于，它拥有一种能够唤醒、激发、鼓舞这种情感的组织，从而使人们感到有必要服从道德法则。在世界所有伟大的宗教中，这个组织被称之为教会。

许多人相信，建立教会是为了教人信仰上帝，此乃大错。现代基督教会的这一大错，已使得像弗劳德①这样诚实的先生对之感到厌恶。他说："我曾在英国的教会听过上百次布道，但所听到的要么是关于信仰的秘密，要么是神父们的使命和使徒相传的统绪等等，但是，我从不记得有一次听到过教会宣讲普通的诚实、那些最基本的戒律，如'不要说谎'，'不要偷窃'。"对于弗劳德先生的看法，我完全尊重。不过有一点，我却不敢苟同。毫无疑问，建立教会的目的是为了使人从善、使人遵从道德准则，如"不要说谎"、"不要偷窃"。但是，世界上所有的伟大宗教之教会，其真正的功能并不是宣讲道德，而是传播宗教。正如我曾说过的那样，"不要说谎"、"不要偷窃"之类的戒律只是一些僵死的、古板的准则，教会则需要以一种圣启、一种活的情感去打动人心，使人们易于遵从这些准则。换言之，世界上所有伟大宗教的教会，都只是一种组织，以它的启示、感化力和活的情感去激发和唤醒人们，使之遵从道德法则。但是，教会又是如何做到这一切的呢？

众所周知，世界上所有伟大宗教的建立者不仅赋予他所传授的道德法以圣启或活的情感，而且还鼓励其嫡传门徒以一种无限的崇拜、敬爱、和狂热的情感来对待他自身及其品德。当伟大的宗教创始者死后，其忠实门徒为了将这种对他的无限崇拜、敬爱和狂热的情感保持下去，于是就要建立教会。世界上所有伟大宗教的教会之起源，无不如此。教会唤起和点燃人心所必需的启示与活泼的热情，让人遵守道德行为准则，其途径就在于保持、激发和唤起教徒们对首任教主的人身和品格的无限赞佩、爱戴和狂热。人们不仅正确地把对上帝的信仰，而且把对宗教的信仰都称之为一种信念、一种信任。那么，被信任者是谁呢？就是他们所崇仰的宗教创始人——在伊斯兰教中，他被称之为先知；在基督教中，他名为耶稣基督。如果你问一个虔诚的伊斯兰教徒为什么要相信上帝并服从道德法则？他会正确地回答你："因为我相信教中的先知。"如果你问一个虔诚的基督徒："为什么要相信上帝并服从道德法则？"他

---

① 弗劳德（James Anthony Froude，1818—1894），英国历史学家和作家。卡莱尔的友人和思想的信徒，也是卡莱尔遗嘱指定的处理其文学遗著者之一。曾发表卡莱尔的《回忆》，著有《信仰的因果》、《托马斯·卡莱尔——他的一生的前四十年》等。

也会正确地答以因为爱戴耶稣。这样你就可以懂得，所谓信仰先知、爱戴耶稣，事实上都只是一种感情，是一种像我曾说过的教徒对首任教主无限的、狂热的崇拜。教会则不断地激发这种感情，使之代代相传。世界上所有伟大的宗教所以能够使大众服从道德行为准则，其真正的力量、其感化力的源泉正是这种情感和热忱。①

讲完这一段长篇大论之后，现在我可以回答你们刚才的问题了。你们问我，如果没有了对上帝的信仰，那么又如何让人服从孔子国家宗教中的道德法则——绝对效忠于皇帝呢？我已经向诸位阐明，使人服从道德法则的力量，并非直接来自宗教所宣传的那种对上帝的信仰。宗教能够使人服从道德法则，依靠的是一种名为教会的组织，通过教会激发、唤起人们遵守道德法则所必需的那种圣启或活泼的热情。为回答诸位的问题，接下来我将向你们介绍一下被称为儒教的孔子教育思想体系。儒教是中国的国家宗教，相当于其他国家的教会宗教。儒教使人服从道德法则，也利用了一种相当于教会的组织。在中国的儒教里，这个组织就是学校。在中国，学校就是孔子国家宗教里的教会。正如你们所知，在中文里，宗教与教育所用的是同一个"教"字。事实上，正如教会在中国就是学校一样，中国的宗教也有教育之义。与现代欧美的学校不同，中国学校的教育目的与目标不是教人如何谋生、赚钱，而是像教会宗教那样，传授一些诸如弗劳德先生所说的通常简单的训诫，如"不要说谎"、"不要偷窃"。实质上，中国的学校是以教人明辨是非、成为好人为目标。约翰逊博士说："不论是为行动做准备还是为交谈做准备，也不论是出于实用的目的还是愉悦的目的，我们首先需要掌握的乃是关于是非对错的宗教与道德知识；其次，则需要熟知人类历史以及那些可以被用来切实表现真理、具体证明合理看法的那些事例。"

然而，我们已经知道，教会宗教能够使人们服从道德行为法则，靠的是激发和点燃人们心中的热情，即教徒对宗教创始人的无限赞佩、爱戴和狂热崇拜。不过，中国的学校——孔子国家宗教里的教会，它与其他国家宗教中的教会相比又有所不同。学校——中国国教里的教会，虽也是通过唤醒和点燃人们的热情，使之服从道德行为法则的——这同其他宗教里的教会并无两样，但是，中国学校所借以唤醒那份活的情感的

---

① 孟子讲到中国历史上两个最纯洁和最具基督德性的人时说到："故闻伯夷之风者，顽夫廉，懦夫有立志。"《孟子·万章下》卷十）——原注

方法，却与宗教的教会有所区别。在中国，学校——孔子国家宗教的教会，它不是靠激励和唤起对孔子个人无限的崇仰、爱戴与狂热的情感来启示或激发人们的热情。的确，孔子生前也曾激起其嫡传弟子对他无限敬仰、爱戴和热烈崇拜的情感。他死后，也曾在那些研究和了解他的伟大人物之中激发起同样的情感，但无论是生前还是死后，孔子都没有像世界上其他伟大宗教的创始者那样，在人类大众、芸芸众生中激发过同等的崇拜、热爱和狂热的情感。中国广大民众对孔子的尊奉，有别于伊斯兰国家的百姓对穆罕默德的崇拜、也不同于欧洲的民众对耶稣的崇拜。就此而言，孔子不属于宗教创始者那一类人。要成为欧洲意义上的宗教创始者，一个人必须有着异乎寻常的、甚至强烈到变态的情感天性。孔子的确是中国商王朝贵族的后裔，这个王朝在孔子生活的时代之前统治中国。商族人有着情感强烈的天性，就像希伯来人一样。但是，孔子本人又生活在周王朝时期，而周族人，那个曾出过周公（我说过，他是早期儒教的建立者，或者说是中国旧约教的真正代表）的种族，却拥有着希腊人优良的理智天性。因此，如果要做一个类比，可以说孔子生来具有着希伯来人的出身，他遗传了一副强烈的情感天性，又受到了最好的理智文化的训育，因此具有希腊文明中最杰出的理智文化所赋予的一切优长。事实上，现代欧洲像伟大的歌德这样的人，迟早会被欧洲人民视为完美的人格楷模，视为欧洲文明所孕育出的"真正的欧洲人"的，因为孔子早已被中国人公认为一个有着最完善人格的典型，一个诞生在中国文明中的"真正的中国人"了。同歌德一样，孔子具有太高的文化素养，所以不属于宗教创始者那一类。实际上，孔子生前除了最亲密的弟子之外，他鲜为人所了解。

我认为，中国的学校——儒家的中国国家宗教中的教会，并不是通过激发人们对孔子的崇拜、爱戴和狂热的情感，来唤起和点燃人们心中活泼的热情，从而使人服从道德行为准则的。那么，中国的学校又是如何激发人们心中活的情感、使之服从道德行为法则的呢？孔子说："在教育过程中，是以《诗》进行情感教育，以《礼》进行是非教育，以《乐》完善人的品性。"（兴于诗，立于礼，成于乐。）学校——中国国家宗教中的教会，通过教人以诗文，唤醒和激发人心中那活泼的情感，使之服从道德行为法则。事实上，正如我曾说过的，所有伟大的文学作品，也都具有像宗教道德准则所具有的那种圣启和情感力量。马修·阿诺德在谈及荷马和他的史诗所表现出来的高雅品质时说："荷马史诗以及不多的文学巨人之高尚品质，可以令蛮野生番变得高雅起来、促其脱胎换骨。"实际上，在学校——中国国家宗教的教会里面，无论什么东西，只要是真实的、公正的、纯洁的、可爱的、被人传颂的，只要其中有美德和值得赞赏之处，学校就会让学生去思考，通过思考这些美好事物，唤醒和激发出人们心中活泼泼的情感，从而使之自觉地遵守道德法则。

然而，我曾告诉过诸位，文学巨人的真正杰作，像《荷马史诗》，其影响力并不能达及普通民众。因为这些文学巨人使用的是受过教育者的语言，这种语言是普通大众所无法理解的。那么既然如此，儒教——中国的国教，又是如何唤醒和点燃大众的热情而使之服从道德准则的呢？我曾说过，在中国国教中，学校相当于其他国家宗教里的教会。但更准确地说，在中国的国家宗教里，相当于其他宗教里的教会组织的，乃是家庭。在中国，孔子国家宗教的真正教会是家庭，学校只不过是它的附属之物而已。有着祖先牌位的家庭，在每个村庄或城镇都散布着祖先祠堂或庙宇的家庭，才是国家宗教的真正教会。我曾经指出：世界上所有伟大的宗教之所以能够使人服从道德法则，是因为它能够激发起人们对创始人无限的崇拜、爱戴和狂热的情感。而教会则又不断保持这种崇拜的热情，使之世代延续下去。但是中国则有所不同。孔子的国家宗教能够使人服从道德法则，但这一宗教的真正力量，其圣启和感化力的源泉，却来自于人们对父母的敬爱。基督教的教会教导人们："要热爱上帝。"中国国家宗教的教会——供着祖先牌位的家庭则教导人们："要敬爱父母。"圣·保罗说："让每个人以基督的名义起誓：永离不义"。而写成于汉代的那本《孝经》（类似于西方《基督形象》）一书的作者却说："让每一位热爱自己父母的人远离不义。"一言以蔽之，基督教、教会宗教真正的本质、动力，其圣启和感化力的源泉，在于对上帝的热爱。然而儒教，中国的国家宗教，其本质、动力、启示和感化力的源泉，则来自对父母的敬爱——孝顺、一种伴随着祖先崇拜祭仪的纯孝。

孔子说："践其位，行其礼，奏其乐，敬其所尊，爱其所亲，事死如事生，事亡如事存，孝之至也。"又说："慎终追远，民德归厚矣。"儒教、中国的国家宗教，之所以能够打动人心，使之服从它的法则，原因就在于此。在儒教的各种法则之中，最高、最重要的法则，就是对君王的绝对效忠，就像世界上所有宗教均以敬畏上帝为最重要的、至高无上的法则一样。换言之，教会宗教——基督教告诫说："敬畏上帝并服从它。"孔子的国家宗教——儒教却告诫说："尊崇君王并效忠他。"基督教说："如果你想要敬畏上帝并服从它，你就必须先爱基督。"儒教则说："如果你想要尊敬君王并忠于他，你就必须先爱父母。"

现在我已经说明了自孔子以来的两千五百年的时间里，中国人为什么没有发生心灵与头脑的冲突的原因，那就是中国的普通百姓感到不需要宗教——我指的是欧洲意义上的宗教。中国人不需要宗教，是由于儒教之中的某些内容可以取代宗教。这就是孔子在其国家宗教中所传授的绝对的忠君原则，即荣誉法典，又称之为名分大义。所以我曾这样说过：孔子对中国人民最伟大的贡献，就是在国家宗教中宣讲并给予了中国人这个绝对的忠君原则。

我认为有必要就孔子及其对中华民族的贡献再谈一些看法，因为这与我们现在讨论的问题——中国人的精神密切相关。我希望通过这次演说能够使诸位了解，一个中国人，特别是一个受过教育的中国人，如果他背叛了荣誉法典，抛弃了忠君之道，即孔子国家宗教中的名分大义，那么，他就丧失了民族精神和种族精神，这样一个中国人就不再是一个真正的中国人了。

最后，让我再简要地概括一下我们所讨论的主题——中国人的精神或什么是真正的中国人。我已经向诸位阐明，真正的中国人是有着成年人的理智而又童心未泯的这样一种人；中国人的精神是心灵与理智完美和谐的产物。如果你考察一下中国文学艺术典范作品中的那种中国人的精神产品，你就会发现，正是这种心灵与理智美妙的和谐体，使得他们感到多么的愉悦和满足。马修·阿诺德对《荷马史诗》的一番评价，也极适合于中国所有的典范文学："它不仅具有一种伏尔泰的作品所难以企及的撼人心魄、触及灵魂的力量，而且还能用一切伏尔泰所具有的令人钦佩的质朴和理性来表述思想、阐述见解。"

马修·阿诺德把希腊最优秀诗人的诗歌称为富于想象理性的女祭司。而中国人民的精神，正如在最优秀的中国文艺典范作品中所见到的那样，正是马修·阿诺德所说的富于想象的理性。马修·阿诺德说："近世异教徒的诗歌有赖于感觉和理解，中世纪基督徒的诗歌有赖于心灵与想象。而现代精神生活的主要成分、今日欧洲人的现代精神，则既不是感觉和理解，也不是心灵与想象，它是一种富于想象的理性（imaginative reason）。"

今日欧洲人现代精神的核心是一种富于想象的理性，如果马修·阿

诺德的这种说法属实，那么你就可以晓得，中国人的精神——即马修·
阿诺德所说的富于想象的理性，对于欧洲人来说是何等的可贵！它是何
等的珍贵、何等的重要，诸位应该研究它，并试着去理解它、热爱它，
而不应该忽略它、蔑视它并试图毁灭它。

　　在结束演讲之前，我想给诸位一个提醒。我要告诫诸位，当你们思
考我所试图解释的中国人的精神这一问题时，应该记住，它不是像勒拉
瓦茨基夫人①或贝赞特夫人②的接神论或主义那样的科学、哲学、神学
或任何"主义"。中国人的精神甚至也不是你们所说的大脑活动的产物。
我要告诉你们，中国人的精神是一种心灵状态、一种灵魂趋向，你无法
像学习速记或世界语那样去学会它——简言之，它是一种心境，或用诗
人的语言来说，一种恬静如沐天恩的神圣心境。

　　最后，请允许我在这里引用几句最具中国味道的英国诗人华兹华斯
的诗句，它在描述中国人精神中恬静、如沐天恩的神圣心境方面，比我
已经说过的或所能说的都要贴切。这几行诗句展示给你们的，是中国类
型的人那心灵与理性的绝妙谐和体，是恬静的、如沐天恩的神圣心境所
赋予真正的中国人那难以言表的温文尔雅。华兹华斯在他关于廷腾
（Tintern）修道院的那首诗中写道：

　　　　我同样深信，是这些自然景物
　　　　给了我一份更其崇高的厚礼——
　　　　一种欣幸的、如沐天恩的心境；
　　　　在此心境里，人生之谜的重负，
　　　　幽晦难明的世界的如磐重压，
　　　　都趋于轻缓；在此安恬心境里，
　　　　慈爱与温情为我们循循引路——
　　　　直到这皮囊仿佛中止了呼吸，
　　　　周身的血液仿佛不再流转，

---

　　①　勒拉瓦茨基夫人（E. P. Blavatsky，1831—1891），俄国人。1875 年 11 月 17 日在纽约
创立了接神论协会。1877 年发表了《司殖女神的真面目》，其中包括关于人类和宗教发展的惊
人理论。它立即引起了广泛的注意和评论。1891 年，她在世界各地已拥有近十万信徒。同年 5
月 8 日，她死的日子被信徒定为白莲节。
　　②　贝赞特夫人（Annie Besant，1847—1933），英国接神论者。曾经是一个热忱的自由
思想者，后来思想日渐趋向于社会主义。1889 年，她又突然加入了接神论协会，变成勒拉瓦
茨基夫人的忠实信徒，充分地投身于印度的事业。1907 年当选为接神论协会主席。又创立了
印度自治联盟，1916 年任该联盟主席。1917 年，她还当选为印度国大党的主席。

　　　躯壳已昏昏入睡，我们成了
　　　翩跹的灵魂；万象的和谐与愉悦
　　　以其深厚力量，赋予我们
　　　安详静穆的眼光，凭此，才得以
　　　洞察物象的生命。①

　　这种能使我们洞悉物象内在生命的安详恬静、如沐天恩的神圣心境（the serene and blessed mood）② 便是富于想象力的理性，便是中国人的精神。

中国妇女

　　马修·阿诺德在谈起一场下院辩论里援引《圣经》里的论据，要求支持准许男人娶他已故妻子姊妹的法案时说道："如有人真正考虑此事，谁会相信，当女性、女性理想以及我们与她们的关系成为问题时，印欧族人，那曾造就过女神缪斯、骑士制度和圣母玛利亚的优雅而敏悟的天才们，却要到那闪族人——那最智慧的国王娶有七百妻、纳有三百妾的闪米特族人的风俗制度中，去寻找问题的最终答案呢？"

　　为了说明我的问题，我要从上述这段冗长引文里借用"feminine ideal"（女性理想）这两个词。那么，什么是中国人的"女性理想"？中国妇女的女性理想以及她们与这种理想之间的关系又如何？在做进一步阐述之前，我却要在此指出，尽管我尊重马修·阿诺德的意见，敬重他所在的印欧种族，但闪米特人、古希伯来人的女性理想，却并不像我们从阿诺德所提到的其最智慧的国王娶有七百妻、纳有三百妾的事实所据以推断的那样可怕和恐怖。关于古希伯来的女性理想，我们可以从其文学作品中得见一斑："谁能找到这样一个德行出众的妇人呢？她的价值远过红色宝石。丈夫对她完全放心、信任。天未亮她就起床忙碌，为家人做好早餐并给闺女们特备一份。她纺纱织布，经常手不辞纺锤，指不

────────────

　　① 译诗采自杨德豫译：《华兹华斯诗选·廷滕寺》，特此致谢。另可参见王佐良译：《英国诗选·丁登寺旁》。

　　② 王佐良先生译为："恬静的幸福的心情"。

离纱杆。下雪了她也不必替家人担心，因为家人都穿得漂亮暖和。她出言巧慧，柔声细语、和善可亲。她精心地照管一家而不吃闲饭。她的孩子起床就向她祝福，她的丈夫也是如此，并对她赞不绝口。"

我想，闪米特人的这种理想女性，总还不至于是那么可怕、那么糟糕吧。当然，她是比不上印欧种族的女神玛利亚和缪斯那样优雅脱俗。但有一点必须承认——玛利亚和缪斯作为偶像挂在人的房间里尽管美妙绝伦，假如你递给她一把扫帚，或是把可爱的玛利亚送进厨房，那么你的房间准会灰尘满地，次日早晨也绝对没有半点早餐可用的。孔子曰："道不远人，人之为道而远人，不可以为道。"（《中庸》）我想，希伯来的理想女性即便不能与玛利亚和缪斯相比，同现代欧洲人的理想女性、那现今欧美的印欧种族之理想女性，却很可以比一比。我不想谈论英格兰的那些妇女参政论者。我们可以对比一下古希伯来人的理想女性，同现代欧洲小说中的女主人公如小仲马笔下的茶花女子(Dame aux Camelias)。顺便说一下，人们有兴趣不妨了解这样一个事实，即在所有译成中文的欧洲文学作品中，小仲马的这部将污秽堕落的女人视作超级理想女性的小说，在目前赶时髦的现代式中国最为卖座，获得了极大的成功。这本名为《茶花女》的法国小说的中文译本，甚至已被改编为戏剧，风行于中国大江南北的各剧院舞台。现在，如果你将闪米特种族的古代理想女性，那为了家人不怕雪冻、一心只要家人穿得体面的女性，同今日欧洲印欧种族的理想女性，那个没有家人、因而用不着关心家人的衣着，而自己却打扮得华贵体面，且最后胸前放一朵茶花腐烂而终的茶花女相比：那么你就会懂得什么是真实的，什么是虚伪的和华而不实的文明。

不仅如此，即使你把古希伯来人的理想女性，那手不辞纺锤、指不离纱杆，那勤于家务、从不吃闲饭的妇人，同现代赶时髦的中国妇女，那指不辞钢琴、手不离鲜花，穿着黄色贴身衣、满头遍挂镶金饰，到中国基督教青年会①大厅里，站在乱七八糟的人群前面骚首弄唱的女人相比：假如你比较这两种理想女性，那你就会明白，现代中国离开真正的文明是多么迅速和遥远了。因为一个民族中的女性正是该民族的文明之花，是表明该民族文明状态和程度的象征之花。

---

① 1915年版中，此处原为"孔教会"（the Confucian Association），1922年重版时，改为"中国基督教青年会"（the Y. M. C. A.）。当不无其深意。后面还有一处，不另注明。

　　现在，我们还是回到原来的问题上来：中国的理想女性到底是什么？我的回答是，它与我上面所讲的古希伯来人的理想女性本质上一样，但又有一个重要的区别。它们的相同点在于，两种理想女性都既不是仅挂在屋子里的一具偶像，也不是男人终日拥抱和崇拜的对象。中国的理想女性就是一个手拿扫帚打扫和保持房子清洁的妇人。事实上，中国的"婦"字，本来就由一个"女"和一个"帚"两部分构成。古代中国人把妇女称作一个固定房子的主人——厨房的主人（主中馈），毫无疑问，这种真正的女性理想——一切具有真正而非华而不实文明的人们心中的女性理想，无论是希伯来人，还是古希腊和罗马人，本质上都与中国人的女性理想一样：即真正的理想女性总为家庭之主妇（hausfrau，the house wife，la dame de menage or chatelaine）。①

　　下面，让我们讲得更为详细些。中国人的女性理想，从远古时代留传下来，就一直被概括在"三从"和"四德"里。那么何为"四德"呢？它们是：首为"女德"，次为"女言"，三为"女容"，最后为"女工"。"女德"并不意味着特别有才智，而是要求谦恭、腼腆、殷勤快活、纯洁坚贞、整洁干净，有无可指摘的品行和完美无缺的举止；"女言"的意思是指不要求妇人有雄辩的口才或才华横溢的谈吐，不过要言辞谨慎，不能使用粗鲁的语言，并晓得什么时候当讲，什么时候该住嘴；"女容"意味着不必要求太漂亮或太美丽的容貌，但必须收拾得整齐干净、穿着打扮恰到好处，不能让人背后指指点点；最后，"女工"意味着不要求妇人有什么专门的技能，只要求她们勤快而专心致志于纺织，不把时间浪费在嬉笑之上。要做好厨房里的事，把厨房收拾干净，并准备好食物。家里来了客人时尤应如此。这些都是汉朝伟大的史学家班固之妹曹大家或曹女士写在《女诫》中的、对妇女言行的四条根本要求。

　　那么什么又是中国妇道中的"三从"呢？所谓"三从"，实际上指的是三种无私的牺牲或"为他人而活"。也就是说，当她尚未婚配时，要为她父亲活着（在家从父），当她结婚后，要为其丈夫活着（出嫁从夫），而当她成为寡妇时，又必须为孩子活着（夫死从子）。事实上，在中国，一个妇人的主要生活目标，不是为她自己而活，或者为社会而

---

　　① "Hausfrau"，"La dame de menage or chatelaine"，前者德文，后者法文，都是"管家务的女人"即家庭主妇之意。

活；不是去做什么改良者或者什么女子天足会的会长；甚至不是去做什么圣徒或在世上行慈善；在中国，一个妇人的主要生活目标就是做一个好女儿、一个好妻子和一个好母亲。

我的朋友、一个外国太太曾写信问我，中国人是否真的像穆斯林一样，相信妇人是没有灵魂的？我回信告诉她说，我们中国人并不认为妇女没有灵魂，我们只是认为一个妇人——一位真正的中国妇人是没有自我、不自私的。谈起中国妇人的这种"无我"，使得我非要在一个非常难的问题上多说几句——这个问题不仅难，我恐怕要使那些受过现代欧洲教育的人们明白它几乎是不可能的，这就是中国的纳妾制。我担心这个纳妾问题不仅难谈，而且在公开场合讨论它还是挺危险的。但是，正如一首英国诗所说的："傻瓜冲进了连天使都畏惧不前的地方"。在此我将尽最大努力去解释为什么在中国纳妾并不是像通常人们所想象的那样是一个不道德的风俗。

关于这个纳妾问题，我要讲的第一件事，正是中国妇女的那种无私无我，它使得纳妾在中国不仅成为可能，而且并非不道德。在做进一步阐述之前，请让我说明一下，在中国，纳妾并不意味着娶许多妻子。按照中国的法律，一个男人是只能娶一个妻子的，但他却可以纳许多妾或丫头，只要他乐意。在日本，一个侍女或妾被称作"te-kaki"（一个手靠）、"me-kaki"（一个眼靠）——这就是说，当你累了的时候，手有所触摸，眼有所寄托。我说过，在中国，理想女性并不要求一个男人终其一生去拥抱她和崇拜她，而恰恰是她自己要纯粹地、无私地为丈夫活着。因此，当她丈夫病了或因操劳过度、身心疲惫，需要一个手靠、一个眼靠，使他得以恢复健康去适应生活和工作时，"无我"的妻子便给予他这一切。这就好比在欧美，一个好妻子当丈夫病了或急需的时候，适时递给他一把靠椅或一杯山羊奶。事实上，在中国正是妻子的那种无我，她的那种责任感，那种自我牺牲的精神，允许男人们可以有侍女或纳妾。

然而人们会对我说：为什么只是要求妇女无私和做出自我牺牲呢？男人们为什么不？对此，我的回答是，在中国，男人不是没有类似的要求——那些辛辛苦苦支撑家庭的丈夫们，尤其当他是一个士人的时候，他不仅要对他的家庭尽责，还要对他的国王和国家尽责，甚至在对国王和国家服务的过程中，有时还要献出生命：这难道不也是在做牺牲吗？康熙皇帝临终前躺在病床上发出的遗诏中曾说，"直到临终时才知道，在中国做一个皇帝，是一种多么大的牺牲"。

让我在此顺便说一下，这个康熙皇帝，濮兰德和白克好司先生在他们最近出版的著作中，将其描绘成一个身宽体大、孤独而又令人可怖的布瑞根·扬①，并认为他最终正是葬送在一大批妻儿手里。当然，对当代人如濮兰德和白克好司之流来说，纳妾不被视作卑鄙龌龊、令人作呕的东西，倒是不可想象的事情。因为这种人的病态的想象，除了卑鄙、龌龊、令人作呕的东西外，还能指望什么别的东西呢？当然这是题外话。下面我想谈谈每个真正的中国人的生活——上自皇帝，下至人力车夫和厨房帮工——以及每一个真正的妇人，实际上他们过着的都是一种牺牲的生活。在中国，一个妇人的牺牲是为她那被称作丈夫的男人无私地活着；一个男人所做的牺牲是供给和保障他的妻子、他带回家中的女人连同她们可能生下的孩子的所有开销。的确，我常对那些爱谈中国纳妾之不道德的人们说：在我看来，中国的那些纳有群妾的达官贵人们，倒比那些摩托装备的欧洲人，从马路上捡回一个无依无靠的妇人，供其消遣一夜之后，次日凌晨又将其重新抛回在马路上，要更少自私和不道德成分。纳妾的中国官人或许是自私的，但他至少提供了栖身之所，并承担了他所拥有的妇人维持生计的责任。事实上，如果说中国官员是自私的，那么我将说那些摩托装备的欧洲人不仅自私，而且是些懦夫。罗斯金说过，"毫无疑问，一个真正的战士的荣誉，并不是杀了多少敌人，而是愿意并随时准备去献身"。同理，我说，一个妇人的荣誉——在中国，一个真正的妇人，不仅要爱着并忠实于她的丈夫，而且要绝对无私地为她丈夫活着。事实上，这种"无我宗教"就是中国的妇女尤其是淑女或贤妻之道。这正如我在别的地方努力阐明的"忠诚宗教"，即为男人之道——中国的君子之道一样。外国人只有弄懂了这两种"道"或"教"，中国人民的"忠诚宗教"（Religion of Logalty）和"无我宗教"（Religion o Selflessness），他们才能理解真正的中国男人或真正的中国妇女。

然而人们又会问我："爱何在？难道一个爱着妻子的男人，还能够有心去爱同一屋里妻子身旁的其他女人吗？"对此，我的回答是：是的——为什么不能呢？因为一个男人真正爱其妻子，并不意味着他就应该一辈子拜倒在她的脚下去奉承她。衡量一个男人是否真正爱他的妻子

---

① 布瑞根·扬（Brigham Young，1801—1877），美国摩门教领袖。

的尺度，是要看他是否能合情合理地、尽心尽力地去干不仅保护她、而且不伤害她及其感情的事。如今，要带一个陌生女人到家，是一定会伤害妻子及其感情的。然而，在此，我要指出的是：正是这种我所称作的"无我宗教"可以保护妻子免于伤害，正是中国妇女这种绝对的无私无我，使得她在看到丈夫带别的女人进家门的时候，可能不感到伤害。换句话说，在中国，正是妇女的那种无私无我，使她的丈夫能够、或允许丈夫纳妾，同时她却没有受伤害的感觉。

对此，请允许我说明一下：在中国，一个绅士——一个堂堂正正的君子，是从来不会不经其妻子的允许就擅自纳妾的。一个真正的淑女或贤妻，不论何时，只要她丈夫有纳妾的合适理由，她也绝不会不同意的。我就知道许多丈夫人过中年之后，因无后想纳妾，但因妻子不同意而最终打消了念头的。我甚至还得知这样一件事，有个丈夫，他妻子有病，身体很差，但他却不因此作纳妾之想。当妻子催促他赶紧纳妾的时候，他拒绝了。可他的妻子不仅瞒着他为他纳进一妾，还迫使其与妾同房。

事实上，在中国，防止纳妾泛滥，以保护妻子，便是丈夫对妻子的爱。所以，在中国，与其说丈夫因纳妾就不能真正地爱他的妻子，毋宁说正因为他们极其爱他们的妻子，才有纳妾的权利和自由，且不用担心他滥用这种特权和自由。这种特权，这种自由有时常常被滥用，尤其是在像今日这般混乱的中国，男人们的荣誉感廉耻感处于最低下状态的时候。但即使是这种时候，我认为，在男人被允许纳妾的中国，对妻子的保护，仍然是她丈夫对她的爱，一种丈夫之爱，还有，我在此必须补充的是，他的得体——那种真正的中国绅士之高雅完美的情趣。我真怀疑在一千个普通欧美人中，是否有一个能在同一间房里拥有一个以上的女人而不把家变成斗鸡场或地狱的。简而言之，正是这种得体——真正的中国绅士那种高雅完美的情趣，使得丈夫在纳进一个妾，一个手靠、一个眼靠入内室时，他的妻子不感到受伤害的情况成为可能。概括地说——正是那种无我宗教，那种妇女、那种淑女或贤妻的纯粹的无私，那种丈夫对他妻子的爱，还有他的得体——那种真正的中国绅士完美高雅的情趣，正如上文我所说过的，使得纳妾在中国不仅可能，而且并非不道德。孔子曰："君子之道，造端乎夫妇"。

下面，为了使那些可能仍对中国的丈夫们的"真实的爱"持怀疑态度的人们相信，在中国，丈夫们能深深地爱着他们的妻子，我可以从中国的历史和文学作品中举出充分的证据来。在这里，我本十分愿意引用和翻译一首挽歌，它是唐代诗人元稹为悼念亡妻而作的，但遗憾的是这首诗太长了，在已经是过于冗长的拙文里再加引用不太合适。然而，那些熟悉汉语的人，如果想了解那种感情，那种真正的爱，而不是当今人们常常误解为的所谓性爱——了解在中国，一个丈夫对他的妻子的爱是多么深挚，那么，就应该去读一读这首挽歌。它在任何一本唐诗集中都能找到。这首挽歌的标题是"遣悲怀"。由于不能在此引用这首长诗，我打算以一个现代诗人所写的另一首四行短诗，来代替它。这个诗人曾是已故总督张之洞的幕僚①，他为追随总督，携妻带子到达武昌。在那待了多年之后，其妻去世。由于过分悲痛，他不得不马上离开那个地方。在动身时，他写下了这首挽诗。原文如下：

> 此恨人人有，
> 百年能有几？
> 痛哉长江水，
> 同渡不同归。

用英文表达它的意思，大约是这样——

> The feeling here is common to everyone，
> One hundred years how many can attain？
> But，tis heart breaking，O ye waters of the Yangtze，
> Together we came，——But together we return not.

同丁尼生下列诗相比，这首诗的感情即便不是更深沉，至少也是同样深沉。而它的用字却更少，语言则更为简洁精炼。丁尼生的诗写道：

> 拍啊，拍啊，拍啊，
> 拍在你那灰冷之岩上，噢，海呀！
> ……
> 你轻抚的手虽然消失，
> 你的声音却犹然在耳！

然而，如今在中国，妻子对她丈夫的爱又如何呢？我认为这无须证明。我们中国，新娘和新郎按规矩在婚前的确是彼此不能相见的，但即

---

① 这里实际上是辜鸿铭自指。下面一首诗也是他本人所作，是纪念他的日本亡妻吉田贞的。

使这样，新娘和新郎之间的爱却依然存在。这一点从唐代的一首四行诗中可以看到：

> 洞房昨夜停红烛，
> 待晓堂前拜舅姑。
> 妆罢低声问夫婿，
> 画眉深浅入时无？①

为了说明这些，我必须谈谈关于中国婚姻的某些风俗。在中国，合法的婚姻必行"六礼"，首先，是"问名"，即正式提婚；其次，是"纳采"（接受丝织赠品），即订婚；第三，是"定期"，订下结婚日子；第四是"迎亲"，即迎娶新娘；第五，是"奠雁"，洒酒雁上，即山盟海誓，保证婚约，之所以如此，是因为雁被认为是所有配偶爱中最忠诚的；第六，是"庙见"。在这六礼之中，最后两礼至关紧要，为此，我打算对它们详细作些描述。

目前，第四礼娶新娘，除了在我的家乡福建省仍保持着古老的风俗外——一般都省却了。因为它给郎家造成太多的麻烦和浪费。如今，新娘已不再是被迎娶，而是被送到新郎家去，当新娘进入郎家时，新郎站在门口迎接，并由他自己亲自打开新娘所座的轿子，迎她到堂屋中，在堂屋，新娘和新郎拜天地，也就是他们双双面对着厅堂的大门、跪在苍天面前。厅堂里放一张桌子，桌上摆两根红烛，接着丈夫洒酒在地——前面放着新娘随身携带的双雁，这一礼节就是所谓"奠雁"，在雁前面洒酒祭奠，在男女之间海誓山盟——他发誓对她忠诚，她也发誓对他忠贞，正如同他们眼前所看到的双雁一样，坚贞不渝。从这时开始，可以说他们就变成了理所当然的亲密丈夫和甜蜜妻子了。但这种结合，还只是通过了道德法，君子法——他们彼此互予忠贞二字，还没有得到公民法的认可。所以，这一礼节可以被称作道德或宗教婚姻。

接下来的礼节是所谓新娘和新郎间的交拜。站在厅堂右边的新娘，首先跪在新郎面前，新郎也相对而跪，然后他们交换位置，新郎站到新娘站过的地方，朝她跪下——她也如法回敬。在此，我希望指出的是，毫无疑问，这种交拜礼，在男女之间，在夫妇之间，是完全平等的。

如前所述，那种誓约礼可以被称为道德或宗教婚姻。以区别于三天之后接之而来可以被称之为公民婚姻的礼仪。在道德或宗教婚姻中，那

---

① 此诗是唐代诗人朱庆余的诗，题为《近试上水部》。

男那女在道德法面前，在上帝面前结成了夫妻。这种婚姻仅限于该男该女之间。在中国，所有社会和公民生活中，家庭几乎都代替了国家——国家只是作为一个可以上诉的法庭而存在——家庭在我所讲的道德或宗教婚姻中，对婚姻或男女婚姻是没有任何法律上的裁判权的。实际上，从婚姻开始的第一天起到第三天举行的"公民婚姻"之前，新娘不仅不被引见，而且也不许露面或被新郎家的家庭成员窥见。

　　这样，新娘和新郎在一起住过了两天两夜，可以说不算合法，而是做情夫情妇。在第三天——跟着就是中国婚姻中最后一礼的到来——庙见，或称作公民婚姻。我说在第三天举行庙见礼，这是《礼》经中的规定（所谓"三日庙见"），但如今，为了减少麻烦和浪费，一般在当天事后，接着便举行庙见这一礼仪。这一礼仪，如果其家族的祖庙就近——当然在祖庙举行，但对于那些住在城镇而附近又没有祖庙的人们，在有身份有名望哪怕很穷的人家的祖庙或祠堂里举行亦可。这种祖庙、庙堂或圣祠，里面都有一个灵台，或在墙上贴有红片纸，正如我在别的地方所说过的那样，它们是礼教这一国家宗教的教堂。中国的这种教堂，在性质上同基督教国家中的教会宗教的教堂是一样的。

　　这一仪式——庙见，首先由新郎的父亲去跪到祖庙的灵台前，如果无父，则由该家庭中最亲的长者代行——对祖宗的亡灵宣告，家庭中一位年轻成员现已娶妇进门。然后，新郎新娘依次跪到同一祖宗灵前。从这时开始，那男那女——不仅在道德法或上帝面前——而且在家庭面前、国家面前、国法面前，结成了夫妻。因此，我称这一庙见礼仪——中国人婚姻中的祠堂祭告——为社会的或公民的婚姻。而在此公民婚姻之前，那个女子，那个新娘——按照《礼》经的规定——是不能算一个合法的媳妇的（"不庙见不成妇"）。同时，据《礼》经规定，如果那新娘在祠祭前暴亡，则不许在夫家受祭烧纸——她丈夫烧纸祭奠她的地点和她的祭奠灵位也不放在丈夫家族的祖庙里。

　　这样，我们看到，在中国，一个合法的公民婚约不是那个女子和男人之间的事，而是那个女子同她丈夫家庭间的事，她不是同他本人结婚，而是进入他的家庭。在中国，一个太太的名片上，往往不写成某某的夫人，如"辜鸿铭夫人"，而是刻板地写成"归晋安冯氏裣衽"之类语。在中国，这种妇女同夫家之间的婚约，夫妇双方都绝不能不经夫家的许可任意撕毁。这正是中国和欧美婚姻的根本不同点所在。在欧美，人们的婚姻——是我们中国人所称为的情人婚姻，那种婚姻只基于单个男女之间的爱情，而在中国，婚姻正如我曾说的，是一种社会婚姻，一种不建立在夫妇之间，而介于妇人同夫家之间的契约——在这个契约中，她不仅要对丈夫本人负责，还对他的家庭负有责任。通过家庭再到社会——维系社会或公民秩序。实际上，最终推及到整个国家。最后，让我在此指出，正是这种婚姻的公民观念，造成了家庭的稳固，从而保证了整个社会和公民秩序，乃至中国整个国家的稳固。至此，请允许我进一步指出——在欧美，人们表面上似乎都懂得公民生活意味着什么，懂得并具有一个作为真正的公民的真实概念——一个公民并不是为他自身活着，而首先是为他的家庭活着，通过这形成公民秩序或国家。然而，在对这两个字的真实的感知中，欧美却未能形成稳定的社会、公民秩序或国家这样的东西——恰如我们今天在现代欧美所见的那样，其国中的男男女女对社会或公民生活并没有一个真实的观念——这样一个设有议会和统治机器的国家，假如你愿意，可以把它称作"一个巨大的商行"。或者说，在战争期间，它简直就是一群匪徒和海盗帮——而不像一个国家。实际上，在此我可以进一步指出，这种只关心那些最大股东自私物质利益的大商行之虚伪的国家观念——这种具有匪徒合伙精神（esprit de corps）的虚假的国家观念，归根到底，乃是目前仍在进行的可怕战争的根源。

简而言之，缺乏一种对公民生活的真实观念，就没有也不可能有一个真正的国家，哪里还谈得上什么文明！对我们中国人来说，一个不结婚没有家庭和栖身之所的男人，是不能成为一个爱国者的，如果他要称为爱国者——我们中国人会将其称为一个强盗爱国者（brigand patriot）。事实上，一个人要想拥有一个真实的国家或公民秩序的观念，他就必须首先拥有一个真实的家庭观念，而要拥有一个真实的家庭和家庭生活观念，一个人又必须首先拥有一个真实的婚姻观念——结婚不是去结一种情人婚姻，而是去结上述我努力描述的那种公民婚姻。

还是言归正传吧。现在你能够想象出那可爱的妻子是如何等待到天明——去敬拜公婆，梳妆完毕后低声羞怯地问其夫婿，画眉深浅程度如何的了——从这里你能晓得我所说的中国的夫妇之间有着爱情，尽管他们在婚前彼此并不相识，甚至在婚礼的第三天也如此，但他们之间存在爱情却是事实。如果说你认为上述的爱还不够深，那么接着，我再举一个妻子写给她身在远方的丈夫的两行诗：

当君怀归日，

是妾断肠时。

The day when you thinking of coming home,

Ah! then my heart will already be broken.

莎士比亚"如是之爱"剧中人罗莎琳（Rosalind）对她的表哥塞尼亚（Celia）说："哦，表哥，表哥，我的小表哥，你最了解我的爱有多么深！但我无法表达：我的爱就像葡萄牙海湾一样深不可测。"在中国，一个妇人——一个妻子对她丈夫的爱，和那个男人——那个丈夫对他妻子的爱，可以说就像罗莎琳对她表哥的爱一样深不可测，无法形容。它如同葡萄牙海湾那般没有底止。

然而，我也要谈谈它们彼此之间的那些不同点。我说过，在中国人完美的理想女性观和古希伯来人的理想女性观之间是有差异的。《所罗门之歌》中的希伯来情郎这样表达他对太太的爱："你是多么漂亮，哦，我的爱人，你和苔尔查（Tirzah）一样美，像耶路撒冷一样标致，像一支揭旗而来的军队那样恐怖！"即使在今天，凡见过美丽的黑眼睛的犹太女人的人们，也都会承认，这幅描绘古希伯来情郎赋予他们种族的理想妇女形象的图景真实而又鲜明。可是，对于中国人的理想妇女形象，在此，我想指出的是，其中却丝毫也不存在使人感到恐怖的因素，无论在肉体上、还是在精神上都是如此。即使是中国历史上的那个美丽的，"一顾倾人城，再顾倾人国"的中国"海伦"，她可怕，也只是因为她内在的魅力不可抗拒。我在前篇题为《中国人的精神》一文中，曾谈到过一个英文字"gentle"（温文尔雅），并用它来概括中国式人之类型给他人留下的整个印象，如果这一概括对真正的中国人来说是真实可信的，那么，它对于真正的中国妇女来说，就更加准确了。事实上，真正的中国人的这种"温文尔雅"在中国妇女那儿，变成了神圣的、奇特的温柔。中国妇人的那般温柔，那般谦恭和柔顺，可以同弥尔顿《失乐园》中的夏娃（Eve）相媲美。她对夫君说：

上帝是你的法律，你，是我的法律；

妇人最幸福的知识和荣耀莫过于知晓此理。

确实，中国人理想的妇女形象中这种至善至美的温柔特性，你从其他任何民族的理想女性形象中都无法找到——没有任何文明，无论是希伯来、希腊还是罗马文明，都不具备这一特性。这一完美的、神圣而非凡的温柔，只有在一种文明——基督教文明，当它臻于极致的文艺复兴时期才能找到。如果你读过薄伽丘的《十日谈》中格瑞塞达（Griselda）那个美丽的故事，你将从中窥见真正的基督教的理想妇女形象。然后，你就会懂得中国人的理想妇女形象中这种完善的恭顺，这种神圣的，纯粹无私的温柔意味着什么。

简而言之，就这种神圣而非凡的温柔性而言，那种真正的基督教的理想的妇女形象，同中国人的女性理想形象是大体相同的，但它们之间也有一个细微的差别。假如你仔细比较一下基督教中的圣母玛利亚的形象，她不同于中国的观音菩萨，而恰恰与杰出的中国艺人所刻画的女妖形象相同，你就能看出这种差别——基督教理想妇女形象同中国人女性理想形象间的不同。圣母玛利亚很温柔、中国的理想女性也温柔；圣母玛利亚优雅脱俗，轻灵绝妙，中国的理想女性也同样优雅脱俗，妙不可言。然而，中国的理想女性要胜一筹的是，她们还轻松快活而又殷勤有礼（debonair）。要想对"debonair"一词所表达的这种妩媚的优雅有一种概念，你不得不回到古希腊去——

O ubi campi Spercheosque et virginibus bacchata Lacaenis Taygeta!

哦，在士佩奇斯古河的旷野，拉科尼的贞女们，使得塔基达山麓的祭士们都如痴如醉了。

事实上，你将不得不去到塞色利（Thessaly）的原野和士佩奇尔斯（Spercheios）的小溪，去到纯情少女们跳酒神舞的丘陵——塔基达（Taygeta）山丘。

毋庸讳言，中国自宋朝以来，那些可称作儒家清教主义者的宋代理学家们把孔教弄得狭隘、僵化，儒教精神、中国文明的精神或多或少有点被庸俗化了。——从那时起，中国的女性丢掉了许多"debonair"一字所表示的优雅与妩媚。因此，如果你想在真正的中国人理想的女性形象中看到"debonair"所表达的优雅与妩媚，你只能去日本，在那里甚至直到今天，依然保存着唐朝时期纯粹中国文明的遗风。正是中国理想女性形象那神圣而非凡的温柔所形成的、"debonair"一字所表示的这种优雅与妩媚，赋予了日本女子以"名贵"的特征——甚至于当今最贫困的日本妇女也不例外。

谈到"debonair"一字所表达的这种妩媚和优雅的特色，请允许我在此引用几句马修·阿诺德的几句话，他借此将英国古板拘泥的新教徒的理想女性形象，同法国轻柔优雅的天主教徒的理想妇女形象做了对比。在比较法国诗人毛里斯（Maurice de Guerin）受人喜爱的妹妹欧仁尼（Eugénie de Guerin），和一个写过《艾玛·达珊小姐》（*Miss Emma Tatham*）一诗的英国妇女时，他说："这个法国妇女是郎古多克（Languedoc）的一名天主教徒，那个英国妇女则为马格特（Margate）的一名新教徒，马格特英国新教徒那古板拘泥的形象，表现在它所有的单调乏味、丑陋不堪之中——补充一句，也显现在它全部的有益健康之中。在这两种生活的外在形式和时尚之间，一面是郎古多克圣诞节期间天主教徒玛豆（Madlle de Guerin）的'nadalet'，复活节时她那长满苔藓的礼拜堂，她对圣徒传的每日诵读；另一面则是达珊小姐的新教那干瘪、空洞和狭隘的英国仪式，她与马格特霍利广场上的礼拜者合伙结成的教会帮；她用柔软、甜腻的声音对那令人兴奋的短诗之吟唱：

> 让我主耶稣知道，并感受他血液的流动，
> '这就是永恒的生命，这就是人间的天国'！

还有她那来自主日学校的年轻女教师，以及她那位可敬的唱诗班领袖托马斯·罗先生。在这两种生活的外在形式和时尚之间，差异有多么大！从基础上看，这两种生活是相似的，可她们生活的所有具体环境，却又是多么的不同！对于这种不同，有人说是非本质的和无关紧要的。不错，这种差异是非本质的，但若认为它是无关紧要的，那就错了。在英国仪轨之下新教的宗教生活明显缺乏优雅迷人之处，这绝非是一件无关紧要的事，它是一种真正的弱点。你们本该把此事做好，而不应将其留给他人。"

最后，我打算指出中国人理想的女性形象中最重要的特质，那种鲜明地有别于所有其他国家和民族古代或现代之理想妇女形象的特质。不错，就中国女人这一品质本身而言，它是世界上任何自命为文明的国家和民族的理想妇女形象所共同的，但在此，我要强调的是，这一品质在中国发展到如此完美的程度，恐怕是世界上任何别的地方都望尘莫及的。我所讲的这一品质，用两个中国字来描述，就是"幽闲"。在前文我所用过的对曹太太（大家）所著《女诫》的引文中，我将其译作"modesty and cheerfulness"。中国的"幽"字，字面意思是退隐、僻静、神秘。"闲"字字面意思是自在或悠闲。对于中国的"幽"字，英语"modesty"（谦和、端庄、淑静），"bashfulness"（羞怯）只能给你一个大意，德语的"sittsamkeit"（羞怯、忸怩）同它较为接近，但恐怕法语"pudeur"（腼腆、羞涩）同它的本意最为接近了。这种腼腆，

这种羞涩，这种中国的"幽"字所表达的品质，我可以说，它是一切女性的本质特征。一个女人这种腼腆和羞涩性愈发展，她就愈具有女人味——雌性，事实上，她也就越成其为一个完美的、理想的女人。相反，一个丧失了中国"幽"字所表达的这种特性，丧失这种羞涩，这种腼腆，那么她的女性、雌性，连同她的醇香芬芳也就一并俱亡了，从而变成一具行尸走肉。因此，正是中国女性理想形象中这种腼腆，这种"幽"字所表达的特性，使得或应当使得中国妇女本能地感到在公共场合抛头露面是不成体统的、不应该的。按照中国人的正统观念，上戏台和在大庭广众面前抛头露面，乃至到中国基督教青年会的大厅里去搔首弄唱，都是下流的，极不合适的事情。就其优良方面而言，正是这种幽闲，这种与世隔绝的幽静之爱，这种对招摇过市（"garish eye of day"）的反感，这种中国女性理想中的腼腆羞涩，赋予了真正的中国女人那种世界上其他民族的妇女所不具备的——一种芳香，一种比紫罗兰香，比无法形容的兰花香还要醇浓，还要清新惬意的芳香。

两年前，我曾在《北京每日新闻》（*The Peking Daily News*）上翻译过《诗经》中那首古老情歌的第一部分。我相信，它是世界上最古老的情歌。——在这一部分里，中国人理想的女性形象是这样被描述的：

> 关关雎鸠，
> 在河之洲，
> 窈窕淑女，
> 君子好逑。
> The birds are calling in the air，—
> An islet by the river-side;
> the maid is meek and debonair,
> Oh! Fit to be our Prince's bride.

"窈窕"两字与"幽闲"有同样含义，从字面上讲，"窈"即幽静恬静的、温柔的、羞羞答答的，"窕"字则是迷人的，轻松快活、殷勤有礼的。"淑女"两字则表示一个纯洁或贞洁的少女或妇人。这样，在这首中国最古老的情歌中，你将发现中国理想女性的三个本质特征，即幽静恬静之爱，羞涩或腼腆以及"debonair"字所表达的那无法言状的优雅和妩媚，最后是纯洁或贞洁。简而言之，真正或真实的中国女人是贞洁的，是羞涩腼腆而有廉耻心的，是轻松快活而迷人、殷勤有礼而优雅的。只有具备了这三个特征的女人，才配称中国的女性理想形象——才配称作真正的"中国妇女"。

儒家经典之一的《中庸》，我曾译作"人生指南"（the Conduct of Life），它的第一部分内容包涵了在人生准则方面儒教的实践教义。在这一部分里，是以对幸福家庭的如下一段描述作为结束的：

> 妻子好合，如鼓瑟琴。
> 兄弟既翕，和乐且湛。
> 宜尔室家，乐尔妻帑。
> When wife and children dwell in union,
> 'Tis like to harp and lute well-played in tune.
> When brothers live in concord and in peace,
> The strain of harmony shall never cease.
> Make then your Home thus always gay and bright,
> Your wife and dear ones shall be your delight.

中国的这种家庭简直是人间天堂——作为一个拥有公民秩序的国家，中华帝国——是那真正的天堂。天国降临大地，降福于中国人民。于是为君子者，以其廉耻感、名分心，以其"忠诚宗教"，成为中华帝国公民秩序的坚强卫士；同样，中国的女人，那些淑女或贤妻，以其轻松快活、殷勤有礼的妩媚和优雅，以其贞洁、腼腆，一句话：以她的"无我宗教"，成为中国之家庭——那人间天堂的守护神。

中国语言

所有致力于学习汉语的外国人，都说它是一门非常难学的语言。果真如此吗？在回答这个问题之前，让我们先来弄清所谓汉语到底是什么。众所周知，汉语中存在两种语言（我不是指方言）：口头语和书面语（白话和文言）——顺便问一问，有谁知道中国人坚持区分这两种语言的原因吗？是这样的。在中国，正如在欧洲有段时期，当拉丁语作为学术语或书面语的时候，人民曾被适当地划分成两类人：受过教育者和没受过教育者。那时，通俗语或口头语专门为没有受教育者所用，而书面语则完全服务于受过教育者。在这种情况下，半受教育的人是不存在的。我认为这就是中国人始终保持两种语言的原因所在。现在，我们来考虑一下，一个国家如果存在半受教育者将会产生什么后果。看看今天的欧洲和美国吧。自从废弃了拉丁语以来，口头语和书面语之间明显的区别消失了。由此兴起一个允许与真正受过教育者使用同样语言的半受教育者。他们高谈什么文明、自由、中立、军国主义和泛斯拉夫主义，却连这些词本身的含义也弄不懂。人们认为普鲁士军国主义是文明的危险，但在我看来，似乎半受教育者，今日世界上那些半受教育者组成的群氓，才是文明的真正危险。我扯得远了。

下面，让我们回到正题上来：汉语到底难不难？我的回答是：难，也不难。首先让我们来看看汉语口头语。我认为汉语口头语言不仅不难，而且与我所掌握的其他半打语言相比，除了马来语外，它可算是世界上最容易的了。我之所以这么说，是因为它既没有语格、时态，又没有规则和不规则动词，实际上没有语法，或者说不受任何规则束缚。可有人对我讲，正是由于汉语口头语言太简单，没有规则或语法，它才实在难学。然而，事实并非如此。马来语和汉语一样，也是一门没有语法或规则的质朴语言，可学习它的欧洲人至今却没有觉得它难。对中国人自己来说，起码学会汉语口语是不难的。

然而，来到中国的受过教育的欧洲人，尤其是半受教育的欧洲人，甚至连汉语口语、即讲说汉语也觉得异常困难，这是为什么呢？在我看来，这是由于汉语口语属于没有受过教育、完全未受过教育者的语言，事实上是一种孩童的语言。众所周知，正当那些博学的语言学家和汉学家们大讲汉语如何如何难学的时候，欧洲的孩童们却是那么容易地就学会了讲说汉语，这一点已足资证明我的观点了。汉语、汉语口语，我再说一遍，它不过是一门孩童的语言罢了。所以，我给那些试图学会汉语的外国朋友的第一个忠告就是："保持一颗孩童之心，那么你就不仅可以进入天国，而且可以学会汉语。"

下面，我们再来看看文言或书面汉语。在做进一步阐述之前，我先介绍一下，书面汉语也同样存在着不同种类。传教士们曾将书面汉语划分为简易文理的和繁难文理两类。但我认为，这个分类是不能令人满意的。在我看来，合理的分法应当是简单欠修辞的语文、通行的语文和高度优雅的语文三类。① 假如你愿意用拉丁语，可以称它们为：普通会话或日常事务用语（Litera Commonis or Litera offinalis），低级

---

① 鱼返善雄的日译本作"平服语言、制服语言和礼服语言三种"，可供参考。

古典汉语（Litera classica minor）和高级古典汉语（Litera classica majora）。

如今，许多外国人都已自称或被称之为中国学家。大约三十年前，我给《字林西报》写过一篇关于中国学的文章——哎！那些旧上海的日子呀，Tempora mutantur, nos et mutamur in illis（大意是：岁月流逝得真快、人亦与时俱变）。我在那篇文章中指出："许多身居中国的欧洲人，他们出版了几本关于中国某几省的方言（patois）汇编，或者收集百来条中国谚语之后，便立刻有权自称为一个汉学家（或中国学家）。"我还说："当然，只取一个名目倒也不大紧，按条约中'治外法权'一款，一个英国佬在中国，他甚至可以泰然自若地自称为孔子的，只要他乐意！"可现在，我想要说的是，那些自称为汉学家的外国人，他们当中究竟有多少人意识到了我所讲的高级古典汉语、那种用高度优雅汉语写成的中国文学部分，蕴藏着人类文明的宝贵财富？我所以称它是一笔文明的宝藏，是因为我坚信，中国文学中的高级古典汉语，具有马修·阿诺德说荷马史诗时所指出的那种"使蛮野之人变得文明、令其脱胎换骨"的功能。事实上我相信，中国文学中的高级古典汉语终有一天能够改变那些正带着一种野蛮动物的相争本能鏖战于欧洲、尚处在自然毛坯状态的爱国者们，使他们变成和平的、文雅的和礼让的人。文明的内容，正如罗斯金所说，就是使人摆脱粗俗、暴力、残忍和争斗之性，从而成为礼让者。

还是言归正传（revenons à nos moutons）。中国书面语言到底难否？我的回答依然是：难，又不难。我认为，书面汉语，即使是我所谓高度优雅的语文，那种高级古典汉语，也都不难，因为它如同汉语口头语言一样，极为简单。对此，我不妨随便举一个普通例子向你们说明这一点。我举的这个例子是中国唐代诗集中的一首四行诗，它描述了中国人民为抵抗来自北方野蛮而又凶残彪悍的匈奴人的侵略，以保卫自己的文明所作出的牺牲。这首诗的汉文是这样的：

> 誓扫匈奴不顾身，
> 五千貂锦丧胡尘。
> 可怜无定河边骨，
> 犹是春闺梦里人。①

———————————

① 这是唐代诗人陈陶的诗，题为《陇西行》。

翻译成英文，大意是：

Swear sweep the Huns not care self
Five thousand sable embroidery perish desert dust；
Alas! Wuting riverside bones，
Still are spring chambers dream inside men！

自由一点的英文译诗，也可以像这样：——

They rowed to sweep the heathen hordes
From off their native soil or die：
Five thousand taselled knights，sable-clad，
All dead now on the desert lie .
Alas the white bones that bleach cold
Far off along the Wuting stream，
Still come and go as living men
Home somewhere in the loved one's dream.

现在，假如你将原文和我蹩脚的英译诗两相比较，你就会发现，汉文原诗，其遣词和风格是多么质朴，其观念是多么简明，然而，在这如此简明的遣词、风格和观念中，却又蕴含着多么深刻的思想和多么深沉的情感。

要想体会这种中国文学——用极其简明的语言表达深刻思想和深沉情感的文学——你必须去读希伯来《圣经》。希伯来《圣经》是所有世界文学中最深刻的著作之一，然而它的语言却极为简洁。不妨摘一段为例："可叹，这个忠实的城市怎么变成了妓女？身居高位的男人都是不忠诚的叛徒和强盗的同伙；人人都喜欢受贿并追逐赃私；他们既不为孤儿申冤，也不受理呈到他们面前的寡妇诉讼。"出自同一先知之口的，还有另外一段："我将让孩童去做他们的高官，用婴儿统治他们，人们将受到他们的压迫。孩童将傲视老者，卑鄙者将傲视正派人。"[1] 好一幅恐怖的图景！一个国家或民族沦落到这种可怕的状态，正如我们在今日中国所看到的一样。事实上，假如你想得到那种能改变人、能够使人类变得文明的文学，你就只有到希伯来和古希腊文学中，或者到中国文学中去找。可是，希伯来语和希腊语如今都已变成了死语言，

---

① 语出《以赛亚书》。

相反，中国的汉语则完全是一种活生生的语言——它直到今天仍为四万万人民所使用。

概括言之，口头汉语也好，书面汉语也好，在某些人看来是很难的，但是，它难并不是因为它复杂。许多欧洲语言如拉丁语和法语，它们难是由于它们复杂、有许许多多的规则。而汉语则不然，它难在深奥，难在能用简明的语句表达深沉的情感。汉语难学的奥秘正在这里。事实上，正如我在别的地方所说过的：汉语是一种心灵的语言、一种诗的语言，它具有诗意和韵味，这便是为什么即使是古代中国人的一封散文体短信，读起来也像一首诗的缘故。所以，要想懂得书面汉语，尤其是我所谓的高度优雅的汉语，你就必须使你的全部天赋——心灵和大脑，灵魂与智慧的发展齐头并进。

受过现代欧式教育的人们觉得汉语异常难学的原因，也正在于此。因为现代的欧式教育，只注重发展人天性的一部分——他的智力。换言之，汉语对于一个受过现代欧式教育的人来说之所以很难，是因为汉语深奥，而现代欧式教育的目标，仅仅盯着知识的数量而忽视质量，它只能培养出一些浅薄之徒，而这些浅薄之徒自然难以学会深奥的汉语。至于那些半受教育之辈，正如我在前文所说过的，对他们来说，即便是汉语白话，也是难而又难的。要想他们懂得高级古典汉语，就好比人们谈起富人时曾说的，那简直比骆驼穿针眼还难，原因也是如此。因为书面汉语只供真正有教养的人所用。简而言之，书面汉语难就难在它是真正受过教育者的语言，而真正的教育本身就是一件很难的事情。希腊谚语说得好："美的东西，就意味着难。"

在结束本文之前，让我再来举一个关于书面汉语的例子，说明我所讲的纯朴而深沉的感情即使在低级古典汉语、那种正式的通行汉语文学中，也随处可见。这个例子是一首四行诗，一个现代诗人作于新年除夕之夜。该诗的汉文是这样的：

示内①

莫道家贫卒岁难，
北风曾过几番寒；
明年桃柳堂前树，
还汝春光满眼看。

---

① 这是辜鸿铭自作的给妻子看的诗。

就字面意，译成英文是——

> Don't say home poor pass year hard,
> North wind has blown many times cold,
> Next year peach willow hall front trees,
> Pay-back you spring light full eyes see.

自由一点，可以译成如下的东西：

> Fret not，—though poor we yet can pass the year;
> Let the north wind blow ne'er so chill and drear,
> Next year when peach and willow are in bloom,
> You'll yet see spring and sunlight in our home.

在此，我还可举一个更长、流传更久远的作品，他是中国的华兹华斯——唐代诗人杜甫的一首诗。下面，我首先给出我的英语译文，它的内容是：

> MEETING WITH AN OLD FRIEND
> In life，friends seldom are brought near;
> Like stars，each one shines in its sphere.
> To-night，-oh! What a happy night!
> We sit beneath the same lamplight.
> Our youth and strength last but a day.
> You and I-ah! our hairs are grey.
> Friends! Half are in a better land.
> With tears we grasp each other's hand.
> Twenty more years，-short, after all,
> I once again ascend your hall.
> When we met，you had not a wife;
> Now you have children，-such is life!
> Beaming, They greet their father's chum;
> They ask me from where I have come.
> Before our say，we each have said,
> The table is already laid.
> Fresh salads from the garden near,
> Rice mixed with millet，-frugal cheer.

When shall we meet? 'tis hard to know.

And so let the wine freely flow.

This wine，I know，will do no harm.

My old friend's welcome is so warm.

To-morrow I go，-to be whirled

Again into the wide，wide world.

上述译文，我承认几乎是拙劣的，它仅仅译出了汉文诗的大意而已，原作决非如此水平。然而，它的确是诗，一种简单得近乎口语化的诗，它优雅而不失庄重、悲怆、哀婉但高贵。而这一切，我无法用同样简洁的英语将其表达出来，或许那是不可能做得到的。

> 人生不相见，动如参与商，
> 今夕复何夕，共此灯烛光。
> 少壮能几时，鬓发各已苍，
> 访旧半为鬼，惊呼热中肠。
> 焉知二十载，重上君子堂，
> 昔别君未婚，儿女忽成行。
> 怡然敬父执，问我来何方，
> 问答乃未已，儿女罗酒浆。
> 夜雨剪春韭，新炊间黄粱，
> 主称会面难，一举累十觞。
> 十觞亦不醉，感子故意长，
> 明日隔山岳，世事两茫茫。①

约翰·史密斯②在中国

腓力斯人不仅忽视一切非自身的生活条件，而且还要求除它之外的

---

① 此诗题为《赠卫八处士》。

② 约翰·史密斯，这里特指那些自以为比中国人优越，想要以盎格鲁-撒克逊观念开化中国人的英国人。

余下人类都去适应他们的生活方式。①

——歌德

斯特德②先生曾经发问："作家玛丽·科瑞里（Marie Corelli）走红一时的秘密何在？"他自己的回答是："有什么样的作家，就有什么样的读者。因为那些读其小说，沉醉在玛丽·科瑞里世界中的信徒约翰·史密斯，把她奉为那个世界最权威的阐释者。他们生存于其内，活动在其间，从中找到自我。"玛丽·科瑞里之于大不列颠的约翰·史密斯，就好比阿瑟·史密斯牧师之于中国的约翰·史密斯。

然而，真正受过教育的人和半受教育者之间的差别也就在这里。真正受过教育的人总想去读些能揭示事物真理的书，而那些半受教育之辈，则宁肯去读那些将告诉他意欲何为之书，好从中了解他受虚荣心驱使所希望发生的那类事情。在中国，那约翰·史密斯极想成为一种凌驾于中国人之上的优越者，而阿瑟·史密斯牧师则为此写了一本书，最终证明他、约翰·史密斯确实比中国人优越得多。于是，阿瑟·史密斯牧师自然成为约翰·史密斯非常亲爱之人，他那本《中国人的特性》一书，也就成了约翰·史密斯的一部圣经。

但是，斯特德说过："正是约翰·史密斯和他的邻居现在统治着大英帝国。"所以，最近，我不惮其烦地读过了那本提供给约翰·史密斯关于中国和中国人观的著作。

早餐桌上的那个独裁者(The Autocrat at the Breakfast Table) 曾把人的心智（心思）分为两种：一种是算术型头脑，一种是代数型智能。他观察说："所有经济的和务实的智慧，都是'2＋2＝4'这种算式的推广或变种。而每个哲学命题则更多地具有'a＋b＝c'这种表达式的一般特性。"约翰·史密斯整个家族的心智，显然属于那个自以为是的独裁者所谓的"算术型头脑"。约翰·史密斯的父亲，老约翰·史密斯，化名约翰·布尔，他把自己的命运同"2＋2＝4"的公式联系起来，

---

① 辜鸿铭此处用的是他的英译。但他曾以德文原文作注释如下：Der Philister negiert nicht nur andere Zustande als der seininge ist，er will auch dass alle übrigen Menschen auf seine Weise existieren sollen. ——Goethe

② 斯特德（W. Stead, 1849—1912），英国著名新闻记者。擅长以流畅的文笔和炽烈的感情去撰写各种各样的问题。有敏锐的观察力和强烈的正义感。曾撰有《俄罗斯真相》、《如果基督来到芝加哥》、《世界的美国化》等。

到中国来贩卖他的曼彻斯特商品。为了赚钱，他同约翰·中国佬①相处得很融洽。因为无论是约翰·布尔，还是约翰·中国佬，他们都懂得并完全服膺"2＋2＝4"的公理。可是，现今统治大英帝国的小约翰·史密斯却不同了。他带着满脑子连他自己都不明白的"a＋b＝c"的东西来到中国——不再满足于贩卖曼彻斯特商品，还要开化中国人，或者，按他的话说，要"传布盎格鲁-撒克逊观念"。结果，约翰·史密斯同约翰·中国佬闹翻了。而且更糟的是，在约翰·史密斯的"a＋b＝c"的盎格鲁-撒克逊观念的开化和影响之下，约翰·中国佬不再是曼彻斯特商品的诚实可靠的好主顾。他们玩忽商业，心不在焉，却尽到"张园"去庆祝立宪去了，实际上，他们已变成一群疯痴狂乱的改良者。

前不久，在辛博森②先生《远东的新调整》一书和其他著作的启发下，我曾致力于为中国学生编过一本盎格鲁-撒克逊观念的手册。结果，迄今为止，我编来编去，不过是以下这些东西：

1 ——人最主要的目标是什么？

人最主要的目标是使大英帝国荣耀，为大英帝国增光。

2 ——你信奉上帝吗？

是的，当我上教堂的时候。

3 ——你不在教堂时，信仰什么？

我信仰利益——你给我什么报酬。

4 什么是最正当的信念？

相信人人为己。

5 工作的当然目的是什么？

挣钱装腰包。

6 何为天堂？

天堂意味着能住进百乐街（Bubbling Well Road）③，拥有敞篷车。

---

① 约翰·中国佬，这里特指与约翰·史密斯这类西方人打交道，并接受其西方观念"开化"的那些中国人。

② 辛博森（Bertram Lenox Simpson，1877—1930），笔名普特拉姆·威尔（Putnam Weale）。英国人。生于宁波。曾在中国海关任职，后出任英国报纸驻北京通讯员。曾被黎元洪和张作霖聘为顾问。是著名的"中国通"。著有《远东的新调整》、《满人和俄国人》、《来自北京的有欠审慎的信函》、《东方的休战及其后果》、《东亚正在到来的斗争》等书。《远东的新调整》出版于1905年。

③ 上海最时髦的住宅区。——原注

7 何为地狱？

地狱乃意味着失败。

8 ——何为人类完美的状态？

罗伯特·赫德①爵士在中国海关的服务。

9 ——何为亵渎神明？

否认罗伯特·赫德先生是一个天使。

10 ——何为极恶？

妨碍大英帝国的贸易。

11 ——上帝创造四亿中国人的动机何在？

为了英国发展贸易。

12 ——你如何祈祷？

感谢你，主啊！我们不像邪恶刻毒的俄国佬和蛮横残暴的德国佬那样，

想要瓜分中国。

13 ——在中国，谁是最伟大的盎格鲁-撒克逊观念的传布者？

莫理循博士②，那个《泰晤士报》驻北京记者。

如果说以上便是盎格鲁-撒克逊观念的一个真实全面的表述，可能失之公正。但是，不论何人，假如他不惮其烦地去阅读一下辛博森先生的著作，就不会否认，以上确是辛博森先生以及读过他著作的约翰·史密斯所传布的盎格鲁-撒克逊观念的一个公正的具有代表性的陈述。

最叫人难以理解的是，何以这种约翰·史密斯的盎格鲁-撒克逊观念，竟然在中国能真正生效？在这种观念的影响之下，约翰·中国佬们急不可待地想要去实现中华帝国的辉煌和荣耀。那拥有八股文的古老的中国文学本是一种空洞但无害之物。而在约翰·史密斯这盎格鲁-撒克逊观念影响下正喧嚷着建立的新型中国文学，外国朋友将发现，它会变

---

① 赫德（Robert Hart，1835—1911），英国人，生于北爱尔兰。1854 年来华，从 19 世纪 60 年代至 20 世纪初年，一直担任中国海关总税务司，控制中国海关达四十多年之久。对近代中国洋务事业和中外关系均产生过影响，被清廷授予太子少保衔。庚子时期，曾著《这些从秦国来：中国论集》，促进了庚子议和，辜鸿铭对他长期控制中国海关十分不满，不时加以嘲讽。

② 莫理循（George Ernest Morrison，1862—1920），英国人，生于澳大利亚。1897 年任《泰晤士报》驻北京记者。1912 年被袁世凯聘为总统府顾问。他是当时舆论界的活跃人物，主张中国政治上"西化"，经济上加强同英国的贸易关系。为辜鸿铭所恶。后者也因此骂辜鸿铭为"疯子"。

成一种无法忍受的和危险的破坏。最终我恐怕，老约翰·史密斯不仅会发现他的曼彻斯特商品贸易要完蛋，而且他甚至还不得不去支付另一笔巨额开销，以供再派出个戈登①将军或基齐勒勋爵去枪杀他可怜的老朋友约翰·中国佬——那受约翰·史密斯之盎格鲁-撒克逊观念开化而变得精神错乱（non compos mentis）的中国人。当然这是题外话。

在此我想简要地指出，这就是有头脑的英国人所做的事。依我看，这些满脑子装着从有关中国人的书中得到一派胡言的外国人，当他来到中国时还能同他必须接触的中国人长期和睦相处，那简直是奇谈。对此，我不妨从亚历克西斯·克劳斯（Alexis Krausse）所著的题为《远东：它的历史和问题》这本大部头书中，取出一个典型例子来加以说明。该书写道：

> 影响在远东的西方列强的全部问题之症结，在于鉴别那东方精神的真正本质。东方人观察事物不仅与西方人有不同的角度，而且他的整个思维途径和推理方式也与西方人不同。那种植根于亚洲人中的独特的知觉，同我们所赋予的知觉正好相反！

在中国，一个读过上述引文中最末一句的英国人，假如他听从逻辑混乱的克劳斯先生的劝告，那么当他想要一张白纸的时候，将不得不对他的儿子说："孩子，去给我拿张黑纸来。"我想，出于维护那些在中国讲求实际的外国人的名声考虑，当他们来中国并同中国人实际交往的时候，应该赶紧抛弃那类关于东方精神之真正本质的胡言乱语。事实上，我相信那些同中国人相处得最好的外国人，在中国最成功的人，乃是那坚持 $2+2=4$，丢掉了约翰·史密斯和克劳斯先生那一套关于东方本质和盎格鲁-撒克逊观念的 $a+b=c$ 理论的人。确实，当人们想起在过去的岁月里，即在阿瑟·史密斯写他那本《中国人的特性》之前的日子里，大英商行的老板或经理，像查顿、马地臣②和他们的中国买办③之间，总是那样亲密无间、且代代相传的时候——当人们想起这一点的时

---

① 戈登（Gordon，1833—1885），英国军官和殖民地行政官。参与侵华英法联军焚毁圆明园。后任"常胜军"统带，帮助清政府镇压太平天国革命。赏穿黄马褂。后任苏丹殖民总督，被起义军击毙于喀士穆。

② 查顿（William Jardine，1784—1843）、马地臣（James William Matheson，1796—1878），二人均为鸦片战争前来华经商致富的英国大商人，怡和洋行的合伙创办者。不过他们致富，并非如辜鸿铭所说，是因为与中国人相处得好，而主要是他们从事一本万利的罪恶的鸦片贸易的缘故。

③ 买办，在中国被外国洋行雇佣的、充当他们与中国商人之间的媒介之代理人。——原注

候，他们就会考虑，坚持 2＋2＝4 的西方商人的做法，与怀着那套 a＋b＝c 的东方本质理论和盎格鲁-撒克逊观念的聪明的约翰·史密斯之做法，两者之间究竟哪一种做法更好？无论是对中国人还是外国人。

那么，吉卜林①那句"东就是东，西就是西"的名言，就一点道理也没有吗？当然有的，当你与 2＋2＝4 打交道的时候，可说存在极少或几乎没有什么不同。只有当你面临诸如 a＋b＝c 这样的问题时，在东方和西方之间，才存在许多的差别。然而要解答东西方之间的那个 a＋b＝c 的方程，一个人必须具备高等数学的真本事。今日世界之不幸，就在于对远东问题中 a＋b＝c 的方程的解答，掌握在那不仅统治着大英帝国，而且还与日本结盟的约翰·史密斯手里——那个约翰·史密斯甚至连代数问题的基本原理也一窍不通。在东西方之间，对 a＋b＝c 式方程的解答是非常复杂困难的问题。因为其中存在着许多未知数。不仅东方的孔子、康有为先生和端方总督之间有着不同的理解，而且在西方的莎士比亚、歌德和约翰·史密斯之间也存在着差别。实际的情况是，当你专门解答 a＋b＝c 的方程时，你将发现在东方的孔子与西方的莎士比亚和歌德之间，只存有微乎其微的差别；而倒是在西方的理雅各博士、和西方的阿瑟·史密斯牧师之间，反而存在着大量的不同。对于这一点，让我来举一个例子具体说明一下。

那个阿瑟·史密斯牧师，在谈到中国的历史时说道：

中国的历史（记载）悠久而古老，这不仅表现在他们总是试图回溯到那洪荒时代作为出发点，而且表现为那没完没了的停滞和浑浊不堪的流程。漂浮于其历史之流上的不仅有过往年代那巨大的植被，还有木头、干草和稻麦秆之类的一切过往的流水帐。除了一个相对不受时间制约的种族，难道还有谁能撰写或读到这样的历史吗？难道不只有中国人的记忆，才能将这样的历史贮藏在他们宽敞的肚子里吗？

下面，让我们再来听听理雅各博士在同一个论题上是怎么讲的。在谈到中国二十三个正统王朝的历史时，理雅各博士说道：

没有任何一个别的民族能有如此完整贯通的历史；就其整体而言，它是值得信任的。

---

① 吉卜林（Kipling，1865—1936），英国作家、诗人，生于印度。主要作品有《吉姆》、《营房歌谣》等。1907 年获诺贝尔文学奖。

在谈到另一本规模宏大的中国文献集成时，理雅各博士又说："按照我原来的推想，这部巨著是不会出版的。但实际上，在两广总督阮元的督查和资助下（还有其他官员的协助），它在乾隆最后当朝的第九年即 1820 年[1]，就编定出版了。如此大规模的巨著的出版，显示出在中国高级官员中有一种公益精神和一种对文学的热心。而这一点，外国人是不应该小瞧的。"

以上就是我所要表达的意思。即，不仅在东西方之间存在着很多差异，而且即便在西方的理雅各博士、那个能鉴赏出中国官员热心文学的学者，和西方的阿瑟·史密斯牧师、那个为中国的约翰·史密斯所爱戴的人之间，也同样存在着许多的不同。

一个大汉学家

汝为君子儒！无为小人儒！[2]

——《论语·雍也第六》

我最近阅读了翟理斯博士的《崦山笔记》[3] 一书。在阅读的过程中，我想起了另一个英国驻华领事霍普金斯[4]先生的一句话："侨居中国的外国人，每当谈起某某汉学家的时候，总以为他们像傻瓜。"

翟理斯博士早就享有大汉学家的名声。如果从其出版过的著作的数量来看，他的确并非浪得虚名。但我以为，现在已经不能只看数量，而

---

① 这里原文时间上恐有误。因为乾隆 1796 年即退位，1799 年让嘉庆亲政。上文提到的阮元，是清代著名学者，曾官至两广总督，体仁阁大学士。他在两广总督任上，主编过大型类书《皇清经解》，时间是 1829 年，即道光当朝的第九年。此处可能是理雅各弄错了。

② 此句本是孔子对门徒子夏的告诫。因为子夏"文学虽有余，然意其远者大者或昧焉。"儒，学者之意，见《论语·雍也第六》。辜氏将"小人"译成"fool"，意为蠢人傻瓜，不太准确，但却和下文霍普金斯的一句话中的"傻瓜"意思相应。

③ 《崦山笔记》（*Adversaria Sinica*）：一共两册，第一册 1914 年出版，第二册 1915 年出版。是关于中国文化的一些学术札记。内容涉及"谁是西王母"，"何为孝"，"古中国的舞蹈"等广博领域。不过，对有些问题的探讨，难免简单武断了些。

④ 霍普金斯（Hopkins, Lionel Charles，1854—1952），英国人，1874 年来华，为使馆翻译生。1901 年至 1908 年任天津总领事。1908 年退休回英。他研究汉学，发表过不少关于甲骨文和钱币的文章。

到了该对他的著作质量进行真正的价值评估的时候了。

一方面，翟理斯博士具有以往和现在一切汉学家所没有的优势——他拥有文学天赋：能写非常流畅的英文。但另一方面，翟理斯博士又缺乏哲学家的洞察力，有时甚至还缺乏普通常识。他能够翻译中国的句文，却不能理解和阐释中国思想。从这点来看，翟理斯博士具有与中国文人相同的特征。孔子曰："文胜质则史"。

对于中国的文人来说，书籍和文学作品不过是其写作和注书的材料而已。他们生活、修心养性于书中，与现实世界不发生任何关联。对于他们，著书立说从来都不只是其实现目的的手段。而真正的学者则不同，对于他们，文献和文学的研究只不过是供其阐释、批判、理解和认识人类生活的手段罢了。

马修·阿诺德说过："只有通过理解全部文学——整个的人类精神史——或者把一部伟大的文学巨著当作一个有机的整体来理解时，文学的力量才能显现出来。"然而，在翟理斯博士的所有著作中，却没有一句能表明，他曾把、或试图把中国文学当作一个有机整体来理解过。

正是这种哲学洞察力的缺乏，使得翟理斯博士在他的著作中，对材料的组织安排显得那样无能。比如他编的那本大字典①，就一点也不像个字典，只不过是一些汉语语词和句子的堆砌罢了。翟理斯博士将这些词句翻译出来，既没有选择、剪裁，也缺乏条理或方法。若要供学者使用，它肯定不如卫三畏博士所编的那本旧字典价值大。②

至于翟理斯博士的那本《中国名人谱》③，必须承认，它的确是一部花费了作者大量心血的著作。不过这部书，却也同样显示出作者连最

① 指的是翟理斯的名著《华英字典》(A Chinese English Dictionary)，1892 年上海别发洋行初版，1912 年伦敦修订再版。再版共 1711 页。骇人的大部头。它所收的语句、词汇较此前任何一部同类字典都多。显然付出了艰巨的劳动。但在编排上确实如辜鸿铭所批评的那样，有些杂乱无章。该字典头版中有不少错误，挑剔的德国汉学家查赫曾核查出大大小小千余条错误，翟理斯在再版时绝大部分都予以了更改。

② 卫三畏 (Frederick Wells Willams, 1857—1928)，美国近代著名汉学家和驻华外交官，传教士出身。曾七次代理美国驻华公使馆馆务，1877 年辞职回国，任耶鲁大学汉文教授。所著《中国总论》(The Middle Kingdom) 和《汉英韵府》(A Syllabic Dictionary of the Chinese Language)，过去是外国人研究中国的必备之书。下文提到的他的那部旧字典，指的就是《汉英韵府》。

③ 《中国名人谱》(A Chinese Biographical Dictionary)，又名《古今姓氏族谱》。1898 年上海别发洋行初版。是一部有 1022 页的大部头词典。该书曾获法国汉学家大将儒莲奖。但书中对中国名人的介绍（按姓氏编排），有不少过于简略。

起码的评判力也不具备。在这样一部词典里，人们只能指望看到一些真正名人的"题名告示"罢了。

> Hic manus ob partriam pugnando vulnera passi，
>
> Quique sacerdotes casti ，dum vita manebat，
>
> Quigue pii vates et Phoebo digna locuti，
>
> Inventas aut qui vitam excoluere per artes，
>
> Quique sui memores aliquos fecere merendo.

大意为：

> 这里有一群为国战伤的勇士，
>
> 有一些在世时的圣洁祭司，
>
> 有不逊色于费布的虔诚诗人，
>
> 有为生活添彩的天才艺术家，
>
> 还有一些令人怀念的其他英雄。

在这部"名人谱"中，我们发现翟理斯将古代的圣贤与神话传说中的人物混在一起，在陈季同①将军、辜鸿铭先生、张之洞总督和刘布（Lew Buah）船长之间，唯一的区别只是，后者常常以无数的香槟来接待外国友人！

最后，这些"笔记"——翟理斯博士最近刚出版的这些东西——我恐怕，它对于博士作为一个有辨别力和评判力的学者的声望，是不会有所提高的。因为其绝大部分内容的选题完全没有实际意义，于人无益。它给人的印象就仿佛是翟理斯博士不厌其烦地写这些书，原本并不想告诉世人关于中国人和他们的文学之任何东西，而只不过是向世人炫耀一下：我翟理斯博士是一个多么渊博的汉学家，我知道的关于中国的东西，比别的任何人都要多得多哩。此外，在这里，翟理斯博士和在别的场合一样，总表现出一种缺乏哲学头脑，与一个学者不相称的令人不快的粗率和武断。正是由于这些特点，像翟理斯博士之流的汉学家，恰如霍普金斯先生所说过的那样，在实际居住于远东的外国人中，落下了名不符实的笑柄，并遭到了被视为傻瓜的奚落。

---

① 陈季同，福建闽侯人，曾授副将，加总兵衔，故称将军。他也是近代翻译家，为《聊斋志异》一书最早的法文译者。早年留法，精通法文。19世纪70、80年代曾以法文著书多种，向西方人介绍中国，颇有影响。可参见陈季同著、笔者等译：《中国人自画像》（贵阳，贵州人民出版社，1998）。

下面，我打算从翟理斯博士最近出版的著作中选出两篇文章来，试图说明，迄今为止，所有外国学者关于中国学问和中国文学的研究成果完全没有实际意义、于人无益，其错到底是否在中国学问和中国文学本身？

第一篇文章的标题是《何为孝》①。该文的观点，主要集中在对两个汉字意义的理解上。孔子的一个弟子问孔子"何为孝?"孔子答道："色难。"（字面意为 colour diffcult。）

翟理斯博士说："问题在于，两千多年过去了，这两个汉字究竟是什么意思呢?"在对国内外学者所有相似的解说和翻译进行取舍之后，翟理斯博士自然找到了他所谓的真正含义。为了揭示翟理斯博士那种粗率和与学者不相称的武断态度，我在此特引用几句他宣称其发现时所说的原话。翟理斯博士说——

> 在上述叙说之后，即宣称它的意思就在面上，恐怕武断了些。然而，你不得不做的一切，正如那首诗所言：
>
> > 赶紧俯身，它就在那，
> >
> > 径直去捡，就能手到擒拿。②
>
> 当子夏问孔子，"何为孝"的时候，孔子简单地回答道："色难"，即，要描述它，是困难的。这真是一个最聪明而恰当的回答。

在此，我并不打算用精确的中国语法来挑翟理斯博士的错误之处，我只想说，假如翟理斯博士在此把"色"字猜想成动词，那么在通顺的中国语文里，那句话将不能说成"色难"，而只能说成"色之维难"。这里，如果"色"字被用作动词，那非人称代词"之"是绝对不可少的。

可是，撇开语法的精确要求不谈，翟理斯博士翻译的孔子答话，就整个上下文的联系来看，也一点未能把握住其真实的观点或意义。

子夏问："何为孝?"孔子答道："色③难（困难在于那方式与态度）。有事，弟子服其劳，有酒食，先生馔，曾是以为孝乎?（当有事要做的时候，年轻人须不辞辛劳，有酒食的时候，应当让老人先享用。——你真认为这就是孝吗?）"可不，上文的全部观点已很清楚地摆在这儿了——重要的不在于你对你的父母履行什么义务，而在于你采取什么样的方式和

---

① 此文在《崝山笔记》，第一册，20～25 页。

② 英文原文为：Stoop, and there it is；Seek it not right nor left!

③ 可参考孔子"巧言令色"（《论语》）中"色"字的含义。

态度——你在履行这些义务时，呈现一种什么样的精神面貌。

在此，我想指出的是，孔子道德教义的伟大和真正有效之处，正在于翟理斯博士所误会的这一点上——他误以为只是在名义上履行道德义务。其实，孔子所主张的是，重要的不在于做什么，而在于如何做。这就是道德和宗教之间的区别所在，也就是单纯作为道德家的准则，与伟大的、名副其实的宗教导师之生动教义间的区别所在。道德家只告诉你何种行为道德，何种行为不道德。而真正的宗教导师则不仅如此。他不仅谆谆教诲外在方面要如何行事，而且还主张更重要的乃在于行为的态度，那种行为的内在方面。真正的宗教导师告诉我们，行为之道德或不道德，并不在于我们做了什么，而在于我们如何做。

这就是马修·阿诺德在他的学说中所说的基督教法。当可怜的寡妇给他那八分之一的小硬币时，基督叫门徒注意的不是她给了基督什么，而是她如何给。道德家们说："不许通奸"，可基督说："我要告诉你们，无论是谁，当他带着欲念去窥盯一个妇女时，他实际上已经犯了通奸罪。"

同样，孔子时代的道德家们说，儿女们必须为其父母劈柴担水，将家中最好的酒食让与他们——那就是孝。可孔子却说："不！那还不是孝"，真正的孝，并不在乎只履行对父母的服侍义务，而在乎你采取怎样的方式和态度——以什么样的精神面貌去履行这些义务。孔子说，难就难在用什么方式和态度去做（色难）。在此，我将最后指出：正是通过其教义中这种途径的力量，这种视其道德行为之内在方面为重的力量，才使得孔子成为一个伟大的、真正的宗教导师，而不是像那些基督传教士所说的那样，只是一个道德家而已。

为了进一步解说孔子之道，让我们来看看今日中国的改革运动。那些为外国报纸所喝彩的所谓进步官员们，现在正手忙脚乱——他们甚至于要到欧美去——试图从那儿找回能在中国加以采用的什么改革。但不幸得很，中国的拯救将不取决于这些进步官员所从事的那些改革，而取决于这些改革将如何被推行。可惜没有办法阻止这些进步官员到欧美去学习宪法，并迫使他们待在家里好好研究孔子。因为只有当这些官员们真正领会了孔子的教义和他的方法，并注意到如何取代这种改革的东西时，在中国，才不会出现目前的改革运动将导致的混乱、灾难和痛苦。

此外，我还想粗略核查一遍翟理斯博士《嶱山笔记》中的另一篇文章，它题为《四个阶层》。

日本人末松男爵①在一次招待会上说：日本人将他们的国民分成四个阶层——士（sodiers）、农、工、商。对此翟理斯博士说："把士译作士兵、武士是不对的，那是后来衍生的意思。"翟理斯博士进一步指出："'士'字最早的用法起于'civilians'（文士）。"

然而实际情形正好相反。在古代中国，"士"字的最初用法，指的恰是像现在欧洲穿军装者一样的士人——佩剑贵族。此后，军队的官兵，便被称作士卒。

古代中国的那些文官，被称之为"史"——clericus。当中国的封建制度被废止的时候（公元前 2 世纪），打仗不再成为士人的唯一职业，于是文士阶层便乘势崛起并掌权，形成治礼作乐的穿袍贵族，以区别于原有的那种佩剑贵族。

武昌的张之洞总督阁下曾问我，何以外国领事属于文职，却要全副戎装，且总是佩剑。我回答说，这是由于他们为"士"。这种士，不同于中国古代的那种文士即史，而是那种当兵服役的士人即武士。总督阁下点头称善。并在第二天下令，武昌学堂的所有学生，都必须换上军服。

因此，翟理斯博士提出的这个问题，即中国的"士"字到底指文士还是指武士的问题，实利害攸关、现实意义重大。因为未来的中国到底是独立自主，还是受人管辖支配，将取决于他是否从此拥有一个强大有效的军队，而是否能拥有强大有效的军队，又取决于是否让中国的受教育阶级和统治阶层，永远回归到"士"字真正的古代含义上去，即不作文人学士，而是去做那佩带武器、能保卫祖国免于侵略的武士。

附　录

群氓崇拜教
或
战争及其出路

法兰西已危在旦夕，上流社会真该好好反省；
但广大民众更应三思而行且铭记于心：

---

① 译名参照了鱼返善雄的日译本。

> 若上流社会被打倒，那么谁来保护民众
> 免于彼此相争，民众已经成为民众的暴君。①
>
> ——歌德

剑桥大学的罗斯·迪金逊教授在他那篇题为《战争及其出路》的文章中，曾意味深长地说："只有当英国，德国乃至整个欧洲那纯朴的男男女女，那些以手或以脑工作的劳动者们同心协力，用他们的智慧和双手，向曾经并还将不断将其带入灾难的当权者们抗议：'战不得了！战不得了！绝不能再战了！你们这些统治者，军人和外交官们。你们掌握着人类的命运并将其引向地狱，已经给欧洲人带来了漫长的痛楚。我们要和你们彻底决裂。在你们的统治之下，我们流尽了血汗，这种时代该结束了。你们已经发动战争，便不会带来和平。摆脱这场战争之后的欧洲将是我们的欧洲，它将是另一场欧洲人的战争绝不可能再发生的欧洲，只有这样，也只有到这种时候，欧洲才有前途可言（他指的是欧洲文明的前途）。"

这是一个现代欧洲社会主义者的梦想。像这样的梦想，恐怕绝对不可能实现。我坚信，当欧洲各国普通的民众摆脱他们的统治者、军人和外交官，并插手对他国的和平与战争问题时，在这些问题被决定之前，各国内部纯朴的国民们，就会彼此发生争吵、打得头破血流，甚至发生战争。以大不列颠的爱尔兰事件为例②：爱尔兰的平民百姓，在试图插手和战问题乃至于如何统治他们自己的问题上，便发生了尖锐的、势不两立的冲突。在这个时候，如果不是这场更大的战争爆发，他们还将会自相残杀。

为了弄清这场战争的来龙去脉，我们首先必须找到导致这场战争的原因，并明确谁应该对这场战争负责。迪金逊教授试图使我们相信，是那些统治者、军人和外交官们把民众引向了这场灾难——这场地狱般的战争深渊。但我认为并且能够证明，并不是那些当权者、军人和外交官们，把民众引入了这场战争，而恰恰是那些平民百姓，驱

---

① Frankreich's traurig Geschick，die Grossen mogen's bedenken，

Aber bedenken fürwahr sollen es Kleine noch mehr；

Grossen gingen zu Grunde；doch wer beschütze die Menge

Gegen die Menge? Da war Menge der Menge Tyrann. Goethe

② 爱尔兰事件，爱尔兰人民争取独立的斗争。英国政府为缓和矛盾，曾多次提出在爱尔兰实行有限度自治的法案，但均遭上院否决。1914年，下院第三次通过迭受上院否决的法案（按规定，下院三次通过的法案，不问上院反对与否，就告成立），因一次大战爆发和爱尔兰人民反对，未能实行。

使着和推动着那些可怜的、无能为力的统治者、军人和外交官们，走向了战争。

首先，让我们来看看实际的统治者们——那些当今欧洲的皇帝、国王和共和国总统们。大概除了德国皇帝之外，交战各国的实际统治者都没有作过任何挑动战争的表态。这是一个毋庸置疑的事实。实际上，当今欧洲各国的统治者，皇帝、国王和总统们，其言论和行动都受到《自由大宪章》的约束——他们在国内无论是对政府运作还是对公共事务都没有发言权。那个可怜的大不列颠国王乔治，当他试图为爱尔兰事件发表看法以防止这一事件发展为一场内战时，却遭到了大英帝国民众舆论的蛮横阻止，让他住嘴。以致他不得不通过其首相，为他这种试图尽到一个国王责任的行为向民众道歉。事实上，当今欧洲各国的统治者只不过是些花费昂贵的装饰物而已，就如同盖在政府公文印章上的人像一样。这些被供奉起来的只是负责鉴字画押的摆设，就连对国内有关行政事务也没有任何个人看法或意志。因此又怎么能够说，欧洲的实际统治者应对这场战争负责呢？

接下来，让我们再来看看那些被迪金逊教授和人们痛斥为应对这场战争负责的军人们。罗斯金①在屋尔威兹（Woolwich）向军校学员发表讲话时指出："现代制度的致命缺陷，就在于它剥夺了这个民族最优秀的血液与力量，剥夺了它的全部精髓，即勇敢、不计回报、不畏艰难和忠诚的品质，而将其变成没有思想和意志的钢制品，成为一把把纯粹的刺刀。但同时却又保留了民族中最糟糕的部分，即怯懦、贪婪、淫荡和背信弃义，并赋予这些绝无思想能力可言的部分以权利，甚至是最为重要的特权。"在向英国军人演说时，罗斯金还指出："实现你们保卫大英帝国的誓言，绝不意味着就要去执行这样的制度，那种只是站在商店门口，保护在里面骗钱的店员的士兵，绝不是真正的士兵。"我想，痛斥军国主义、痛斥普鲁士军国主义的英国人，包括那些真正的英国军人在内，应当好好阅读并仔细思考罗斯金的上面这些话。我要指出的是，从罗斯金的上述话中显而易见：如果说欧洲今日那些统治者对于政治和公共事务实际上已没有发言权，那么欧洲各国的军人们就更是绝对地谈不

①　罗斯金（Ruskin，1819—1900），近代英国著名政治家、文艺评论家、浪漫主义文化思潮的重要代表。他谴责近代资本主义制度的不合理和罪恶，痛恨资本主义文明的事务主义、实用主义和商业主义精神，具有浓烈的返古意识。他还将其乌托邦的复古计划付诸实践。其思想对辜鸿铭影响颇大。

上什么发言权了。丁尼生在巴拉科拉瓦（Balaclava）谈到战争中那些真正可怜的军人时，曾这样描述："他们的权利不是去问为何而战，而是必须去战并送死。"事实上，如果说当今欧洲的统治者已变成被供奉起来的纯粹的昂贵摆设，那么欧洲的军人们，则已变成了纯粹的危险机器人。至于说到对于国内的有关行政事务，他们就更是一些毫无声音或意志的纯粹机器人了，因此，我们又怎么能说，欧洲的军人们应对这场战争负责呢？

最后，让我们再来看看那些同样受到责难的欧洲外交官们。根据政治理论——欧洲的《自由大宪章》，外交官——那些实际任事的政治家和政府主管部门的部长们，现在仅仅只能去执行民众的意志。换言之，他们只能去做国内民众让他们去做的事情。因此，我们看到，外交官——今日欧洲各国政治家和部长们也都不过是一种机器：一种谈话或传声机器；实际上他们就像木偶戏中的木偶。那趾高气扬的木偶是没有自己个人意志的。他工作活动，或上或下，或左或右都听任民众摆布。这种没有灵魂的木偶们，只能作为民众的传声筒，而没有任何个人意志可言。因此我们又怎么能说外交官——那欧洲各国的政治家和政府各部门的部长们，要对这场战争负责呢？

老实说，在我看来，今日欧洲诸国的政治中最奇怪的事情，莫过于实际掌管政府大权的统治者，军人，还有外交官或谓政治家和政府事务大臣们，不被允许有任何个人的意志，有任何为本民族的安全和利益按他认为最好的办法去办事的权力。而恰恰是那些普通的民众——像《爱国时报》的编辑约翰·史密斯（John smith），航史弟兹（Houndsditch）的博布斯（Bobus）（他在卡莱尔时代曾是香肠和果酱制造商，现在则是巨大的"无畏战舰"的主人），高利贷者摩西·兰谱（Moses Lump）——他们倒有足够的力量去实现自己的意志，并能在治理国政方面拥有发言权。实际上，他们有权让当今的统治者、军人和外交官去按他们的意志办事。因此，如果你深入思考一下就会发现：正是那三种人——约翰·史密斯，博布斯和摩西·兰谱们应对这场战争负责。因为正是这三种人，发明了那畸形可怕的现代机器——欧洲军国主义。又正是这怪异可怕的现代机器，导致了目前的这场战争。

或许，你们要问我：何以欧洲在位的统治者、军人和外交官们会如此怯弱地听命于上述这三种人呢？我的回答是，要归因于那普通的民众、那淳朴的男男女女们。因为那普通民众，甚至于像迪金逊这样淳朴的良民也没有忠于和支持过他们的统治者、军人和外交官，而恰恰站在约翰·史密斯、博布斯和摩西·兰谱一边反对统治者。可是，普通民众何以要支持他们这三种人呢？这里有两个原因。首先，他们向民众宣称他们属于民众党；其次，欧洲各国民众从小便受"人性本恶"的教育，无论何时有权，他们都会滥用之。更有甚者，一旦他们强大到足以抢夺和谋杀其邻居时，他们就会这样行事。事实上，我在此想说的是，约翰·史密斯、博布斯和摩西·兰谱三种人所以能赢得民众，迫使欧洲的统治者、军人和外交官们发明那怪异可怕的现代机器并导致这场战争的原因，正在于欧洲各国的民众，当他们群聚乌合之时，总是自私的和怯懦的。

因此，如果你追根溯源就会发现，这场战争的责任者并不是各国的统治者，军人和外交官们，甚至也不是约翰·史密斯、博布斯和摩西·兰谱，而实际上是那些像迪金逊这样的良民、这些淳朴的男女自身。对此，迪金逊教授当然会马上反驳说：我们这些普通民众又不希望这场战争。然而谁又希望这场战争呢？我相信没有人希望。至于究竟什么原因导致了这场战争，我的回答是：恐惧——群氓的恐惧。去年8月，当在俄国那种由欧洲民众推波助澜的可怕的现代机器开始运转时，这一恐惧便控制和掌握了整个欧洲各国的广大民众。简而言之，我认为，正是由于恐惧——群氓的恐惧，今日在欧洲各国民众中蔓延感染的那种恐惧，控制和麻痹了战争各国的统治者、军人和外交官们的头脑，使得他们孤立无援、无能为力，并最终导致了这场战争。因此依我之见，并不是像迪金逊教授所说的那样是统治者、军人和外交官们把他们的国民导入了这场战争，而恰恰是那普通民众的——自私自利，胆怯懦弱，以及在那最后关头的惊慌恐惧，把他们可怜的孤立无援、无能为力的统治者，军人和外交官们推进了这场灾难——这座战争的地狱之中。毫无疑问，欧洲目前那种悲惨无望的局面，我要说的是，它就在于此时正处在战争之中的实际统治者、军人和外交官们的那种可悲而又可怜的孤立无助、无能为力。

从我上述的揭示中显而易见，要想赢得欧洲现在和将来的长久和平，第一件要做的事，不是像迪金逊教授所说的那样，须让民众参与政治，而是要把他们从政治中永远清除出去。因为他们处于乌合状态时太自私太怯懦了；无论是对和平还是战争问题，他们都太易于发生恐慌。换言之，如果要在欧洲保证和平，那么第一件要事，我认为就是要把各国的那些统治者、军人和外交官保护起来，使他们摆脱民众的困扰，免受群氓的威胁。那些处于乌合状态的民众的恐惧，只会使他们更加孤立无助、无能为力。事实上在我看来，不用说未来，即使要挽救欧洲目前的困境，也只有一条路可走，那就是首先把战争各国中的统治者、军人和外交官们从他们目前的孤立无援、无能为力中解救出来。在此我愿意指出，目前欧洲所处的那种悲惨无望的局面，实际上在于每个人都盼望和平、却又没有人有勇气和力量来制造和平。所以我说，目前的第一要事，就是把统治者们、军人和外交官从孤立无助、无能为力的状态中营救出来，并找出一些办法赋予他们权力——让他们用这些权力去寻求和平道路。在我看来，目前唯一的途径就是：为了欧洲人民，为了那正处于战难中的各国民众，赶快废除目前的宪章即《自由大宪章》，制定出一个全新的宪章——一种如同在我们中国这儿的良民宗教所赋予中国人的那类"忠诚大宪章"。

按照这个新的"忠诚大宪章"，交战各国中的广大民众必须宣誓：首先，不得以任何方式讨论、参与或干预战争政治；其次，无论现实的统治者在他们中施行何种和平计划，他们都必须绝对加以服从。这种新的"忠诚大宪章"将会立即赋予交战国的统治者以力量、和使用这一力量去制造和平的勇气。事实上，有了这种力量和勇气，就可以马上驾驭和平。我完全相信，一旦把这种权力给予统治者，给予那些正处于战争中的国家统治者，那么他们就能马上驾驭和平。我之所以坚信这一点，是因为，处于战乱各国的统治者，除非他们都是些十足的不可救药的疯子或恶棍（事实上人们必须承认他们不是，我甚至于冒昧地说，那个目前在欧洲最受诅咒的人——德国皇帝也不是），否则他们所有这些人，交战各国中的统治者们应当能看到，他们每天都要浪费九百万镑人民辛辛苦苦挣来的血汗钱，去葬送数以万计的无辜的生命，去捣毁成千上万无辜妇女的家园和幸福，这，不过是一种该死的疯狂而已。然而为什么那些交战国中的统治者、军人和外交官们却不能清楚地认识到这一点呢？因为他们在群氓恐惧面前，在那普通民众的恐惧面前感到孤立无助、无能为力。事实上，正如我所说过的，这种无能为力已经控制并麻痹了他们的头脑。所以我说：要想挽救欧洲目前的局势，现在第一件要做的事情，就是给各国统治者、军人和外交官们以权力，将其于群氓恐惧——于普通民众的恐惧之中拯救出来。

在此，我想进一步指出：当今欧洲那悲惨绝望的局势，不仅是统治者、军人和外交官们的孤立无助、无能为力造成的，也是交战国中每个国民的孤立无援、无能为力造成的。由于人人孤立无援、无能为力，以致完全看不到这场无人希望却产生于群氓恐惧的战争不过是一种十恶不赦的疯狂而已。正如我所说过的，这种恐惧已经控制和麻痹了所有人的头脑。关于这一点，人们甚至可以从迪金逊的文章中窥见一斑。他著文抨击战争，并痛斥那些统治者、军人和外交官带来了这场战争。其实，迪金逊的头脑里也充满了那种群氓恐惧，不过他没有意识到罢了。迪金逊教授习惯在文章的开头声称他的文章不是什么"停战"书，接着又说什么："我想，所有的人也都会那么考虑，既然卷入了这场战争，那么我们就应当把它进行到底，直到我们的领土完整和人民的安定不遭受任何损害为止，直到欧洲和平的保障能按人类智慧转移时为止。"难道大英帝国的统一和安定，以及欧洲的和平，只有通过每天都要浪费九百万英镑实实在在的钱，去屠杀千千万万无辜的生命才能获得吗？如此荒唐无稽的命题，我相信只有在那些头脑里充满群氓恐惧的人中才能觇闻。好一个欧洲和平！我想，如果这种耗资额和屠杀率再继续下去，那么不久以后欧洲和平将会到来，是的，是会到来的，不过那时的欧洲，恐怕早已从世界地图上被抹了去。的确，如果说有什么能表明普通民众完全彻底的不适合讨论和平问题，那就再也没有比像迪金逊之流的这种心理态度和精神风貌所作出的结论更加明白无疑的了。

然而，我要重申的一点是，在交战各国中，人人都盼望和平，但却没有人能有力量去创造和平和制止战争。事实上也正是这一点，使得欧洲人民找不到实现和平的道路，从而对和平绝望。这种对和平的绝望，模糊了交战国人们的视野，使他们不能真正认识到这场只是由群氓崇拜引起的战争不过是一场十恶不赦的疯狂。因此，为了使人们认识这一点并感到还有实现和平的可能与希望，首先要做的一件简单的事情，就是要立即停止这场战争，授予某些人以充分的权力去制止战争，通过制定所谓的"忠诚大宪章"，授予那些交战国的统治者以绝对的权力——去立即停止这场战争。一旦人们看到这场战争能够被制止，那么交战国中的每个人，恐怕除了少数纯粹的不可救药的疯子之外，都能够认识到这场无人希望、且仅由群氓恐惧而导致的战争，实在不过是一种十恶不赦的疯狂而已；而且这场战争，如果它再继续下去，即便是那些可能获胜的国家，也难逃最终倾覆的噩运。一旦交战国的统治者拥有权力去停止战争，且交战各国的人民看到和认识到这场战争只是一种疯狂，到那时也只有到那时，人们才容易获得像美国总统威尔逊①那样的，像前总统西奥多·罗斯福②在日俄战争中所具有的那种成功的和平感召力，从而立即把战争制止，然后找到一条实现永久和平的道路。

我之所以如此认为，是因为我相信，为了实现和平，欧洲交战各国的统治者不得不做的唯一重要之事，便是要去建立一座精神病院，把那些纯粹不可救药的疯子请进去——把那些像迪金逊那样脑中充满群氓恐惧——那些对大英帝国的统一和安定，对欧洲未来的和平充满恐惧的人请进去！

因此我认为，对于交战国中的人民来讲，战争的唯一出路实在于彻底撕毁目前的《自由大宪章》，制定一种新的大宪章——不是自由的大宪章，而是像我们中国这儿的良民宗教所赋予中国人的"忠诚大宪章"。

为了证明我上述主张的有效性，下面让我来提醒一下欧美人民注意这样一个事实，即，正是日俄民众对他们的统治者的绝对忠诚，才使得美国前任总统罗斯福对已故的日本天皇和现在的俄国沙皇形成一种成功的感召力，并制止了日俄战争，最终在朴次茅斯签定了和平协议③。这种人民的绝对忠诚，在日本受到从中国这儿学去的良民宗教中的"忠诚大宪章"的保护，但在俄国却并不存在具有"忠诚大宪章"的良民宗教这种东西，俄国人民的绝对忠诚是靠"鞭子"（Knout）的力量来维系的。

下面，让我们来看看朴次茅斯条约签定之后，在拥有良民宗教之"忠诚大宪章"的国家如日本，和在那没有这种宗教和这种宪章的国家如沙俄都发生了些什么。在日本，朴次茅斯条约签订后，东京市民由于其良民宗教受到那欧洲新学（the New Learning of Europe）的破坏，于是举行了示威游行并试图制造恐怖——但是这时，日本人民心中那真正不朽的"忠诚大宪章"发挥了作用，它在少量警察的帮助下，只用了一天时间就平息了示威和骚乱。不仅日本国内实现了和平，而且远东也从此安定多了。④ 可是在俄国，朴次茅斯条约签订之后，各地的民众也

---

① 威尔逊（T. W. Wilson, 1856—1924），1913 年至 1921 年为美国总统。他标榜和平。1918 年 1 月，倡议建立国际联盟，并提出所谓"十四点"和平纲领，一度颇鼓舞人心。

② 西奥多·罗斯福（Theodore Roosevelt, 1858—1919），1901 年至 1909 年为美国总统。1904 年至 1905 年，日俄爆发战争期间，曾建议日俄停战议和，后为双方采纳。

③ 即《朴次茅斯和约》，1905 年 9 月 5 日在美国朴次茅斯签订。共十五条，主要内容为：俄国承认朝鲜为日本的势力范围；将在中国辽东半岛的租借权转让给日本；割让库页岛南部给日本。它实际上日俄结束战争，重新瓜分中国东北和朝鲜的和约。1945 年废除。

④ 远东的和平，我以为它一直延续到最近当英国的群氓崇拜政治在日本也获得了聪敏善悟的弟子的时候才结束。像大隈重信伯爵（似应为侯爵——译者），便是现在日本最大的群氓崇拜政治家——他号召发动战争来反对在青岛的一小撮德国传教士。——原注

举行了示威游行并试图制造恐怖，但由于没有良民宗教，并且那用以维系人民绝对忠诚的皮鞭也断裂了。自那以后，俄国人民就享有了充分的自由去制造骚乱或立宪，享有了去大喊大叫和制造恐怖的权利——制造那种对沙皇俄国和斯拉夫种族的统一与安定、对欧洲未来的和平前景的恐惧！结果是，当奥匈帝国同俄国之间就如何处理杀害奥地利大公①的凶手问题发生小小分歧时，俄国民众，那些群氓就喧嚷起来，并在全国制造出一种对大俄帝国的统一和安定的恐惧，从而使得沙皇和他的谋臣们被迫动员全部俄国军队，也就是开动了那约翰·史密斯、博布斯和摩西·兰谱们所制造的可怕的现代机器。就在那可怕的现代机器——沙皇的现代军国主义发动的时候，全欧洲人民中也立刻形成了一种普遍的恐惧，这种弥漫全欧的普遍恐惧控制和麻痹了各国的统治者和外交官，造成了他们的孤立无援、无能为力，而这种孤立无援和无能为力，正如我已经说明过的，它导致了这场战争。

因此，如果你深入地探索这场战争的原因，就会发现，其真正的发端在于《朴次茅斯和约》。我所以这样说，是因为在该条约签订之后，那皮鞭——那鞭子的力量在俄国完蛋后，沙俄国内就再也不存在一种能够防止群氓恐惧——那种对于沙俄帝国以及斯拉夫种族的统一和安定的恐惧的东西了！德国诗人海涅，一个最杰出的自由主义者、他那个时代最优秀的自由主义斗士，以其非凡的洞察力指出：俄国的专制是一种真正的独裁，它绝不允许有任何别的可能传播我们现代自由观念的东西存在。（der Absolutismus in Russland ist vielmehr eine Dictatur um die liberalen Ideen unserer neuesten Zeit in's Leben treten Zu lassen.）实际上，我再说一遍，在《朴次茅斯和约》签订后，俄国的"独裁"，那皮鞭，那鞭子的强力完蛋了，从而不再存在任何东西能保护俄国的统治者、军人和外交官们免于群氓的恐惧，这一恐惧，我说过，它是这场战争的真正根源，换言之，这场大战的真正原因就在于俄国的群氓恐惧。

以往，欧洲各国称职的统治者之所能维持国内的秩序，乃至整个欧洲的国际和平，是因为他们敬畏和崇拜上帝。但是现在，我以为，各国的统治者、军人和外交官们不再敬畏和崇拜上帝了，而是去崇拜和惧畏那些群氓——那国内民众组成的乌合之众。拿破仑战争之后，制订《神

①　奥地利大公，即斐迪南大公。"大公"，奥地利皇太子的专称。刺杀他的凶手，乃一塞尔维亚人。

圣同盟》的沙皇亚历山大一世之所以不仅能维持俄国的国内秩序，还能保证整个欧洲的和平，乃是因为他畏敬上帝。目前的俄国对内既不能维持社会秩序，对外也不能保证欧洲和平，其原因正在于，他将群氓恐惧代替了对上帝的敬畏。在大英帝国，像克伦威尔那样的统治者，是能够维持其国内秩序并保证欧洲和平的，因为他们崇拜上帝。然而大不列颠如今的统治者，尽职尽责的政治家如格雷勋爵、艾思奎斯，丘吉尔和劳合·乔治这些先生们，却不能维持国内秩序并保证欧洲和平，因为他们已不再敬畏上帝，而只崇拜群氓——不仅崇拜其国内的群氓，而且崇拜其他国的群氓。英国前任首相坎贝尔·班勒门先生，在俄国国家杜马被解散时，曾放声高叫："杜马①灭亡了，那罪恶的杜马！"（Le Duma est mort, Vice le Duma！）

我说过，这场大战的真正原因是俄国的群氓恐惧，下面我想指出的是，这场战争的最终根源其实并不在此，那个源头——那个不仅是这场大战的"根源"（fons et origo），而且是当今世界一切纷乱、恐怖和苦难的根源的——其实是群氓崇拜，是当今欧洲美各国尤其是英国的那种群氓崇拜。正是大不列颠的群氓崇拜，导致和促成了那场日俄战争。②日俄战争之后，由于有英国首相的叫嚷助威，俄国签订了一个又一个"朴次茅斯"条约，结果折毁了"皮鞭"——那鞭子的强力，那海涅称之为的俄国式独裁，并最终制造了一种群氓恐惧。这种恐惧，恰如我所言，它导致了这场可怕的世界大战。我在此附带说一句，正是这种大英帝国内的群氓崇拜，这种侨居中国的英国人和其他外国人之中流行的群氓崇拜，其实也就是从欧美引进的群氓崇拜教，给中国带来了革命和目前这场共和国的梦魇，从而造成今日世界最为宝贵的文明财富——真正的中国人遭受到毁灭性的威胁。因此我认为，大英帝国的这种群氓崇拜——这种今日欧美的群氓崇拜教，除非它立即被打倒，否则就不仅会毁掉欧美文明，还要毁掉全人类的文明。

现在，我想只有一件东西能够推倒这种群氓崇拜，推倒这种正威胁着今日世界所有文明的群氓崇拜教，那就是"忠诚宗教"——恰如我们

---

① 杜马，沙皇俄国的国家代议机构。先后共召开四次。它是沙俄主要统治机构之一。十月革命前解散。

② 大英帝国的群氓恐惧，尤其是那些待在上海和中国各地的英国人中的自私的恐惧，其喉舌便是《泰晤士报》驻北京的记者莫理循"大"博士。他那"开放满洲"的叫嚷，刺激并促使了日本人投入日俄战争。——原注

中国人所拥有的，在我们中国这儿的"良民宗教"中的"忠诚大宪章"
一类东西。这种"忠诚大宪章"将保护所有国家尽职尽责的统治者、军
人和外交官家们免受群氓的威胁和干扰，使他们不仅能够保证国内的秩
序，还能维护世界和平。进而言之，这种"忠诚大宪章"——这种拥有
"忠诚大宪章"的"良民宗教"，通过使一切真诚善良的人们去帮助其合
法的统治者来制约和打倒那些群氓——从而能使所有国家的统治者在国
内和国际上维护和平、保证秩序，并且用不着什么皮鞭、警察、士兵，
一句话，用不着军国主义。

　　下面，在我作结论之前，我想对军国主义，德国军国主义再讲几
句。我已经说过这场战争的最终根源是大英帝国的群氓崇拜，但在此我
想指出，如果说这场战争的最终根源是大英帝国的群氓崇拜，那么这场
战争的直接原因，则是德国的强权崇拜。据报道，俄国沙皇在签署俄军
动员令之前曾经说过："我们已经忍耐了七年了，现在它该结束了。"沙
皇的这些动情的话表明他和俄国民族，一定遭受过德国强权崇拜所造成
的巨大痛苦。的确，大英帝国的群氓崇拜，正如我说过的，它折毁了沙
皇手里的皮鞭，从而使得他在反对那些想要战争的群氓时变得无能为
力。德国民族的强权崇拜又使他丧失了本性，驱使着他同群氓一起投入
了战争。因此我说，这场战争的真正原因，就是大英帝国的群氓崇拜和
德国的强权崇拜。我们中国人的"良民宗教"经书上说过："罔违道以
干百姓之誉，罔拂百姓以从己之欲。"① 这里，"违道以干百姓之誉"，
就是我所谓的群氓崇拜；"拂百姓以从己之欲"，就是我所谓的强权崇
拜。拥有了这种"忠诚大宪章"，一个国家尽职的大臣和政治家就会感
到他不该对群氓负责，不该对那乌合的普通民众负责，而应为他们的国
王和自己的良心负责。这就会防止他们"违道以干百姓之誉"，事实上
防止他们陷入群氓崇拜的泥潭；同时，"忠诚大宪章"又将使一国的统
治者感到他们肩上的重任，那"忠诚大宪章"所赋予的权力压在他们身
上的重任，而这便会防止他们"拂百姓以从己之欲"，事实上防止他们
堕入强权崇拜的陷阱。由此我们看到，这种"忠诚大宪章"——这种拥
有"忠诚大宪章"的"良民宗教"，将有助于我们摧毁那群氓崇拜和强
权崇拜，我已经指出，这两种崇拜乃是这场战争发生的根源。

　　那个经历过法国大革命的法国人茹伯，在回应现代自由主义的呼吁

---

① 语出《书经》或译作《儒经中的历史典籍》一书。——原注

时指出："为自由灵魂而呼唤吧，不要为自由人而叫嚷。道德自由乃是一种至关重要的自由，这种自由必不可少；而其他的自由只有当它有助于这一自由的时候才是好的和有益的。服从就其本质而言比独立要好。因为一个意味着条理和序列，另一个则意味着孤立和自足；一个意味着和谐，另一个则意味着单调；一个意味着整体，而另一个只意味着部分。"

这，我认为就是欧洲人民、现在处于战争中的国家的人民既要摆脱这场战争，又要挽救欧洲文明乃至世界文明的一条并且是唯一的一条道路。也就是说，他们必须彻底撕毁《自由大宪章》，而代之以一个"忠诚大宪章"；事实上就是要采纳像我们中国人所拥有的"忠诚大宪章"的那种"良民宗教"。

AB INTEGRO SAECLORUM NASCITUR ORDO！（世纪的秩序正在重新奠定！）

反对中国文学革命 *
（1919）

　　已故 J. A. 弗劳德先生在出任苏格兰的安德鲁斯大学校长的就职演说中说："人们谈论着要开阔心胸。多年以前，我出席过在曼彻斯特自由贸易大厅里举办的演讲会，听了一个关于教育的演讲。演讲者是当天最受欢迎的演讲人之一。他用一种惯常的方式谈起上代人的疏忽，谈起那糊涂的脑袋瓜里完全熄灭了思想的愚昧农民，等等，等等。然后，他又以一种令人振奋的激动，一种音乐般的声音，带着激情无限的颤抖说道：'我仿佛，我仿佛又一次听到了那滚过远古混沌之音的回声在说：让光明到来吧！'"闻听之下，只见所有的听众都不由自主地摇曳起来，就仿佛那微风吹拂稻田，稻浪阵阵，掠过田野。"可是，"弗劳德先生贴切地问："换一种简明的表述，这位先生确切的意思到底是什么？"

　　同样，当胡适教授用他那音乐般的声音谈论"活文学"和"重估一切价值"，谈论"为观念和思想的彻底变革铺路，唯有此种变革，能够为全民族明智而积极地参与共和国的重整完美地创造条件"时，我敢肯定，许多在中国读到这些激情冲动之辞的外国人，都将如坠云里雾中，不知所云。用简明的英文表述，可称之为"套鸟的圈套"。因为正如弗劳德先生将要说的，若换成简明的英文表述，这一整套关于"重估一切价值"和"共和国重整"的高论，其真切意思究竟是什么？如今，人们当务之急想要得到的，不是胡适博士（他提倡文学革命的文章最近刊登在《评论》上）之流"重估一切价值"的空谈，而是设法去让共和国政府制止国家钞票的贬值！

　　不过，在如下一点上，胡适教授还是让我们弄懂了他所要的文学革

---

　　* 此文发表在 1919 年 7 月 12 日上海出版的《密勒氏评论》（*Millard's Review*）。译者为黄兴涛。

命究竟是什么。他说："文学革命者认为，所谓的中国文学语文（文言），不再是一种创造性文学作品能胜任的（！）工具。哪有一种死语言能适合于创作活文学的？"同时，他们力图证明白话或通俗（！）汉语无论从何种意义上说，都是一种活语言，它适合于创造活的民族文学。

现在，如果你能证明上述观点有一点是对的，哪怕只是维护住其中一点能够不错，我们便承认胡适及其他文学革命者们所说正确。但不幸的是，你无法做到这一点。下面，让我们来检验一下这些文学革命者所说的究竟是否真确。首先，文言或古典汉语是一种死语言吗？所谓死语言，应当像欧洲今天的希腊语和拉丁语一样，不再成为现行的语言。从这个意思上讲，今日中国的文言或古典汉语并非是一种死语言。要证明这一点无需多费唇舌，只要指出这样一个事实就足够了。即，在目前的中国，此时此刻，不仅所有的公文、而且所有的公共报纸（除非常微不足道的部分例外），都是用文言或古典汉文写作和出版的。因此，那种谈起中国古典汉语时说什么"没有哪一种死语言适合创造一种活文学"的人，如若不是一个连他自己说了些什么都不知道的大傻瓜，必定是一个地地道道的"套鸟圈套"管理人，他清楚怎样通过聪明的能吸引人的字词之含糊其辞的使用，来愚弄公众。

然而，一种死语言，可以指一种粗陋笨拙、呆板臃滞、缺乏生机活力的语言，这样的语言，诚如文学革命者所说，是无法产生一种活文学的。然而中国文言是这样一种死语言吗？在回答这个问题之前，让我在此引用一个老留学生、已故的罗丰禄先生的一句名言。罗先生曾担任已故直隶总督李鸿章的英文秘书多年。他出任驻英公使的时候，有一次在英国公众面前发表演讲说："外国人可以教中国人一切，但只有一件事他们不能教我们，那就是怎样学习中国语言。"的确，如果在与中国和中国人直接相关的问题中，还有什么不适宜于一般外国人发表意见，最无资格下评断的问题，那就是有关中国语言的问题了。因此，假如一般外国人真的想知道中国文言是否是一门无活力的死语言，那么请他既不要听我的，也不要听胡适博士的，请他去读一读法国人雷慕沙关于中国语言所说的话。如若他读不懂法文，那么就请他去问在北京的翟理斯博士或者梅尔思先生。① 只恐怕这些先生，当你把这种问题提到他们面前

① 梅尔思（Sydney Francis Mayers），英国外交官，驻华使馆翻译生出身，曾代理上海副领事，任英驻华使馆汉文副使。后为中英公司驻华代表。精通中文。

时，他们会说你是一头蠢驴，竟然会问这么愚蠢的问题。

确确实实，一个身为中国学者的人，能够说出中国的文言不适合创造活文学的话，他一定是一个——借用一位美国太太最近出版的题为《北京灰尘》书中的一句妙语——"外表标致的道德上的矮子"（Pretty well dwarfed ethically）。本朝①的一位学者谈起文学风格时说："语言要高雅，表达要自由，用字要简练，意义要完满。"好的中国文言的特征之一，就在于它语言是高雅的。下面，让我来举一个具体例子，看看我所谓的高雅语言是什么样子。我所引的是莎士比亚的一段诗：

> 在贝尔蒙特，有个父母双亡的富贵孤女，
> 她很美，美得让人无法言喻，
> 而且正直而善良。有时从她的双眼，
> 我接收到美丽无言的信息：
> 她名叫波蒂娅；毫不亚于
> 卡托的女儿，布鲁图斯的波蒂娅。
> 广垠的世界并非不知她的真价；
> 来自四面的海风已将那些出色的
> 求婚者送达：她那闪闪发亮的头发
> 像金色的羊毛挂在鬓角之下；
> 使得她贝尔蒙特的宅邸如同科尔阔斯的海岸
> 许许多多的伊阿宋都来寻她。
> 噢，安东尼奥！只要我有办法
> 能成为竞争者的一员，
> 我预感像我这等寒士，
> 最终必定能够娶她进家。

这就是我所称作的高雅语言。下面，让我将莎士比亚的这种高雅语言，转换成白话或通俗英语：

> 有一个名叫波蒂娅的小姐，住在贝尔蒙特，父母双亡后，她继承了一大笔遗产，因而非常富有。她很漂亮，漂亮得无法用语言来形容。同时也极为正派善良。她常常双眼注视着我，仿佛十分喜爱我。卡托的女儿、布鲁图斯的波蒂娅，也赶不上她的正派和善良。

---

① 辜鸿铭以清朝的遗老自居。清朝虽已灭亡，他仍以"本朝"相称。

她美丽的名声传扬四方，出类拔萃的人们从世界各地拥来向她求爱。实际上，贝尔蒙特已完全变成一个科尔阔斯（海岸），在那里，她的崇拜者就像无数个（希腊神）伊阿宋寻找金羊毛一样，来找寻她美丽的头发。相信我，安东尼奥，如果我能够凑足一点费用去拜见她，我有一个预感，我肯定会赢得她，让她做我的妻子。

现在，任何一个不懂汉语的人，如果将我的白话英语和莎士比亚高雅的语言两相比较，他就会明白中国的文言和白话或像胡适博士以他的归国留学生英语称之为的通俗（！）汉语之间，有什么不同。如果他明白了这一点，也就会认识到这种文学革命的极端愚蠢。

文学革命者们谈到活文学。然而何为活文学？爱默生说："诗歌需要讲求精神的法则。"同样，旧式学校出身的中国文人也说："文学具有着传输生活之道的意义。"——文以载道——他们因坚持这一点而被胡适博士和文学革命者看不起。提起"生活之道"，我想对胡适博士及其他文学革命者说的是，在现今被引进中国的新式欧洲现代文学中，在诸如海克尔、莫泊桑①和王尔德②这些作家的作品中，他们并没有被带进活文学；他们被带进的是一种使人变成道德矮子的文学。事实上，这种文学所载的不是生活之道，而是死亡之道，如同罗斯金所说的，是一种永久死亡之道。的确，在目睹了欧洲过去五年大规模的死亡之后，在观察到中国目前的这一代归国留学生如何变成道德上的矮子、矮到实际上连他们自己语言中的高雅、那种甚至像翟理斯博士那样的外国人也能够鉴赏的高雅也不晓得和感受不到的时候，在看到这一切之后，当我再遇到那些仍然认为中国人所需要的是欧洲"新学"的外国人时，基督的这些话就不期而然地进入到我的脑海："你们真不幸啊，法律学家和法利赛人，伪君子们！你们跋山涉水为的是要造成一个（宗教）改宗者，可将他改宗之后，你们（实际上）把他变成了比你们自己悲惨不啻两倍的地狱之子。"

北京，1919 年 7 月 5 日

---

① 莫泊桑（1850—1893），法国著名作家。代表作有《羊脂球》和《俊友》，曾自杀未遂。后得精神病死。

② 王尔德（1854—1900），爱尔兰作家、诗人、戏剧家。"为艺术而艺术"的倡导者。主张美没有功利价值并与道德无关。代表作有《认真的重要》、《道林·格雷的肖像》等。后者有模仿法国颓废派小说对隐私罪恶的描写。晚年因同性恋，曾进过监狱。

归国留学生与文学革命[*]
——读写能力和教育
（1919）

我不得不感谢你的通讯员胡适之为我提供了一个机会，使我能对愚蠢的文学革命说得更多些，而这在你们要求我写的那篇短文中是无法做到的。

首先，让我对你的通讯员指出，我的文章引用莎士比亚的话是为了向人们说明，胡适博士所极力主张和坚持的，书面语文（文言）或古典中国语文对于创造性的文学作品来说，是一种不合宜的或者像胡适博士用他那留学生英语说的一种不胜任的（！）工具，纯粹是胡扯。简而言之，我试图对那些不懂中国语文的外国人解释，正如古典式的莎士比亚英文不仅是合宜的、而且是较好的一种工具一样，要写出创造性的文学作品，文言或古典中国语文比口头语文或白话要强得多。那就是我同你们的通讯员论争中的观点，他对此似乎没有弄懂。

你的通讯员进一步说："现代世界上广泛传授着比莎士比亚英文更通俗（！）的英文。"这的确不错。同样，在世界各地，面包和果酱的消费比烤鸡大得多也是事实，然而，我们却不能因此就认为烤鸡不如面包和果酱味道鲜美或富于营养，而都应该只去吃面包和果酱！

最后，你的通讯员抱怨在中国 90％的人都不识字，"因为中国的文言太难学了"。我认为，我们所有的人，包括外国人、军事家、政治家，尤其是我们那些回国的留学生们，现在在中国还能有这样好过的日子，不该抱怨什么，而应该为中国四亿人口中 90％不识字这件事每天感谢神。因为想想看，如果四亿人。口中有 90％的人识字，那将会出现什

---

* 此文发表在 1919 年 8 月 16 日上海的《密勒氏评论》上。译者为黄兴涛。

么样的结果。设想一下，假若在北京，苦力、马夫、司机、理发师、船夫、小贩、无业游民和流浪客，hoc genus omne（诸如此类）的人都识字，并想和大学生们一道参政，那将会是一幅多么美妙的景象。据说，最近有 5 000 份关于山东问题的电报拍往巴黎的中国代表那里，让我们计算一下，如果中国四亿人口中 90％ 的人识字且想成为我们留学生一样的爱国者，那所拍的电报数量和拍电报所花的钱该有多少！再设想一下，假如中国人口的 90％ 都识字并且懂通俗（！）英文，那么基督教青年会将变得多么兴隆，恐怕英国的百万富翁将捐不出那么多修建基督教青年会三层楼的款项来。而且，如果 90％ 的中国人不仅识字还懂得通俗（！）英文，那么第一件事情，便是我们可怜的归国留学生将不得不退居到非常不起眼的位置上；然后，我们将不可能像法国国王说"朕即国家"那样说，就像现在我们在友谊社、集会和协会上以及在拍往巴黎的电报中所说的那样："我们是中国。"

在我看来，你的通讯员与时下许多人一样，被这样一个错误观点所困扰，他认为识字同受过教育是一回事。但这是绝对不对的。我的看法正与此相反。在我看来，一个人识字越多，他所受的教育就越少。然而，什么是教育？什么是"受过教育"或有教养呢？

子夏说："贤贤易色，事父母能竭其力，事君能致其身，与朋友交言而有信。虽曰未学，吾必谓之学矣。"（《论语》卷一）

按照这种教育标准，那些被你的通讯员称为文盲的占四亿人口中 90％ 的中国人，将是唯一遗留在中国乃至全世界的真正受过教育的有教养的人。

的确，在堕落、退化的文明时代，正如在我们的现实生活中一样，就"教育"这个词的真正意义而言，一个人越变得有文化或学问，他所受到的教育就越少，就越发缺乏与之相称的道德。

在罗马帝国后期，塞涅加（Seneca）说："postquam docti prodicrunt, boni desunt."（自从我们中间出现了文人之后，好人便消失了。）明末著名的学者顾亭林谈起他那个时代的人时也说："一旦成为秀才、举人或太学生，他立刻就会变成道德上没有希望的人了。"同样，作为一条规律，今天人们则可以说："一旦一个中国穷男孩完全懂得了通俗（！）英语，并且可以用它来给报纸写信，你就会立刻发现他成为了一个'道德上的小人'。"

有些人可能认为我最近发表在你们评论上的那篇文章中，引用基督的话，用在那些把通俗（！）英语和"新学"带入中国的外国人身上，太过于严厉了些。然而，凡是有这种念头的人都应该去读一读、看一看一个"中国教会学生"所写的一封信的语调和精神。那封信发表在你们刊登胡适之通讯的同一期评论上。这个"中国教会学生"用他的通俗（！）英文蔑视和嘲笑日本民族——然而他了解现在的日本民族、并知道日本是怎样变成目前世界上五大列强之一的吗？让我来告诉他：日本之所以成为当今一个伟大的民族，是因为在外国人侵入的时候，日本学生，有的为了能寻找和带回有助于日本抵御外敌入侵的东西，竟偷偷隐藏在外国轮船上漂洋过海。当这些日本学生从国外返回祖国时，他们并没有把自己装扮成爱国者，去组建友谊社或者发送电报，也没有给报纸写文章辱骂外国人或外国民族，更可贵的是，他们没有试图像外国人一样去过奢侈的生活，而是相反，为了能够有助于织织和管理他们的国家，他们仅靠刚可以维持温饱的薪金生活（或见已故的小村受太郎①伯爵，那位曾出席朴次茅斯和会的使节的生活）。他们的这种做法使得外国人不得不尊敬他们。结果，治外法权最终被废除了。在两次大的战争中，日本人分别与两个帝国作战，其中每一个帝国都有日本的二十五倍那么大，成千上万的日本学生弃学从戎，走上前线，为了天皇和他们的祖国自愿献出生命。我认为，那就是日本成为一个伟大民族的原因。

北京，1919 年 8 月 9 日

---

① 小村受太郎（Komura），赴朴次茅斯与俄使谈判的日本外相。

宪政主义与中国
（1921）

（一）

　　上星期在北京剧院（Peking Pavilion），放映了一部题为《红色灯笼》的影片，那是一个美国脑瓜的产物，目的是要展现 1900 年发生在北京的著名的"义和团之乱"的场景。这很好笑，但对于那些生活在北京，或者至少对中国人及其生活方式稍有了解的人们来说，则显得异常荒诞，同所有美国人的大作一样，正像一位俄罗斯女士对我说的，它实在愚蠢无聊之至。

　　现在，我手头有一部名为《中国与远东》的书，它是美国的著名专家们在 1910 年克拉克大学二十周年庆典上所做演说的汇集。该书的序言告诉我们，"这些演说的目的有两个：首先，它强调了在学校或学院的工作中，展示远东发展前景的重要性；其次，它旨在增进普及工作，使人们对远东的现状有一个更普遍和更准确的了解。"这种美国脑瓜的产物，与在北京剧院放映的影片《红色灯笼》没什么两样，虽然也非常有趣，但对于真正了解中国和远东的人们来说，同样是极其荒谬的。

　　为了说明美国人的中国与远东观同影片《红色灯笼》是何其相似，让我先来引用该书编辑、克拉克大学历史系主任乔治·H·布莱克斯理（George H. Blakeslee）博士在该书序言中的开篇语。这位博学的美国教授引用了被他称之为威廉·H·西沃德预言（Prophesy of William H.

　　* 此文写于 1921 年 5 月。原载《亚洲学术杂志》第 1、2 两期合刊。译者为唐晓晖。黄兴涛校。

Seward）的话说："太平洋的沿岸、它的岛屿，以及除此以外的广大地区，将成为世界伟大的未来中重要事件的主要舞台。"接着他又引用了美国预言家西奥多·罗斯福的话说："随着美洲的发现，地中海文明销声匿迹了！大西洋时代正处于发展的顶峰。太平洋时代注定要成为最伟大的时代……而现在正是它的黎明！"

先看看这组词汇，"世界的伟大未来，"并用大写字母标出了"未来"二字，然后突然间"黎明"又出现在太平洋上。你将会看到美国人对于远东前景的描绘多么像一幅"电影画面"！

这位博学的美国教授接着说道，"远东正在发生着极为重要的运动，它将进入宪政自治阶段。这种进步如同被欧洲历史所清楚证明过的那样，不过是符合政治进化自然法则的一种必然。从罗马帝国的灭亡至今，欧洲经历了三种截然不同的统治阶段：首先是封建主义，继之为专制主义，最后是宪政主义。""这个时代——这个宪法保障时代，欧洲行将完结，而亚洲则刚刚开始。"最后，他得意地宣称："正是西方文明的教海、榜样和激励，将指导远东民族如何摆脱那些标志着欧洲政治自由呱呱坠地时的那些痛苦和恐惧！"

毋庸置疑，所有这一切的确非常美妙。但是，有谁想去了解这个伟大时代——这个欧洲已近完结而亚洲则刚刚开始的宪法保障时代又将怎样结束？从人们看到或听到的欧洲现状、特别是俄罗斯的现状来看，我认为，宪法保障时代将伴随着欧洲人民的"完蛋"而结束！那么在中国，宪法保障时代的结果又如何呢？到目前为止我们看到的结局是，中华民国的一位总统①在广东，手执一张写着"宪法"的秽纸，口袋里一文不名，狂怒地挥舞着拳头，因为外交使团拒绝给他海关税的盈余额；而另一位在北京的民国总统②则在罗伯特·霍顿爵士（Sir Robert Ho-tung）和香港总督的陪伴下安然地品着茶。他看上去很快活，因为尽管政府破产，甚至不能为政府大学里的教授们发放薪水，而巴黎的大学还授予了他一个博士学位，当三个厉害的军阀在天津实际统治着中国时，他便被彻底地抛弃了。所以，我认为这就是到目前为止、宪法保障或宪法贩卖在中国的结果！

---

① 指孙中山，此时（1921年初）他在广州召开非常国会，就任非常大总统，再揭护法旗帜，准备北伐。

② 指徐世昌（1855—1939），直隶天津人，号菊人。前清时官至军机大臣。1918年由安福国会选为民国总统。1922年，被直系军阀赶下台。

然而，极其严肃地说——我想在这里指出的是，宪法保障或宪法贩卖时代通常是一个民族道德沦丧的时代。让我来阐述其中的道理。

在中国，直到那位博学的美国教授所说的，"受到西方文明的教诲、榜样和激励"之前，中国人都没有一部现代意义的成文宪法，因为他们并不需要这种东西。但是中国人为什么不需要这种现代意义上的成文宪法呢？原因有两条。其中一条是非常简单的。这就同要求中国君子在旅馆或饭店用完餐后登记帐单一样，没有必要。因为廉耻心使中国的君子尽管不必登记帐单，却常常如期付帐。这种廉耻心也使得中国人，尤其是中国的君子们在没有任何成文宪法的情况下，绝对地臣服于他们曾经承认为他们的皇帝的那个人。同样的廉耻心也使得旅馆或饭店的经营者们在没有任何帐单的情况下公平合理地对待那些君子，使得中国的皇帝在没有任何宪法的情况之下，尽可能公平合理地对待他的臣民。这便是在旧式的中国，人民为什么既没有也不需要成文宪法的原因之一，即在旧式中国，中华民族拥有廉耻之心——一种道德标准，正像你们所见到的，甚至在旅馆或饭店的经营者与他们的客人关系上，也并不像在欧美，在他们能够履行其道德义务去付帐之前，还要求登记帐单。

在旧式中国，人民不需要成文宪法的另一个原因则很难解释，特别是对某些人，如一位美国女作家所谓的"道德上的矮子"的那些人来说，就更是如此。卡莱尔说过："君主统治我们的权利，不是一种神圣的权力，就是一种魔鬼般的邪恶。"另一方面，甘露德①先生为上海《字林西报》撰文则说："神圣的君权（或者如甘露德先生所谓的'帝王的光环'），全都是些虚幻（moon-shine）。"但是，君主统治我们的神圣权力果真全是虚幻吗？如果君主的神授之权全是虚幻，那么我将认为在一个男人和他的妻子之间的、被称之为"友谊"和"爱情"的东西也是虚幻。然而，在中国，举例来说，一个人称另一个人是他的朋友时，他认为友谊——他和另一个人之间的那种关系并非是一种"功利"（business）关系，而是一种神授的、天然的关系（天伦，divine relation）。原因何在？因为友谊的动机不是图钱，不是图利，而是激于感情、情操，激于那种神圣的敬重、赞赏和爱的情愫，这种由天然情感激发的关系，是神圣的天伦关系。作为例证，我要在这里提到一位现居北京的中

---

① 甘露德（Rodney Gilbert，1889—1968），美国新闻记者。1912 年来华，1918 年至 1926 年任上海《字林西报》驻北京记者。他与吴佩孚走得很近，经常在报上替他宣传。著有《中国有什么毛病》等书。

国老人，他为我提供了一套月租可达五十多美元的房屋居住，至今已满十年，他知道我每天只能勉强糊口，因此每当我付给他房租时，这位老人都会被震怒，并责怪我不懂得友谊这个词的含义！

如同卡莱尔将君王的权力称之为神授天赐之权一样，我们中国人则把君主或皇帝与他的臣民之间的关系说成是一种天伦关系，之所以如此称谓，是因为这种关系既非激于一种金钱的动机，也非激于一种功利动机，而是激于一种神授天赐的天然情感（divine passion）。孟子曾经说过，"人少，则慕父母；知好色，则慕少艾；有妻子，则慕妻子；仕则慕君"。孟子在此所谓的"心之所慕"，正是我所说的"天然情感"，也正是"心之所慕"和"天然情感"，而不是成文宪法，把中国和日本的皇帝与他的臣民联结起来。

在日本，你能够从已故乃木西典①（Nogi）将军庄严、高贵而美好的死中看到这种天然情感，这种"慕君之心"的表现形式——他死得太神圣了，甚至在这种公众场合谈到时，我仍感到"osoreirimas"（激动，以为了不起）。在中国，你也能从义和团事变期间的那些二十刚出头的小伙子们——正像一个英国军官所描述的，"面对现代欧洲人的枪口"、"愚蠢疯狂不顾一切"的冲锋行动中，看到这种天然情感，看到中国人民对其皇帝的"这种敬慕之心"的具体表现。奇怪的是，美国的教授们竟还说什么：他们必须到中国来教中国人"爱国主义"。

换言之，中国人在选择他们的皇帝时，并不像美国人选择他们的总统那样，认为这个人将促进他们的利益，会为他们做"好事"；中国人选择皇帝，是由于在他们的内心深处，在他们的灵魂中，认为他是一个绝对比他们自身更优秀更高贵的人。这种对于一个人的高贵品质所产生的感情或赞赏，就是卡莱尔所谓的"英雄崇拜"。孔子说："仁者人也，亲亲为大；义者宜也，尊贤为大。"因此，并非是什么成文宪法，而是孔子在此所谓的"尊贤为大"和卡莱尔所谓的"英雄崇拜"，即我们称之为天然情感的东西，将我们对于过去、家庭、国家和故土的记忆缠绕在一起——并赋予旧式中国的皇帝那种甘露德先生称之为"光环"的"神圣之权"，使得他的臣民不仅遵从他，而且当他有召唤的时候，去为他而死。这就是在我看来，直到那位博学的美国教授所说的"受到西方文明的教诲和榜样和激励（!）"之前，中国人都没有一部现代欧洲人意

---

① 乃木西典，日俄战争时期日本第三军军长，明治天皇死后，他为之殉节。

义上的成文宪法的第二个原因。

简而言之，中国人没有现代意义上的成文宪法的原因有二：第一，中华民族是一个拥有廉耻感——一种高度道德标准的民族；第二，中国政治赖以建立的基础不是"功利"，而是道德。一句话，中国人之所以没有成文宪法，是因为他们拥有道德宪法。

说得更明白些，在旧式中国——在日本也是如此，我在此想提醒那些谈论宪法和普遍选举权的日本政客们注意——皇帝与人民的关系是一种道德关系，而不是像一个廷巴克图的"壕沟"（trench）吧女与一个廷巴克图股票经纪人之间的那种"功利"关系。事实上，正如在欧美那种称作单据和宪法的"纸条"必不可少一样，只有当一个民族的人们沦落到廷巴克图①股票经纪人和"壕沟"吧女那样的道德水准时，他们才不得不在其统治中依靠成文宪法。因为恰如孔子所说，"君子喻于义，小人（像廷巴克图股票经纪人那样的人）喻于利"。

正是基于这个原因，所以我认为那位博学的美国教授所谓的宪法保障或宪法贩卖时代，往往是一个民族道德沦丧的时代。我在二十年前的义和拳之乱后所著的《尊王篇》一书中写道："今日世界上真正的无政府状态并不在中国——尽管中国人正遭受着它所带来的痛苦——而是在欧美。无政府状态的真正标志或检验尺度，并不在于一个国家是否或多或少地出现无序或管理不善状况，它的真正标志别有所在。'无政府状态'（Anarchy）一词在希腊语中的字面意思是'无王'。'无王'或无政府状态有三个发展阶段：第一阶段是一个民族中缺少真正有能力的君主。第二阶段是国民们公然或隐然不相信君主政体的统治。第三个阶段，也是最坏的阶段，是国民们不仅不相信君主政体的统治，甚至连'君主政体'也不相信——事实上，丧失了辨识'君主政体'、人本身的道德价值或尊贵所在的能力。在我看来，现在的欧美正迅速地接近无政府状态的这最后和最坏的阶段。"

"这个伟大的时代——宪法保障时代，欧洲已行将完结，而亚洲则刚刚开始。"当那位博学的美国教授在说到上述这番话时，我想他所指的正是无政府状态的最坏阶段。的确，当我看到目前的事态，这个伟大的宪法保障时代在此次大战后将欧洲人民所带入的状态，并听到中国那些受西方文明的教诲与榜样激励（！）的发狂而愚蠢的共和佬仍在大谈

---

① 廷巴克图（Timbuctoo），非洲马里的城市。

宪法和国会时——《圣经》中的这些话就进入了我的脑海："Quare Frumuerant gentes et populi meditati sunt inania?"——译成英文就是："为什么野蛮的异教徒相互争斗（即中国人所谓的蛮夷相争），同时人们却想象着着那些徒劳无益的事情？"

最后，请允许我为你们咏诵非常中国化的英国诗人华兹华斯的几行诗。它将比我已经说过的或能够说的一切都更能为你们描绘出中国人的精神：一种宁静而如沐天恩的心境。在某种程度上，它将表达出我无法言状的内容，即中国式的人那种灵魂与智慧的美妙结合，那种给予真正的中国人无法言状之温良的宁静而如沐天恩的心境。华兹华斯在《廷腾寺》诗中说道——

> 我同样深信，是这些自然景物
> 给了我一份更其崇高的厚礼——
> 一种欣幸的、如沐天恩的心境；
> 在此心境里，人生之谜的重负，
> 幽晦难明的世界的如磐重压，
> 都趋于轻缓；在此安恬心境里，
> 慈爱与温情为我们循循引路——
> 直到这皮囊仿佛中止了呼吸，
> 周身的血液仿佛不再流转，
> 躯壳已昏昏入睡，我们成了
> 翩跹的灵魂；万象的和谐与愉悦
> 以其深厚的力量，赋予我们
> 安详静穆的眼光，凭此，才得以
> 洞察物象的生命。

这种能够使我们洞悉物象内在生命的宁静而如沐天恩的心境，就是富于想象的理性，就是中国人的精神。

（二）

我曾经问过被外国人称之为中国政治通的美国记者甘露德先生，他对于中国历史都了解些什么？他的回答是："你们有什么历史？你们中国人的历史除了皇后和妃嫔们之外，没有告诉我们任何东西。"我引用贺拉斯（Horace）的话对他说："是的。"

"Nam fuit ante Helenam Cunnus teterrima belli Causa."（因为从前，特洛伊的海伦，那个最不可思议的尤物，成为战争可怕的起因。）

在本文上篇中我说过，成文宪法时代常常是一个民族道德沦丧的时代。为了证明中国历史除了皇帝的皇后和妃嫔们之外，还包涵其他的内容，我打算对中国的历史做一简要说明：首先看看，我们中国人是怎样同今天的欧美人一样，也曾一度变得道德堕落的；其次，看看后来的中国人怎样因为道德的沦丧，不再靠道德标准来统治，而是诉诸法学家①的律令和一种成文宪法的；第三，看看法学家的法律和成文宪法又是怎样为布尔什维主义所取代；最后，看看布尔什维主义在中国怎样被打倒，真正的民主政府又是怎样在两千年以前建立起来。

几天前，一位来自北京某大学的学生，给我看了一本名为《政治学大纲》的书，他说他必须通过一个考试。我告诉这位年轻人，如果他不赶快忘掉这本书中的一派胡言乱语，他将成为一个不可救药的傻瓜！

我想在这里指出的是，从亚里士多德到霍布斯、洛克，再到现代的卢梭和赫伯特·斯宾塞，所有欧洲政治科学的基本错误，就在于他们关于国家起源和存在理由的全部理论基于这样一个假设，即认为它是基于那种对物质利益的渴望——渴望人身和财产得到保护，或像卡莱尔所说的，保护人类第一次由自身构成的社会、那种被称之为国家的东西的"猪与猪槽"。但是我重申一遍，这种假设是错误的。的确，正像某些人所指出的，甚至人类的穿衣，最初也不是出于御寒的物质需要，而是激于内在的追求美观的道德意识，即追求体面。由此，你们可以明白中国那些发狂的没有灵魂的共和佬、那些剪掉辫子、穿上欧洲人的吸烟服的人之愚蠢昏愦了。因为在他们看来，从功利角度来考虑，辫子是很不方便的，而吸烟服则更为实用。——可他们并没有弄懂着装的真正意义。若仅仅把方便或"功利"作为目的，而不考虑美感和体面，那么在炎热的夏季或北京饭店灼人的舞厅中，男人和女人们竟还要穿衣服，那又何必！

如同人们穿衣最初并非出于物质或功利目的，而是出于道德需要一样，被称之为国家的人类社会，也同样有其道德根源。孔子说："君子之道，造端乎夫妇。"在原始社会早期，一个男人遇到了一个女人，他

① 法学家（lawyer），辜鸿铭这里指代的似乎是中国历史上的法家。一个不可救药的傻瓜！

们相互吸引，不是激于动物的性冲动，而是第一次激于人类的情感，激于天然的爱的情感，从而结成夫妻；由于夫妻关系激于天然情感，那种被称为"婚姻"的关系就成了神圣的关系、一种天伦关系——即欧洲人所谓的"圣礼"。这样，婚姻的庄严与神圣就成为道德准则，即孔子所说的君子之道。一旦男女关系置于道德准则的统治之下，那么家庭就产生了。由家庭继而形成封建国家，那种封建时代早期的宗族国。

因此，我们看到所有人类社会，无论是家族还是国家，它的起源、存在的理由和根基，不是利益，而是爱，即人类的亲情。由这种爱与人类的亲情，生出一种道德准则、一种君子之道。如果没有爱、人类亲情和同情之心，你甚至不可能使男女在家庭生活中和睦相处，更不必说在社团、民族国家和国际联盟中保持和平了。因为，正如法国人茹伯所说的："一个不自爱的人，也不可能公正合理地对待他的邻居。"（"Les hommes ne sont justes qu'envers ceux qu'ils aiment."）

然而，一个国家为什么必须要有政府？换句话说，政府的起源和存在的理由是什么？正如我们所知道的，在人类社会产生之前，一个家庭或一个国家能够存在，他们必须首先具备某种道德准则，而这个道德准则就是我们所谓的文明。因此，政府存在的理由和真正的功能，不是去保护人身和财产，不是去保护"猪与猪槽"，而是为了保护这种称之为文明的道德准则。那么，是谁最先发明并赋予人们这个称之为文明的道德准则的呢？孔子在《书经》中说道："天之于人，作之君作之师。"在最初，是上天派来的圣人出而发明并赐给了人们这个称之为文明的道德法则，这些圣人就是统治阶层和教士阶层。在中国，犹如欧洲封建时代早期，统治阶层被称为"士"，一种武士，佩剑绅士；教士们则被称为史，吏，教师或教士，穿长袍的绅士。教士的作用是教化人们，使之理解道德准则，而武士的作用，则是捍卫和保护那称之为文明的道德准则，使之免于夷狄的践踏。

这就是中国的统治状态和社会状态，它相当于欧洲早期的封建时代。在这一时代，统治中国人的不是法学家和法律或成文宪法，而是统治阶层和教士阶层不成文的道德准则。因为他们维持着称之为文明的道德法则，人民因此安居乐业。

然而，大约在公元前8世纪，统治阶层和教士阶层堕落了。孔子的一段话对这种堕落何以发生做了注解，他说："不有祝鲍之佞，而有宗朝之美，难乎免于今之世矣。"从这里我们得知，那些本应该传授道德准则的教士们却沉湎于"搬弄口舌",而那些负有捍卫和保扩称之为文明的道德准则责任的统治阶层、武士、佩剑绅士们,却醉心于"漂亮的外观",穿起了红色花边外套,卷起了胡子。因此,在每个国家,在世界上,当统治阶层醉心于文饰外表、教士阶层沉溺于搬弄口舌的时候,你便可以肯定,那个国家和世界已陷入糟糕透顶的境地。

然而,在做进一步阐述之前,让我从那部我说过给予了中国红色灯笼观的美国人的书中,再来引述一段文字。中国通州的华北协和大学校长谢卫楼①博士,在一个关于中国"新学"的演讲中说道:"中国的学术造就了一个令人不可思议的字符系统。然而它在培养学生们的演讲这一重要的艺术方面却失败了。中国的学者们从未学会讲话。他们的头脑受到过良好的教育,但是舌头却被忽略了!最近,他们从西方引进了一个新事物,并发明了一个新名词,叫做'演说'。"

在这里,我要告诉那位认为"讲话"是教育中如此重要组成部分的博学的美国教授:演说,这个讲话和发言的艺术,几乎曾毁掉了中国的全部文明。在孔子时代,沉溺于"演说"的教士们,后来成为和自称为"儒",他们传授政治科学(国策)和宇宙新理(异端),即:孟子视之为比洪荒时代的洪水猛兽还要可怕和危险的邪说。最终,这些教士们从"儒"变成了"说客",即"专业演说人"或"宣传家",像我们今天的濮兰德和辛普森这样的人。他们可以为任何愿意付钱的人们做关于"爱国主义"、"国际保护"和国家联盟的演说。张仪是这些专业说客中最著名的人物之一。有一个流传下来的故事说,他曾经被控告犯了盗窃罪,几乎被打死,回家后他对他妻子说:"看一看,告诉我,我的舌头是否仍然安在?"得到肯定的回答后,他高兴地喊道:"只要我的舌头还在,我就什么都不缺了!"从这里可以看出,当那位美国教授抱怨中国学者忽略了他们的舌头的时候,他是大错特错了!

总之,在中国,政治科学、宇宙理论和教士、宣传家们的"爱国主义"演说所产生的后果,是出现了延续两百多年的"战国时代"。在这一时期,中国一直处在连绵不断的毁灭性的战争之中,它不仅给中国人民带来了难以言状的灾难和痛苦,而且也像今天的欧洲一样,毁灭了一切道德准则;事实上,把中华民族引向了道德完全沦丧的时代。

---

① 谢卫楼(D. Z. Sheffield, 1841—1913),美国公理会在华传教士。1869 年来华,在通州办学(即后来的潞河中学),1902 年该校升格为华北协和大学(North China Union College),他为首任校长。1909 年退休。著有《万国史》等书。

最终，在中国出现这样一个人，如同今日的威尔逊总统，他试图制止战争和军国主义，这就是秦始皇（公元前 221 年）。像威尔逊总统一样，秦始皇之所以能够在一段时期内消弭军国主义，并非因为他是个伟人，而是因为所有的中国人都彻底地厌倦了战争和军国主义。然而，为了确保未来不再有战争因素，秦始皇把最著名的"擅言之儒"送进了一个深坑——共有四百六十人——将他们全部活埋了，并焚毁了他们的所有书籍。

至于那些统治者，在孔子时代醉心于穿红色花边服、卷着胡须的佩剑绅士——他们中的绝大部分，乃至他们的子孙都在两百年的战争之中被杀光了；在战争和军国主义被消弭之后存留下来的那么几个，则变成了狂热的"侠士"，热衷于暗杀、扔炸弹或毒气弹；秦始皇给他们披枷带锁，将其遣送到边境修筑长城去了。

在这种情况下，中国封建时代的旧式贵族中，教士阶层，祭司们，像一位现代学者所说的，变成了"乱道之儒"，而统治阶层、武士和佩剑绅士则变成了"侠士"或狂热的军国主义者，并被彻底的消灭。汉代伟大的历史学家司马迁，在评论这一时期被毁灭的贵族，即教士阶层和统治阶层时写道："儒者用文乱法，而侠者以武犯禁。"①

一位日本绅士在北京对我说："现在日本的军国主义已经完蛋了。"我对他说："当你从现在的日本剔除了军国主义者之后，日本还剩下什么？"他回答说不知道。我告诉他："还剩下些教授和官僚。"

在两千年前的中国，当封建时代的旧式贵族、武士和教士们消逝的时候，一种新式贵族便成长起来，这就是法家贵族和官僚贵族（吏）。正如我说过的，所有的道德准则都被毁坏了。官僚们为之建立了新法则——不是道德的、而是人为的准则，它称之为法律（law）。当一位对判决有异议的人向英国审判官问道："大人，那就是公正吗？"他得到的回答是："不，我在此所给予的是法律，不是公正。"为了实施"法官的公正"，即法律，佩剑绅士由一种专门被雇用的新的阶层所取代，这种新形成的阶层就是"gen d'armes"，即宪兵——它被称之为"尉"。于是，正如我在本篇开头所说的，这时的中华民族完全变得道德沦丧，统治中国人的已不再是道德准则，而是法学家们的法律和成文宪法了。的确，在中国历史的这个时期，"宪"（constitution）字被凸现和彰显出

---

① 语出《史记·老子韩非列传》。源自《韩非子·五蠹》："儒以文乱法，侠以武犯禁。"

来。然而，法学家们的法律和成文宪法，以及中国两千年前的官僚和官僚主义的最终结果，正如我们今天在俄罗斯所看到的，是布尔什维主义。

许多人，像威尔逊总统，都认为必须打倒强权专制，建立起公理专制。但是在建立公理专制之前，我们必须首先弄清什么是公理。马修·阿诺德说过："公理是某种道德的东西，它指的是一种内在的认同和意志的自由遵从，因此对于其他那些倾心于自己新近辨识的公理的人们来说，企图把他们自己所理解的公理强加给我们的行为，是一种专制的暴行。"——最坏的专制暴行，是我们所知道的在欧洲某个时期基督教教会所施予的可怕迫害。

事实上，正是为了反抗秦始皇统治下的官僚和法学家们的那种公理专制之暴虐，所有的中国人都像布尔什维克一样揭竿而起，几乎毁掉了中国的全部文明。

终于，一位真正的伟人从众庶之中脱颖而出，他消灭了布尔什维主义，成为中国的第一位民主皇帝（Democratic Emperor），即我们中国人所谓的"布衣天子"。他建立了汉朝（公元前 206 年）①。他用消灭布尔什维主义的方法取代了官僚和法学家们的公理专制，即代之以皇帝的强权专制。他做皇帝后的第一件事，就是焚毁所有有关法律和成文宪法的书籍，就像现在乌嘎（Urga）的俄罗斯贵族那样，他颁布了名为约法三章的简短宪法：

Ⅰ．——蓄意杀人者死

Ⅱ．——强盗必斩

Ⅲ．——所有的损害，都必须赔偿②

然后当他宣告"乃公马上得天下"时，强权专制就建立起来了。伴随着这种强权专制，他在中国创立了第一个民主政府，正像我在《中国的治体》一文中所解释的，这种民主政府，通过建立皇帝的强权专制，向国内最有教养的人们的清议负责。正是基于此，我认为在两千年前，中国第一次创立了真正的民主政府。

通过对中国史的简短概述，我们看到，为了民主而真正使世界不安宁的不是军国主义者，而是教授和官僚们。教授们是受了错误的教育，

---

① 公元前 206 年，是刘邦攻入咸阳，灭掉秦国的时间。刘邦称帝建立汉朝应是公元前 202 年。

② 刘邦"约法三章"的确切内容是："杀人者死，伤人及盗抵罪。"辜氏此说略有出入。

而官僚们则只是半受教育，因此，对于教授和官僚们的疗治方法，是给予他们真正的教育。但是在他们拥有真正的教育之前，首先必须能有真正的政府，而在建立真正的政府之前，又必须首先建立"君主政治"。比康兹菲尔德爵士说："我不知道'君权神圣'的理论现在是否还站得住脚，但是我相信，除非那个政府负责的人拥有去做他认为正确事情的绝对权力，否则，良治便无从谈起。"

概而言之，当今的中国和世界所需要的不是宪政，而是王政（君主政治）。因为在目前我们生活的时代，即那位博学的美国教授所谓宪法保障时代，我们能够与孔子一道说："甚至在野蛮人中间。"——如现在俄罗斯贵族那个来自波罗的海省的真正军阀统治下的蒙古人和布里亚特人（Buriats）中间，"都有'君主政治'，相反，在所谓的文明国家里，现在却没有这种东西"（夷狄之有君，不如诸夏之亡也）①。

---

① "夷狄之有君，不如诸夏之亡也"，这是孔子《论语·八佾篇》中的话。按杨伯峻先生的解释。意思是说："落后部落或国家，虽然有君主〔却没有礼仪〕，还不如中国的某些诸侯国某个时期没有君主〔却保存着一些礼仪〕。"辜鸿铭的理解，同传教士理雅各的理解差不多，是传统的解释之一，可能有误。

未开化的美国 *
（1921）

不久之前，我写过一篇文章，称英国人民为当今世界唯一懂得治理一个帝国的现代人（modern people）。此言曾激怒一个美国人，他诘问我："我们美国人民如何？尽管美国称之为共和国，但我们不也治理着一个和大英帝国同样庞大的国家吗？"我回答说："诚然。不过英国人和你们美国人之间却存在一个很大的差别。"作为一个民族的英国人是有文化的，它是一个文明的民族；相反你们美国人，虽然住在自己那灰泥和混凝土结构的摩天帐篷里，却仍旧是一个毫无文明可言的游牧民族。"哦，是吗?！"那个美国人冷笑着愤愤不平对我道："你之所以这样说，那是因为你是在英国受的教育，而从未在美国呆过！"的确如此。不过我至今记得中国出使美国大臣、庚子之乱时期被朝廷处死的张荫桓，他在出使美国期间，曾有一言语惊四座，并被美国人引为笑谈。他告诉美国人说，他在美国能找到他想要的一切，唯有宗教除外！当时有一家美国报纸对此诧异莫名："什么？我们美国人缺少宗教?！在我们美国，每一条街道都有教堂和教会组织。美国宗教之多，足以供输出到中国和朝鲜，其他的任何国家都无法与我们相比！"

然而，我必须指出，那位中国出使大臣所言极是。他实际上想要说的并非是美国没有宗教，而是美国没有文明。中文里真正表示文明的词汇是礼乐（字面意思为礼仪或礼貌的形式与音乐），早期耶稣会士们将其正确地译作"religion"。在那位中国大臣心目中，礼乐既意味着宗教也意味文明（即文教），这与今日欧美不同。在今日欧美，宗教是一回

---

* 本文原题为"Uncivilized United States"，译自 1921 年 6 月 12 日的《纽约时报》（The New York Times）。该文发表时，编辑于文前曾作如下说明："下文最初发表于中国北京的《北华正报》，由作者本人提供给《纽约时报》。"本文译者为黄兴涛。

事，仅供礼拜日之用；而文明却是另外一回事，供一星期余下的六天之用。但在中国，宗教即文明，文明即宗教，两者合一为同一回事。也就是说，在中国，精神生活之形式与表现，并不仅限于礼拜日之用，而是贯穿于人生的每一天。

再做进一步阐述之前，请允许我先解释一下何为鄙人所谓的文明民族和无任何文明可言之民族。如今我们都称古希腊和古罗马为伟大的文明民族，何以言之？因为除了统治和征伐，除了生产物质产品并通过它们挣钱，这些古老的民族还生产诸如艺术和文学这类精神的东西，这些东西显然更为重要。正是经由这些艺术和文学，他们实现了更高程度的发展，并于其伟人杰士中成就了他们完美的人性类型。而当其灭亡之后，后世之人仍然记得他们，并予持久的颂扬和表彰。简而言之，一个文明民族，就是拥有精神财富或者拥有卡莱尔所谓"可实现之理想"的民族。

因此，我之所以说英国人作为一个民族称得上是一个文明民族，除了他们的商务管理才能、赢得滑铁卢之役和管辖一个印度帝国之外，还因为英吉利民族像古希腊人和罗马人一样，也出产过极其伟大的精神产品——或许它是个例外。依笔者之见，这一现代欧洲所出产的厥功甚伟之物，就是威廉·莎士比亚。谈起莎士比亚，卡莱尔在其《英雄与英雄崇拜》一书中正确地指出："他是英国人最伟大的杰作。"如若大不列颠帝国明日即被毁灭，千年之后，当人们读到莎士比亚的作品时，也一定会认为英国民族乃是一个拥有极高文明的民族。

其实，在拉丁文中有一个词"virtus"——它与英语中的"virtue"含义不同，而与日本武士的德行同义——该词对于懂拉丁文的人来说，即是古罗马人拥有极高贵文明之一佐证。即便没有莎士比亚。单就英文中的"gentleman"（绅士、君子）一词而言，也足以表明英国民族拥有比古罗马民族高贵文明更为出色之文明，因为该文明乃基督教温良文雅之精神与理想的锻造物，它产生过被称之为"gentleman"的人性类型。文明的首要目的，并非使人和教人强壮，而是使人和教人温良文雅。换言之，文明要发展和造就的不是吉普林称之为粗鄙下流、身穿法兰绒的傻瓜之徒——就像今日中国的美国基督教青年会那样大喊大叫、正试图要造就的那些人一样——而是要培养和造就绅士、君子，用我们中国人的话来说，就是要人懂礼乐；而用英国人的话来说，则是要人懂礼貌、举止优雅得体。

的确，我可以在此指出，正由于英国人或英国文明的理想是要造就"绅士"，所以我才说，英国人是当今世界唯一的现代人，他们能够治理一个帝国。日本大武士德川家康，以其利剑斩除了老封建日本的"残忍之恶魔"，就像最近葬入英格兰威斯敏斯特大教堂的那位"不知名勇士"想要斩除封建德国那被称之为"条顿式狂怒"的恶魔一样。这位德川家康临终前，于病榻之上送其孙子德川家光一言道："你有一天，必定会统治一个帝国，要记住，统治帝国之道，在于有一颗仁慈之心。"（治天下之道在于慈。）（拉丁语 alma as in alma mater，即母亲般极致之温良与慈爱。）

在我看来，如今日本政客之所以发现统治朝鲜如是之难，原因就在于，现代日本人不再阅读和向学生传授《外史》，而是代之以杜威教授的实用主义哲学和政治科学，他们因此忘记了政治科学的本质就包含在我前文引述过的那位伟大的日本幕府将军的告诫之中。

同样，现在英格兰那些不列颠政客们发现治理爱尔兰和印度如是之难，也正是由于现代英国人不懂得，成就大英帝国的，并非是英国的民主、大不列颠宪法或者议会制度，而是拥有"绅士"及其理想的大不列颠或英国文明。简而言之，不是大不列颠的群氓，而是不列颠或英国绅士建立起了今日的大英帝国。当然，这些都是题外话。

我已经说过，一个民族只有当它拥有精神财富或"可实现之理想"时，才配称作为文明的民族。现在我来问一问，今日美国，究竟拥有何种"可实现之理想"或精神财富，可以表明其配称之为文明民族？在美国文学中，我唯一知道的伟大名字乃爱默生。但即便是爱默生，如马修·阿诺德所言，也不太称得上文学上的巨人，且不说不如荷马、维吉尔、但丁和莎士比亚，甚至于柏拉图、西塞罗、培根和伏尔泰，他也难以比肩。

再来看看诗歌。诗歌就像音乐一样，是一个民族精神生活的最高表达。我所知道的美国诗人所做之诗，完全称得上真正诗歌的只有一首。在我看来，真正的诗歌指的是充满诗意之诗，除了诗意什么也不需要。一首真正的诗歌，将成为一个民族的精神财富，并构成为其文明的重要组成部分。如格雷的《墓畔哀吟》，罗伯特·彭斯的《友谊地久天长》，便属于这一类。而像英国麦考莱勋爵的那些诗，尽管有格律，却毫无诗意可言，唯见华丽辞藻而已。甚至于像美国著名诗人朗费罗、约翰·格林里夫·惠蒂埃的诗歌，绝大部分也都充满华丽的辞藻，虽然有些诗意，却并非诗意盎然，均不如英国诗人罗伯特·彭斯的《友谊地久天长》那样属于真诗，能够成为一个民族的精神圣歌。的确，正如我所说过的，就我所知，由美国人所做且堪称民族精神财富的真正诗歌只有一首，那就是爱伦坡的《安娜贝尔·李》。

最近，我在一篇文章中曾声言，阅读关于威尔士人泰菲的英国童谣，能陶冶一个人的灵魂。或许很多人以为我不过是在戏谑而已，其实我说此话是极为认真的。因为像英国童谣那样的诗歌乃是真诗，当然是专为儿童而做的真正诗歌，而真诗之中乃自有一种魔力在，正如马修·阿诺德所言，真诗能变化人的气质，使人脱胎换骨。如果你不相信这一点，不妨请来一个日本歌妓，让她反复诵读日文中的那首著名中国诗"Tsuki ochi karasu naite shimo ten ni mitsu"（月落乌啼霜满天），你将发现，她的双眼会由此突放异彩、通体如痴如醉，顿时如换另一新妇，更加美丽和妩媚动人。

换言之，英国童谣之为物，虽属小道，却实在是一个民族精神生活的真实表达，并构成为其自身文明的组成部分之一。而美国作为一个民族、其缺乏童谣这一事实，对我而言即是一个证据，它证明美国民族缺乏精神生活，正如我所说过的，他们仍是一个没有任何文明之精神财富的民族。

假若有一天，美国不幸遭到毁灭，我想要问，作为一个民族的美国人将有何种伟大的精神之作传诸后世，能向后人昭示他们曾经也是一个文明的民族？依笔者之见，美国民族唯一的精神财富、美国人作为一个民族所创造的唯一真正的精神产品，如若有朝一日它遭毁灭之后将为其后代所铭记的，当是爱伦坡《安娜贝尔·李》那样的作品，和美国黑人殖民歌那样的音乐。

可能有些人会对我说："那威尔逊总统的'十四条'如何？它们就像摩西十诫一样，将为民主而建立一个确保世界安全的新宗教，并能将人类带入一个幸福的千禧年吗？"我对此的回答是：威尔逊总统的十四戒条仅成于两年之前，而现如今，甚至连劳合·乔治先生都已将其忘得一干二净！

谈及威尔逊总统，又使我想起一个问题，即美国民族中曾否产生过真正伟大的人物？对此，想必人人都会异口同声答曰乔治·华盛顿。不过，即便冒险得罪所有的美国朋友，我也必须坦承，在我看来，尽管华盛顿在许多方面都的确属一个值得敬佩的人物，但不幸的是，同美国清教徒的父辈们一样，他要想成为一个真正的伟人，一个像法国巴亚德或英国沃尔特·拉雷爵士及菲利普·锡德尼爵士那样的伟人，还是太多了一点"道德上的古板"（moral prig）。诚如马修·阿诺德在谈到美国清教徒之父辈时所指出的："尽管清教徒的父辈们远渡重洋之巨大成果，他们以及他们完美的标准得到了正确评价，但我们推想一下，假若在这一航程中，莎士比亚和维吉尔与他们同行，二人定会发现，这些伴行者该是多么让人难以忍受。"因此，假如我在莎士比亚时代不得不到快活的英国去旅行，或在现时代不得不到日本去观光，欲求同伴，像乔治·华盛顿这样的男人，绝对该被置于最末选择之列。因为人们实在无法想象要将这样一个男人带至温莎的"嘉德旅馆"，还要将其一一介绍给福德女士、培琪女士、巴道夫、比斯托尔、尼姆①及其他快乐的同伴们，也无法想象要将这样一个无趣的男人带入日本的艺妓屋去！

最近某晚，我在北京亭楼偶遇一苏格兰人，他刚从苏格兰回来。我问他，苏格兰有无可能变得和美国一般枯燥乏味？他回答说："绝无此可能。"我问为什么？他自豪地说："因为苏格兰拥有罗伯特·彭斯那样的人物，而美国则无彭斯这等人，故不免枯燥乏味之至。"同样，当我告诉外国人像中国这样的大国不能成为共和国，而他们回答我说"美国也是大国，却是一个共和国"的时候，我不得不再度予以回敬："美国之所以成为一个共和国，是因为美国人不像中国人，它是一个没有任何文明可言的民族"，恰如我的苏格兰朋友说，美国之所以能变得枯燥乏味，是因为它缺少像罗伯特·彭斯这等人物的缘故。实际上，我在此还可以指出，中国现今之所以成为一个共和国，是因为今日中国那些精神错乱、可怜而又愚蠢的共和佬如同弃辫一样丢弃了自身的文明；而共和中国之所以又无法正常运转，原因则在于并非所有中国人都已抛弃了这一自身的文明。

下面，在作结论之前，我想特别说明一点，我写这篇文章的目的不是要谩骂和冒犯美国人民。我所试图表明的是，美国人仍是一个没有任何文明的民族，原因在于，他们作为一个民族，还很年轻。正如威廉·皮特在英国议会那场著名的演讲中曾说过的，年轻并非一种"恶毒的罪过"。确实，由于美国人生活在如此辽阔的国度，又是一个如此年轻的民族，他们具有着如此巨大的发展潜能，以致我倾向于认为，在经受这

---

① 这些人物，均出自莎士比亚的《温莎之风流娘们儿》。

次世界巨变之后，如果文明还能得以拯救，未来巨大的世界帝国将鼎足而三，那就是美国、俄国和中国。

我再重申一遍，我写作此文的目的，并非要冒犯和谩骂美国人民，而是要告知人们，欲挽救文明只有一条路——如果你真想拯救文明的话，首先必须要做的，就是要弄懂何为文明？

我写作此文确实有一个契机，乃缘于前不久我读到日本首相原敬先生所写的一篇短文，他在文中声言要融合东西文明。请恕我直言，首相先生既出此言，则在我看来，似乎表明他尚不懂文明为何物，因为文明要么是真实的，要么是虚假的，而虚假的文明，正如日本人所说，则没有东、西之别。

孔子在他的时代，是如此讨厌听到人们谈论文明，以致他曾经表示："文明，文明，现在人们都在叫嚷，但佩戴美玉、穿着丝绸，就是文明的整体吗？"[①] 同样，我在此冒昧地问一问谈论文明融合的日本首相之流：穿高领、剪辫子、建欧式楼房、开汽车，竖雕像，诸如此类在日本东京大街上人们屡见不鲜之事——就是文明的整体，甚或文明的根本吗？说来奇怪，马修·阿诺德谈起基督教时，竟然使用的是与宋代中国诗人苏东坡谈论儒教时同样的词汇，他说："基督教，首先和最重要的是一种性情、一种心向。"——有鉴于此，我想在此指出，文明，首先和最重要的，也是一种精神和心灵的状态：一种精神生活。就文明的真正意义而言，一个普通的日本艺妓[②]，比起绝大多数满脑子实用主义哲学和政治科学的美国教授们，要更为文明。实际上，文明就其本质而言，不是服饰、住房、家具、机器、轮船和枪炮，而是精神和心灵的温良文雅之状态，或者用我曾经引用过的那位伟大的日本幕府将军的话来说——一颗温厚仁慈之心。最后，我愿意再次提醒日本人民——在我看来，目前日本人民已成为远东文明真正的征夷大将军或保境干城、军事卫兵，他们已故的幕府大将军德川家康对其孙子的遗训，也实在是对今日日本民族最好的告诫。

---

① 《论语》中的原文为：礼云礼云，玉帛云乎哉？此处的"玉帛"本为礼物，辜氏理解有误。

② 这里辜鸿铭所使用的英文词为"Geithar"，参诸辜鸿铭在日本的演讲等其他相关内容，该词当为"geisha"之误。

所有受过英语教育的中国人应读之文＊
（1922）

君子之教

一个读过我这本小册子中上一篇文章①的外国人对我说："目前，腐败正瓦解着中国政府，你怎么能写这样的文章，去为贪污腐化辩解呢？"在回答他时，我说："我从来没有为贪污辩解过。""可是，"他说："你说过，贪污并非不道德。"我答道："是的。我是说过贪污并非不道德。但你必须弄懂我说这话的真正含义。"道德并不意味着要人们去做像某个在中国政府机关供职的外国人那样的伪君子（prig），他拿着巨额高薪，却傲慢地声言是在为中国尽责。当有人问他何以不让他的孩子学汉语时，他则回答说："我对中国人不感兴趣，因为他们个个都贪污。一旦我挣够钞票能回家舒服地过日子，我就立马离开中国。"在我看来，不道德就是不人道的、没有人性的，用我们中国人的话来说，就是"不仁"。现在，一个自私的外国伪君子以为他没有贪污，所以便非常"道德"，他从未听从基督说过这样的话："这是你应该做的，而不能留给别人去做"，因而也就缺乏那种"上帝赐予的人类情感"，那种感恩之情、同情之心和仁爱之念。然而贪污，它意味着失信，好比一个法官或警察受贿，尽管不能称之为不道德，却是不名誉的丧失了廉耻的（disho-

---

＊ 此书是一本由《君子之教》和《中国人会变成布尔什维克吗？》两篇文章组成的小册子，1922年北京出版，日本人办的英文报纸《北华正报》社印行。封面上印有"忠孝仁义"四个汉字。这两篇文章，孙德谦等创办的《亚洲学术杂志》第3—4期合刊里也以英文形式刊载过。本文译者为黄兴涛。

① 实际上是下一篇，辜氏自己编排的顺序可能前后调换了一下。

nourable）。"那么"，我的朋友问："在不道德和不名誉（无耻）之间有什么区别呢？"我回答说：区别在于，当一个人不道德时，中文称作"不仁"，他们是不人道的（inhuman），丧失了人性——变成了罗斯金所说的鼠豸；而另一方面，当一个人不名誉和无耻之时，中文称之为"不义"，他虽然是一个人，却不是一个君子。正因为这个缘故，我们中国人将廉耻之义称之为"君子之道"。

孟子说，世上之人有必要分为两类：君子和小人。小人劳力，君子劳心，"无小人无以养，无君子无以治"。现在在俄国，饮香槟的君子使得小人——那贫苦的农民们（mujiks）成为了鼠豸，因此他们现在在俄国"无以养"（没有东西吃）。而在中国，那些带来"新学"的"Democrazy"（民主狂）① 则毁掉了君子，因此在现在的中国，我们是"无以治"（缺乏真正的治理）。

外国人和外国报纸大肆攻击目前这个共和国臭名昭著的贪污腐化。现任司法总长就刚刚被曝光。可是，外国人知道谁该对中国这种自共和国建立以来就一直存在、现在已威胁到政府存亡的猖獗的贪污腐化负责吗？

为了回答这个问题，让我在此引用一段我在《中国牛津运动故事》一书的再版引论② 中所说过的话。在（辛亥）革命之初，我引录一个法国作家的话说："一切文明和统治赖以存在的最终基础，是民众普遍具有廉耻感和在公共事务中秉义而行。"我预言共和国在中国必将失败。何以见得呢？我说："因为共和国在中国要想成功，那个成为政府最高首脑的人必须拥有卓越的品格，能够触发全民族的想象并博得他们的尊敬。但袁世凯的所作所为，不仅表明他尚不具备一般人的廉耻感和责任感，甚且连小偷与赌徒的品格也不如。记得袁世凯受命捍卫大清之时，他奉令出了山。可他却不是像一个有廉耻的人那样去恪尽职守，而是首先恭顺地屈从于革命党，然后百般狡计、费尽心机地破坏其军队对朝廷的忠心，拥兵自重，逼迫皇帝退位，最终得以成为共和国的总统。一个具有起码常识的人，怎么能够接受这种行为所得来的名分呢？"

"外国人欣赏袁世凯，认为他是一个挽救了中国时局而又避免了流血的政治家。殊不知他只不过为了眼前一时推迟了必要的少量流血，而

---

① 辜鸿铭玩拆字把戏，将"Democracy"（民主）拆成两半，并将"Cracy"写成"Crazy"。"Crazy"是疯狂、愚蠢之意；"Demo"则是"民主主义者"之意。

② 指再版此书时辜氏自己加进的一篇题为"雅各宾中国"的文章。

将可怕的混乱和更大的流血留给了未来。的确，如果我上述说明不错，那么袁世凯的所作所为比人类流血还要更坏万分——他不仅破坏了中华民族的廉耻和责任感（名分观念），而且破坏了中国政教和中华民族的文明。"

"我的许多外国朋友笑话我，说我对大清王朝愚忠。但我的忠诚，不仅是对我世代受益承恩的王室的忠诚，在这种情况下，也是对中国政教的忠诚，对中华民族文明理想的忠诚。"

我说我对大清王朝的忠诚，是对中国政教的忠诚。那么什么是中国政教呢？在我看来，中国的政教就是君子之教。这种君子之教的大法称之为廉耻和责任大法——用中国话来说，就是名分大义。——忠诚之教。此种忠诚之教何以称之为大法呢？（且待我慢慢道来。）我说过，贪污是不名誉的、无耻的，它意味着失信。一个家中的"仆人"贪污，或一个掮客漫天索价，乃至一个警察受贿，相对说来还只是一个小失信；如若一个君子对他的君王不忠，就好比在欧洲一个官员违背了他的誓约一样，在中国被认为是一种大失信——实际上是信义与廉耻丧尽。因此之故，我说忠诚之教称之为"大义"——名誉（廉耻）大法。换言之，这种忠诚之教之所以称之为大法，是因为，正是基于这一大法——这种廉耻大规范，中国的普通人，甚至商人和一般苦力也具有高度的名誉感，从而使得外国人赞叹说："中国人的话就像契约一样可靠。"事实上，正如我在上篇文章中将"孝"称之为中国社会之爱的根源一样，这一大法，这种忠诚之教在中国，是廉耻之本，用罗斯金的话来说，是社会秩序的基础。简而言之，中国的政教，中国社会秩序的基础在于这两个汉字："忠"和"孝"。更确切地说，这一大法是宪法，是国家的道德宪法，我曾把它称之为中国的良民宗教。正是因为这个缘故，我说我对大清之忠，是对中国政教的忠诚。

也是因为这一缘故，我一而再、再而三地说，袁世凯不可饶恕的大罪，就是对这一大法——中国忠诚之教的破坏。如今，这一大法、这种名分已经被毁坏了，无怪乎中国上至督军、北京的督军和大僚，下自上海人家中的仆人、伙夫和苦力们，人人都兴高采烈地操使着"贪污"（to squeeze）这一动词——"我能贪污，你能贪污，他能贪污；我们能贪污，你们能贪污，他们能贪污！"

发狂而愚蠢的共和佬现在奢谈什么法律和宪法。但没有君子法，没有廉耻感，你怎么能相信那些人能够忠实于宪法呢？正如我对唐绍仪所说的："你们破坏了道德宪法，破坏了一个君子至高无上的名誉——对大清皇帝之忠，他赐给了你顶戴花翎，你却不为之奉献自己的学识和一切——谁还相信你会忠实于那些秒纸的宪法呢？"① 简而言之，法律和宪法，只能对那些具有耻廉标准并对之坚贞不渝的君子发挥作用，也只有那些君子，才能使法律和宪法付诸实施。

在此，我想讲一件事，以说明目前中国的总统在消除贪污腐化方面何以如此无能。日俄战争期间，已故的张之洞阁下正在南京的两江总督任上。② 一个德国洋行老板带着他的买办，来拜访我的老朋友梁敦彦先生，他们起身告辞时，那个买办把梁先生拉到一边，塞给他一张一千元的支票，并称之为见面礼（a look-see-face cumshaw）。对此，梁先生搧了他一巴掌。我在上海听说了此事。在那里，这件事被外国人捅了出去并被当成大笑话谈论着。我回到南京问梁先生这是否属实，并告诉他在上海，人人都认为他是一个他妈的傻瓜蛋。他说："是的，老辜，我们是他妈的穷光蛋，但如果我拿了那钱，那么当我想对那些外国人说：'他妈的，你们这些混帐东西'时，当我想以这种话来吓唬他们时，就会'不响'不灵了。"——因此，中国总统反对贪污腐化如此无能的原因，正在于他自身破坏了忠诚大法，那种中国的道德宪法。他不可能有勇气去对他那些公然贪污腐化的同伴说："他妈的，你们这些混帐东西！"即便说了，也恰如我的朋友梁先生所言，他以这种语相吓唬也是"不响"不灵、无济于事的。

不仅如此，如果没有这种大法——中国的忠诚之教，甚至于家里的仆从们也会起而伤风败俗，十尽坏事。为了说明这一点，我打算从中国的大学者纪昀③所著的《阅微草堂笔记》一书中，译出一篇故事来。它讲的是，有某个高官，家中有一个伶俐乖巧、颇受信赖的男仆，因为贪污受贿，被他打死。后来，这个男仆的灵魂附体在家中另一个疯狂的女仆身上。当主人发现了并要处罚她的时候，她同主人理论说："我贪污受贿该死，但我的主人，你却没有权力将我处死，你身为高官，从皇上那儿领取大笔俸银，同样，我作为仆人从你那儿获取一点好处。你卖官

---

① 尽管辜鸿铭生前多次公开骂唐绍仪，辜死后，唐氏却认为辜氏有功于国，应予国葬。

② 可能辜鸿铭记忆有误。张之洞署理两江总督是在 1902 年 11 月，时间很短就折回湖广总督原任。日俄战争时期两江总督是端方。其间，张之洞是否有过短暂署理，史书无记载。

③ 纪昀（1724—1805），字晓岚，直隶（今河北）献县人。清乾嘉时著名的大学者，曾任《四库全书》总纂官。《阅微草堂笔记》是其五种笔记小说的总名。全书共分 24 卷，1 000 余条笔记故事，议论风声，意趣盎然，是清代以劝善为主旨、流传最为广泛的小说之一。

鬻爵获利百万，我只利用方便弄点小钱——在我俩的受贿之间，又有何区别呢？你颐指气使、随意定谳，而又道貌岸然、装腔作势，其实你我之间的恶行有何不同？既然你自己已破坏了对于皇上的忠心，又怎么能谴责我对你的失忠呢？所以我说，主人，你没有权利把我处死。"

基督使徒詹姆斯说："纯粹的宗教生活和在上帝与神父面前的纯洁，是当孤儿和寡妇处于不幸之中时，去抚慰他们，同时洁身自好，不被尘世所玷污。"抚慰孤寡，是社会之爱，洁身自好，不为尘世所污则是廉耻。我再重申一遍，在中国的政教中，社会之爱的根本是对父母的孝，廉耻和名誉的根本，则是对皇帝的忠。伟大的中国政治家诸葛亮说："进思尽忠，退思补过。"译成英语就是：When in office, think how to be absolutely loyal to the Emperor and out of office, think how to live without blame.（当你在位做官的时候，要考虑如何绝对地效忠皇帝；而当你离职退休的时候，则要考虑如何过一种没有过错的生活。）或者像基督使徒所说的那样，"洁身自好，不被尘世所玷污"。这——就是我想让那些大谈中国的达官们贪污腐化的外国人知道的——中国君子之教。

最后，在结束本文之前，我想顺便谈一谈我的一点经历，以便让当今日本那些高谈政治科学、宪法和普选权的政治家们记住，中国的这种君子之教，也是日本的君子之教。——我在武昌做张之洞总督阁下的幕僚时，我已故的日本妻子①促使我开了一所免费学校，专门供那些贫穷的街坊邻居的孩子们上学。在新年和每个节日之前，她都要为学校里最穷的孩子制作新衣。格雷齐的罗马天主教圣母谈起她的孩子们时爱说："这些是我的宝贝。"同样，我的妻子则喜欢指着那些穿上新衣的穷孩子对她的朋友们说："这些是我的花朵！"我在总督手下干了十七年没有晋级，因为，正如总督笑着对我说的：我从来没有要求过，而他——总督，又实在太忙了，没顾上考虑此事！然而最终，晋升到来了。通过一个特别御令，我被赐予外务部部郎的实衔，并被指令为上海黄浦浚治局的督办，月薪八百两。当这种好运到来之际，我的妻子卧床不起。临终前三天，她把那些穷孩子、她的"花朵"们叫到身边，指着他们对我说："我死后，你要记住我的话：——当你富裕之时，想想这些贫苦的孩子；当你高升之日，想想你对皇上的责任。"

---

① 她名叫吉田贞，日本大阪心斋桥人氏，深得辜氏宠爱。

有人问我，怎么日本——一个小小的穷岛国竟能一跃而成今天这样的世界强国？我的回答是：因为在日本明治时代，甚至连妇女都懂得这种真正的中国政教——君子之教。事实上，也就是因为在日本，能够产生像葬于上海百乐街外国人公墓、碑上写着"日本孝女"来自大阪的日本女人①那样一种类型的妇女的缘故。

中国人会变成布尔什维克吗？

鉴于最近发生的香港大罢工，人们问我："中国人会变成布尔什维克吗？"我回答说："不会。""为什么？""因为要变成布尔什维克，那人必定是彻底的不道德，而中国甚至至今仍不是一个不道德的民族。"

人们会对我说："在中国，连仆人都贪污受贿，督军及其以上高官更是公然盗用国家公款，你怎么还能说中国是一个道德的民族呢？"对此，我反问道："贪污真的是不道德吗？"贪污意味着受贿。在上海，一个大律师告诉我，按照英国人的法律，除了法官和警察之外，直到现在，受贿才算作是犯法。我们中国人的法律将犯罪行为分为两类：一类是违反道德法，用中国话来说，叫做"以不道论"，是一种重罪。另一类是违反制度和法纪，中国人称之为"以违制论"，那是一种轻罪。受贿属于违制。因为在所有交易活动中，正如在一切赌博中一样，一定要有可供遵循的规则。如若没有这些规则，交易或赌博便难以进行。中国和西方国家之间的不同点在于：在西方，这些规则极为僵硬和刻板，而在中国则非常松缓而富于弹性，基本上为他们留下了能够根据情况酌情处理的余地。我在广东的时候，有一回，我们有机会从香港请来一个英国律师，让他帮助穷困的中国船民与一家英国轮船公司打官司。可这位英国律师竟毫无人道地漫天要价，我发现后问驻广州的英国领事、即那位已故的阿查立②爵士道："这难道不是一种无耻的贪污吗？""不，"领事回答说："在你们中国的法庭上，我们称之为贪污，可在我们英国的法庭上，我们则称之为酬金！"

换言之，我想指出的是，在中国，贪污并非是不诚实或不道德的产

---

① 指辜氏的日本妻子吉田贞。她死后，辜氏将她葬在上海外国人公墓。

② 阿查立（Chaloner Alabaster），英国爵士。1855 年来华为使馆翻译生。后在华南各埠任副领事、领事。1892 年退休回国。他对儒经有浓厚兴趣且有所研究。曾鼓动辜鸿铭英译儒经。

物，而是风纪训练不足（want of discipline）的结果。正如我在《字林西报》发表的一篇文章中曾说过的："昏聩糊涂的英国佬将中国达官的腐化，视作中国一切罪恶的根源。然而让我来告诉有头脑的英国人，中国一切罪恶的根源不是达官贵人的贪污腐化，而是他们的无能。"我再说一遍，在中国，贪污和腐化不是不诚实或不道德的产物，而是缺乏修养、风纪不足的产物。这种风纪不足，又是他们无能的结果。如果中国人真像某些人所说的那样先天就如此不诚实，那么我倒要问：何以同中国人有商业关系的外国人常常听说"中国人的话就像契约一样可靠"？

然而，什么是不道德呢？我们中国人要说某个人或某种行为不道德，便说他或它"不仁"。"仁"字翻译起来是很困难的。理雅各博士有时将其译作完美的德行（perfect virtue）。我将其译作道德感（moral sense）。我的朋友赖发洛①先生不同意将"仁"译成"道德"（moral），因为，"道德"使他想到"伪君子"（prig），他将其译作"爱"（love）。已故的阿查立爵士称"仁"为基督品性，他告诉基督教传教士这种基督品性——这种中国的"仁"早在基督出生以前就已存在的时候，使得那些教士们大吃一惊。宋代有一个哲学家将这个"仁"字定义为"觉"。确实，在汉语中，当我们说某个人的四肢麻痹时，我们便称之为麻木不仁。

罗斯金谈起邪恶时说："一切邪恶的本质，在于缺乏感觉。正是在愚笨之手和呆滞死沉之心中，人们变得邪恶了；他们的邪恶，永远与他们缺乏同情感应能力——一种快速了解能力——成正比。所有这些，一般人们都深信不疑，但最准确的术语，可以称之为身心的'触觉'或'触觉能力'；乔木中的含羞草就有这种能力，纯粹的妇人有着盖过一切生物之上的完美而充分的感觉，它超越理性，是理性自身的向导与神甫。理性只能决定什么是真实的——而只有上帝所赐予的人类情感，才能体认上帝所制造的善。"

因此，这"仁"字恰当的定义，借用罗斯金的话来说，就是"上帝所赐予的人类情感"。我过去曾将"仁"字译作"道德感"，现在我将其改译成"神性"（Godliness）。因为这种至上的道德，按照基督教的概念，它是上帝的属性，我们中国人则将其认作人类的内在特质。在《礼

---

① 赖发洛（Leonard Arthur Lyall，1867—1940），英国人。1886 年来华，入中国海关任帮办，后在沙市等埠任税务司。曾将《论语》、《孟子》等译成英文。

记》中，有这样三句漂亮的话从未被准确地翻译过，它们是：

> 天不爱其道，
> 地不爱其宝，
> 人不爱其情。

　　译成英语就是："God offers free to all his truth; Nature offers free to all her treasures①; Humanity offers free to all its love."（上天〔帝〕不吝惜他的全部真理；自然不吝惜她的全部宝贝；人类不吝惜它的全部爱情。）这种"仁"，这种上帝所赐予的人类情感，就是人类所不吝惜的全部爱情。因此我的朋友赖发洛先生将"仁"字译作"爱"（love），是十分正确的。

　　现在我们明白了不道德的真正的内涵即是不人道，像鼠豸一样，用罗斯金的话来说，就是没有"那种上帝所赐予的人类情感"。孔子曰："仁者人也，亲亲为大。"（这种道德感是人类的本质。要意识到那种对我们最亲近之人的自然之情——换言之，社会之爱，是这种道德感或上帝赐予的人类情感的最高表现。）正因为这个缘故，我们中国人认为孝——那种孩子对父母的爱亲之情，是一切道德的根基，即仁之本。基督使徒圣保罗说："让每个人都叫着基督的名字，离开邪恶。"在我们中国人的《孝经》里，其教诲则是："让每个人都爱他的父母，离开邪恶。"

　　罗斯金说："在不同时期迷惑过庸众之心的欺骗之中，恐怕最令人奇怪——肯定最不可信的——就是那种自称为现代政治经济学的东西。它建立在这样一种观念之上，即认为一部有益的社会行为法典的制定，可以置社会之爱的影响于不顾。"我在本文开头曾说过：一个人要变成布尔什维克，他必须是彻底的不道德，原因就在于，政治经济学家们教富裕的社会上层不顾社会之爱时，代表贫穷的下层社会的布尔什维克也从中受了教，因此他们掌了权之后，也不顾一切社会之爱。布尔什维克主张和要求的只是公正，但没有社会之爱的公正绝不可能是真正的公正。正如罗斯金所言："假如屋里只剩下一块面包皮，而母亲和孩子都饿得发慌，他们的利益是不同的。要是母亲吃了，孩子会要；要是孩子吃了，母亲就势必要挨饿去工作。然而在他们之间，却未必要为了那块

---

　　① 辜鸿铭这里的翻译是很讲究的，他通过对"其"字的不同处理，将中国人视天为阳、地为阴的含义也译出来了。

面包皮就展开争斗。"但在同一种情况下，布尔什维克则说，因为母亲没有尽到一个好母亲的责任，所以孩子有权去争斗，如果必要，杀死母亲，以便平等分配面包。《礼记》曰："不亲亲之德之谓凶德。"

我认为中国人不可能变成布尔什维克的另一个理由，是因为在中国我们有家庭。奇怪的是，一个美国教授竟然认为家庭是中国一切罪恶的根源。实际上，中国人的精神之中，家庭观念是如此的根深蒂固，以致我认为无论有多少"新学"都无法摧毁它。而只要家庭不被破坏，中国人就不可能变成像欧洲人一样的鼠豕，变成像罗斯金所说的那种没有上帝所赐予的人类情感、成为真正意义上的"不道德"或像中国人称之为"不仁"那样的鼠豕。

在一部写于二十年前的书中，我曾说："今日中国的无序和混乱只是一种功能的失调，相反在欧美，那种无政府状态则是器官组织不健全。"换言之，在中国，即便今天政府出了毛病，迟早必定会恢复正常。而在欧美，社会、社会秩序，则是一种虚假的社会和社会秩序，最终将不得不予以重建。

我认为在欧美，不是单个的人，而是社会不道德，或像我们中国人说的"不仁"。不人道的即是虚假的，因为在人与人之间的关系，尤其是富人和穷人的关系中，它没有社会之爱。这里，让我来举一个例子加以说明。上海的《字林西报》最近评论我的一篇题为《太平天国主义》（Taipanism）的文章，其中谈到外国人所捐的赈济款数额表明了在华英国商人具有高度的伦理道德水准。然而，一种慈善行为的道德或伦理水准并不取决于你捐出多少，而在于你如何捐，以一种什么精神态度去捐。在旧中国，每当遇到干旱之年，地方行政官——有时皇帝都要穿丧服，限食蔬菜，禁食肉类，直到危难过去。但在欧美，或至少在中国这儿的外国人聚居区，当穷人闹饥荒的时候，富人们不是穿丧服和限食蔬菜，穷人们的饥饿只是给他们带来了更多的狂饮乱舞的机会。换言之，当穷人们正挨饿的时候，富人们不是减少、而是被鼓励增加他们的享乐。具体言之，只有当富人们被邀请到北京饭店跳狐步舞或到北京会馆去欣赏印度舞女的舞蹈表演时，他们才能掏出钱来去挽救挨饿的妇女和儿童。我不是说去参加一个慈善舞会或一个印度舞女舞蹈的慈善表演会的单个男人和女人，就一定是不道德的，但我认为一个不仅容许、而且鼓励慈善舞及诸如此类之事的社会——一个当我们周围的男人、女人和孩子正在挨饿的时候、却不懂得公开狂舞乱饮或欣赏印度舞女的舞蹈表演不是说不道德、而是不合适的鄙俗的社会，这样一个社会是真正不道德的、无人道的社会，或者像我们中国人所说的是一个"不仁"的社会。它没有上帝所赐予的人类情感或社会之爱，因此如同我说过的——是一个虚假的社会或社会秩序。

总而言之，为了摧毁虚假的社会，布尔什维主义是必要的。正如法国人所说，Pour construire, il faut détruire（要建设，就要先破坏）。但在中国，布尔什维主义则大可不必，因为尽管我们的督军和督军以上的官僚都贪污勒索，尽管单个的人可能是不道德的，然而社会，中国人，却并非像欧美人那样真正不道德。

最后，我再说一遍，在今日中国，政府出了问题并且坍塌了，因为那些发狂而愚蠢的中国共和佬已试图组织一个基于和适合于没有社会之爱的社会秩序之统治制度。但幸运的是，社会、中国的社会秩序，建立在家庭之上，根植于社会之爱，它是如此的良固以至于中国人即便在没有政府的情况下，也能生活在和平与秩序之中。已故的麦嘉温博士在他的《中国指南》一书里曾说："在前面所述中国人的工商业生活中，可以注意到这个民族的一个显著特征，即他们的组合能力。这种能力是文明人的主要特征之一。对于他们来说，由于生来崇尚权威和恪守法纪的天性，组织与联合行动是件容易的事情。他们的驯良不同于那种精神崩裂招致阉割的民族，而是由于其自我管束的习惯，和地方性、公共或市政事务中长期听任其'自治'的结果；可以说他们的国家，立于人人自治自立之上。倘若这些人中最贫穷可怜、最不文明的部分将他们自己置身于一个孤岛之上，他们也会像在原来地区生活、受过理性民主熏陶的人们那样，很快便将自己组成一个完整的政治实体。"总而言之，欧美人民，如果他们想摆脱布尔什维主义的威胁，而不是试图带来他们那含有鄙陋的共和观念的"新学"来改革中国，他们能够从中国学到的东西，便是麦嘉温博士在此称之为的"理性民主"——一种基于正当名分和社会之爱的民主。

读易草堂文集（节选）
（1922）

上德宗景皇帝^①条陈时事书

　　具呈外务部员外郎辜汤生为应诏陈言，呈请代奏事。窃谓内政宜申成宪，以存纲纪而固邦本；外事宜定规制，以责功实而振国势。近日献荣陈事者，皆以为中国处今日之时势，若不变通旧制，则无以立国。然草野之愚以为，国之所以不立者，或由外患之所迫，或由内政之不修。独是外患之忧，犹可以为计；若内政不修，则未有能立国者也。惟修内政在存纲纪，夫制度者，所以辅立纲纪也。盖凡所以经邦治国，定之者谓之制，行之者谓之政，行政若无定制，则人人可以行其私意，若既有定制，则虽人君亦未便专行己意，故制度者非特以条理庶事，亦所以杜绝人欲，杜绝人欲即所以存纲纪也。今制度若屡行更易，则纲纪必损，纲纪既损，邦本必坏，邦本既坏，又何以立国耶？昔日唐太宗指殿屋谓侍臣曰："治天下如建此屋，营构既成，勿数更易，若易一椽，正一瓦，践履动摇，必有所损。若慕奇功，变法度，不恒其德，劳扰实多。"盖言法度之不可轻改也。然法度亦有时不可不变也。昔汉承秦统，制度多用秦法。夫秦立国于群雄相争之际，而创制于海内未定之时，法固多简陋偏刻，致以病民害治，故当是时贤如董仲舒亦有改弦易辙之请，此乃立法不善，故有不可不变也。逮有宋之世，欧阳修对仁宗言，谓今日朝

---

　　① 德宗景皇帝，光绪皇帝的庙号。

廷有三大弊，一曰不谨号令，二曰不明赏罚，三曰不责功实。三弊因循于上，则万事废坏于下也。及后王安石用事，不务去此三弊，而徒事变法，而致纲纪紊乱，宋祚以亡。此则行法不实而非立法不善，故徒改法度适足以滋扰乱耳。若今日我国之制度，其规模虽取法于前明，而体制实征验于往代，历今已千百余年矣，分目细条，或须随时删定，而大纲要领，岂有不足为治者哉？职幼游学西洋，历英、德、法三国十有一年，习其语言文字，因得观其经邦治国之大略。窃谓西洋列邦本以封建立国，逮至百年以来，风气始开，封建渐废，列邦无所统属，互相争强，民俗奢靡，纲纪寝乱，犹似我中国春秋战国之时势也。故凡经邦治国尚无定制，即其设官规模亦犹简陋不备，如德、法近年始立刑、礼二部，而英至今犹未置也。至其所以行法施政，犹多偏驳繁扰，如商入议院，则政归富人；民立报馆，则处士横议；官设警察，则以匪待民；讼请律师，则吏弄刀笔。诸如此类，皆其一时习俗之流弊，而实非治体之正大也。每见彼都有学识之士谈及立法之流弊，无不以为殷忧。唯独怪今日我中国士大夫不知西洋乱政所由来，徒慕其奢靡，遂致朝野皆倡言行西法与新政，一国若狂。在朝诸臣又不知清静无扰为经国之大体，或随声附和，或虽心知其不便，又不明辨其所以不便，遂致近日各省督抚多有借西法新政名目，以任其意之所欲为，而置民苦民怨于不问也。《诗》曰："民亦劳止，汔可小康。"又曰："无从诡随，以谨无良。"盖今日民实不欲新法新政，而彼好大喜功之督抚，遇事揽权之劣绅，欲借此以徼名利耳。至所创制器之法，如电报、轮船、铁路等事，此虽未尝无利于民生日用之事，且势至今日，我中国又不能不渐次仿行举办，然天下事，利之所在，害亦将随之耳。故凡兴办此等事，又不可不严定限制也。盖自中古以降，生民风气日开，其于日用生计之谋，固非若上古屯晦纯朴，必待上之人纤悉教诏之也。彼其智巧溢而贪竞滋，苟利之所在，虽立法禁限之犹且不能，若其熟视而莫肯趋者，则必俗之所不便，与其力之所不赡焉。上之人且嗷嗷焉，朝下一令曰："为尔开学堂"，暮下一令曰："为尔兴商务"，彼民者未见丝发加益于吾事，而徒见符檄之惊怛，征敛之无已，房捐、米捐、酒捐、糖捐日加月增，而民已无聊生矣。孔子曰："惠而不费"，又曰："因民之所利而利之"。夫今之民之所欲者，欲得政之平耳。政苟得其平，则百利之兴矣。然政之所以不得其平者，非患无新法而患不守法耳。盖近日凡百庶政之所以不得其理者，其病由乎行内政则不守旧法，而办外事又无定章可守。所谓外事者，非仅指交涉一事，即近日凡谓洋务，如制造、电报、铁路、矿务等事皆为外事也。然内政旧法之所以废弛不守者，亦皆因办理外事之漫无定章也。推原其所由来，固非一朝一夕之故耳。请为我皇太后、皇上略陈之。伏维我中国自弛海禁以来，天下多故。咸丰五年，发匪起于粤西，前督臣曾国藩奉命督兵平寇，当是时，匪踪蔓延十三省，大局糜烂，故朝廷不得不畀以重权，命为钦差大臣，凡军国大事，虽具文关白，而实皆得以便宜行事。自是而后，天下遂成为内轻外重之势。然该督臣曾国藩，秉性忠贞，学术纯粹，能明大体，故天下大小臣工听其号召，犹能各矢忠诚，同心翊戴，尽瘁驰驱，是以卒成大功，河山重奠。及前督臣李鸿章为北洋大臣，适值中外交讧，外患孔亟，故凡办理外事，朝廷仍不得不畀以重权，一若前督臣曾国藩督军之时。由此以来，北洋权势愈重，几与日本幕府专政之时不相上下。故当时言及洋务，中外几知有李鸿章，而不知有朝廷也。且该督臣李鸿章，品学行谊不如曾国藩之纯粹，故德望不能感服人心，号召天下，是以甲午之役天下解心，一败几不可收拾。北洋既败，而各省督抚亦遂争言办理洋务，则虽动支百万金，而度之不敢过问，虽招之私人，产势震一省，而吏部或言不知其谁何者矣。此皆办理外事漫无定章之所由来也。人见办理外事既无定章可守，遂渐视内政之旧法亦可不必守也。如此故人人各得徇其私意，此上下纲纪所以废弛，以致庶事不理，民生日苦，而国势日蹙以至于今日也。窃维今日如欲振兴国势，则必自整理庶政始；欲整理庶政，则必自分别内政外事始。内政宜申明成宪，外事应通筹全局，而定立规制也。今为分别内政外事，拟请先降明诏，特谕各省督抚，凡关吾民内政之事，不准轻改旧章，创行西法新政。当此民生凋敝之时，凡百设施，当以与民无扰为主，务去其害人者而已。至今日时势，所不得不办之事，如练兵、设专门学堂、兴制造，及各种凡用西法之事，必俟朝廷通筹熟议，定立规制，特降谕旨，指省饬办，始准恪遵所定规制举行办理。如未奉此旨，以前业已举办，能停止者即行停止，若势实未便即行停止者，则不准扩充，并将现办情形奏明，请旨定夺。似此省事安民，即有职牧民之官，亦可以专心地方民事也。至于申明成宪，拟请特谕军机大臣，会同各部院大臣，并酌选久于外任有学识之大小人员，随同办理，将该部现行事例，彻底推究，据实厘定，务使简明易行。其法涉于苛细者，熟议而酌除之。其事迹相同，轻重迥异，多设条目，致使胥吏得借法为奸者，一切删去，然后奏明定为令甲，分别纲目，刊成简明善本，颁行天下。似此成宪申明，则纲纪立，而庶事可以得其理矣。臣所谓内政宜申成宪，以存纲纪而固邦本者此也。至若办理外务，先应统筹全局。窃谓中外之所以多龃龉，致启衅端者，皆因我内政之不修，或号令之不谨，或用人之不慎，以致内地民情不安，外人亦以为口实也。然我中国内政不修之所由来，又因自弛海禁以后，国家惟日汲汲于防外患，而无余力顾及内政也。故欲治内政，又不能不先使国家无外患之忧也。惟近日国家愈汲汲于防外患，而外患日益孔亟者，此其故无他，皆因所以防外患者，未得其肯要耳。夫治外患犹治水然，若徒为堵御之防，而不设疏通之法，愈积愈不可防，一旦决堤而溢，其害尤甚于无防也。即如庚子之祸，亦多因中外情太膈膜，以致彼此猜忌，积嫌久而不能通，遂如两电相激，一发而不可收拾。庚子之祸诚有如当时谕旨所云，彼此办理不善也。夫今日中国所以不得仿行西法者，皆欲以防外患耳，而所以防御外患者，惟在修邦交与讲武备两事为最紧要。然职之愚以为，今日国家之安危，关系全在乎朝廷庙算熟计。修邦交与讲武备，孰为轻重，孰为缓急，孰应先后，而早定国是，以辑天下之民志，而安中外之人心也。昔我朝睿亲王①致故明史可法书有曰："晚近士大夫，好高树名义，而不顾国家之急，每有大事，辄同筑舍。昔宋人议论未定，兵已渡河，可为殷鉴。"窃维今日我中国自甲午、庚子以来，士大夫皆多忿激，每言为国雪耻，遂致朝廷近日亦以筹饷练兵为急务。然臣之愚诚恐此犹非计之得者也。昔韩安国对汉武帝曰："高皇帝尝困于平城，七日不食，及解围反位，而无忿怒之心。"圣人以天下为度者也，不以己私怒伤天下之功也。盖彼卧薪尝胆之论，犹是当时战国列邦之陋习，而非我帝王治天下之大度也。且我中国今日民生凋敝，士气不振，若不体量民力，一意汲汲于筹饷练兵，慕奇功，求速效，职之愚诚恐此非特不足以御外患，而且必重伤民生，适足以致内乱耳。古人有言，兵犹火，不戢将自焚也。即使我今日所练之兵固有奇效，若我不修邦交之道，则彼联我孤，彼众我寡，我或犹可以敌其一国，试问能敌其众国耶？故臣之愚以为，今日与其积力以防外患，而外患未去，内患已可虞，不如节兵费以裕民生，以治内政，以修邦交，而外患要无不可以销也。国固不可以忘戒，惟今日国家于戎政，当以作士教礼为先，而不可以练兵集师为

---

① 即多尔衮。清太宗时封和硕睿亲王。顺治帝年幼登位，多尔衮摄政。此指他在主持对南明的战争中，致南明大臣史可法的劝降书。

重，合无仰恳我皇太后皇上特降明诏，通谕中外，谓我国家设戎政为诛暴安良，原以保民为主，今日重修戎政，亦为久远之计，而非因欲与外人为仇也。且当此民生凋敝之日，所应办者亦惟在定军制、振士气而已，至营伍兵额，除京卫重地之外，各直省应设之兵，当严立限制，使仅足以存军制之规模，备地方之不虞而已。内外各督兵大员应仰体国家设戎政之意，先以保民为重，不可存好大喜功之念，不可有佳兵黩武之心。兵士固宜体恤，尤以军礼纪律为先，至于营伍兵房服色器械，凡百设施必事事求樽节之法度，念念思民生之艰难。应如何可节省兵费，而不废戎政之处，拟请特谕陆军部会同南北洋大臣熟议通筹办法，奏明施行。如此则兵省民裕，内患既消，外患亦可以治矣。此职所谓办理外事宜先统筹全局者也。至于办理外事应定规制，其关键在乎用人、用款两端，而两端之中，尤以用人为最要。夫用小人以办内政，固足以偾事；用小人以办外事，其祸为更烈，是尤不可不加慎重也明矣。臣观今日内外大臣所用一般办理外事之员，率皆树立私党，非其旧属故吏，即系采听虚声，罗致门下，彼此借以自固，故奔竞夤缘者，易以幸进，而贤能廉退之士，反无自而升，此外事所以日形荆棘，几几乎无从下手者，职是故也。所有办理外事用人用款，应如何严定规制之处，应请特谕军机大臣会同外务部通筹熟议，俾办理外事之大臣，人人知有限制之当守，然后筹一办理外事之款，则款皆实销；用一办理外事之人，而人收实效矣。职所谓外事宜定规制，以责功实而振国势者此也。职又有请者，昔宋臣欧阳修对仁宗言："陛下之所忧者，忧无财用也，忧无将帅也，忧无人材也。臣以为陛下今日皆有之，而所以不得其用者，盖有故焉。"细按当日宋臣奏对之意，盖谓国家之大弊不去，则大利不兴。所谓大弊者何？即上端所陈不谨号令，不明赏罚，不责功实是也。宋有此三大弊而不去，此宋之天下所以终积弱而不复振也。职愚以为今日之弊，毋乃类是。合无仰恳我皇太后、皇上特谕军机大臣激发天良，昕夕图治，有类此三大弊者，亟宜振刷精神，删除净尽，以副朝廷汲汲救时之意，以慰四海喁喁望治之心。职本海滨下士，游学欧西，于彼邦国政民风曾经考察，略识端倪。回国后，凡中国经史诸子百家之言，亦尝稍稍涉猎，参观中外，利弊显然，现值圣明广开言路之时，目击时艰，忠义奋发，故敢就梼昧所及，披露沥陈，上渎天听，不胜屏营悚惶之至。伏乞代奏，谨呈。

上湖广总督张书丙申①

按西洋当初，各部落皆封建立国，世族为君长，故有事即集族众开国会，后风气渐开，各部落分为列邦，其君长遂招国之贤士，分国会为上下议院，盖欲集众思广众益，达上下之情，此即我中国置台署设言官之意也。近百年来风气大开，封建渐废，政体未定，列邦无所统属，互相争强，各国君长欲济其贪忿之志，乃利商贾富人之捐输，故使入议院，列为朝士，议政事，由是权遂下移，国多秕政。于是其士人又忿激时事，开报馆，诋议政事，其要路朝臣，亦各结党互相标榜，以争权势，此西洋各国近日政治之所以外强而实弥乱也。昔人有言："乱国若盛，治国若虚。"虚者非无人也，各守其职也；盛者非多人也，徵于末也。汤生尝阅历中国史籍，至东周季世，当时风气始一大变，封建渐废，纲纪乱，犹今日西洋之时势也。按《史记·越王世家》载范蠡去越，耕于海畔，致产数千万，齐人遂举以为相。此犹西洋今日公举富人入议院、秉国政之事也。至于战国游说之士创立权谋之说，争论时事，此则犹今日西洋士人开报馆、论时事之风也。当时孔子忧民心之无所系，故作《春秋》明尊王之旨。汤生学识浅陋，不敢妄解经义，然愚意谓《春秋》尊王之旨，要在明义利之分，而本乎忠恕之教。义利之分明，故中国之士知君臣之相属以义也，非以利也；忠恕之教行，故中国士人知责己而不责人，责人犹不可，况家国有艰难，而敢以责其君父乎！自是中国尊王之义存。故自春秋至今日二千余年，虽有治乱，然政体未闻有立民主之国，而士习亦未闻有开报馆之事，此殆中国之民所赖以存至于今日也。乃近日中国士人不知西洋乱政所由来，好论时事，开报馆，倡立议院。汤生窃谓此实非盛事，至于《时务报》载有君权太重之论，尤骇人听闻。前日汤生辱蒙垂问译西报事，造次未能尽言。今反复熟思，窃谓西人报馆之议论，多属彼国党人之言，与中国无甚关系，偶有议论及中国政事民情，皆夸诈膈膜，支离可笑，实不足为轻重。在中国办理交涉事，当局偶尔

---

① 丙申，光绪二十二年（1896），当时张之洞正为湖广总督。

采译之，以观西人动静，或亦未尝无补益，然若使常译之刊于民间，诚恐徒以乱人心志，在宪意不过欲借此以激励中国士人之心，而振其苟安之习耳。然窃恐中国士人开报馆论时事之风渐盛，其势必至无知好事之辈创立异说，以惑乱民心，甚至奸民借此诽谤朝廷，要挟官长，种种辩言乱政，流弊将不可以收拾。谚有云："其父杀人报仇，其子且行劫。"伏愿大人留意，甚幸甚幸。

《尊王篇》释疑解祸论[①]

当此北方事变，中外交讧，其间事故纷乱已极，无从排解，故各国议论，咸谓非以兵力从事断难理喻。虽然，自来两国相争，衅端多由彼此猜忌，不能深原其本意，以致兵连祸结。或问于余曰："然则今日之事果尚可解乎？"余曰："可解。"盖两江刘制军偕两湖张制军[②]，深知各国并无仇视中国之意，故仍联合长江及各省疆臣，力任保护外人之责，俾各国亦知中国并无拒绝外人之心，以待转圜。惟以目下情形而论，则全局要着在乎先定民心，其道有二：一，各国亟宜及早宣布此次联军进兵除救护使馆外，无有他意，并将待中国宗旨共同议定，宣布中国人民咸使明白无疑；二，各国如无贪取中国土地之心，且不任管辖中国人民之责，则急须布告中国人民，此次联军入京，必保两宫，必尊必敬，毫无他意。此中原由有须辨明者四：因近年乱萌，悉由康党布散谣言，诽谤皇太后，煽惑人心，各报馆从而附和之，故各西报亦有不满意于皇太后之词，因此各国使臣有猜疑朝廷袒匪、不保外人之意，以致中国政府办事处处掣肘，遂有此变，此须辨明者一。各西报惑于康党之说，至谓大小官员有与康党相通之意，然各督抚及绅衿实无不以康党为乱民，仇之不暇，岂有信之之理，此须辨明者二。各西报因康党之言，以为皇太后训政不合中国向来国制，其实此事无所窒碍。中国本以孝治天下，皇上自请训政，乃名正言顺之举，此须辨明者三。康党所播种种谣言，全无影响，此须辨明者四。以上各说，皆谨述两制军之意

---

① 此文乃是辜鸿铭自己对他 1900 年 7 月所写英文《尊王：中国人民对于皇太后陛下及其权威真实感情的陈述》一文的节译。译文与原作有不少变动，可参见《尊王篇》英译。

② 刘制军和张制军，指两江总督刘坤一和湖广总督张之洞。

也。此外，鄙人意见亦当表著于后。中国自甲午一役，人人皆奋发有为，每思参用西法。此等人心亦分两种，一种身历重任，明于治理，关心民瘼，凡西法之有益于国计民生者，莫不欲次第仿行，至其事有所不便者，则屏之不用；一种少年浮躁好事之辈，徒慕西人奢靡，不知其政治之原，逢朝廷急思改弦易辙之秋，谬袭西人唾余，纷陈条议，冀缘捷径以干荣利。乃西人不分此两种人，徒信康党之说，以为欲用西法，必与西人相亲，由是袒护康党。殊不知近日《字林报》刻有康有为之论一篇，訾议皇太后及朝臣委靡不振，遇西人惟知一味阿谀逢迎而已。此篇文字西人谅皆见之，其人之反复无常已可概见。此人得志不但为害于中国，并大有碍于西人，中外交涉之事更无从措手。向来西人之疑皇太后，皆以为不喜西人，不用西法，莫不由康党播散谣言而起也。乃康有为反有《字林报》所刻之议论，则其前后自相矛盾，不辨自明。至皇太后不仇视西人，不固执旧法，确有可据。前宁波英国领事留心中国掌故名泽理斯①者，曾著《古今名人谱》一书，内载皇太后历来政迹。其言曰：一千八百六十一年，英法与中国失和，兵抵京畿，恭亲王奉旨与英法议和，值文宗在热河宾天，仇视西人之党端华、肃顺等八人，不满意于恭王所议之条约，矫为遗诏，谬欲摄政，皇太后审察时势，力主和议，遂一面命恭王定约，一面诛戮反侧云云。观于此，当时若非皇太后之圣明远虑，以定大计，则数十年来中外尚得相安耶？此皇太后不仇视西人之一证也。自各国派使驻京以来，中朝大官皆不甚与之往来，事多膈膜，驯至今日之变，惟近年来皇太后两次召公使夫人入宫进见，待以优礼，以示中外一家之意，此又皇太后不仇视西人之一证也。近来办理交涉事繁且重，闻皇太后欲朝廷知外国情形，曾谕皇上学习英文，此又皇太后不仇视西人之一证也。目下北方肇事，长江一带得两江两湖制军保护，中外商民咸得安堵，无人不感颂两制军之能顾全大局。鄙人为张制军属吏，其功业未便敷陈，若刘制军老成硕望，坐镇东南，虽屡次请退，皇太后知时艰难，再四慰留，仍畀以两江重寄。可见圣明远虑，委任得人，中外皆归功于刘制军，而追溯其源，实深受皇太后之赐，此又皇太后不仇视西人之一证也。以上四端，可为皇太后通权达变、注重外交之确据也。至皇太后听政以来三十余年，盛德崇功不可殚述，即如削平

---

① 今译翟理斯。

发捻一节，当时匪踪蔓延十三省，大局糜烂，几难收拾；又值文宗龙驭上宾，皇太后以一寡妇辅立幼主，卒能廓清祸乱，复致太平，惟其德足以感人，其明足以知人，故当时将相大臣同心翊戴，尽瘁驰驱，曾文正遂以湘军奋起，重奠河山，是以中外臣民无不服皇太后之庙算也。至于兵燹之后，收人心，办善后，尤费一片苦心。隶今日皇太后复出训政，亦出于万不得已耳。盖甲午以后，泥古图新，各有偏执，门户之见于是大分。尔时翁同龢最为泥古，及受甲午之创，忽又轻率图新，误认辩言乱政之康有为为奇才，力荐于朝而用之，遂致有戊戌之变。惟皇太后不偏不倚，允执厥中，即黜翁同龢诸臣以去祸魁，定康有为罪案，而戮其死党以谢天下。此后训政用人悉本执中之宗旨，善整史治者委以内政，善办交涉者任以外交，中外大臣如李傅相、刘制军、张制军、荣中堂、徐中堂、赵尚书、李鉴师诸公①，莫不因材器使，一秉大公。臣下亦莫不仰体皇太后执中之旨，共矢公忠，各尽其职。中国所以系赖者，惟皇太后耳。且皇太后之所以系人望者，不徒临政之忧勤也。三十年来迭遭变故，伦常之间亦多隐痛，朝野士庶罔不体其艰难，倍深爱戴。由此观之，康有为之胆敢诬蔑皇太后，诗所谓豺虎不食者，殆其人矣。至现在拳匪之事，有难言者。一则西人心怀忿怒，虽欲进持平之论，恐亦难以动听；一则究竟因何起衅，亦所未悉，无可论断，惟鄙意悬揣情势，断断不能归咎于皇太后。若以从前不肯剿匪咎皇太后，皇太后实非不肯剿匪也。匪之起由于团练，皇太后以为匪可剿，团练不可剿，团练以保乡里，不能玉石不分，概行剿杀，此皇太后不肯剿匪之说所由来也。皇太后以近来民生艰苦，盗贼不免，又以外侮日逼，故不得不有办团练之谕。此犹慈母爱子之心，处处防护，外人不知，遂有处心积虑借匪驱逐洋人之说，此言尤属荒谬无稽。总而言之，团民之所以变为匪类者，一则由教士不能约束教民，致多龃龉；一则由铁路创开，洋工麇集，致内地民情不安。又各国公使误信浮言，疑皇太后袒匪干预一切，随处掣肘，遂致愈张匪焰。其中情实，鄙人不能指定，将来自有公论也。迨拳匪扰及京城，传来一信，忽然决裂者，因有西人请皇太后归政之说也。自王公以下，一闻此信，始各抱义愤，同时皆起，欲与西人为难，此朝廷所

---

① 李傅相指李鸿章，荣中堂指荣禄，徐中堂指徐桐，赵尚书指赵舒翘，李鉴师指李秉衡。辜氏英文原文中还提到刚毅，此处不知他自己节译时为何删掉。

以不能抑制也。由此观之，中国人民之所以与西人为难，其中至重大之事，盖因西人欲干预内政，有请皇太后归政之说。至西人所以征兵来中国者，则因公使被困京城，急来救护也。苟欲开议释兵定和，必须从此两事入手。西人使馆之困，中国已竭力保护，并苦心设法救济，是中国已尽其在我之责，西人可以无虑矣。至中国之所虑者，务望西人将尊敬两宫，并无请归政之说宣布中外，以安戢民心，则兵戈息矣。假使各国不尊敬两宫，四海人民必为不服，以后事机不可逆料。鄙人在此已久，颇知刘张两制军之意，故先略述两制军之意旨，并参管见，编成此篇，名曰《释疑解祸论》。

义利辨①

近者中国对于德国潜水艇无限制攻击之通告有抗议，使专为尊重人道起见，出于忠告之诚心，诚不失为义举。而北京《京报》新闻记者辛博森氏辄欲中国加入协约国战团，侈陈种种利害，以相劝诱。辛博森氏为英人，其用意自别有在，而我国策士者流乃亦深信其说，亟图利用此谋为冒险投机之事业，则蒙窃有惑焉。昔戈登将军有言曰："吾西人对于远东之事，如冥行索途，茫然莫识其趋向，一切交涉，惟当以义为断，无诈无虞，自然信孚而交固。"谅哉，斯言易地以观，我国之对于西方何以异是！戈登者，英人诚笃君子也，其论国交自必胜于一寻常之新闻记者。今日我国对欧政策，与其从辛博森氏惟利是图之说，无宁从戈登将军以义为断之言乎！夫欧战以来，美国商人输送军实接济英法者，获利无算，一旦为德潜艇所阻，坐失莫大之利，因出而与之力争，固未尝计及于义也。今辛博森氏之言曰："美人所为之雄举，华人义当从之。"斯言诚娓娓动听，然何举而得称为雄，何举而方合于义？吾侪正不可不察。同盟国之是非曲直姑置勿论，今全球强国几已群起而环攻之矣。英法海军又封锁海口，以断其接济，彼既以寡敌众，又内顾接济之将穷，不得已出此报复之举，图战事之速了，盖穷无复之之后，舍此

---

① 此文乃辜鸿铭自己对他以英文写作的《是义还是利》一文的翻译，其原作的内容，参见《呐喊》一书中所收录的此文德译。

别无良策，其为情亦可伤矣。我与德邦交素睦，初无深仇，夙怨又无，航行西方之商船足以受德潜艇之攻击，顾动于战后之利，受协约国之劝告遽加入战团，与之为敌，使战祸益延长而不可遏，证以君子之道，得为武乎！今人动言国际法，不复知有君子之道。然在英国游戏规则中，其义尚有存焉者。忆昔在苏格兰公学时，其校中游戏规则，凡合众力而搏一童者，虽是童在校中为至顽劣，胜之亦不武。英童所视为不武者，辛博森氏转称为雄举，不已左乎！西人动欲教我以国际法，不知我国自孔子以来，自有真实切用之国际法在，其言曰："以礼让为国。"又曰："远人不服，则修文德以来之。"又曰："师出必以名。"今我出师抗德，其名安在？规利以崇仇，附众以敌寡，揆诸礼让之道，修文德之义，当乎不当？若徒徇西人之所谓国际法，则我国固无力足以判德之是非而加之罚，徒为协约国所牵率，投入漩涡，此后无厌之要求，应担之责任，皆无可逃免，稍或不慎，越俎代庖者立至，恐欧战未毕，而我已不国矣！辛博森氏之徒所持以劝我者，谓加入协约可获利于战后，且可免不虞之侵犯，其所谓可免侵犯者，谓协约国胜后可以保弱国也。谓协约国胜后，凡非其援者，即其敌，祸将不测，故不得不加入也。有人于此，其友方与六七人斗，彼因可以得赂，或止斗后可免六七人殴己之故，无义与其友反目，甚且击之，此即辛博森氏之所谓义也，亦异乎吾之所闻矣。孔子曰："君子喻于义，小人喻于利。"窃谓以小人之道谋国，虽强不久；以君子之道治国，虽弱不亡。我国此时欲决大计，定大猷，必先自审，将为君子之国乎，抑将为小人之国乎？诚欲为君子之国，惟当勤修内政，加意人才，登用俊良，廓清积弊，使一切施措厘然当于人心，在朝在野，人人知礼让而重道德；对于外交，一衷于义之至当而无所偏袒，则忠信以为甲胄，礼义以为干橹，干城之固，莫善于此。不此之务，而溺惑于贪利小人之言，冒耻诡随，妄希战后权不我操之利，斯益去亡不远矣！今夫新学也，自由也，进步也，西人所欲输入吾国者，皆战争之原也。我国之文明与欧洲之文明异，欧洲之文明及其学说，在使人先利而后义；中国之文明及其学说，在使人先义而后利。孟子曰："苟为后义而先利，不夺不餍。"今者欧洲列国倾竭人民之脂膏，糜烂人民之血肉，以争胜于疆场者，祇此竞利之心相摩相荡，遂酿成千古未有之战祸。迫至精疲力尽，两败俱伤，饱受夫创巨痛深之苦，而追溯其恃强逞忿之私，必有大悔其初心之误用者。我国兵备不充，军气不振，无可讳言，即使励精图强，极意整顿，俾陆海皆有用武之实力，必非旦夕所能期然。则目前所恃以御侮而救亡者，独有以德服人之一理而已。我诚采用戈登将军之言，事事蹈义而行，不为利诱，不为威怵，确守其中立不倚之道，对于列强无所左右于其间，则可谓君子之国矣！列强以竞利之故，互相吞噬，穷极其残暴不仁之武力，而环顾世界中犹有一国焉，其人口四百兆，独能以君子之道自处，而并欲以君子之道待人，未有不内愧于心，而敬之重之者。夫至敬之重之，而又从而侮之，此为事理之所必无，可断言也。我国御侮救亡之道，舍此岂有他哉？美人阿姆逊①之言曰："尚武者，吾见其必败；以仁义为械者，足令世界相观相感，而迁于善。"今日黩武穷兵之祸，欧人亲受之痛苦，不啻自涂其脑，自剥其肤，盖已有废之不及者。吾诚善用阿姆逊之良械，仁以爱人，义以断事，发挥而光大之，庸讵不足使世界改恶迁善，而息争解纷耶！吾故曰："当兹有史以来最危乱之世，中国能修明君子之道，见利而思义，非特足以自救，且足以救世界之文明。"

广学解

余师逍遥游先生②，聪敏好学，自少出游泰西诸邦，遍历其名山大川，博览其古今书籍，十年始返中土。时欲从乡党士人求通经史而不得，士人不与之游，谓其习夷学也。先生始乃独自奋志，讽诵诗书百家之言，虽不能尽解，亦得观其大略，数年间于道亦不无所见，然不敢自是。先生尝谓余曰："学，闻见也，非道也。然非学无以见道。昔颜子有言曰：'夫子博我以文，约我以礼。'其文词之谓与？其闻见之谓与？若夫今西人之学，其道固有不足法，而其学又不可不知也。"余闻此言，起而对曰："敢问何谓不足法？"曰："西人礼教之书，多言敬天，而不言敬人。夫人固知敬天，亦不为〔不〕善矣，《记》曰：'郊社之礼，所以事上帝也；宗庙之礼，所以祀乎其先也。'此二礼之所以分者，盖商人知重敬天，而不知重敬人也。太史公曰：'商人俗多信鬼。'其弊原有由来尔。今欲详考商人之所以为天下者，不可复得矣。尝试求之诗书。

---

① 今译爱默生。
② 辜鸿铭在此采用学生问、他作答的形式来阐述他的见解。"逍遥游先生"是他自谓。

苏子由①曰，'商人之书，骏发而丽厉，其诗简洁而明肃，以为商人之风俗盖在乎此矣。'夫斯盖言其美而盛者也。及其衰而乱也，则强戾凶暴，无所不至。《商书·微子篇》有曰，'我用沉酗于酒。'又曰，'好草窃奸宄。'又曰，'小民方兴，相为敌仇。'呜呼，此与今西人之乱俗，岂有小异哉！故周之兴，周公定礼乐，必分郊社与宗庙之礼，分之者所以并重之也。并重之者，所以重敬人之礼也。夫敬天之礼，岂有不重哉！惟知重敬天，而不知重敬人，此凡所谓为夷狄之教者皆是也。而吾圣人周孔所为恶夫夷狄之教者，谓其必至于伪也，谓其必至于凶也，谓其易于为天下乱也。盖人徒知敬天，其用于事则必尚力，重势而不崇德，不知敬人则必不重人伦，不重人伦则上下无以分，上下不分，则天下之乱其能已哉！彼耶稣曰：'爱人。'释氏曰：'爱物。'夫爱人爱物而不知爱亲，此岂非率天下之人以为伪乎！故《礼经》曰：'不亲亲之德之谓凶德也。'此则西人礼教之不足也。"余曰："然其政刑则何如？"曰："西人政刑之病，亦本乎其礼教之弊，其书多言智术，而不言道德，专重势利，而不言义理。尝见西人《万国公法》一书，其首篇曰：粤自造物，降衷人之秉性，莫不自具应享之权利。夫其所谓权利者，势也。荀子曰：'人生皆有可也，知愚同所可，异也。知愚分可者，遂其意之谓也。'此即西人之所谓权利也。然荀子斯言，君子犹病之，何也？夫既曰人生智愚皆有可，而其所可异也，试问，定其同异而分其所可者谁与？必曰贤者，必曰君子，然此即所谓智者也。智者自定其所可，其所谓愚者岂能安之？不能安则必争矣。由是天下之人必以权利相衡，以定其名分也。权利之所在，则曰贤者，则曰君子；权利之所不在，则曰愚者，则曰不肖。夫如此而为天下，其亦危矣。故苏子瞻②曰：'荀卿之言，愚人之所惊，大小之所喜也。'今西人之论治天下，其言皆多类此。故曰西人之政刑，有不足法也。"余曰："然则其所谓考物制器之术，尚可取乎？"曰："此难言。西人之谓考物，即吾儒之谓格物也。夫言之于天，则曰物；言之于人，则曰事。物也者，阴阳五行是也；事也者，天下家国是也。然吾儒格物必言天下国家，而不言阴阳五行者，其亦有深意存焉。《易传》言圣人制器以前民利用，此则谓教之以相生相养之道也。然吾圣人有忧天下之深，故其于阴阳五行之学，

---

① 即苏东坡的弟弟苏辙，字子由，北宋文学家和史学家。
② 即苏东坡，字子瞻。

言之略而不详，其于制器利民之术，亦言其然而不言其所以然。盖恐后世之人，有窃其术，以为不义，而不善学其学，以为天下乱者矣。故《传》曰：'作易者，其有忧患乎！'今西人考物制器，皆本乎其智术之学，其智术之学皆出乎其礼教之不正。呜呼，其不正之为祸，岂有极哉！其始曰敬天，其终也势必至于不畏天。盖今西人之所以用其制器之术者，皆可谓之小人之无忌惮也。已而其所以得布此术于天下者，固言欲济民利用，然其实则智者欲得之以行其权利之术，愚者欲得之以肆其纵欲之心，是皆得以暴物为用。孔子曰：'始作俑者，其无后乎！'而吾子乃尚忍言西人制器之学乎！"余曰："今先生言西人之学，其礼教则以凶德为正，其行政则以权利为率，其制器则以暴物为用，是其学之为害亦甚矣，而先生又言其学不可不知，敢问何谓也？"曰："呜呼，我不知西人之学，亦无以知吾周孔之道之大且极矣！故曰：'学，闻见也，非道也。'然非学无以见道。其学愈广，其见道愈大，愿吾子善广其学，而不失其为正则可矣。"余闻先生斯言，退笔其词而记之，以质诸好学之君子。今吾人习西人之学者，多竖子小人，若吾先生，其可谓善学者哉。

《蒙养弦歌》序

袁简斋谓诗论体裁，不论纲常伦理，殊非笃论。诗固必论体裁，然岂无关纲常伦理乎？惟诗贵有理趣，而忌作理语耳。近日士人教弟子读文读诗，惟期子弟能文能诗，此于诗教一道，已乖孔子"迩之事父，远之事君"之意，又奚怪世教之不兴、人心风俗之不厚？前平江李次青[①]先生有鉴于兹，曾编《小学弦歌》一集，原为缙绅家子弟诵本，至为民间小学用，卷帙未免繁夥，所选品格词义过于文藻，未易为民间童稚领会。溯自汉以来，诗集存者皆出文人学士之构思，非所谓里巷歌谣之作也。惟古诗古乐府，质而不鄙，尚有国风之遗意存焉。今就古诗古乐府暨《小学弦歌》集中专择文义浅近易于成诵者，共得一百首，录成一篇，次青先生谓："凡以诗之为教，温柔敦厚，其善者足以感发人之善

---

① 即李元度，字次青，曾经为曾国藩幕僚，湖南平江人。著有《国朝先正事略》。

心，其辞气音节抑扬抗坠，使人涵泳优游而自得之，故其感人尤易。在小学时，天性未漓，凡事以先入之言为主，尤当使渐摩于诗教，培养其生机，庶能鼓舞奋兴而不自已"云。此皆阅历甘苦之语也。此编庶几其于先生诗教之义，或不甚背戾乎？

《正气集》序

或问于余曰："世变剧矣，关怀时局能无抱莫大之殷忧乎！欧西各国智术日益巧，制造日益精，水火、木金、土石、声光化电之学，枪炮、战舰、飞机、神幻不可测之器，上薄力天，下缒九渊，剥剔造化，震骇神鬼，可谓极古今未有之奇变矣。苟一旦协以谋，吾何恃而不恐？"余曰："恃天地不变之正气而已。"何谓天地不变之正气？西哲坎特①有言曰："天地间有两事焉亘古不变，而最足以发人深省，愈思而愈令人生畏敬之心者，日月星辰流行绝无舛错，此不变之在天者；芸芸万众莫不知义之所在，宁死而不敢犯，此不变之在人者。"是即所谓天地不变之正气也，是即所谓道也。何谓道？曰：君臣、父子、夫妇、昆弟、朋友而已。何以行此道？曰：忠与义而已，呜呼，是即芸芸万众，宁死而不敢犯之忠义也，是即所谓道也。尧、舜、禹、汤、文、武之所以治，周、孔、颜、曾、思、孟之所以教，胥是道焉。我中国既有此道，即有此天地不变之正气，吾何为而恐乎！余友王君叔用，刚明士也，性颖敏好学，信道尤笃，悯世衰道微，人心益馁，谓非以中国固有之正气，不足以振发我人人固有之正气，以维系于不敝，乃荟萃古今，阐扬忠烈，自三代以迄国朝咸同间志士仁人湛身殉难之事迹，旁搜博采，得五百余人，颜之曰《正气集》。余读其书，知其信道之笃，而尤服其能以吾之不变济人之万变，使我中国五千年固有之正气亘万世而不可变，其用心亦良苦矣。故乐为之叙，并以告海内忧时之君子，其恃此以勿恐。宣统辛亥②仲秋。

---

① 坎特，今译歌德。
② 辛亥，即 1911 年。

西洋礼教考略

西洋之有礼教，始于古希腊国，及后有罗马国，即《后汉书》之所谓大秦，尤究治人之法。罗马既盛，治法略备焉。至晋梁之季，罗马衰，东方匈奴之种，及北方蛮貊之类群至，遂蹂躏其城池都邑，而罗马法制至此无存矣。罗马后，西人号曰中古，中古之制皆封建也。即柳柳州①所谓"生人之初，其明而智，能断曲直者，各为君长"是也。初君长之称不一，后乃定为五等，仿佛中华古时五等诸侯之制，皆各君其土，而长其众，不相统属。及至唐代贞元间，法兰西土酋名嘉罗蛮②起，强兵拓土，遂霸西域，而群酋始归统属焉。初罗马都城被寇，国王迁都于东罗马，遂分东西京（其东京即今土耳其都城是也），后罗马王奉犹教（即天主教，犹太国人耶稣所创），尊能明其经书者为师长，官之曰师父，曰监督。及法酋嘉罗蛮即霸西域，罗马又被寇，官吏皆遇害，惟教监督率百姓守危城，急乞援于嘉罗蛮，嘉罗蛮统兵至，遂得罗马西京，奉罗马新教，尊教监督为巴巴（巴巴，父称），即今之所谓教皇，嘉罗蛮自称为恩巴拉（帅也）。至是西洋封建之制始备，盖亦仿佛我国西周之制。教皇则居然为西洋之师。西域之王者置朝官，掌礼教。其所异于周制者，教皇不婚，位非世守，土临终传衣钵于属下有道行及众望所属者耳。恩巴拉则为方伯，率诸酋以奉教皇，各世其土而长其民，惟群酋皆习武事，不讲文学，故由教皇派文士为师长，在邑曰师父，在郡曰监督，在都曰总监督，初亦以助理风化而已，后遂为诸侯相，治理民事，国君惟掌兵权而已。此教科官之所由来也。后至有明之季，德国诸侯及英国王叛，教皇创立耶稣教，亦仍设教官之制，惟教官国主自国置，非由教皇派也。

---

① 柳柳州，即柳宗元，唐代著名文学家。曾贬为柳州刺史，故称柳柳州。
② 嘉罗蛮，今译为查理曼，即查理大帝。

西洋官制考略

考西洋自嘉罗蛮卒，其子孙分其疆域，后群酋之强者又起而争之，至是西洋遂分列邦。一邦之主曰君主，邦内群酋属焉。然犹守封建之制，推邦君或群酋之强且长者为恩巴拉，率列邦以奉教皇。当时列邦之民，皆各由其部落酋长统辖，酋长皆世守，总称曰主，曰君侯，故无所谓官也，惟邦君设幕府，置家臣，家臣有主幕、管事、掌印、记室、司马、护卫、掌库等职，初，此犹帮君之私人，非国之官也（其制与我华春秋时卿大夫有家宰同）。后乃为朝官，与一国之君侯等，主幕则为首相，称曰主幕君侯；司马掌兵，称曰司马君侯；掌库司度支，称曰掌库君侯。其他官职皆如此。此西人朝官之所来也。然当教皇盛时，列邦非独论道辅佐之臣皆教士为之，即民间词讼之事，亦皆由教士主之，后西人索得罗马古书，复讲罗马旧制，各国学校乃开博士之科。博士者，精于罗马旧制者也，至是教士之权始寝衰焉。及有明之季，德国列邦之主及英国王叛教皇，遂以博士为法科之官，专主民间讼诉之事，名曰主讼、曰判官、曰巡察、曰总巡察（汉制，白事教令称曰君侯。西人凡巡察、总巡察，通称买罗而得，解云君侯）。此西洋法科官所由来也。迨至国朝乾隆间，法兰西人弑其主，废封建，国乱，拿破仑由布衣立为国主，乃分朝官为各部大臣，外官置郡守亭尉，其后各国渐效之，至是西洋始讲吏治也。

西洋议院考略

西洋自古罗马后，皆胡俗胡人，有事其酋长则集群胡以决可否。后西洋分列邦，犹循旧俗，国有大造大疑，国主集群酋议决之。群酋之会曰国会，此西洋中古列邦通例也。宋季嘉定间，英吉利主约翰好讲兵，征赋无厌，英群酋怨之，逼与盟约，后欲征赋，必集国会议可，然后行。遂立册书，永为国典。英人谓此盟书曰《大盟册》[①]。初，西洋俗

---

① 今译为"大宪章"，也称"自由大宪章"。

皆以战猎为事，强有力者立为酋长，故民分曰世族、曰平民。世族者酋长族也，当英吉利之立国也，惟集世族，平民不与焉。久之郡邑平民之有贤望者，或由群酋举，或由国主召，亦入国会。于是国会乃分为上下议院。上院世族居之，下院平民望士居之。及有明中季，英俗罢战猎，民间皆以耕织懋迁为事，于是国饷皆赖商贾富户捐输，乃许巨镇大埠有捐输者，各公举素封之家一人入下议院，至是议院势渐盛焉。国朝初，英吉利主嘉罗斯第一①朝用金人，国用空乏，英主集国会，令下议院派捐，议院不允，英主兴兵将诛梗命者，议院亦募民兵与主战，胜遂弑之，国大乱，议院望士之统兵者，名格朗挖②，废议院，乱乃定，遂秉国政，称曰护国主。卒，子庸弱，国人复故主嗣嘉罗斯第二③，与盟复立议院，每年一集议，政事不复关白。盖前国主欲征饷始集国会，至是议院之势弥张焉。嘉罗斯第二卒，弟嗣，又失民望，国人逐之，议院召其女与婿，婿，荷兰国主也。议院复与盟，至是议院之势盛矣。此西洋议院之所由来也。乾隆四十一年，英吉利属地在亚美利加洲，各部落叛，英官会盟，遂立为亚美利加合总邦④，法亦多仿英制，设上下议院，且国主由民举，所谓民主国是也。乾隆五十四年，法兰西人弑其主，亦仿英制，设议院，国遂大乱，那坡伦⑤起，执兵柄，闭议院，乱乃定。后西洋各国皆设议院，惟俄罗斯不置。夫西洋自议院盛，国主遂比诸饩羊，政皆由国人也。孔子曰："天下有道，庶人不议。"信哉！（近年俄罗斯亦创开国会矣。噫！西洋之乱，于斯已极。近有俄著名学士笃斯堆氏⑥新著一书，名曰《世界末境》，盖亦有所见而慨乎言之也。）

英将戈登事略

　　戈登，英国名将，名查里斯若耳治，道光十二年春，生于乌利剌

---

① 今译为詹姆士一世。
② 今译为克伦威尔。
③ 今译为詹姆士二世。
④ 今译为美利坚合众国。
⑤ 今译为拿破仑。
⑥ 今译为托尔斯泰。

城，父为御军炮队大将，娶妇宴德庇氏，名以利撒毕，生四子，戈登为季。戈登之先出于巴克邑之名族，即今英国侯爵亨特利氏之支派也。戈登初在塘墩就学，年十四岁进乌利剌武备馆，十九岁授御军工营校。咸丰五年，英人伐俄罗斯，始从征至俄国，围西拔斯拖浦海口，在此昼夜守城濠督战，自咸丰五年春至城隐始罢，尝受微伤，先城南既陷，戈登即调赴梗盘寻，仍回西拔斯拖浦，城陷，令毁城中炮台船厂。英俄事平，从勘定俄突新界。咸丰十年，中外构衅，英人犯我顺天，戈登从英军陷京师，焚圆明园。事平，适中国粤匪乱。同治二年，江浙两省上游，在沪设洋枪队，将校皆用欧美人，乃向英官商使戈登领之，戈登遂与贼转战于江浙两省，二年间凡三十三战，克复城邑无算。江浙为中土最富繁之地，数年经贼蹂躏，至是两省强寇始悉歼平，是役经时一十八月，仅费军需一百万金，人皆以为奇功，称戈登为当时名将。戈登谦逊曰："平此乌合之贼，岂足称耶？但缓以时日，中国官兵亦可平贼也。然中国上官急奏肤功，遂在上海招募外洋无业亡命之徒，欲借以平贼，不知此辈既以利应，反复无常，几将贻害中国，较土匪之祸尤烈耳。鄙人得统此辈，严加约束，事后设法遣散，不使为患。此则鄙人有微功于中国也。"当时苏州克复，江苏巡抚今相国李公①杀降贼，戈登不义之。中国赐戈登万金，戈登辞之曰："鄙人效力中国，实因悯中国百姓之涂炭，鄙人非卖剑客也。"同治三年，自中土回国游，囊索然如故，寻擢，补格列弗司恩海口军领工程队。居此六年，每于公余之暇，筹给贫乏，遇有疾病者施医药，民间流离无依小儿，皆为收养，教之读书，或荐至各船佣工，不使失所。先英俄诸国议开漯扭河，准各国商船出入，各派使守河口。同治十三年，戈登解任，简赴渤波勒卡利亚国，为漯扭河河口使。光绪元年，戈登应埃及王之聘，至苏丹。先是埃及国沿尼罗河南边近赤道之境，总名曰苏丹，皆沙漠荒野之地，然此域土地宽阔，极南近又寻得大湖数处，埃及王曾令英人伯客沙谬往开辟，二年未竣事，辞职去。王聘戈登仍令往接办其事，戈登在此烟瘴绝域三年，竭力任其事，凡地理之险阻，天时之恶劣，以及土人之悍梗，皆以坚心毅志胜之，沿尼罗河一带皆设汛兵，又自埃及定造轮船，使上驶尼罗河，遇滩水浅，即将船折为数段，过滩后仍再合拢，于是苏丹南境大湖曰亚勒伯妮恩舍，始有轮船行走。戈登在此苦心竭力任事，其意不在徒得土地之

---

① 指李鸿章。

利，盖此域土人之强者，向劫掠人口贩鬻为奴，戈登至此即欲化其俗，禁贩奴事。然苏丹西境有二省，曰哥尔多番，曰达尔夫，此皆为贩奴者泽薮，两省不归戈登一人统辖，则贩奴之事，实不能禁绝，埃及王乃不授此两省。故于光绪二年，戈登遂辞职回国。光绪三年春，经埃及王再三重请，戈登乃复至埃及，授苏丹全境总督，凡北自尼罗河之第二滩，至南境之大湖东；自红海至西境又特湖诸水发源之处，皆归戈登统辖。三年之间，遍巡诸地，居无定所，时或至东境与哑比西尼亚①国诸部，勘定疆界；时或轻骑减从，骤至西境达尔夫省，捕拿贩奴暴客，并以慑服部酋之倔强者。常竟月在骆驼背上，未尝解鞍。政令一出，志在必行，境内强暴虽多，沙漠烈日虽酷，皆不能稍抑其坚力锐志。又四出无常，土人视之犹鬼神，出没无所不至，故诸部蛮夷皆为震服。而苏丹境至此始有王法政令行焉。当时外人在埃及献说干预政事，王及大臣不能镇定，遂听外人游说，纷纷更改法制，以致政令朝出而暮改，于是戈登在苏丹觉事事掣肘，故于光绪六年②遂又解职回国。此年英国简命子爵黎本为印度经略大臣，黎本辟戈登为参军记室，同至印度，无几，戈登觉经略幕僚意见与己不能合，即请解任。适中国与俄国为伊黎事抵牾，中国海关总税司赫德径电请戈登至中国商量事件，戈登此行，英国政府因戈登系英国职官，干预中俄事，恐贻俄人口实，故电止戈登，令即时回国，戈登复电曰："我至中国为排难而已，如朝廷因我系职官，恐贻口实，请悉除衔职，则万无误事。"戈登至北京，见总理各国事务大臣，力陈中国武备不修，战无策，不如迁就护大局。大臣问曰："如事决裂，肯相助否？"对曰："事如决裂，皇帝肯迁驾内地，鄙人当为中国效力任疆场事。"后事遂解。当时戈登行至天津，见中国北洋大臣李文忠，文忠对外人怨北京诸大臣主战误国事。有某国公使劝中国李文忠借戈登力，拥兵至京师黜诸大臣，废皇帝，自立为皇帝。戈登闻之叹曰："鄙人虽一武夫，作事何肯卤莽至此耶！"戈登回国，是时英国阿尔兰③岛富豪世族兼并贫户，私敛重于公税，岷庶困穷，乱人充斥。戈登因往，遍历阿尔兰诸郡，目睹田畴荒芜，农夫冻饿，遂条陈变田租法，朝议不可。然所建白皆切时弊，后数年英廷竟改阿尔兰田租法，本戈登意也。戈登条陈多忤朝臣意，自知在朝必不得大用，适英属地毛里西亚岛统兵

---

① 今译阿比西尼亚，即现在的埃塞俄比亚。
② 即1880年。
③ 今译爱尔兰。

大将出缺，毛里西亚在印度洋大海中一孤岛也，英人置戍兵，英官畏远戍，皆不愿往，戈登遂自请往署焉。戈登官斯岛一年，军民称之。会阿非利加洲极南，有英属地曰岌朴（或曰好望角），英人建埠头，辟地利，英民与邻境番部时有争斗，官吏不善处置，各部遂叛。英国驻岌朴大臣因请英廷特派戈登往调停其事，戈登即由毛里西亚航海至岌朴，检察情由，即上书大臣曰："番部之叛，皆由官吏不能约束本国人，使侵害番人，今拟先简严正之员，令其加意约束本国人，然后可以服番众，而保无虞也。"乃条陈处置法。然所议皆为大臣幕僚梗阻不行，戈登遂请解任回国。戈登既在闲散之列，请假往游犹太国。犹太，昔西人教主耶稣生育行教之地，多古名胜，戈登至此，感古今兴衰沧变之迹，遍历流览，一年始回国。是时，埃及国南境之地，自戈登去后，官吏贪酷虐民，各属回部皆叛，起杀官吏攻官兵，有大酋自称救世主，奉天命复回教，诛无道，埃及官兵竟被困于嘎墩①城，于是埃及王乃请于英廷，借一大将使救出困兵，英廷仍派戈登随带将校二员，至嘎墩时，城围尚未迫，戈登即欲率被围官兵出城，然城中避难官吏及家属老弱妇女万余人，戈登不忍弃之，故留守，先将妇女二千余人护送出境。逮及城围既重，英廷有电催戈登率部曲弃城，戈登复电曰："军民为我抗贼守城，今事迫乃弃之，此岂丈夫之所为耶！"戈登在围已五阅月，外援已绝，粮食将尽，然犹从容督率军民拒守，于是英廷乃拨兵，合埃及官兵，溯尼罗河赴救，两月后救兵始至，然城已陷，戈登卒被害，时年五十三岁。丧耗至英国，官民皆哀伤之。英廷赐其家属十万金，并为铸铜像于都城，以志其忠烈云。

---

① 今译喀土穆。

硕儒沈子培先生行略 *
（1922）

沈子培先生，名曾植，浙江嘉兴人也。清时曾任提学，现代新进学者出其门下亦甚多。鼎革之前，任安徽布政使，鼎革后，遂隐居沪滨，杜门不出，海内学者皆奉为泰山北斗。虽海外鸿硕，亦望而敬礼之也。

鼎革后二年，俄国哲学大家凯沙林伯爵游华，余为之介绍见先生。其后伯爵著《哲学家之旅行日记》，书中述及其见先生之感想，其文如下：

> 余今竟得如愿以偿见沈先生矣。余在北京时，每与诸华友谈论欧洲事，余常从旁证其谬误，彼辈必相顾而言曰：沈子培先生告我等言亦如是，然我等以为沈先生学问虽深博，而对于欧洲文明所见恐未免肤浅也。因是余始知沈先生未尝实地考察，而所言所知能如此正确，其人必非庸碌者流可知矣。嗣后见先生于沪滨，其丰采、其气概，一见即令人永永不能去怀。温而厉，威而不猛，恭而安，其一举一动，莫不合乎礼、适乎仪，彼华孔子之所谓君子人者，先生实当之无愧。发言明易而意深，语语沁入人心，论及他国事而明晰正确如先生者，余未之见也。先生为笃守孔子之训者，极排斥异端之说。盖先生于彼华旧学造诣既深，遂视外邦之事物无一可取者，先生自信之坚且深如此，故视人生常事无讨论之价值，不待思索，其胸中已〔有〕成竹矣。

---

* 这是1922年沈曾植去世后辜鸿铭为他所写的行略。署辜汤生撰，柯菊初手书。沈子培，名曾植，号乙庵，晚号寐叟，光绪进士，官至安徽巡抚，是近代中国著名的学者。民初时以遗老自居，与辜鸿铭为同道。柯菊初，民国工商界名人，曾任光华公司经理，善书法。该文原件藏上海图书馆。

西方学者对于所谓中国儒者沈子培之观察，读上数行可略见一斑矣。

余在张文襄公督两湖幕下得第一次识先生。其时文襄公为全国学界之泰斗，学者至武昌谒见者络绎于道，先生及某某四人同为文襄入幕上宾，此五人皆议论古雅，文襄公之孙时戏称五怪云。余因留学外国，故至戊戌政变后，始得预其列。初余力劝文襄去康、梁，然文襄公未之听。及康梁事败，文襄公乃忆及余言，谓有先见之明云。辛亥以前，余虽时见，然相交甚浅。某年先生自鄂返沪，余往访之，先生问余在鄂依张公近状若何，余举唐诗"汉文有道恩犹薄"为答，及后先生犹时时语余曰："君未引此诗之前，余心目中固不以君为我辈中人也。"辛亥秋，乱事起，余与沪上诸同志集于先生寓所，谋所以补救之。同人令余赴京担任外交事务，旅费已备矣，先生独排众议，执余手曰："方今革命猖獗，君切不可冒无谓之险，危及生命。我辈随时随地皆可以死，然死则一处死耳。"某夕，侍者以一号外入，视之则逊诏也。我辈乃同起北面而跪，叩首哀号。闽人王叔庄跪地不起，大呼曰："国破君亡，臣不欲生矣。"又数日，余复见先生，问先生曰："事已如此，我辈将如何？"先生泪流满面，执余手而言曰："世受国恩，死生以之，他非所知也。"

观于上文，世人当深晓余平日所谓君子儒与小人儒之别矣。如前总统徐世昌者，以诈术取得法国巴黎大学博士学位，小人儒而已。子曰："汝为君子儒，毋为小人儒。"君子儒若先生者，非徒以其能诵经习礼而已，盖以其能将孔子春秋大义铭诸心，而奉行终身，死生以之也。余昔作《戊戌政变记略》，曾述及当时诸君子保障纲常名教与力拒西洋文物制度之事，其时余亦参末座，及今忆及此种种过去之陈迹、抗议持正诸君子，犹一一涌诸心头，历历如画，益增余无穷感慨、无限凄凉。十五年前，横流方始，我辈之宗师张文襄公即弃世而去。及至今日，时事几无一线之希望，而先生又瞑目不起，岂不哀哉！

辜鸿铭讲演集[*]
（1924—1925）

关于政治经济学的真谛^①

　　会长阁下并在座诸君，在我开始演讲之前，我想向诸君并通过诸君向日本的友人们，表达我满腔的感激之情。自我到日本以来，各界人士给予了我热烈的欢迎，对此我深表感谢。在表达这一感谢之意的同时，今晚站在各位面前，我想向大家谈一谈此时此刻涌上我心头的感想。为了能使各位理解我的这一感想，还请允许我讲一个中国古代美丽动人的故事。

　　很久很久以前，在湖北的孝感地区，住着一位叫董永的书生。这个书生是一个非常贫穷但十分孝顺父亲的人。然而在他父亲去世时他却没钱安葬他。为了筹借安葬父亲所需要的费用，他去了一位有钱人家，以自己一生为其做仆的代价借来了钱。就在他料理完父亲的丧事回家时，

　　＊《辜鸿铭讲演集》系日本大东文化协会刊行的"名家讲演丛书第一编"。1925 年（大正十四年）出版。所收辜氏在日本讲演六篇，即《何谓文化教养》、《中国文明的历史发展》、《日本的将来》、《东西（文明）异同论》、《关于政治经济学的真谛》、《纲常名教定国论》。内容与 1941 年日人萨摩雄次编《辜鸿铭论集》内容重复。萨摩雄次系辜氏好友，又是辜氏在日本讲学时期的全权接待人，不仅对辜氏很了解，且《辜鸿铭论集》内所收辜氏在日本的演讲，均系萨摩雄次认真核校过，故《辜鸿铭讲演集》凡与《辜鸿铭论集》内重复的演讲篇目，均略去不译，以后者为准。《日本的将来》与《辜鸿铭论集》内《中国文明的复兴与日本》标题不同，内容基本一致，也略去不译。这里只译其中《关于政治经济学的真谛》一篇。另，《纲常名教定国论》一篇，《辜鸿铭讲演集》中附有辜氏文言原文，故保留。

　　① 此文译者为黄晓勇。

没想到遇上了一位年轻美貌的女子，此女请董永纳她为妻。后来她终于成了董永的妻子。这个妇人每天勤于纺织，并以此换钱，最后全部还上了丈夫从财主那里所借的钱。

实际上，这个妇人关照董永的日常起居，包揽了家里的大小一切事务，为的是使董永没有后顾之忧，能充分读书学习，以实现科举考试及第的目标。这样一来，该书生就得以继续学业，并在进京赶考中幸运地获得了第一名的优秀成绩。这一成绩在中国被称之为状元。由于获得了状元这一崇高的名誉，按照那个时代的风俗，他享有率领浩浩荡荡的祝贺队伍在京城的大街上招摇而过的特权。当祝贺状元及第的游行队伍穿街而行时，董永意外地看到有七个美丽的仙女从天上翩然而降。这七个从天上下凡而来的妇人，是天上的星星即银河系的织女星。此刻她们是化成下界凡人而来的。在这七人中，董永发现有自己的妻子。此时，妻子对他说，自己是天上的神仙，为了帮助你修得学业，故被上天遣来侍奉你，如今你已科举及第，我的使命也就完成了，因此这就要告别重回天宫去了。一个曾赤贫如洗的书生，在自己成功的日子，却要同这样一位妻子告别，此时此刻，将是怎样的心情呢？

我自己也曾同这个董永一样，乃一介穷书生，那时也即三十五年前，我遇上了一位从大阪来的仙女。那时我是一个收入微薄的职员，正在为了解中国文学及文化而拼命地学习。因而非常需要有一个人来照顾我的生活和处理日常家务。这位从大阪来的仙女，就如同中国古代传说中的织女一样，在十八年这样一段较长时间里，帮我解决了后顾之忧。而且，她在这一工作完成之后也就去世了。临死前，她还把我托付给了一位她最亲密的中国姑娘，在这姑娘成了我的妻子之后她走了。当时她说："我并不厌恶死亡，可是我死后谁来照顾你呢？"三十五年前我十分贫困，只不过是一介无人知晓的穷书生而已。

然而，今天我来到日本，突然地为人所知并成了著名人物。此时此刻，我有着正好同中国古代传说中的董永相同的感受。今天，成功的今天，当我这样站在大家的面前演讲时，我对我的妻子，对十八年间给了我帮助的吉田贞子这位大阪的仙女，怀着的是怎样的一种感受，请诸位想象一下。我既不是像从印度来的泰戈尔那样的诗人，也不是哲学家。但是，我想请诸君允许我把这首五言绝句念给大家听，这是我妻子去世时我在武昌作的。

　　此恨人人有，百年能有几，

痛哉长江水，同渡不同归。

这首诗的意思是，与钟爱的人别离时痛苦是所有人都有的；又有谁能得到夫妇共度百年的幸福呢？使人悲哀的是，一看到扬子江的水，胸中就阵阵作痛。我们是一起渡江而来的，而今天爱人你却已不在了。

闲叙到此，下面我就进入今晚演讲的主题。即关于真正的政治经济学和今天在欧洲及美国正在教授的政治经济学，我想跟诸君谈一谈对二者进行比较所看到的差异之处。

我们东方人是把所谓政治经济学当作一门道德学问来看待的。然而，在欧美国家所教授的所谓政治经济学，则是一种机械性的学问。因此在展开我的论点之前，我想先跟大家谈谈源于希腊语的经济（economy）一词的含义。

说起来这个词是从 oeconomya 这一词汇而来的。"oeco"的意思是指"家"。而"nomya"则是指"法"或者"道"的意思。因此 economy 这个词汇就意味着"家法"之义。也即如何处理好我们的家务，如何处理好家庭的经济，就是 economy。

这样一来，在我们所拥有的东方文明中，家——家族，它们被看作国家的基础。因此，在处理政治经济的事情时，我们东方人是不会忘记"家"和"家族"的。另外，借此机会，我想顺便谈谈这一希腊语的辞源。

在希腊语中，politick 这一词中的 poli 讲的是"城镇"的意思。因此，在希腊最古时代的文明时期，国家（state）是从城镇兴起的。由此而来，法兰西的城市（city）这一词汇，说的是其人民的社会性生活，也即意味着经济的生活。法兰西的著作家西蒙（Simon）写了本论述中国人社会生活的书，他起的书名便是《中国的城镇》。其含义就是，该书讲的乃是中国人的社会性生活。

我想大家很快就明白了，政治经济学所讲的先从家族开始，变成城镇，随着城镇的增大而成为国家。后面我们还要说明，这里我希望大家不要忘记的是，政治经济学所讲的事情是从家庭开始的。

现在，无论是在中国还是在日本情况都是如此，在翻译 political economy 时都译成经济。然而，中文中经济一词本来的意义是指经国即经营国家、治国之道、政治手腕。因此我想请诸君记住的是，political economy 所讲的并不是整体的经国即处理国家之财政事宜，故而不能谓之为经济。真正的经济所强调的并不限于使一个国家变得富足有钱。然而现在，所谓经济变成以使某个国民成为富翁为其主要内容了。这是为什么呢？因为人们觉得国家有钱了，所有的事情就都好办了。而忘掉了国家这一组织除了金钱之外，还有许多许多别的需要。因而我想特别恳切地忠告诸君的是，所谓经济并不止限于理财，它还包含有另外的意义，即它也必须处理有关道德的事情。正是基于这种意义，我把中国的政治经济学视作为道德的学问。

我来日本之前，接到了大东文化协会发给我的邀请信，希望我就教育及文化教养进行讲演；而在收到这封邀请函之前，我还收到了朝鲜总督斋藤男爵请我作为他的宾客到朝鲜去的邀请。承蒙斋藤总督的厚意，我去了朝鲜，见到了日本政府为了朝鲜以及朝鲜人民的利益所做的各种事业。特别是还让我参观了为推动朝鲜人的教育而兴办的设施、学校等其它各种事业。然而，就在参观这些为朝鲜人开办的学校等设施时，突然我的脑海里浮现出孔子的教诲、孔子独特的话语。当时孔子正同他的弟子们一同经过一个人口非常之多的城镇。其间，一位弟子向孔夫子询问道：先生，出了这个大城镇之后，您最先想做的是什么事情呢？这里我想请大家一起考虑一下，孔子当时是如何回答这个问题的。首先必须兴办教育，至于教养则通过讲演提高为宜，或许你们中有人认为孔子会这么说。然而孔子完全没有提到这类事情，孔子回答说，首先应该让这些人民富裕起来。听到孔子这么说，弟子又问道，待这些人们富裕起来之后应该再做些什么呢？此时孔夫子说道，在这个目标达到之后就要办教育了。由此看来，孔夫子的思想是，在对人民施以教育、提倡教养之前，必须先给他们以充足的食物和充足的衣服。中国有这样的古训，"仓廪实而知礼节"。也即是说，在人民拥有教养和文化之前，应给他们以足够的衣食。对此，恐已无需我再赘言，在座诸君都是深明其理的。

然而现如今，有一种呼声非常之高，即许多人认为应先给民众以教育，给穷人以教育。在当今社会上，办教育的确是一件非常重要的事情，这是显而易见的。我本人虽人微力薄，但也是支持大东文化协会努力推进教育事业的发展的。因此我绝非反对教育，也绝非反对教养事业的。但是，有关教育和教养的事情，我想特别忠告诸君的是，仅靠增加量是不行的。如果教育的质不好的话，是不能说已真正达到了教育的目的的。也就是说，即便培养出了许多识文断字的人，如果其在精神情操上有缺陷的话，这样的人多了毋宁说是有害的。与量的多寡相比，质的可靠显得更为重要。在精而不在多、在质而不在量（Qulity not Quantity），与其三文钱买一大堆无用的东西，不如精心挑选一个真正有用的东西，说的就是这个意思。因为我们需要的是真正受过良好教育的人。与其造出一大批一知半解的不成熟的人才，不如培养少数人，让其真正接受良好的教育。实际上我总在想，在我们的现实生活中，一知半解而又假装博学的人是不是太多了呢？也即是说，数量确实有不少，然而质量低劣者也确实大有人在。我对日本的教育事业几乎一无所知。因此我无权对其展开评论，还请原谅。但就我们中国而言情况则不同了。这两三年里自称为大学的机构，有如西式菜和咖啡一样一窝蜂似地冒出来了，酒吧和西餐馆到处都是。然而，在这种大学里都是怎样开展教育的呢？这种大学的毕业生，也即在这类大学里接受了教育的学生们，许多人都是一知半解而并未真正成熟，装模作样的糊涂蛋、低能儿为数不少。

我曾在北京的一所公立的大学讲授拉丁语。然而就在我逐渐展开我的教学内容时，我终于发现学生们中几乎没有学习拉丁语的气氛和热情，也就是说他们的志向均不在此。如果问他们是为什么而学习拉丁语，回答则恐怕是为了向他人夸示自己懂得拉丁语。也即他们是为了满足自己的虚荣心才来大学接受教育的。为了向别人说我有大学毕业证、我是学士、我是博士才来接受教育。特别是在美国留学的中国学生大都是这类货色。故此我以为，不仅中国是如此，世界其它地方也包括在内，教育是否稍稍多了一些呢？我觉得为了普及所谓的初等教育，枉费了太多的钱财。一般认为做到能读会写，教育的目的也就算是达到了。然而我以为，仅如此还不能说教育完成了。英国曾经认为所谓教育是由这样三个 R 构成，Reading、Writing、Arithmetic，即读、写、算术，有了这三者教育也就完成了。但是，一位著名的英国女作家，在这三个 R 之外又加上了一个 R，即 Rascal，意为无赖。她的本意是，受到不良的教育后，人反而会变坏。

那么，所谓教育究竟是怎样的一件事情，而真正的教育又有哪些内容呢？在孔夫子的书中，他的一位弟子对此下了定义，在此，我想同诸位谈谈他的定义。他说：贤贤易色，事父母能竭其力，事君能致其身，与朋友交言而有信，虽曰未学，吾必谓之学矣。以贤事贤，其意思是，充分看到人的性格中美好的东西、高尚的东西，而不去考虑他的穿着是否漂亮，肤色如何等等这些事情，以贤事贤，这就是教育。在事父母时能竭尽孝道而不遗余力，在事君时能竭尽忠诚直至献出自己的生命，在与朋友相交时能严守自己的诺言而不失信，若是能如此的人，哪怕他目不识丁，从未进过学堂，那他就是如孔夫子的弟子子夏所说的那种有教养的人。具有这种人格的人是真正受过教育的人。我反复再三强调，中国也好日本也好，道理都是如此。必须重视教育的质量，教育上仅讲量是不行的。我再重复一遍，仅仅会读能写，那不能算是教育。如同英国的那位女作家所说的，只知道读写的话，博闻多识反而会产生出无赖。与其这样，不如不让那些没有人格的人接受教育为好。话稍微扯得远了些，我们还是言归正传吧。

我前面曾谈到，现如今在欧洲及美国正在教授的政治经济学是错误的，其中也许有一半是有道理的，但它是一门错误的学问。为了证明我的观点，可以说出很多的事实来。如大家所知，在欧洲，这个经济学、那个经济学，各种学说五花八门，然而尽管有这许多种类的经济学说，今日的欧洲各国不仍处在近乎破产的状态吗？这一事实是任何人也无法否定的。我常听外国人，特别是从神户编年史中看到，他们总是说西方文明优于东方文明，然而即便是神户编年史也承认欧洲目前处在一种破产状态是不可否认的事实。故此，从事实来看，西方政治经济学所讲的就是借钱，哪个国家也不例外都借钱。然而就中国的情况而言，在西方人到来之前，国债者何物也？大家皆一无所知。不仅不知道国债是怎么一回事，而且我们中国人在西方人到来时，就有了国民储蓄。外国人来中国之前，中国各地无论哪个城镇，都有备荒储蓄之库存。在那里储备了大量的食物以防饥馑之时的需要。大清帝政时代，乾隆年间，当时中国非常的富足，白银之多以致没有了存放的场所。于是，乾隆皇帝发出一道敕令，表示由于金银已大量积压，百姓一年间无需纳税。这就是我们中国人所拥有的政治经济学。我之所以说西方的政治经济学错了理由也就在此。也就是说，在西方的学问中，有关人生的想法和看法是错误的，这便是西方政治经济学错误的原因所在。

根据西方的人生观，人都是极其贪婪的，这也想要那也想要，没有什么不想要的，他们将人视同一个动物。然而事实上，在人的一生中最为重要的本性则是情爱。但在西方的观点中，我所说的这种情义的东西被否定掉了。即便是有人肯定这一点，也是作为一个并不太重要和宝贵的东西来肯定的。正因为如此，西方的政治经济学是一种错误的学问。所以，我在这次讲演一开始就指出，economy 也即所谓经济，它所讲的是家族的经济。如果没有了情义的存在，家族本身是不可能做到团结一致共同生活的。离开了情义，一个家族将会四分五裂。然而在西方经济学看来，人与人之间是由于某种利的关系而结合起来的。如果一旦说到利就跟情义没有了任何关系的话，那是否可理解为人只有依靠利才能聚集起来呢？有一次，一个美国人对我说，你们中国人很难依靠商业原则生存。也即是说，商业就是商业，情义抑或爱情这些东西是不能打入帐单的，中国人不懂得商业的这一要义。

那么让我们来看看现实情况。如果你们的夫人们依照商业原则来对待你们的话，情况会如何呢？我们中国人认为，在人与人之间存在着所谓五伦。这一五伦关系并不是中国人根据所谓商业原则创造出来的。天伦，即认为天是极其神圣的东西。外国人将人与人之间的关系看得比较神圣的只有一种关系，即夫妇关系。他们只认为夫妇关系是神圣的，此外其他的关系均无神圣可言。（演讲翻译曰：辜鸿铭先生对满清皇帝恪守忠诚，这是错误的。认为他精神有些失常，在中国辜先生的所作所为被视为疯子而有名。）那么请看，在今日中国，实现共和制之后，按照商业原则行事的结果，就出现了目前这种局面。我们对清朝皇帝的态度并不是为了利，而是由于义而尊敬皇帝。然而不幸的是，我国受教育的人完全忘掉了这一点。认为人与人之间的关系是以利为准则的西方的政治经济学，我之所以说它错了原因也在这里。

如前所述，所谓经济即家庭的处置，也即它讲的是如何处理家庭的事务。在我看来，所谓 political economy 者，它不仅是政治家所需要的东西，也是我们的太太们、老婆们所需要的。因此，如果我们要在国家推行自己的政治经济学，首先必须在自己家里推行它。日本以及中国的妇女们是如何对待政治经济学的，对此我略知一二，她们比美国的大学教授们更深知其中的奥妙。下面我就讲讲我的根据。（辛亥）革命以来，我陷入了相当贫困的境地。十三年间，我的收入没有超过一月二百美元的水平。然而我现在的中国妻子，由于她懂得 political economy，才以二百元的收入养活了一个九口之家的大家庭。那么我的妻子是如何以这微薄的收入支撑起了我们这个大家庭的生活的呢。这是因为我的妻子有着对我的情爱，有着对家庭的情爱，正因为如此，我们这个清贫的家庭才得以继续维持。

我们再来看看目前西方的情况，尽管西方有了不起的经济学家，可是连我老婆那样的操劳也不想干，现在的欧洲便处在破产状态。这是何故呢？人们只考虑自己的利益而对其他人则没有情义，也就是说大学的教授们教导资本家，要先推进自己的利益，这就是政治经济学教育的结果。然而资本家只考虑自己的利益，那么工人方面也要考虑自己的利益怎么办。其结果便出现了孟子曾说过的状态，上上下下互相争一己私利。也就是说，没有情爱和义理的政治经济学的后果就是今天这种状态，同盟罢工大骚动，上上下下互相争夺利益。

接下来，我想同大家谈一下在西方的政治经济学与我们所拥有的政治经济学之间所存在的一个差异，即谈一下最重要的不同点。

西方的政治经济学所教导人们的，主要是如何去创造财富，怎样才能赚到钱。How to make（get）money 就是西方政治经济学的目的所在。而东方的真正的政治经济学则是教导人们应如何去花钱，即 How to spend money。这便是东西方巨大的区别。

有人认为，一个人如果成了大富翁则是件很坏的事情。我请问诸君，成为富翁真的就是件很坏的事情吗？我认为这绝不是件坏事。"周有大赉善人是富"……成为富翁绝不是件坏事情。但在这里得有一个条件。孔子的书里写着这样一件事。其意思是周朝曾做了一件好事情，它给周王朝的时代带来了品格高尚的人成为富翁的现象。也即在周朝好人成了有钱人。在中国的传统历史人物中，曾有一位人品极其出众、性格高贵的人，此人就是郭子仪。他是一位军人，曾镇压了一次极其严重的叛乱，挽救了皇帝的江山。上了年纪之后，他成了非常有钱的富翁，达到了妻妾成群、众星捧月的地步。稍微思考一下，会有人认为就这么个养着许多妾的人，人品一定很坏，然而实际上却并非如此，我至今仍把他作人格高尚者予以尊敬。人们成了富翁绝不是一件坏事，问题是应如何使用支配这些钱，如果不懂得这一点，那才可能使拥有财富变成一种罪恶。懂得如何使用其钱财的人成了富翁绝不是一件坏事，即他不会把自己的钱用于那些卑俗的事情，而是用之于高尚的事业。如果能明确这些，有钱就并不是一件坏事。那么，如何使用钱才是最好的呢？在谈此之前，我想先举个例子来说明一下。

在那场无论是对中国还是对日本，在某种意义上都属不幸的"日清战争"结束后，刚开始有日本人来汉口时，汉口有一家日式料理店开张了。我妻子和我同我们的一位好朋友说，咱们去尝尝日本的美味佳肴吧，于是便到了这家日式餐馆。结账时金额是二十美元左右。但我妻子却放十二美元作为茶钱。我问她为什么放这么多茶钱时，她说这是日本的习惯。在此种场合，外国人通常只给五分钱或一角钱，我们平素必须勤俭持家，但对贫穷的人则必须付出这么多。现在我讲一个在北京的故事。我有一次曾同一位美国的旅行家去参观紫禁城。当时带了盒饭、香槟，以及饭店里各种最好吃的东西。当我们去买柠檬汁和苏打水的时候，那家店的店主跟我们漫天要价，谎称一瓶柠檬汁要二角钱或是三角钱。美国的旅行家听说后直喊太贵太贵。由于当时我带着零钱，就照他说的价钱照付了，可店主人还说不够，要我们再付五分钱。我表示那绝对不行，只能再付三分，于是我把手中的钱扔了过去，让他去捡并显得很有气魄。奈尔逊曾说过，我们自己在生活中应该非常俭朴，在帮助别人时则应该大方些。例如，我去帝国饭店或去东京时，都给车夫许多的小费。说到这里，我想，在我进一步深入谈下去时，也许我终于会说出些使在座诸位日本的友人们情绪变坏的事情来。我到日本来，迄今为止的评价都是非常好的，所到之处备受尊重；但由此往后，由于我下面将说出的事情的原因，我可能会变得非常的不受欢迎，评价极低。

关于今日的日本，就我所观察到的情况，我想谈以下两三件总觉得不尽如人意的事情。实际上，当我在东京对日本的一些事情大加褒扬时，某家外国报纸为说我对日本阿谀奉承。然而我既不打算谄媚在座各位，也不想说什么坏话，我只想对我认为日本错了的地方进行一下批评。在我下面的讲话中若有过于直率而无礼的地方，还请各位不要生气，因为我说出这些心里话是为了日本好。

在说日本的事情之前，我想谈点年轻时学过的古老的希腊历史故事。据希腊史书记载，在雅典的民主主义的民众政治行将灭亡之前，希腊社会所关心并注重的只有两件事情，大家仅对这两件事情感兴趣。要问究竟是哪两件事情，回答是：出色的演员和美味佳肴。当时雅典的社会上，人们谈论的仅仅只是哪个演员好，何处的饭菜香这类话题。由于人们只对这种事情感兴趣，在不知不觉中他们的文明衰落了，希腊国本身也濒临灭亡。

距今两年前，北京有一位叫梅兰芳的演员。他长得很漂亮，是一位有着女人一样容颜的男人，但他绝不是第一流的了不起的演员。过去中国的戏剧主要讲这么四件事情，即忠孝节义。忠即忠君，孝即孝敬父母，节即妇人守节，义即朋友之间讲义气。做孩子的时候，我就是通过剧场学到了许多这些方面的东西。但梅兰芳从来不把这些事情放在心上，虽然他演了许多悲剧性的非常有意思的美丽的戏剧，但都不是触动人们心弦的戏剧。可不曾想他却被一知半解的外国人所喜欢且评价很高，还成了一位知名度很高的名人。并且，日本某位富翁为了让日本的上流社会看看他演的戏，把他请到了日本。然而若细考虑一下，我总觉得这件事对日本而言，是否是一个不祥的征兆呢？如同上面我刚讲过的，在希腊的雅典，曾出现过演员被奉为上宾而国家灭亡了的事情。这次我到日本来一看，注意到梅兰芳到日本来收到许多的礼金，还听说他为某个富翁祝寿而出演的事情。实际上，在我离开东京到别的地方去的两天前，我收到了上述那位富翁请我出席招待会的邀请信。但我反对此种做法，拒绝了邀请。我之所以拒绝出席，是因为我认为这个富翁这样做的目的只是为了向世人炫耀他的财富，庸俗恶劣无法赞同。众所周知，去年九月东京遇到了严重的地震，损失惨重。许多可怜的人住在临时木板房中打发着凄惨的日子。因此我想，正常的日本人是不应用如此卑俗的方式来显示自己的财富的，而应把这些钱分给那些可怜的人们。然而，此翁不知怎么想的，为了显示自己的财富却把北京二流的演员带来了。毋庸置疑，若让这个富翁自己说，他聘请梅兰芳来的一个理由只是为了日华亲善。然而实际上这是毫无价值的。一家饱暖千家怨，至少此公不能成为诸君效法的榜样。因他已上了年纪不久将赴极乐净土吧，我希望会有同他一样富有且心灵高尚的人能取而代之。即我希望在在座的各位年轻人中间，能出现大批真正懂得如何使用自己的财富的富翁。

关于这件事，现在我想讲的一点是，在这个富翁的爷爷正夸耀自己的财富时，政府派出了许多警官来保护他。诸君也许很清楚，对军国主义、尚武主义，有人是持批判态度的，但我认为，就军国主义而言应有两种类型，即真实的军国主义和虚假的军国主义。所谓真实的军国主义，就是保护好人免遭坏人的侵害，并且保护文明。而所谓错误的军国主义，则它只是保护有钱人。德国的军国主义之所以失败了，是因为它是保护资本主义的主义。就此而言就如同警官是为了保护富人而设的一样。实际上警官的任务则是无论穷人富人都必须同样保护。我以为，这二者之间不仅不应有任何的差别，毋宁说，较之富翁们，警官更应该保护众多的穷人们。因此，我思来想去，总觉得政府派出许多警官去保护有钱人的做法是错误的。以上是我直接感受到的不良现象。下面我讲两件好事。

一件是这样的，据报纸的报道说，在上述那位富翁老头的祝寿宴会上，陆军和海军的高级军官们一个也没有露面。我以为这多少还是军国主义仍处在健全状态的证据。实际上，在我所拥有的日本朋友中，我认为最好的朋友都是军人。其中一位就是现已过世的宇都宫大将。我跟他认识是从他还是少校的时候开始的，那时他驻扎在汉口。另一位好朋友是岛村海军大将。

我在京都时，当地的帝国大学的总长及其他教授们曾为我举办了一次晚餐会。当时我曾无所顾忌地对上述这位富翁的做法谈了自己的意见，教授们都跟我持相同的看法。这就表明，在日本依然还有许多好人存在，清楚地知道什么是庸俗邪恶的东西，什么是良行善举的还大有人在，对此我感到高兴。

演讲重又回到正题上来，真正的政治经济学并不仅仅是庸俗地向世间夸示自己的财富。关于这一点，我想讲一件已经过世了的清朝西太后的逸事。

在那场不幸的日清战争期间，北京的官吏们为了祝贺西太后的生日正在准备一场盛大的祝寿会。然而，当西太后听说正在为她准备寿诞庆祝时，立即贴出了一张措词非常严厉的布告，命令迅速停止其准备工作。在这张布告中，西太后说了这么一件事，如今我国的将士们正在为祖国的命运浴血奋战，此时此刻我又能以何种心态来庆祝自己的生日呢？请大家停止祝寿的准备工作。在我们看来，这件事成了人们在祝贺生日时应该采取何种做法的一个典范。

如同我在前面多次说过的那样，在真正的政治经济学中，必须有情爱、情义之类的成分存在。关于这一点，我想再次重复一遍我妻子在她去世三天前，对我讲的一些事情。

在我妻子还活着的时候，她让我为穷人的孩子们开办了一所学校。到此来上学的孩子们没有衣穿，我妻子就亲自做了衣服分给他们穿。如大家所知，过去曾出了位叫 Kurakai 的英雄，曾经有位贵妇人问他的母亲，什么是你的宝贝，他母亲回答说，这些孩子们就是我的宝贝。我顺便提一下，如同上述情况一样，我的妻子也常说这些可怜的穷人的孩子是她的花朵。尽管我的妻子不买花之类的物品，却用自己的钱为孩子们买衣物。这便是我的妻子的真正的政治经济学。恰好是在她长眠的三天前，她把孩子们叫到了自己的病床前，对我说，我死后请记着这些孩子们，不要把他们忘了。那时正恰逢我的薪俸和地位大幅度提高的时期。当时我的妻子对我说，若你成了富翁，请想着这些孩子们的事情，如果你成了杰出的官吏，则要为你的皇帝尽忠竭虑。

（于大阪每日新闻社楼上）

纲常名教定国论[①]

予谓今日之中国，不废共和政体，国不可一日安也。或问何以言之，予曰，昔有驻日本英使尝语人曰，旧日本旧时代无二物，或问何物，曰臭虫与律师。予亦谓旧日之中国无二物，或问何物，曰游街拉客之娟女与奔走运动之政客是也。今政体为共和，则必设国会立议院，伴此而起者，则必有政客。政客以巨之权利为目的，而利用有力者俾为我用，势去则又顾而之他，实与游街之娟沿途拉客、迎新送旧、以求夜合之资者无以异。试以鼎鼎有名之政客唐绍仪言之。当革命之初，既鬻身于袁世凯矣，卒不安于室，为袁所弃，则之粤而合于岑春煊。已又被逐于岑，则更北奔求段祺瑞，纳入安福俱乐部。此与游街拉客之娟何以异耶?! 忆辛亥冬，唐在上海投革命党之次日，予遇之于西人处，予面责之曰：君为大清臣子，位至二品，富有巨万，何莫非朝廷之赐? 今负恩背义，何以为人? 唐曰，君所言当矣，然此旧思想，不能行于今日。予曰，行义则荣，行不义则辱，烈女不事二夫，忠臣不事二君，此天下之通义，不论古今，不分中外，不能舍是理也。夫唐与予本旧交、平时颇负志气、至今乃不知顺逆荣辱之分，则西洋异学误之也。近代英国路斯肯[②]有言曰，今日我欧美学术，大凡只足以误学者，使其全不知纲常伦理之为何物。今唐以美质而为异学所误，竟比伦于倚门之娟，然较之孙文、伍廷芳、梁启超、熊希龄辈悍然祸天下，而自以为得计者，尚有差。盖唐比之乡曲少女、以性好繁华修饰，致不知卖娟为辱，故竟堕落耳。予往在上海，见凤儒沈子培先生。问若梁启超者，尚可再登舞台否? 沈先生曰，恶疮遍体，谁更悦此河间妇者，即段祺瑞亦且唾弃之矣。今之论国事者，辄曰督军害国，固已知政客之罪更千百倍于督军。

故今日之乱源不在督军，而当坐此无耻背义、沽利竞乱、行类娼妓之政客也。故若今日无政客，虽有督军无能为矣。试问督军何以为督军，非今日所谓政府者卑之耶?! 而今日政府之为何物，非袁世凯当日谋篡逆之机关耶?! 今日之督军即利用此机关，内则勤捐于民，外则借债于各国，朘削国家之元气，以自私造洋楼，拥艳妾，乘汽车、殖货财。而所谓政客实阴操纵之，所利又倍蓰，而国与民交病矣。简而言之，今日之中国，政府之垄断也；若国会若议院，则容纳娼妓之女闾也；若安福俱乐部与中外报界联欢社，则私国暗娼也；安福部则中国之暗娼也，中外报界联欢社，则外国暗娼。若所谓民国大总统者之果居何地位，吾盖不忍形容拟议之矣。故欲存今日之国，必先废督军。欲废督军，必先斥政客。欲斥政客，必先去共和政体而申纲常名教。非如此，国不可一日安也。客闻吾言曰，君所言诚当矣，但今日西洋各国，言政治但论利害，而不论纲常伦理。予曰，无纲常无教之政，必至于无政。前谓旧日本无律师，旧中国无政客，因旧日本旧中国有名教也。国家禁民为非，不恃律师之法律而恃有君子之道也（在日本，为武士道）。至立国行政，非恃政客所订之宪法而恃圣人之名教之大纲。何谓名教之大纲? 则孔子春秋大义是也。此大义即中国与日本之真宪法，我东方文明之根本也。袁世凯者，万代不可赦之罪人也。以政客欺百姓惑人心，以叛兵胁朝廷让国位，于是春秋大义亡。夫春秋大义者，我中国及日本人人知之。西人若欲明此义者，盖即西人政治家所谓正统之说，即我中国所谓名分大义也。夫欲治今日之中国，名分不正则令不行。而所谓名分正者，譬女子之为适室者，虽庸弱无威严，但恃其名分正，位乎内，家人臧获，靡弗敬谨受命。一家然，一国亦然。譬之美国之共和，其总统真由民间选举，故名分亦不得谓之不正，名分正故号令行。今之中国号令何以不行? 因袁世凯以篡逆得之，名分出于盗窃故也。自袁以后，以伪承伪，名分仍不正。何以言之? 总统之选举非出真正之民意，乃合政客与督军，以诈力赚得之者。西友闻而诘予曰，今之中国总统之选举固非正矣，姑且须之异日固可得真正民意所选举之总统也。予曰此即过激派之思想，虚悬一异日之天堂，而民间固日日罹于锋刃，中国待将来之真正宪法、真正共和、真正总统，譬如河清之难俟。仆固任大学教授者也，今且三月不得脩金，欲俟真共和之时代，仆之为饿莩盖已久矣。仆忆光绪戊戌，日本伊藤侯游中国。仆与侯言日本开国会及宪政事，侯谓彼国之所以决行国会与宪政者，盖鉴于相臣之结党揽权。予曰，固也。然有国会之后，必产出政客以扰国。已而政客果蜂起，伊藤侯乃苦志以图挽救，设政友会，冀化野心不合正轨之政客，而为公忠体国之政治家。仆不知其效之何如，然日本政客终不能为害于国家者，盖恃日皇有正大之名分故也。试观迩者日本议院之争固甚烈矣，政府乃得而解散之何也？名分正也。迩者中国之战，总统下令止兵，兵不可得而止何也？名分不正也。由此可见名分之正不正，其关系如此之巨也。今日日本天皇陛下年号为大正，盖正一己以正天下，有深意存焉。袁世凯之僭号曰洪宪，仆谓其年号当曰大歪。盖以不正率天下而陷天下于祸乱也。仆尝与东友言，贵国全国之国民应本大正年号二字，顾名思义，知日本所以立国之道，本我东方数千年来祖宗遗传之纲常名教，更当念同文同种之义，推广此旨，以与我国人士共维持此纲常名教，以申春秋大义于天下，俾乱臣贼子绝迹于天下，攘示标范于世界各国，此固我两国人士之大任也。仆于庚子后著《尊王篇》，其言曰，日本之与中国唇齿相依，更切于他国，日本若果本东方之大义，以与我国相周旋，以为各国表率，彼世界各国亦当相率而黜武力、崇正义。若用西人之眼光以视我国，则卒不能得我之真相，交谊日凿枘，必不能得善果也。噫！须知日本今日之所以能立国者，而不受侵侮于外人者，盖由于维新之初士大夫能明尊王攘夷之大义也。夷者非黄种白种之谓，忘恩悖义之人如今日优娼取客、不知纲常之武人是也。优娼之政客，即孔子所谓乱臣；不知纲常之武人，即孔子所谓贼子。二者不去，不仅东方不安，环球亦无宁日矣。故孟子曰：孔子春秋成，而乱臣贼子惧。

辜鸿铭论集[*]
（1941）

中国文明的复兴与日本^①

（一）

弗劳德先生在他的论文《基督教哲学》中讲述了这样一个故事，"在夏日一个温暖的清晨，一朵蔷薇花在绿叶的衬托下，显得分外娇媚。这花还在自我陶醉的时候，无意间看到了她的根部，看到了培育她的泥土。哟，这些泥土多么肮脏呀，在花中我是最美的花，可是为什么却处在这样的环境里呢？她感叹了一通之后，便傲然地将其脸面朝向天空。这时，小路上走来的最早的行人，将这朵花摘下，放入手中的花束当中。这样，离开了自己泥土的花朵很快就随着花束一起枯萎凋谢了，她的骄傲不过是短暂、瞬间的事"。

如果把这朵美丽的蔷薇花比作日本，那么，培育这朵花的肮脏的泥土可以说是中国，而那一度自我陶醉的蔷薇及其被插入其中的花束就是当今的欧洲文明。

---

　　* ［日］萨摩雄次编，昭和十六年（1941）皇国教育协会发行。书中所收录的多是辜鸿铭1924 年至 1927 年在日本演讲的内容。其中《中国的妇女》、《中国学》两篇，因内容与《中国人的精神》有关内容重复，故略去。《纲常名教定国论》一篇，因《辜鸿铭讲演集》内收有辜氏中文文言原文，此也略去。此处所收《辜鸿铭论集》内容，均为姚传德、宋军翻译。
　　① 此文原载日本大东文化协会机关杂志《大东文化》1924 年 7 月号和 9 月号。译自《辜鸿铭论集》1～22 页。在此文中，辜鸿铭寄望于日本复兴东方传统文明的思想，曾被日本侵略者利用，服务于所谓"大东亚文化"建设。这是历史的悲剧。

　　日本友人常常问我这样一个问题，为什么中日两国百姓之间有着那么强烈的敌对情绪？我这样回答："一对同胞兄弟正在为争夺父母的遗产而争吵。"也就是说这种争吵属于兄弟间的常事，比不得他人。中国人同日本人之间存在的对立情绪，犹如过去法国人同英国人之间的对立一样。英法之间的对立主要起于英国人认为自己远比法国人优越。

　　以前，英国人见到法国人居然食用田鸡那样肮脏的东西就认为法国人是劣等的人类。由于瞧不起法国人，有一段时间在英国甚至出现了以下的传闻，说一个英国人也可以打垮六个法国人。这就是说英法之间的对立情绪主要因为英国人在法国人面前总表现出自己高人一等所致。同样的道理，由于日本人对中国人以及中国的一切事物都表现出鄙夷的神情，这样久而久之，对日本人的反感就逐渐渗入了中国人的内心。

　　其实，轻视法国人的英国人就是不去想一想，他们的所谓最优秀、最为高雅的仪态风度，若追本溯源，还是法国传来的。尽管不可思议，但这是事实。英国贵族对人的彬彬有礼，曾使托马斯·卡莱尔先生赞叹不已。英国人既勇敢而又有气度，一般国立学校的青年学生，在敌人负伤倒下的时候，是决不会乘机加害的。这种为英国人所自夸的骑士风度，并不是英国原来所有的东西，而纯粹是法国人的品质，它是由诺曼征服者从法国带到英国的，从而渐渐成为英国武士道之源。

　　与此相同的是，今日的日本人也瞧不起中国人。实际上日本所以能达到今日这样的水平，全都是向中国人学习的结果，尽管有不少日本人否认这一点。日本人现在也认为他们无论在气质还是在人格上都比中国人优越，其实这些并非日本人所固有的东西，而是从中国人那里学到的。日本人常向外国介绍东京四十七义士墓，并以这些浪士为报主仇切腹自杀的忠义行为而感到骄傲。其实这类事情在中国两千年以前就有，当时的浪士田横在其主君汉高祖死后，便以自杀来表示对主君的忠诚①。实际上，新渡户博士所讲的，由日本人自己创造的武士道，其基本精神也是从中国传来的。在日本史上作为无上的勇士而受到尊崇的楠木正成，其形象就取自中国的关羽，中国是把关羽作为军国主义名义上的保护者而崇拜的。无知的外国人却以为关羽就是中国的战争之神。楠木这样的人在各国称为武侠，在法国叫"chevalier san-speur et sans reproche"。

────────────

　　① 此处辜鸿铭在史实上有误，田横去见汉高祖时，不受辱而自杀，其下属五百人闻讯后皆哭号蹈海而死。详情可见《史记》。

　　我下面说的话诸位可能要吃惊，实际上连日本人都不是真正的日本人，应该说今日的日本人是真正的中国人，是唐代的中国人，那时中国的精神，今天在日本继续着，而在中国却已大部失传了。在唐朝时代，中国的文明如同盛开的鲜花，繁盛到了顶点。后来到元朝，由于蒙古人的入侵，中国人中大约有一半被蒙古化了，接受了蒙古人粗野肮脏的东西。在今日中国，真正继承了中国文明精华的只有浙江和江苏两个省份，所以如此，主要是由于在蒙古入侵的时候，宋朝皇帝同一帮贵族逃到浙江的杭州，这就使得纯粹的中国文明在这两个省内得到了保存。

　　简单地说，真正得到了中国文明精华的只有今日的日本，而在今日的中国，汉唐时代真正的中国文明被元朝以及后来的游牧民族破坏蹂躏了。

　　进攻日本的忽必烈的舰队被狂风倾覆了，这事也真是匪夷所思。就这样，真正的中国文明就在这阳光灿烂、山明水秀的日本保留了下来。因为神制造的这一奇迹，中国文明才被今日的世界所得到，并为今日世界人民所称道。罗斯·迪金逊教授曾说："在今日的世界里，在我所到过的国家中，唯有日本保留了类似于希腊时代的文明。"

　　要想了解日本文化的现状以及同中国现实文化的差异之处，只要先看了坐落在上海的日本人的花园"六三园"之后，再去北京车站旁边的旅馆就可以解知。那真有从伯利克里的古希腊时代一下子到了欧洲日耳曼人入侵时代的中心区的感觉。

　　我的许多欧洲友人对我给予日本那么多的热切赞美颇感惊奇，其实，我所以这样说是有充足的理由的。日本学者冈千仞四十年前到中国旅行，随后写了一个游记。在书中他记载这样一件事，他在香港的一间房子里碰到一位贫穷的日本妇人，他问她为什么到这里来。那妇人回答说："我有一个弟弟，我来这儿是为了赚些钱让他上学读书。"我在苏格兰大学读书的时候，看了一些索福支里利斯以及希腊人的诗篇，那时，我常常以安提戈涅以及伊芙琴尼亚来称赞希腊女子所拥有的最崇高的品格。而现在在日本，我发现了与希腊历史上的安提戈涅和伊芙琴尼亚同样的女子。日俄战争的时候，在攻击满洲和旅顺时，一位俄国的军官曾对我说："日本人的勇敢实在到了令人难以置信的地步，有史以来，只有一个地方曾发生过类似的事，那就是在两千多年前，希波战争时期，古希腊温泉关的山道上有过。"许多人说日本人缺乏德义，或者说日本人只从字面上看法律而没有看到它的实质，实际上日本国民在德行上非常卓越，因此，欧洲像拉夫卡迪罗·翰以及阿诺德这样高尚的人物就看到了日本人的这一点。世人都感奇怪，为什么在亚洲各国中，只有日本成功地阻挡了西方人的入侵。《北京的垃圾》一书的作者，美国的米斯·爱兰·拉·摩得女士在其书中这样写道："日本是东亚诸国中唯一未被欧洲人踩在脚下的民族。"至于为什么会这样，主要是因为日本人是一个高尚的民族的缘故。那么，为什么日本人成为了一个高尚的民族呢？这是因为日本的政治家在欧洲人到来的时候，不仅保存了所继承的中国文明的表象，而且保有了其文明的精神。

为什么中国人在西方人入侵面前，连一点招架之功都没有呢？那是因为在所谓共和国的今日中国，中国文明之中的"精忠报国"的思想在中国知识分子那里只剩下"忠"、"孝"这样的没有实际内容的、枯燥无味的文字。然而日本不同，日本受过教育的阶层即"士"，真正吸取并保有了中国文明的精神去"尊王攘夷"。

正因为这种精神的存在，从培理来航的时候开始，日本国民便团结得如同一个人，手提刀枪，不仅是为了保卫物质上的家园，更主要的是为了保护从中国继承的文明的精神，保护日本文明的理想。

（二）

下面，我讲讲本文所论及的中心问题。罗斯·迪金逊教授曾说："日本的古代文明是如此的完整而又如此的纯朴，如此的同质。现在，这个文明已经成为过去了。"然后，他又强调："为了避免由于列强用强力逼迫其西化，为了自身的生存，日本决定抛弃这古老的文明，主动地实行西化。"

现在日本的许多事物的变化，确实如上所说，是西化了，这一点甚至北京也能看到。但若从全方位的角度考虑，迪金逊教授的看法却是难以置信的。怎么也无法让人相信，像日本人这样崇高的国民会把从祖先那儿得来的宝贵遗产，也就是从中国传来的真正的、纯洁的、流传了十多个世纪的中国文明的精神自动地全然抛弃。

总之，我写这篇文章的目的，是希望现时的日本人记住这一点，即明治初年的日本武士决定采用现代欧洲文明的利器，绝不是为了使日本西化。明治初年的武士奋斗的目标与其说是采用西方文明的利器，不如说是为了阻挡欧洲人的脚步，以免日本遭其践踏，以免日本西化。

有人问我为什么这样讨厌西方文明。我在这里公开声明一下，我讨厌的东西不是现代西方文明，而是今日的西方人士滥用他们的现代文明的利器这一点。欧美人在现代科学上的进步确实值得称道。但就我之所见，欧美人使用高度发达的科技成果的途径，是完全错误的，是无法给予赞誉的。

比如德国，用现代文明的水准去衡量，欧战前的德国人可以称得上是世界上最为文明的国民。德意志国民将他们的文明利器发展完善到其他民族所不能及的地步，然而因为他们滥用了文明的利器，尤其是武器，结果不但给本国，也给世界带来了灾难。

因此，我对西方文明的厌弃，不是厌弃其文明所表现出来的物，而是讨厌所有的欧洲人而不仅仅是德国人滥用现代文明的利器这一点。

我认为欧洲并未在发现和理解真正的文明、文明的基础和意义上下多少工夫，而是倾全力于增加文明利器。就像《圣经》里所记载的建造巴比伦塔的人一样。欧美人只顾将其文明一个劲地加高，而不顾其基础是否牢固。因此，欧洲的现代文明虽然确实是一个让人叹为观止的庞大建筑物，但它就像巴比伦塔一样面临着即将倾覆崩溃的命运。

文明的真正涵义，也就是文明的基础是一种精神的圣典。我所说的"道德标准"，指的就是这个。像道德标准这样的东西，一国之民，如果是紧密团结的，那么，他们所创造的文明就应该达到——制定并发展上述圣典——也就是道德标准的地步。然而，遗憾的是欧洲尚未拥有这样的道德标准。现在欧洲人所拥有精神的圣典，也就是道德的标准已经陈腐不堪了，已不存在有指导人们如何生活的意义了。

欧美人以法律来取代道德标准，并在尝试着以此来组成一个社会，然而以法律的纽带组成的社会需要警察。确如卡莱尔所指出的那样，现今的欧洲以及美洲，需要警察去对付纯粹的无政府状态。理解真正的文明精髓的国民是不需要警察的，我曾听到一位英国的驻日公使这样说："在古代日本没有臭虫和律师。"

日本国民自明治初年以来，为了得到现代欧洲文明的利器，倾注了极大的热诚。依我看，现在的日本已经发展到了该学习如何正确地使用文明利器的时代了。要想能够正确地使用文明的利器，我在前面说过，必须有一个高尚的道德标准，也就是民族精神。那么，日本从何处才能得到这种精神呢？我以为已经得到了现代文明的利器的日本与其去欧美找寻还不如回归中国。也就是说为了恢复古来从中国继承的道德标准，必须回归原来的中国。我想指出的是，现代日趋进步的日本人，称赞并抬高欧洲人以及欧洲的一切事物，反之，对中国人以及中国的一切事物都看不起并予以轻侮，尤其鄙视中国古代流传下来的一切事物。实际上，中国特别是古代的中国，就像本文开头所说的那样虽然现在变得肮脏了，但它是滋养日本的泥土，我热切地希望美丽的蔷薇花——日本不要忘了使其能有今天的泥土。

我进一步地希望日本人注意这样一件事，日本人常把穿着肮脏的中国人同住在华美大厦的西方人相比较，从而瞧不起中国人。但这里却有一个真实的、美好的故事。我要讲一个人，她曾是日本的名门闺秀，很不幸，她现在已经作古了。有一次，一个中国的佣人弄脏了东西，她的日本友人大加斥责时，她说这个中国佣人"衣着虽然破烂，但内心如锦绣一般的美好、善良"。她就是这样看待中国人的。

在文章的最后，我要强调一下，日本能否防止自身的西化，日本能否继承从古而来的道德标准以及民族精神，也就是我反复说过的从中国继承来的真正的中国文明以及理想，不仅关系到日本也关系到远东的未来。

如果日本不能保持这些优秀的东西，不仅表象而且连灵魂都西化了，那么，那时的日本就同弗劳德的故事里所说的那样，像蔷薇花离开了泥土，被放入花束当中，荣耀不了几时就要枯萎。

如果日本只是为了保持本国以及从中国继承的民族精神而采用西方现代文明的利器，那么，不仅不会使日本西化，而且也能够防止中国西化，并最终依靠日本的努力将明治以前日本保存着的纯正的中国古代文明带回给今日的中国。这是历史赋予日本的使命。

最后，我要告诫现今的日本，采用现代西方文明利器绝不是目的。我曾多次地说过："这与其说要使日本西方化，倒不如说日本的目的与此相反，是为了使日本国民免于欧洲人的践踏。不仅仅是为了保护真正的日本精神——大和之魂，也是为了东方精神的永存。中国文明的精神自元代以后，在中国本土就不复存在。为了保护这个文明，日本必须把复兴真正的中国文明引为自己的天职。"

也就是说，给全体东洋的人民带来真正的中国文明的复兴，是日本的神圣使命。

何谓文化教养①

尊敬的各位先生、女士们：

---

① 这是辜鸿铭 1924 年 10 月 14 日在日本大东文化协会的演讲。译自日文《辜鸿铭论集》，23～47 页。

这次我受邀请到贵国演讲以来，受到了各方面的亲切友好的接待，对此，我对大东文化协会表示感谢。

今晚我的演讲题目是："什么是文化教养"，此外还要讲讲加强修养的方法，最后还将讲到为什么必须提高文化修养。

为了使诸君便于理解我的演讲，我尽量将我所讲的问题简单明了一些，同时，我也向诸君介绍一下我是什么人，如果诸位根本不知道我是怎样一个人，当然也就不能充分理解我所讲的一切。

诸位大概不了解，在中国我是不为我的同胞重视的，至于我是什么样的人，由于他们持有错误的看法，都很轻视我。即使是在革命以前，中国也没有重用我。所以会如此，是因为我有一个缺点，下面就给诸位谈谈我的这些缺陷。

我们东洋人被称为讲究礼仪的人种。实际上谦恭礼让，无论是在东洋还是西洋都是为人们所承认的，只是我们东洋人比西方更要注意而已。

我因为在欧罗巴度过了自己的青年时代，因此，我对东洋人的礼仪就不太熟悉，如果按日本的说法，我就是比较"粗野"的人了。意大利的大艺术家达·芬奇曾用拉丁语评价自己说："Defuit una mihi sgmmetria prisca."

这话翻译过来就是："对我自己来说，我欠缺了一件东西，那就是古代的礼仪。"这位意大利艺术家所讲的话也适合我现在的情况。

今天晚上给富有教养、讲究礼仪的诸位演讲，我有些担心，我怕我的粗鲁的言词会引起诸位的不快。因此，如果我有些用语不符合诸君所讲究的礼仪，就请多多海涵了。

再讲一下，在革命前的中国，受过教育的绅士，按日本的说法，认为我是"蛮党"，因而不重用我。但是现在我的同胞，也就是新中国人还是不能用我。所以如此，主要是因为他们不知道我的为人，他们不仅认为我是非常保守的，而且是非常反动的。说我辜鸿铭是旧中国的人物。其实新中国的这些人对我的评价是完全错误的，我并非如他们所说带有旧中国的风气。希望今天在座的诸位能充分理解这一点。

关于今天的这个题目，为了诸位的理解方便，我介绍几位中国最早受过欧洲教育的人。然后再讲一下研究英、德、法、意四门语言问题，并稍稍讲讲对拉丁语、希腊语这两门古代语言的学习。

或许我是过高地估价了自己，我认为对新事物的了解，我确实比孙逸仙、顾维钧等人要深刻一些。我既不是旧党人士，也不是所谓新党，如果有人问我属于什么党，我的回答是："我属于真中国党。"

在革命以前，我用英文写了一本叫《中国牛津运动故事》的小书，主要目的是要把支持现实中国改革运动精神的、道德的、政治的力量介绍给外国人，为了诸位能了解旧中国党、新中国党、真中国党这三党的来历，我想详细谈谈我的这本拙著。

长毛贼乱之后，中国的政治格局出现了内轻外重的形势，也就是领导国民从事政治活动的权力从北京的皇帝以及满洲贵族之中转到地方大员以及总督那里去了。如同日本德川幕府时期的情况在中国重演一样。当时中国政府的栋梁之臣是湖南的曾国藩，他同德川家康一样，是一个真正有教养的政治家，他不仅是大官，而且是个学者，是一位学识、德操、权术兼备的杰出人物。由于中国"幕府"的最初栋梁人物是真正有修养的政治家，所以中国的"幕府"在初期的运转情况还是很好的，它也确实适应了长发贼乱后的和平和秩序的环境。曾国藩死后，掌握幕府大权的是著名人物李鸿章，他并非像曾国藩有教养，不过是一个处理日常事务的大臣而已，作为一个有官僚色彩的大员，他只具有处理行政事务方面的知识。

这样，由于中国幕府政治的栋梁是一个没有真正的教养、并非真正的政治家的李鸿章，中国的幕府政治就转向了寡头政体。掌管这个寡头政体的集团，人称"北洋党"，又称"直隶派"。它是一个混帐的、傲慢的、利己的寡头政治家组成的一个帮派。

但是，李鸿章不走运地碰上了日清战争。日清战争实际上不是中国和日本的战争，而是李鸿章的北京政府同日本的战争。随着日清战争的结束，李鸿章的失势，中国的寡头政治一时完全崩溃了。但以后不久，袁世凯通过对满洲贵族的阿谀奉承，光天化日之下，在天津又重建了幕府政治。

袁世凯这一寡头政治集团不光混帐、傲慢而且也是一个由唯利是图的地痞组成的集团。他们的人生目的不外乎吃喝玩乐，他们腐朽透顶，一点也不考虑全民的利益。

而且在袁世凯的周围又聚集了一批受过不彻底的外国教育的知识分子，他们就像在中国开放港口的一些二流的外国人那样大吹外国的情形，劝说中国采用外国文物制度，以表现自己的能力与才干。

不久，革命爆发了，于是北洋派无耻地背叛了皇帝，卑鄙地投到革命党的门下，这就是现今中国"旧中国党"的大体来历。

下面，我再谈谈"真中国党"的起源。

真中国党的开山祖是已故的张之洞总督，他们起源于日俄战争时代有名的"清流党"，他们的目的是要把权力从幕府政治以及李鸿章的寡头政治那里返还到皇帝手中，同时弘扬大义名分，将被李鸿章一类的混帐、傲慢、利己的大官僚败坏了的中国从堕落中拯救出来。

但是，虽然经历了很长时间的努力，这"真中国党"也没有达到自己的目的。尽管日俄战争过后，李鸿章失势，张之洞曾掌握了中国政府的实权。我所以说我属于"真中国党"，是由于我在"真中国党"的总头领张之洞的麾下，扶助他工作长达二十多年。

以上就是"真中国党"起源的大体情况。

最后，我讲一下"新中国党"是怎么来的。这个党最初的头面人物是至今人们还难以忘怀的，与其说是一时间的风云人物，不如说是一时间臭名昭著的康有为。曾国藩是个真正有修养、有德行的政治家，张之洞亦属此类。而康有为及其党徒与这两大政治家迥然不同。作为中国的学者，曾国藩、张之洞是当之无愧的。而像康有为那样的人首先应该是"艺人"，靠卖文为生，当然，真正的艺人是以卖艺为生的，但即便如此，他们还称不上是了不起的艺人。如果说新加入这个集团的不过是些浮浅的新学徒，那么，康有为不过是个浮浅的旧学徒而已。

他们不仅没有曾国藩、张之洞那样的教养，而且也没有李鸿章那一派的行政才能，尽管他们以改革者自居。

众所周知，康有为、梁启超一党在北京搞政变的时候，破坏了所谓旧的政治机构，搞了一个似纸老虎的、脆弱浅薄的改革运动。现在中国的革命也同这个差不多，尽管来势很猛。

这年秋天，年老退隐的太后又重新上台，从相当于其外甥的皇帝手里夺过权力，将这些似乎是强有力的改革派全部放逐了。

康有为一派虽然自称为"新中国党"，实际上，不如叫他们"吹牛党"更为合适。

拳乱以后，以孙逸仙为大将的、应称为"乱嚷党"的新团体在中国各地发展起来，在皇太后升入西天，真中国党的张之洞进入冥府之后，"吹牛党"和"乱嚷党"就乌合起来，自称"新中国党"。

革命发端后，"吹牛党"和"乱嚷党"联合，看起来似乎声势浩大，实际上对当时政府没有多大的威胁。但由于袁世凯以及北洋党的残余分子的利己的、卑屈的劣根性，背信弃义等等，就覆亡了中国的君主政权。在中国搞起了所谓共和制。但是，事实上，与其说中国实行了共和，倒不如说自此中国陷入了黑暗和混乱的状态。这就是所谓新中国党的历史。中国三党的来历就大致如上。

旧中国党把本部设在北京，但因为他们是停滞党，因此，终归是解体。新中国党据有广东，因为他们是大肆破坏党，所以，最终也不过是个暴乱过激党而已，成不了什么气候。

真中国党也没有什么希望，自张之洞死后，这个党就成为乌合之众，无人统领。能够统帅真中国党的人物，必须具有曾国藩、张之洞那样的教养，但我环顾左右，没有看到有足够的教养、能统帅真中国党的人物。对此，我感到非常遗憾。

开场讲得过多，恐怕就要喧宾夺主了，我讲完了三派大体的来历之后，下面具体洪一下今晚要讲的正题，即"教养"是怎样重要。

中国的幕府统治者曾国藩，之所以能够使中国恢复安宁和秩序，是因为他有真正的教养。而另一方面，由于李鸿章之流没有真正的教养，只是一个大的官僚，没有什么明确的方针政策，遇事随机应变，从而又使中国陷入了停滞的状态，正是为反对这种停滞的状态。中国爆发了连续不断的革命。李鸿章之流的愚钝和刚愎自用，导致了两次对外战争的发生，给中国带来了深重的灾难，对这两次战争的发生，李鸿章之流要负直接的责任，尤其是同贵国发生的那场战争，使得中日两国共同维持东洋和平的努力遭到了挫折。

下面，我们进入"教养是什么"这个问题。简而言之，所谓教养就是有知识。然而，这知识是什么样的知识呢？换言之，为了有教养，我们应知道些什么呢？著名的英国批评家马修·阿诺德说：了解自己，了解世界就是教养。但是，单就世界而论，世界上的知识有多种，哪一种知识才能提高自己的教养呢？即便是小学生也知道世界上有五个大洲。但显然，仅知道这点是不够的，为了提高自己的教养，不仅要了解世界的地理，还要精通世界历史，不光知道报纸上刊载的世界的现状，还要知道世界的过去。而且，仅仅如此还远不够。像孔子所著的《论语》、《大学》等等，表明有教养的人拥有的知识不是暧昧模糊的知识，而是系统的、科学的知识，它是通过"格物"而得到的知识。所谓"格物致知"的"物"，即是与存在相关的，脉络整然的科学知识，"物"在汉语中的意思，不仅仅是物质性的事物，它含有物质、精神两方面的内容。

也就是说大凡存在的一切就是"物","物"也就是存在。比如孔子就曾说"不诚无物",这句话翻译过来就是"没有诚意,就没有存在"。

因此,所谓真正的教养,就是指对世界即存在着的一切拥有系统的、科学的知识。下面涉及的问题是:"存在究竟是什么?"我们中国人把存在,即存在于宇宙之间的万物分为三大类——天、地、人。如果借用英国诗人华兹华斯的话,就是"神、自然、人生"。但如果其含义仅仅指天空、地壳、人类,那就毫无意义了。我认为中国的"天地人"同华兹华斯的"神、自然、人生"是相应的。为此,我引用《礼记》上的三句美妙的语言,即"天不爱其道,地不爱其宝,人不爱其情"。由此,我们就能领会到天、地、人之间的真正区别,它并非是芜杂的、没有意义地简单地将天、地、人区分。因此,根据中国哲学,存在着的万物可分为"天、地、人",即"神、自然、人生"三大类。真正有教养的学者,依中国人的立场,就必须透彻地领会"神、自然、人生"。所谓"儒者通天地人",就是说真正的教养,乃是充分地理解神、自然、人生。如果按西洋的说法就是,假如不具备真正的、宗教的、历史的、科学的知识,就不能算作是一个学者。

总而言之,真正的教养,即文化教养就是有关存在的脉络整然的科学知识。而存在则由"神、自然、人生"三大部分组成。

下面进入今晚演讲的第二个问题,怎样才能提高个人的教养。在讲这个问题之前,我打算指出中国文学和拥有真正的教养内涵的古今西方文学之间有一个大的不同点。西方文学给人们以神、自然、人生三方面的科学知识,用现代的语言来说就是给人们宗教、历史、科学的知识。然而中国文学比如孔子的书,就像已经建成的房子那样,而西方古今文学如还在建筑之中的房子。已经建成的房子由一些必要的建筑材料构成,而正在建筑当中的房子只是由必要的建筑场地和框架构成。关于框架方面的知识,作个比方,宗教就是关于神的学问,像哲学、神学之类。科学就是关于自然方面的知识,由数学那一类的东西构成,我们把这些称为"器物之学"。而在中国文学里,诸如神学、哲学、数学那样的东西几乎没有。

下面讲怎样提高自己的文化教养,为了节省时间,我把它分为三个方面简单地讲一下。

要想提高自己的文化教养,必须从以下三方面去努力,即:

第一,清心寡欲

第二，谦恭礼让

第三，朴素生活

孔子"十五而志于学"，即志于教养的修得。一个人如果有志于提高自己的教养，那就要一心一意地排除杂念，狠下苦功夫。汉代的某位大学者曾说：

> 正其谊，不计其功；明其道，不计其利。①

这话的意思是这样的，为穷正义之理，是不考虑效果的，为明正道，不是考虑利益的。教养即所学的东西必须为大众服务。比如军人，为本国的名誉而战是当然的事，作为宰相就应为本国的民众谋福利。修身养性的人除了一心一意考虑教养问题之外是不能有任何杂念的，孔子说"有教无类"，即不考虑教养以外的东西。② 这就是上述清心的含义。

真正有修身养性之志的人，现在很少。这主要是人们认为修身养性是件容易的事。然而我认为这不仅不是件容易的事，而应是件非常难的事。孔子在《大学》里说"止于至善"，而前述的英国批评家阿诺德也认为，"教养发源于对至善之爱"。我所说的教养，包涵各方面的内容。由此可知教养的修得是难而又难的事。如果知道了这个，我们就会变得谦虚。德国的大诗人歌德曾歌云：

> Das wenige verschwinder gloich dem Blick，
>
> Der vorwarts sieht，
>
> Wie vielnoch uebrig bleibt.

其中的意思是，"把我们现在已做完的事同我们将来必须要干的事相比较，不由得感到一阵空虚，在茫茫的宇宙面前，人太渺小了。"

《书经》上说：

> 惟学逊志，务时敏，厥修乃来。

我所讲的谦虚也就是这个意思。

最后，我讲一下朴素生活。三年前，我在北京英中协会作过一次演讲，那时我曾说，真正的中国国民必须保有其国民的特性，在道德上，

---

① 董仲舒的原话应为"正其谊，不谋其利；明其道，不计其功。"在此，辜鸿铭有他独特的用法。

② 辜鸿铭这里对孔子"有教无类"的理解有误。在别的地方他又有另外的理解和翻译，如理解和翻译为"文明无种族之分"。

也必须保有其国民性，为了保持这个国民性我们必须坚决捍卫我们所建构的文明理想。

西方近代文明的理想同我们东洋人的理想有哪些不同呢？

近代西洋文明的理想可以说是进步，进步，再进步。它所谓进步就是尽量提高生活水准。美国人所以排斥我们中国人和日本人，是因为我们不理解他们文明的理想就是提高生活水准这一点。

然而，我们东洋人的文明理想是朴素的生活和崇高的思想。即便是我们东洋人当中一贫如洗之辈，也不愿抛弃作为我们理想的朴素生活和崇高的思想，不愿拜倒在西洋人的所谓进步面前。

现代西洋人说我们难以同化于他们之中，于是排斥我们。然而，我想在座的日本人是决不会抛弃自己的理想而接受他们的东西的。

我曾多次对来中国和日本的外国人讲过这样的话，那就是，他们不该把我们说成是落后民族，因为，我们东洋人虽然过着朴素的近乎原始的物质生活，但却将自己的文明提高到西洋人曾经达到过的文明的最高峰。这难道不是人类文明史上一件让人惊异的事情吗？

以前，我在欧洲时，研究过希腊文明。欧罗巴文明的高潮是希腊时代，但现代日本所拥有的文明即便不说优于、至少也不劣于古希腊的文明。尽管日本人吃着萝卜根，住在简陋的小房里，但他们却是优秀的国民。这点就证明了我所说的朴素生活的重要性。

最后，我讲讲我们"为什么需要提高自己的教养"？如前所述，李鸿章因为不具备真正的教养，从而使中国陷入了停滞的状态。这就直接导致了今日的中国革命，造成了今日中国的混乱状况。仅此就可以知道教养对一个人来讲是何等的重要。

要是按我的说法，什么战争啦，革命啦，混乱啦，究其原因，归根到底就在于一点，即缺乏教养。何以有战争？何以起革命？何以致混乱？这绝非人类走向了堕落，而是因人们都不知道怎样去生活。现代的人们，尤其是西洋人知道应该怎样去工作，在这一点上，他们比他们的祖先要进步许多，但是他们却不知道应该怎样去生活。

那么，我们怎么才能知道应该如何去生活呢？我认为只有依靠真正的教养。真正的教养不是教人像机器、像木偶般地活着，而是指给人们一条作为一个真正的人而生活的路径。我所说的教养对人生所以必要的理由就在于此。

在结束这个演讲之前，我还想谈一下，我这次来到日本，看到日本有"大东文化协会"这样的团体，实在不胜欢欣，这是日本的有识之士不用重商主义、产业主义以及军国主义来开拓日本以及东亚未来的产物，这就是孔子说的以文德立国的表现。如孔子说的那样，"远人不服，则修文德以来之"。但愿日本在处理同其他国家的关系时，不要依恃武力，而应用文德去光大国威。

中国文明的历史发展①

以前，我们只知道我们东方的文明，但现在，一种新的文明来到了我们面前，这就是欧洲文明。

要想理解欧洲文明，首先必须充分了解摆在我们面前的各种文明，必须对其进行深刻的探究。在对各种文明的研究上面，我曾花了很长的时间。我在研究了中国固有的文明和西方文明之后，得出了一个结论，即这两种文明在发展形式上是一样的。我所说的欧洲文明不是现在我们所见到的欧洲文明，不是这种不健康的文明，而是真正的欧罗巴文明。常有人说，东方文明比欧洲文明古老得多，东洋文明在产生时间上也比西方文明要早。但是，我认为欧洲文明同东方文明同样经历了漫长的岁月。东洋文明在周朝时代走向成熟，而欧洲文明的高峰是在伯里克利时代。周朝同伯里克利时代差不多在同一时间。在相当于古希腊苏格拉底的孔子去世之后，不到一年的时间，苏格拉底也离开了人世。但是，东西方文明也有一点区别，那就是东洋文明有连续性，而西洋文明则常因为外在文明的入侵而出现波折。

若想知道中国文明的进化，就必须了解中国历史。因此，下面我想谈一谈中国文化和中国历史。中国文明真正的起点是在夏代，以后经历了商代、周代。在西方，与中国夏文明对应的是古埃及文明。与中国商朝相对应的是犹太文明；在中国周朝的文化达到最高潮的时候，欧洲也相应盛开了古希腊文明之花。中国文明开始于夏代，发展于商代，全盛于周代。据我的研究，中国的夏代，像西方的古埃及一样，是物质文明

---

① 这是辜鸿铭 1924 年在日本大东文化协会的演讲。译自日文《辜鸿铭论集》，83～101页。

发展的时期。在夏代，正如我们大家都知道的，出了一个名叫禹的皇帝，他在兴修水利上获得成功，由此可以看出，当时有着相当发达的物质文明。在这时的埃及，则修建了金字塔和运河。再看看那个时代的绘画，就可以更加明了那个时代物质文明发达的程度。那以后，在商代，中国文明在道德以及心的方面，在形而上学的方面得到了相当的发展。周朝主要发展知的方面。与此相同的是，在西方，犹太文明也在道德上得到发展，耶稣的《圣经》就是这个时代的产物。这本经典主要谈道德问题而很少论及智的问题，待到古希腊文明时代，智的文化得到相当的发展。巧合的是，在中国此时的周朝，智的方面的发展也完成了第一阶段。为了搞清周代的文明同古希腊灿烂的文明是一致的，我下面引用孔子的一段话，"周监于二代，郁郁乎文哉，吾从周。"这表明，周文化同古希腊文明是对应的。我以前曾说，现代欧洲文明所以庸俗丑陋，是因为荒废了古希腊文化的修养。

按这样的顺序，中国文明在进化的第一阶段——周代走向了完备，但这时的文明就像花朵那样，开蕾之后，就逐渐枯萎了。周代文明凋落的征兆就在于特别重视知的方面。通俗的说法就是重脑而不重视心，就是人们只注重知事而忽视行事。如果拿现代中国和日本相比较的话，中国人只是口头饶舌，而懒得去做，日本人是口头上不怎么说，但却认真地付诸行动。因此诸君不仅要知，而且还要去行动。日本人不仅口头上讲武士道，在实际行动上，也行武士道。

中国文明之花的凋落就从过于重视知的时候开始。以后，中国文明就朝着两个方向发展，一方面是老、庄学说的兴起，另一方面是礼仪的进步。即便现在的中国也是这样，学者称不上真正的学者，而是读诗文的艺人，一个劲地吵嚷不休。所谓"礼"就是艺术，它不仅仅限于西方人通常所理解的艺术只包括绘画、雕刻一类，还包括行为的艺术，活动的艺术。在这里，我想对日本的财主进一言，希望他们在去中国的时候，不要把钱花在购买什么骨制古董、周代遗留下来的破败不堪的桌椅、雕刻之类上。与其这样，还不如把这些钱花在真正继承了日本古代艺术的妇人之上。用在日本妇女身上，才真正体现了日本传统的美德。

孔子就刚才述说的两个流弊曾告诫他的弟子："攻乎异端，斯害也已。"所谓异端，指的就是像老庄哲学这类的学说。对像卡恩多·海因格尔、塔戈尔·拉茨萨尔等异端邪说不加攻击，对保全完整的人格是有害的。像这些异端学说，诸如老庄之类，把其作为药剂来使用还是可以的，但如果当饭来吃就有弊无利。像拉茨萨尔这样的思想对欧洲社会是必要的，因为欧洲社会是个不健康的社会，它需要这样的药剂，他的这种思想对于一个健康的社会，人格健全的国度是没有什么必要的。我们东洋人，无论是中国还是日本都未患什么病，所以，也就不需要这种思想。孔子批评只注重礼乐形式的流弊时说："礼云礼云，玉帛云乎哉？"很对不起，听说日本政府打算在上海建一座博物馆，我认为其中拟议陈列的骨制古董不是真正的艺术品，在我看来，与其把钱花费到建筑博物馆之上，不如给贫穷的日本妇女一些帮助更好。

为了校正中国文明过于向知和礼仪方面发展的偏向，为了挽救中国文明，孔子想了不少办法，但都没有能成功。就如同住了不知多少代的破旧的、即将倾覆的房子一样，无论怎样修补也无济于事。处在这种场合的时候，诸位打算怎么办呢？若在西洋，会赶紧给这房屋设立保险，但遗憾的是，孔子的时代，保险公司还不知道在哪儿呢！因而，孔子只留下了一幅建设一个文明大厦的蓝图，那就是《六经》。因为有这《六经》，我们就可以按原来的式样，重建文明的家园。但是，目前在这方面，我们有负于孔子的重托。我不仅希望中日两国人民不要丢弃这幅宝贵的蓝图，而且我对专门研究按这设计图重建文明的方法为目的的大东文化协会十分欣赏，我希望在座诸位能给予一些帮助。

由于人们注意的重点转到智的方面，因而就出现了很多学者，由于这些人没有什么教养，所以可以称之为"乱道之儒"。经这些乱道之儒、政治贩子、说客等辈的捣乱，最终毁灭了中国文明。最先认识到这些人是国家大害的人是秦始皇。秦始皇在看到他们的危害之后，就断然实行"焚书坑儒"。不过，我如果生活在那个时代，或许也是被坑的一个。秦始皇认为，当时的社会既不需要文化，也不需要学者，它需要的是法律。因此，他重用法家，但依靠法律维持的文明并没有持续多久。因为秦始皇以官吏取代学者，就使他的事业归于失败，因此秦朝的统治不过二世就垮台了。有意思的是，秦始皇使分崩离析的中国合而为一，而恰好此时，欧洲兴起的马其顿帝国将分裂混乱的希腊统一起来，但这个马其顿帝国也只经历了腓力二世和亚历山大一世，不过两代人就灭亡了。

继秦而起的是汉朝，汉朝的第一个皇帝是中国历史上最初的平民君主，也就是"布衣天子"。在汉朝以前的封建制时代，居统治地位的人们是以自己的身份地位来让民众服从，但随着秦朝的灭亡，封建制瓦解，到汉朝以后，贵族再也不能依靠身份进入统治者的行列了，统治者若不依靠强权就不能服众。汉朝的皇帝是依靠"汗马功劳"才得到皇位的。前文曾说过，袁世凯当皇帝不是依靠"汗马功劳"而是依靠电台、报纸等宣传力量，因此我们不服从他。

真对不起，我说的尽是中国的事，我在中国被人称作"神经有毛病"的辜鸿铭。由于上述原因，在现代中国，我是个不受重用的人，然而日本人却颇能理解我的心境。我至今仍留着发辫也是基于上述原因。

汉高祖以武力征服了天下，尔后又想用武力来治理天下，但是，当时的一位大学者谏议说，治理这样一个大帝国，必须借助道德的力量，也就是文化。皇帝听从并实施了这位学者的建议，从而使一度在中国大地上消失的文明又重新回到中国，苟延残喘到汉初的学者又把孔子留下的蓝图重新进行整理。由此，我认为汉代的中国可以同欧洲罗马时代相提并论，与欧洲罗马帝国分为东西罗马同时，中国的汉代也分为东汉、西汉两个时代。在西汉时代，虽然开始了对孔子留下的蓝图的研究，但当时还仅仅停留在研究阶段，因而对孔子的学说尚未有充分的理解。实质上，政府还是在以武力去治理天下。这个时代最为兴盛的学问是"黄老学派"，同西方此时的斯多噶学派相对应。这派思想有一个缺陷，那就是它是教人们"无为"的，而不是教人们应该怎样做事。所以如此，主要还是由于时人未能真正理解孔子思想的缘故。于是就导致了儒者和侠士的大量出现，这种情况在司马迁的《史记》里得到了反映。后世把这些儒者称为"乱道之儒"。以后，又兴起了一支叫"新学"的流派，这"新学"导致了人们思想的迷惘。再后来，就出现了恰同现代袁世凯的王莽。可以说"新学"一出现，所谓"大义名分"就走向消亡了。中国每在混乱的时刻都有这样的正邪之争，我现在就在为捍卫大义名分而奋斗。中国现在就是混乱的时代。王莽被贼众灭亡之后，建立东汉王朝的是光武帝，他虽不是什么伟大学者，但他具备伟人的优秀品质，他能够区分什么是真正的学问，什么是假的丑恶的思想，由于他的努力，真正的中国文明又回复过来，以孔子的学说作为国教的就是此人。① 如果说在西汉，孔子的教义还只是一种哲学的

---

① 这里辜鸿铭有明显的史实错误，真正"独尊儒术"的是西汉汉武帝刘彻，而不是东汉光武帝刘秀。

话，到东汉则完全变成了国教。而且，光武帝还在孔子庙里建了一所学校，这所学校有些像法国苏伦坡大学那样，是供伟人演讲的场所。我希望日本的大东文化协会成为日本的苏伦坡大学。那时，皇帝偶尔也会出现在这种场合，聆听学者的讲论。

如上所述，中国文明之花盛开于周代，灭亡于秦始皇之世。到东汉时代又出现了中国文明的复兴，孔子的思想成为中国的国教。因此，最完美的人格象征是在东汉出现的，这个时代还产生了两本优秀著作：《孝经》、《女诫》。但东汉王朝并未存在多久，因为它有一个缺陷，即只注重"心"的方面。在周代，人们对"知"的方面倾注了过分的热心，但到东汉时代，一切都反过来了，人们对"知"的东西是不闻不问，却在"心"的方面下了很多功夫。为了弥补这个缺陷，便有了佛教哲学的兴起，因为佛教恰恰就在此时传入了中国。佛教所带来的"知"的东西，同孔子思想中"仁"的方面相结合，形成了一种新的思想，它使得中国进入了一个浪漫的时代，即三国时代。佛教给中国文明增添了不少色彩，但同时也招致了混乱。中国社会的政治就因此走向了堕落，从而为少数民族入侵提供了机会，以后就有了"五胡乱华"。这同现代中国被五个大国欺凌是同样的。而欧洲的古罗马也是被五个蛮族集团灭亡的。很有意思，历史竟如此地相似。那以后，五胡统治中国长达二百多年的时间，我希望今日五大国的统治不要太长。

五胡统治结束后，随之而来的是六朝，之后又是唐朝，这个时代的情景类似西欧文艺复兴时代，中国出现了文化的繁荣。由此，我认为，现代中国在五大国的统治结束后，我们的文艺复兴时代将会再度到来。唐代的文化是相当美丽、纤巧的。但也由于它太美丽、稚弱，所以它容易染上虫子，而这些虫子就开始了毁灭它的过程。那虫子就是"文弱之病"。它导致了社会的堕落，尤其在男女关系方面非常混乱，甚至宫廷内也出现了很多丑闻。以美人而闻名的杨贵妃就是这个时代的产物。因为这个杨贵妃，中国历史就进入了暂时的分裂时期。

为挽救流于文弱的中国文明，出现了推崇真正的孔子学说的学派，即"宋代儒学"，同欧洲相比，汉代儒学相当于古罗马的旧教，而宋代儒学则类似新教。众所周知，在欧洲出现了马丁·路德，经他的手创立了新教派，在中国起路德作用的是韩愈。由他发起了"新儒学"运动。韩愈虽然生在唐代，但从他的行为思想来考察，他应是宋代人。宋代的学者弥补了唐代文化的缺陷，努力地使中国文化趋于完美。为此，他们吸收了不少佛教的东西。大家都知道，佛教是个有严密体系、有深刻内涵的宗教，它像药引一样可以治疗唐代社会的疾病。因此当中国社会出现不正常时，人们就皈依佛教，因而，到宋代时，由于佛教势力的扩张，中国文化就显得过于狭隘了。现代中国文明也同这时一样，同样地陷入了困境。那个时候，中国文明停滞主要由于佛教思想加入了中国的思想领域。因此，前不久，泰戈尔先生打算将印度的哲学传给中国时，我是表示反对的。

宋代若同欧洲比较，是一个清教派兴起的时代。中国出现了朱子学派，朱子是个伟大的学者，可以说是韩愈以后的大儒。

朱子试图改变宋代儒学眼光狭窄的现状，使其能宽容万物，精深博大。后来，明代的王阳明也有这个想法，不过，朱子主张必须完全地按孔子所说的办，有些近于盲目地教人服从孔子的学说。王阳明不然，他主张依"良知"即常识去确定自己的行动，尔后去遵从孔子的教义。听说日本学者不像中国学者那样固执，我觉得很了不起。朱子的学说是"学而不思"，而王阳明的则是"思而不学"，日本的年轻人最好是先学而后思，既不要遵从王阳明的思想，也不要听信朱子的学说，中国现在面临的问题是怎样从儒学的束缚中走出来。我认为可以依靠同西方文明的交流来解决这个问题。这倒是东西方文明互相接触所带来的一大好处。仅仅靠学讲外国话，住帝国旅馆，跳跳舞是无法领会西方文明的。诸君不要只学其表面的东西，而要领会它的本质，想真正地登入文化的殿堂是相当不易的，而且不存在捷径。我个人或许知识浅陋，没有资格这样说，但我还是衷心希望诸君能继续我的事业，加深拓宽自己的学问，为世界文明的发展做出贡献。

东西异同论①

在今晚的演讲开始之前，我要请在座诸位多原谅，恐怕我今晚的演讲不太好。为什么呢？因为今晚的讲演不像前三次在大东文化协会所做

---

① 这是辜鸿铭 1924 年在日本东京工商会馆的演讲。译自日文《辜鸿铭论集》，102～125页。

的演讲那样，事先做了充分的准备。

我应大东文化协会的邀请来到日本时，只准备了三个演讲题目。因此，一直到两三天前，关于今晚的讲演，还没有想好要讲什么。好容易想到了"东西异同论"这个题目，遗憾的是，已没有充足的时间准备了。因此，我所作的讲话中可能有些零乱不系统，如果这样，希望诸位不要予我以苛责。

有名的英国诗人吉卜林（Kipling）曾说："东就是东，西就是西，二者永远不会有融合的时候。"这句话在某种意义上说有它的合理处。东西方之间确实存在着很多差异。但是我深信，东西方的差别必定会消失并走向融合的，而且这个时刻即将来临。虽然，双方在细小的方面存有许多不同，但在更大的方面，更大的目标上，双方必定要走向一起的。

因此，所有有教养的人，都应为此而努力，为此而作出贡献，而且这也是有教养人们的义务。

不久前，一个德国友人定居在广东，他非常关心东洋文明，他死的时候，我给他做了墓志铭："你最大的愿望，是实现东西方优良方面的结合，从而消除东西畛域。"

因为常常批评西洋文明，所以有人说我是个攘夷论者，其实，我既不是攘夷论者，也不是那种排外思想家。我是希望东西方的长处结合在一起，从而消除东西畛域，并以此作为今后最大的奋斗目标的人。因此，今晚我给大家讲讲东西文化之间有哪些差异。

东西文明有差异是理所当然的。从根本上说，东洋文明就像已经建成了的屋子那样，基础巩固，是成熟了的文明；而西洋文明则还是一个正在建筑当中而未成形的屋子，它是一种基础尚不牢固的文明。

一般说来，欧洲文明根源于罗马文明，而罗马文明又像诸位所知道的那样根源于古希腊文明，在罗马帝国灭亡后，欧洲人民就创造了一种新的文明——巴罗克文明，也就是欧洲中世纪文明。那时的欧洲虽然处在野蛮时代，但是随着基督教的兴起，蛮人逐渐进步，从而开始创造文明，而后，众所周知，文艺复兴时代到来。

恰巧与之相对应的是中国六朝的文艺复兴时代。众所周知，此时正是五胡乱华，而罗马人的古典文明也是被五个蛮族集团消灭的。从此欧洲人就以基督教和《圣经》为蓝本（基础），创造了新的巴罗克文明。

然而，随着欧洲人知识的进步，过去的宗教文化就不能适应了，如同中国在唐代兴起文艺复兴一样，在欧洲，有了意大利文艺复兴，进而有马丁·路德的宗教改革。为此，欧洲经历了四十多年的战争，终于成功地实现了改革，以后来到了法国大革命，它是以改变政治结构为主要目的的。但社会自身却并未有所变化。因此，经历了上次的欧洲大战之后，欧洲人所面临的问题是改造社会，因此社会主义、过激主义四处兴起，过激主义的目的是彻底破坏旧的东西而制造新的东西。这种"破坏性"的主义，也是欧洲社会中必然产生的结果。所以，欧洲文明，实如同一个正在改造、构筑、建设当中的屋子。

而我们东洋的文明，则不仅已构成了屋子，而且已经住上了人。东西文明的差别就由此而生。欧洲人没有真正的文明，因为真正的文明的标志是有正确的人生哲学，但欧洲人没有。在中国，把真正的人生哲学称为"道"，道的内容，就是教人怎样才能正当地生活，人怎样才能过上人的生活。有"文以载道"这样一句话，"文"即"文学"，在中国，文学可以说是教给人们正确的人生法则的东西，西洋人长时间内为了寻找这真正的人生道路，作出了很大的努力，但至今未果。而中国人依据四书五经，就可以明"道"。很遗憾，欧洲没有这样的东西，欧洲有的是基督教。基督教叫人们怎样去做一个好人。而孔子学说则教人怎样成为一个良好的国民，努力做一个好人当然是好事，但这并不是一件什么难事。比如登山拜神即可成为一个好人，而想做好一个良民，则须知"五伦"，这却是一件相当难的事。

为寻找正确的人生之道，欧洲学者提出了多种主张，如斯宾塞、卢梭等等。他们的主张从某个方面看是正确的，但是作为一个整体来看，它是不完善的，不是那种真理性的东西。诸君如果以为它们完全正确而予以吸取，那是非常危险的。

下面，我想分五条，讲一讲东西方的差异之处。第一，个人生活；第二，教育问题；第三，社会问题；第四，政治问题；第五，文明。以上五个问题，无论哪个范围都很广，非一晚所能尽述，故今晚我只拣重要的说一说。

首先，我们考察一下个人生活。

作为个人，我们必须首先考虑的是人的生活目的。换言之，即人应该做些什么？什么是人？对此，英国思想家弗劳德说："我们欧洲人，从来没有思考过人是什么？"也就是说，作为一个人，是当一个财主好呢？还是去做一个智慧的人好呢？关于这个问题，欧洲人没有成型的看法，由此可见，说欧洲人没有正当的人生目标，不是我一个人，欧洲第一流的思想家也持与我同样的意见。

相反，我们东洋人则早已全然领会了人生的目的，那就是"入则孝，出则悌"。即在家为孝子，在国为良民。这就是孔子展示给我们的人生观，也就是对于长者即真正的权威人士必须予以尊敬，并听从他的指挥。"孝悌仁之本"，是中国人的人生观，也是东洋人的人生观。

关于人生观方面，再一个差别就是，欧洲人认为人生的目的在于运动。而我们东洋人认为人生的目的在于生活。西洋人为运动而生活，东洋人则为生活而运动，他们是为赚钱而活着，我们则是为享受人生而创造财富，我们不把金钱本身作为人生的目标，而是为了幸福而活动。孔子说："仁者以财发身，不仁者以身发财"，那意思就是好人为了生活而创造钱财，而恶人则是舍身去赚钱一样。西洋人，尤其是美国人，为了赚钱连命都不要，这就是东西方人的差异之处。也就是说，西洋人贪得无厌不知足，而东洋人则是知足者常乐。为了东西方能真正地走到一起，他们西洋人必须改变自己的做法，而采取我们的办法。

下面谈一下教育。

欧洲的教育目的，在于怎样做一个成功的人？怎样做一个能适应社会的人。常常有西洋友人对我说：我们是生活在二十世纪，而你们则由于还在接受十九世纪的教育，所以就无法成功。实际上，我们东洋的教育，不仅能使我们的子弟适应现代社会的生活，而且还能促使现代世界向着更美好的方向发展。孔子说：教育的目的在于称做"大学"的根本之上。那就是"大学之道，在明明德"，也就是发现人们所固有的辨别道德的能力，这就是教育的目的。必须成为一个为社会所推崇的人，成为一个聪慧的人，也就是说，教育的目的，在于为了明德，在于为了创造一个新的更好的社会而培养人才。《大学》中的"作新民"之"民"不是指人民，而是指社会，创造新的更好的社会是高等教育的目的，这才是孔子的本意。诸位，共同努力为创造一个新的世界、新的社会而奋斗，努力做一个更好的法学家，良好的工程师，共同创造出一个美好的社会。

下面再谈谈东西洋教育方法的差异。

在中国，初等教育和高等教育有一个清楚的画线：在初等教育阶段，主要是教孩子们使用他们的记忆力，而不注意让他们使用判断能力。首先让他们通晓祖先留下来的东西，而在西洋，从孩提时代起，就对他们灌输艰深的哲学知识。在中国则是在高等教育阶段，方才对学生讲授深奥学问的。我认为这是难能可贵的办法，把像哲学那样深奥玄虚的东西讲给孩子们听是不合适的。尤其是对女孩子，还是不教为好。

还在爱丁堡做学生的时候，我们曾组织了一个七八人互相钻研、共同进步的学习小组，互相学着写论文。有一回，其中一个人说，这样好的论文是否可以发表？另外一个人反对说，这样的东西不能出版。大家于是就根据这个人的主张，约定四十岁以前不出东西，因为我们必须对我们的问世之作有确切的把握才可，而这在四十岁之前是办不到的。

孔子说："四十而不惑。"我是坚决地遵守着这个约定的。我第一部书出版时正值四十一岁。虽然现在日本连中学生都可以出杂志，但我觉得还是禁止为好。

第三，谈一谈东西社会的差异。

东洋的社会，立足于道德基础之上，而西洋则不同，他们的社会是建筑在金钱之上的。换言之，在东洋，人与人之间关系是道德关系，而在西洋则是金钱关系。在东洋，我们注重的是名分。

试想一下，在封建时代，当领主对家臣说："你必须服从我"，而家臣反问"为什么"的时候的情形。那时，领主会很简单地回答道："根据名分，我是你的主人。"如果家臣又问"是什么样的名分？"领主又会回答道"是大义名分。"

然而在现在的日本，暴发户对工人说："你必须服从我！"如果工人反问："为什么？"那时暴发户将回答："是依据名分。"可如果工人再迫问："根据什么名分？"暴发户将回答："是金钱名分。"（指金钱关系、财产等级所导致的人与人之间的关系。）这不是大义名分。可是在美国，名分完全以金钱为基础。在东洋，人与人之间的关系，实在是神圣的道德关系，夫妻、父子、君臣都是天伦关系。而在美国，人与人之间只是利害关系，人们之间的关系建筑在金钱的基础之上。

而东洋社会则建立在"亲亲、尊尊"这样的两个基础之上，也就是社会亲情和英雄崇拜（Affection and hero-worship）。我们热爱父母双亲，所以我们服从他们，而我们所以服从比我们杰出的人，是因为他在人格、智德等方面值得我们尊敬。学者同车夫相比，所以比车夫更值得尊敬，是因为学者从事的是脑力劳动，比较艰苦，而车夫从事的是体力劳动，不像脑力劳动者所从事的那样高难。所以，他所受到的尊敬，自然要低得多。假如有这么一个社会，让车夫坐车，而让学者拉车，尊敬车夫而鄙视学者，那么，这社会还成其为社会吗？

现在的中国就有这样的趋势，我们或许当车夫更合算。

如果金钱成为社会的基础，那么，社会就有堕落到这种状态的危险。

《中庸》上说："仁者人也，亲亲为大。义者宜也，尊贤为大。"如同上面所讲的那样，我们服从父母是因为我们热爱父母；我们服从贤者，是因为我们尊敬贤者，这就是东洋社会的基础。诸位来听我的这个讲演，是因为诸位有尊贤之心，尽管我实在没有这样的资格。

下面谈谈政治。

关于政治，我以为可以分为三阶段。政治的构成是以保护人民的安宁为目的的，在它的初期，文化尚不发达，人民愚昧无知，同小孩相似。那时候为了保证社会的秩序和安宁，换言之，就是针对少数人做坏事该采取怎样的措施？为此统治者说："你们不得做坏事，如果做坏事，就要受到神的惩罚。"在中国，这种政治方式被叫做"神道设教"。这便是初期的政治。

帝政时期的欧洲是通过基督教来统治人民的。但是，随着文艺复兴运动的兴起，人民日渐觉醒，不再信神了，相应的也就不怕神灵的惩罚了。因此，欧洲的统治阶级，尤其是普鲁士国王，便实行警察统治，依靠警察来保障社会的安宁和秩序。也就是说，文艺复兴之后的欧洲，所行的是强权政治。最近的欧洲大战，就是这种强权政治的结果。这并不是我个人的意见，英国伟大的思想家卡莱尔就说"欧洲社会是混乱加上警察"（即警察统治的无政府社会），他的意思就是说，欧洲政治如果放弃强权，第二天就会乱作一团。

因此，怎样摆脱强权政治，就是战后欧洲所面临的重大问题。

然而，在我们东洋，我们既没有那样的对神的恐惧，也没有对警察的恐惧。那么我们怕什么呢？因为怕什么才维持了我们社会的秩序呢？那就是良心！那就是廉耻和道德观念！正因为忌讳这个，我们才不干非礼之事。在中国，归还所借的钱，并非因为怕律师，也不是怕法院的追究，不还所借的钱，对自己来说是一种耻辱，是因此而还钱而非为别的。我服从中国的天子并非出于害怕，而是出于尊敬。也就是说，我们遵守的是三纲五常，一旦有了这个，就不用警察了。当然，在中国也并非满街圣人，人人君子，坏人还是有的，所以警察也还是要的。我只是说，一般的纠纷，依据礼义廉耻就可以解决，所以警察用不着那么多。在这一点上，是值得欧洲人好好学习的，而我们则没有向他们学习的必要。

最后，也就是第五，讲讲东西文明的差异。

关于这个，我们得首先考虑一下文明的意思。所谓文明，就是美和聪慧。然而欧洲文明是把制作更好的机器作为自己的目的，而东洋则把教育出更好的人作为自己的目的，这就是东洋文明和西洋文明的差别。常有人说，欧洲文明是物质文明，其实欧洲文明是比物质文明还要次的机械文明。虽然，罗马时代的文明是物质文明，但现在的欧洲文明则是纯粹的机械文明，而没有精神的东西。

举个例子说明一下，比如写东西，西洋人使用打字机，这样，我们所有的表现美的手法，就难以发挥出来。

再一个就是在西洋，连招呼自己家的佣人都用电铃。而在东洋，则这样做（打一个手势）马上就可以叫来佣人，而这样做要好得多。在日本，现在也开始采用西洋的机械文明了，要想从明天开始就校正它是困难的，但是应该考虑到他们的文明是错误的，我们有必要在一边采用他们的文明的同时，一边要加以修改。如果说，现在无法排除已经从他们那儿学来的机械文明，那么，就不要再增加了。

最后，为了在东京向诸位道别，我还想再说一两句。我在日本所作的讲演中，对日本颇加赞扬，这是我的真正公正的评价，但是一些外国论者歪曲说是对日本人的讨好。实际上我根本没讲讨好日本人的话，如果说讨好，也没有必要讨好日本人，要讨好毋宁讨好中国人，应该拍袁世凯、曹锟的马屁，那样的话，至今我不是大总统也是总理大臣了。因此说我讨好日本人纯粹是诬蔑。我赞扬了日本，因为赞扬也就相应地希望诸位把日本建设得更好。我常说日本人实在是了不起的国民，对于这样赞誉，诸君应该了解到诸位的责任更加重大。

在孔子的书里有这样一句话，叫"责备贤者"。它的意思就是高尚的人，领导社会的人，站在社会前列的人，应负有更大的责任。诸位是社会的指导者，因此诸位不要忘记你们身负有比一般人更重大的责任。

一般的人，即使做了坏事也没什么大害，而有教养的人，引人注目的人，也就是像诸位这样的人，如果做了坏事，那就将给社会带来非常恶劣的影响。我留了这样的辫子，不是出于个人的喜好，而是出于对满

洲朝廷的忠节而保留的。切望诸君不要有负于我对日本的称赞，做一个
高尚的人。

什么是民主^①

在论说这个题目之前，我要向读者声明一下，那就是我怎么说也不
是一个学者。不错，我是精通多门外国语言，但仅靠这个是够不上学者
资格的。不言自明，所谓学者，必须对他所研究的事物十分地精通。迄
今为止，我虽然也做过不少研究，接触了不少事物，但在浩瀚的客观世
界面前，我所得到的知识是非常浅薄的。所以，读者若想从我的这篇东
西里得到非常深刻的道理，恐怕会失望的。

我虽然不是学者，但对东西方的文明却也做过一些粗浅的比较。我
在少年时代就被送到英国留学，在西方待了十多年，我的青年时代基本
上在那度过。在那期间，我学习了欧洲各主要国家的古代语言及现代语
言。通过对其语言的学习，我对西洋文明的本质做过一些初步探究。

由于我青年时代基本上在欧洲度过，因此我刚回国时对中国的了解
反不如对欧洲的了解。但非常幸运的是，我回国后不久，就进入了当时
中国的伟人、湖广总督张之洞的幕府。我在那儿待了多年。张之洞是一
个很有名气的学者，同时也是一个目光远大的政治家。由于这种契机，
使得我能够同中国最有修养的人在一起朝夕相处，从他们那儿，我才对
中国文明以及东方文明的本质稍有解悟。

就这样，通过对东西方文明的比较研究，我很自然地得出于一个重
大的结论，那就是，这养育滋润我们的东方文明，即便不优越于西方文
明，至少也不比他们低劣。我敢说这个结论的得出，其意义是非常重大
的，因为现代中国人，尤其是年轻人，有着贬低中国文明而言过其实地
夸大西方文明的倾向，我想在日本大概也是这样。实际上，中日两国的
青年都是通过望远镜来观察西方文明的，因而使得欧洲的一切都变得比
实体伟大、卓越。而他们在观察自身时，却将望远镜倒过来，这当然就

———————————
① 这是辜鸿铭在日本刊物发表的讲稿。时间约在1924年至1925年。译自日文《辜鸿铭
论集》，141~163页。

把一切都看小了。

或许，有人会要求我就中国文明的伟大之处列举一些证据。若如此，我想请他看看中国。当然，我指的不是现在共和国的中国，而是延续几千年的真正的、古老的中国。中国的总面积虽说比欧洲稍小，但是，毫无疑问，它是一个拥有四亿民众的大国，是一个拥有两千多年历史的、巍然耸立的大帝国，这在世界历史上是很少见的，仅此而论，谁能否认中国文明也就是东方文明的伟大呢？

如果还有些年轻的读者仍希望我就东方文明的伟大举出更有力的证据，那么，请看看日本。大家都清楚，日本是一个自然资源极其贫乏的小小岛国。但是，明治维新以来不过五十年的时间，就如蛟龙出水，迅速升腾为世界五大强国之一，整个世界都为之震惊和赞叹。

然而，日本是怎样取得上述奇迹的呢？这是很容易回答的，那就是日本人正是依托在东方文明优越之处的基础上，才得以取得成功的。而这种文明的精神一直为日本人如同血肉一般代代相传。不错，日本是采用了西方的物质文明，但是，像铁路、飞机、军舰等西洋诸物，充其量不过是没有生命的机器而已。如果日本人没有一个伟大的灵魂，那么，又怎么能够极其有效地操纵这些无生命的东西呢？换言之，日本所以能有今天的强大，其原因不在于采用了铁路、飞机、军舰等西洋物质文明，而在于日本民族固有的伟大精神的苏醒和发扬，这伟大精神，就来源于古老的东方文明。说老实话，诸位，如果日本人丢弃了东方文明的宝贵的神髓，那么，日本就成不了强国，我们东方民族就会失去唯一的希望。中国之所以处于目前这样悲惨的境地，主要是因为我们中国人，尤其是知识分子将东方文明的精华部分抛却了的缘故，我不得不遗憾地承认这一点。

目前，保护我们共有的东方文明精髓的重任就落到了诸位读者身上，我这次应日本大东文化协会的邀请来日本，其中有一个重要的使命，那就是殷切希望诸位贤达继承、维护并发扬我们东方文明的精华，并把它的本来面目再度带回到中国。

去年，我在东京做了一个简单的演讲，其中，我陈述了这样一个事实，即东方文明就像已经建成的房子一样；反之，西方文明则像正在建设当中的房屋。为了加深对这一事实的理解，首先我们必须弄清的是他们白种人文明有这样三种。

古代欧洲的文明，当今的欧洲人称它为"Pagan Civilization"，即异教文明；在中世纪又有"Christian Civilization"，即基督教文明；今日的欧洲则尝试着建设自文艺复兴以来的第三种文明。

因此，欧洲文明在其发展过程中，经历了三个革命性的阶段。第一期是宗教改革，在那个时代，欧洲人希望通过改革宗教形式来促进文明的发展，然而这次欧战以来，欧洲到处都发生了革命，他们希望改变社会的内容，也就是希望从本质上建立一个全新的社会。

但是，自文艺复兴以来，欧洲人一直试图取代基督教文明，建立一种新型的文明——Democratic Civilization，即民主主义文明。

然而，什么是民主，也就是说今日欧洲人所希望的民主主义究竟是什么东西，这个问题相当重要。不仅对欧洲人，即便我们东方民族也不能忽视。然而，我对这个问题的答案，定会使东方各国欧洲文明的崇拜者瞠目结舌。我认为欧洲人所热切希望并极力去实现的民主主义文明，就是我们中国人两千多年来一直保持的东西。我一直是这样主张。

在对这个问题的进一步解说之前，我先请诸位读者看看"民主"这一词汇的来历。

英语中的"民主"一词来源于古希腊语的"Demos"，"Demos"是农庄的意思，即农人耕夫居住的场所，相当于中国语中的"丘"，它同商人、银行家以及财主所居住的都会相对立。由此看来，希腊语的"Demos"，指居于山间僻地的人。下面谈谈孟子对有关民主政治的基础"民"的重要性的论述。

"得之天子为诸侯，得之诸侯为卿大夫，得之丘民为天子。"

这样，大家就清楚了在中国古代，在两千多年以前，孟子就有了民主思想，它同古希腊的民主思想是何其地相似！

由是观之，在真正的民主状况下计票、投票，其人民必须是农夫、耕者等庶民阶级，而不是居住在大都会中的、奢侈腐化的商人、银行家、财主等资本家阶级。我所以讲这个话题主要是想解释一下，为什么目前日本的民主运动以争取普选为目的。不过虽然如此说，即便在普选实施以后，日本的民主程度是否达到了人民所翘望的地步，还颇有疑问。

在谈论了欧洲人的"民主"同我们中国人所谈的是一样的东西之后，为了进一步的论证，我想引用一位美国学者的话，他对我们中国文化以及社会生活均作过很深入的研究，他就是美国传教士麦嘉温博士。他在《中国指南》一书中说："在前面所述中国人的工商业生活中，可以注意到这个民族的一个显著特征，即他们的组合能力。这种能力是文明人的主要特征之一。对于他们来说，由于生来崇尚权威和恪守法纪的天性，组织与联合行动是件容易的事情。他们的驯良不同于那种精神崩裂招致阉割的民族，而是由于其自我管束的习惯，和地方性、公共或市政事务中长期听任其'自治'的结果；可以说他们的国家，立于人人自治自立之上。倘若这些人中最贫穷可怜、最不文明的部分将他们自己置身于一个孤岛之上，他们也会像在原来地区生活、受过理性民主熏陶的人们那样，很快便将自己组成一个完整的政治实体。"

我讲上述的话有这样几点含义，即，第一，合理的民主主义和非合理的民主主义是完全不同的东西。第二，合理的民主政治的基础，既不是人民政治也不是为民政治，更不是依靠百姓而成立的政府，而是自然产生的对权威的尊崇。

为了证明中国人实际上已经拥有了真正的民主，我再引用一位欧洲伟大学者——迪金逊教授在《中国旅行日记》中所讲的话，他说："中国人是民主性的人种，至少他们在对他们自身以及对周围人的态度方面，已达到了欧洲民主主义者所希望的程度。"

关于民主政治本质的论述，下面我们要谈到的是道德同民主的关系。我们诸位知道了披着欧洲外衣的"德谟克拉西"同我们东方文明所固有的"民主"，居然大体相同，可能会为以前竟然不知道而感到不好意思，其实这二者还是有区别的。欧洲的那种"德谟克拉西"是未完成、不成熟的。同时必须强调的是在目前这种形式下，它含有破坏性的因素，所以是一种非常危险的东西。

诚然，已故美国总统威尔逊曾说："我们人类为了达到实现民主政治的目的，首先必须实现世界的和平。"他的话，我想诸位读者大概还是记忆犹新的，但是，与之相反，我认为："与其说为了民主去争取和平，还不如说为了世界和平，必须保障民主。"诚然，我们东方民族今日所面临的实际问题是用什么方法才能防备含有破坏性因素的欧洲民主。我认为解决这个问题的唯一途径就是确立贵族政治。何以见得呢？因为每个国家的臣民都希望有真正的民主，也就是希望有很好的政治。然而，从某种意义上讲，为了实现良好的政治，就必须确立真正威严的贵族政治。英国的伟大思想家托马斯·卡莱尔就欧洲的民主问题讲过这样的话，"如果说最近半个世纪以来的，剧烈的拼斗厮杀给可怜的欧洲人带来了什么样的教训，那就是欧洲需要真正的贵族政治，否则，欧洲就无法继续存在下去了。"

在此处，我愿意谈谈我通过对中国历史的研究所得到的几点启示，这对加深大家对为什么在东方文明中有贵族政治出现的理解或许会有所帮助。若能真的有什么启示作用，那将不胜荣幸。

回顾中国的历史，封建制远在两千多年以前就被废除了，那时的贵族政治指武士阶级的统治，随着群雄割据的封建制被铲除，武士阶层的贵族政治也就走向灭亡，并且，武士阶层本身也逐渐不复存在。结果，神圣的政治为乱七八糟的俗吏把持的官府所控制，从而使得中国的政治发生了倒退。政治由受人尊崇的贵族政治转向了低级的官僚政治。不过，也许官僚政治在过渡时代是必要的。后来，官僚政治终于丧失了运转能力，究其原因不外乎官僚政治只能统治民众，而不能教育群众。对民众的教育，主要是教给他们礼仪，让他们知是非，明廉耻，这需要借助政府的力量，然而官僚政治下的政府官员，只知道枯燥无味的法律，而不清楚道德、礼仪的教育在政治上的重要性。

官僚政治所招致的必然结果是事务繁杂，机构庞大。随着机构的日趋庞大，为了维持机构的正常运转，就需要从民众那里征收越来越重的税，终于使得民众不堪忍受，从而引起带有破坏性的民主运动，最终破坏了这种统治形式。

在破坏性的民主运动打碎了官僚政治之后，政治权力并没有转到民主派手里，而是转到与他们相对立的专制独裁者手里去了。在中国的那时，就形成了汉高祖的独裁。汉高祖一开始还叫嚣他是在"马上得的天下"，所以他打算依靠武力来统治天下。只是后来，由于一位大学者的献言，即政治统治只有依靠对民众的教育方能完善，因而须实行"仁政"。这样，从这时开始，我们中国人就结束了那种带有破坏性的民主，从而进入了真正的民主时代。

说到这里，大家会想到这一点，君主政治同民主政治不是势不两立的东西吗？不，事实上，对于民主政治来讲，君主的必要性比对古代封建制的意义还要重大。君主虽然是古代封建政治的一种不可缺少的魂灵。但是，对武士阶级的贵族政治而言，武士阶级同君主一样，都拥有高贵的灵魂，他们都不依靠法律、宪法之类的无生命的东西来统治人民，而是依靠他们自身所有的闪光的情操、灵魂来驾驭民众的，因而贵族政治下，不太需要作为政治灵魂的君主。但对民主政治来说，由于官吏的行动不过是无生命的整个机器的一部分，因此，必须依靠活生生实在在的君主权威即民族的灵魂来焕发民众的精神。如果没有这样伟大的民族之魂，民主政治下的官员就必然会堕落成官僚。欧洲古罗马时代，曾有过自人类史以来的最为庞大的共和政体，但是，一旦国家处于危急存亡之秋，罗马市民便如掷敝履一样，抛弃了共和政体，毫不踌躇地将所有权力付与当时的执政官。由此，我们就可以看出，民主制下，为了维持权力的稳定必须有君主的存在。

对于日本的政府以及日本的政治，我了解得极少，但在这里，我不避越俎代庖之嫌，作一些评论。我以为当今的日本各方面的文物制度都有似两千年以前的中国。明治维新时期，日本废除了过去的封建制度，因而武士阶层只能作为一个军队阶层而存在，对政治没有多少发言权。为了政策的贯彻执行，取代贵族政治的是官僚政治的建立。当然，我并不否认这一点，即日本的官僚政治对今日日本的建设以及今日世界事务发挥过前所未有的、令人惊叹不已的作用，但我唯一感到遗憾的是，此时发挥过惊人作用的官僚政治在教育日本民众使其能够自主自治，使其能够在政府不存在的情况下，也可以自己去组织社会生活这一方面，是失败了。请原谅我的直言不讳，现在已经明显可以看出，半个多世纪的官僚政治，已使得中国往昔两千余年经历过的痛苦，现在又在新兴的日本身上重现了。

我认为，当今的日本所面临的真正的危险是官僚政治，而不像一部分知识分子认为的那样在于军国主义。我所以这么说，是因为官僚政治容易导致可怕的、危险性的、破坏性的民主运动的发生。而且，从中国的历史看，在付出了巨大的牺牲之后所建立的政治，仍然也必然是官僚政治。真正的、贵族政治的、满洲朝廷的一统，因长毛贼之乱而丧失权威，又经过宰相李鸿章时代之后，中国的官僚政治便大大地伸张了势力。

因此，无论是日本人还是中国人，只要是东方民族，在当前，为了防止发生破坏性的民主运动，所要做的第一要务就是打倒官僚政治，建立真正的贵族政治。

然而，贵族政治该如何建立呢?

对此，我的答案是极其简单的。首先，诸位读者必须明白，如果仍保留因崇洋媚外而来的议会政治和普选，那就不能建立真正的贵族政治。因为不必看其他国家的情况就可以知道，普选不过是个空名，人民所选举的只是那些靠嘴皮吃饭的政党里的政客，而政治权力依然为官僚所独占。

其次，要对民众实施高等的教育。我所说的高等教育，主要是要贯彻民众教育的实质，使人性从根本得到校正，使民众的行为能够自然地、本能地沿着正确的轨道发展。当今世界所以陷入混乱不堪的境地，主要是因为低俗的教育过于泛滥的结果。那么，怎样才能使民众的教养得到实质性的普遍的提高呢？法国的罗兰曾说："要想使全体民众都得到良好的教育，关键在于对部分阶层首先进行高等的教育，只有待对这部分人的高等教育成功之后，才能面对全民。美国通俗教育非常普及，但由于缺乏高级的教育，一般的民众智能平庸，举措粗笨，精神浮薄，缺乏为人的基本的知识，这种缺陷若要弥补，必须经过漫长的岁月方可做到。"

最后，我给民主到底是什么做个结论，真正的民主，其实质不在于民主的政治，而在于民主的社会。在这样一个社会里，民众即便不了解投票的方法以及内容，未曾有这方面的体验，也能自然地约束自己的行动，即便不依靠政府，也能得到社会文化的精华。为了创造这样的社会，如我以上所说，首先必须实现贵族政治。然而真正的贵族政治必须依靠对民众自身高级教育的完善，即实质性地提高民众的修养。只有这样，我们才能最终实现我们的理想。

在结束拙稿之前，我想指出的是，我们东方文明中所说的"王道"指的就是民主社会的理想，也就是拥戴有德君主之治。

告准备研究中国文化的欧美人①

因为我懂得好几国语言，所以经常有人问我是怎么学的。每当被问及时，我都这样回答：因为我有研究语言的热望。无论什么人，要想学好中国语言，都必须有钻研它的热望、动力。居住在中国的外国人，所以学不好中国话，不是因为中国语言特别难学，而是他们没有认真钻研中国语言的意愿。某些来到中国的游手好闲之辈，好容易做了一点中国

---

① 原载日本大东文化协会办《大东文化》杂志 1925 年 5 月号。译自日文《辜鸿铭论集》，126～140 页。

语言方面的研究，稍有所得，便喋喋不休，以为能给中国政府以重大帮助云云。像这样的人，一旦中止了研究，就会把他们所得之物，扔到墙角，永不过问。

耶鲁大学的乌卡利阿斯先生曾经给我来信，认为很多西方人士，骄傲于他们物质文明所得到的成就，不理解中国国民的社会性价值——道德伦理价值，因而很少去研究中国语言。为北京豪华旅馆、美丽的屋顶庭园所陶醉的人，能够领会到中国国民的道德价值吗？我有时去屋顶庭园，看到那大吃大喝的外国人，就不禁想到马修·阿诺德所说过的话，以这些人为对象，观察一下他们的语言，他们的思想等等，是否能得到丰硕的收获呢？这还是一个难以马上回答的问题。

有一个英国人，曾这样对我说："我们英国人，是正视现实的国民。"现在我们就来看看正视现实的英国人是如何"正视"中国人的。弗尼德里克·特力乌斯曾经说："广东是一个地狱般的地方，所见所闻都是那样的不可思议，街道阴暗狭窄，不见天日。空气中散发着毒瓦斯般的、让人窒息的恶臭。一进入巷子，你就会看到到处都充满着阴森可怖的面孔。他们有些衣着极其肮脏，有些衣不蔽体，裸露着黄色的皮肤，他们战战兢兢，鬼鬼祟祟，从一个巷子移向另一个巷子，其神情是那样诡秘、奇异，使人一看见他们，就不由自主地想到他们的邪恶、可怕的暴乱和刻毒的虐待"云云。

由此看来，在"正视"现实的英国人眼里，中国人不过是衣着肮脏、拖着根猪尾巴的黄皮肤的人而已，除此之外，再也谈不到什么别的。华兹华斯曾说过这样一句名言："对于一般的、没有什么教养的人而言，即便是美丽的樱花，也不过只是一株樱草而已。"号称"正视"现实的英国人正是如此。他们不能透过中国人黄色的皮肤来认识中国人，领会中国人的德行、精神。如果他们真正理解了中国人，他们就应该看到，在黄色皮肤后面有一个美好的世界。就像古希腊有男神女神的信仰一样，在中国的道教之中，也有丰富的关于山神、海神的各种传说。广泛流行于中国的许多佛教诗歌，那哀伤的情调，不正仿佛是但丁的《神曲》吗？对于将来必定要更新社会秩序，改变欧洲整个文明，教给人们甚至连英国人都信奉的"君子之道"的儒教，他们为什么就没有看到呢？

罗斯·迪金逊教授曾说："中国国民至少在对自己以及对同胞的态度方面，已将以'民主'自许的欧美人的理想充分地付诸实施了。"显然，这位教授对中国人的认识，已不仅仅停留在中国人的皮肤之上。

皮·爱迪·奇安巴兰先生，是一位在东京帝国大学执教多年的英国人，他有一本叫《日本见闻》的著作。在这本书中，他批评日本语说："这种语言有一缺点，那就是在大部分情况下，回避拟人法，比如'炎热使我倦怠'、'绝望使得他自杀'之类的表现手法，日本人一般不用，而是说'热得懒洋洋的'、'绝望地自杀'等等——其所想说的事被充分地表现出来，但是诗的表现力和描绘美却失去了。一接触到东方各国枯燥乏味的语言，你就会深深地体会到欧洲语言是多么的优美、多么富于表现力，由语言所招致的缺陷，使得日本的诗歌缺乏诗意，平淡无奇。因此，在日本，即便能产生华兹华斯，也难以写出下列比喻迭出、妙趣横生的诗句：

> 假如有一天思想与爱神离我们而去，
> 就让我们中断与诗兴灵感的交易：
> 去追随思想与爱神，我们志同道合的伴侣，
> 无论感觉是欢迎还是拒绝，
> 心内的天空都会把激励的露水洒落在自卑的低地。

拟人的手法对东方人说来，像是能够理解但却不能言传"云云。

从这里，我们可以看到欧美人的妄自尊大。

在中国和日本，回避以上所谈的拟人手法确是事实。尤其应指出的是，尽量避免抽象的拟人法。比如哲学家和风流女郎一道去夜总会的说法，对东洋人来说就特别的离奇和滑稽。实际上，英国上乘的诗作也绝非得益于拟人法用得多。

弥尔顿说："诗歌必须是简洁的，直观的，必须有情感的高潮。"因此，说哲学家和风流女郎一起手挽手招摇过市之类的语词，恐怕既谈不上简洁，也谈不上直观吧。华兹华斯的诗歌，其精妙之处，不在奇安巴兰先生所引用的诗句里，而在下列我引用的句子中：

> 水波在他们身旁荡漾，
> 但他们的欢快却胜过了波浪。
> 在如此快活的同伴中，
> 那诗人却无法只是欢畅。

虽然，无论中国还是日本都不用抽象的拟人手法，但也绝非像奇安巴兰先生所说的那样就缺乏比喻的表现手法。在中国，把热恋中的少女

喻为"有女怀春",就是说她的内心就像春天一样热烈、温馨。日本语中有"衣着褴褛心似锦"等,这些都不是一般的比喻手法,应该说是高雅的、美丽的。

奇安巴兰先生所得意的,以为是欧洲语言了不得的富于比喻,富于诗的表现力和意境美,恰恰是中国语言的长处。正因为如此,中国语言才特别难学。

我有一个朋友,在久别之后给我写来一封信,大意讲:"分别以来,光阴似箭,尽管久无音讯,但却时刻未忘兄台。"为表达这样一个意思,他作了如下行文:

> 别后驹光如驶,鱼雁鲜通,三晋云山,徒劳瞻顾。

他把光阴似箭飞逝比作骑马掠过墙缝似的急促,其次又感叹不能让南来北往的大雁通传信息,以致远隔万水千山,让人思念不已云云,这里难道缺乏诗意吗?这里缺乏比喻吗?这难道不可以说在表现手法上已达到了完美的境界吗?平时来往的信函尚且如此,那诗歌就更不用说了。

与其说东方语言缺乏意境和表现力,倒不如说在意境和表现力方面东方语言过胜过强了更为恰当。因此,以"正视现实"而自夸的、想象力贫弱的英国人是学不好东方语言的。从这位在日本东京帝国大学任教多年却认为东方语言枯燥无味的奇安巴兰先生,便可以看得出来。

那么,中国的语言又是如何表现意境美的呢?下面列举一段可称为中国的华兹华斯——苏东坡的诗词:

> 大江东去,浪淘尽,千古风流人物。故垒西边,人道是,三国周郎赤壁。乱石穿空,惊涛拍岸,卷起千堆雪。江山如画,一时多少豪杰。

我敢说,我在这里特意引用的苏东坡的诗词是无论如何也无法英译出来、使英国人能看懂的。所以,我们也可以像奇安巴兰先生那样骄傲地说,中国诗歌的意境美和表现力是一个普通外国人所无法理解的。此外,如果不懂得一点历史知识,也无法充分领会它的含义。

下面是丁尼生一首小诗中的一节:

> (他)太失一个清教徒的身份,
> 哼着一首阴郁的圣歌。

虽说很简单，若没有英国史的知识是难以懂得的。同样，要想理解中国的诗歌，就必须了解中国的历史。上述的苏东坡的诗词是作者本人拄着拐杖，在一千七百年前中国发生的类似英国清教徒和勤王贵族的一场决战的古战场——赤壁吟颂的。从历史上看，像我们这样的清教徒在大战前夕都要横戈赋诗的。

然而，我的友人、号称中国政治问题研究专家的甘露德先生却说："中国的历史书所讲述的尽是帝王妻妾的故事。"而且上面谈到的奇安巴兰先生也说："像日本外史那样枯燥无味、使人难以卒读的东西，居然能让日本国民那样地慷慨激昂，确实应该视为文学史上的一大怪事。"由此，我们不得不同吉卜林先生一样感叹："东就是东，西就是西。"但是当我翻阅着充满东洋精神的日本外史的时候，身心恍惚，感情激荡，如同着了魔一样，游荡天外。正因为如此，这本书才鼓舞了日本武士的精神，弘扬了日本人的宗教性的忠君思想。从而使明治维新的大业得以成功，使日本步入世界强国的行列。可以说这本书是缔造今日日本的原动力。

最后，我要谈谈我对中国文学以及中国文明的看法，为了避免自画自赞，我借用哈里曼先生的话来证实我的观点。这位先生很有学识，在中国滞留了很多年。

> 我在中国待了近十八年，我对中国是比较了解的，对中国的语言、习俗、历史、艺术等，作为一个不是吃这行饭的人，我在时间、条件允许的情况下，尽可能地进行了探究。在那当中，我的某些想法可能有所变化，但在总的方面却是一贯的，甚至应该说更加深化了。那就是在中国文明当中，有着别处难以找到的社会价值。我不是个"中国学"的学者，因而在阅读中文原著时尚感到有相当的困难。尽管如此，当我投入中国文学世界的时候，马上就被一种难以言状的魅力所吸引。尤其是读到诗歌的时候，往往为它的精妙的描写所打动，常常感到一种别处未曾经历过的情感洋溢于胸中。读现代诗歌是如此感受，读诸如《诗经》一类的古典诗歌的时候，就更是如此了。

孔子讲他十五岁时，便立下了做学问的志向，因而要想学习中国语言和中国文学，首先就必须立下学习、研究它们的志愿。如果单纯是为了混碗饭吃，为了赚钱，那是不行的。我的一位朋友，加伊路斯博士说他"为学中国语言，丧失了很多钱财"。赚钱同中国语言、中国文学的研究是不能兼顾的。这同赚钱与莎士比亚研究、华兹华斯的研究不可兼得一样。所以，从事这样的研究，必须有一个高贵的灵魂。一心要赚钱的、没有高贵灵魂的人是不能理解包含有真正社会价值的事物的。或许有人要问，没有钱又怎么生活呢？这样的人应该拜访一下衣着和住宿都极为简朴的牧师，请教一下耶稣指着野生的白百合花，都说了些什么。

因此，我告诫想研究中国语言、中国文学的欧美人：

你们必须抛弃物质主义的骄傲自大，应该学会透过人的穿着和肤色来认识社会价值和人格价值。上帝创造了四亿中国人，不是为了让到中国来的欧美人享乐的，而是让欧美人学习真正社会的、人间的价值。

最后，如果有打算从事中国文学研究的年轻的欧美学者，我想给他们以同样的赠言，这句话是我在北京大学讲授拉丁语时，赠给学生的忠言：

Disce，Peur，Virtutem ex me verunque laborem，Fortunam ex ali-is!

年轻人，你们应该拥有高贵的灵魂和真正有价值的工作，你们应当超过我们，去获得更高的荣誉。

中国古典的精髓①

我曾经在我的论文《中国问题》中，就这样一个问题作了论述，即中国文化的目的、中国教育的精神就在于创造新的社会。

欧美的许多无识之辈动辄断言，中国的学说里缺少"进步"的概念。然而，我的看法恰恰相反，我深信，表现在中国古典学说中的中国文化的精髓正是"秩序和进步"。《四书》里的《中庸》一篇，若我将其英译就是"Universal Order"（普遍的秩序），《中庸》有这样一句：

致中和，天地位焉，万物育焉。

---

① 此文原发表在日本《大东文化》1926 年 3 月号，译自日文《辜鸿铭论集》，76～82 页。

因此，依照孔子的教义，即便将此句解释为"文化的目的，不仅在于人类，而且在于使所有被创造的事物都能得到充分地成长和发展"，也并不算过分。在这里，难道看不出真正的发展、进步的精神吗？只有先确立秩序——道德秩序，然后，社会的发展就会自然地发生，在无秩序——无道德秩序的地方，真正的或实际的进步是不可能有的。

欧洲人以前犯过，至今仍在犯的错误就在于他们抛开道德秩序去追求进步。就像建造巴比伦塔的古代人一样，他们一心将他们摩天大楼式的文明往高处一个劲地筑，而无视自然法则的存在，结果正如我们现在所看到的，他们的那种摩天楼式的文明正在走向崩溃了。

在中国古代经典中，"进步"这个明确而贴切的概念是俨然存在着的，如果看看《大学》，就能得到证明。

> 大学之道，在明明德。

所谓大学，并不像理雅各博士所译成的那样是"伟大的学问"，而实际上指的是高等的教育。无独有偶，法国的孟德斯鸠也讲了这样一段相同意义的话："我们学习知识的主要目的在于增进我们本性的美好，并使我们变得更加理智。"

纽约《国民报》的记者，艾曼·艾奇·赫斯奇黑恩先生在批评美国教育界的现状时说："我有一朋友，他在大学里当教授。他曾告诉我这样一件事，他有一次问学生，为什么对哲学，尤其是对美国土生土长的哲学——实用主义不太关心？学生回答说，哲学与人生的主要追求，即同对金钱的追求没有太大的关系，由此我们可以知道，他们认为有价值的研究在于产业和工艺的东西那一面。"在这里我们可以看出古代中国和近代欧洲在"进步"这个概念上所表现出来的不同。

近代欧洲的进步重点放在产业和机械工业的发达，而古代中国则侧重于人的进步，人的灵魂的、理智的进步，《大学》中尤其强调创造一个新的更美好的社会是高级教育的最终目的。若引用公元前一千七百六十年前后的皇帝成汤的《盘铭》中"苟日新，日日新，又日新"，就可以加深对《大学》的理解。

并且，这段铭文以文王说的"作新民"来结束全文。

如此一来，就不会再有人讲在中国的经典中缺少进步这一概念的话了吧。有关欧美各大学高等教育的目的，我少时不太清楚，以至于一个欧洲人问我，将来最好成为一个什么样的人时，我当即不假思索地回答为当绅士。实际上，欧美各大学教育的目的在于使人能够生存而不在于让人们如何去创造一个新的更好的社会，它所给予人们的教育是让人们怎样在社会上谋取一个职位。

伊顿公学校长奥斯卡·布拉乌尼格先生在其著述《教育论》上，有如下的文字："受过完好教育的人在充满物质欲的财界是找不到自己位置的。"想想看，受过完好教育的人居然在财界找不到自己的位置，那么，这是一个怎样的世界呢？由此，我们就能容易地看出欧洲文明的致命的缺陷在什么地方。

在古代中国，受过完好教育的人必能在社会上得到相应的地位。因为我们明白，高等教育的目的无论如何也不单是为了能够使人们得到怎样生存的知识，不像爱默生所说的那样仅仅"为了糊口"，而是为了创造一个新的更美好的社会。

在这篇文章的结尾，我要再重复说一下我的看法，在中国古代经典里，"文明"的真正含义在于"秩序与发展"，教育不在于知识的积蓄而在于知性的发达。有知性就有了秩序，有秩序——道德秩序，就有了社会的进步，中国语言中"文明"虽没有明确的定义，但从其文字构成来看，它由"美好和智慧"组合而成，即美好和智慧的东西就是文明。

只有心胸狭窄、目光短浅的人才会认为中国古代经典思想中缺乏进步的概念，而认为西方摩天大楼式的文明才是唯一的最高级的文明。他们并没有透彻地理解"进步与发达"的真正含义。不把教育的目的放在社会的改造与进步的欧美教育，同汽车驾驶员训练学校没有什么差别，它虽然培养出了驾驶员，但却没有培养出一个人格完善的人，没有培养出使社会得到真正的进步与发展的人。一个不能使人们得到完美教育的文明，在本质上是不能和中国文明同日而语的。

辜鸿铭年谱简编

1857 年（清咸丰七年　丁巳）　1 岁

生于南洋马来亚的槟榔屿。父辜紫云，华侨，祖籍福建同安，时为英人布朗经理橡胶园。

1867—1870 年（清同治六年至九年　丁卯至庚午）　10—13 岁

在槟榔屿的威尔士王子岛中心学校接受英式教育三年。

1870—1872 年（清同治九年至十一年　庚午至壬申）　13—16 岁

由英人布朗夫妇带往欧洲游学。此后两年，在英国古老的利斯学校学习。

1873—1874 年（清同治十二年至十三年　癸酉至甲戌）　17—18 岁

考入英国爱丁堡大学文学院专攻西方文学。

1877 年（清光绪三年　丁丑）　21 岁

通过拉丁文、希腊文和数学等多科目考试，以优异成绩获爱丁堡大学文学硕士学位。此后几年，到德国、法国和意大利等国游学。

1880 年（清光绪六年　庚辰）　24 岁

从欧洲回到槟榔屿，任职于新加坡海峡殖民地政府。

1882 年（清光绪八年　壬午）　26 岁

是年前后，在新加坡得遇马建忠，晤谈三日，遂辞殖民政府职回槟椰屿，欲返回祖国效力。补习汉文并开始留辫子。此后到香港短暂居留。

1883 年（清光绪九年　癸未）　27 岁

10 月 31 日和 11 月 7 日在英文《字林西报》上连载《中国学》一文。这是他平生发表的第一篇有影响的文字。文章概述了西方 19 世纪以来的汉学发展情况，严厉批评了西方汉学家们的治学态度和学术不足。此后，曾到福建老家小住。

1884 年（清光绪十年　甲申）　28 岁

1 月，在《北华捷报》以英文发表《中国人的家庭生活》一文。6 月，又在此报发表《评翟理斯〈古文选珍〉》一文，表明其对西方汉学继续关注。

1885（清光绪十一年　乙酉）　29 岁

进入正领导对法战争的两广总督张之洞幕府，被聘为督衙洋文案。

1889 年（清光绪十五年　己丑）　33 岁

张之洞调任湖广总督，随其移节武昌。

1891 年（清光绪十七年　辛卯）　35 岁

长江教案发。在《字林西报》发表《为吾国吾民争辩——现代传教士与最近骚乱（教案）关系论》一文。以传教士的实际活动及其后果为中国人民的反洋教运动辩护，被伦敦《泰晤士报》等西方报刊摘录评论。是年，俄国皇太子和希腊王世子来华游历，到武昌访张之洞，辜为翻译，以博通多国语言令洋人惊诧，赠物与他结交。

1892 年（清光绪十八年　壬辰）　36 岁

开始帮张之洞筹办湖北枪炮厂的有关事宜。

1893—1894 年（清光绪十九年至二十年　癸巳至甲午）　37—38 岁

兼武昌自强学堂讲习。常向汪康年等讲欧洲事，叹第二次鸦片战争期间，中国不通外情，未能利用英法联军间的矛盾为己服务。不久与提调钱恂发生过节，钱氏欲将其"逐"出学堂。

1896 年（清光绪二十二年　丙申）　40 岁

作《上湖广总督张书》一文，反对进行西方式的近代化改革，表示彻底折向儒家传统的态度。

1898 年（清光绪二十四年　戊戌）　42 岁

年初，戊戌维新思潮迅猛发展，张之洞开始同维新派分道扬镳。3 月至 4 月，出席张氏在武昌湖北纺纱局顶楼召集的心腹幕僚议事会，讨论对付办法。会后，张之洞即撰成《劝学篇》。8 月，英译《论语》一书出版。9 月，戊戌政变作。10 月，伊藤博文访华至武昌，赠所译《论语》一书，并相与辩论孔教意义。

1900 年（清光绪二十六年　庚子）　44 岁

义和团运动爆发。6 月 17 日，参与张之洞同英国驻汉口代总领事法磊斯商谈有关"东南互保"问题的会谈，为翻译。不久建议张之洞向英相索尔兹伯里借款 50 万两，被采纳。7 月 27 日，奉命将张之洞、刘坤一联署致各国列强要求"必尊两宫"一函译成英文，"因事发挥"，写成《我们愿为君王去死，皇太后啊！关于中国人民对皇太后陛下及其权威真实感情的声明书》一篇长文，并设法送给英相索尔兹伯里等西方政府首脑。12 月 22 日，以英文发表《关于中国问题的最近札记》之（一），替慈禧辩解乃至为端王叫好。

1901 年（光绪二十七年　辛丑）　45 岁

年初，将《我们愿为君王去死，皇太后啊！关于中国人民对皇太后陛下及其权威真实感情的声明书》以自己的名义发表于《日本邮报》并附说明，呼吁列强在"必尊两宫"的提前下尽快与中国协和。从 1 月至 5 月，分别针对英、德、法、美民族，以英文写成《关于中国问题的最近札记》之（二）至之（五），"诋各国之隙"。其间，发表《为了中国的良治》一文，谴责列强对中国内政的干涉（该文于是年由《香港日报》社出版单行本，北京大学图书馆有藏）。不久，以英文重新发表 1891 年所作《为吾国吾民争辩》一文，抨击在华教会和传教士；并撰《文明与无政府状态》一文，首次明确和较为系统地阐明了对文明和东西文化的看法，驳斥了"黄祸论"。9月，《辛丑条约》正式签定。11月，将在庚、辛年间以英文所写论文结集为《总督衙门论集》出版，汉文名题为《尊王篇》。是年，曾同严复一起为商务版《华英音韵字典集成》一书作序。

1902 年（光绪二十八年　壬寅）　46 岁

7月27日，美国政论家 R. D. 埃文斯给他写信，对他抨击列强、维护民族权益的正义立场表示支持。10月10日，湖广总督衙门为慈禧祝万寿，他因不满其奢侈浪费，而即兴作《爱民歌》。

1903 年（清光绪二十九年　癸卯）　47 岁

革命家沈荩被清廷逮捕杖毙，舆论哗然。8月，写信致一家英文报刊主编（莫理循处存有抄件），公然为清廷辩护，让该报发表。

1904—1905 年（清光绪三十年至三十一年　甲辰至乙巳）　48—49 岁

从1904年12月底起，在《日本邮报》连载《且听着，统治者，请明察！日俄战争的道德原因》。同时开始在此报连载所译《中庸》。1905年前后，被赐外务部部郎的实衔，并出任上海黄浦浚治局督办。任内曾为力争惩治西人贪污巨款案，折冲交涉德船撞沉中国民船事件，责其赔偿损失。是年，清廷派五大臣出洋考察宪政，他讥之为"出洋看画"。

1906 年（清光绪三十二年　丙午）　50 岁

年初，《且听着，统治者，请明察！日俄战争的道德原因》结集在上海出版。3月，请俄国驻上海总领事将此书连同《尊王篇》一书带给托尔斯泰。7月，在《北华捷报》发表《在华外国人》一文。10月，托氏亲自复信，并将此信公布于世，赞同他的文化保守立场，反对中国进行近代化改革。年中，所译《中庸》一书在上海出版，申明旧式统治方法和秩序不会过时。是年，王国维作《书辜汤生英译〈中庸〉后》，批评其翻译。

1907 年（清光绪三十三年　丁未）　51 岁

张之洞进京入阁拜相，他随节同行。是年前后，汉译《痴汉骑马歌》由上海商务印书馆出版。

1908 年（清光绪三十四年　戊申）　52 岁

草《上德宗景皇帝条陈时事书》，请人代奏。公开批评"朝野倡言行西法与新政"。8 月，受"亚洲太平洋协会"同人委托起草给托尔斯泰的祝寿文，祝贺其八十寿辰。10 月，请人将所译《中庸》一书和《大学》译本带给托尔斯泰。

1909 年（清宣统元年　己酉）　53 岁

10 月，张之洞去世，送挽联，极表哀痛。

1910 年（清宣统二年　庚戌）　54 岁

1 月，清廷列其为"游学专门"一等，赏给文科进士，位第二，列严复之后。2 月至 3 月，以英文出版《中国牛津运动故事》即《清流传》一书，总结近代中国反对欧洲物质实利主义文明运动的历史经验。5 月，《尚贤堂记事》第四册译载他《雅俗辨》一文。年底，出版汉文著作《张文襄幕府纪闻》。辞外务部职，就任上海南洋公学监督。

1911 年（清宣统三年　辛亥）　55 岁

2 月 11 日，《东方杂志》译载《俄国大文豪托尔斯泰伯爵与中国某君（即辜鸿铭）书》。10 月 10 日，武昌起义爆发。10 月 24 日，在《字林西报》发表论文一篇，反对革命，希望列强不要对清王朝失去信心。11 月，致信《字林西报》编辑，谴责该报诬蔑、诋毁慈禧太后。旋即辞南洋公学监督职，去往北京。是年，卫礼贤将其《中国牛津运动故事》一书（含《文明与无政府状态》一文）译成德文出版，题为《中国反对欧洲观念的辩护：批判论文集》。

1912 年（民国元年　壬子）　56 岁

1 月，中华民国临时政府成立。2 月，清帝宣布退位。袁世凯成为民国总统。作文屡攻袁氏，拒绝为其效劳。4 月，《中国牛津运动故事》一书在上海重版。是年，自居遗老，留辫抗世。常往还于上海、青岛和北京之间，与诸遗老和卫礼贤以及来华游历的德国哲学家凯瑟琳（盖沙令）交游论学。

1913 年（民国 2 年　癸丑）　57 岁

担任北京四国银行团翻译。

1914 年（民国 3 年　甲寅）　58 岁

参与"北京东方学会"的活动，并以英文向该会提交《中国人的精神》一文，6 月，该文发表于《中国评论》。8 月，第一次世界大战爆发，作文屡攻西方文明，鼓吹儒学救世。

1915 年（民国 4 年　乙卯）　59 岁

4 月，以英文由北京每日新闻社出版《春秋大义》（《中国人的精神》）一书，阐明中国人的精神，揭示中国文化的价值，鼓吹中国文明救西论，在西方引起轰动。8 月，杨度、严复等组成"筹安会"，鼓吹帝制。9 月前，被北京大学聘为教授，讲授英诗和拉丁语等课程，课堂上常鼓吹春秋名分大义。9 月，他在北大开学典礼上，大骂民初官场和社会文化风气。是月，陈独秀创刊《青年杂志》（后改为《新青年》），提倡新文化运动。10 月，袁世凯宣布要恢复帝制。是年，由别发洋行正式出版《大学》英译本。

1916 年（民国 5 年　丙辰）　60 岁

6 月，袁世凯死，他在家大宴宾客，庆祝袁氏归天。是年，《春秋大义》德译本在德出版，译者为瑞典学者斯万伯。

1917 年（民国 6 年　丁巳）　61 岁

7 月，参与张勋复辟帝制活动，负责有关外交联络工作，被任命为外务部侍郎。12 天后复辟失败，仍回北大教书。8 月，将一战前后所作的有关大战和中西文明关系的论文合成《呐喊》一集，由德国朋友带回德国翻译。

1918 年（民国 7 年　戊午）　62 岁

6 月，《东方杂志》从日文译载《中西文明之评判》一文，介绍了他的著作在西方思想界的评论情况。9 月，陈独秀作文诘质。中西文化论战在《东方杂志》和《新青年》两大阵营之间拉开了公开交战的帷幕。

1919 年（民国 8 年 己未） 63 岁

3 月至 4 月，林纾发表致北大校长蔡元培的公开信，攻击新文化运动，反对白话文学。新旧斗争日趋激烈。5 月 4 日，五四运动爆发。7月 12 日，他以英文发表《反对中国文学革命》一文。8 月 16 日，又以英文发表《留学生与文学革命——读写能力和教育》一文。当月，胡适在《每周评论》发表《辜鸿铭》，讥评他具有顽固而可笑的心态。

1920 年（民国 9 年 庚申） 64 岁

德文本《呐喊》一书在莱比锡正式出版。是年，梁启超发表《欧游心影录》，梁漱溟到山东演讲《东西文化及其哲学》，国内东方文化思潮勃然而兴。

1921 年（民国 10 年 辛酉） 65 岁

5 月，以英文作《宪法与中国》一文。6 月，在美国《纽约时报》上转发《未开化的美国》一文。8 月，孙德谦主编的《亚洲学术杂志》创刊，第一、二期刊登了《宪法与中国》一文和《春秋大义》的序言。是年，《中国反对欧洲观念的辩护：批判论文集》在德国重印；英国大文豪毛姆专程拜访；梁漱溟《东西文化及其哲学》一书正式出版。

1922 年（民国 11 年 壬戌） 66 岁

《亚洲学术杂志》第 3—4 期，载其英文论文《君子之道》、《中国人将变成布尔什维克吗?》以及陈曾谷汉译的《春秋大义》部分译文。是年，罗振玉代选并作序的汉文《读易草堂文集》一书出版；英文小册子《所有受过英语教育的中国人应读之文》一书出版；《中国人的精神》一书英文本由商务印书馆重版；作《硕儒沈子培先生行略》。

1923 年（民国 12 年 癸亥） 67 岁

3 月，在美国《当代》杂志发表《中国之和》一文。是年，英文《尊王篇》一书在北京由《北华正报》社重版。年底，科学与人生观论争开战。是年前后，在《北华正报》等英文报刊上发表系列论文，讨论东西文明，评判时事。

1924 年（民国 13 年　甲子）　68 岁

4 月至 5 月，泰戈尔来华演讲东方文化，他应邀参加有关欢迎仪式并与之合影。10 月，应日本大东文化协会邀请赴日讲学，讲演题目为《何谓文化教养》、《中国文明的历史发展》、《日本的将来》、《东西（文明）异同论》、《关于政治经济学的真谛》等。是月，"首都革命"发，废帝溥仪被赶出皇宫。11 月，孙中山北上绕道日本。年底，应辜显荣之邀到台湾讲学，旋回国。施密茨所译《中国人的精神》德文本在德国耶拿出版。

1925 年（民国 14 年　乙丑）　69 岁

4 月下旬，再度应邀赴日。5 月，讲学于日本东北五县。是月，张作霖来函请他回国做顾问。6 月回东北一趟。7 月返日。在日本发表《政治和社会的道德基础》、《中国文明的真正价值》、《中国古典的真精神》、《什么是民主》、《告研究中国文化的欧美人》、《纲常名教定国论》等演说和论文。12 月初，美国《当代》杂志转登法国《争辩日报》连载他的《中国人精神的自我解释》一文。是年，日本大东文化协会编辑出版《辜鸿铭讲演集》。

1927 年（民国 16 年　丁卯）　71 岁

大革命失败。秋天从日归国。

1928 年（民国 17 年　戊辰）　72 岁

年初，被军阀张宗昌委任为山东大学校长，未到任。4 月 30 日下午 3 时 40 分，因肺炎病逝世于北京寓所。废帝溥仪赐以旌额，赏银治丧。

中国近代思想家文库

方东树、唐鉴卷	黄爱平、吴杰　编
包世臣卷	刘平、郑大华　主编
林则徐卷	杨国桢　编
姚莹卷	施立业　编
龚自珍卷	樊克政　编
魏源卷	夏剑钦　编
冯桂芬卷	熊月之　编
曾国藩卷	董丛林　编
左宗棠卷	杨东梁　编
洪秀全、洪仁玕卷	夏春涛　编
郭嵩焘卷	熊月之　编
王韬卷	海青　编
张之洞卷	吴剑杰　编
薛福成卷	马忠文、任青　编
经元善卷	朱浒　编
沈家本卷	李欣荣　编
马相伯卷	李天纲　编
王先谦、叶德辉卷	王维江、李骜哲、黄田　编
郑观应卷	任智勇、戴圆　编
马建忠、邵作舟、陈虬卷	薛玉琴、徐子超、陆烨　编
黄遵宪卷	陈铮　编
皮锡瑞卷	吴仰湘　编
廖平卷	蒙默、蒙怀敬　编
严复卷	黄克武　编
夏震武卷	王波　编
陈炽卷	张登德　编
汤寿潜卷	汪林茂　编
辜鸿铭卷	黄兴涛　编

图书在版编目（CIP）数据

中国近代思想家文库. 辜鸿铭卷/黄兴涛编. —北京：中国人民大学出版社，2015.3
ISBN 978-7-300-20923-4

Ⅰ. ①中… Ⅱ. ①黄… Ⅲ. ①思想史-研究-中国-近代②辜鸿铭（1857～1928）-思想评论 Ⅳ. ①B250. 5

中国版本图书馆 CIP 数据核字（2015）第 039203 号

中国近代思想家文库
辜鸿铭卷
黄兴涛　编
Gu Hongming Juan

出版发行	中国人民大学出版社			
社　　址	北京中关村大街 31 号		邮政编码	100080
电　　话	010 – 62511242（总编室）		010 – 62511770（质管部）	
	010 – 82501766（邮购部）		010 – 62514148（门市部）	
	010 – 62515195（发行公司）		010 – 62515275（盗版举报）	
网　　址	http：//www. crup. com. cn			
经　　销	新华书店			
印　　刷	涿州市星河印刷有限公司			
开　　本	720 mm×1000 mm　1/16		版　　次	2015 年 5 月第 1 版
印　　张	28.75 插页 1		印　　次	2025 年 1 月第 2 次印刷
字　　数	460 000		定　　价	104.00 元